U0667453

厚重的积淀

青海省社会科学院建院四十周年优秀成果文集

FORTY YEARS OF
RIGOROUS SCHOLARSHIP AND INTELLECTUAL PROWESS

A Collection of the Best Academic Articles by
Qinghai Academy of Social Sciences Research Faculty

主　编／马勇进
副主编／窦国林

社会科学文献出版社
SOCIAL SCIENCES ACADEMIC PRESS (CHINA)

立时代之潮头　发思想之先声　（代序）

随着我国改革开放四十年的辉煌历程，青海省社会科学院也迎来了建院四十年华诞。1978 年 10 月，青海省社会科学院的诞生，既是改革开放播下的早春火种，也是青海省哲学社会科学事业迈向新征程的历史标志。

四十年来，青海省社会科学院在青海省委省政府的正确领导下，始终坚持"二为"方向和"双百"方针，坚持"三兼顾，三为主"的原则，坚持立足青海、面向全国、注重实际、突出特色，大力推进哲学社会科学繁荣发展，在基础研究和应用对策研究领域取得了显著成就，推出了一大批高质量的学术研究成果，形成了一支具有一定规模的哲学社会科学研究队伍。据统计，四十年来全院共完成学术专著 223 部，社科知识读物、教材、工具书、资料汇编、古籍整理、译著 176 部，发表论文、调研报告 4306 篇，承担国家级课题 93 项、省级课题 105 项、省委省政府及有关部门委托课题 91 项，在地方经济、地方历史文化、藏学、民族宗教、青藏高原生态环境等研究领域生产出了一批优秀科研成果，如《青海百科全书》《格萨尔学集成》《青海通史》《青海简史》《青海省建置沿革志》《中国藏族部落》《藏族部落制度研究》《甘青藏传佛教寺院》《觉囊派通论》《青海藏族游牧部落社会研究》《中国密教史》《青海佛教史》《青海果洛藏族社会》《青海经济史》《五世达赖喇嘛传》《历代达赖喇嘛与中央政府关系研究》《中国三江源区生态价值与补偿机制研究》《青海转变经济发展方式研究》《中国藏区反贫困战略研究》等。科研成果先后荣获中宣部"五个一工程"入选作品 3 项，第四届中国藏学研究珠峰奖汉文学术论文类一等奖 1 项、三等奖 1 项，水利部黄河水利委员会科学技术进步二等奖 1 项，首届中华优秀出版物（论文）奖 1 项，青海省哲学社会科学优秀成果一等奖 16 项，二等奖 57 项，三等奖 109 项，鼓励奖 34 项。

特别是党的十八大以来，青海省社会科学院党组坚持"开放办院"方针，努力创新工作思路和方法，突出优势，从四个方面主动作为，在学科布局、智库建设、队伍建设等领域取得了显著成就。一是彰显省情特点，合理架构学科布局。本着有所为有所不为的原则，根据青海省生态地位突出、民族多元宗教多样、区位安全战略地位显要等省情特点，通过调整学科设置布局、倾斜资金支持、创办民族文字期刊等方式，重点加强生态学、藏学、民族学、宗教学、循环经济学等学科建设，不断巩固发展特色优势学科。二是挖掘两种资源，不断拓展联系渠道。一方面，进一步加强与地方党委政府合作，建立健全地方分院，理顺合作机制，引导科研人员接地气，聚焦现实问题的研究；另一方面，继续加大与中央高端和地方专业智库机构在课题研究、人才培养等方面的交流合作，拓展学术研究的全局、全球视野。三是创建整合平台，倾力打造高端智库。围绕优势特色学科，充分吸纳省内外和院内外研究力量，构建专业化系列化、以研究中心为载体的高端智库平台，并依托这些平台精心打造专业化系列化的高端智库报告，智库服务的质量和水平得到大幅度提升。四是营造创新环境，着力加强人才队伍建设。在严把科研队伍入口关的同时，以项目带动、学术交流、学术团队建设以及各类人才高地为抓手，培养了一批学历层次较高、学术功底扎实、研究方法规范、治学作风严谨的青年科研才俊。

经过四十年的艰辛探索，青海省社会科学院已经发展成为一个角色定位清晰、优势学科突出、研究队伍齐整、发展潜力明显的地方智库。目前，全院有民族宗教、文学历史、社会学、政治与法学、经济学、藏学和生态学等7个研究部门，4个科研辅助部门和2个行政后勤部门，另外内设院机关党委（机关纪委）和机关工会。现有各类专业技术人员54人，其中，正高职称人员14人，副高职称人员21人；享受国务院特殊津贴专家7人、省级专家5人；全国宣传文化系统"四个一批"优秀人才1人，全国新闻出版行业领军人才1人，全省宣传文化系统"四个一批"拔尖人才1人、优秀人才3人；博士8人，硕士26人；二级岗研究员7人。

四十年峥嵘岁月，四十年大潮浪涌，四十年升华提高，青海省社会科学院始终与国家改革开放巨变同步，始终与青海改革开放事业发展同行。青海省社会科学院的成长和壮大，始终离不开青海省委省政府的高度重视和巨大关怀，始终离不开青海省委宣传部的具体指导，始终离不开全院工作人员的努力付出与辛勤耕耘。四十年的发展历程告诉我们，没有马克思主义和中国特色社会主义作为指导思想，社会科学研究就会偏离正确方向；没有中国共产党的坚强领导，青海省社会科学院就不能繁荣发展；没有改革开放和现代化建设的伟大实践，社会科学工作者就缺少理论创新的源泉和动力。青海省社会科学院成长发展的四十年，是伴随改革开放和社会主义现代化建设阔步前进的四十年，是不断开拓创新、取得丰硕成果的四十年。四十载流金岁月，承载了几代社科院人的辛勤耕耘和无私奉献，见证了青海省社会科学院创新发展的辉煌历程。

身处新时代，立足新起点，展望新未来，我们激情满怀。以习近平同志为核心的党中央紧密结合新的时代特征和实践要求，以全新的视野深化对共产党执政规律、社会主义建设规律、人类社会发展规律的认识，形成了习近平新时代中国特色社会主义思想，开辟了马克思主义中国化新境界、中国特色社会主义新境界，是照亮中华民族伟大复兴新征程的灯塔，是中国共产党人新时代的力量源泉，是我们必须长期坚持的指导思想，不仅为我国今后的发展提出了新目标和新任务，也为社科界深入开展创新研究提供了基本遵循。面对百舸争流、千帆竞发的新形势、新局面，青海省社会科学院上下一定要始终牢记党和人民赋予的历史使命，继续保持特色、发挥优势，自觉做先进思想的倡导者、学术研究的开拓者、社会风尚的引领者、党执政的坚定支持者，立时代之潮头、通古今之变化、发思想之先声，积极为党和人民述学立论、建言献策，努力把青海省社会科学院建成马克思主义的坚强阵地、青海省意识形态的重要阵地、青海省哲学社会科学研究的最高殿堂、省委省政府重要的思想库和智囊团，在认识世界、传承文明、创新理论、咨政育人、服务社会等方面百尺竿头，更进一步！

陈 玮

（青海省社会科学院党组书记、院长、教授）

2018 年 10 月

目录
CONTENTS

吐蕃王朝历代赞普生卒年考（节选）/ 蒲文成 …………………… 001

藏传佛教进步人士在我国民族关系史上的积极作用 / 蒲文成 …… 022

中国共产党历史上的重大转折与马克思主义哲学 / 魏　兴 ……… 033

十世班禅大师的爱国思想 / 蒲文成　何　峰　穆兴天 …………… 046

在总结历史经验的基础上创造新的理论 / 童金怀 ………………… 060

社会主义建设探索中的曲解与校正现象研究

  ——兼论建设有中国特色社会主义理论形成的历史条件 / 翟松天 …… 071

论新时期的思想解放 / 曲青山 …………………………………… 087

自然资源的可持续利用与青海经济发展 / 王恒生 ……………… 100

青海草原畜牧业产业化研究 / 陈国建　彭立鸣　王恒生　徐建龙　余中水

 ………………………………………………………………………… 116

论青海历史上区域文化的多元性 / 王　昱 ……………………… 143

宗教与青海地区的社会稳定和发展 / 马文慧 …………………… 155

论中华民族凝聚力 / 曲青山　朱玉坤　余中水 ………………… 165

实施绿色工程　发展特色经济

  ——青海开发绿色食品的现状与前景分析 / 翟松天　余中水　苏海红

 ………………………………………………………………………… 178

江河源区相对集中人口保护生态环境（节选）/ 穆兴天　参看加　严金海

 ………………………………………………………………………… 209

民族历史回响中的文化寻根
　　——论梅卓的长篇小说创作／胡　芳 …………………………… 242
陈云关于解决我国"三农"问题的战略思想／刘傲洋 ……………… 254
对学术期刊若干问题的分析与思考／张　前 ……………………… 265
试析抗日战争时期延安廉政建设的历史经验／唐　萍 …………… 271
近百年来柴达木盆地开发与生态环境变迁研究（节选）／王　昱　鲁顺元
　　解占录 …………………………………………………………… 284
青海工业内生性增长因素研究／詹红岩 …………………………… 310
青海省城镇各社会阶层状况调研报告（摘选）／孙发平　拉毛措　刘成明
　　鲁顺元　肖　莉　马文慧 …………………………………… 320
黄河流域与水有关生态补偿机制案例研究（摘选）
　　——以青海省三江源区为例／孙发平　苏海红　丁忠兵 ……… 352
论昆仑神话与昆仑文化／赵宗福 …………………………………… 385
中央支持青海等省藏区经济社会发展政策机遇下青海实现又好又快发展
　　研究（摘选）／孙发平　丁忠兵　苏海红　朱　华　杜青华　刘傲洋
　　鄂崇荣　窦国林　张继宗 …………………………………… 400
关于打造"西宁毛"品牌、加快申报国家农产品地理标志的
　　调研报告／马学贤　马文慧　刘景华　马连龙 ………………… 433
中国西部城镇化发展模式研究（摘选）／苏海红　师　健　肖　莉
　　…………………………………………………………………… 447
青海加强和创新社会建设与社会管理研究（节选）／苏海红　高永宏
　　参看加　娄海玲　朱学海　肖　莉　鲁顺元　马文慧 ……… 480
青海建设国家循环经济发展先行区研究（摘选）／孙发平　苏海红
　　冀康平　杜青华　曲　波　丁忠兵　娄海玲　德青措 ……… 512
2014～2015 年西北地区经济社会发展形势分析与预测／苏海红　丁忠兵
　　…………………………………………………………………… 537
青海省推行藏传佛教寺院"三种管理模式"的成效及经验／陈　玮
　　谢　热　才项多杰　旦正加　益西卓玛　罡拉卓玛　靳艳娥………… 553

附录：青海省社会科学院历年获奖科研成果目录 ………………… 565
后　记 ………………………………………………………………… 591

吐蕃王朝历代赞普生卒年考（节选）

蒲文成

前 言

藏族是我国统一的多民族大家庭中的重要成员，它勤劳勇敢，富有智慧，有悠久的历史和灿烂的文化。西藏林芝、聂拉木、定日和昌都卡若等地出土的新石器遗物表明，我国现代藏族的祖先很早就生息在西藏高原。

据藏文史籍记载，约于公元前 114 年[①]，生活在今山南雅隆（yar-klung）地区的藏族先民拥立聂赤（gnya-khri）为赞普，号宝髻（Spur-rgy-al），开始了父业子袭、父子兄弟相传的王位继承制度。这种"王位世袭制的确定，是一个重大的历史变革，它是家庭、私有制、阶级和阶级剥削已经存在的标志。"[②] 从聂赤赞普开始，经天尺七王（gnam-gyi khri-bdun）、上丁二王（stod-kyi stengs-gnyis）、中列六王（bar-gyi legs-drug）、地德八王（sa yi lde-brgyad）、下赞五王（vog gi btsan-lnga）后传赤宁松赞（khri-gn-yan gzungs-tsan）、仲年德乌（brong-gnyan lde-vu）、达日年斯（stag-ri gn-

---

① 《王统世系明鉴》德格版第 27 页至 28 页载："佛入灭后两千年，聂赤被拥立为赞普，佛入灭后两千五百年，拉脱脱日宁协即位。自聂赤赞普至拉脱脱日宁协，历二十七代，五百年。但此间佛教未兴，历史不详。拉脱脱日宁协得佛教经典，享年一百二十岁。此后经四代至南日松赞，所一百十一年，详见《柱间史》（ka-tshigs chen-mo）。"《贤者喜宴》（民族出版社油印本）第 11 页载："自聂赤赞普至脱脱日，历五百年。脱脱日享年一百二，尔后至松赞历一百十一年。"上述两种说法均认为从聂赤即位至松赞降生，历七百三十一年。以松赞干布生于公元 617 年（丁丑）计算，聂赤当于公元前 114 年（丁卯）西汉武帝元鼎三年被拥立为赞普。

② 见翦伯赞《中国史纲要》第二册，第 13 页。

yan-gzigs）、南日松赞（gnam-ri srong-tsan），历三十二王，凡七百四十四年。①

公元七世纪初，宝髻兴起，公元 600 年前后，南日松赞灭苏毗（xing-po），统一了西藏中部、东部地区。公元 629 年，松赞干布（srong-btsan sgam-po）嗣立，武力吞并象雄（zhang-zhung），统一了西藏高原，建立了强大的吐蕃王朝。尔后，芒松芒赞（mang-srong mang-btsan）在位期间，国相禄东赞（mgar stong-btsan）于 663 年灭吐谷浑。至此，"吐蕃尽收羊同、党项及诸羌之地，东与凉、松、茂、嶲等州相接，南邻天竺，西又攻陷龟兹、疏勒等四镇，北抵突厥，地方万余里，自汉魏以来，西戎之盛未之有也"②。赤松德赞（khri-srong-lde-btsan）时期，吐蕃武力扩张到达顶峰，公元 763 年 10 月曾一度攻入唐都长安。吐蕃的穷兵黩武，导致人财耗损，国力不振。随着佛教势力在西藏的深入，与原始本教的矛盾也日益尖锐化。公元 841 年，大臣韦·加多热（dbas rgyal-to-re 亦称韦·达那坚 dbas sfag-rna-can）等弑赞普赤祖德赞（khri-gtsug-lde-btsan），立其兄达磨（dar-ma）为赞普，下令全藏废除佛教。公元 846 年，佛教徒拉隆·贝吉多杰（tha-lung dpal-gyi rdo-rje）刺杀达磨，吐蕃王朝随之崩溃。

吐蕃王朝持续二百一十七年，对于现代藏族的形成和促进我国藏区经济、文化的发展，以及阻止大食等国的东入等起着巨大作用。因此，在纵观我国藏族的全部历史的同时，细致准确地考察吐蕃王朝这一断代历史是非常必要的。其中，如实地推算、考证吐蕃王朝历代赞普的生、卒、在位年代，以确定吐蕃兴衰的历史年代，对于厘清吐蕃王朝时期的一系列重大事件，进一步研究吐蕃历史，消除至今存在的吐蕃历史年代的混乱现象，方便教学、科研等都具有重要意义。

依照藏文史籍的传统说法，早在公元七世纪初，松赞干布的大臣吞米桑布札创制了藏文。延续至今，运用藏文写作、记录和翻译的文献典籍浩如烟海，这是研究藏族历史、文学、宗教等的重要依据。可以想见，有关吐蕃王朝的原始记载定然不少。但自吐蕃王朝崩溃，藏区长期分裂，王室几经迁徙，这些记载几乎散佚殆尽。1899 年敦煌出土的有关吐蕃历史的藏

---

① 按《敦煌本吐蕃历史文书》赞普世系表为三十代。

② 《册府元龟》卷 1000，外臣部，强盛。

文写卷、新疆出土的吐蕃木简，以及现存的吐蕃金石刻铭是仅见的珍品。遗憾的是敦煌本写卷残缺，金石刻铭及吐蕃木简的内容又很有限。十四世纪以后，一批出自佛门弟子的史书相继问世，如蔡巴·贡嘎多吉（tshal-pa kun-dga rdo-rje 1309－1364）的《红史》（cleb-ther dmar-po 1346 年成书）、桂译师旬奴贝（gos gzhon-nu-dpal 1392－1481）的《青史》（deb-ther sngon-po 1476 年成书）、巴俄·祖拉陈瓦（dpa-po gtsug-lag-phreng-ba 1504－1566）的《贤者喜宴》（mkhas-pa idga-ston 1564 年成书）、五世达赖阿旺罗桑嘉措（ngag-dbang blo-bzarig rgya-mtso 1617－1682）的《西藏王臣记》（dpyid-kyi rgyal-moiglu-dbyangs 1643 年成书）、萨迦·索南坚参（sa-skya bsod-nams rgyai-mtshon）的《王统世系明鉴》（Rgyal-rabs gsal-ba me-long 1388 年成书）等，虽也涉及吐蕃王朝的各个方面，但由于缺乏原始材料，加之宗教偏见，书中纰漏不少。特别关于吐蕃王朝历代赞普的生、卒、在位年代，众说纷纭，莫衷一是。藏族史学家格敦曲培（dge-dun chos-phel）根据敦煌出土的吐蕃历史藏文写卷、新疆出土的吐蕃木简和汉史，于 1946 年写成《白史》（deb-ther dkar-po），这是一部难得的藏族史论著，可惜作者未能完成其全部写作，只写到芒松芒赞赞普。

"一切从历史实际出发"，实事求是，是马克思主义关于历史研究的准则。研究任何民族的历史，历史事实是治史的基础。一部历史著作，不管其规模何等宏伟，文字何等优美，只有在具体可靠的史料基础上才能构筑成功。历史的真实性，无疑是任何史学著作的第一个价值尺度。公元 634 年，松赞干布遣使入唐，唐亦派冯德遐往使吐蕃。从此，唐蕃取得正式联系，特别是公元 641 年文成公主入藏，汉藏亲如一家，彼此使者往来不绝，唐蕃政治、经济、文化、军事联系进一步加强。一些重大事件，如松赞干布在位期间，641 年文成公主入藏；芒松芒赞在位期间，663 年禄东赞灭吐谷浑，670 年论钦陵（blon khri-bring）率兵夺唐安西四镇，败薛仁贵于大非川；都松芒波杰（dus-srang mang-po-rje）在位期间，696 年论钦陵与唐王孝杰大战于素罗汗山，698 年噶尔家族获罪，钦陵于宗喀兵败自杀，其弟赞婆（bisan-brod）率余众投唐；赤德祖赞（khri-lde-gtsug-btsan）期间，公元 710 年金城公主入藏，739 年金城公主薨逝；赤松德赞期间，763 年吐蕃攻陷唐都长安，783 年唐蕃清水会盟，787 年唐蕃平凉会盟，尚结赞劫盟；赤祖德赞在位期间，公元 821 年唐蕃长安会盟，822 年唐蕃逻些会盟，

823 年立唐蕃会盟碑，等等，或载于藏史，或载于汉史，或载于现存的吐蕃石碑，这都是确定历代赞普在世年代范围的重要线索。公元 634 年唐蕃建立联系后，赞普升遐，吐蕃遣使赴唐告丧，唐也派使入蕃吊祭。这些事件虽失载于现存藏史，但有关汉史却有详细记载，同样是考证吐蕃历代赞普在位年代的重要文献。吐蕃石碑是现存的珍贵文物，是吐蕃有关历史的真实写照。敦煌出土的有关吐蕃历史的藏文写卷，虽然残缺，且不知作者名姓，但就其内容与吐蕃石碑、汉藏关系史上的重大事件相对照，比其他佛教史更具有真实性。因此，本文在探讨吐蕃王朝历代赞普生、卒、在位年代时，以敦煌本吐蕃历史文书、吐蕃金石录、《白史》以及有关汉文典籍为基本依据，同时参考了其他后世文献。

关于藏史年代，传统上是以释迦牟尼佛的圆寂年代为定点进行推算的。然而释迦牟尼佛究竟何年入灭，各家说法很不一致，藏族学者东嘎·洛桑赤列（dung-dkar blo-bzsng phrin-las）在《红史》注释中计有二十余种，据民族出版社汇集的资料，佛涅槃年代多见的有五种①，有些说法前后竟相差一千五百多年。为不再导致吐蕃历史年代的混乱，本文不采用"佛纪元"，一律用公元纪年，注明汉藏传统纪年的干支。

全文分四部分。松赞干布的生、卒年是历来争论的重点，也是考证后世赞普生、卒年的基础，故独作一部分加以考证；从芒松芒赞到赤松德赞四赞普的生、卒年，敦煌文献中已有明确记载，本文作为第二部分，旨在证明；赤松德赞以后至吐蕃王朝崩溃，其间四赞普的生、卒缺乏原始记载，本文作为第三部分进行初步考证；在西藏学界，对于从达磨灭法至阿底峡入藏历时年代，一直存在不同看法，由此造成吐蕃历代赞普生、卒年代上的分歧，对此，本文在第四部分略加分析，从另一方面印证前面的证明。最后，对全文的基本观点进行小结，并以图表形式表明自己的观点，附录有关历史纪年和各家对历代赞普生卒年代的基本观点，以供读者

---

① 关于佛入灭年代，多见的有下面五种：一、布敦、凯珠认为佛入灭于公元前 915 年（丙午）。二、据普巴说法，佛圆寂于公元前 881 年（庚辰）。三、据尊者阿底峡的说法，佛圆寂于甲申，至藏历第十三绕迥甲申（公元 1764 年），历 2632 年。按此，佛当入灭于公元前 877 年。四、据萨迦班钦说法：佛圆寂于丁亥，至藏历第四绕迥丙子萨班三十五岁时（公元 1216 年），历 3291 年。按此，佛当入灭于公元前 2074 年。五、印度佛教徒认为公元 1956 年为释迦牟尼佛圆寂两千五百年。按此，佛当入灭于公元前 544 年（丁巳）。上述说法不一，特别是萨迦班钦与印度佛教徒的说法竟相差一千五百三十年。

参阅。

据现有资料，本文对吐蕃历代赞普生、卒、在位年代，虽提出了一些粗陋的看法，但其中一些问题，如松赞干布享年三十三岁而有孙嗣立，芒松芒赞、都松芒波杰、赤祖德赞祖孙三代赞普均一岁即位，金城公主与七岁的赤祖德赞联姻等，尚有待于进一步探讨。笔者期待，随着我国藏区考古发掘工作的进展，吐蕃历史年代问题将会得到最后的解决。本文在撰写过程中得到西北民族学院王沂暖教授和健白平措副教授的指导，谨致谢忱。

一 松赞干布的生、卒年代

（一）松赞干布生、卒年的争论

松赞干布，汉史称弃宗弄赞、弃亦农赞、弃苏农、弗夜氏等，是吐蕃王朝的出名赞普，也是我国历史上的杰出人物。但对他的生、卒年一直存在争论，历史上，多数藏族学者主张享年八十二岁。在具体的生、卒年代上，八十二岁说又分为两派，萨钦·札巴坚参（sa-chen graes-pa rgyal-mts-han）、布敦·仁钦珠（bu-ston rin-chen-grub）、巴俄·祖拉陈瓦、蔡巴·贡嘎多吉、萨迦·索南坚参等认为生于丁丑（公元 617 年），卒于戊戌（公元 698 年），享年八十二岁；而桂译师旬奴贝、五世达赖、第司桑结嘉措（sangs-rgyas rgya-mrsho）、康人居牟盘（ju-mi-pham）等则认为生于己丑，卒于庚戌，享年八十二岁。对其甲子所属存在不同说法，按《青史》等松赞干布诞生至 823 年立唐蕃长庆会盟碑历二百五十二年的观点，松赞干布当生于 569 年的己丑，卒于 650 年的庚戌；按《青史》从辛酉年达磨即位至 1042 年阿底峡入藏历一百四十一年、《西藏王臣记》关于松赞干布享年八十二岁，庚戌升遐至该书 1643 年写成历九百三十二年的观点，松赞干布当生于 629 年的己丑，卒于 710 年的庚戌。[①]《白史》作者格敦曲培取上述八十二岁说派中头一派的生年和后一派的卒年，即生于丁丑（617 年），卒于庚戌（650 年），主张松赞干布享年三十四岁。

[①] 见《青史》（西北民院油印本）第 54 页，《西藏王臣记》，民族出版社版，第 63 页；并参见本文第四部分。

新中国成立后，藏族史的研究工作有了很大的进展，不少学者追循《白史》观点，撰文著书，明确写明松赞干布享年三十四岁。但不少学者对 617 年这个生年表示怀疑。王沂暖教授据唐杜佑《通典》"隋开皇中，其主论赞索弄赞（南日松赞）都**郡**柯西匹播城（今西藏山南琼结pbyons-rgyas）已五十年"的记载，提出松赞干布生于癸丑年（公元 593年）、卒于庚戌年（650 年），享年五十八岁的观点，这是一个值得注意的新观点。

随着对唐蕃关系史的研究，多数学者肯定了松赞干布卒于 650 年的观点。但个别学者坚持卒于戊戌（698 年）说，在西藏学界还有一定影响。松赞干布是吐蕃王朝的开国赞普，他的生、卒年，特别是卒年，直接影响到后世赞普生、卒、在位年代的确定。如果松赞干布的生、卒年推算错误，势必造成整个吐蕃王朝历史年代的混乱。因此，考证松赞干布的生、卒年，是厘清吐蕃历史年代的基础。

（二）松赞干布的卒年

《敦煌本吐蕃历史文书》编年史记载：

"……（残缺）赞蒙文成公主由噶尔·东赞域宋（mgar stong-rtsan yul-zung）迎娶来吐蕃之地……

此后三年，赤松赞赞普之世，灭李聂秀，将一切象雄部均收于治下，列为编氓。

此后六年，赤松赞赞普升遐，与赞蒙文成公主同居三年。

及至狗年，秘厝赞普祖父赤松赞之遗骸于琼瓦（phying-ba）灵堂……"

引文未确指赤松赞（即松赞干布）升遐的年代，但写明了噶尔·东赞域宋（汉史称禄东赞、薛禄东赞、娄禄东赞）迎娶文成公主离长安来藏地的事件。《旧唐书·吐蕃传》载："贞观十五年，太宗以文成公主妻之，令礼部尚书、江夏郡王道宗主婚，持节送公主子于吐蕃。"《册府元龟》《资治通鉴》《新传》等都有同样的记载。竖立在拉萨大昭寺前的长庆会盟碑东侧（藏文）亦载："……唐以李姓得国，当其立国之二十三年，王统方一传，神圣赞普弃宗弄赞与唐主太宗文武孝皇帝通聘和亲，于贞观之岁，迎娶文成公主。"唐高祖李渊，于公元 618 年称帝，国号武德，公元 619 年（武德二年）灭隋，经二十三年，恰为贞观十五年。因此，唐贞观十五年（641 年），文成公主进藏联姻确定无疑。以文成公主进藏年代为定点，不难看出《敦煌本吐蕃历史文书》中的"此后三年"即指公元 643 年，"此后六年"则指公元 649 年，尔后的"及至狗年"正是唐高宗永徽元年，庚戌，公元 650 年。故按敦煌文献，松赞干布当卒于己酉（649 年）。但汉史均记为永徽元年（650 年，庚戌）卒，比敦煌文献所记晚一年。

由于吐蕃的匿丧，往往造成汉藏史书纪年上的差异。如《敦煌本吐蕃历史文书》编年史载："及至鼠年（丙子，676 年）……赞普赤芒伦（即芒松芒赞）升遐于后藏的邦那……及至兔年（己卯，679 年）……祭祀父王赞普之遗体于琼瓦……"汉史正好将 679 年作芒松芒赞的卒年。[①] 显然，吐蕃匿丧三年，汉史晚记卒年三年。再如敦煌文书载，都松芒波杰卒于公元 704 年，汉史却为 705 年。不难看出，汉史纪年因吐蕃匿丧而发生错误，往往以告丧使者至唐的时间为赞普升遐年份。

匿丧与当时的政治形势有关。松赞干布死后，直到公元 821 年唐蕃长庆会盟，吐蕃王朝不断向外扩张，先后征服了吐谷浑、党项、西洱等部，夺取唐安西四镇，削弱唐朝边地屏障，与唐时战时和。并且由于连年战争，国内阶级矛盾激化，政局不稳。如公元 676 年冬芒松芒赞升遐，由于政局动荡而匿丧三年，从而使汉史书记载出现出入。

松赞干布的卒年汉史晚记一年，是否也是匿丧所致？据当时吐蕃的政治形势，似乎无此必要。松赞干布继承父亲南日松赞的事业，统一西藏高原，并以有力措施，巩固新生政权，促进当时藏区社会的发展，受到人民的拥护，内部局势比较稳定。对外，松赞干布主动与唐通好，贞观八年（634）始遣使入唐，太宗遣行人冯德遐往抚慰吐蕃。松赞干布听说："突厥及吐谷浑皆尚公主，乃遣使随德遐入朝，多赍金宝，奉表求婚。"但"太宗未之许"。使者返回吐蕃，说唐不许婚是吐谷浑离间的缘故，松赞干布便于贞观十二年（638）发兵击吐谷浑，旋即率众二十余万屯松州（今四川松潘）西境，威胁唐朝。这是文成公主未嫁前的情形。及至文成公主进藏，唐蕃关系发生很大变化。641 年文成公主进藏，"弄赞率其部兵次柏

① 见《资治通鉴》卷 202。

海亲迎于河源，见道宗，执子婿之礼甚恭"。在逻些"筑城以居公主"，"遣酋豪子弟，请入国学，以习诗书，又请中国识文之人典其表疏……"① 贞观二十年（646）太宗亲征辽东归来，松赞干布立即遣大相禄东赞入唐，"上书曰：'陛下平定四方，日月所照，并臣洽之……臣谨冶黄金为鹅以献。'其高七尺，中实酒三斛"②。贞观二十二年（648）唐王玄策、蒋师仁等出使中天竺摩揭陀国，国王尸罗逸多（har-kha）于上一年（647）死，无子，其臣那伏帝·阿罗那顺（ardsu-na）篡位，掠中国使节。王玄策奔吐蕃求救，吐蕃发兵千人，尼婆罗（bal-yul）助骑兵七千，击溃阿罗那顺，并向唐廷遣使献捷。③ 可见，自641年文成公主入藏联婚，唐蕃友好往来，终松赞干布之生。吐蕃内部稳定，对外又关系融洽，匿丧没有必要，应该排除。

根据《旧唐书》记载，贞观二十三年（649）五月，己巳，"上（唐太宗李世民）崩于含风殿，年五十二"。"六月，甲戌朔，皇太子（高宗李治）即皇帝位，时年二十二"。贞观二十三年八月以后事件《旧唐书》失载。《资治通鉴·唐纪十五》载（贞观二十三年）："上以吐蕃赞普弄赞为驸马都尉，封西海郡王。赞普致书于长孙无忌等云：'天子初即位，臣下有不患者，当勒兵赴国讨除之。'"虽未写明月份，但此条两段前为"冬，十月"，此条后为"十二月"，显而易见，长孙无忌等接到松赞干布的信的时间当在十一月底或十二月初。《旧唐书·本纪第四》又载："（永徽元年）五月丁未……吐蕃赞普死，遣右武卫将军鲜于匡济赍玺书往吊祭。"这里需要特别注意的是汉史所记系当时在唐王朝发生的事件，上面的吐蕃致书长孙无忌等约在十二月初，是指长孙无忌接到信的时间，并非写信遣使的时间；同样，后一条的"五月"，指唐廷获悉吐蕃赞普死讯后遣使往吊的时间，并非指松赞干布于650年5月升遐。吐蕃"地直京师西八千里"，按当时的交通设施，从逻些到长安，非数月不可，不见得赞普升遐，吐蕃立即遣使赴唐告丧，唐也不一定闻讯后即刻遣使往吊。综合这些原始记载，可做这样的设想：

贞观二十三年（649年）五月太宗崩，六月高宗即位，遣使赴吐蕃赐

① 《旧唐书·吐蕃传》
② 《新唐书·吐蕃传》
③ 见《资治通鉴》唐纪十五。

封松赞干布为驸马都尉和西海郡王。九月，使者至逻些，随即松赞干布遣使赴唐致书于长孙无忌。年底，使者至长安（如《资治通鉴》所记）大约在使者向长孙无忌递交致谢信前后，松赞干布在今拉萨东北部彭波（pan-yul）的萨莫岗（zal-moi-sgang）患一种瘟疫，突然去世。① 狗年（高宗永徽元年）初"秘厝赞普祖父赤松赞之遗骸于琼瓦"（吐蕃赞普故土，在今山南琼结县，现存有古藏王墓群），并遣使赴唐告丧，五月，唐廷获悉赞普升遐，高宗为之举哀，遣右武卫将军鲜于匡济赍玺书往吊祭（如《旧唐书》所记）。这样，松赞干布卒于己酉年（649 年）冬（或年底），与《敦煌本吐蕃历史文书》相吻合。以后的藏史认为松赞干布卒于戊戌或庚戌，均肯定了卒于狗年，恐受汉史误记的影响，因为唐高宗永徽元年是狗年。

松赞干布享年八十二岁，卒于戊戌（698）年，甚至卒于 710 年庚戌的观点至今有人坚持，也有人相信，我们有必要澄清。否则，松赞干布去世以后的年代将成为"一锅粥"。

下述事实可以说明松赞干布享年八十二岁，卒于 698 年的观点不能成立。

第一，禄东赞是吐蕃王朝时期的出名人物。据《敦煌本吐蕃历史文书》传记第六节记载，松赞干布弱冠嗣立不久，老臣琼保·邦色苏孜（khyung-po spung-sad-zu-tse）企图暗害松赞干布，篡夺政权。他启请松赞干布到他庄园赴宴，松赞干布应允，令禄东赞前往安排牙帐行宫。禄东赞去后发觉邦色苏孜暗害赞普之阴谋，火速潜回，禀告赞普，邦色苏孜见阴谋败露，便自刎毙命。禄东赞保驾有功，受到赞普的器重。几乎所有藏史都载松赞干布十三岁嗣立②，据禄东赞保驾的事迹，其年龄定大于松赞干布。在未考证松赞干布生年前，权且假定松赞干布生于公元 617 年，到公元 640 年松赞干布遣禄东赞赴唐迎娶时，年二十四岁，唐人阎立本是目睹禄东赞一行的画家，他的"步辇图"反映禄东赞一行晋见唐太宗的情景，保存至今，为每一个学习藏族史的同志所熟知。从"步辇图"看，禄东赞年龄略大于太宗，为计算方便，权作同龄，太宗生于隋开皇十八年（598年），接见禄东赞时为四十三岁，此时松赞干布二十四岁，即禄东赞长松

① 《西藏王臣记》，第 63 页；《贤者喜宴》，第 154 页；夏格巴《西藏政教史》。
② 《贤者喜宴》，第 32 页，转载《柱间史》中的记载说："松赞干布四岁登基，以法治国，邻国震惊，纷纷遣使赍札来蕃致贺。"

赞干布十九岁。我们暂且不管松赞干布卒于何年，先看他升遐后的情况：《贤者喜宴》第 110 页载，松赞干布的遗嘱由禄东赞等写成文字，埋于大昭寺柱下［即后世宣称的《玉柱王诰》（bkav-chems ka-khol-ma）亦译为《柱间史》，由阿底峡发现而为世所知］。同书第 154 页还载：禄东赞安排墓葬事宜，厝松赞干布遗骸于雅隆琼结。同书第 158 页还有这样一条记载：芒松芒赞执政期间，唐军趁松赞干布亡故，进犯吐蕃，禄东赞多次领兵还击，后禄东赞亦死于疆场。其他藏史亦有类似记载。这些虽与事实有出入，但肯定了松赞干布死后，芒松芒赞嗣立、禄东赞辅政的基本事实。《资治通鉴》卷 199·唐记十五载："（永徽元年）夏，五月，壬戌，吐蕃赞普弄赞卒，其嫡子早死，立其孙为赞普。赞普年幼，政事皆决于国相禄东赞。"《敦煌本吐蕃历史文书》编年史详细记录了松赞干布死后禄东赞的活动：禄东赞于 652 年抚服珞哇（glo-ba）、赞尔夏（rtsan-rhya）；653 年于祐（gyug）地定牧业税；654 年去蒙布赛宗（Mong-pu-sral-mdsong）集会，655 年于高尔德（gor-ti）地方写定法律条文；656 年于赞木（gtsam）的玛尔（mar）地方征收牧业税，657 年驻宁钟（snying-drung）的上叶帖娃（gye-thal-ba）；658 年驻宁钟的那仁（sna-rings）地方；659 年至 666 年常驻吐谷浑。其间于"高宗龙朔三年（663），吐谷浑之臣李贵（《册府元龟》为李贵，《资治通鉴》为素和贵）有罪逃奔吐蕃，具言吐谷浑虚实，吐蕃发兵击吐谷浑，大破之，吐谷浑可汗诺曷钵与弘化公主帅数千帐弃国走依凉州，请从内地"。"吐谷浑故地皆入于吐蕃"[1]。直到 667 年禄东赞颈部患痈疽亡故。显然，禄东赞在松赞干布死后活了十八年，且一直频繁活动，死前过着戎马生活。禄东赞长松赞干布十九岁，晚死十八年，其享年则比松赞干布大三十七岁。若松赞干布享年八十二岁，则禄东赞享年一百一十九岁，试问这样的老人能驰骋疆场、领兵冲杀？

第二，继文成公主进藏之后，于唐中宗景龙四年（710）春正月，"丁丑，（唐中宗）命左骁卫大将军、河源军使杨矩为送金城公主入吐蕃使。己卯，（中宗）幸始平（后改为金城县），送金城公主归吐蕃"[2]。《敦煌本吐蕃历史文书》编年史载："及至狗年（庚戌，710 年）……派员准备赞

---

① 《资治通鉴》卷 201，唐纪七。
② 《旧唐书》本纪第七。

蒙（金城）公主来藏之物事。以尚·赞咄热拉金（zhang btsan-to-re lha-sbyin）等为首的迎婚使，迎娶赞蒙金城公主至逻些之鹿苑（sha-tshal）。"拉萨大昭寺前的长庆会盟碑东侧藏文亦载："……此后神圣赞普弃隶缩赞（khri-lde-gtsug-brtsan）与唐主（中宗）圣文显武皇帝重结旧好，景龙之岁，复迎娶金城公主，永崇甥舅之好矣。"汉藏史书完全一致。因此，公元710年金城公主进藏与芒松芒赞之孙赤德祖赞联姻是铁的事实。后世藏史中却载，赤德祖赞的妃子姜莫尺尊（jang-mo khri-btsun）生了一个王子，天庭饱满，眉清目秀，俊美异常，宛如天神下凡，故取名姜察拉文（jang-tsha lha-dbon）意为姜氏生的天之骄子。王子长成后，大家认为藏女系狝猴与罗刹女交合而生的后代，不堪做姜察拉文的妃子，所以效法先祖松赞干布迎娶文成公主的先例，遣使赴唐请婚，迎娶金城公主进藏。就在金城公主进藏途中，贵族聂·赤桑羊敦（gnyags khri-dzang yang-don）妒忌姜察拉文未娶他的女儿，怀恨在心，指示一咒师在旁塘（phang-thang）趁王子骑马夜行，放暗箭杀害。金城公主业已进藏，只好做了姜察拉文父王赤德祖赞的妃子。① 根据敦煌文献，这些均属虚构，不过也肯定了赤德祖赞与金城公主联姻的历史事实。令人不解的是持松赞干布享年八十二岁，卒于戊戌（698）说的史学家们也极力主张上述虚构的故事。但按照他们推算的年代，赤德祖赞生于庚辰年（740），其父都松芒波杰生于壬子（712年），710年金城公主进藏时，赤德祖赞的父亲只两岁，刚刚学步，金城只有与赤德祖赞的祖父芒松芒赞成亲了。而虚构故事中的赤德祖赞则于金城进藏三十年后方才呱呱落地，等到王子姜察拉文成年，至少还得三十年，那时，金城已年近八旬，岂能与赤德祖赞成亲？若按《青史》《西藏王臣记》等佛教后弘期的年代推算，松赞干布升遐和金城公主入藏为同年，历史将更加混乱。

第三，唐穆宗长庆元年（821年），吐蕃赞普赤祖德赞遣使赴唐请盟，十月，穆宗命宰相崔植及大臣凡十七人与吐蕃使者论纳罗（blon na-lod）

---

① 详见《巴协》，民族出版社，第3页；《西藏王臣记》，第68页；《贤者喜宴》，第162页；是谁杀死王子有不同说法：《巴协》讲王子骑马夜行，为一咒师箭杀；五世达赖讲因未娶聂氏女，为聂·赤桑羊敦所杀；《贤者喜宴》《王统世系明鉴》却说，赛马时王子自己坠马而死。

会盟长安西郊兴唐寺，并以大理卿刘元鼎为唐蕃会盟使，偕同纳罗入藏。[①]长庆二年（822 年）夏五月六日，吐蕃钵掣逋（即钵阐布 ban-de chen-po）主盟，刘元鼎与吐蕃臣寮十余人会盟于逻些。[②]"长庆二年（822 年）八月，大理卿刘元鼎使吐蕃回"[③]。长庆三年（823 年）将盟词镌碑，立于逻些大昭寺前公主柳下，至今屹立。现将石碑东侧藏文盟词的首尾两段载录如下：

> "大蕃神圣赞普可黎可足与大唐文武孝德皇帝[④]，商量社稷如一统，立大和盟约。兹述甥舅结约始末及此盟约，勒石以垂永久……"
>
> "……与唐文武孝德皇帝甥舅商量社稷如一统，结大和盟约于唐之京师西兴唐前，时大蕃彝泰七年，大唐长庆元年，即辛丑年十月十日，双方登坛，唐廷主盟。又盟于吐蕃逻些东哲堆园，时大蕃彝泰八年，大唐长庆二年，即壬寅夏五月六日，双方登坛，吐蕃主盟。盟词镌碑于大蕃彝泰九年，大唐长庆三年，即癸卯春二月十四日……"

盟文不仅写明唐蕃两主穆宗和可黎可足（即赤祖德赞，热巴金）的名号，概述了会盟的经过，并且准确地记载了会盟、树碑日期。石碑是历史的见证，谁也不能否认。但按照松赞干布享年八十二岁卒于戊戌（698 年）说，历代赞普生、卒年后推，赤祖德赞生于丙戌（公元 866 年），即唐蕃长庆会盟四十五年后赤祖德赞才出生，这不是完全否认了拉萨大昭寺前的长庆甥舅会盟碑吗？

还可以举出很多例子。不过就此足以说明松赞干布卒于 698 年或 710 年的观点是绝对不能成立的，松赞干布卒年的后推，将使整个吐蕃王朝时期的历史年代、事件混乱不堪。发生这种错误的重要原因，是持这派观点的人，以各种借口怀疑甚至否认业已证明是正确的敦煌文献，无视现存的吐蕃金石刻铭这些历史见证，无视自公元 634 年起唐蕃通好、联姻，在政治、经济、军事、文化各个方面有着密切联系的历史事实。不能以这些原

---

① 详见《资治通鉴》卷 242，唐纪五十八。

② 见《新唐书·吐蕃传》。

③ 见《穆宗实录》

④ 唐穆宗李恒的尊号。《资治通鉴》卷 242，唐纪五十八载："长庆元年，秋七月，壬子，群臣上尊号曰文武孝德皇帝。"

始材料为依据，分析、参考后世藏史、佛教史，来研究吐蕃历史，而是一头埋进佛教史，认为只有它才是唯一正确的历史记录。

（三）松赞干布的生年

汉藏原始资料中没有松赞干布生年的明确记载。如前所述，后代藏史学者，一派认为生于丁丑（617 年），一派认为生于己丑（569 或 629 年）。两派均认为生于牛年，但具体在哪一个牛年上，看法不一致。为了确定其生年的时间范围，我们有必要首先搞清楚吐蕃王朝建立前西藏高原各割据势力的分布情况，以及《隋书》中的"女国"与敦煌文献中"苏毗"（森波）的关系问题。

据敦煌文献"传记"部分记载，公元六世纪，吐蕃王朝建立前，西藏高原上有宝髻、象雄、藏博（gtsang-bod）和苏毗等。宝髻王达布聂西据秦瓦达孜（phying-ba stag-rtse）城堡，即今之山南琼结；松赞干布之妹赛玛噶（sad-mar-kar）曾嫁象雄王李聂秀（lig-snya-shur），据松赞干布所派使臣见赛玛噶于玛旁雍措湖滨的记载，象雄在阿里，其活动中心为今之普兰县（spu-hreng)[①]，藏博即今之后藏日喀则地区[②]；苏毗，或译为"孙波"，《敦煌本吐蕃历史文书》译为"森波"。苏毗有两王：达甲吾（stag-skya-bo）和赤邦松（khri-pangs-sum）。达甲吾居年克尔（nyen-kar）旧堡。赤邦松居隅那城（yul-sna）。《贤者喜宴》载松赞干布建立吐蕃王朝后，划定军事行政区域，将全藏划分为五"如"，五"如"之一的"叶如"（gyas-ru）以"象"（shangs）为中心，即今之后藏雅鲁藏布江北南木林（gnam-gling）县一带。叶如下设十东岱（stong-sde 千户所），其中之一为年克尔。南日松赞攻克隅那城，灭赤邦松后改该地名为"彭域"（phan-yul），彭域即今拉萨东北部地区。因此可以肯定苏毗位于雅鲁藏布江以北的广大区域。

隋代，见于史籍的有"女国"和"东女国"。《册府元龟》卷 958，外臣部，国邑二载："东女国，西羌之别种，以西海复有女国故称东女焉，

---

① 详见《敦煌本吐蕃历史文书》传记第八节。但美籍华裔学者张琨则认为，有关吐蕃历史的早期资料表明象雄本在西藏的北部和东北部，至九世纪后半期才迁移到阿里地区，见《西藏研究》1982 年第 1 期"论象雄"。
② 《中国历史地图集》第五册隋图中，作西藏山南南部地区，中国地图出版社，1974。

俗以女为王，东与茂州、党项接，东南与雅州接。"茂州、雅州即今四川茂汶、雅安，故东女应在今四川省西北部阿坝、甘孜藏族自治州境内。据《册府元龟》记载，唐高祖武德三年（620 年）、高宗显庆元年（656 年）、武则天垂拱二年（686 年）、武则天神功元年（697 年）东女曾多次遣使赴唐献方物。玄宗天宝元年（742 年）唐封其王赵曳夫为归昌王，是后以男子为王，德宗贞元九年（793 年）其王汤立宪内附，授归化州刺史。可见东女未被吐蕃吞并，故与敦煌文书中的苏毗无关。

关于女国的地理位置，《册府元龟》称在西海，《北史》《隋书》讲"位于葱岭之南"，均为概指，难定其确切范围。中国地图学社 1974 年出版的《中国历史地图集》第五册隋图中，标明女国位于今西藏阿里专区改则（sger-rtae）以西的日土（ru-thog）县境和噶尔（sgar）、革吉（dge-rg-yas）县的北部地区，约东经 77°～83°，北纬 32°～33°。至唐代，女国匿迹。唐图中代之以麻芤，似为羊同所灭，对此有下面的疑问。

第一，《北史·附国传》载，附国"西有女国，其东北连山，绵亘数千里，接于党项"，女国数与"党项战争"。按此，女国位于党项西南且与之相连。《通典》卷 191 载："党羌在古析支之地……男女并衣裘褐，仍被大毡，不知耕稼，土无五谷，气候多风寒，以牦牛马驴羊豕为食，五月草始生，八月霜雪降，求大麦于他界，酝以为酒……"析支，即赐支，在青海黄河河曲一带，故党项羌又称折支羌、河曲羌，且《通典》所载党项之气候习俗一如河曲牧区特征。日本西藏学家佐藤长在《关于河西九曲之地》中也认为后汉的析支水即唐代的河西九区（见冯蒸《国外西藏研究概况》第 66 页）。因此，党项应在上述东女的北部，即今甘青川交会处，其主要区域在今青海省果洛藏族自治州。女国东北"接于党项"，显然女国在藏北和青海玉树、囊谦一带，而不在阿里。

第二，《北史》《隋书》均载女国于"隋开皇六年（586 年）遣使朝贡，后遂绝"。若女国位于葱岭之南的西藏的阿里地区或其西部的迦湿弥逻，与隋王朝通好，必取道西域，渡流沙（今新疆境内的白龙堆沙漠），入玉门，经河西走廊到祖国内地。但《北史》西域条载："东、西魏时，中国方扰，及于齐、周，不闻有事西域，故二代书并不立记录。隋开皇、仁寿之间，尚未云经略。炀帝时，乃遣侍御史韦节、司隶从事杜行满使于西藩诸国，……大业中，相率而来朝者四十余国……"可见开皇六年女国使隋非取道西域，而是走青海道。所以，女国不属西域诸国之一，而位于藏北。

根据上面分析，敦煌文献中的苏毗与《隋书》中的"女国"为同一地理位置。

另外，《北史》《隋书》讲女国"世以女为王，王姓苏毗"，"其女王死，国中厚敛金钱，求死者族中之贤女二人，一为女王，次为小王"。敦煌文献中亦有苏毗王达甲吾，小王赤邦松之说，且森波与苏毗音接近。因此，苏毗即苏毗女国。

据《敦煌本吐蕃历史文书》记载，远在松赞干布的祖父达日年斯时代，苏毗王达甲吾"凡事偏听轻信，颠倒为之，以恶为善，以善为恶"，致使"全境臣民均怨诽于王"。大臣年·几松（rnnyan-ji-zung）在多次规谏被拒之后，遂杀达甲吾，率众投归小王赤邦松。赤邦松将达甲吾所辖的布瓦（sbur-bo）寨堡划出一部，连同垄牙（klu-ya-gsum）下部的氏族民众与土地赐给年·几松。后几松的内侍娘·曾古（myang tseng-sku）不堪年·几松夫妇的凌辱而诉苦于赤邦松，但赤邦松置之不理；韦·旁多热义策（dbas pangs-to-redbyi-tshab）之兄被人杀害而诉冤于赤邦松，但赤邦松不主持公道。于是娘氏、韦氏怨恨赤邦松，结伴投奔达布聂西，与之盟誓，愿为宝髻内应，共灭苏毗。达日年斯未来得及渡江北伐，猝然去世。后南日松赞继承父亲的遗志，与娘·曾古、韦·义策等六人（均为娘氏、韦氏暗中串联的苏毗旧臣）重新盟誓。尔后，约定会期，娘氏等潜图苏毗。经一番准备，南日松赞让弟弟伦果尔（slon-kol）和母后东宗留守琼结本土，自己亲率精兵万人，启程远征，在娘·曾古、韦·义策等人的配合下，攻破苏毗王寨堡，赤邦松被杀，王子芒波杰孙波（mong-po-je sum-po）逃亡突厥，苏毗故土遂成雅隆辖地。

根据王忠同志的考证，开皇六年（586 年）遣使向隋朝贡的苏毗王是达甲吾。[①] 那么，年·几松杀达甲吾投归小王赤邦松当在公元 586 年以后。娘·曾古和韦·义策不满赤邦松，投奔达日年斯，这说明约在公元 590 年前达日年斯为宝髻赞普，南日松赞约于公元 590 年继任赞普，南日松赞灭

---

① 见王忠著《松赞干布传》，上海人民出版社，第 7 页；《新唐书吐蕃传笺证》，科学出版社，第 22 页。

苏毗当在 590 年至 600 年之间。《西藏王臣记》（第 26 页）、《贤者喜宴》（第 28 页）都记载松赞干布生于"强巴不变宫"（byams-pa mi-gyur-gling）。据西藏自治区文管会编译组考证，此宫在拉萨市东北今墨竹工卡县（mal-gro gung-dkar）境内的甲马（尺岗）公社，至今尚存遗址。墨竹工卡系苏毗故地，故松赞干布必生于吐蕃灭苏毗之后。

许多藏史讲南日松赞在位六十年，松赞干布十三岁即位，仅此亦可说明松赞干布不可能生于父亲执政以前。又，藏史公认松赞干布生于牛年。从公元 590 年南日松赞执政至 649 年松赞干布升遐，共有五个牛年：癸丑（593 年）、乙丑（605 年）、丁丑（617 年）、己丑（629 年）、辛丑（641 年）。若生于癸丑（593 年）或乙丑（605 年），一无历史记载可凭，二与其父王在位六十年的数据出入太大。如生于辛丑（641 年），则文成公主进藏时他年仅一岁，更不可能。五世达赖主张松赞干布享年八十二岁，《西藏王臣记》第 63 页载"松赞干布的卒年距本书问世的藏历第十一绕迥的癸未（1643 年），历九百三十二年"。按此松赞干布卒于 710 年，当生于629 年（己丑）。按此，到 638 年松赞干布仅十岁，因请婚未允，竟发兵击吐谷浑，旋即屯兵松州西境，威胁唐朝，难令人置信；641 年文成公主进藏时，松赞干布年仅十三岁，"率兵次柏海（今青海省果洛州玛多县扎陵 mtsho skya-ring、鄂陵湖 mtsho sngo-ring）亲迎，见道宗，执子婿礼甚恭"亦无可能。后世藏史关于南日松赞在位六十年的说法，在未见到原始史料前，只能是一参考数据。据南日松赞北伐时母亲在世，原来反叛苏毗投奔达布聂西的一些老臣，如韦·义策等到南日松赞死后还在世，《敦煌本吐蕃历史文书》传记第二章还载松赞干布的一大臣噶尔·芒相松朗（mgar mang-zham sum-snang）系祖父仲年德乌赞普的功臣，说明南日松赞在位不一定有六十年。若松赞干布生于 617 年丁丑，则 629 年执政时十三岁，其父王南日松赞在位约四十年，641 年迎娶文成公主时松赞干布二十五岁。因此，《贤者喜宴》《王统世系明鉴》《红史》《白史》等松赞干布生于丁丑（617 年）的观点最为合理。

对松赞干布生于丁丑（617 年）的观点，汉史也可以佐证。《旧唐书·吐蕃传》载："贞观八年，其赞普弃宗弄赞（松赞干布）始遣使朝贡。弄赞弱冠嗣位，性骁武，多英略，其邻国羊同及诸羌并宾伏之。"贞观八年，即 634 年松赞干布首次遣使朝唐，这时候的松赞干布一定年龄不大，嗣位年代与 634 年遣使也不会久远。若此时松赞干布已经老耄，或即位很久，则《旧唐书》写"弱冠嗣位"既无意义，文理也不通。可见《旧唐书·吐蕃传》的此条与《隋书·女国》《敦煌本吐蕃历史文书》传记中所叙述的事实相吻合，以后藏族史学家关于南日松赞在位六十年的说法也与之相接近。

对松赞干布生于丁丑（617 年）的观点，一些宗教传说也可以佐证。不少佛教史讲，松赞干布是观世音菩萨的化身，尼泊尔尺尊公主（khri-bt-sun）是金刚愤怒佛母的化身，文成公主是卓玛度母的化身，因到人间弘扬佛法，普度众生而同时降生。"同时降生"显然不可能，但说明松赞干布与二妃的年龄不会太悬殊。从拉萨大昭寺、布达拉宫等寺庙中的松赞干布、文成公主的塑像看，年龄也相仿佛。汉族传统是早婚，像文成公主这样的王室闺秀出嫁时不会超过二十岁。松赞干布生于 617 年，到 641 年文成公主进藏为二十五岁，则年龄与文成公主相接近。

《白史》第 88 页转引西藏原始宗教——本教的《强玛史》（byams-ma）中的一种说法，说松赞干布迫害本教，因此短寿，只活了三十六岁。此说也与松赞干布生于 617 年的观点近似。

按照《青史》等关于松赞干布诞生至 822 年辛丑，唐穆宗、热巴金长庆会盟立碑历二百五十二年的观点，松赞干布生于己丑（569 年），即隋朝以前陈宣帝太建元年。按此，公元 586 年苏毗向隋朝贡、达日年斯为宝髻赞普时，松赞干布已年近二十，等到其父王南日松赞在位六十年后，松赞干布已年近九旬，而非"十三岁嗣立"了，此其一。其二，松赞干布若生于己丑（569 年），到 641 年文成公主进藏，则是七十三岁的老人，唐"以弱龄少女，嫁此衰年老翁，于情于理，均不易成事实，唐朝恐不会这样许婚"①。对于吐蕃来说，也恐怕无此必要。倘若出于当时息战安边的政治需要，唐王朝以少女嫁老翁，则七十三岁的松赞干布很难亲迎于柏海，行子婿之礼。

（四）松赞干布享年八十二岁说的两个基本论据

坚持松赞干布享年八十二岁，否认三十四岁说派有两条似乎无可辩驳

---

① 王沂暖：《松赞干布的生年、卒年和享年》，《西北民院学报》1981 年第 1 期。

的论据：①享年三十四岁与松赞干布一生的事业不相符合；②三十四岁难以有孙嗣立。

的确，松赞干布和每一个杰出的历史人物一样，有他永载史册的业绩。他"有勇略，为人慷慨才雄"，在动乱的年代里，幼年嗣立，继续父亲的事业，长期与分裂割据势力进行斗争，终于树立了专制王权，使吐蕃的统一稳定下来，西藏高原出现休养生息的和平时期，吐蕃的经济、文化繁荣起来，这一切推动了我国当时藏族地区的发展进程。因此，他一生的事业是永远值得纪念的。

需要指出，西藏高原的统一，吐蕃王朝的建立，经过了南日松赞和松赞干布两代的努力。如前所述，吐蕃对苏毗的兼并远在松赞干布即位前就已完成。苏毗地处西藏高原的中部和北部，年楚河流域、拉萨河流域和藏北高原都是苏毗的势力范围，这比吐蕃的本土大得多。历史上，吐蕃曾称臣于苏毗，达日年斯的妹妹在苏毗女王处为侍女，就是为质于苏毗。由于苏毗内部矛盾爆发较早，象雄又很边远，力量单薄，这样使当时农业已甚发达的宝髻王朝终于灭掉苏毗。① 此后，仍在南日松赞之时，"有琼保·邦色者，割藏博小王马尔门（mar-mum）之首级，以藏博两万户来献，（其土地民户）均入于赞普掌握之中"②。这样，就在松赞干布即位前，除阿里的象雄，西藏高原已被吐蕃统一。

公元 629 年松赞干布即位后，于贞观十二年（638 年）击败吐谷浑，"占领党项、白兰等羌部"③，贞观十八年（644 年）进攻西部阿里地区，"象雄王李迷夏失国，象雄一切部众咸归于辖下，收为编氓"④。但他政治活动的中心并非开拓疆域，而是以一系列积极措施巩固业已取得的新生政权。公元 629 年，松赞干布在"父王所属民庶心怀怨恨，母后所属民庶公开叛离，外戚如象雄、佐松巴（mdso-sum-pa）、聂尼达布（nyag-nyi dags-po）、工布（rkong-po）、娘布（myang-po）等均公开叛变，父王南日松赞被进毒遇弑"⑤ 的险恶形势下即位，他对杀害父王的进毒者果断地"尽行

---

① 详见翦伯赞《中国史纲要》，范文澜《中国通史》。
② 见《敦煌本吐蕃历史文书》传记第四节。
③ 见范文澜《中国通史》。
④ 详见《敦煌本吐蕃历史文书》编年史及传记第八节。
⑤ 见《敦煌本吐蕃历史文书》传记第六节。

斩灭，令其绝嗣"，叛乱很快被镇压下去。为了削弱吐蕃旧贵族势力，约于公元633年，离开吐蕃的发祥地——山南琼结，迁都逻些。派吞米·桑布扎等贵族子弟留学天竺、创制藏文字母，开始用文字写定法律条文。据《贤者喜宴》记载，松赞干布制定了三十六章程，涉及各个方面。如向王室交纳贡赋的制度，扶弱抑强、守界爱护民田法，十恶十善法，官府行文按内容重要与否分别撰写的规定；以五种章饰区别官阶的规定，规定统一的度量衡器等。行政区划方面推行"军户制"，将全藏划分为五"如"、六十一"东岱"，"如"有元帅，"东岱"有千户长，千户长以下又有大五百、百夫长等。民众分"轨"（rgod）、"佯"（gyang）两个阶层，均以名册登记。这种"军户制"的划分，既是军事区，又是行政区，由赞普统一指挥。同时规定论、相品级官阶，健全管理制度，从而削弱了贵族势力，加强了王权统治。① 对外，松赞干布主动与友邻通好，先后迎娶尼泊尔赤尊公主和唐王朝宗室女文成公主，派遣贵族子弟到唐、天竺、泥婆罗学习文学、医学、绘画、建筑、雕塑技术。特别是自松赞干布起，佛教在西藏开始传播，他是西藏历史上第一个把佛教思想作为统治工具的人。他倡建大小昭寺等，供奉佛像经典，并组织人力开始翻译佛经。这一切对巩固政权无疑起着巨大作用。当然，这些成就的取得，除了松赞干布本身的才干，还与其父为统一西藏高原而做的努力，禄东赞、吞米等出名将相的辅佐是分不开的。松赞干布公元629年即位，649年冬升遐，在位二十一年。从时间上讲，做出以上业绩是完全可能的。

关于松赞干布享年三十四岁，难以有孙嗣立的问题，使不少研究者绞尽脑汁。几乎所有的藏史都载：松赞干布迎娶赤尊、文成公主后，又娶象雄氏（zhang-zhung-bzav）、如雍氏（Ru-yong-bzav）和木聂氏（mo-nyag-bzav），均未生育，最后，娶孟萨赤姜（mong-bzav khri-lcam），生贡松贡赞。贡松贡赞卒于父前，松赞干布死后，孙芒松芒赞嗣立。

《王统世系明鉴》《贤者喜宴》中载贡松贡赞生于辛巳（681年），芒松芒赞生于丙戌（686年），两人年龄相差五岁，难以构成父子关系。敦煌文献中两处出现南日松赞有个弟弟叫伦科尔。敦煌出土的吐蕃历史文书原件，在现在正式出版的编年史前，虽文字残缺，语义无法连贯，但两处有"赞普兄

---

① 详见《贤者喜宴》，第41～44页。

松赞和弟赞松"的字迹。可以断定，松赞干布有叔父、弟弟等嫡系亲属。又，藏文侄孙同词。根据这些，笔者曾设想贡松贡赞与芒松芒赞是否是叔伯兄弟，而非父子关系，汉史将"无子，立其侄"，误译为"无子，立其孙"。

但这个设想存在破绽：第一，《敦煌本吐蕃历史文书》明载松赞干布有子有孙。该书赞普世系表载："……论赞龙南木（南日松赞）与蔡邦妃甄玛脱生松岱赞（松赞干布），松岱赞与蒙氏赤莫年东登（mon-za-khri-mo-mnyen-ldon-steng）生贡松贡赞，贡松贡赞与昆交芒木杰赤噶（khon-co-mang-mo-rje khri-skar）生芒松芒赞……"在松赞干布死后的编年中，连续两处提到松赞干布为芒松芒赞的祖父。藏文中，虽然"侄"和"孙"同词，但"叔父"与"祖父"是完全不同的。第二，历代藏族学者、藏族史书肯定松赞干布有子有孙，不能说毫无根据。《贤者喜宴》第248页记载的赤松德赞的第二诰令中，赤松德赞称松赞干布为"四祖"（bzhi-mes），讲从松赞干布至赤松德赞历五代，即松赞干布、贡松贡赞、芒松芒赞、都松芒波杰和赤德祖赞五代。这也足以说明松赞干布有子。

《资治通鉴》卷199·唐纪十五载："永徽元年，夏，五月，壬戌，吐蕃赞普弄赞（即松赞干布）卒，其嫡子早死，立其孙为赞普。"这条记载为我们提供了研究这个问题的重要线索。正室所生之子曰嫡子。帝王有后妃，后妃是正室。贡松贡赞既是"嫡子"，必为松赞干布首先迎娶的正妻所生。那么，谁是松赞干布的正妻？按藏史说法，尼泊尔尺尊公主是松赞干布的正妻。《王统世系明鉴》记载，文成公主初到逻些时，尺尊公主已在，向文成公主耍过威风，说"我尼泊尔公主，早来蕃地，先会君王，先为正妻，后者为妾……"但这个"正室"，一切史书却公认无嗣。据《俱舍论》（mdsod）和章嘉·饶白多杰（lcang-skya rol-bvi rdo-rjo）的《正字智源》（dag-yig mkhas-pvi-vbyung-gnas）等载，古代赞普登基，要具备转轮、如意宝、王后、大臣、大象（实际指军事力量）、将军、骏马等七宝，称为"杰斯那敦"。据才旦夏茸先生考证，松赞干布生于公元617年，在他二十三岁时，即公元639年，派禄东赞、吞米等去尼泊尔迎娶尺尊公主。[①] 松赞干布629年即位，到639年共十年。在位十年而无妻室，与赞普登基应有王后的要求不符。因此，推测松赞干布登基时或稍后一点一定

---

① 见才旦夏茸教授著《藏文文法》（thon-mvi zhal-lung），甘肃出版社，1980，第9页。

另有正妻，这个正妻就是《敦煌本吐蕃历史文书》赞普世系表中记载的贡松贡赞的生母蒙氏妃赤莫年东登。

《贤者喜宴》《王统世系明鉴》认为贡松贡赞生于辛丑（681 年，阴铁蛇年），而萨钦札巴则认为生于己巳（669 年，阴土蛇年）。《敦煌本吐蕃历史文书》表明，吐蕃王朝早期纪年只有十二地支，到了热巴金赞普时始有天干地支合用的纪年方法。贡松贡赞生于阴铁蛇年或阴土蛇年的"阴铁""阴土"，恐是后人追加上去的。我们只取蛇年的说法。松赞干布一生中有三个蛇年：621 年（辛巳，阴铁蛇年）、633 年（癸巳，阴水蛇年）、645 年（乙巳，阴木蛇年）。621 年松赞干布仅五岁，不能有子，645 年生子则不能有孙。故贡松贡赞生于癸巳（633 年），是年松赞干布十七岁。按汉藏史籍记载，贡松贡赞卒于父前。松赞干布卒于 649 年底，贡松贡赞可能卒于同年夏秋，享年十七岁。与藏史贡松贡赞享年十八岁的说法基本一致，有子的可能性也毋庸置疑。

（第一部分完）

（该文连载于《西藏研究》1983 年第 4 期、1984 年第 2 期和第 3 期，1986 年荣获青海省第一次哲学社会科学优秀成果评奖二等奖）

藏传佛教进步人士在我国
民族关系史上的积极作用

蒲文成

我国自古以来就是一个多民族的大家庭。在历史的长河中，各民族在政治、经济、文化各方面长期联系，密切交往，相互依赖，共同缔造了我们伟大的祖国，曾出现过许多维护国家统一、促进民族团结进步的历史人物。其中，一些藏传佛教界人士在这方面有过突出贡献。

佛教从公元 7 世纪传入西藏，10 世纪后叶进一步发展，形成一种具有西藏地方和民族特点的佛教流派，即称为"喇嘛教"的藏传佛教。后来，藏传佛教又传播到我国蒙古族、土族等民族中，并在满族、裕固族和靠近藏区的汉族群众中颇有影响。一千多年来，佛教支配着藏族等民族社会生活的方方面面，信仰藏传佛教成为这些民族中多数群众唯一的精神支柱。藏传佛教在其发展过程中有三个特点：一是极力与藏族固有的本教相融合，使之具有民族和地方特点，以便扎根于西藏本土；二是它从传入到发展，形成派系，并且冲出民族界限，传播到其他民族的过程中，无不把一定的统治集团作为自己政治、经济上的靠山，统治阶级则以它作为统治人民、维护自己政权的工具，构成所谓"以政权来扩大神权，用神权来强化政权"的相互依赖利用的关系；三是它与汉地佛教一样，"传教者要善于迎合当地群众的思想和要求，并且采取一些办法以满足他们的要求"①，从而赢得群众。这三个特点，特别是第三个特点决定了历史上一些藏传佛教界人士能够顺应时代潮流和各民族劳动人民向往和平、友好往来的根本要求，做出有利于国家民族的业绩。本文拟就我国民族关系史上的一些典型

---

① 任继愈主编《中国佛教史》序。

事例，谈谈藏传佛教界人士在发展汉、藏、蒙古、土等民族之间的兄弟关系，促进和维护祖国的统一，增进民族文化交流，发展民族教育事业，调解民族纠纷，加强民族团结，稳定社会秩序等方面所起的积极作用。

公元 7 世纪，松赞干布统一西藏高原，建立吐蕃王朝。唐贞观八年（634 年），松赞干布首次遣使入唐通好，开创唐蕃友好关系的历史。贞观十五年（641 年）文成公主进藏，唐蕃联姻，为藏汉两族人民之间的友好往来进一步开辟了道路。公元 8 世纪中叶，吐蕃国势达到极盛时代，吐蕃奴隶主集团趁唐朝“安史之乱”，边备空虚，大肆扩张，从天宝十五年（756 年）起，先后夺取唐朝河西、陇右和四川剑南道的大片土地。宝应二年（763 年）一度攻入长安，掳掠财物，奴役居民，使唐朝广大人民群众流离失所，生产生活遭到严重破坏。此后，吐蕃边将拥兵在外，把扰唐边境视为邀功求赏的途径，唐蕃不断发生纷争。吐蕃的穷兵黩武也导致吐蕃内部人财耗损，阶级矛盾日益加剧。唐元和十年（815 年），赤祖德赞（即热巴金，汉史作可黎可足）即赞普位，掌政僧相钵阐布占嘎贝永为了缓和吐蕃社会日益激化的阶级矛盾，同时鉴于汉藏人民厌恶战争的情绪及和好要求，建议实行偃武修文的政策，“极力主张和唐朝保持互不侵扰，开展双方正常贸易的友好关系”[1]，长庆元年（821 年）九月，派礼部尚书论纳罗到长安，十月，与唐朝宰相崔植及大臣凡十七人会盟于长安西郊兴唐寺。盟毕，唐以大理卿刘元鼎为入吐蕃会盟使，偕纳罗入藏。次年五月，以刘元鼎与钵阐布为首的吐蕃臣寮盟于拉萨东郊。长庆三年，以汉藏两种文字勒石，树碑于大昭寺门前公主柳下，称为“长庆舅甥和盟碑”。碑文重申了唐室文成、金城两公主出嫁吐蕃赞普，唐蕃素相亲厚，和同一家的舅甥情谊，表示今后“扫彼旧怨，泯其嫌隙”，共崇旧好，永息争端，要“两界烟尘不扬，罔闻寇盗之名”，“和叶社稷如一统，融熙情谊如一家”。这次会盟实现了汉藏两族人民的共同愿望，从此唐蕃纷争结束，边境安定，唐蕃之间“金玉绮绣，问遗往来，道路相望，欢好不绝”，两族人民的友好关系得到了进一步的发展。

唐会昌元年（841 年），吐蕃王朝的最后一个赞普达磨在不信佛教的大臣韦·达那坚等人的支持下，弑其兄赤祖德赞，夺取王位。不久，开始了

---

[1] 王辅仁、索文清：《藏族史要》，四川民族出版社，1981，第 34 页。

著名的灭佛运动。后来，达磨被佛教徒拉隆·贝吉多杰刺杀，吐蕃王朝从此崩溃，直到 13 世纪西藏萨迦地方政权建立的 400 年间，藏族地区大小封建领主割据一方，各自为政，互不统属。河湟之地各部落，烧杀屠戮，"二千里间，寂无人烟"，"赤地殆尽"，各族人民蒙受深重的战争灾难。佛教僧人宣扬慈悲为宗的教义，力戒杀生，主张因果报应，调解部落纠纷，这一切迎合了当时人们的愿望，为佛教在河湟地区的振兴和传播提供了条件，僧人数量不断增加，活动十分积极，有的僧人甚至以佛教作为号召力，招附众人，成为局部地区部落集团的首领。11 世纪初，唃厮啰（997～1065年）被拥立，河湟藏族社会进入了一个新的历史时期。唃厮啰政权"重僧，有大事必集僧决之"①，佛教徒享有很高的社会地位。他们直接参与地方行政事宜，审判裁决诉讼案件，代表地方政权调停战争，主持通好联络等事务。唃厮啰政权存在的近百年中，与宋朝中央政权友好相处，社会稳定，经济发展，这与佛教人士的努力有直接关系。

公元 13 世纪初，蒙古汗国勃兴于蒙古草原，唐末以来的五代分裂和宋、辽、金、西夏长期对峙的局面行将结束，由蒙古族领袖成吉思汗创建的蒙古汗国以雄强的武力推动中国再次走向大统一，藏传佛教对蒙藏民族关系起着重要的纽带作用，曾是这种大统一的一种"催化剂"。南宋开禧二年（1206 年），成吉思汗曾向西藏进军，西藏各地封建领主集会商议，决定派出雅隆觉卧家族的第悉觉噶和蔡巴噶举派的贡噶多吉为代表去见成吉思汗，申明西藏归顺蒙古②。后来，蒙古汗国攻灭西夏和金朝，元太宗窝阔台将西夏的辖区以及甘青一部分藏区划给第二子阔端。南宋理宗嘉熙三年（1239 年），阔端派大将多达那保领兵进攻西藏，造成武力威胁，同时找到一位能代表西藏的人物，请来商量西藏归顺蒙古的大事，这个代表人物即藏传佛教萨迦派的四祖萨班贡噶坚赞（1182～1251 年）。淳祐四年（1244 年），多达那保第二次领兵进藏，带着阔端给萨班的信和礼物，请他到凉州（今甘肃武威）商量归顺事宜。萨班分析了当时的国内形势，选择了归顺道路。他不顾 63 岁高龄，为了西藏民族的利益，不辞辛劳，长途跋涉，毅然应请去凉州。淳祐七年（1247 年），萨班与阔端在凉州举行了具

---

① 李远：《青唐录》。
② 参见东噶·洛桑赤列著《论西藏政教合一制度》（藏文本），民族出版社，1981，第 63 页。

有历史意义的会见，具体协商了西藏归顺蒙古的条件。会见后，由萨班向西藏各地僧俗领主写了一封致蕃人公开信，奉劝西藏地方势力审时度势，权衡利弊，归顺蒙古。萨班顺应全国历史发展总潮流，最早建立起西藏地方和蒙古王室间的政治联系。经过他的努力，结束了西藏400年的割据战乱局面，使之统一于祖国大家庭，西藏避免了军事征伐，保持了正常的生产和生活秩序，推动了西藏政治、经济、文化的发展，为中华民族的统一大业做出卓越贡献。萨班70岁在凉州去世，据传凉州幻化寺存有萨班灵塔，现兰州市黄河北面的白塔始建于元代，也传为纪念萨班而建。萨班之后，萨迦五祖八思巴·罗哲坚赞（1235～1280年）于南宋理宗景定元年（1260年）被忽必烈封为帝师。至元元年（1264年）元朝设立总制院（至元二十五年即公元1288年改为宣政院），八思巴以帝师兼领总制院，掌管全国佛教事务和藏族地区地方行政事务，后来奉命返藏建立了西藏地方政权。八思巴继承其伯父开拓的使西藏纳入祖国版图实现祖国统一的伟大事业，使之进一步发展和完成。元朝通过西藏地方政权，对西藏进行了有效的管理，我国藏族社会的封建经济得以持续发展，社会相对安定，科学文化相应发展，内地与西藏文化交流加速，继吐蕃王朝之后，西藏再次进入一个发展时期。同时，八思巴还奏谏忽必烈收回藏区其他各教派僧徒改宗萨迦派的命令，不仅加强了教派之间的团结，而且对民族内部的安定团结起到了重要作用。另外，他所创制的蒙古新字元世祖忽必烈曾颁行全国。

洪武元年（1368年）明王朝建立后，仍把尊崇扶植藏传佛教作为加强对西陲边地统治的重要手段，对"戒行精勤者，多授喇嘛、禅师、灌顶国师之号，有加之大国师、西天佛子者，悉给予印诰，许之世袭"[1]。14世纪末叶，宗喀巴·罗桑扎巴（1357～1419年）面对西藏佛教的现状，起衰救弊，改革宗风，广泛地与帕竹政权等地方封建势力建立联系，创立格鲁派，使西藏佛教再度崛起，曾经起到缓和阶级矛盾的作用，在客观上给藏族社会带来一个相对稳定的局面，对安定人民生活，繁荣封建经济，继承和发扬藏族传统文化都起过积极作用。宗喀巴应明朝之请，派弟子释迦也失（1354～1435年）于永乐十二年（1414年）去朝见永乐帝，争取中央政权对格鲁派的支持，扩大本教派的影响。宗喀巴去世后，释迦也失又去

---

[1] 《明史》卷3300 呐斯啰，列传第二一八，西域二。

过北京，被明朝封为"西天佛子大国师""大慈法王"。释迦也失最早使格鲁派与明朝建立联系，并开始将格鲁派传到蒙古族的一些地方，努力沟通藏汉、藏蒙关系。16 世纪，格鲁派随着自己的支持者西藏帕竹政权的衰弱和与噶玛噶举等其他教派斗争的日益激化，开始寻求新的支持者，并使格鲁派冲出民族界限，迅速广泛地传播到我国蒙古族、土族地区，完成这一使命的杰出人物是三世达赖喇嘛索南嘉措（1543～1588 年）。明万历五年（1577 年）藏历十一月二十六日，索南嘉措应入据青海湖地区的土默特蒙古首领俺答汗之请，从拉萨哲蚌寺启程来青海，于翌年藏历五月十五日与俺答汗相会于青海湖附近的仰华寺，第二年秋从青海去四川理塘建寺，万历九年（1581 年）又去昌都。第二年俺答汗病故，按俺答汗遗嘱，索南嘉措应请去内蒙古参加俺答汗葬仪，于是年农历十一月从昌都再到青海措卡。根据五世达赖的《三世达赖喇嘛传》，索南嘉措为了在甘青地区发展格鲁派势力，从这里并未直接去内蒙古，而是用了两年时间，辗转安多，于万历十二年（1584 年）底始离青海去内蒙古呼和浩特。索南嘉措的两次青海之行，与蒙古诸部建立起密切的联系，他通过蒙古王公要蒙古族群众从信仰传统的萨满教改信藏传佛教格鲁派，取消"以往蒙古人死后，区分贵贱，以其妻妾、奴仆、马牛殉葬"的习俗，"严禁杀生祭祀死者"，"杀人者抵命，宰杀马牛牲畜者剥夺其全部财产"，并"禁止汉藏蒙之间无端争斗残杀"①。在封建割据、部落民族之间纷争不息的当时，佛教慈悲从善、戒杀戒斗的说教更迎合广大群众厌战心理，三世达赖还利用自己的宗教地位，多次调解各族之间、同族各部之间、明朝与地方之间的矛盾纠纷。这一切对于废除蒙古族原有的一些陋习，促进民族团结和维护社会安定显然具有积极作用，也赢得了广大群众对格鲁派的热忱。明嘉靖三十八年（1559 年），俺答汗拥众人据青海湖地区后，累犯庄浪、凉州、西宁等地，对明朝造成威胁。万历元年（1573 年），俺答汗再次运兵来青海，其部落"八万有奇，逐水草，而乘机刁抢"，剽掠粮畜，妨碍农桑，加害行旅，并常向明朝"扣关乞赏，无日无之"。明朝更担心俺答汗死后，"西陲无复安枕之日"②。明朝正因俺答汗西入青海，感到头痛，又无办法之际，

---

① 五世达赖阿旺罗桑嘉措著《三世达赖喇嘛传》，塔尔寺藏文木刻本，第 95 页。
② 青海民族学院研究所编印：《明实录青海民族史料摘抄》，第 117 页。

"听说俺答汗对索南嘉措非常尊重，言听计从，乃于明神宗万历六年（1578年）命甘肃巡抚侯东莱差人到青海请索南嘉措到甘肃与他会晤，并嘱索南嘉措劝说俺答汗率兵回内蒙古"①。索南嘉措接受了邀请，于同年冬从措卡去甘州（今甘肃张掖）与侯东莱会晤。五世达赖阿旺罗桑嘉措所写的《三世达赖喇嘛传》说索南嘉措在甘州受到10万人的欢迎，由他劝说释放了甘州监狱的犯人，还劝说攻入长城以南汉人居住区的土默特等部万余人搬回自己牧区，他因此被人用汉地40人抬的轿子抬回措卡恰卜恰大乘法轮州寺（即仰华寺）②。索南嘉措在甘州于万历年（1578年）农历十二月初给明朝的宰辅张居正写了一封信，信中说"有阁下分付（吩咐）顺义王（俺答汗）早早回家，我就分付他回去"③。第二年夏天，俺答汗听从了达赖的劝告，留火洛赤青巴图尔驻牧青海，自己回内蒙古河套本土。为此，"农历八月，明朝万历皇帝派三个大臣持'所有地面的保佑者'的封诰印信来措卡拜见达赖，献衣服三套及金银、绸缎、宫内用器等。信中说'所属蒙古四十部和甘州二唐诸臣之愿悉得满足，甚好，朕将请足下到朝廷'，并封达赖喇嘛的襄佐（管家）为国师，亦赐印信"④。索南嘉措根据明朝皇帝的意图，办了一件明朝皇帝想办而办不到的好事。早在达延汗（1404～1483年）时，大漠南北蒙古与漠西蒙古之间存在矛盾，相互多次争伐，俺答汗立为土默特十二部汗后，图谋复仇，明嘉靖三十二年（1553年）曾行兵漠西厄鲁特蒙古四部，"席卷其地"⑤。后来，再次"道侵瓦剌（厄鲁特），为所败，归次青海建仰华寺以居琐南（嘉措），大会诸部，谋报瓦剌，琐南止之，且戒以勿好杀"⑥。万历七年（1579年）四月，索南嘉措在措卡调解了长期以来漠南蒙古各部与厄鲁特蒙古之间的纠纷，万历十二年（1584年）他从临洮折回青海宗喀地方又调解平息了当地汉蒙民族之间的纠纷。他的这些做法客观上安定了社会，受到饱受战火之苦的各族群众的拥护。万历十四年（1586年）索南嘉措在青城（呼和浩特）主持火化俺答汗遗体后，第二年去土默特右翼活动，冬去喀喇沁部。万历十六

① 牙含章：《达赖喇嘛传》，人民出版社，1984，第22页。
② 五世达赖阿旺罗桑嘉措著《三世达赖喇嘛传》，塔尔寺藏文木刻本，第97页。
③ 牙含章：《达赖喇嘛传》，人民出版社，1984，第22页。
④ 五世达赖阿旺罗桑嘉措著《三世达赖喇嘛传》，塔尔寺藏文木刻本，第98页。
⑤ 萨囊彻辰：《蒙古源流》，道润梯步译校，内蒙古人民出版社，1980，第350页。
⑥ 《甘肃通志稿》民族六，宗教。

年春，明朝派使臣到喀喇沁封索南嘉措为"灌顶大国师"，并请他去北京。是年农历三月二十六日，索南嘉措病逝于去京途中。此后，格鲁派集团认定次年即公元1589年出生的俺答汗的曾孙为索南嘉措的转世，是为四世达赖喇嘛云丹嘉措①。格鲁派上层与蒙古族统治阶级在当时形势下做出的这种对双方都有利的微妙安排，表现了三世达赖在蒙古等地弘传佛教、开创新的事业结出了果实，"这样一来，雪域同新皈依者的故居间障碍一下子撤出了；新入教的蒙古人同他们的师傅在同一宗教信仰中地位平等了；种族、语言和传统的分歧失效了；蒙古游牧群众突袭四蒙屡次带来的灾难忘却了"②。格鲁派寺院集团与蒙古族统治阶级进一步结合起来，为格鲁派后来依靠蒙古势力，战胜对立派奠定了基础。同时，以宗教作为纽带的蒙藏民族关系进一步密切起来。

清朝建立后，仍把利用和扶植西藏佛教作为一项基本国策。特别是清顺治九年（1652年）五世达赖觐见顺治帝，翌年清朝册封五世达赖后，格鲁派尤受尊崇，发展更加迅速。清朝在利用西藏佛教统治广大蒙藏地区的过程中，历辈达赖喇嘛及其摄政和历辈班禅对维护中央统治，促进汉蒙藏民族关系的发展起过重要作用。此外，外蒙古的哲布尊丹巴呼图克图是"与达赖喇嘛、班禅额尔德尼相等之大喇嘛"。青海郭隆寺的章嘉呼图克图，亦"西藏有名之大喇嘛"，在清代汉蒙藏关系史上占有极重要的位置。郭隆寺即今青海省互助县五十乡的佑宁寺，章嘉为该寺五大活佛之首，其第一世扎巴鄂色出生于今青海互助县红崖子沟的张家村，章嘉佛号即"张家"的雅称。二世章嘉名阿旺罗桑却丹（1642～1714年），青海湟水南岸伊格沟达秀村人，系一山西商客之子，清顺治十四年（1657年）去西藏，在哲蚌寺果莽扎仓曾以罗哲嘉措（1635～1688年）为经师学习显宗经典8年，康熙二年（1664年）由五世达赖授比丘戒，此后，又跟随罗哲嘉措在拉萨密宗院学习密宗15年，从而显密双通，于康熙二十二年（1683年）返回安多。罗哲嘉措系青海塔尔寺所属米纳鲁本村人，亦属达秀部落，从1682年起任甘丹寺第四十四任赤巴。康熙二十五年（1686年），外蒙古喀

---

① 《蒙古源流》卷七载俺答汗长子为僧格都固仍帖木尔洪台吉，其第四子为苏密尔（松木）岱青，云丹嘉措即苏密尔之子。

② 〔意〕杜齐：《西藏中世纪史》，李有义、邓锐龄译，中国社会科学院民族研究所印，第89页。

尔喀土谢图汗部与扎萨克图汗部因争夺属民发生战乱，准噶尔部首领噶尔丹支持扎萨克图汗反对土谢图汗及其第一世哲布尊丹巴。清朝派大臣前往调解，并要五世达赖派代表前往。当时，五世达赖已经去世，第巴桑结嘉措派罗哲嘉措去外蒙古。罗哲嘉措途经青海，二世章嘉·阿旺罗桑却丹因师徒关系陪同前往。据土观·阿旺却吉嘉措的《立嘉·阿旺罗桑却丹传》，二世章嘉阿旺罗桑却丹在这次调解中出力甚大，康熙二十六年（1687年）随罗哲嘉措去北京，受到康熙帝嘉奖，第二年回到郭隆寺，任该寺第二十任法台两年。二世章嘉阿旺罗桑却丹与青海湖地区的蒙古首领关系极为密切，卸职后常去那里活动。康熙三十二年（1693年），二世章嘉奉召赴京，因博通佛学，被康熙帝尊为自己的讲经师，从此驻京。康熙三十六年（1697年），二世章嘉奉命赴藏，向刚公开的六世达赖仓央嘉措（1683～1706年）送封文印信，"时值康熙帝外出巡视驻跸宁夏城，康熙帝让章嘉去劝说青海蒙古首领归顺清朝，章嘉奉命前往，诸首领听从了章嘉的劝说，去向康熙帝请安，康熙帝封顾实汗幼子达什巴图尔为亲王，赐给印信，还封其他人为郡王等相应官职，并赐大量财物，从而汉蒙合为一统"①。康熙三十九年（1700年），内蒙古多伦诺尔的汇宗寺建成，康熙任命二世章嘉为住持。康熙四十五年（1706年），康熙帝又封二世章嘉阿旺罗桑却丹为"灌顶普善广济大国师"，赐八十八两八钱八分重的金印一颗，并授封文诏书。二世章嘉阿旺罗桑却丹驻京后，主要在北京和内蒙古从事宗教活动，但在甘、青、藏、蒙古、土族地区颇有影响，曾于康熙三十六年（1697年）、三十九年（1700年）、四十九年（1710年）数次来青海，代表清朝向郭隆寺、塔尔寺等赐赠匾额财物、佛像法器，沟通各寺与中央政府的联系，通过寺院加强清朝对甘青地区的统治。自二世章嘉阿旺罗桑却丹起，历辈章嘉为驻京呼图克图、格鲁派在内蒙古地区的总教主，在京驻锡嵩祝寺。乾隆五十一年（1786年）清廷钦定驻京喇嘛班次中，章嘉为左翼头班，位居驻京喇嘛之首。章嘉活佛直到民国时期，还由国民党政府授给七世罗桑贝丹旦贝仲美（1892～1958年）灌顶、普善、广慈、宏济、光明、昭因、阐化、综持黄教大国师，大总统府高等顾问，京城、内蒙

<hr />

① 智贡巴·贡去乎丹巴绕布杰：《安多政教史》（藏文本），甘肃人民出版社，1982，第41页。

古、察哈尔、五台山、热河、多伦等处各寺庙掌印等头衔。他曾一度宣化蒙古，宣传抗日，为我国的抗日战争做出了贡献。

在我国近代史上，也出现过不少反对分裂、维护祖国统一的藏传佛教进步人士。其中人们最熟悉的是九世班禅和十一世热振活佛。20世纪初，英国帝国主义势力侵入西藏，与一小撮亲英分子积极策划"西藏独立"，制造达赖、班禅两大活佛系统之间的不和，九世班禅却吉尼玛（1883～1937年）坚持爱国、反对分裂的政治态度引起亲英派的敌视，大师被迫长期离开西藏，辗转祖国内地，最后客死青海玉树地区。1933年十三世达赖喇嘛图登嘉措圆寂后，拉萨三大寺代表和噶厦政府僧俗官员举行会议，决定请锡德林的第十一世热振活佛绛白益希摄政，并于1934年元月书面报告国民党政府行政院，行政院即复电批准。十一世热振活佛是一位爱国者，他在摄政期间采取措施遏制英帝国主义及亲英上层在西藏的罪恶活动，积极改善西藏与祖国的关系。热振活佛的爱国行动引起当时以噶伦擦绒和藏军司令龙厦为首的亲英顽固派的仇恨，秘密组织亲英反热阵线，散布谣言，诋毁热振，迫使热振活佛于1941年初向西藏地方政府提出离职3年暂回热振寺"静修"的辞呈，由其经师聂塘寺住持达扎活佛阿旺桑热图多丹贝坚赞代理摄政职务。特别值得称颂的是，一些藏传佛教界人士拥护我党和我党领导的中国革命，做出了许多有益于人民的事。如四川甘孜县白利寺的格达活佛罗桑旦真·扎巴塔益（1903～1950年）与我党肝胆相照，长期合作，最后为西藏的和平解放而献出生命。再如青海同仁县隆务寺的七世夏日仓活佛罗桑赤烈隆朵嘉措支持我军解放青海，并为和平解放西藏做出过很大贡献。

历史上，在藏传佛教盛行的我国蒙藏地区，"宗教即教育，佛寺即学校"，文化教育事业几乎被寺院所垄断，所有民族知识分子都集中于寺院，宗教寺院成了蒙藏文化中心。不少藏传佛教人士是博学多产的出名学者，仅在甘青地区就有不少闻名中外的佛教学者。如三世章嘉若贝多杰（1717～1786年）精通汉、藏、蒙古文，博通群籍，乾隆元年（1736年）奉旨将藏文《甘珠尔》经译为蒙古文，他还协助庄亲王修《同文韵统》，负责编校《四体合璧清文鉴》《首楞严经》、满文《藏经》，指导藏译《金刚金》，编写《喇嘛神像集》《诸佛菩萨圣像赞》，厘定《造像度量经》等。青海佑宁寺的三世土观活佛罗桑却吉尼玛（1737～1802年）一生著述凡15函，计 500 余篇，5764 页。其中，他的《宗教源流镜史》全面评述印度外道、内道佛教、藏传佛教各宗派、西藏苯教以及汉地道教的发展形成及其教义，名扬中外，已有英、汉文译本。再如佑宁寺的三世松巴活佛益希班觉（1704～1787 年）出身蒙古族，精通佛学，且对医学、工巧、历算、声韵、文法、绘画、梵文等无不博通，乾隆年间刊校汉地印制的藏文经籍，获得"额尔德尼班智达"（宝贝学者）的称号。他一生涉足甘、青、卫、藏、内蒙古及祖国内地，阅历丰富，几乎对西藏文化的所有学科都写过论著，凡 9 函，68 部。其中，他于 1748 年写成的《如意宝树史》论述印、藏、汉、蒙古佛教史，资料丰富，有英、德、俄、汉文译本。他于康熙五十一年（1786 年）完成的《青海史》为研究清代青海蒙藏历史提供了有价值的史料。还有今甘肃省夏河县拉卜楞寺的贡塘活佛官却丹贝仲美（1762～1823 年）也是一位对藏族文化发展有重要贡献的学者，一生著述 12 函，他的《木喻格言》《水喻格言》等脍炙人口，在藏族文学史上有很高地位。一千多年来，这些佛教学者为我们留下了浩如烟海的藏文卷帙，成为今天我们研究认识有关民族历史、宗教、语言、文学等方面的重要文献。同时，历代藏传佛教界人士，辗转各地的宗教活动，也是民族文化交流的内容之一，民族间建筑、绘画、雕塑、医学、天文、地理知识、印刷技术、手工技术等的交流以及对各民族历史、地理的认识等，除了借助各种文献著述之外，还得力于这种宗教的交流活动。

20 世纪以来，一些进步、开明的藏传佛教人士通过与外界和其他民族的接触，开阔了眼界，致力于民族教育事业。原青海大通广惠寺的敏珠尔活佛亦为清代青海驻京呼图克图之一，其第七世多杰加（1905～1937 年）系青海和硕特蒙古西右前旗扎萨克辅国公之子，在北平"看到内地人知识渊博，文化发达，科学昌明，反观故乡同胞，则愚昧落后，一如上古，乃恍然大悟，对留北平的同乡说：吾辈边疆人民，尤其是愚昧无知的蒙人，如不大自奋发，从教育入手提高知识程度，则迟早难免天然淘汰之公例"[1]，回乡后与一些社会贤达、宗教人士倡议，在广惠寺附近创办小学 3 处，自兼校长，由他私人供给经费。学生从 80 余人增至 137 人，藏、蒙古、汉子弟，济济一堂，孜孜学习。敏珠尔由此受到当时民国政府"热心

---

[1] 李思明：《青海民族教育概谈》，青海人民出版社，1984，第 19 页。

教育"的嘉奖。

新中国成立以来，我们党在宗教工作上虽也经历了一段曲折的道路，但总的来说，在马克思主义宗教政策指引下，实行宗教信仰自由政策，对宗教界人士实行争取、团结、教育的方针，取得了显著成绩。多数宗教界人士爱国守法，拥护共产党的领导，愿意走社会主义道路，协助党和人民政府调解民族、民事、草山纠纷，在兴办教育、增进民族团结、维护祖国统一、团结群众建设社会主义祖国等多方面都发挥了积极的作用。

对于历史上为祖国的统一、民族的团结和民族文化的交流繁荣做出过贡献，特别是对那些与我党长期合作、肝胆相照的宗教界爱国人士，人民是不会忘记的。

（该文原载《青海社会科学》1986 年第 4 期，获 1989 年青海省第二次哲学社会科学优秀成果评奖二等奖）

中国共产党历史上的重大转折与马克思主义哲学

魏 兴

马克思曾指出："哲学把无产阶级当作自己的物质武器，同样地，无产阶级也把哲学当作自己的精神武器。"① 中国共产党 70 年来的历史雄辩地证明，无产阶级革命事业取得的每一步进展和每一个胜利，都是马克思主义哲学和无产阶级、革命人民的斗争相结合的结果；无产阶级和革命人民只有用马克思主义的世界观和方法论指导自己进行斗争，才能推动革命事业前进和取得胜利。在历史的转折时期，尤其如此。今天，在纪念建党七十周年的时候，回顾马克思主义哲学在我党历史上的重大转折中的作用，对于我们在新的历史时期坚持马克思主义的思想路线，增强学习马克思主义哲学的自觉性，争取社会主义建设的更大胜利，具有重要意义。

我党历史上的第一次重大转折，是由北伐战争的失败到土地革命战争的兴起。我们党在北伐战争的初期和中期，采取了符合革命斗争形势的路线和政策，和孙中山先生领导的国民党实行合作，积极参加了军事斗争，放手发动群众，开展了工人运动、农民运动、学生运动，领导和推动了北伐的顺利进行。可是，在这次革命战争的后期，当时党的主要领导人陈独秀，抛弃马克思主义的立场、观点和方法，无视中国和世界发展着的社会矛盾和阶级关系，采取了压制群众的方针，放弃了领导权，面对蒋介石、汪精卫的叛变一味妥协投降，结果，使轰轰烈烈的大革命归于失败，中国革命转入了低潮。

虽然从中国共产党成立起，就确定了"用无产阶级的宇宙观作为观察

---

① 《马克思恩格斯选集》第 1 卷，第 15 页。

国家命运的工具"和"走俄国人的路"① 的原则，并力求把马克思主义的普遍真理，同中国革命的实际相结合，但是党还处在幼年时期，对马克思主义理论的认识比较肤浅，对全国革命的特点和规律还缺乏深刻的了解，特别是还不能自觉地运用辩证唯物主义和历史唯物主义分析和解决实际问题，而导致大革命后期错误路线在党内占了统治地位。在这种情况下，大革命的失败就是必然的了。

大革命失败后，党和人民处于危急关头。中国革命向何处去？中国革命的道路应当怎么走？这是摆在全党面前必须回答的问题，也是关系到党的存亡和革命前途的重大问题。因为，这个问题解决不好，党就不能发展壮大，中国革命就无法实现从失败走向胜利的转变。党的"八七"会议虽然批判了陈独秀的右倾机会主义错误，确定了土地革命和武装反抗国民党反动派的总方针，但并没有解决中国革命道路应当怎么走的问题。当时，党内存在着种种错误观点，"左"倾盲动主义和冒险主义者无视革命形势处于低潮、敌我力量对比悬殊的客观现实，认为"全中国是直接的革命形势"，提出要走以城市为中心组织武装暴动的道路，争取"一省或几省的首先胜利"，进而建立全国政权。右倾悲观主义者看不见人民群众的伟大力量，对革命丧失信心，认为建立红色政权的艰苦工作是"徒劳"的，提出"红旗到底打得多久？"的疑问，主张用"比较轻便的游击方式去扩大政治影响"，"然后再来一个全国武装起义"。

这些错误观点的具体主张虽然不同，但从哲学的高度来看，都是由于背离了马克思主义哲学的根本原则，主观和客观相脱离，认识和实践相脱离，唯心主义地估量阶级形势和革命形势。具体来看，"左"倾冒险主义者一是不懂得事物矛盾发展的平衡与不平衡的辩证关系，不懂得事物发展过程中，平衡只是相对的，不平衡是绝对的这一道理，因而在革命形势和斗争策略问题上，他们过分夸大统治阶级的危机，过高估计革命力量的发展，否认中国革命发展的不平衡性，否认世界革命发展的不平衡性，因而总是认为中国革命和世界革命可以很快到来并取得最后胜利。二是不懂得矛盾发展的阶段性和过程性，反映在革命性质问题上，他们不承认中国资产阶级民主革命的长期性，不承认中国革命要分阶段进行，而认为一省或

---

① 《毛泽东著作选读》（下册），第 677 页。

几省首先胜利的开始即是向社会主义革命转变的开始。三是不懂得矛盾的普遍性和特殊性、共性和个性的辩证关系，不懂得具体情况具体分析的道理，因而在革命道路问题上，他们不承认中国革命的特殊性，不看大革命失败后新军阀统治的新情况、新变化，继续坚持"城市中心论"。右倾悲观主义者在革命前途问题上，只看事物的现象，不看事物的实质，为反动派表面的强大所迷惑，看不到红色根据地存在和发展的必然性和新生事物的强大生命力，因而感到革命前途渺茫，丧失奋斗目标；在革命发展问题上，只看到事物的量变，不懂得事物的量变到一定时候必然引起质变的规律，因而缺乏作长期的艰苦斗争的思想准备，怀疑"星星之火，可以燎原"这一真理；在革命道路问题上，不懂得事物的发展是螺旋式的、波浪式的前进，总以为革命的道路是笔直又笔直，一帆风顺地前进，所以一遇到困难就悲观失望，止步不前。总之，"左"倾冒险主义者和右倾悲观主义者都没有掌握辩证唯物主义和历史唯物主义这一科学的世界观和方法论，因而找不到中国革命的正确道路，不可能使中国革命转危为安。

毛泽东基于对中国社会和中国革命的深刻了解，在大革命失败后，带领秋收起义的部队上井冈山，建立革命根据地，在农村保存、恢复和发展了革命力量。在实践的基础上，他集中了全党的智慧，运用了马克思主义哲学的基本理论，撰写了一系列光辉著作，对中国革命道路问题进行了深刻阐述，明确提出了中国革命走"农村包围城市，武装夺取政权"道路的理论。这一理论主要有以下几方面的内容：一是强调农民运动在中国革命中的极端重要性；二是指出红色政权能够存在和发展的必要性和可能性；三是提出土地革命、武装斗争和根据地建设三者紧密结合的"工农武装割据"思想；四是阐明党的工作重点在农村，以农村包围城市，最后夺取城市；五是指明在总的敌强我弱形势下，走农村包围城市的道路是长期的、曲折的。后来，这一理论在《中国革命战争的战略问题》《战争和战略问题》等著作中，又得到不断补充和完善。

毛泽东是如何运用马克思主义哲学来阐述农村包围城市理论的呢？

第一，毛泽东以马克思主义唯物史观关于经济基础和上层建筑的原理为指导，分析了中国农民在中国社会和中国革命中的地位和作用，不仅是一般地承认农民运动和工农联盟的重要性，而且是科学地说明农民问题是中国革命的中心问题。第二，毛泽东运用马克思主义的阶级分析方法，对农民作了经济分析，他不是把占中国人口大多数的各种不同的农民都笼统地看作无产阶级的可靠同盟军和革命的动力，而是在科学分析的基础上，指出无产阶级应当采取的方针和遵循的阶级路线。第三，毛泽东运用矛盾普遍性和特殊性的原理，具体分析了中国社会政治、经济矛盾情况，指出了中国政治经济发展的不平衡性，说明了农村革命根据地能够存在的原因。中国革命夺取政权的形式和外国一样，也要进行武装斗争，这是普遍性和共性；但由于中国特殊的国情，实现这一革命的具体形式和其他国家不同，必须走农村包围城市的道路，这是特殊性和个性。第四，毛泽东针对当时党内有些人对时局的主观意义估量，正确地提出判断政治形势的科学分析方法，批评了片面性、表面性的思想方法。他指出："我们看事情必须要看到它的实质，而把它的现象只看作入门的向导，一进了门就要抓住它的实质，这才是可靠的科学的分析方法。"① 他说，悲观论者只知道观察事物的表面现象，而不知道观察事物的实质。如果认真分析中国社会的矛盾，就可以洞察到全国都布满了干柴，很快就会燃成烈火，革命高潮的到来是不可避免的。第五，毛泽东运用马克思主义的发展运动观分析了红色政权运动的规律，指出"政权发展是波浪式地向前扩大的"②，阐明了农村包围城市的道路是长期的、曲折的、艰巨的。

1930 年 5 月，毛泽东写了《反对本本主义》一文，从哲学上对农村包围城市的中国革命道路的正确性进一步做了论证，对否定这条道路的"本本主义"即教条主义思想进行了批判，在我党的历史上第一次提出了两条思想路线问题。它标志着以毛泽东为代表的共产党人已经能够独立运用马克思主义哲学观察和分析中国革命问题，并做出正确的结论，说明毛泽东哲学思想已经初步形成。毛泽东指出："马克思主义的'本本'是要学习的，但是必须同我国的实际情况相结合。我们需要'本本'，但是一定要纠正脱离实际情况的本本主义。"怎样才能实现马克思主义普遍真理同中国革命具体实践相结合呢？毛泽东认为，必须认真调查社会的政治经济情况，"离开实际调查就要产生唯心的阶级估量和唯心的工作指导，那么，它的结果，不是机会主义，便是盲动主义"③。而且，"中国革命斗争的胜

① 《毛泽东著作选读》（上册），第 40 页。
② 《毛泽东著作选读》（上册），第 38 页。
③ 《毛泽东著作选读》（上册），第 51 页。

利要靠中国同志了解中国情况"①。这些精辟的论述，既是从马克思主义哲学的高度对这一时期斗争的总结，也是这一时期所形成的把辩证唯物论的认识论运用于党的实际工作的思想路线的准确表述。实践证明，这是一条"共产党人从斗争中创造新局面的思想路线"②。没有这一条辩证唯物主义的思想路线的指导，就不可能有中国革命道路的理论和实践。

正是在这一条辩证唯物主义思想路线的指导下，形成了我党领导农民进行土地革命，领导人民大众开展反封建的斗争的政治路线，同时也形成了一条服务于这条政治路线的军事路线。在这三条路线的指引下，党先后创建了中央革命根据地和湘鄂西、海陆丰、鄂豫皖等十几个革命根据地，建立了工农红军第一、第二、第四方面军和其他红军部队，连续击败了国民党军队的多次围剿。在斗争中，党学会了领导革命战争、土地改革和政权建设，终于摆脱了大革命失败后的困境，迎来了土地革命战争的高潮，完成了党的历史上第一次重大转折。

我党历史上的第二次大转折，是由第五次反"围剿"的失败，到抗日战争和解放战争的胜利。在土地革命战争中，党有了以井冈山为中心的许多块革命根据地，红军发展到30万人。但是，这时党的领导权却为王明等教条主义者所把持，他们把马列主义教条化，把共产国际决议和苏联经验神圣化，背离中国的实际情况，提出并推行一条"左"倾冒险主义的路线，最后导致第五次反"围剿"的失败，红军不得不进行二万五千里长征，中国革命丧失了除陕甘边区以外的一切根据地，红军从30万人减少到3万人左右，共产党员从30万人减少到4万人左右，而在国民党统治区的党组织几乎被破坏殆尽。总之，受到了一次极大的历史性的惩罚。血的教训唤醒了全党。1935年1月，党中央政治局在长征途中举行了遵义会议，总结了失败的教训，清除了"左"倾教条主义的军事路线，确立了毛泽东在红军和党中央的领导地位，使红军和党中央得以在极其危急的情况下保存下来，胜利地完成长征，打开了中国革命的新局面，这在党的历史上是一个生死攸关的转折点。

如果说，在党的历史上第一次重大转折时期围绕的是中国革命走什么

---

① 《毛泽东著作选读》（上册），第54页。
② 《毛泽东著作选读》（上册），第55页。

道路的问题，那么，在第二次重大转折时期首先要解决的是党和军队的领导权问题。我们说，遵义会议是伟大的转折点，是指它在组织上确立了毛泽东的领导地位，这只是伟大转折的开始。因为，转折是一个过程，是事物矛盾的显露、展开和解决的渐进过程。如同寻找中国革命道路的斗争经历了一个很长的过程一样，毛泽东在党内的领导地位的最终确立也不是一蹴而就的。因为，从更深更广的层次上看，领导地位的确立不仅是组织路线问题，还要有思想路线和政治路线的保证，从这个意义上理解，可以说，第二次重大转折由遵义会议解决当时最为紧迫的组织路线军事路线开始，经过延安整风和六届七中全会统一全党的思想路线，到党的七大宣布毛泽东思想为我党的指导思想，解决了政治路线问题，才最终确立了毛泽东在全党的领袖地位。

作为一次重大转变的转折点，遵义会议标志着我们党告别了自己的幼年期，开始自觉地和自如地运用辩证唯物主义世界观和方法论解决实际问题，逐步走向成熟。第一，遵义会议坚持以一切从实际出发的唯物主义思想路线来选择党的领导人。遵义会议是在我们党内许多同志认识到"左"倾机会主义者脱离中国实际，空谈马克思主义理论，给中国革命造成严重危害的情况下召开的，会议用能否从实际出发指导中国革命为标准，改组党中央政治局和中央军委，确立了坚持并善于从中国革命实际出发的毛泽东的领导地位。毛泽东不负众望，在他的指挥下，红军很快摆脱了被动局面，连战连捷。第二，遵义会议坚持用独立自主的原则来解决本国革命的重大问题。独立自主的原则应当包含两方面的含义：一是要求无产阶级及其政党依靠自己的力量进行革命，独立自主地解决本国革命的问题；二是要求无产阶级及其政党按照本国的具体国情，探索并决定本国革命的道路，反对盲目照搬外国模式。遵义会议是我党第一次独立自主解决中国革命重大问题的尝试，是形成独立自主、自力更生这一毛泽东思想的灵魂的开端。从哲学上说，独立自主原则体现了内因是变化的根据，外因是变化的条件，外因须通过内因起作用这一辩证唯物主义原理。所以，遵义会议也是我们党运用马克思主义哲学方法论的光辉范例。第三，遵义会议坚持发扬人的自觉能动性来战胜困难。发扬人的自觉能动性，是马克思主义哲学的重要原理。毛泽东在领导中国革命特别是指导革命战争的过程中，十分重视发挥人的自觉能动作用。遵义会议是在中国革命处于危急关头召开的，当时外有强敌围追，内有错误思想干扰，部队缺粮少药，人马疲惫不堪。我们党就是在崇高的革命理想的鼓舞下，充分发扬了自觉能动性，边打仗、边开会，战胜了困难，扭转了不利局面。中国革命长期处在情况复杂、斗争艰难、敌强我弱，又缺少外援的环境中，强调发展根据和符合客观事实的自觉能动性具有特别重要意义。

如果说，在党的历史上第一次重大转折时期已经提出了一条正确的思想路线，那么，在第二次重大转折时期就需要用这条正确的思想路线来教育全党，统一全党的思想，凝聚全党的力量，领导全国人民团结奋斗，夺取民主革命的胜利。为什么在北伐战争失败以后，仅仅几年我们党又经历了第五次反"围剿"的失败，除了反动势力的强大之外，很重要的一条原因就是正确的思想路线没有深入人心，即理论没有被群众掌握，全党的马克思主义水平不高，因此错误路线很容易在党内占据统治地位，使革命事业一再遭受严重挫折。所以，在遵义会议解决了党中央的领导问题和军事路线之后，从哲学的高度即从思想路线的高度彻底清除王明教条主义的错误，用马克思主义统一全党的思想，已经成为摆在我们面前的紧迫任务。

为了从哲学上总结中国革命的经验，为全党解决思想路线问题准备理论武器。1937 年，毛泽东写了《实践论》《矛盾论》。在这两篇著作中，毛泽东对中国革命的经验教训从思想路线和思想方法上做了深刻的哲学总结，对主观主义特别是教条主义这种在中国革命（不仅是中国革命）的历史上造成过巨大危害的错误倾向作了透彻的哲学批判，对马克思主义认识论和辩证法的根本原理作了完整的、明晰的和创造性的阐述，奠定了全党解决思想路线问题的理论基础。在毛泽东的其他一系列科学著作中，他总是注意把问题提到认识论和方法论上来解决，总是同时向全党提出解决思想路线、思想方法、学习方法的实际任务。他批评了"圣经上载了的才是对的"① 这种把"本本"当"圣经"的错误，他提出了"使马克思主义在中国具体化"② 的要求，他阐明了"马克思列宁主义的理论和中国革命的实践相结合"③ 的思想。

延安整风运动是一次普遍的马克思主义教育运动，是五四运动以来又

① 《毛泽东著作选读》（上册），第 78 ~ 79 页。
② 《毛泽东著作选读》（上册），第 288 页。
③ 《毛泽东著作选读》（上册），第 311 页。

一次伟大的思想解放运动，它的任务是宣传唯物主义、宣传辩证法，反对主观主义以整顿学风、反对宗派主义以整顿党风、反对党八股以整顿文风，使中国共产党党员特别是领导干部从教条主义束缚下解放出来。通过整风运动，广大党员干部分清了真假马克思主义，对主观主义特别是教条主义的危害，有了深刻的认识。从此，辩证唯物主义的实事求是思想路线在全党有了比较牢固的基础，全党的马列主义水平大大提高了一步，达到了空前的团结和巩固，为党的七大胜利召开，为夺取抗日战争和解放战争的最后胜利，准备好了思想条件。后来，党的六届七中全会在总结历史经验时明确指出："一切政治路线、军事路线和组织路线之正确或错误，其思想根源都在于它们是否从马克思列宁主义的辩证唯物论和历史唯物论出发，是否从中国革命的客观实际和中国人民的客观需要出发。"指出："经验主义和教条主义的出发点虽然不同，但是思想方法的本质上，两者却是一致的。它们都是把马克思列宁主义的普遍真理和中国革命的具体实践分割开来；它们都违背辩证唯物论和历史唯物论，把片面的相对的真理夸大为普遍的绝对的真理；它们的思想都不符合于客观的全面的实际情况"，只有"彻底克服教条主义和经验主义的思想，马克思列宁主义的思想、路线和作风，才能普及和深入全党"。①

如果说，在党的历史上第一次重大转折时期马克思主义哲学同中国实际的结合还是初步的和局部的，那么，在第二次重大转折时期这种结合就是相当深入和全面的了。换句话说，中国化的马克思主义哲学——毛泽东哲学思想已经从初步形成走向系统化和全面化，这也表明我们党正在从不成熟走向成熟。从实践上说，我们党对唯物辩证法的运用简直达到了"得心应手、出神入化"的境界。例如：长征途中的"四渡赤水之战"是军事辩证法的杰作，妥善解决西安事变是处理局部与全局、眼前与长远矛盾的范例；参加重庆谈判体现了原则性和灵活性的高度统一；三大战役的胜利是高超的军事指挥哲学的结果；等等。从理论上说，毛泽东在一系列光辉著作中，运用马克思主义哲学观点，分析、研究中国社会政治、经济、军事、文化、思想等各个领域的问题，提出了许多理论观点，发展和丰富了马克思主义哲学宝库，指导了中国革命实践的发展。

---

① 《关于若干历史问题的决议》，《毛泽东选集》，人民出版社，1966，第988～990页。

第一，把马克思主义哲学运用于军事和战争，建立了完整的军事辩证理论和人民战争的战略战术，为马克思主义军事理论做出了贡献。第二，把辩证法运用于解决统一战线内部的各种矛盾，为我们党制定了一系列策略原则。第三，运用历史唯物主义观点，系统地、深入地研究了中国社会和中国革命，完备地提出了新民主主义革命的理论。第四，把马克思主义哲学运用于党的思想建设，形成了一整套具有中国特色的思想方法、工作方法和领导方法。第五，运用辩证唯物论和历史唯物论，从发展和本质看问题，提出了"一切反动派都是纸老虎"的著名论断。第六，总结中国人民革命斗争的基本经验，提出了人民民主专政的理论，发展了历史唯物主义的国家学说。

回顾历史，从 1935 年 1 月遵义会议到 1949 年 10 月中华人民共和国成立，是中国革命发展凯歌行进的时期。我们党只用了不到 15 年的时间，就从只有 3 万人的队伍，发展到解放了全中国。这些辉煌的胜利是怎么取得的呢？有哪些基本的经验？毛泽东在 1962 年用"关于认识客观世界的问题"为标题，作了哲学式的总结：第一，要有正确的思想路线。他说，"我们受了那样大的挫折，吃过那样大的苦头，得到锻炼，有了经验，纠正了错误路线，恢复了正确路线"，我们的力量就"要更强些"。[①] 第二，要有全党思想认识的完全统一。"对于当时的民主革命怎么办，党的总路线和各项具体政策应当怎么定"，都是经过延安整风，"才得到完全解决的"。[②] 第三，要有正反两方面的经验教训，才能认识中国这个客观世界。"没有两次胜利和两次失败的比较"，就不会有"充分的经验"，就"不能充分认识中国革命的规律"。[③]

我党历史上的第三次重大转折，是由"文化大革命"的破产，到社会主义现代化建设新局面的开展。从 1949 年 10 月中华人民共和国成立到 1956 年，我们党领导全国各族人民有步骤地实现从新民主主义到社会主义的转变，迅速恢复了国民经济并开展了有计划的经济建设。在社会主义改造基本完成以后，开始了全面的社会主义建设，直到"文化大革命"前夕的十年中，我们虽然遭到过严重的挫折，仍然取得了很大的成就。但是这期间党内萌生的"左"倾错误一直未能得到彻底纠正，再加上复杂的社会

---

① 《在扩大的中央工作会议上的讲话》单行本，第 17 页。
② 《在扩大的中央工作会议上的讲话》单行本，第 16 页。
③ 《在扩大的中央工作会议上的讲话》单行本，第 17 页。

历史原因，终于发展为全局性的错误，导致了 1966 年 5 月至 1976 年 10 月的"文化大革命"，使党、国家和人民遭到新中国成立以来最严重的挫折和损失。"文化大革命"在思想上混淆了是非，使唯心主义猖獗、形而上学泛滥，造成严重的思想混乱；在政治上混淆了敌我，严重地损害了国家政权、社会主义民主和法制；在经济上以阶级斗争为纲，严重地破坏了生产，给国民经济造成重大损失；在文化上大革文化的命，文化教育事业遭到极大破坏；在组织上大搞夺权，全面地破坏了党的组织建设。

1976 年 10 月，粉碎江青反革命集团的胜利，从危难中解救了党，挽救了革命，使我们的国家进入了新的历史发展时期。按照历史发展的客观规律和广大人民群众的要求，我们党要从"文化大革命"的灾难中走出来，就不仅要揭批江青反革命集团，而且要彻底纠正党和毛泽东所犯的"左"倾错误，恢复党的辩证唯物主义的思想路线和优良传统，在此基础上带领人民探索中国社会主义的道路。这也是老一辈革命家和广大共产党员的心愿。但是，当时党的主要领导人却反对纠正"左"的错误，坚持"两个凡是"（即"凡是毛主席做出的决策，我们都要坚决维护，凡是毛主席的指示，我们都始终不渝地遵循"）的错误方针，可以看出，这一分歧，不仅是政治路线上的分歧，而且是思想路线上的分歧。

"两个凡是"的实质从哲学上说，就是毛泽东早就批评过的一切照搬的本本主义，就是教条主义。它理所当然地遭到广大党员和人民群众的强烈抵制。邓小平同志在未恢复领导职务的情况下，以大无畏的胆略率先从理论上反对"两个凡是"。他强调，我提出准确的、完整的毛泽东思想体系，不赞成"两个凡是"是经过反复考虑的。这是能否坚持辩证唯物主义的重要理论问题。"准确的、完整的毛泽东思想体系"这一科学概念的提出，把两种世界观、两种思想路线的争论鲜明地提了出来，在党内外引起了强烈反响，增强了干部和群众抵制错误方针的斗争信心和力量。随着形势的发展，人们越来越感到，不把"两个凡是"的本本主义思想从理论上和政治上批深批透，中国人民就不可能从灾难中走出来，中国共产党和人民的事业将继续遭受损失。所以，开展真理标准问题的讨论，既是形势发展的需要，更是人民群众的迫切要求。

1978 年 5 月 11 日，《光明日报》发表了《实践是检验真理的唯一标准》的文章，引发了真理标准问题的讨论。文章论述了马克思主义哲学的实践第一的观点，正确地指出：检验真理的唯一标准只能是社会实践；理论与实践相统一是马克思主义的最基本原则，一个理论是否正确地反映了客观实际，是不是真理，只能靠社会实践来检验。这篇文章发表后，立即遭到坚持"两个凡是"的少数人的斥责和压制。但是中央多数领导和广大干部群众热烈支持和拥护文章的观点。邓小平同志旗帜鲜明地指出："一个党，一个国家，一个民族，如果一切从本本出发，思想僵化，迷信盛行，那它就不能前进，它的生机就停止了，就要亡党亡国。"① 在邓小平等领导同志的支持推动下，广大群众积极参加真理标准问题的讨论，使这场讨论成为全国性的马克思主义教育运动和思想解放运动。

实践是检验真理的唯一标准同"两个凡是"的争论，不仅是个理论问题，而且是个实践问题，不仅是思想路线之争，而且是政治路线之争。它们的对立和斗争，是唯物论和唯心论两种世界观，辩证法和形而上学两种方法论的对立和斗争。这场讨论是继延安整风运动后的又一次思想解放运动。它使广大干部党员接受了一次普遍的辩证唯物主义理论教育，冲破了"左"倾思想和"两个凡是"的束缚，深深地触动了人们对马克思主义哲学的态度问题，为大规模拨乱反正、正本清源和解决历史遗留问题创造了条件，为党的十一届三中全会作了思想理论准备。

1978 年 12 月召开的十一届三中全会，是新中国成立以来我党历史上具有深远意义的伟大转折。围绕把全党工作着重点转移到社会主义现代化建设上来这一主题，会议对党的思想路线问题展开了深入讨论，高度评价了关于真理标准问题的讨论，认为这对于促进全党同志和全国人民解放思想，端正思想路线，具有深远的历史意义。会议坚决批判了"两个凡是"的错误方针，重申了党的实事求是、一切从实际出发、理论联系实际的思想路线，并根据这一路线制定了一系列政策。这体现了党在思想路线方面的拨乱反正。十一届三中全会以其特有的建树取得了有决定意义的胜利。它所开创的在领导工作中具有重大意义的转变，标志着党重新确立了马克思主义的思想路线、政治路线和组织路线，是党在经历了长期严重挫折后，总结经验教训，在思想理论和路线方针上实现的历史性飞跃。如同遵义会议开始了党在民主革命时期由严重失败走向胜利的转变一样，十一届

---

① 《邓小平文选》第 3 卷，人民出版社，1993，第 133 页。

三中全会也开始了党在社会主义建设时期由严重挫折走向成功的转变。从此，党和人民沿着十一届三中全会开拓的道路，在解放思想、实事求是的思想路线指引下推进社会主义现代化建设。

三中全会以后不久，邓小平同志代表党中央发表了《坚持四项基本原则》的讲话，全面地、历史地和辩证地阐述了要在中国实现四个现代化，就必须在思想政治上坚持四项基本原则的道理；强调这四项基本原则并不是什么新东西，而是三中全会所重新确立的党的思想路线的基本内容。正是在邓小平同志全面阐述的思想路线指导下，我们党才不断克服了来自"左"和"右"的两方面的干扰，找到了改革开放、建设有中国特色的社会主义的道路，实现了历史的伟大转变。

十分明显，党的历史上的这次重大转折始终是围绕真理标准这一哲学理论问题进行的，两种世界观的斗争反映了光明与黑暗、进步与倒退两种命运、两种前途的斗争。最终，辩证唯物主义真理观战胜了唯心主义形而上学真理观，中国才重新走上社会主义的光明大道。党的命运和国家的前途如此直接、如此紧密地和哲学问题联系在一起，这在党的历史上是没有过的，也是这次重大转折中表现出来的一个重要的和主要的特点。

"实践是检验真理的唯一标准"，这本来是马克思主义哲学的一个"ABC"，是马克思主义经典作家早就反复阐明的"常识"。可就是这样一个"常识"的宣传和运用，竟遇到如此大的阻力，经历了如此艰难的过程，这固然反映了某些人为一己的政治权益是何等的顽固，更表明马克思主义哲学的力量。这是启示之一。通过真理的标准问题的讨论，我们党重新确立了党的实事求是的思想路线，而这条思想路线是早在民主革命时期就已经提出并阐明了的。这说明思想路线问题的解决不是一劳永逸的，特别是在全党马克思主义哲学水平不高时，这个问题会被反复提出来。这是启示之二。实践检验真理是一个过程，决定了人们对真理的认识也是一个不断深化的过程。因此，我们在找到建设有中国特色的社会主义道路之后，仍需要坚持马克思主义哲学的世界观和方法论，不断探索建设社会主义的客观规律。这是启示之三。

回顾中国共产党历史上的三次重大转折，可以看出：①三次重大转折的实现都是正确掌握和运用马克思主义哲学基本原则并制定出一条正确的思想路线的结果。马克思主义不是教条，而是行动的指南。在历史转折的关头，理论的指导作用尤为突出。辩证唯物主义的世界观和方法论是党的思想路线的基石，只有正确掌握和运用马克思主义哲学基本原理，并贯彻到实际中去，才能充分发挥它作为思想武器的指导作用。②三次重大转折的实现都是建立在实事求是地分析国情的基础上的。一切从实际出发，实事求是地分析国情，是党制定路线、方针政策的客观依据。根据历史的经验，正确地认识国情，就是用马克思主义哲学的发展观点、联系观点看问题，把国情看作客观的历史的发展过程，这样才能得出科学的论断。所以毛泽东特别强调"没有调查，就没有发言权"。无论是新民主主义革命时期，还是社会主义建设时期，都是因为党正确地认识了国情，才解决了革命和建设的路线方针政策问题，实现了历史的转折。③三次重大转折都是在反对"左"和"右"的错误倾向，特别是反对教条主义、解放思想的斗争中实现的。以毛泽东为代表的中国共产党在土地革命战争时期，曾同教条主义做过三次斗争，在理论上批判了本本主义，在实践上突破了十月革命城市起义模式，完成了革命的转折。邓小平同志在十一届三中全会前后，领导党冲破了"两个凡是"的形而上学，完成了社会主义建设中的伟大转折。

马克思认为，以往的哲学只是解释世界，只有无产阶级的哲学才能改造世界。这是马克思主义哲学的实践性和革命性之所在。正因为如此，中国共产党一直把马克思主义哲学当作自己的精神武器，十分注意用马克思主义哲学指导自己的工作，十分强调用马克思主义哲学武装全党，统一全党的思想，多次要求全党要学习和掌握马克思主义哲学这个锐利武器。在纪念建党 70 周年的时候，我们要更加自觉地学习和运用马克思主义哲学，在为完成新时期的历史任务中发挥更大作用。

（该文系全国纪念中国共产党成立七十周年学术讨论会入选论文，
1993 年荣获青海省第三次哲学社会科学优秀成果评奖荣誉奖）

十世班禅大师的爱国思想

蒲文成　何　峰　穆兴天

十世班禅额尔德尼·确吉坚赞大师是深受全国各族人民爱戴的伟大的爱国主义者。他继承和发展了历世班禅的爱国传统，一生热爱中国共产党，热爱祖国、热爱自己的民族，热爱自己信仰的宗教，以这种"四爱"为基础，形成他的爱国思想，始终不渝。他从幼年起，即选择了拥护中国共产党、拥护社会主义新中国的光明道路，支持、推动西藏和平解放，自始至终旗帜鲜明地反对分裂，维护祖国统一，增强民族团结，把爱民族与爱祖国、爱教与爱国高度统一起来，为建设团结、富裕、文明的社会主义新西藏，为促进各民族的共同繁荣，终生奋斗，竭尽全力，做出了不可磨灭的贡献。在这一系列的爱国行动中，体现出他崇高的爱国主义精神和完整的爱国思想体系。

西藏只有在中国共产党领导下
走社会主义道路，才有光明的前途

班禅大师生前曾多次谈到，藏族人民只有在共产党的领导下，坚定地走社会主义道路，才有真正幸福的未来。这是班禅大师长期与中国共产党合作共事得出的正确结论，充分体现了他一生对共产党的热爱之情和只有社会主义才能救民族、救中国的坚定信念。

班禅大师是在历史的重要关头从民族利益出发作出正确选择，走上爱国主义道路的。20世纪40年代末，在中国共产党领导的人民解放战争即将取得全面胜利之际，土崩瓦解之中的国民党政府，为了日后反共反社会主义的需要，派遣特务劝说，准备抢修简易机场，妄图把班禅大师及其堪布会议厅（以下简称堪厅）主要成员劫持到台湾。何去何从，这是个严峻的考验。以往，班禅系统与国民党政府曾有过密切的联系，第九世班禅流亡内地期间得到过国民党政府的支持，第十世班禅的合法地位也是通过国民党政府批准而最终得以确认的。但当大师得知共产党所领导的革命军队"成救国救民之业，义师所至，全国欢腾"时，认识到共产党是可以信赖的朋友，千方百计摆脱国民党控制，毅然选择了在中国共产党的领导下走社会主义的光明道路。不久，班禅大师与进驻西宁的人民解放军取得联系，并向毛主席、朱总司令发出致敬电，谓中华人民共和国诞生，新政权的成立，"人民之康乐可期，国家之复兴有望"。从这时起，班禅大师开始了与我党的合作，开始了与党和国家主要领导人的长期接触，并逐渐成长为国家领导人之一和卓越的国务活动家。

班禅大师是藏传佛教格鲁派两个最大的活佛之一。他认为，自己作为藏族社会的一个特殊人物，为藏族人民的翻身解放多做贡献，这是他义不容辞的职责。因此，他积极主张尽快和平解放西藏，让藏族人民早日过上幸福生活。全国刚刚解放时，中央考虑到西藏的特殊性，没有立即采取军事措施。班禅大师认为，西藏作为中国不可分割的领土，理应早日得到解放，因此渴望人民解放军尽早开进西藏，使西藏人民同全国人民一样感受到解放的喜悦。他在1949年10月1日给中央领导人的致敬电中说："刻下羁留青海，待命返藏。"之后又以堪厅名义致电中央人民政府，吁请"速发义师，解放西藏"，并坚定地表示，"堪厅誓率西藏爱国人民，唤起西藏人民配合解放军，为效忠人民祖国奋斗到底"。

1950年，班禅大师派计晋美等人作为代表，专程到西安会见彭德怀同志，提出有关解放西藏的建议。随后组成致敬团赴北京，提出解放西藏的方案。对此，毛泽东主席予以肯定和赞赏，认为班禅大师关于解放西藏的建议很好，合乎爱国团结的精神。1951年春，中央人民政府和西藏地方政府商定，在北京举行和平解放西藏的谈判，中央特别邀请班禅大师到北京共同协商。经过谈判，达成《中央人民政府和西藏地方政府关于和平解放西藏办法的协议》（以下简称《协议》），班禅于5月21日举行签字仪式。班禅大师随即发表声明，表示热烈拥护，称《协议》开始了西藏民族自己历史的新纪元。根据《协议》规定，西藏于1951年10月和平解放，班禅大师梦寐以求的愿望终于成为现实。

班禅大师最感到欣慰的是，西藏人民在中国共产党的领导下砸碎了旧制度的枷锁，在西藏实行了社会主义制度。1959 年 3 月，极少数分裂主义分子在拉萨发动武装叛乱，并将达赖喇嘛劫持到印度，迫使西藏的民主改革运动提前进行。随即周恩来总理发布命令，解散西藏地方政府，由西藏自治区筹备委员会代行其职权，班禅额尔德尼·确吉坚赞代理自治区筹备委员会主任委员职务。班禅大师主持西藏工作后，以极大的热情领导全区的民主改革工作，主持制定《关于废除封建农奴主土地所有制，实行农民的土地所有制的决议》及《关于西藏地区土地制度改革的实施办法》等政策性文件，有力地推动了西藏社会的民主化进程，引导西藏人民走上了社会主义道路。

班禅大师与我们的党和国家同患难共命运，使他的爱国思想得到进一步升华。"文化大革命"期间，班禅大师蒙冤长达 10 年之久，但他的爱国主义思想更加成熟。当他得到平反时平静地说，"我早就坚信会有这一天"。他还说，"与老一辈革命家们所受的迫害相比，我这点委屈算得了什么！这一切已经成为过去，党中央已经给我平反，使我在政治上获得第二次生命，得到为全国各族人民和藏族人民服务的机会。"班禅大师把自己的命运和我们党、我们国家的命运紧紧地联系在一起，以能给包括藏族人民在内的全国各族人民服务为崇高目标和最大乐趣，充分表现了一个爱国主义者高尚的思想境界。

团结是民族繁荣、发展的前提和保障

藏族人民历来十分珍视汉藏民族的友谊和团结，以致民间形成一种传说，在汉藏交界地带有一座象征汉藏友谊和专供汉藏人民往来的黄金桥。而班禅大师用自己的理论和实践在这座桥上树立了一座雄伟、高大的金碑。

班禅大师认为，稳定的社会环境，和谐的民族关系，是作为中华民族大家庭中一员的藏民族走向富裕，藏族地区全面发展，最终将我们的祖国建设成繁荣富强的社会主义国家的重要保证。因此，加强民族团结，维护汉藏民族的传统友谊成为班禅大师的最高追求，也是他爱国主义思想的重要组成部分。

中华人民共和国建立之初，毛主席、朱总司令勉励班禅大师为汉藏人民的团结而奋斗，之后还多次希望他和达赖喇嘛共同为汉藏民族团结做出贡献。班禅大师一生重视汉藏民族团结，尤其"文化大革命"结束，他重新走上领导岗位后，在许多重要场合反复阐述汉族、藏族以及其他民族一道共同缔造我们统一的多民族国家的历史，论证藏族和汉族谁也离不开谁的关系。1989年1月17日，在日喀则扎什伦布寺举行第五世至第九世班禅遗体合葬灵塔祀殿班禅东陵扎什南捷落成开光典礼，班禅大师为前来祝贺的数千名干部群众发表热情洋溢的讲话，在其短短数千字的讲话中，多次提到民族团结，并把宏伟壮观的班禅东陵扎什南捷灵塔祀殿誉为"汉藏两大民族团结的象征"，他坚信，日后凡是前来瞻仰、膜拜、参观游览东陵的人，从中"必然领悟到汉藏民族团结的重要，领悟到坚持爱国主义立场的意义"。这次讲话是班禅大师民族团结思想的高度概括和总结，也是他激励后代维护民族团结的重要遗嘱。

班禅大师认为，民族团结高于一切，为了民族团结要把个人的荣辱置之度外。20世纪50年代初期，班禅大师因积极配合并大力支持日喀则分工委和驻军做好各项利民工作，遭到一些人的忌恨，甚至说他"为汉人办事，心里没有我们藏民"等。大师对这种恶意中伤置之一笑，他坚持凡是有利于加强民族团结的事，坚决去做，毫不动摇。他在得到平反、恢复国家领导人的职务后，主动团结过去曾揭发、批判过自己的同志，还真诚地说，"我恳切希望大家捐弃前嫌，团结起来向前看，互相谅解，互相勉励，互相帮助，互相支持，团结一致，并肩携手，共同为建设新西藏，建设伟大祖国而努力奋斗"。字字句句洋溢着团结的愿望，表现出一代伟人的坦荡襟怀。

班禅大师还认为，藏族内部的团结是汉藏民族团结的基础，而他和达赖喇嘛之间的和睦关系是藏族内部团结的重要标志。因此，他一再强调要加强藏民族内部的团结，并主动搞好与达赖喇嘛的关系。达赖喇嘛和班禅大师是藏传佛教两大活佛系统，历史上历世达赖喇嘛和班禅大师和睦相处，曾为西藏政教事业的发展、维护祖国统一和汉藏民族团结有过杰出贡献。20世纪初以来，帝国主义势力的离间，导致两位活佛一度失和，后来西藏地方政府和班禅堪布会议厅之间在第九世班禅的转世灵童问题上也出现分歧，因此，新认定的第十世班禅一直客居青海。能否搞好达赖喇嘛和班禅大师这两个特殊人物之间的团结，直接关系到西藏乃至整个藏区的稳定与繁荣，影响到民族团结。党中央为促成他们的团结做了大量的工作。班禅大师更是从民族团结的高度看待这一问题，从大局出发，在与达赖喇嘛之间的关系问题上积极主动，争取早日实现正常关系。1951 年《协议》签订之后，他立即致电达赖喇嘛，明确表示："班禅愿竭绵薄，精诚团结，在中央人民政府和毛主席的英明领导下，协助您和西藏地方政府，彻底实行《协议》，为和平解放西藏而奋斗。"班禅大师的倡议立即得到达赖喇嘛的响应，复电承认班禅大师的合法宗教地位，欢迎他早日返藏。同年，班禅大师一行从青海出发，于 4 月底抵达拉萨。班禅大师随即前往布达拉宫日光殿拜会达赖喇嘛，并亲切交谈，结束了达赖、班禅两个活佛系统之间长达 29 年之久的不正常关系，并于 1954 年 9 月联袂出席在北京召开的第一届全国人民代表大会。两位宗教领袖人物的和睦促进了藏族内部的团结，增强了藏汉民族团结的基础。

"要像保护自己的眼珠一样来维护祖国的统一"

西藏是中国领土不可分割的一部分，这是班禅大师一贯坚持的严正立场，也是他爱国思想的核心。大师熟读史籍，十分了解西藏的历史和西藏与祖国的关系，经常追述西藏从元代正式被纳入元朝版图，自此受历代中央政权管辖的历史事实，一再强调"西藏是中国领土不可分割的一部分，这是任何人也改变不了的"。要求人们"要像保护自己的眼珠一样来维护祖国的统一"。在西藏与祖国关系的大是大非问题上，大师一贯立场鲜明，坚决反对分裂，维护国家统一，多次痛斥、揭露一些人进行分裂祖国的罪恶活动和阴谋。针对国际上的所谓"西藏问题"，班禅大师认为，西藏问题属于中国内政，中国各族人民尤其是藏族人民，绝不允许其他国家特别是那些别有用心的国家和政治势力，在这个问题上说三道四。他坚决反对将西藏问题国际化，坚信在中国共产党领导下，在党的民族宗教政策的感召下，西藏历史上遗留的许多问题都会得到妥善解决。正如 1951 年 5 月 24 日，他在庆祝具有划时代意义的《协议》签订的盛大宴会上所发表的祝酒词中所说："多少年来没有解决的中国内部的民族问题——西藏问题，在毛主席领导下胜利地解决了。和平解放西藏是中国各民族大家庭的一大喜事。中央人民政府、达赖与班禅三方面的团结，只有在中国共产党和人民政府领导下才能实现。"他的欣喜之情表达了他对中国共产党的无限信赖，也体现了对西藏问题在中华人民共和国内部能得以解决的坚定信念。正当藏族人民在中国共产党的领导下，筹备成立西藏自治区，就要行使当家做主的权利之时，西藏上层中的少数分裂主义分子在国外反华势力的煽动下，重弹"西藏独立"的老调，并于1959年公然发动武装叛乱，妄图破坏民族团结和国家统一。在中国人民解放军强大的政治、军事攻势下，叛乱逐渐平息。但分裂主义分子不甘心其失败，劫持达赖喇嘛并裹胁许多不明真相的藏胞逃往印度，并于1959年4月18日在提斯浦尔经由印度外交官员散发所谓的"达赖喇嘛声明"。班禅大师听到这一消息后十分惊讶和气愤。在这视听混淆的关键时刻，他挺身而出表明立场，澄清是非，以正视听。他说："这个所谓声明，无论同达赖喇嘛平时的言行还是同达赖喇嘛给中央代理代表谭冠三的三封亲笔信对照看来，都是毫无共同之处的。声明的口吻既不是达赖喇嘛本人的口吻，也不是我们藏人所习用的口吻。很显然，这个所谓'达赖喇嘛的声明'是外国人强加于他的。"针对"声明"所谓"西藏人一向有一种要求独立的强烈愿望"的奇谈怪论，班禅大师严正指出："这完全是捏造的谎言。事实上西藏绝大多数人民和祖国各族人民一样，认为维护祖国的统一和各民族的团结，反对帝国主义侵略，是自己最根本的利益。"后来，一些反华势力又利用宗教问题大做文章，对此，班禅大师义正词严地予以抨击："我们虔诚地信仰宗教，但是坚决反对任何人借着宗教的幌子干涉别国内政的活动。"

班禅大师通过对历史、现实和未来的理性思考，始终认为，藏民族存在于中华民族这个大家庭中，既是历史发展的必然结果，同时也是国家和藏民族自身根本利益所致。从历史上的互通有无、唇齿相依到现在谁也离不开谁的新型民族关系的建立，都充分说明祖国的命运和利益与藏民族的命运和利益是息息相关不能割舍的，合则两利，分则两损。可以说，这是班禅大师爱国思想的出发点和落脚点。因此，他曾表白："我本人一贯维护祖国统一，反对'西藏独立'，这是我考虑了历史、现实和未来，深思熟虑后所采取的立场。""我维护祖国统一的立场坚定不移，对于分裂祖国的行径，我过去反对，现在反对，将来也反对。我愿为维护祖国统一的伟大事业做出最大的牺牲。"并告诫人民不要忘记历史的教训。他说："所谓'西藏独立',首先是英国人提出来的。英国侵略者在 1904 年大举进攻西藏,屠杀很多藏胞,武装占领西藏。以后英国不但处心积虑地要把西藏从中国分裂出去,不许中国政府'干涉西藏内政',而且在西藏内部也制造了惨痛的分裂。在英国侵略者及其走狗的毒手之下,前辈班禅被迫出走了,热振活佛被残杀了,格达活佛被毒死了,达赖喇嘛的父亲也被毒死了。这些就是所谓'西藏独立'给我们的血的教训。"此后,当国内少数分裂主义分子在境外分裂主义分子的支持、策动和唆使下,连续在拉萨制造骚乱事件时,班禅大师在西宁发表讲话,旗帜鲜明地指出骚乱"是违背广大藏族人民意愿的,是不得人心的,他们的这一罪恶行径决不会得逞",并谆谆告诫各族人民:国家乱了什么也搞不成,各族人民要坚决维护安定团结的局面。1980 年以来,流亡国外的达赖喇嘛多次派代表来北京,班禅大师一次又一次接见他们,郑重地劝说他们放弃"西藏独立"的立场。拉萨骚乱事件发生后,班禅大师还通过长途电话向达赖喇嘛说:西藏少数人搞起来的骚乱不符合西藏人民的利益,也不利于西藏问题的解决,希望达赖喇嘛利用自己的影响,以爱国大义制止暴力。

"爱祖国同爱民族是统一的,
二者不可分割,更不应该对立起来"

热爱自己的民族,是班禅大师一生坚持不渝的立场。他认为,在我们这个统一的多民族的国家中,如果将爱国主义具体化,那就是要热爱养育了自己的家乡和民族,热爱自己的民族,就是热爱祖国的具体表现。他曾说:"历史的教训使我们懂得,爱祖国同爱民族是统一的,二者不可分割,更不应该对立起来。"并进一步阐述道:"坚持民族利益同国家利益的一致性,坚持爱祖国爱民族的立场,才是唯一正确的立场,才能成为光明正大的、无私无畏的、有益于人民的人。"

班禅大师提出,爱民族就要为民族的发展繁荣办实事,就要大力发展民族经济,尽快提高人民生活水平。他自己为了发展广大藏区的经济、文化和各项事业,一生操劳,呕心沥血。他几乎到过所有的藏区,尤其近十年中,他以国家领导人和宗教领袖的双重身份对藏区进行最为广泛、深入的视察访问。他不辞劳苦7次去西藏，3次来青海，2次去四川藏区，他的足迹踏遍了万里高原的城市和乡村，工厂和学校，机关和寺院，乃至普通群众的家庭。所到之处，嘘寒问暖，解决各种实际问题，利用自己的影响为群众排忧解难，排解地区间的冲突，维护促进地区的安定和团结。面对广大藏区的落后面貌，他充满了忧患意识。1988年初，他在视察西藏工作时曾语重心长地说："近几年国家各方面发展很快，特别是沿海和一些先进地区发展更快，如果西藏不加强经济文化建设，那么与先进地区之间的差距就会更大。"为了加快西藏的建设步伐，1987年4月，他与阿沛副委员长共同发起，在北京成立"援助西藏发展基金会"，从各方面筹措资金，加大援藏力度。同时他认为依靠国家的扶持固然重要，但更重要的是要自力更生，不能光靠国家的财政补贴过日子。可以说，发展西藏经济，不断提高人民生活水平，是他热爱自己民族的最大愿望。关心和支持民族文化教育事业，也是班禅大师为民族办实事的重要内容。班禅大师认为，在西藏一定要继承发展民族文化，弘扬民族精神，通过大力发展文化教育事业，不断提高民族文化素质；在新的条件下，既要继承优秀的文化传统，又要不断输入新的文化、新的科学信息。1987年9月1日，他在中国藏语系高级佛学院开学典礼上说："藏传佛教有1300多年的悠久历史，具有哲学、天文、地理、医学、绘画、音乐等方面的丰富内容，是祖国文化宝库中光辉灿烂的一部分。藏传佛教学术研究为我国在国际上赢得过崇高声望，我们就是要继承发展这一部分文化，无愧于先人，对得起后人。"班禅大师一生重视、关心、支持民族教育事业，认为这是藏区发展、文明的希望所在。他曾语重心长地教诲在外学习的藏族青年："你们来自藏族地区，深知藏区的落后状况，应学好文化知识，毕业后回到家乡，为家乡的发展繁荣作贡献。"他重视民族教育，资助兴办了许多民族学校。他还特别重视藏语文的学习、使用和发展，多次讲"小学主要教民族语文，中学可以本民族语文和汉文同时教"，"建议建立一所藏文大学"，"招工招生考试本民族语文"，"一个民族干部如果连自己民族的语言也讲不了，不能用本民族语言讲政策，讲政治，怎么能行使自治权?!"1987年他在西藏视察时，经与阿沛副委员长共同建议，西藏自治区人大通过了《关于学习、使用、发展藏语文的若干规定》，成为我国关于民族语文使用问题的第一个地方性法规，对推动学习、使用和发展藏语文，产生了重要影响。为了全面实施民族区域自治政策，班禅大师十分重视少数民族干部的培养工作，认为这是实现民族区域自治的必要前提。他一贯严格要求民族干部，反复强调"民族干部要具备两个条件：一是爱国，拥护党的领导，走社会主义道路，维护祖国统一；二是对自己的民族有感情，能为本民族的利益办一些事，被群众视为自己人。"他认为，作为一个民族干部，只顾本民族的利益，而忽视整个国家的利益，这绝对不行，但如果对本民族的发展进步漠不关心，脱离本民族群众，这也不行，算不得一个好干部；一个好干部应密切联系群众，要做党联系各族人民的桥梁，而不能成为隔断党和群众之间联系的墙壁。大师以他的言行成为爱祖国、爱民族的典范。

爱教先要爱国

班禅大师作为藏传佛教的杰出领袖，一生虔信佛教，热爱自己信仰的宗教。他继承格鲁派创始人宗喀巴大师的法统，为弘扬佛法、普度众生，献出了毕生的精力和智慧，他一贯强调佛教教义的核心是"诸恶莫做，诸善奉行，清净我心，庄严国土，利乐有情，广积功德"，作为宗教徒要像历世班禅大师那样，"发扬宗教上净心修持、持护弘扬佛法，在政治上坚持爱国立场，为国运昌隆、人民安乐而努力的精神"，时时处处奉行行善利众、爱国爱教的宗旨。他认为"庄严国土"就是热爱祖国，"利乐有情"就是为人民服务，教育广大僧尼爱教先要爱国，要遵守佛教教规和国家法律，做爱国爱教的好信徒。他说："一切宗教活动要在爱国的前提下进行。大家首先要爱国，拥护中国共产党的领导，热爱我们的祖国——中华人民共和国，维护国家的统一和各民族的团结，特别是藏汉两个民族的团结。其次要爱教，遵循佛祖的教导，严守戒律，学好宗教知识，多做善事，弘扬佛法。"

班禅大师的爱国爱教思想突出地体现在他的宗教改革思想中。佛教从公元7世纪传入西藏，一千多年来深深扎根于西藏社会，至今有着广泛的影响。在新的条件下，藏传佛教如何与社会主义政治经济制度相协调，是一个重大的研究课题。班禅大师根据爱国爱教原则，从有益于人民的利益出发，不断探索研究藏传佛教与社会主义相适应的途径和方法，走改革之路。他从20世纪50年代起即着手于宗教制度的改革，以推动藏传佛教的兴利除弊。1960 年，他提出了寺庙改革的 5 条办法：一是放弃剥削；二是民主管理；三是执行政府法令，宪法进庙；四是搞生产；五是对老弱和专门念经的喇嘛，生活要由政府包起来。20 世纪 80 年代他曾在扎什伦布寺实行社会主义条件下寺庙管理的试点，以便取得经验，在其他寺院推广。在班禅大师的一贯思想和一系列改革措施中，着重从以下几个方面突出了他的爱国爱教思想。

1. 控制寺院规模，减轻信教群众负担。大师为了恢复和发展遭到严重破坏的宗教事业，常年劳累奔波，付出了大量的心血。但他多次强调，现在维修寺院不要太豪华、太奢侈，并说"寺庙不在多少，而在于能否成为继承和发扬佛教教义的场所，能否成为按佛教教义弃恶积善、自制利他的场所"。他倡导寺院在可能的条件下，应该办学校，建医院，兴办各种福利设施，造福百姓；要求寺庙在接受群众的供奉、布施时，要坚持自愿的原则，反对和禁止以化缘等任何形式进行勒捐和摊派。同时，他提出在社会主义条件下寺庙僧尼人数应当从自养能力出发实行定员，在指导思想上，应该注意讲求僧尼素质，而不追求数量，认为"僧尼不在人数多少，而在于素质是否纯正，在于能否严守教规教律，按照闻思修、讲辩著等基本要求，进行显密二宗的传授和修持，真正按照佛祖释迦牟尼和宗喀巴大师的教诲，把佛教教义继承下去"。

2. 建设爱国爱教的寺庙管理班子。班禅大师一贯认为，宗教、寺庙要与现代社会相协调，首先要建设一个强有力的、团结合作的、密切联系群众、热心并善于寺庙管理的民主管理委员会（或管理小组）。1985 年 11 月，他提出寺院民管会成员的条件是：①既懂政治，又懂宗教，爱国守法，虔诚爱教；②能维护祖国统一和民族团结；③能正确贯彻执行党的宗教政策和其他各项政策；④对寺庙工作热心积极，有管理才能，办事公道，僧众信任。这里，他将民管会成员的政治条件提到首位，要求民管会遵循爱国爱教原则，按照四项基本原则，组织和领导在寺全体僧众坚定地拥护共产党的领导，拥护社会主义制度，维护祖国统一，增强民族团结，坚持以法管寺，在宪法、法律和政策规定的范围内开展正常的宗教活动，做好寺内的各项工作。

3. 坚持"以寺养寺"原则。班禅大师一贯倡导坚持"以寺养寺"原则，通过扎什伦布寺的试点，要求寺院在保证在寺僧众学习佛教经典的前提下，组织他们积极从事农牧林副生产，开办适合寺庙特点的社会公益服务事业，因寺因地制宜，开办力所能及的企业，乃至规模较大的综合经营企业，通过寺庙企业的经营活动，发挥其社会经济的积极作用。寺办企业的一切业务活动必须在国家法律、法令和政策的规定范围内进行，必须接受政府经济管理部门的业务监督和指导。

4. 培养爱国爱教的宗教职业人员和佛教知识分子。班禅大师指出，要培养一大批热爱祖国、懂得党的政策，又有一定宗教学识的宗教职业者，也要培养一批具有高深佛教造诣的学者，发挥他们的作用，继承佛教教义，满足信教群众宗教生活的需要。这样才能做到寺像寺，僧像僧，以教治教，继承和发展佛教文化，团结广大信教群众，为社会主义的两个文明建设出力。班禅大师认为，"这在当前和今后一个时期中，也是同国内外的分裂势力做斗争，维护祖国统一的需要"，它能"有效地抵制国外宗教势力的渗透和干涉"，"使那些披着宗教外衣进行分裂活动的反动分子的阴谋不能得逞"。为此，他要求寺院在政治方面，要组织在寺僧众进行时事政治学习，编写适合在寺僧众实际接受能力的时事政治学习材料和文化科学知识学习材料，通过学习，不断提高他们的爱国主义和社会主义觉悟；在佛学知识和文化科学知识的学习方面，要求僧众入寺后，首先应学习文化，主要学好藏文，学习必要的现代文化科学知识，革新和完善原有的佛学教学体系。班禅大师亲自创办中国藏语系高级佛学院，并担任院长，为培养爱国爱教的佛教知识分子开创了良好的范例。

5. "活佛不可不转，也不可全转"，认定灵童要慎重。活佛转世制度是藏传佛教僧侣集团为解决其宗教首领的继承问题而建立的一种特殊的宗教传承制度。历史上，转世灵童除承袭原有的活佛系统，也有凡主持新建寺院、修学有成、获得格西学位、曾任大寺重要僧职的大喇嘛均有可能获得转世资格，从而不断出现新的转世系统，形成数目庞大的转世活佛队伍。班禅大师基于藏传佛教的特点和减轻信教群众经济负担的考虑，生前提出转世活佛"不可不转，也不可全转"。他在圆寂的前四天即1989年1月24日，在日喀则举行的五省区部分宗教人士座谈会上，特别谈了活佛转世的问题，指出活佛灵童的认定，"先打出三个预选灵童，然后遂一进行调查"，"我想到在释迦牟尼跟前，采取'金瓶掣签'的办法来确定是最好的，以后有误的话，也可请释迦牟尼"。班禅大师临终前的这些遗嘱，告诉人们寻找和认定转世活佛灵童应该慎重，特别像达赖喇嘛、班禅大师等大活佛灵童的认定，应遵循采取"金瓶掣签"办法的惯例。

第十世班禅大师的爱国思想继承和发扬了历世班禅大师热爱祖国、维护祖国统一的优良传统，是建立在对祖国历史具有深刻了解、始终维护国家统一、无限热爱共产党的基础上的。众所周知，历世班禅大师不仅是博通显密的佛教大德，而且都热爱祖国，在维护祖国统一和民族团结的伟大事业中，做出过卓越的历史贡献。四世班禅罗桑却吉坚赞与五世达赖喇嘛一同领导平息了西藏内乱，并派遣代表，主动与清朝中央政权联系。五世班禅罗桑益喜大师在西藏屡遭外族侵扰的形势下，始终坚定地站在中央政权一边。著名的六世班禅巴丹益喜大师为了巩固和发展西藏地方政权同中央政权之间的关系，密切藏民族同祖国各民族间的兄弟情谊，亲自赴京，为乾隆皇帝祝寿，共商教务国事，最后圆寂于京。九世班禅曲吉尼玛大师更是一位伟大的爱国者，曾与十三世达赖喇嘛一起领导了西藏抗英斗争。他在祖国内地 15 年间，到处宣布西藏是祖国领土不可分割的一部分，随时揭露帝国主义者及其代理人在西藏进行的分裂活动，成为西藏爱国势力的杰出代表和一面光荣旗帜。十世班禅大师一直以前辈的爱国精神为荣，高度赞扬效法。同时，他自幼生活在一个爱国的环境中，经师、父母以及堪厅的工作人员等的爱国思想都对他产生了熏陶和感染。特别是在党的长期教育培养下，通过与老一辈无产阶级革命家的接触交往，使他成为中国共产党的忠诚朋友。正如他自己所讲："我从幼年起一直是在共产党和老一辈无产阶级革命家的教育、培养和关怀下长大成人的。我的一切同党的关怀是无法分开的。"他自己熟读历史典籍，透彻了解祖国和西藏历史，始终不渝地坚持"西藏是祖国不可分割的一部分"的立场，在事关祖国统一的大是大非面前，总是旗帜鲜明、立场坚定地反对分裂，维护祖国统一。他对中国共产党的无限信赖和热爱，更来自他的亲身经历和感受。在他半个多世纪的人生中，经历了新旧两种社会制度，目睹了在中国共产党领导下祖国和西藏的巨大变化，看到了党的民族宗教政策的光辉伟大。西藏和平解放后，共产党和进入西藏的人民解放军尊重达赖喇嘛和班禅大师，尊重藏胞的风俗习惯和宗教信仰，为西藏的繁荣进步办实事，这一切更使班禅大师深受感动，更坚定了热爱中国共产党、热爱社会主义祖国的信念。正是这种坚定的信念，使他无论在 1959 年西藏反动上层发动叛乱，还是在以后西藏的骚乱中，总是坚定地站在党和国家一边，痛斥揭露分裂祖国、破坏民族团结的阴谋；正是这种坚定的信念，使他为了搞好西藏工作，为了国家和民族的兴旺，为了人民的幸福和佛业昌盛，曾向他无限热爱、无限信任的中国共产党多次捧出一颗赤诚的心，甚至蒙受不白之冤，身陷囹圄，但爱党爱国之心不变；正是这种坚定的信念，使他能正确对待"文化大革命"，明确指出"'文化大革命'是包括汉族在内的全国56个民族共同的一场灾难，不能说'文化大革命'的破坏是专门针对藏族或西藏的，更不能说是汉人消灭藏人的文化"，"因此，利用'文化大革命'的破坏，特别是利用宗教寺庙的破坏，来煽动民族情绪、挑拨民族关系，纯属别有用心"，"利用这种历史的灾难制造耸人听闻的舆论，甚至把它夸大成'种族灭绝'更是别有用心。"大师正是基于对党、对祖国、对民族的无限忠诚，重新工作后以坦荡胸怀捐弃前嫌，不计较个人恩怨，全副身心投入工作，为发展藏族地区的经济建设和文化教育事业，夜以继日，呕心沥血，直至圆寂。

邓小平同志说，十世班禅大师是"我们国家一个最好的爱国者"。他的爱国思想是我们中华民族的宝贵精神财富，值得我们永远学习、继承和发扬。

参考文献

《班禅大师在第二届全国人民代表大会第一次会议上的发言》，《人民日报》1959年4月23日。

《班禅大师在全国政协委员会第三届第一次会议上的发言》，《人民日报》1959年4月30日。

班禅：《宏伟灵塔祀殿是藏汉团结的象征》，《人民日报》1989年2月8日。

《胡锦涛在拉萨举行的班禅大师追悼会上的悼词》，《人民日报》1989年2月4日。

阿沛·阿旺晋美：《深切怀念班禅额尔德尼·确吉坚赞大师》，《人民日报》1989年2月14日。

杨静仁等：《伟大的爱国主义者班禅大师永垂不朽》，《人民日报》1989年2月15日。

《万里在北京举行的班禅大师追悼会上的悼词》，《人民日报》1989年2月16日。

中共西藏自治区委员会、西藏自治区人民政府：《深切悼念尊敬的班禅副委员长》，

《人民日报》1989 年 2 月 17 日。

习仲勋：《深切怀念中国共产党的忠诚朋友班禅大师》，《人民日报》1989 年 2 月 20 日。

降边嘉措：《班禅大师》，东方出版社，1989。

班禅大师：《关于在扎什伦布寺进行社会主义条件下寺庙管理试点的总结》，《中国藏学》1988 年第 1 期。

（该文原载《青海社会科学》1995 年第 5 期，1996 年荣获全国"五个一工程"入选作品奖、青海省第四次哲学社会科学优秀成果评奖荣誉奖）

在总结历史经验的基础上创造新的理论

童金怀

一

实事求是，是邓小平同志建设中国特色社会主义理论的精髓。实事求是，就是研究客观存在的一切事物，从中找出其固有的而不是臆造的规律性，作为我们行动的向导。一切客观事物，既不是万古不变的僵化存在，也不是倏忽凸显的神迹仙踪，它们都是在历史发展中形成的，并且都同人们的实践密切相关。人们的实践活动，在漫长的历史过程中，不断改造着客观事物。人们在研究客观存在的事物时，必须研究客观事物的发展变化过程和人们的实践活动过程，即必须研究历史，从科学地总结历史经验中把握客体和主体各自运动与交互作用的规律。仅仅观察客观事物的当前存在状态，常知其然而不知其所以然，更难预测它们的未来发展。从另一个角度来说，虽然我们不排斥科学预见，但一般来说，人们不可能在某种事物出现之前就具备对它的准确认识，也难以在某种事物出现之后立即全面把握它的本质。客观事物发展规律的显露、人们在实践过程中对客观事物发展规律的认识，都必须经历一段或长或短的时间。而人们对客观事物发展规律认识的正确与否，必须经过实践的检验，这里又必然出现一个时间差。因而从某种意义上说，对客观事物的研究，往往表现为一种历史的研究。

邓小平同志在构建中国特色社会主义理论的过程中，十分重视研究历史，总结历史经验。他经常联系中国共产党的历史和中华人民共和国的历史阐明自己的理论，使其表现出严格的科学性和巨大的说服力。1987 年 5 月他与外宾谈话时，在回顾了中国共产党的历史后接着讲道："我为什么讲这个历史？因为我们现在的路线、方针、政策是在总结了成功时期的经验、失败时期的经验和遭受挫折时期的经验后制定的。历史上成功的经验是宝贵财富，错误的经验、失败的经验也是宝贵财富。这样来制定方针政策，就能统一全党思想，达到新的团结。这样的基础是最可靠的。"①

江泽民同志在党的十四大的报告中指出："建设有中国特色社会主义的理论，是在和平与发展成为时代主题的历史条件下，在我国改革开放和社会主义现代化建设的实践过程中，在总结我国社会主义胜利和挫折的历史经验中并借鉴其他国家社会主义兴衰成败历史经验的基础上，逐步形成和发展起来的。"②

科学地研究历史，总结历史经验，是实事求是的题中应有之意，是建设中国特色社会主义理论的前提条件之一。

二

在社会主义现代化建设新时期开头的两年多时间内，邓小平同志领导完成了一项科学总结历史经验的伟大工程。在他的指导下，我党做出了《关于建国以来党的若干历史问题的决议》，对新中国成立后 32 年党的历史进行了全面总结，准确评价了这 32 年中的若干复杂的历史问题。特别值得指出的是，决议旗帜鲜明地肯定了毛泽东的历史功绩，维护了毛泽东思想，同时严肃而有分寸地批评了毛泽东的错误。这一决议完成了党在指导思想上拨乱反正的历史任务，统一了全党的思想。正是在这一决议中，我们党根据新中国成立以来正反两方面的经验，对适合我国情况的社会主义现代化建设的正确道路的十个基本点做了比较系统的阐述，这在建设有中国特色社会主义理论的形成与发展进程中具有重要的意义。在这一决议的起草过程中，邓小平同志明确指出："总结过去是为了引导大家团结一致向前看。"③ 后来，邓小平同志又曾说过"总结历史是为了开辟未来"④。《关于建国以来党的若干历史问题的决议》确实起到了总结历史、开辟未

---

① 《邓小平文选》第 3 卷，人民出版社，1993，第 234～235 页。
② 《中国共产党第十四次全国代表大会文件汇编》，人民出版社，1992，第 15～16 页。
③ 《邓小平同志文选》（1975～1982 年），人民出版社，1983，第 256 页。
④ 《邓小平文选》第 3 卷，人民出版社，1993，第 271 页。

来的巨大作用。

邓小平同志不仅重视总结历史经验，而且具有科学总结历史经验的革命家的胆识。正如他在研究现实，制订党的路线、方针、政策时一样，他在研究历史，总结历史经验时，始终严格遵循了实事求是的原则。他在谈到党的历史时，总是明确肯定党的历史功绩，同时毫不含糊地指出党所犯过的错误。对新中国成立以后的历史，他在 1987 年 5 月曾经这样概述道："新中国成立后的头八年，我们进行了社会主义改造，建立了一些基础工业。从 1953 年以来二十几年都搞得很好，但是到了 1957 年，我们又犯错误了，反右扩大化。1958 年，要求过急，搞'大跃进'，搞人民公社，不对头了，给我们带来很大灾难。我们花了三年时间，纠正错误，才使情况又好起来。经济情况有好转，但是指导思想上没有解决问题，这就是为什么 1966 年又开始了'文化大革命'。"[1] 1988 年 5 月他又说过："我们建国三十九年，头八年好，后十年也好，当中那些年受'左'的干扰，情况不大好。"[2] 这些论述，同他对起草《关于建国以来党的若干历史问题的决议》的多次指导意见一样，一方面坚决肯定党的功绩和社会主义革命与建设的成就，另一方面明确指出党的错误及其消极后果。正是坚持了这样的对待历史的科学态度，才有可能创造出建设有中国特色社会主义的理论。一方面如果不坚决肯定党的功绩和社会主义的成就，如果把我们的社会主义时期看成一团漆黑，那就不可能得出"只有社会主义才能救中国，只有社会主义才能发展中国"[3] 的结论，反而可能动摇甚至丧失社会主义、共产主义信念。连社会主义都不要了，当然更谈不上中国特色的社会主义了。另一方面，如果把新中国成立以后的一切都加以肯定，连"大跃进"和"文化大革命"也一股脑儿地当作宝贝，以为我们做过的一切都正确无误，那就真可以"照过去的方针办"，不需要再探索与创造了。很显然，如果这样看待新中国成立后的历史，不用说构建建设有中国特色社会主义理论的完整体系，简直就不敢提出建设有中国特色的社会主义这一伟大命题。只有一分为二地认识我们新中国成立以后的历史，坚持真理，修正错误，才能在新时期的社会主义实践中创造出建设有中国特色社会主义的理论。

---

① 《邓小平文选》第 3 卷，人民出版社，1993，第 234 页。
② 《邓小平文选》第 3 卷，人民出版社，1993，第 260 页。
③ 《邓小平文选》第 3 卷，人民出版社，1993，第 311 页。

　　与此相联系的一个重要问题是如何正确评价毛泽东和毛泽东思想。尽管毛泽东的失误给中国的社会主义事业带来了严重损失，但是作为中国共产党与中国人民的伟大领袖，毛泽东长时期领导了中国的革命与建设，立下了永垂史册的丰功伟绩。毛泽东思想作为中国共产党集体智慧的结晶，是中国革命与建设的经验的科学总结，是我们党的宝贵的精神财富。毛泽东思想将长期指导我们的行动。建设有中国特色社会主义的理论，是在毛泽东思想的立场、观点、方法的基础上，并且汲取了毛泽东在建设社会主义问题上的初步探索成果，在改革开放和现代化建设的实践中逐步形成和完善起来的。邓小平同志在总结党的历史经验时，坚持科学地评价毛泽东和毛泽东思想，对于建设有中国特色社会主义理论的产生与发展，具有重要意义。这是马克思主义发展史的一个值得研究的严肃的课题。

　　邓小平同志是我们党第一代领导集体的一员，第二代领导集体的核心，是我国改革开放和现代化建设的总设计师，对我国社会主义事业的发展做出了巨大贡献。作为一个伟大的无产阶级革命家，邓小平同志在总结党的历史时，对于自己的错误和应承担的责任毫不隐讳。他说："我这个人，多年来做了不少好事，但也做了一些错事。'文化大革命'前，我们也有一些过失，比如'大跃进'这个事情，当然我不是主要提倡者，但我没有反对过，说明我在这个错误中也有份。"① 一位外国记者问他对自己怎样评价，他答道："我自己能够对半开就不错了。但有一点可以讲，我一生问心无愧。你一定要记下我的话，我是犯了不少错误的，包括毛泽东同志犯的错误，我也有份，只是可以说，也是好心犯的错误。不犯错误的人没有。不能把过去的错误都算成是毛主席一个人的。"② 邓小平同志的谈话，表现了一个无产阶级革命家的伟大胸襟和对待历史的科学态度。作为伟大历史运动的参与者，只有客观、谨慎地评价自己，才能正确评价那个伟大的历史运动，显现历史的本来面貌，汲取历史所提供的经验教训，把握历史发展的规律。

三

　　1982 年 9 月 1 日，中国共产党第十二次全国代表大会开幕，邓小平同志

---

① 《邓小平文选》第 3 卷，人民出版社，1993，第 173 页。
② 《邓小平同志文选》（1975～1982 年），人民出版社，1983，第 312 页。

致开幕词。这篇开幕词自始至终贯彻了科学的历史论证，在总结历史经验的基础上阐明了建设有中国特色的社会主义理论的总的指导原则和许多重要观点，指引全党确立了为全面开创社会主义现代化建设新局面而奋斗的纲领。

在《中国共产党第十二次全国代表大会开幕词》中，邓小平同志指出："我们的现代化建设，必须从中国的实际出发。"① "把马克思主义的普遍真理同我国的具体实际结合起来，走自己的道路，建设有中国特色的社会主义，这就是我们总结长期历史经验得出的基本结论。"② "中国的事情要按照中国的情况来办，要依靠中国人自己的力量来办。独立自主，自力更生，无论过去、现在和将来，都是我们的立足点。"③

邓小平同志的简洁论述包含着极其丰富的重要内容。第一，它们严格遵循了实事求是的思想路线，体现了实事求是，一切从实际出发，理论联系实际的原则。第二，它们表达了伟大的无产阶级革命家邓小平同志对党和人民的智慧与力量的无比信赖，坚信依靠全党和全国各族人民，有足够的能力建设有中国特色的社会主义。第三，它们体现了邓小平同志尊重历史的科学精神，他善于研究历史，从历史经验中得出极其宝贵的结论，作为我们行动的向导。第四，它们向全中国乃至全世界庄严宣告，中国共产党正领导全国各族人民进行一项伟大的事业，创造建设有中国特色社会主义的理论，并在其指引下建设现代化的社会主义国家。

邓小平同志这些简洁论述的重要意义，可以归结为这样一句话：我们党决心在科学总结历史经验的可靠基础之上构建全新的科学理论。经过十多年的不懈努力，伴随着改革开放和现代化建设实践的巨大成功，邓小平同志建设有中国特色社会主义的理论形成了完整的科学体系，成为当代中国的马克思主义。

邓小平同志认为，把马克思主义普遍真理同我国的具体实际结合起来，走自己的道路，建设有中国特色的社会主义，是总结长期历史经验得出的基本结论。这是有充分的历史根据的。中国的新民主主义革命进行了 28 年，历尽艰辛，屡遭挫折，终于在以毛泽东为代表的中国共产党

① 《邓小平文选》第 3 卷，人民出版社，1993，第 2 页。
② 《邓小平文选》第 3 卷，人民出版社，1993，第 3 页。
③ 《邓小平文选》第 3 卷，人民出版社，1993，第 3 页。

人开创的农村包围城市武装夺取政权的中国式道路上走向胜利，建立了中华人民共和国。20 世纪 50 年代中期中国的社会主义改造，也由于采取了一整套适合中国特点的办法，进展顺利而损失较少，到 1956 年，全国绝大部分地区基本上完成了对生产资料私有制的社会主义改造，社会主义制度在我国已经基本上建立起来。这的确是伟大的历史性胜利。而在我国的社会主义建设的过程中，起初是因为没有经验，照搬了苏联搞过的那一套，虽然也取得不小的成绩，但很快就暴露出许多弊端。毛泽东觉察到这一点，开始探索在中国建设社会主义的路子，也有所收获，但不久在日趋严重的"左"的错误的影响下，探索偏离了正确方向，在社会主义改造完成以后越来越强调以阶级斗争为纲，最终导致了"文化大革命"。在一个相当长的时间中，我们对什么是社会主义，如何建设社会主义都没有搞清楚，当然也就严重阻碍了社会主义建设的进行，妨碍了社会主义制度优越性的发挥。从 1935 年的遵义会议到 1956 年的党的八大，中国的革命经历了十分辉煌的时期，这一时期的成功经验证明，无论是搞新民主主义革命还是搞社会主义革命，都必须把马克思主义普遍真理同我国具体实际相结合，走自己的道路。而从 1957 年开始的"左"的错误所耽误的时间总的算起来也有 20 年，20 年的种种挫折和灾难教训了我们，至少使我们认识到这样两点：一是不顾中国国情，照搬别国的做法解决不了中国的问题。即使是别国的成功经验，生搬硬套到中国来也不济事；更何况他们虽然搞社会主义的历史比我们长，其实对如何搞社会主义他们也吹不起牛。苏联的政治体制经济体制的弊端，不仅在他们国内积重难返，而且强加于人，贻害他国，给社会主义事业造成了严重灾难。二是自己探索也不容易，一旦离开了实事求是的思想路线，就不可能找到正确的道路。只有真正做到把马克思主义普遍真理同本国的具体实际结合起来，坚持实践是检验真理的唯一标准，在不断实践中不断总结经验，才能找到正确的道路。当人们对历史提供的基本结论作了深刻的理解，有了科学的把握之后，历史的基本结论就成了宝贵的财富，成了历史继续发展的指针，研究历史，掌握规律，创造新理论的活动就成了继往开来的中间环节。邓小平同志就是这样研究历史的。他研究历史不仅仅是为了对历史作出科学论断，更重要的是为了给将来的发展提供科学导向，创造适合新的历史时期、新的历史任务需要的全新的科学理论，用新的思想、观点继承和发展马克思列宁主义、毛泽东思想。

四

邓小平同志精辟地指出："一个新的科学理论的提出，都是总结、概括实践经验的结果。没有前人或今人、中国人或外国人的实践经验，怎么能概括、提出新的理论？"① "过去的成功是我们的财富，过去的错误也是我们的财富。我们根本否定'文化大革命'，但应该说'文化大革命'也有一'功'，它提供了反面教训。没有'文化大革命'的教训，就不可能制定十一届三中全会以来的思想、政治、组织路线和一系列政策。"②

建设有中国特色社会主义的理论，是中国共产党领导全国各族人民进行改革开放和现代化建设的实践经验的科学总结，同时它也是概括了前人或今人、中国人或外国人的正反两方面实践经验的成果。在建设有中国特色社会主义理论的指导下，我们党形成了社会主义初级阶段的基本路线。"一个中心、两个基本点"，是这条路线的简明概括。它不仅包含着十分丰富的、对整个中华民族兴衰成败有决定意义的内容，而且是建立在中国社会主义事业发展的历史经验的基础之上的。对此，邓小平同志曾经在1988年6月作过言简意赅的论述："'文化大革命'十年浩劫，中国吃了苦头。中国吃苦不只这十年，这以前，从一九五七年下半年开始，我们就犯'左'的错误。总的来说，就是对外封闭，对内以阶级斗争为纲，忽视发展生产力，制定的政策超越了社会主义的初级阶段。"③ "一九七八年我们党的十一届三中全会对过去作了系统的总结，提出了一系列新的方针政策。中心点是从以阶级斗争为纲转到以发展生产力为中心，从封闭转到开放，从墨守成规转到各方面的改革。"④ 正因为"一个中心、两个基本点"的基本路线来之不易，又对我国将来的发展具有决定性的意义，所以邓小

---

① 《邓小平同志文选》（1975～1982年），人民出版社，1983，第55页。
② 《邓小平文选》第3卷，人民出版社，1993，第272页。
③ 《邓小平文选》第3卷，人民出版社，1993，第269页。
④ 《邓小平文选》第3卷，人民出版社，1993，第269页。

平同志反复强调："十三大制定的路线不能改变，谁改变谁垮台。"① "基本路线要管一百年，动摇不得。"②

　　坚持党的基本路线不动摇，关键是坚持以经济建设为中心不动摇。坚持以经济建设为中心，发展社会主义社会的生产力，这是邓小平同志建设有中国特色社会主义理论的重心之所在。对此，邓小平同志的论述构成了一个完整的体系，这里着重指出下面几点：第一，邓小平同志一贯强调发展生产力的重要意义。他说："马克思主义的基本原则就是要发展生产力。"③ "坚持社会主义的发展方向，就要肯定社会主义的根本任务是发展生产力。"④ "只有不断发展社会主义生产力，国家才能一步步富强起来，人民生活才能一步步改善"。⑤ 第二，邓小平同志多次批评新中国成立以后我党忽视发展生产力的错误，以历史的反面经验提醒人们重视经济建设，发展生产力。他说："我们在一个长时期里忽视发展社会主义社会的生产力。"⑥ "毛泽东同志是伟大的领袖……然而他有一个重大的缺点，就是忽视发展社会生产力。"⑦ 新中国成立以后，对于"如何发展生产力，这件事做得不好"⑧。第三，在党的十一届三中全会以后，邓小平同志领导全党稳步实现了工作重心的历史性转变，从以阶级斗争为纲转到以经济建设为中心。他指出："我们当前以及今后相当长一个历史时期的主要任务是什么？一句话，就是搞现代化建设。"⑨ "现在要横下心来，除了爆发大规模战争外，就要始终如一地、贯彻始终地搞这件事，一切围绕着这件事，不受任何干扰，就是爆发大规模战争，打仗以后也要继续干，或者重新干。我们全党全民要把这个雄心壮志牢固地树立起来，扭着不放，'顽固'一点，毫不动摇。"⑩ 第四，邓小平同志坚持建设具有现代工业、现代农业、现代国防和现代科学技术的社会主义强国的宏伟目标，又实事求是地制定了我们经济

---

① 《邓小平文选》第3卷，人民出版社，1993，第324页。
② 《邓小平文选》第3卷，人民出版社，1993，第370~371页。
③ 《邓小平文选》第3卷，人民出版社，1993，第116页。
④ 《邓小平文选》第3卷，人民出版社，1993，第264页。
⑤ 《邓小平文选》第3卷，人民出版社，1993，第328页。
⑥ 《邓小平文选》第3卷，人民出版社，1993，第137页。
⑦ 《邓小平文选》第3卷，人民出版社，1993，第116页。
⑧ 《邓小平文选》第3卷，人民出版社，1993，第227页。
⑨ 《邓小平同志文选》（1975~1982年），人民出版社，1983，第148页。
⑩ 《邓小平同志文选》（1975~1982年），人民出版社，1983，第213页。

发展战略的"三部曲"。第五，邓小平同志强调要"抓住时机，发展自己，关键是发展经济。"① "我国的经济发展，总要力争隔几年上一个台阶。"② "能发展就不要阻挡，有条件的地方要尽可能搞快点。只要是讲效益，讲质量，搞外向型经济，就没有什么可以担心的。"③ 他语重心长地指出："低速度就等于停步，甚至等于后退。要抓住机会，现在就是好机会。我就担心丧失机会。不抓呀，看到的机会就丢掉了，时间一晃就过去了。"④ 第六，邓小平同志正确阐明计划与市场的关系，他认为，"计划多一点还是市场多一点，不是社会主义与资本主义的本质区别。计划经济不等于社会主义，资本主义也有计划；市场经济不等于资本主义，社会主义也有市场。计划和市场都是经济手段"⑤。他反复教育全党同志和全国人民，一步一步地摆脱传统计划经济思想的羁绊，党的十四大终于确定，我国经济体制改革的目标是建立社会主义市场经济体制。这一重大突破，对于确保以经济建设为中心，实现经济发展战略的"三部曲"，建设现代化的社会主义强国，具有极其伟大的意义。第七，邓小平同志一贯强调，中国要发展，离不开科学。他早就坚持科学技术是生产力的马克思主义观点，后来又进一步指出，科学技术是第一生产力，认为中国必须在世界高科技领域占有一席之地。与此相联系的是，邓小平同志特别重视发展教育，把教育摆在优先发展的战略地位，同时他经常强调尊重知识、尊重人才，充分发挥广大知识分子的作用。第八，为了确保以经济建设为中心，邓小平同志率先提出并且始终一贯地坚持四项基本原则、坚持改革开放，他指出："必须在思想政治上坚持四项基本原则。这是实现四个现代化的根本前提。"⑥ "坚持改革开放是决定中国命运的一招。"⑦ 第九，为了确保以经济建设为中心，邓小平同志还提出了一系列重要的思想与重要的方针、政策，诸如两手抓、两手都要硬，加强对全国人民特别是青年的思想政治教育，按照干部"四化"标准选拔和培养中青年干部，建设强大的现代化正

---

① 《邓小平文选》第 3 卷，人民出版社，1993，第 375 页。
② 《邓小平文选》第 3 卷，人民出版社，1993，第 375 页。
③ 《邓小平文选》第 3 卷，人民出版社，1993，第 375 页。
④ 《邓小平文选》第 3 卷，人民出版社，1993，第 375 页。
⑤ 《邓小平文选》第 3 卷，人民出版社，1993，第 373 页。
⑥ 《邓小平同志文选》（1975～1982 年），人民出版社，1983，第 150 页。
⑦ 《邓小平文选》第 3 卷，人民出版社，1993，第 368 页。

规化的革命军队，军队要服从整个国家建设大局，发扬自力更生、艰苦奋斗的优良传统，发扬爱国主义、集体主义精神，认真搞好反腐倡廉这件大事以取信于民，贯彻民主集中制，中央要有权威，加强民主与法制建设，加强纪律性，稳定压倒一切，通过"一国两制"实现祖国统一，坚持和平共处五项原则，争取和平的国际环境，等等。综上所述，可以清楚地看出，邓小平同志关于以经济建设为中心，解放和发展社会主义社会生产力的理论，严格遵循马克思主义的基本原理，贯彻了辩证唯物主义与历史唯物主义，一切从改革开放与现代化建设的实际出发，引导着改革开放与现代化建设事业继续前进；同时可以看出，这一完整的经济建设理论以及它的每一项具体内容，都是建立在科学总结历史经验的基础之上的。新中国成立以来45年的历史，为邓小平同志的理论观点提供了丰富的坚实的论据。

五

邓小平同志建设有中国特色社会主义理论产生的历史前提，不仅是新中国成立以来的45年历史和中国共产党成立以来的73年历史，而且是150多年的国际共产主义运动历史，尤其是一些国家社会主义兴衰成败的历史。中国共产党领导的中国革命，包括新民主主义革命和社会主义革命与社会主义建设，是国际共产主义运动的一个重要组成部分。中国革命与建设的进程以及它所提供的正反两方面的经验，对于国际共产主义运动的影响是巨大的。国际共产主义运动对于中国革命进程的影响同样也是巨大的。中国革命与中国建设都曾在国际共产主义运动中得到过若干援助，但是国际共产主义运动中的许多不健康因素，也曾长时间地妨碍了中国革命与中国建设的顺利发展。我们党在历史上犯的一些错误，我们自己承担责任并且由我们自己纠正了，但究其根源，我们犯的一些错误，如教条主义、脱离中国国情、个人崇拜等，都与国际共产主义运动的消极影响有关。我们的政治体制经济体制受苏联的影响非常之大，有些东西是从它们那儿搬来的。尽管后来我们自己作了探索，采取了一些自己的做法，但在许多方面并没有彻底摆脱苏联模式的影响。就经济体制与经济运行机制方面而言，诸如忽视发展社会主义社会的生产力，追求高度纯净的公有制，搞僵硬的计划经济而排斥市场的作用，闭关自守，墨守成规，等等，都不是我们的发明，都是从人家那里照抄照搬来的。邓小平同志指出："无论是革命还是建设，都要注意学习和借鉴外国经验。但是，照抄照搬别国经验、别国模式，从来不能得到成功。这方面我们有过不少教训。"① 在这里，邓小平同志又用总结历史教训的方法提醒全党同志与全国人民，中国人必须走自己的道路。在随后的改革开放和现代化建设中，我们密切注意当时一些国家的改革动向与改革进程，但绝不照抄照搬。我们的改革开放与现代化建设，严格遵循实事求是的思想路线，从我国的国情出发，采取了一系列独具特色的做法，大胆摒弃旧体制，尽可能以较高速度发展经济，同时坚持社会主义道路，大力维护安定团结的政治局面。这样就使得我们的改革开放与现代化建设事业既迅速取得举世公认的伟大成就，又保持了正确的发展方向。我们之所以能在近 16 年中健康发展，没有发生苏联和东欧发生过的事情，就是因为我们从国际共产主义运动中切实接受了教训，坚定地走自己的路，把坚持四项基本原则同坚持改革开放统一起来。服务于更好地解放和发展生产力。邓小平同志在 1991 年 8 月 20 日讲过这样几句话："我们搞改革开放，把工作重心放在经济建设上，没有丢马克思，没有丢列宁，也没有丢毛泽东。老祖宗不能丢啊！"② 这几句话，是对一些国家社会主义兴衰成败历史经验的深刻总结，也是对我国历史经验的深刻总结。

科学地总结了历史经验，把握了历史发展规律，我们就充满了对未来历史发展的乐观主义精神。让我们听听邓小平同志的庄严的声音吧：

"我坚信，世界上赞成马克思主义的人会多起来的，因为马克思主义是科学。它运用历史唯物主义揭示了人类社会历史发展的规律。封建社会代替奴隶社会，资本主义代替封建主义，社会主义经历一个长过程发展后必然代替资本主义。这是社会历史发展不可逆转的总趋势。"③

"我们要在建设有中国特色的社会主义道路上继续前进。"④

（该文原载《青海社会科学》1994 年第 6 期，1997 年荣获青海省第四次哲学社会科学优秀成果评奖二等奖）

---

① 《邓小平文选》第 3 卷，人民出版社，1993，第 2～3 页。
② 《邓小平文选》第 3 卷，人民出版社，1993，第 369 页。
③ 《邓小平文选》第 3 卷，人民出版社，1993，第 382～383 页。
④ 《邓小平文选》第 3 卷，人民出版社，1993，第 383 页。

社会主义建设探索中的曲解与校正现象研究

——兼论建设有中国特色社会主义理论形成的历史条件

翟松天

建设社会主义是极其艰难复杂的伟业，其艰巨性和复杂性要远远超过无产阶级夺取政权的革命。这里没有现成的答案和模式可资借鉴，一切都需无产阶级政党自己去摸索和创造，因而自然要经历多种曲折乃至反复。这种曲折和反复，从认识和实践两个方面考察，则主要表现为对社会主义的曲解和校正的若干往复过程。本文拟就此和建设有中国特色社会主义理论形成的历史条件联系起来做一探讨，对深刻理解这一理论当是有一定裨益的。

曲解与校正的历史回顾

对于在科学社会主义理论创立过程中产生的种种曲解，马克思、恩格斯在一些经典中已做过十分透辟的分析和全面准确的校正。自社会主义进入建设时期之后，曲解和校正的历史过程更长，涉及的问题也更为庞杂。迄今为止，已大致经历了四个阶段：

一是苏维埃政权建立初期。列宁是一位不断用实践来检验和校正原有认识及结论的伟大导师，在领导苏联社会主义建设的短短 7 年中，他对社会主义的认识前后有很大的变化。苏维埃政权建立之始他认为，社会主义就是"消灭商品经济"，"建立起大规模的计划经济"，"实行全国范围的经济生活的集中化"。基于此种认识和国内反动势力的叛乱，他决定"直接过渡到共产主义的生产和分配"，结果在经济生活中导致了惨重的失败。面对无情的现实，他直言不讳地指出，"我们不得不承认我们对社会主义的整个看法根本改变了"。这种"改变"带来的直接结果，便是新经济政策的诞生，由于实行了新经济政策，全国的经济状况很快得以改善，为新生政权的巩固提供了保障。列宁围绕新经济政策阐发了一系列对社会主义的新认识，主要有：①社会主义在不同国家实现的形式是多种多样的，不存在统一的固定不变的模式。②在经济落后的国家建设社会主义的任务是极其艰巨的，这些国家的无产阶级取得政权之后，最主要最紧迫的任务，就是组织和发展经济，创造高于资本主义的劳动生产率。③发展经济的正确途径，是利用货币交换关系和市场机制，变小工业为大工业，变小私有制为大私有制。④社会主义社会是更加开放的社会，"人类的整个政治、经济和精神生活，在资本主义制度下已经越来越国际化了，社会主义会把它完全国际化"。⑤社会主义必须继承资本主义社会所创造的一切优秀文化成果，切实向资本主义学习一切有用的东西。⑥提出了关于社会主义社会需要划分阶段的思想，等等。这是列宁对马克思主义的丰富和发展，其中也包含了对社会主义的若干科学校正。尤其值得称道的是，列宁尊重现实，尊重实践，一旦发现主观认识和客观情况不相符合时，毫不掩饰和迟疑，果断地进行校正。

然而受列宁从事社会主义建设的实践所限，他不可能完全剔除自己理论中的曲解成分，如认为实行商品流转、商品交换、市场形式等，是为了创造向社会主义过渡的条件，仅在过渡时期是必要的，但其性质并不是社会主义的就是一例。

二是苏式体制确立和形成时期。列宁逝世后，斯大林继承其位，领导了苏联从资本主义向社会主义的过渡和社会主义建设两个时期的工作。苏联体制的确立和形成都是在这个时期完成的，因而和斯大林的思想理论是密不可分的，其明显特征是曲解与校正交织在一起：①斯大林在坚持从剥夺者手中剥夺其所有权的过程中，不具体区分所有者的大小、程度与城市、乡村的不同情况，一味追求公有制的"纯粹"。②在20世纪20年代末和30年代初，全国生产资料的社会主义改造接近完成，探索社会主义经济体制具体框架的关键时刻，斯大林在理论和政策上彻底否定了新经济政策和市场作用，认为新经济政策已经过时，允许市场存在是"迷信市场自发力量"，决定采用直接的指令性计划来组织整个经济活动。③在社会主义建设过程中，斯大林逐渐将计划经济上升为社会主义的同义语，把市场经济看作资本主义特有的经济形式。④在发展经济的战略上，基于当时帝国主义威胁的严峻形势，提出优先发展重工业，特别是机械工业，是不无道理的，且为反法西斯战争的胜利所验证。但之后应当适时加以调整。斯大林没有认识这一点，反而把这一战略与资本主义的经济发展规律相对立，认为这是社会主义经济建设特有的规律，导致农业、轻工业的发展长期滞后，影响了生活日用品市场的有效供给。⑤斯大林在理论上强调按劳分配是社会主义的分配原则，但在实际操作中，一方面彻底排斥其他的分配形式，另一方面保留着严重的平均主义，人民的物质文化生活一直未能得到根本性的改善。⑥在社会主义建设的速度上，斯大林曾于1931年较为客观地估计到，当时苏联比发达国家要落后50年至100年，但同时又提出"应当在10年内跑完这一段距离"。并说"我们有一切'客观的'可能性来做到这一点"①。表明他存有空想主义。⑦在对社会主义社会基本矛盾的认识上，他在较长时间认为，在社会主义制度下，"生产关系同生产力状况完全符合"。直到其晚年才有所醒悟，认识到生产关系和生产力之间没有任何矛盾的说法是错误的。但在具体分析这些矛盾时又认为，商品流通、集体所有制等经济现象，一方面在将来还是有益的，另一方面又会造成一种障碍，妨碍将全部国民经济特别是农业纳入国家计划。因此主张通过把集体所有制逐渐变成全民所有制，以产品交换制逐渐代替商品流通的办法，来消除这些矛盾。

三是苏联模式弊端显露与东欧、苏联改革时期。第二次世界大战后，欧洲8个国家先后建立红色政权，这些国家绝大多数照搬了苏联模式。20世纪50年代中期，他们一方面在实践中体察到，此种模式运行的结果严重束缚生产单位和劳动者的积极性，经济活动缺乏活力，生产效率不高；另一方面因地缘关系，和资本主义国家相对接触较多，看到了市场经济的某些优越性，因而相继开始了体制改革的探索。虽然各国的具体做法不尽相同，但基本取向则是试图引入市场机制，以求更多地发挥市场作用，然而由于否定计划经济就是否定社会主义的理论羁绊束缚着人们的思想，其对原有体制不敢做根本性触动，只在保持其基本框架的前提下，小心翼翼地引入某些市场因素。其间，理论界虽有人提出在市场经济的基础上进行计

---

① 《斯大林文选》（下卷），第274~275页。

划调节，但此种观点始终未能取得支配性地位。从总体上看，其基本思路是试图寻找一条计划经济和市场经济相结合的路子，以便取二者之长，弃二者之短，因两种体制不可兼容的认识作梗，在矛盾、彷徨中苦苦求索30余年而不得"正果"，经济生活中的矛盾日益尖锐，加之领导层驾驶改革方向盘失控，最终导致了政权易手，红旗落地。个别国家固守传统阵地，不做任何改革，当暴风雨袭来时，其防护堤坝很快也被冲垮，结局完全一样。

苏联模式在其发源地的情形如何呢？一言以蔽之，命运亦然。自20世纪50年代开始，问题已经明显暴露出来。当苏共"二十大"在以反对个人迷信的旗号下全盘否定斯大林，提出改革的口号之后，其原有体制未做丝毫改动，经济发展问题、人民生活问题、党群关系问题等接踵而至，60年代中期至80年代中期，又出现了20余年的经济不景气，似已呈现积重难返之势。戈尔巴乔夫在其名噪一时的《改革与新思维》一书中，反映了当时的某些真实情况。面对此状，戈氏在新思维、公开化、民主化的幌子下，开始了他自己认为的"校正"，但因方向不对、方法不当，结果按下葫芦浮起瓢，各种矛盾更加激化，一个联盟大国四分五裂，最后连他本人也被淹没在激流旋涡之中，泥牛入海了。

四是中国的"之"字形道路。由于中国共产党坚持实事求是的思想路线，在我国社会主义制度建立初期的一段时间里，党对社会主义的许多重大问题的认识基本正确，因此取得了经济建设和社会发展的光辉成就。与此同时，对如何根据本国实际，建设社会主义的许多问题进行了有益的探索，如主要矛盾、根本任务、农轻重的关系等。尤其应给予肯定的是，毛泽东同志对社会主义社会基本矛盾的深刻阐述，大大发展了马列主义，为我国之后的改革奠定了理论基础。但是，由于实践和认识的局限，在经济管理体制、行政管理体制等方面，同样照搬了苏联模式。

提出问题和解决问题毕竟不完全是一回事。1957年以后，在认识和处理社会主义的一系列重大问题上，毛泽东同志又陷入了新的曲解。在所有制形式上，一味地追求"一大二公"，脱离现实的生产力水平，急切搞"穷过渡"；在分配上主张"铁饭碗"、平均主义，在"文革"后期，甚至将按劳分配、货币交换等也视为限制对象；提出"文化大革命"是解决社会主义社会基本矛盾的最好方式，以阶级斗争为纲，混淆两类不同性质的矛盾，严重冲击经济建设。其间虽有较为清醒地退却和几次政策调整，且有一些效果，但从总体上看，我们在 20 余年里基本处于停滞状态。

1978 年底召开的党的十一届三中全会，是我党历史上具有划时代意义的伟大转折，面对长时期的曲解、严重的失误和巨大的痛苦，以邓小平同志为核心的第二代领导集体，高举改革大旗，毅然率领全党跳出了曲解、失误的泥潭，走上了光辉的彻底校正之路。经过 14 年的实践、认识和勇敢探索，终于获得了为世界所瞩目的伟大硕果——建设有中国特色社会主义的理论诞生了。

曲解与校正围绕的几个主要问题及我们的认识

在社会主义建设探索中发生的多次曲解与校正现象，主要是围绕以下几个问题展开的。

第一，关于社会主义的本质问题，弄清什么是社会主义，这是正确建设社会主义的首要问题。而正是在这一问题上，长期以来人们的认识常常处于迷惘之中，在实践中走了不少弯路。

马克思主义的创始人曾在不同时期、不同场所，从不同的角度（例如从阶级角度、从分工角度、从生产关系角度、从分配角度、从人的角度、从经济角度等）对未来社会做过多次论述。其中最为概括的表述见于《哥达纲领批判》。马克思对共产主义社会本质的精辟概括，人们没有产生过大的疑问，问题在于社会主义作为共产主义的第一阶段，它的本质应当怎样认识和表述？过去不少人（包括一些领袖人物）认为，既然同属于一个形态的社会，其高级阶段的本质自然也是或基本上是第一阶段的本质。由于这种简单的推理，许多国家的无产阶级政党把建设社会主义的问题看得过于简单化了，以致在具体决策和实际行动中，大都犯过急躁冒进的错误——不顾客观条件，急于向共产主义过渡。现在实践已经做出了明确的回答，社会主义是一个相当长的历史阶段，在这特定的历史阶段，自然会呈现自己特定的本质。

这个本质是什么呢？马克思曾指出，由于社会主义社会是刚刚从资本主义社会中脱胎出来的，因此"在经济、道德和精神方面都还带着它脱胎出来的那个旧社会的痕迹"，还存在着资产阶级法权等。由于当时的历史进程和具体条件所限，革命导师的上述概括都显得比较笼统，甚至不够确切，这样就使后来的人们对社会主义的本质产生了种种误解和歧见。

关于所有制问题，马克思主义历来将它作为同其他社会制度具有"决定意义的差别"加以强调，因为所有制关系的性质是区别社会形态最直接、最显著的标志，特别是在同一生产力水平的一定区间，存在不同社会形态的情况下，这一标志就显得格外重要。

然而社会主义的本质是不是仅此一条？社会主义初级阶段又有什么特点？许多人对此不甚了解。邓小平同志在肯定公有制关系的同时，十分明确地指出："社会主义的本质，是解放生产力，发展生产力，消灭剥削，消除两极分化，最终达到共同富裕。"邓小平同志对社会主义本质的概括，标志着对这一问题认识的深化和成熟，是对马克思主义的一个重大发展。这一概括全新的理论意义和实践意义还在于：其一，具有全面性和准确性。它抓住了社会主义的最主要的本质所在，区别了社会主义的若干非主要本质，纠正了以往概括或过于简单或过于庞杂的偏颇，清新、严谨、全面、准确。其二，重点突出，具有鲜明的时代感和极强的针对性。它针对落后国家社会主义革命取得胜利，特别是生产资料所有制的社会主义改造完成的实际情况，把发展生产力和改善人民的生活，提到社会主义本质的最重要位置，这对指导社会主义建设具有重大的现实意义和深远的历史意义。其三，为我们科学认识和把握社会主义本质提供了方法论的典范。他以彻底的唯物主义态度和求实精神，严肃审视社会主义的一系列新的基本问题，抓住主要矛盾和矛盾的主要方面来概括社会主义的本质，和那些只从抽象"原则"和维护理论的"纯洁性"出发来概括社会主义本质的方法划清了界限。

第二，关于社会主义的经济体制和经济运行机制问题。传统理论一直认为，社会主义既然以公有制为基础，其生产方式（广义的）必然是产品经济，与此相适应，其社会经济的组织形式、各种资源的配置方式也必然是计划经济。通过数十年的实践检验，这种理论终于被否定。人们逐渐认识到，公有制既不是决定计划经济的唯一原因，更不是根本原因，最根本的原因在于高度发达的社会生产力水平。

人类社会不可避免地要经历自然经济、商品经济、产品经济三个阶段。如将自然经济视为肯定范畴的话，商品经济即是否定范畴，而产品经济则是否定之否定。事物发展中的否定过程是一个充满痛苦的过程，而不经历这一痛苦过程，是无法跃进到更高层次的。如果抛开生产力水平这一根本依据不谈，单纯从形式上说，在自然经济基础上实行计划经济似乎是最容易的事，因为二者之间有一定的形式上的相似之处，正如原始社会和共产主义社会具有一定的相似之处一样。但是，需要特别指出的是，极为相似的社会现象在不同的生产力水平下出现，就会导致截然不同的结果。

过去实行的计划经济体制是以自然经济和产品经济（人为的）为基础，因此在经济运行机制上必然排斥商品生产，排斥市场作用，排斥价值规律机制及竞争规律机制，况且这种"排斥"是由社会中心强制实现的。这种体制和机制受生产力不发达的严重制约，在社会经济发展的一定历史进程中，必然阻碍乃至破坏生产力的继续发展，随着人们认识的深化，最终被抛弃。我们党将经济管理体制和社会基本制度相区别，将市场经济体制、运行机制和私有制相区别，将作为经济体制的计划经济和作为调控手段的计划调节相区别，决定实行市场经济体制及其相应的机制，这是对社会主义认识的一次巨大飞跃，更是对过去数十年曲解的一个富于关键意义的校正。

第三，关于所有制结构及其性质问题。传统的理论认为，社会主义的所有制结构只能是国有国营的公有制一统天下的单一结构，其他的所有制形式均在排斥、否定之列。既是公有制中的集体所有制，也是"过渡"的对象，而且过渡得越快越好，公有制成分越单一，社会主义发展的程度就越高。在这种思想支配下，不管生产力发展水平和人民的生活水平如何，片面地在公有制问题上做文章，造成不少损失。

经过长期的艰苦探索，我们现在认识到，在社会主义初级阶段，必须坚持以公有制为基础，多种经济成分并存的所有制结构，这是由现实的社会生产力水平所决定的。就国有经济而言，这是公有制经济中的主体，但也不能认为只有国营一种形式，它可在实行所有权和经营权分离的原则下，可以民营，可以租赁经营，也可以实行股份制、中外合资和其他联合经营方式。对于集体经济，自斯大林以来，就一直认为它是半社会主义性质的，一直被视为"二等公民"、"暂时的过渡形式"。我国改革开放以来活生生的事实证明，包括乡镇企业在内的集体所有制，其组织形式完全和目前的生产力发展水平相适应；其经营机制充满生机活力，完全适应市场经济的需要；其生产规模可以不断扩大，技术、经营层次可以不断提高；劳动者和生产资料结合紧密，发展前景十分广阔，在国民经济中的地位和作用日益增强。总之，这种公有制形式和社会主义初级阶段的生产力水平相适应，应当为其正名，取掉"半"字，定性为社会主义性质，以促进其健康发展。

至于私有制问题，马克思在《共产党宣言》中就指出，从所有制更替这个意义上说，"共产党人可以把自己的理论概括为一句话：消灭私有制。"就共产主义革命的最终意义而言，其正确性是毋庸置疑的。但是，对于私有制在具体历史条件下的作用和消灭私有制的具体步骤、途径，长期以来我们都缺乏深入的研究。社会主义建设的实践反复说明，消灭私有制的正确途径和手段，只能是不断提高社会生产力水平，只有社会生产力高度发达之时，才是私有制的终结之日，应将此作为一个自然的历史过程，而不能靠主观愿望和行政措施。在落后国家建设社会主义的相当长的时间里，私有制不仅可以和公有制并存，作为公有制经济的有益补充，而且还是建立市场经济所必需的条件之一，它的存在丝毫不影响社会主义的基本经济制度。就目前中国的实际情况而言，即使私有制成分在国民经济中所占比例再多一点，达到百分之十几甚至二十，也不会动摇公有制经济的主体地位。最近十多年来，我们不仅恢复和发展了一般的私营经济、个体经济，而且还鼓励发展了外国资本这种大私有制，取得的效果是有目共睹的。

第四，关于社会主义和资本主义的关系问题。这在革命导师的经典中早已做过十分明确的论述，但在社会主义建设的历史上，由于种种原因，特别是"左"的思想影响，不少国家常把资本主义当作不共戴天的死敌，不做具体分析，热衷于"批资""斗资"，仇资恐资的心理甚烈。我们曾把独立自主、自力更生方针和对外开放对立起来，反对利用外资，认为既无内债又无外债才是社会主义优越性的表现；不敢大胆开展国际经济技术交流，拒绝学习西方符合社会化大生产要求的许多先进技术和管理经验，走了一段闭关自守的弯路。20 世纪 40 年代以来，现代资本主义社会的经济生活发生了重大变化，同过去相比，虽本性未改，但面目已非，加之世界经济的国际化趋势日渐明显，各国之间的经济联系日益紧密，对落后国家的发展既提供了良好的机遇，又带来了新的挑战。在这种情况下，我们党经过反思，总结了经验教训，取得了新的认识，主动打开国门，积极对外开放，大大推进了现代化建设的进程。

实践表明，资本主义和社会主义将在一个较长的历史时期共生并存。借口资本主义的发展变化，认为马克思主义关于资本主义的基本原理已经过时，这是错误的；看不到资本主义的发展变化，理论认识仍然停留在某些传统观念上也是错误的。为此我们应当清醒地看到，一方面，只要这两种社会制度同时存在，它们之间的对立和斗争就不会消失，对此不能麻痹大意；另一方面它们之间又存在一定的相互借鉴、合作和依赖关系。社会主义只有在否定资本主义落后的生产关系和腐朽的意识形态的同时，继承、吸收资本主义社会创造的全部生产力和一切有价值的思想文化成果的基础上，才能巩固和发展起来，表现出更高社会形态的性质和意义。

当然，我们在学习和借鉴资本主义时，应当注意防止两种片面性。一种是妄自菲薄，对社会主义前途丧失信心；另一种是盲目崇洋，主张全盘西化。还有一种观点认为，随着现代科学技术的发展，社会主义和资本主义会越来越"融合"在一起，这种试图抹去两种制度根本差别的所谓"趋同论"，也是应当反对的。

第五，关于建设社会主义的阶段及方式方法问题。

——在社会主义建设的阶段和时限上，由于落后国家的社会生产力水平较低，建设社会主义还须经历一个初级阶段和较长的历史时期，试图"一步到位"，在较短的时间里建成社会主义，都是违背客观规律的。根据我国的实际情况，从社会主义制度建立之日起，用100年左右时间才能赶上中等发达国家，再用几十年时间才能赶上发达国家。为此，要始终抓住经济建设这个中心不放，坚持党的基本路线100年不动摇。

——在社会主义道路的选择上，因为各国的政治、经济、思想、文化背景不同，具体条件千差万别，正确的道路只能是把马列主义的基本原理与各国的具体实际相结合。社会主义的生机与活力，就存在于建设模式的多样性之中，存在于丰富多彩的特色之中。追求一个模式，必然脱离各国实际，将社会主义引向死胡同。

——在建设社会主义的动力上，或者认为动力来自公有制，或者认为动力来自阶级斗争，都是不甚准确的，甚至是错误的。社会主义的根本动力来自改革。在社会主义条件下，改革也是解放生产力，是又一次革命。

不改革，社会主义是没有前途的。

——在经济发展战略上，为了和资本主义反其道而行之，热衷追求高速度，片面强调发展重工业，结果市场有效供给短缺，欲速而不达。现在认识到社会物质资料的生产和再生产规律是不能人为左右的，必须正确处理速度和效益的关系，正确处理积累和消费的关系，正确处理农轻重的关系，这样才能保持国民经济持续、稳定、协调的发展，不断增强综合国力，不断提高人民的物质文化生活水平。

曲解与校正的诸种途径、形式及缘由探析

对社会主义的种种曲解，从认识论和方法论角度考察，主要是通过以下几种途径和形式进行的。

一是唯传统结论是从。马克思主义创始人对未来社会的预测和结论，是将若干复杂的社会运动过程及现象予以舍弃，将社会主义置于一个理想的典型环境中所做的抽象性概括，这些概括是资本主义高度发展所造成的社会化大生产的必然要求。至于具体的历史进程如何，他们一再表示，不会提出"任何一劳永逸的现成方案"。正如恩格斯所说："在将来某个特定的时刻应该做些什么，应该马上做些什么，这当然完全取决于人们将不得不在其中活动的那个特定的历史环境。"① 事实上，无论当时的资本主义还是现在最发达的资本主义，社会生产力水平都没有达到这样的高度，至于目前的社会主义就差得更远一些。而过去不少同志却简单地、机械地将马克思主义的这些理论抽象，硬往生产力水平较低的社会主义现实上套，不是依据现实去发展理论，而是用已有的理论来裁剪现实，结果误入教条主义式的曲解歧途。

二是唯"老大哥"模式是从。许多国家的无产阶级政党，在社会主义建设之初，因无所遵循，向从事社会主义建设多年的苏联学习是无可非议的。问题在于，经过一段时间的亲身实践，发现这种模式并不是尽善尽美时，不敢对其进行断然否定，或者只进行一些细枝末节的否定。这是对社会主义认识的成熟度不高的反映，是迷信"老大哥"和守旧思想所造成的

---

① 《马克思恩格斯选集》第 4 卷，第 421 页。

曲解。

三是唯经验是从。各国的无产阶级政党都曾经历过各自特殊的复杂环境和历史条件，并在其中进行过许多有益的探索，且取得了胜利。以中国而言，在战争年代和社会主义建立之初，在分配上实行低水平的实物配给制；在社会就业上，实行低收入、多就业的政策；在资源配置方式上实行集中的计划调节，有效地解决了当时社会生活中的突出矛盾，受到群众的赞扬。然而，随着历史条件的变化，那些过去似曾完美的东西早已不适应变化了的情况，而不少同志却仍然将其绝对化，"刻舟求剑"。这是经验主义式的曲解。

四是唯理想和热情是从。有些人把社会主义当作从天上掉下来的理想"桃源"，以为社会主义一经建立，这种制度就应是万能的，尽善尽美的，人民群众会时时高唱赞歌，焕发出无边无际的热情，前进的道路笔直而又平坦，什么事情都应当一帆风顺。他们不分析活生生的现实，不研究具体的历史进程，只知道追求自己头脑中想象的那种社会主义，一旦发现现实的社会主义和自己的理想产生距离时，就怀疑这还是不是社会主义？这是理想主义式的曲解。

五是唯"左"的主张是从。"左"的思想历来认为，社会主义就是进攻，不得有半步的退却；社会主义就是斗争，不能有任何的妥协；社会主义应是纯而又纯的，容不得丝毫的混杂；社会主义必须是经典作家描绘的模样，不得有半点的"走样"。他们一味追求理论上的"纯洁"，形式上的"吻合"，速度上的"跃进"，更为严重的是，他们打着"革命"的旗号，谁要提出不同意见，便无情打击，迫其违心地屈从。这是"左"的思想造成的曲解。

六是唯资本主义是从。由于国际资本势力的消极影响，有极少数人总认为共产主义是虚无缥缈的、社会主义是不可能成功的，共产党是极端独裁的，唯有资本主义才是完美无缺的，社会主义应当完全照搬资本主义。这种思想在我国一直受到党和人民的批判和抵制，从来不占主导地位，但具有严重的破坏性。尤其是在社会主义遭到某种挫折的时候，它可能迷惑一些人。这是右的思想造成的曲解。

上述种种曲解虽然表现形式不同，但都是由唯心主义或形而上学等认识的片面性造成的。在社会主义建设的不同时期、不同条件下，它们不是同时出现、同时发生作用，而是时而以这种方式为主，时而以那种方式为主，但无论哪种方式，都给社会主义事业造成了不同程度的损失。相对而言，在中国的历史上，"左"的东西根深蒂固，唯"左"的曲解造成的损失最大，这是一种十分可怕的倾向。诚如小平同志所断言："右可以葬送社会主义，'左'也可以葬送社会主义。中国要警惕右，但主要是防止'左'。"

面对各种各样的曲解和由此招致的错误，各国的执政党都曾采取过多种方法、通过多种途径进行校正。实践证明，曲解越深，危害越烈，校正越艰。尤为复杂的问题是，就中的若干校正，并非都是严格科学意义上的校正，有的则是更大的曲解。若单从形式上概括，已往的校正途径和方式主要有以下几种。

1. 主动退却与政策调整。当发现自己的认识和追求不能取得预想效果时，便主动而清醒地实行退却，调整或改变原来的追逐目标和行动纲领，制定和实行新的较为符合实际的方针政策。列宁在 1921 年果断地变"直接向共产主义的生产和分配过渡"政策为"新经济政策"，就是科学校正的一例。中国在 20 世纪 50 年代末期和 60 年代初期，曾变"一大二公"的人民公社为"三级所有、队为基础"的组织形式和分配方式，同样收到了较好的校正效果。从此以后，我们便把调整、整顿作为一种经常重复运用的校正模式。现在看来，这种方式大都带有暂时性，不能从根本上解决问题，因而过一段时间之后，又旧病复发，不得不再来一次调整、整顿。可见，将这种方式模式化并非是完全正确的。

2. 理论说服和思想教育。这种方式应当视为从根本上解决问题的有效方式之一，须大力提倡，长期坚持。但从历史经验考察，有两种情况值得注意：一种情况是身处主导地位的决策者认识正确或比较正确，而在一部分人中认识发生了偏差时，通过正确的理论学习解决思想认识问题，为社会主义事业的健康发展奠定思想基础，这是科学的校正，效果自然是好的。另一种情况则与之相反，处在主导地位的决策者认识发生偏差，不是用正确理论统一思想，而是用错误理论压制正确意见，或者是只校正个别明显错误而维护和推行整体性的错误主张，收到的效果只能是表面的、暂时的。我们主张第一种情况下的校正，注意防止和克服第二种情况下的校正。

3. "阶级斗争为纲"和文化大革命。毛泽东同志科学地概括了社会主义社会的基本矛盾，但他对基本矛盾的具体判断和解决方式，却在很长时间里偏离了正确轨道。他一方面用不断变革（实为拔高）所有制形式这种过激的办法，另一方面坚持"以阶级斗争为纲"，甚至采用文化大革命的方式，结果使全国人民陷入了历史性的灾难。出于善意的校正考虑，而落得个在曲解的道路上越走越远的悲剧。对这种校正方式，我们应持彻底否定的态度。

4. 修修补补的改革和激进式的改革。苏联和东欧的一些社会主义国家，从 20 世纪 50 年代中期开始，提出用改革的方式校正曲解，应该说是不无意义的。但它们在改革之初，因对社会主义的认识水平所限，试图通过修修补补，只更改细枝末节而不触动原有体制的办法，为社会主义增加生机，经多年实验发现此路不通时，又改弦更张，仍效仿西方国家的模式，进行激进式改革，实行政治上的多党制、经济上的私有化、指导思想的多元化、政策措施上的"休克疗法"，结果与初衷南辕北辙，导致了更为惨重的失败。现在看来，修修补补的改革其实质是固守僵化模式，激进式改革其实质是放弃社会主义。对这两种校正方式，我们当然是坚决反对的。

5. 中国式的改革。以邓小平同志为核心的中国共产党第二代领导集体，在认真借鉴世界许多国家特别是深刻总结自己所采用的诸种校正方式的利弊得失的基础上，创造性地走出了一条符合中国国情的崭新的科学校正之路。这条科学的校正之路是我国 11 亿群众的伟大改革实践与建设有中国特色的社会主义理论相互作用、相互促进的结果。它以理论上的拨乱反正为开启，将解放思想、实事求是，用实践检验和发展真理的正确指导思想贯穿始终，既坚持马克思主义的基本原理，又注重根据新形势、新问题丰富和发展马克思主义；既坚持维护社会主义的基本制度，又注重对因曲解而形成的经济体制和管理体制进行彻底的变革；既坚持整个社会生活、政治生活的安定局面，又审时度势、毫不迟疑地推进改革的实际进程；既注重每次具体改革的落实和效应，又注重国民经济的持续发展；既坚持市场取向的大目标，又注重由表及里、重点突破、稳步前进的步骤和策略，从而取得了举世瞩目的光辉成就。

在社会主义建设的征途中，无产阶级政党为什么会发生曲解与校正的多次反复？这是由一些特殊的背景和复杂的因素造成的。

第一，国际环境发生了重大变化。主要是指：社会主义和资本主义形成长期对立与并存的格局，资本主义在经济、科技领域又有了重大发展，为社会主义缩短已有差距的努力带来了困难；时代特征逐渐发生了重大演变，和平与发展代替了战争与称霸；进入 20 世纪 70 年代以来，社会主义阵营不复存在，而民主社会主义的影响力则不断扩大，加之各国无产阶级政党的领导层进入较大范围的新老交替时期，思想认识和领导集团的不统一、不稳定因素增多；进入 80 年代末期和 90 年代初期，一些社会主义国家相继政权易手，世界社会主义运动由高潮跌入低谷等。这种特殊的国际环境和复杂的历史背景，为无产阶级政党如何认识和把握新的严峻挑战，采取全新的战略对策增加了难度。

第二，社会主义建设事业自身就是一项带有创造性、探索性的伟大工程。诚如列宁所说，在社会主义刚刚进入实践之后，"这个新社会还是一种抽象的东西，它只有经过一系列建立这个或那个社会主义国家的各种各样的、不尽完善的具体尝试才会成为现实"[1]。"我们只知道这条道路的方向，我们只知道引导走这条道路的是什么样的阶级力量，至于在实践中如何具体走那只能在千百万人开始行动以后由千百万人的经验来证明"[2]。事物是一个过程，认识是一个过程，真理是过程的集合体。自十月革命迄今的 70 多年时间里，社会主义经历了从无到有、从少到多，又从多到少的曲折过程，其内在的本质和规律正是在这个过程中才逐渐显露出来，人们也只有在实践—认识—再实践—再认识，循环往复的过程中，逐步完成主观和客观的统一，这个过程不可能一次完成。其间，一面是成功经验、正确认识的积累，另一面是失败教训、错误认识的积累。只有这两种积累的总和，才能逐步实现认识的飞跃和真理的接近。在实践和认识之间，曲解和校正是相伴而生、相依而行的孪生兄弟，是通往自由彼岸的舟楫和桥梁。可见，在这种艰难探索的长河中，发生多次曲解与校正的往复是完全合乎逻辑的。

第三，无产阶级政党的成熟也是逐步实现的。曲解和校正是紧紧伴随社会主义制度的建立、发展与完善而发生的，无产阶级只有在不断认识和

---

① 列宁：《论粮食税》。
② 《列宁全集》第 32 卷，第 111 页。

改造客观世界的过程中不断地认识和改造自己。这种自己认识自己、自己改造自己的特殊条件和环境，较之自己认识别人、改造别人相比，自然要困难得多、复杂得多。而在人类历史上，所有的其他阶级都是通过别的阶级来认识和改造自己的。当今世界上，资产阶级只能给无产阶级完成认识自己和改造自己这一伟大的历史使命增加困惑和障碍，而绝不会送来诚心实意的什么帮助。错误、失败是曲解的结果，胜利、发展是正确校正的必然。一些社会主义国家失败了，当然不是马克思主义和社会主义的失败，而仅仅是对社会主义长期曲解的"报应"。中国共产党历经沧桑，更加坚强成熟起来，巍然屹立在世界的东方，说明无产阶级不愧为人类历史上最先进的阶级。

如果说在19世纪中叶，无产阶级作为领导推翻资产阶级统治的阶级力量已经成熟的话，那么作为领导社会主义建设事业的阶级力量，只有到现在才可称得上逐步成熟。这种成熟的标志，前者是科学社会主义学说的创立，后者是建设中国特色社会主义理论的形成。这也正是我国此次科学校正的深远意义所在。

党的十四大报告指出："建设有中国特色的社会主义理论，是在和平与发展成为时代主题的条件下，在我国改革开放和社会主义现代化建设的实践过程中，在总结我们社会主义胜利和挫折的历史经验并借鉴其他国家社会主义兴衰成败历史经验的基础上，逐步形成和发展起来的。"这个理论，是历来坚持独立自主地进行改革和建设的中国共产党优良传统和作风，在新的历史条件下的又一次生动体现，是国际社会主义建设史上实践、认识、校正、探索收获的集大成，它第一次比较系统地初步回答了中国这样的经济文化比较落后的国家如何建设社会主义、如何巩固和发展社会主义的一系列基本问题，运用最新的科学认识，继承和发展了马克思主义，是马克思主义宝库中一颗璀璨的明珠。

时势造英雄。邓小平同志是站在时代巅峰的巨人，是进行科学校正的旗手。在特定的历史环境为其提供诸多条件的关键时刻，他顺应时代的呼唤和民族的殷切期望，以惊人的智慧和巨大的政治勇气，担当了关系社会主义命运的第二次革命的总设计师；他以正确的理论指导和清晰的改革思路，稳妥而强劲地校正和清除前进道路上的各种偏见和障碍；他以宝贵的丰富经验和高超的领导艺术，驾驭中国社会主义改革和建设的航船渡过了惊涛骇浪，使 11 亿中国人民看到了新时期胜利的曙光。

社会主义建设探索中曲解与校正的历史尚未完结。但我们毕竟已获得了能够经受任何风险考验，顺利到达既定目标的可靠保证，我们对社会主义前途更加充满坚定信念！

（该文原载《青海社会科学》1993 年第 5 期，1996 年荣获青海省第四次哲学社会科学优秀成果评奖二等奖）

论新时期的思想解放

曲青山

每一次大的社会变革和历史进步总要以一次大的思想解放为先导，这为中外无数历史事实所证明。20世纪以来，我国共出现了三次大的思想解放运动。1919年"五四"运动掀开了中国现代史的第一页；1942年延安整风运动为夺取中国新民主主义革命的胜利奠定了思想基础；1978年真理标准问题的大讨论和党的十一届三中全会的拨乱反正，使我国进入了改革开放和社会主义现代化建设的新时期，这次思想解放因此又可被称为新时期的思想解放。在纪念党的十一届三中全会召开20周年之际，认真回顾过去20年所走过的艰难历程，详细分析新时期思想解放兴起的缘由，研究其担负的历史任务，总结其基本经验，对于我们科学地预测未来，不断适应发展变化的形势，在大胆探索和实践中把建设有中国特色社会主义的伟大事业推向前进，无疑具有重大的现实意义和深远的历史意义。

一　新时期思想解放的历史必然性

作为全党、全民族、全社会的思想解放，是随时发生还是在特定历史时期和条件下发生？其发生的过程是具有偶然性还是具有必然性？这是我们认识和研究任何一次思想解放的前提。

实际上，每一次大的思想解放在偶然性现象的背后都潜藏着必然性，都是在社会变革的前夕和历史转折的关头出现的，都有一个解决和寻找未来社会发展的指向问题。"五四"运动是在鸦片战争以后内忧外患、灾难频仍、山河破碎、列强入侵的历史条件下发生的。延安整风运动是在我们党连续几次与"左"右倾机会主义的交锋中以毛泽东为代表的正确路线为全党所确认、抗日战争即将胜利的历史条件下发生的。而新时期的思想解放则是在社会主义革命和建设既取得成功也遭受挫折、改革开放和现代化建设正在深入进行的历史条件下发生的。

新时期的思想解放经历了三轮：第一轮以 1978 年真理标准问题的大讨论和党的十一届三中全会为标志；第二轮以 1992 年邓小平视察南方发表重要谈话和党的十四大为标志；第三轮以 1997 年 5 月 29 日江泽民在中央党校省部级干部结业典礼上发表讲话和党的十五大为标志。三轮思想解放都有特定的重大政治事件为其深刻的历史背景。第一轮以十年"文革"和两年徘徊为背景；第二轮以 20 世纪 80 年代末、90 年代初国际和国内的严重政治风波为背景；第三轮以邓小平逝世和改革进入攻坚阶段、发展面临跨世纪的考验为背景。不同背景下的三个历史时期都存在一个中国社会主义的发展道路和发展方向的选择问题。

"文革"十年，极"左"盛行，个人崇拜和个人专断达到了登峰造极的地步，国民经济遭到严重破坏，濒于崩溃的边缘。1976 年 10 月 "四人帮"被粉碎，人们在冷静的思考中热切地企盼我们党能够纠正"左"的错误。然而，当时主持中央工作的主要负责同志却提出了"两个凡是"（"凡是毛主席做出的决定，我们都坚决拥护；凡是毛主席的指示，我们都始终不渝地遵循"）的口号，给纠"左"制造了严重的障碍，在党内外群众中引起了新的思想混乱。在这种情况下，我们要前进，就必须打破精神枷锁，冲破"两个凡是"的思想束缚，大刀阔斧进行拨乱反正。这是历史的必然。

20 世纪 80 年代末、90 年代初，我们又经受了国际、国内政治风波的严峻考验。1989 年国内发生了"六·四"政治风波，搞资产阶级自由化的人要否定社会主义，否定共产党的领导。国际上发生了东欧剧变、苏联解体，国际共产主义运动遭受严重挫折。在这种形势下，右助长"左"，"左"右相通，"左"的思想出现回潮。例如，"把改革开放说成是引进和发展资本主义，认为和平演变的主要危险来自经济领域"①；围绕经济体制改革的目标选择问题出现了"姓资、姓社"的争论。在这种情况下，我们要坚持改革开放不动摇，就必须冲破"姓资、姓社"的思想束缚，坚决贯

---

① 《邓小平文选》第 3 卷，人民出版社，1993，第 375 页。

彻执行十一届三中全会的路线、方针和政策。这也是历史的必然。

1997年，我们又经历了一个重大的历史关头。年初，我国改革开放和现代化建设的总设计师邓小平逝世，引起了全党、全国人民乃至全世界的极大关注，人们注视着我们党今后要规划一个什么样的蓝图，要制定一个什么样的跨世纪的行动纲领，就是说，在世界范围内日趋激烈的综合国力的竞争面前，当代中国共产党人要举什么旗，走什么路，把一个什么样的中国带入21世纪。在经济领域，随着改革开放的深入，深层次的矛盾和问题日益凸显，现实中出现了公有制实现形式上"姓公、姓私"的争论。在这种情况下，我们的改革要实现突破性的进展，我们的发展要达到跨世纪的目标，就必须冲破"姓公、姓私"的思想束缚。这同样是历史的必然。

从新时期三轮思想解放的过程来看，全社会的思想解放不是随时发生的、无条件的，而是与社会发展的要求以及新的思想理论、思维方式、价值观念对其满足程度联系在一起的。当一种脱离实际的虚幻理论或落后于现实的僵化思想丧失了对社会前进的指导作用时，历史就会一次又一次地呼唤变革现实的思想解放。新时期三轮思想解放的高潮就是如此曲折地反映了社会历史的客观规律，一浪高过一浪，一次比一次激动人心，一次比一次扣人心弦。每轮都肩负着重大的历史使命，以不可抗拒的姿态出现在人们的面前。

二　新时期思想解放的主要任务

任何一次大的思想解放都有自己特定的历史任务。"五四"运动的思想解放就是提倡科学与民主，批判以儒学为核心的中国传统文化，使中国人从儒家古教条的长期束缚中解放出来。延安整风的思想解放是反对主观主义、宗派主义、党八股，以整顿学风、党风和文风把马列主义与中国革命的实际相结合，使我们党从洋教条的束缚中解放出来。新时期的思想解放，归根到底就是逐渐搞清楚"什么是社会主义、怎样建设社会主义"这个根本问题的过程，正如江泽民在党的十五大报告中所指出的那样："新时期的思想解放，关键就是在这个问题上的思想解放。我国社会主义在改革开放前所经历的曲折和失误，改革开放以来在前进中遇到的一些困惑，归根到底都在于对这个问题没有完全搞清楚。拨乱反正，全面改革，从以阶级斗争为纲到以经济建设为中心，从封闭半封闭到改革开放，从计划经济到社会主义市场经济，近 20 年的历史性转变，就是逐渐搞清楚这个根本问题的进程。这个进程，还要在今后的实践中继续下去。"①

回顾和总结新时期三轮思想解放的推进过程，具体地讲，就是围绕"一个寻找""一个关键""两个再认识""三个冲破""三个解放"来进行的。"一个寻找"就是寻找有中国特色社会主义的建设道路。新中国成立以后，我们党一直在努力寻找一条适合我国国情的社会主义建设道路。1949 年至1966 年在长达 17 年的时间中，由于党的正确领导和全国各族人民的奋发努力，我国社会主义革命和建设取得了伟大的胜利。但是从 1957 年以后党的指导思想发生了"左"的失误，十年动乱更达顶峰，几乎把党和国家推向了绝境。因此可以说，在党的十一届三中全会前，在寻找有中国特色社会主义建设道路中虽有艰辛探索，包括取得了像毛泽东《论十大关系》和《关于正确处理人民内部矛盾的问题》等重要思想成果，但是，最终在实践上是不成功的。"失败乃成功之母"，遭受挫折的经验教训促使了我们的思考和觉醒。我们终于真正找到并不断拓宽、开辟了这样一条道路。

"一个关键"就是搞清楚"什么是社会主义、怎样建设社会主义"。邓小平指出："我们的经验教训有许多条，最重要的一条，就是要搞清楚这个问题。"② "不解放思想不行，甚至于包括什么叫社会主义这个问题也要解放思想。"③ "社会主义是什么，马克思主义是什么，过去我们并没有完全搞清楚。"④ 改革开放的过程是思想解放的过程，思想解放的过程是逐渐搞清楚这个关键问题的过程。正是在总结正反两方面经验与教训的基础上，邓小平反映了人民的利益和时代的要求，廓清了不合乎时代进步和社会发展规律的模糊观念，摆脱了长期以来拘泥于具体模式而忽略社会主义本质的错误倾向，明确提出了"贫穷不是社会主义，发展太慢也不是社会主义；平均主义不是社会主义，两极分化也不是社会主义；僵化封闭不能发展社会主义，照搬外国也不能发展社会主义；没有民主就没有社会主义，没有法制也没有社会主义；不重视物质文明搞不好社会主义，不重视

① 江泽民：《高举邓小平理论伟大旗帜，把建设有中国特色社会主义事业全面推向二十一世纪》。

② 《邓小平文选》第 3 卷，人民出版社，1993，第 116 页。

③ 《邓小平文选》第 2 卷，人民出版社，1993，第 312 页。

④ 《邓小平文选》第 3 卷，人民出版社，1993，第 137 页。

精神文明也搞不好社会主义"① 等一系列新的思想理论观点。新时期的思想解放始终是围绕着这样一些问题而展开的。

"两个再认识"就是对当代资本主义和当代社会主义进行再认识。对当代资本主义再认识，就是要对"二战"以后资本主义世界发生的新情况、新变化予以充分的注意，深入地分析和研究其发展的态势和矛盾。应当看到，尽管资本主义的基本矛盾还未从根本上得以消除，但是半个多世纪以来其生产关系不断地得以调整，其社会生产力还在继续向前发展。这是数次经济危机之后资本主义能够劫后余生的主要原因所在。对当代社会主义再认识，就是要对苏联模式的社会主义以及我们过去搞的"一大二公三纯"的"平均""贫穷"的社会主义进行认真的反思，深入分析和研究东欧剧变、苏联解体的主要原因以及我们能够经受住国际国内政治风波的考验，继续挺立于世界的东方的根本原因。同时，我们还要正确认识和处理好社会主义与资本主义的关系问题。就是说，我们不能只看到社会主义与资本主义的对立关系，还要看到双方还存在着统一的关系。这是因为，社会主义和资本主义有着共同的社会历史背景——社会化大生产，双方都离不开人类社会生产力发展的大道。作为历史发展全链条中的一个环节，资本主义为社会主义准备物质条件，社会主义是资本主义发展的必然结果。社会主义作为资本主义的否定者、对立物而存在，二者是势不两立的；社会主义作为资本主义的扬弃者、继承物而存在，又应学习其某些方面的长处。全面了解当代资本主义的新情况、新变化，把握其表现特点，认清其本质特性，总结其他社会主义国家兴衰成败和我国社会主义胜利与挫折的历史经验是新时期思想解放的内在要求。

"三个冲破"就是冲破思想战线拨乱反正上"两个凡是"的思想束缚，冲破发展市场经济问题上"姓资、姓社"的思想束缚，冲破寻找公有制多种实现形式上"姓公、姓私"的思想束缚。"三个冲破"是在不同的历史背景条件下思想解放所提出的具体历史任务。冲破"两个凡是"的思想束缚是1978年真理标准讨论时提出的任务。冲破发展市场经济问题上"姓资、姓社"思想的束缚是1992年邓小平南方谈话发表时提出的任务，这是第一轮思想解放的继续。冲破寻找公有制实现形式上"姓公、姓私"的

---

① 江泽民：《在学习〈邓小平文选〉第三卷报告会上的讲话》。

思想束缚，则是 1997 年江泽民"5·29"讲话发表时提出的任务，它又是第二轮思想解放的深化和继续。完成这些具体的历史任务成为新时期三轮思想解放的各个突破点。

"三个解放"就是把人们的思想从教条化、固定化、极端化的思维方式中解放出来。过去和现在束缚我们思想的东西主要来自三个方面：一是对马克思主义经典著作中某些个别论断的教条式理解；二是斯大林创造的苏联高度集中的计划经济管理模式；三是附加到马克思主义名下的某些错误论点以及我们自己总结的某些错误经验。新时期的思想解放要求从这三个方面实现突破，让我们的思想认识随着时代、实践和科学的发展而发展，创造新思想、新理论，以新的思想、理论观点继承和发展马克思主义，使我们的思想观念、思维方式、价值取向、行为准则、精神状态来一个根本性的改造和变革。

三 新时期思想解放的基本经验

新时期思想解放与改革开放同行，20 年来，伴随着改革开放，新时期的思想解放坚持和遵循了一些什么样的原则和方法，我们可以总结出哪些基本经验呢？

1. 思想先行是前提。改革开放的实践证明，不解放思想就没有思路，没有思路就没有出路。只有思想大解放才能促使改革大突破，只有观念大更新才能促进经济大发展。新时期思想解放的过程是精神振奋、思维方式转变、冲破条条框框、掌握精神武器、理论联系实际的过程。早在第一轮思想解放时，邓小平就说："解放思想，开动脑筋，实事求是，团结一致向前看，首先是解放思想。只有思想解放了，我们才能正确地以马列主义、毛泽东思想为指导，解决过去遗留的问题，解决新出现的一系列问题，正确地改革同生产力迅速发展不相适应的生产关系和上层建筑，根据我国的实际情况，确定实现四个现代化的具体道路、方针、方法和措施。"① "我们搞四个现代化，不开动脑筋，不解放思想不行。"② "不打破

---

① 《邓小平文选》第 2 卷，人民出版社，1993，第 141 页。
② 《邓小平文选》第 2 卷，人民出版社，1993，第 279 页。

思想僵化，不大大解放干部和群众的思想，四个现代化就没有希望。"① 20年改革开放我们之所以取得举世瞩目的巨大成就，首先是我们解放了干部和群众的思想、激发了他们的积极性和创造性的结果。正是有了思想的先行，在第一轮思想解放中我们恢复了党的实事求是的思想路线，回到了马列主义、毛泽东思想的正确轨道上来，并开始创立了邓小平理论。在第二、第三轮思想解放中我们不断地丰富、发展和完善这个理论，并用这个科学的理论作为我们行动的指南。思想先行，是十一届三中全会以来我们党一个非常重要的原则。

2. 实事求是是归宿。改革开放思想要先行，但必须要以实事求是为归宿。从本质上讲，解放思想与实事求是是一致的。正是在这个相通的意义上，邓小平曾经强调，解放思想就是实事求是。"今后，在一切工作中要真正坚持实事求是，就必须继续解放思想。认为解放思想已经到头了，甚至过头了，显然是不对的"②。然而，解放思想有其质的规定性，它的质的规定性内容是由实事求是决定的。判断真假实事求是的前提是解放思想，衡量真假思想解放的依据是实事求是。我们既要防止把实事求是解释为谨小慎微、按老框框办事，以此为借口否定解放思想的必要性、重要性的倾向；也要防止把解放思想理解为随心所欲、凭主观热情办事，想怎么说就怎么说、想怎么做就怎么做、抛开实事求是的倾向。"解放思想决不能偏离四项基本原则的轨道，不能损害安定团结、生动活泼的政治局面"③，否则就会偏方向，走弯路。坚持实事求是，是思想解放的基本要求。

3. 人民群众是主体。思想解放必须以人民群众为主体。人民群众是社会历史的创造者，他们不但创造了物质文明，而且创造了精神文明。在建设有中国特色的社会主义伟大事业中，只有充分地相信群众、依靠群众，将人民群众身上蕴藏的创造性和历史主动精神发挥出来，我们的事业才有希望，我们的改革开放才能取得成功。因此，我们的思想解放不是少数人的思想解放，而是广大人民群众的思想解放。衡量一个社会的思想解放程度，必须看广大人民群众是不是发动起来了，思想是不是解放了，观念是不是更新了，积极性是不是调动起来了。如果做不到这一点，我们就不能

---

① 《邓小平文选》第 2 卷，人民出版社，1993，第 143 页。
② 《邓小平文选》第 2 卷，人民出版社，1993，第 364 页。
③ 《邓小平文选》第 2 卷，人民出版社，1993，第 279 页。

将其称为思想大解放或思想解放运动。用人民群众主体观来看思想解放，是贯彻唯物史观的重要体现。

4. 领导干部是关键。人民群众是解放思想的主体，但是对人民群众思想解放起全局性、带动性作用的是干部，是领导层。一个地区、一个部门、一个单位的思想解放状况往往集中体现在那里的领导身上。这是由领导干部所具有的特殊身份、所处的特定地位所决定的。领导干部在解放思想中不仅是参与者、践行者，同时又是组织者、倡导者、宣传者，如果他们在思想解放中不仅自己做得好、起示范带头作用，而且组织得好、领导得好，其所在地区、行业、单位的思想解放就进行得好，就卓有成效。这是各地区、各部门、各单位总结出来的一条重要经验。

5. 大胆探索是途径。思想解放要求我们在实践中要大胆探索。因为我们从事的改革开放是一项前无古人的伟大事业。按照邓小平的话讲："从另一个意义来说，我们现在做的事都是一个试验。对我们来说，都是新事物，所以我们要摸索前进。"① 辩证唯物主义认为，事物的发展和矛盾的暴露有一个过程，人们对其认识也有一个逐渐深化的过程。对一个事物要获得真理性的认识，往往要经过从实践到认识、再从认识到实践这样多次的反复才能获得。我们现在所从事的事业，马克思没有讲过，前人没有做过，其他社会主义国家也没干过，我们不可能指望从马克思的书本中去寻找现成的答案，也不可能照套、照搬别国的模式。解放思想要求我们，必须走自己的路，通过探索和实践的途径来推进我们全新的事业。

6. 不搞争论是原则。解放思想，大胆探索，就会产生不同的意见，发生争论。邓小平反复强调"不搞争论"，认为："不争论，是为了争取时间干。一争论就复杂了，把时间都争掉了，什么也干不成。不争论，大胆地试，大胆地闯。农村改革是如此，城市改革也应如此。"② 改革开放 20 年，在所有的重大问题上我们都是这样做的。在农村改革一开始，对家庭联产承包责任制、废除人民公社、办乡镇企业都有不同的意见；在沿海办经济特区、引进外资、搞股份制试点、发展商品经济、明确初级阶段的历史方位、建立社会主义市场经济体制等，也都有不同的意见。坚持不争论的原

---

① 见《邓小平关于建设有中国特色社会主义的论述专题摘编》，第 84 页。
② 《邓小平文选》第 3 卷，人民出版社，1993，第 374 页。

则就是让实践去检验，让事实去说话，这样我们就抓住了机遇，赢得了时间。

7. 联系实际是重点。解放思想必须理论联系实际。联系实际有多层次、多方面的要求：一是要联系国际共产主义运动的实际、党的历史的实际；二是要联系改革开放和现代化建设的实际；三是要联系本地区、本部门、本单位的实际；四是要联系个人工作和思想的实际。过去和今后相当长时间的联系实际，就是要明确我们所处的历史发展阶段，以党的基本理论为指导，一切从社会主义初级阶段的实际出发，把中央的大政方针和本地区、本部门、本单位的实际结合起来，创造性地工作。诸多经验的不断积累和总结、归纳、概括、升华为理论，理论再回到实践，实践向前发展义进一步检验和丰富理论，如此循环往复以至无穷，思想就会不断解放，理论就会不断发展，社会就会不断前进，20 年来我们正是这样走过来的。

8. 解决问题是目的。解放思想其目的是解决我们现实生活中存在的各种问题。邓小平多次指出："解放思想必须真正解决问题。""一个生产队、一个工厂、一个车间、一个班组的党组织，如果能够面对自己单位的具体问题，走群众路线，同群众商量，提出很好的办法，由共产党员起模范作用，真正解决这些问题，那么，那里的党组织对四个现代化就做出了很可贵的贡献。"① 解放思想是为了寻找解决我们遇到的新情况、新问题的办法和措施，并不是在那里空喊口号，虚唱高调。全党、全社会面对现实中存在的各种问题，广泛动员，群策群力，动脑筋，想办法，找对策，攻难关，大大加快现代化建设的步伐。20 年来我们就是在不断解决各种问题中前进的。

9. "三个有利于"是标准。解放思想必须坚持"三个有利于"的判断标准。在新时期的思想解放中，我们曾在全社会确立起了三个真理和价值的判断标准，即实践标准、生产力标准、"三个有利于"标准。"三个有利于"标准是实践标准、生产力标准的细化和深化。1992 年邓小平在视察南方的谈话中说："改革开放迈不开步子，不敢闯，说来说去就是怕资本主义的东西多了，走了资本主义道路。要害是姓'资'还是姓'社'的问题。判断的标准，应该主要看是否有利于发展社会主义社会的生产力，是

---

① 《邓小平文选》第 2 卷，人民出版社，1993，第 280 页。

否有利于增强社会主义国家的综合国力，是否有利于提高人民的生活水平。"① "三个有利于"的提出，给新时期的思想解放提供了一个锐利的思想武器，它是我们改革发展中审视一切、判断一切的最高权威和最大法则。

10. 制度建设是保障。解放思想还要加强制度建设。邓小平曾经讲道："要解决思想问题，也要解决制度问题。"② 就是说，解放思想要从制度方面解决问题，必须有好的工作机制、规章制度作保障。改革开放20年正反两方面的经验与教训告诉我们，加强制度建设，就要坚持"双百方针"（百花齐放、百家争鸣），就要提倡"四不主义"（不抓辫子、不打棍子、不扣帽子，不装袋子），就要加强社会主义民主和法制建设。这样，人们才敢于讲实话，讲真话；才愿意深刻地思考问题，不看来头，不随风倒，不做懒汉。爱动脑筋、爱想问题的人越多，对我们的事业就越有利，我们的事业就会充满生机和活力。

四　新时期思想解放的深刻的启示

社会发展无终点，思想解放无止境。建设有中国特色社会主义是一项长期的历史任务，随着改革的深入必然会触及更深、更高层次的思想理论和观念问题。这就会不断提出思想解放的任务和要求。新时期的思想解放一直要到21世纪的中叶、我国基本上实现社会主义现代化为止。改革发展任重道远，解放思想亦任务艰巨。在跨越新世纪的征途上如何在思想解放中推进我们的伟大事业，回顾前三轮的思想解放，至少可以给我们这样几点深刻的启示。

启示之一，要以马克思主义的态度对待马克思主义。马克思生前曾反复强调：科学社会主义的理论是我们行动的向导，并不是我们背得滚瓜烂熟地、机械地加以重复的教条。恩格斯也曾指出：马克思的整个世界观不是教义，而是方法。它提供的不是现成的教条，而是进一步研究的出发点和供这种研究使用的方法。列宁也曾说过：马克思主义一般原理的应用，

---

① 《邓小平文选》第3卷，人民出版社，1993，第372页。
② 《邓小平文选》第2卷，人民出版社，1993，第332页。

"具体地说，在英国不同于法国，在法国不同于德国，在德国又不同于俄国"①。马克思穷其毕生精力去追求真理，目的不是为了构筑其思想体系，而是为了指导革命的实践。我们之所以坚持马克思主义不是因为其理论形态的完备，而是对我们的实际生活有用。马克思主义之所以能够永葆生机和活力不是因为它发现了绝对真理，而是它能够随着时代、实践和科学的发展而发展。江泽民在党的十五大报告中指出："马克思列宁主义、毛泽东思想一定不能丢，丢了就丧失根本。同时一定要以我国改革开放和现代化建设的实际问题、以我们正在做的事情为中心，着眼于马克思主义理论的运用，着眼于对实际问题的理论思考，着眼于新的实践和新的发展。离开本国实际和时代发展来谈马克思主义，没有意义。静止地孤立地研究马克思主义，把马克思主义同它在现实生活中的生动发展割裂开来、对立起来，没有出路。"② 只有深入研究改革开放和现代化建设遇到的新情况、新问题，并且做出有重大指导意义的答案，才是对"马克思主义的重大贡献，对毛泽东思想旗帜的真正高举"③。就是说不丢老祖宗，但要说新话。在实践中以新的思想理论观点继承和发展马克思主义才是真正坚持马克思主义，那种墨守成规、照搬本本、照搬教条式地对待马克思主义的态度只能把马克思主义的发展导入死胡同。

启示之二，中国要警惕右，但主要是防止"左"。解放思想就是使思想和实际相符合，使主观和客观相符合，而"左"和右的表现特征都是主客观对立、思想与实际脱离。邓小平指出："解放思想，也是既要反'左'，又要反右。三中全会提出解放思想，是针对'两个凡是'的，重点是纠正'左'的错误。后来又出现右的倾向，那当然也要纠正。"④ "在建设社会主义的进程中，从一九五七年起的二十年间出现的错误，主要都是'左'。改革开放要探索和开辟新的道路，突破束缚生产力发展的体制和观念，阻力主要来自'左'。"⑤ 针对"左"的东西在我们党的历史上渊源流长，根深蒂固，泛滥时间长，影响深重，并带有革命的色彩，容易迷惑

① 《列宁选集》第1卷，第274～275页。
② 江泽民：《高举邓小平理论伟大旗帜，把建设有中国特色社会主义事业全面推向二十一世纪》。
③ 《邓小平文选》第2卷，人民出版社，1993，第179页。
④ 《邓小平文选》第2卷，人民出版社，1993，第379页。
⑤ 江泽民：《加快改革开放和现代化建设步伐，夺取有中国特色社会主义事业的更大胜利》。

人，邓小平在 1992 年视察南方的谈话中强调："中国要警惕右，但主要是防止'左'。"① 这个重要思想对我们搞好新时期的思想解放具有极其重要的现实指导意义。从"左"产生的根源来看，"左"有社会根源、认识根源、体制根源、方法根源等，"在社会上已形成一种习惯势力"；从其危害上看，"左"禁锢人们的思想，阻碍改革的进行；从新时期三轮思想解放的进程看，主要是冲破"左"的教条的束缚；从今后的任务讲，"由于'左'的积习很深，由于改革开放的阻力主要来自这种积习，所以从总体上说，克服僵化思想是相当长时期的主要任务"②，也就是说，破除"左"的教条的思想束缚是我们新时期思想解放的长期任务和主要任务。当然，我们也要警惕右，并且对"左"和右做具体分析，有"左"反"左"有右反右。

启示之三，党要有一条正确的思想路线。我们党的思想路线是辩证唯物主义的认识路线，根本点就是解放思想、实事求是。马列主义的精髓是解放思想、实事求是，毛泽东思想的精髓也是解放思想、实事求是，邓小平理论的精髓还是解放思想、实事求是。解放思想、实事求是是马克思主义在中国保持蓬勃生机和旺盛活力的法宝。毛泽东思想是坚持了这个法宝的产物，邓小平理论也是坚持了这个法宝的产物。无数历史事实证明，坚持这条思想路线，我们的事业就前进、就发展；违背这条思想路线，就会"给党的事业带来很大的危害，使国家遭到很大的灾难，使党和国家的形象受到很大的损害"③。新时期第一轮思想解放中，我们首先在思想战线上拨乱反正，重新确立了党的解放思想、实事求是的思想路线，有了这个思想路线，我们才在其他领域拨乱反正，确定了党的正确的政治路线、组织路线等等。思想路线是个大问题，正如邓小平所说的那样："这是确定政治路线的基础。正确的政治路线能不能贯彻实行，关键是思想路线对不对头。""不解决思想路线问题，不解放思想，正确的政治路线就制定不出来，制定了也贯彻不下去。"④ 新时期三轮思想解放，其实质内容都与是否坚持和遵循党的解放思想、实事求是的思想路线有关。今后我们要丰富和

---

① 《邓小平文选》第 3 卷，人民出版社，1993，第 375 页。
② 见党的十三大报告。
③ 《邓小平文选》第 2 卷，人民出版社，1993，第 278 页。
④ 《邓小平文选》第 2 卷，人民出版社，1993，第 191 页。

创造性地发展邓小平理论，将这个理论推向前进，必须继续坚持这个法宝。

启示之四，党要敢于和善于总结经验教训，及时纠正错误。正面的经验是财富，反面的教训也是财富。一个革命政党，不怕犯错误，怕的是犯了错误以后找不到犯错误的根源，不承认错误，不改正错误。我们党的可贵和伟大之处就在于"历经磨难而不衰，千锤百炼更坚强"，敢于承认错误，并能找到犯错误的根源，迅速改正错误。解放思想的过程实际在一定意义上又是我们党重新反思和审视自己、认识自己、纠正错误的过程。客观事物总是处在不断运动变化之中的，我们不可能通过对事物的一次性认识就获得全部的绝对真理，由于多种因素的制约，我们认识上的偏差和失误是经常会发生的，也是难以完全避免的。做事情万无一失、有百分之百的把握是做不到的。即使我们在实践中思想解放获得了一些真知，但也不能一劳永逸，一次性的思想解放、跟上了潮流只能说明过去，不能说明现在和将来；旧的问题解决了，新的问题又会产生，我们在前进的道路上会不断遇到新情况、新问题。我们要担当起时代的重任，不当落伍者，就必须不断总结经验，在总结经验中前进。

20世纪在向我们挥手告别，21世纪正在向我们招手迎接。新世纪将是中华民族崛起和社会主义复兴的世纪，也是中国共产党人再造辉煌的世纪。在走向新世纪的征途上会面对许多我们从来没有遇到过的艰巨课题，这就要求我们增强解放思想、实事求是的自觉性、坚定性，把思想解放尽快提高和升华到十五大所要求的境界和水平上来。

（该文原载《青海社会科学》1998年第6期，1998年荣获全国纪念党的十一届三中全会20周年理论研讨会入选奖，2000年获青海省第五次哲学社会科学优秀成果评奖二等奖）

自然资源的可持续利用与青海经济发展

王恒生

一 自然资源优势是青海经济发展的基本条件

所谓自然资源，是指自然界中所有能够为人类所利用的物质和能量，如土地资源、水资源、矿产资源、生物资源等。它们是生产的原料来源。青海省自然资源丰富，是一个公认的资源大省，但又是一个生产力相当落后的经济小省。这就决定了现阶段它不可能像发达国家和国内发达地区那样，依靠先进的科技、依靠人才资源优势来发展经济，而只能主要通过开发丰富的自然资源，不断增强自身的经济实力，提高生产力水平。

青海省独特的地理、地质和气候环境，孕育了种类较多、门类较全、数量丰富的自然资源，在国内占有较大优势。青海省的国土面积为 72 万平方公里，占全国国土面积的 7.5%，仅次于新疆、西藏、内蒙古，居全国第 4 位。国土面积中耕地占总面积的 0.81%，可利用草场占 46.06%，有林地面积占 0.26%，有鱼水面积占 1.46%，此四项约为总土地面积的 48.5%，其余为冰川、戈壁、石山、雪山、沙漠、盐沼等。已发现的矿藏有 123 种，占全国发现 163 种矿藏的 75.45%；已探明储量的矿产有 103 种，占全国探明储量 151 种的 68.21%；保有储量居前 10 位的有 50 种，居第一位的有 9 种，人均占有储量为全国之首。青海省还有著名的"聚宝盆"——柴达木盆地。境内有可利用草原近 5 亿亩，各类牲畜 2000 多万头（只），是全国五大牧区之一；境内河流众多，集水面积 500 平方公里以上的河流有 278 条，总径流量为 631.4 亿立方米。且为中华民族摇篮——黄河、长江的发源地；有湖水面积 1 平方公里以上的天然湖泊 262 个，总面积为 12929 平方公里。省内高山区广泛发育有古代及现代冰川，冰川总面积约 4620.7 平方公里，总储量约 3988 亿立方米，年融水量 35.84 立方米。全省水资源巨大，理论出力总量为 630.16 立方米/年，居全国第 16 位。水能资源巨大，理论出力总量达 1 万千瓦以上的干支流有 108 条，理论出力总量达 2165 万千瓦（可利用部分占 83.5%），在国内居第 5 位，居西北之首，占全国水能总量 3.2%，人均占有量为全国平均水平的 8 倍。青海省是全国水电资源的"富矿区"，列为国家重点开发地区之一。全省林业用地面积为 287.54 公顷，有木本植物 521 种．主要是寒温性常绿针叶林。青海省是野生动植物资源的宝库，有野生动物近 400 种，多珍禽异兽，其中兽类 103 种、鸟类 290 余种，分别占全国种类的 1/4、1/6。有国家保护动物 67 种，省级保护动物 24 种。省内有野生植物 75 类 1000 多种，其中中药用植物约 1350 种，尚有众多的纤维、淀粉、蜜源、香料、化工、珍贵野菜、干鲜果、观赏植物等。全省有鱼水面积 106.7 万公顷，有野生鱼 57 种。青海省地处中纬度地带，海拔高，大气洁净，透明度大。太阳辐射强度大，日照时间长，年总辐射量每平方厘米可达 690.8~753.6 千焦耳，直接辐射量达 60% 以上，年绝对值超过 418.68 焦耳，仅次于西藏，位居全国第二。青海省还是风能丰富区，90% 以上地区年平均可用风能为 60~100 千瓦/平方米，其中可利用风能时间在 4000 小时以上，年平均风能密度在 150~200 千瓦/平方米的地区占全省土地面积的 70% 以上。

从青海省自然资源的赋存特点看，有其弱点，如虽幅员辽阔，但土地已初步开发的不足一半，土地利用率低于全国平均水平。再如，耕地分布极不平衡，东部耕地占总耕地面积的 73%，而青南地区现有耕地 54.66 公顷，仅占 3.3%。还有水资源虽丰富，但分布不均，产需错位，需水量很大的湟水流域，人均、亩均占有水量仅为全省均值的 5.6% 和 6.5%。重点开发区的柴达木盆地，水资源量仅占全省总量的 7.4%，而水需求量小的青南地区，其水资源量达 465.5 亿立方米/年，占全省总量的 72%。但从总体上看，存在着明显的优势，除了资源总量大以外，还有以下优越性：一是人均资源量大。全省人口很少，1997 年为 495.6 万，人均资源占有量远远大于全国平均数，居全国首位。虽然目前一些原材料和初级产品的生产总量还难以满足省内需求，但随着自然资源的不断开发，人口与资源的矛盾不是更加突出，而是趋于解决。二是资源空间分布不平衡的情况存在，但总的来说是比较合理的。从全省范围看，丰富的水能资源以及石油、煤、新能源资源可为其他各种资源的开发利用提供足够的动力，而且不少资源之间存在着互补性，可通过合理组合衍生出优势产品。例如：盐湖资源与丰富的电力资源相结合，可开发高耗能加工产品；与石油、天然气资源相结合，可发展复合化肥等；与金属资源相结合，可开发出轻金属合金等。从地区来看，柴达木盆地、海东地区境内既有丰富的能源资源，又有矿产资源、农业资源等，互补性、关联性较强，形成了优势资源的集合区。三是矿产资源一般组分复杂，共生、伴生矿较多，且不少共、伴生矿储量大，品位高，经济价值高，市场占有率高，有利于实行综合开发利用。

青海省依托自身的资源优势建立产业结构，已形成了区域性特色经济。20世纪50～60年代，青海省利用当地的农牧业资源，大力发展农牧业，并以此带动了食品、皮革、毛纺业、乳制品等工业。1981～1985年初步提出开发资源的思路，到"七五"时期，中共青海省委正式提出了"改革开放、治穷致富、开发资源、振兴青海"的发展战略，加大了资源开发力度，依托优势资源，大力调整产业结构。在强化农牧业基础的同时，水电、盐化工、石油化工、高耗能工业以及轻纺、建材、有色金属等工业逐步得到发展，培植了新的主导产业、支柱产业，形成了新的经济增长点。

青海省未来经济可持续发展，本质上取决于自然资源的永续利用。自然资源除太阳能、风能这类恒定资源外，均具有其有限性的特点，亦即任何一种自然资源，其绝对量或是人类所能利用的部分都是受到一定限制的，它不是取之不尽、用之不竭的。不可再生资源消耗一点，就会少一点，无疑是可耗竭的。即使可再生资源，其再生性也是有条件的，如果对它的开发利用速度超过了其再生的速度，就会逐渐退化，以至消失。因此，要使青海经济得以持续发展，即不仅满足当代人的需要，又不损害后代人满足其自身需要能力的发展，就必须彻底改变通过高消耗追求经济数量增长和"先破坏，后治理、后恢复"的传统发展模式，努力寻求经济与资源相协调的发展道路。经济的发展离不开对自然资源的开发与利用，然而经济发展与资源之间并不是简单的利用与被利用关系，而是相互作用的关系，如果人们能够科学合理地开发利用自然资源，自然资源则可为经济持续发展提供可靠的基础；如果人们对自然资源进行不加节制的掠夺式开发利用则经济发展就会失去后劲。世界银行的资深经济学家赫尔曼·戴利提出了与自然资源可持续利用相关的最低安全标准，即："社会使用可再生资源的速度，不得超过可再生资源的更新速度；社会使用不可再生资源的速度，不得超过作为其替代品、可持续利用的可再生资源的开发速度；社会排放污染物的速度，不得超过环境对污染物的吸收能力。"这个说法是科学的，我们应该从可持续性出发，用最低安全标准来规范开发利用自然资源的行为，确保自然资源的永续利用，以保护子孙后代的利益。

二　青海省自然资源开发中的非可持续性问题

中华人民共和国成立后，特别是改革开放以来，全省人民艰苦奋斗，在开发自然资源、发展经济方面取得了光辉的业绩。与此同时，由于种种原因，对自然资源缺乏科学合理的开发利用，资源遭到严重浪费和破坏，对经济的进一步发展和人民的生活构成了现实威胁。

1. 耕地被大量占用

主要受自然条件的制约，青海省国土面积虽然很大，但耕地面积 1997 年仅为 870 万亩，约占 0.81%，其中水浇地约占 1/3，复种指数不足 100%，土地生产率不高。此外，后备耕地资源也不足。尽管这样，我们并未很好地利用和保护耕地，存在的主要问题为：一是城乡土地利用缺乏统一规划，盲目占用耕地。随着经济的发展，城镇建设，工厂、矿山、铁路、公路、水利工程的兴建，以及农田基本建设和农民住宅建设均需要占地，由于缺乏科学的规划和严格的管理，用地盲目性大，不该占而且可以不占的耕地被大量侵占，耕地面积明显出现萎缩局面。据统计，1976 年至 1986 年 11 年间，减少耕地 60.8 万亩，约占全省总耕地面积的 7%，相当于一个乐都区的耕地面积。1986 年后，因土地管理的加强，耕地被占的速度减缓，但占地数量仍有较大的增加。根据统计资料，1987 年至 1996 年的 10 年间，又减少耕地 47.19 万亩。1976 年至 1996 年共减少耕地 107.99 万亩，为 1996 年耕地面积的 12.78%。预计因人口、经济和社会发展对土地资源需求的扩大。耕地还将被不断占用。特别是在国家经济发展战略西移的形势下，青海省将出现新一轮建设用地高潮。据预计，今后一个时期，全省各类建设年用地可能突破 2 万亩，这对耕地很不足的青海省来说，无疑是一个难以承受的压力。因此，必须坚持科学合理用地，切实保护好耕地。二是土地水土流失严重。青海曾经是森林茂密、草原肥美的地方，但因历朝历代，特别是近半个世纪以来乱砍滥伐林木，开垦草原，挖草皮烧野灰，破坏了植被，损坏了土壤结构，加剧了水土流失。据有关资料统计，全省水土流失面积已达 3340 万公顷，占全省土地面积的 46%，全省输入河道的泥沙达 9020.46 万吨。其中西宁市水土流失面积 280 平方公里，占总面积的 80%；大通县水土流失面积 1978 平方公里，占总面积65.93%；海东 8 县水土流失面积 14462.4 平方公里，占地区总面积的 84%以上。水土流失面积比重最小的是湟源县，为 63%；水土流失面积比重最大的是乐都区、化隆县，分别为 94%、93%。调查资料还显示，青海东部浅山丘陵耕地平均每亩每年流失表土 2~4 吨。每吨土壤约含氮 1.06 公斤、磷 0.72 公斤、钾 24.4 公斤，按每亩每年流失表土 3 吨计算，300 多万亩浅山耕地平均每年流失氮、磷、钾约 23 万吨以上。有的地方因表土流失造成土地沙化，有的地方出现频繁的山洪。三是对耕地投入不足，耕地质量下降。近些年来，在农村劳动力大量转移、种植业劳动力相对不足的情况下，不少地方对耕地经营粗放，有机肥料施用少，土壤中有机质得不到补充，土壤结构退化，肥力普遍下降。

2. 草地退化、沙化严重

中华人民共和国成立以后，党和人民政府急于改变牧业区贫困落后的面貌，提高人民生活水平，一味追求经济增长，出现了许多非可持续发展的经济行为，主要表现在以下方面：一是单纯追求牲畜存栏数，致使草原因放牧强度过大而退化。1949 年后，畜牧数量迅速增加，到 20 世纪 60 年代草场出现超载，之后牲畜存栏数还在增加，超载问题日益突出。据有关资料显示，海南州超载率为 32.57%，其中贵南县达 70.89%。许多地区的情况与该州类似。在草场重牧情况下，鼠害猖獗，草地产草量大幅度下降。二是对草场索取多，而投入少。天然草场既有再生性，也存在可利用的极限性，只有在生产过程中，给草场以足够的物质和能量的补偿，才能保证草场的可持续利用。然而，青海省对草原的经营方式仍基本停留在自然经济的阶段上，既不重视对草原的投入，更忽视投入的结构，形成了长期的掠夺式经营。如 1950 年至 1993 年全省畜牧业累计产值 153.2 亿元，上缴国家畜产品产值 40 亿元，而同期用于畜牧业基本建设的每亩投入与产出相差很大，加速了草原退化。三是对野生动物狩猎无度，人为地破坏了食物链，导致草原生态系统的失调、退化。中华人民共和国成立后，曾将狩猎作为农牧民的主要副业，有些产品由国家外贸部门收购出口。因缺乏有关的法律及科学有效的管理，对草原上的野生动物进行了群众性的捕杀，致使禽兽减少，有的濒临灭绝，草原生态系统发生了变化。突出的问题是猞狸、狐狸、老鹰等锐减，鼠类失去了天敌，大量繁殖，酿成严重鼠害，使不少草场变成了寸草不生的黑土地滩。四是盲目开荒、无计划采金、挖药材、樵柴，导致草场退化。据有关资料，20 世纪 50 年代后，在"以粮为纲"的思想指导下，曾三次从内地大规模向青海移民，开垦草原种粮，加之以后不少部门、单位的零星开垦，大约有 1000 多万亩冬春草场被垦。20 世纪 80 年代出现了淘金热，曾一度每年有数万名农民一哄而上，在牧区淘金，把草原挖得千疮百孔。据 1988 年统计，破坏的草场达到 1600 万亩左右。群众性的挖药材、樵柴对草原的破坏也很可观。例如，柴达木盆地居民为解决燃料问题，曾普遍挖取沙生植物，导致植物被破坏，全地区沙生植被面积约 3000 万亩，不同程度受到破坏的达 2000 万亩。由于上述种种原因，草原退化面积已达 1.45 亿亩，而且日趋严重，据对黄河源头区 3.8 万平方公里的卫星遥感图片的判断，近 10 年草场退化速度比前 10 年加快一倍多。

3. 矿产资源利用率很低

改革开放以来，全国经济的高速增长拉动原材料和能源的需求急剧增长。在这种客观形势下，青海省实行的是"有水快流"的开采方针。但在财力不足，技术水平较低，且微观利益主体尚缺乏有效约束机制的情况下，出现了不惜代价、不顾后果开采资源的局面，许多矿山企业采富弃贫、采大弃小、滥采乱挖，矿石开采回采率和选矿回收率均达不到标准要求，各种矿物大量流失。特别是乡镇矿山企业和个体采矿业点多面广，管理落后，技术工艺水平低，生产方式原始粗放，对资源的破坏性更大。据 1990 年的统计资料显示，青海省几个优势矿种的开发回收情况为：柴达木油田原油采收率为 19% ~ 20%，远低于 28% ~ 30% 的设计标准，更低于国内 31% 和国际上 33% 的平均水平。茫崖石棉矿回收率为 60% ~ 70%，比设计标准低 10 ~ 20 个百分点。地方小石棉矿选矿回收率只有 32% 左右。察斯拉图芒硝矿自 1987 年以来，先后有 20 余家企业开矿，相互之间争抢高品位无水固体芒硝，开采回采率仅为30% ~ 35%，导致资源大量浪费，并对矿山整体开发造成困难。天峻县硫黄山属于国内少有的高品位自然硫矿床，矿石平均含硫13.77% ~ 35.65%，最高达70%以上。国家规定的工业品位为12%，但企业只开含硫50%以上的富矿，尾矿含硫一般高达20%，最高达26%以上。同德县县办穆黑汞矿只选富矿冶炼，一般工业品为0.08% ~ 0.10%，而该企业丢弃的尾矿平均含汞达0.28%，最高达0.81%。

4. 一些渔业和野生动植物资源枯竭

这两种资源，总体上开发不足，但有些地区、某些种类由于生态恶化，开发过度，出现退化乃至枯竭现象。例如，青海湖4200平方公里湖水面，盛产湟鱼，是青海省最大的商品鱼基地。但是近年来，一方面沿湖地区植被被严重破坏，水源涵养林大面积减少，草场退化，加之降雪量减少，祁连山冰川退缩，地区旱化趋势加剧。沿湖河流水量减少，水位降低，甚至干枯、断流。不仅使产卵鱼群不能顺利及时进入河道，导致受精卵数量减少、质量下降，而且因湖水内供水量减少，湖水水面下降（平均每10年以1米速度下降），湖面缩小，含盐量、碱度升高给渔业资源增殖带来严重威胁。另一方面，由于长期以来对渔业生产调控不够，且缺乏严格、有效的管理。每年有大批捕鱼者对渔业资源进行掠夺式开发，违法捕鱼及贩鱼活动屡禁不止，湟鱼横遭酷捕滥渔。目前，青海湖湟鱼不仅数量少，而且个体小，低龄化状况明显，资源急剧枯萎，有濒临灭绝的危险。鉴于上述情况，青海省人民政府于1994年实行封湖，这对保护渔业资源有一定的效果。但存在的问题仍然比较严重，保护和恢复青海湖资源的任务是艰巨和长期的。

在野生动植物资源的开发方面也存在不少问题，突出的是盗猎现象仍难制止，野生动物资源遭到毁灭性破坏。1992年以来，仅省林业公安机关就查获80余起有关猎杀国家一级保护动物藏羚羊的重特大案件，收缴藏羚羊皮近万张。目前，雪豹、马鹿、白唇鹿、麝、猞猁、狐狸、猫头鹰等珍稀物种濒临灭绝。据省野生动物保护办公室调查表明，在格尔木市野牛沟一带，白唇鹿、马鹿种数量近10年下降了90%以上。青海湖地区曾广泛分布的普氏原羚、藏羚羊、野驴、盘羊已踪影罕见。此外，由于草原、原始森林植被的严重破坏，以及农民无节制地挖药材，使许多野生植物大量减少，有人粗略估计受到严重威胁的物种占其区系成分的 15% ～20%，一些珍稀物种趋于灭绝的境地。野生动植物资源的减少、枯竭，意味着地区生物多样性在消失。任何一种生物都是一个宝贵的信息库，从其基因、细胞、个体及群落，均可以为人类提供有价值的种质、遗传机质、特殊基因材料，在人们的衣食住行、医疗保健、经济发展等方面具有重要的、难以替代的作用。因此，生物多样性的消失，不仅对地区，而且对人类社会均可能是难以估量的损失。

5. 对水资源利用不合理

青海省水资源虽然比较丰富，但是分布不均，人烟稀少，耕地只有全省 3.2% 的玉树、果洛二州的河川径流量占全省的 45%；而人口密度大、耕地占全省耕地总面积 82.8% 的黄河谷地，河川径流量仅占全省的 10.6%。河谷地区水资源本来不足，且利用又不合理：一是农业上缺乏节水灌溉措施，基本上沿用大水漫灌的传统办法。二是工业上因设备陈旧，工艺落后，水的重复利用率低，远远达不到国内一般水平。三是水体污染严重。湟水流域年排放废污水 1.71 亿立方米，其中西宁干流段、北川河桥头段和朝阳段年接纳废水 1.36 亿立方米，占全流域总排放量的 75.5%。废水主要来自西宁市和大通县，其废水排放量分别占流域废水总排放量的 64.4% 和 15.1%。上述种种原因，加剧了水资源的供需矛盾。据有关资料，平水年全省缺水 1.01 亿立方米，枯水年缺水 1.66 亿立方米，缺水率分别为 3.8% 和 6.1%。

青海省自然资源开发中所以出现上述问题，原因是多方面的，但最主要的还是人们的观念问题。第一，缺乏可持续发展的观念，具体表现在以下方面：一是非可持续发展的价值观，即片面强调人类征服自然、改造自然的能动作用，而不顾环境的恶化和资源的枯竭；二是非可持续的道德观，即只顾目前的、局部的利益，而忽视全面的、子孙后代的利益；三是非可持续发展观，即经济增长至上，并通过大量消耗自然资源，特别是不可再生资源追求经济的增长；四是非可持续的质量观，即盲目追求规模扩张及数量增加，忽视质量发展；五是非可持续法制观，即忽视可持续发展的立法和执法工作，未能将可持续发展的指导思想和行为目标真正体现在政府的政策和立法之中。上述种种观念严重阻碍了自然资源的可持续利用，导致资源的大量浪费和流失。第二，急功近利。由于不能正确处理全局和局部、长远与当前、个人与社会之间的利害关系，在实践中，往往把经济发展与资源保护对立了起来，存在着诸如"为了吃饭不能不破坏"，"为了发展经济，一时顾不上保护"，"为了建设，只能先破坏，尔后保护"等认识。还值得注意的是，近年来，中央领导同志在讲到发展中国家可持续发展时，提出"可持续发展的前提是发展，贫穷不可能达到可持续性发展的目标"的论断。其主要用意是要说明实现可持续发展是国际社会共同的选择，发达国家有责任对发展中国家的可持续发展问题给予更多的关注和帮助。然而，有的地方接过了这一提法，将其当作坚持"有水快流"、掠夺式开发资源的根据和借口。由于指导思想的偏差，产生了各种非可持续的短期行为，例如牧区有些地方，为了追求产值，急于提高牧民收入，不顾草原的退化，继续增加牲畜头数。

三 实现自然资源可持续利用的途径

实现自然资源可持续利用的途径无非三个方面，第一是抑制对自然资源的需求，第二是增加自然资源的有效供给，第三是尽可能减少资源浪费和流失。从青海省的实际出发，实现可持续利用的具体途径如下。

1. 加强对资源的综合利用

综合利用是自然资源物质的实现，是保护、节约和合理利用资源的基本途径，也是世界资源开发及科技发展的总趋势。然而，由于种种原因，青海对此并未予以足够的重视，自然资源的综合利用程度很低。在矿产开发方面，发达国家综合利用程度很高，不仅涉及矿石中主要组分和共、伴生组分的回收利用，而且发展到包括围岩、顶底板和尾矿、废渣、废气的利用，综合利用系数一般在85%以上。相比之下，青海省存在着很大差距。1994年，全省有大小矿山企业669个（注册登记的有590个），开展综合利用的很少，而且程度很低，大部分企业把主矿以外的组分作为废物舍弃。青海省矿种很多，其中以共生、伴生形式存在的约占已发现的40%，但多数未被回收利用，几个主要矿山的综合利用情况为：察尔汗盐湖含有钠、镁、锂、硼、铷、碘、溴、锶等元素，据估算，卤水中生产1吨氯化钾，同时可萃取氯化镁11.18吨、氯化钠3.78吨、硼0.028吨、氯化锂0.058吨，以及一定量的碘、溴、铷、锶等。但青海省钾肥厂只生产

氯化钾及少量氯化镁，对其他元素未回收利用，其综合利用系数只有 25%
左右。锡铁山铅锌矿的生产中只回收铅、锌矿，向外省出售。矿中所含
金、银、锡、铟、镉、硫等均未回收利用，综合利用系数为 16% 左右。红
沟铜矿只回收铜矿，伴生的金、银、硒等元素则随尾矿流失，综合利用系
数为 25% 左右。对其他资源也缺乏综合利用，如青海广阔的草原上不仅生
长着各种各样的可供牲畜利用的牧草，而且还有其他种类繁多的具有不同
使用价值的野生动植物资源，它们共同构成了一个完整的生态系统。但在
生产实践中，我们只重视高原畜牧业发展，而忽视了对草原的综合开发利
用，因此，对其他野生动植物资源开发程度很低，致使许多宝贵的野生资
源因得不到开发或开发不足而自生自灭。青海野生药用动、植物约 1500
种，除藏药民间应用较多外，较大批量开发的仅有 100 多种。对丰富的蘑
菇、发菜、三刺、蕨麻等许许多多的山珍野味资源尚缺乏有效的开发途
径，只有零星的采集、捕猎。如青海的沙棘、黄刺、白刺年产果实资源量
达 3 万吨以上，以采收率 50% 计，每年可产鲜果 1.5 万吨，产原汁 0.75 万
吨，目前开发利用率不足 1%。此外，草原上众多的野生纤维、香料、化
工原料、油料、淀粉、糖类等植物资源，基本上未予开发利用。由上可
见，综合利用不失为一种"开源"的有效措施，而且潜力很大。为实现资
源综合利用，主要应该做好以下工作：一是对矿产资源要改善开发方式，
努力提高矿物的回收率，特别是主矿外的共、伴生资源的回收利用。二是
充分利用土地资源。在大量既非耕地又非牧地的空地，如村旁、路旁、庭
院、荒山荒坡等裸露土地上，要因地制宜，栽培乔木、灌木、草与花卉等
绿色植物，固定更多的太阳能，为社会创造财富。三是对丰富的生物资源
要进行多层次利用，一方面是发展生态农业，沿着各种"食物链"的要
求，建立优化利用模式，比如，麦、豆秸秆先作饲料用，畜禽粪便可种植
蘑菇，再利用甲烷菌发酵产生沼气，沼气渣养蚯蚓，其余残物归田。另一
方面对农畜土特产品进行多成分的开发利用，如鹿、牦牛等浑身是宝，
毛、肉、皮、内脏、蹄、角、骨、血等经过深度加工，均有特殊用途。其
他许多生物资源也都类似。资源综合利用不仅要有愿望、思路，还要有必
要的科技手段。青海在这方面起步晚、基础差，应该积极引进有关技术，
并结合本地的特殊条件研究、推广、运用。

2. 对资源进行深度加工

资源的加工利用，实质上是扩大产品价值中劳动含量和技术含量、相应减少资源含量、提高资源利用率、节约资源的途径。加工程度越深，资源利用越充分，消耗越少。在计划经济体制下，青海省基本上是一个原料产地，许多矿产品、农畜土特产品直接运销外地市场，地方加工业相当落后，如以本地矿产品为原料的加工业，生产规模小。行业分散，技术工艺水平低，产品数量少、品种单调，且多为初加工产品，深加工产品少。世界上盐湖加工开发的产品达 30 多种，而青海目前只生产选矿产品氯化钾和氯化镁；盐矿以原盐及其选矿产品洗涤盐、粉洗盐、加碘盐等形式外销；铜矿、铅锌矿、石棉矿等均无条件加工。青海省的农牧产品加工业相对好一些，但也落后，一是加工物种数量少，据粗略估计，加工利用的生物物种 50 多种，主要集中于食品、皮革、纺织、中藏药等几个行业。而且不少加工物种量远低于产品生产量。例如，1991 年全省肉类产量 16.32 万吨，加工量 0.1648 吨；畜骨产量 4615.7 吨，加工量 690 吨；蕨麻产量 510.70 吨，加工量 95.10 吨，深加工量 4.61 吨；蕨菜产量 698.6 吨，加工量 21.75 吨；虫草产量 20 吨，一般加工量 2.9 吨，深加工量 9.12 吨；枸杞产量 22.30 吨，加工量 0.88 吨。近些年的情况大致与 1991 年的差不多。二是加工水平落后。加工中运用一般技术多，高技术少，所以高附加值、高档次、高质量产品少，花色品种少，既不适应市场需求，也浪费资源。例如，丰富的动物血液、大脑、骨髓、胆汁、脏器、眼睛、腺体、骨等，通过深加工可制取多种高附加值的生化制品，但省内对动物资源的加工尚未深入到成分利用的程度，只能对肉、皮、毛、乳等进行一般的加工利用。

加工业的落后不仅不适应地区经济发展的需要，而且造成大量自然资源的流失和浪费，必须努力发展产品的深加工，向集约开发资源、节约开发资源方向发展，重点要搞好矿产品和特色农产品的深加工。青海省矿产资源深加工的潜力很大，仅柴达木盐湖资源通过深加工即可形成钾、镁、钠、锂、硼等系列产品。从目前国内技术工艺水平看，可生产的钾系列产品主要有金属钾、硫酸钾、氢氧化钾、碳酸钾、氯酸钾、硝酸钾、重铬酸钾等；镁系列产品主要有镁砂、金属镁、镁水泥、碳酸镁、硫酸镁、氧化镁、氢氧化镁等；钠系列产品主要有烧碱、纯碱、金属钠、硫化碱、元明粉等；锂系列产品主要有碳酸锂、金属锂、单水氢氧化锂、溴化锂、氟化锂、碘化锂、硼酸锂、硫酸锂、锂铝合金、锂镁合金等；硼系列产品主要有硼酸、硼氢化钾、硼酐、硼氢氧化钠等。据有关资料介绍，美国仅锂盐系列产品就有60多种，镁盐系列产品有50多种，硼化学品种有40种。可见，青海省盐湖资源的深加工向多样化、高级化、精细化、新型化发展的前景很广阔。此外，根据青海省资源状况，还有条件发展以石油、天然气开发为基础的化工工业，以及以石化、天然气化工产品为原料的塑料、化肥等加工工业；发展以非金属材料为基础的建筑材料工业、特种非金属材料工业；发展铜、铅、锌、铬等金属原材料工业及相应原材料深加工、制成品工业；发展煤炭化工工业、煤炭液化及煤炭综合利用工业、电力工业等。

青海省发展矿产资源深加工利用，不仅有矿种多、储量丰富的基础，而且各种资源存在着较合理的空间布局，特别是柴达木盆地形成了优势资源的集合区。得天独厚的自然条件是青海省加工工业难得的重要物质基础。为更有效、更充分地利用矿产资源，必须逐步改变生产初级原材料为主的状况，将矿产资源深加工作为国民经济发展的战略选择，以科学技术为先导，建立以原材料工业为主体，原材料深加工、精加工为方向的产业环链和产业群。

青海地理环境特殊，具有许多丰富而独特的农业资源，但因这里气候酷寒、干旱、风大、缺氧、土壤贫瘠，水土条件都比较差，生态系统很脆弱，资源很容易被破坏。为实现特色农业资源的可持续利用，除采取其他的资源保护措施外，一个重要的途径是发展资源的深加工。在充分利用资源成分，实现多次增值，提高农牧民收入的情况下，加强管理，限制对资源的开发利用，将开发规模、程度控制在其自然更新范围之内，以减轻对资源开发的压力，保证资源的可持续利用。根据青海资源状况，应主要发展以牛羊资源为主的畜产品系列加工业；以大黄、麝香、鹿茸、牛黄、枸杞、冬虫夏草、红景天等为主的药用生物加工业；以虹鳟鱼、蕨麻、蕨菜、发菜、蜂产品、沙棘等为主的土特产品加工业；以特色种植业产品为主的菇副产品加工业。要重视运用新科技，不断地向加工深度发展，提高产品档次、质量、价值。为迅速发展资源的深加工业，关键是要提高认识，并制定相应的政策措施，以解决资金问题，促进产业结构调整、科技进步和智力的开发。

3. 节约利用自然资源

实现自然资源的节约利用，主要应从改变传统的生产方式与生活消费方式两方面入手。在生产时要尽量少投入、多产出；在消费时尽可能多利用、少排放。在生产上，鉴于青海省许多企业的技术水平不高，设备落后，管理不科学，对资源利用率低的情况，必须加快经济增长方式的转变，走集约型、效益型经营的路子。要调整产业结构，发展技术密集型产业；提高资源回收和利用率，降低单位产品资源消耗。总之，要通过广泛采用新技术、新设备、新工艺，限制和淘汰耗能高、耗材多、耗水大的落后技术和产品，在生产、建设、流通等领域实现节能、节水、节地、节材的目的。

在生活消费方面，要建立崇尚节俭，适合国情、省情的消费体系。生产为消费服务，消费又反作用于生产。不合理的高消费，不仅影响生产结构，而且可造成资源的浪费，加剧资源的短缺。在人类无限制的物质消费的攀比中，已出现了资源保证不可能的危险，并提出了人类是否要消耗那么多能量、劳务和商品才算幸福这样一个伦理问题。从青海人民的消费状况看，总体上尚处于低消费阶段，但部分人中也出现高消费倾向。无论从身体健康、经济发展、社会进步角度看，还是从资源可持续利用角度看，都不可重蹈西方国家高消耗、高投入、高消费的覆辙，必须进行合理引导，建立符合国情、省情的消费体系。即首先要使消费结构不仅符合人们的生理健康需要，而且要有利于资源的节约，还要鼓励优势资源的消费，尽可能回避短缺资源的过度消费；其次，正确引导消费水平合理增长，鼓励适度消费，以减轻消费过热对资源和环境的冲击；引导消费者的消费倾向和消费方式也要向有利于身体健康、资源保护的方向发展。

4. 加强可再生资源的培育和保护

从青海省目前的情况来看，因矿业发展的历史较短，规模一般不大，而且地区资源蕴藏量大，勘明储量不断增加，维持供给的时间还在延长。而许多可再生的生物资源，却主要因开发过度而急剧枯竭，要使这些资源的数量恢复，进而逐渐增加，且更好地发挥系统功能，必须努力做好培育和养护工作。一是要大力开展野生动植物的栽培、养殖。青海有许多有经济价值的野生动物，诸如白唇鹿、藏雪鸡、藏马鸡、虹鳟鱼（引种）、裸鲤可以养殖，许多野生植物，如大黄、党参、枸杞、当归、甘草、川芎、黄芪、郁金香等可以人工栽培。上述动植物的天然资源产地分散、数量有限，且容易因狩猎、采挖而遭到破坏。发展人工栽培、养殖是扩大资源量的有效途径。如青海产的掌叶大黄（北大黄）和唐古特大黄（西宁大黄），为大黄中最佳品种，享誉国内外，是省内最主要特产药，天然资源主要散布在海拔 2000～4300 米的牧区林缘、灌丛、阴面山坡。许多地方可以种植，东部农业区种植较多，现全省年产量达数千吨，发展潜力还很大。再如，虹鳟鱼这一名贵鱼类虽非原产青海，但因其是冷水性凶猛鱼类，喜栖息于水质清澈、溶氧丰富的水中，所以很适宜于青海养殖。青海省冷水水体资源丰富，有龙羊峡电厂库区、李家峡电厂库区，还有十多个中型水库。此外，还有丰富的牛羊血粉可生产优良的鱼饵。青海省养殖虹鳟鱼的水面积之大、条件之好是全国所没有的。自 1985 年，青海省开始引进、养殖，龙羊峡库区网箱养殖成功，亩产可达 1 万多公斤。现已形成养鳟网箱80 多亩，年产 4000 吨优质商品规模，鱼种生产规模达到 1000 多尾。全省发展养鳟业潜力巨大。二是要十分重视对生物资源的养护。青海省自然地理环境特殊，生物资源一旦枯竭则很难恢复，必须加强养护。重点要保护好天然草地资源。长期的实践证明，合理利用和保护草地，一方面要防止利用过度和破坏草场，落实以草定畜，划区分片轮牧，调整畜牧业结构，及时轮换季节草场。同时要严禁乱挖、滥垦草原，加强对草原的管理，严格执行《草原法》等。另一方面要加强草原建设，要积极推广草场网围栏、人工种草、牲畜棚圈和定居房屋"四配套"建设，为改善牧业生产条件、解决防灾和缺草问题、保护草原发挥积极作用。同时还要对退化、沙化草场进行浅翻轻耙，补播优良牧草；加强草原水利建设，扩大草场利用面积，提高牧草再生能力。对草地资源的养护，不仅是保证牧草资源可持续利用的基本措施，而且也有利于牧区野生动植物资源的可持续利用。此外，需要重点养护的还有青海湖裸鲤。该鱼类是青海湖水系中独有的大型经济鱼类，其生长缓慢，繁殖季节极易遭受天敌和人们捕鱼活动的干扰。为保证资源的可持续利用，必须从实际出发，实行必要的封湖，限量捕捞，实施人工增殖计划，并针对湖区植被被破坏、水位下降等原因造成鱼卵大量死亡的现象，设法保护鱼类自然产卵场，同时建设苗种繁殖基地和人工放流站。

5. 加强调查、勘探工作，发现新的资源，扩大供给

近现代，特别是中华人民共和国成立以来，在青海省资源考察、调查和勘探方面做过大量的工作，掌握了大量有关土地资源数量、质量、类型、分布等方面的第一手资料，为政府的决策提供了较可靠的依据。在草原调查、地质普查方面做了更为艰苦的工作。在反复、详细调查后，将草原确定为9个类、7个亚类、28个组、173个型。并测定了各类、各型的面积、载畜量。青海地质考察和调查自19世纪后期至中华人民共和国成立前，曾有俄国、法国、美国、英国、印度、瑞典、匈牙利及国内一些地质学家、探险家、考古学家进入青海省做过简单的路线地质调查或矿点踏勘。从1952年起，国家有关部门对全省基础地质、矿产地质和水文、工程、环境地质陆续进行了勘查。在矿产方面，累计发现矿种123种，探明103种矿藏储量。尽管通过几十年的工作，对青海省资源状况有了一个大致的了解，但是青海省地广，地质复杂、资源种类多，调查工作远未完成，仍有许多资源的蕴藏状况不清，新的资源还在不断发现。比如，在矿产资源方面，青海省地层发育齐全，沉积型相多种多样，具有较优越的成矿地质条件。1989年，省地质科学研究所将全省划分为5个成矿区、22个成矿带及若干个成矿亚带。各区、带中有关矿往往相对集中，成带、成群分布，专家们根据成矿条件分析，青海省大部分矿产资源的成矿远景可观，许多资源，如铜、铝、锌、煤、石油、天然气、石膏等矿有可能获得突破性进展。再如，青海作为青藏高原的主要组成部分，是世界上独具特色的生物资源库，许多资源具有特殊的应用价值。这方面已有过不少调查，并编制了野生动植物志。但总的来看，对各种生物的分布、资源量、生物性能、用途、开发价值等尚缺乏较准确、全面的调查研究。

6. 加强待开创资源的研究开发

青海省有丰富的太阳能、风能、生物质能、地热能、水力等新能源资源。这些资源均为可持续利用的"恒定资源"。根据有关资料介绍，青海省年接受太阳能 4.6×10^{18} Kj，各地年总辐射量一般在 $586 \sim 754$ Kj/cm^2，80%以上面积太阳能总辐射量大于630Kj/cm^2，按全国太阳能区划标准分为一类区，是我国太阳能资源最丰富地区之一。全省风能资源理论值为16.07亿万千焦耳。根据全国风能资源区划，排在东南沿海和内蒙古之后，属风能较丰富区。青海省地质构造复杂，新构造运动强烈，地热异常区

多，是全国地热资源较丰富区。全省农作物秸秆、畜粪、薪柴、泥炭年资源总量 368.6 万吨。全省水力资源理论蕴藏量为 2165 万千瓦，年可发电量 1886 亿千瓦·时。省内对水电资源开发已有很大的进展，如已建成龙羊峡电厂的装机容量 128 万千瓦，年发电量 60 亿千瓦·时；即将建成李家峡电厂，装机容量 200 千瓦，年发电量 56 亿千瓦·时。对太阳能的热利用和光电利用虽然走在全国各省前面并有一定规模，但十分有限；风能资源利用仅限于应用微型风力发电机的低级阶段，规模和水平不高；生物质能的利用上，东部农业区基本普及了节柴省煤灶，沼气利用仅限于东部农业区河湟谷地，推广面较小；1986 年以来，开始利用地热能，年利用能量 4.1×10^8 Kj，主要用于地热游泳池、疗养院、地热采暖和温室。总的来看，新能源尚属开创性资源，开发利用很不够，今后应大力进行研究开发。这不仅可为各项产业的发展及人民生活提供干净的、源源不断的能量，而且可逐步减轻经济建设对石油、煤、天然气等常规能源的依赖，延长常规能源资源的开发利用时间。

（该调研报告 2000 年荣获青海省第五次哲学社会科学优秀成果评奖二等奖）

青海草原畜牧业产业化研究

陈国建　彭立鸣　王恒生　徐建龙　余中水

一　产业化经营是草原畜牧业经济发展的必由之路

（一）畜牧业产业化内涵及主要特征

畜牧业产业化是在稳定家庭承包责任制前提下实现畜牧业增长方式和经营方式根本转变的一种有效形式。具体地讲，是以市场为导向、农牧户为基础、龙头企业为依托、经营效益为中心、系列化服务为手段，通过实行产供销、牧工商一体化经营，将牧业再生产过程的产前、产中、产后诸环节联结为一个完整的产业系统的经营形式。这是一种新的经营方式，与传统封闭的牧业经营方式相比较，有其显著的特征：①生产专业化。围绕某一畜产品形成牧工商、产供销一体的专业化生产系统，使每个环节的专业化与产业一体化有机结合，将畜产品通过多个环节制成最终产品进入市场，以实现较高的整体经济效益。②布局区域化。对每个主导产业，按照区域比较优势原则实行专业化生产，形成商品生产基地。③经营一体化。将各有关环节联结成龙型产业链，实行牧工商一体化、产供销一条龙综合经营，把千家万户的小生产与千变万化的大市场联结起来；把城市的现代工业与牧区的畜牧业联结起来，相互促进，协调发展，以有效地提高畜牧业的比较效益。④服务社会化。通过一体化组织，利用龙头企业的资金、技术和管理优势，组织科技机构对共同体内各个组成部分提供产前、产中、产后的信息及技术、经营、管理等全面的服务，促进各种要素紧密、有效结合。⑤管理企业化。通过"公司＋基地＋牧户""合作经济组织＋牧户"等联结方式构成一体化联合体，采用合同契约制度、参股分红制度、全面经济核算制度，对全系统的运营和成本效益实行企业化管理。⑥经济市场化。产业化综合体的资源配置、生产要素组合、生产资料和产品购销均需通过市场来实现。⑦效益最大化。追求生产、加工、销售各个环节的经济效益最大化，是实行畜牧业产业化的目的，而且产业化经营形式也提供了这种可能。

（二）畜牧业产业化的趋势

1. 国外畜牧业产业化的发展

从世界范围看，自 20 世纪 50 年代起，一些发达国家已经通过产业化的方式不断推动农业包括畜牧业现代化的进程，其共同特点是：按照现代化大生产的要求，在纵向上实行产、加、销一体化，横向上实行资金、技术、人才的集约经营，实现生产专业化、农畜产品商品化和服务社会化。到 70 年代末，一体化经营已成为西方发达国家农牧业的主要经营形式。因经济发展背景、条件不同，各国在走产业化道路时所选择的具体形式也各异，形成了各具特色的产业化经营模式。其一，美国自 20 世纪 50 年代后，农牧业生产开始与产前、产后相关联的工商企业，通过经济上、组织上的结合，或通过各种形式的契约，建立起稳定的分工、协作联系，形成了由跨行业、部门组成的经济体系。到 1976 年其蛋品按销售总额计算的一体化率达 55%，到 1980 年鲜奶蛋和肉鸡业几乎全部实现一体化经营。这种一体化经营按农牧业与其相关联企业结合的方式和程度不同又分为两类：一类是农工商综合体，即工商资本直接渗透到农牧业，将农牧业生产与产前、产后各环节纳入一个统一的经营体内，形成完全垂直一体化的综合经营。这种经营方式一般规模较大，实力较强，经营范围涉及供、产、加、销各个领域。另一类是合同制，即私人公司通过与农场主签订合同，在严格明确双方责、权、利基础上进行业务往来的一种经营方式，这是一种通过法律规范双方经济行为的联系形式。同时政府对这种经营形式在税收上给予一定优惠，因而使其成为"二战"后私人公司与农牧业结合的一种主导形式，其数量远高于农工商综合体。其二，日本实行的是农业协同组合，这是一种集农牧业、农村、农牧民三类组织为一体的综合性社区组织。日本农协覆盖了全国所有的农村和农牧业生产的各个领域，98% 以上的农户都参加了农协。其业务范围广泛，从生产到生活无所不包，对农户生产经营影响较大的主要有购销、信用、保险和共同设施利用。农协在政府大力支持与扶助下兴办了大量实业，通过这些实业提供的贮、运、加、销等服务，把分散的农户引入专业化、社会化生产的轨道。加之农协本身的信用、互助，使得农协具有较强大的经济实力和带户功能。其三，在发达国家一体化经营迅速发展的同时，一些发展中国家的农牧业产业一体化经营也有很大发展，具有代表性的是这种农工联合企业。巴西在20世纪60年代中期后，工业资本及其生产方式加紧了向农牧部门的渗透，形成了将农业生产、农产品加工以及制成品销售三者合为一体的"企业生产组合"。这一新的生产经营模式有力地推动了巴西农村工业的发展，促进了传统农牧业向现代农牧业的转变。巴西的农工联合企业是以政府的参与为特征的，政府的作用主要体现在两个方面：一方面采取了一系列鼓励性政策措施，为制定和实施加速农村经济开发计划，加强工农业两大物资生产部门之间的联合，推动农村工业发展，提供多种财政优惠政策，提供土地和基础设施，以大量吸引外资开发自然资源。另一方面是政府直接参与建立农工企业，从事生产活动。政府机构与本国私人资本或跨国公司共同投资建立的大型农工一体化联合企业，一般集约化程度高、生产力水平高。由于政府的大力支持和积极参与，巴西的农工联合企业发展很快。此外，还有泰国的正大公司，采取"公司+农户"的契约制养鸡联合体，早在1981年销售量已占到全国销售总量的80%，并逐步向国际市场拓展。

总之，农牧业产业化发展是世界上的大趋势，无论发达国家还是发展中国家都从本国国情出发，以不同的形式实施农牧业产业化经营。上述三种模式虽是个别国家的情况，但却具有代表性，其他许多国家农牧业产业化的形式与此大同小异。

2. 国内畜牧业产业化的发展

按照产业化的思路来组织农牧业生产，发展农牧区经济，在我国是在20世纪90年代出现的新生事物。农牧业产业化是中国农业体制改革逐步深化和农业市场化过程中的必然产物，是发展农业生产力和提高农业经济效益的客观要求。20世纪80年代中后期，以推行家庭承包责任制为中心的农村微观体制改革使农牧户成为农牧区市场经济的主体，农牧民有了经营自主权，并随着农畜产品流通体制改革的深入，大多数农畜产品市场、农畜产品购销和价格已逐步放开。但是，由于农牧区社会化服务滞后，农牧民以家庭为单位走向市场有较大难度，销售农畜产品交易成本很高；由于土地制度等方面的原因，农牧业难以实现规模经营，单靠生产初级农畜产品的农牧民收入增加缓慢。为使千家万户的小生产进入千变万化的大市场，并减轻农牧民进入市场的交易成本和风险，获取规模效益，推动农牧业生产，促进农牧区劳动力转移，提高农牧民生活水平，农牧业产业化经营便在中华大地上应运而生了。实践已经证明，农牧业产业化是农牧业经营体制改革的方向，是推进农牧业两个根本性转变的有效方式，增加农牧产品供给和提高农牧民收入的有效途径。为此党的十五大报告明确提出，要"积极发展农业产业化经营，形成生产、加工、销售有机结合和相互促进的机制，推进农业的商品化、专业化、现代化转变"。并在三中全会再次强调要实施农业产业化经营。我国农牧业产业化虽然尚处起步阶段，农牧业再生产各环节之间以松散联结为多，紧密型一体化组织还很少，但已有了一个良好的开端，而且进展很快，并取得了很好的效果。

（三）青海草原畜牧业产业化的必然性

1. 解决畜牧业自身矛盾和问题的内在要求。牧区家庭承包责任制作为生产关系方面的重大变革，大大激发了牧民生产积极性，牧区劳动生产率迅速提高，伴随着社会主义市场经济体制的建立，家庭承包责任制所固有的弊端也随之暴露出来：一是经营规模小，不适应市场经济对社会分工协作、社会化大生产的要求，难以实现规模效益；二是一家一户的小生产难以直接面对大市场，因牧户与市场之间缺乏有效的信息传递和决策引导机制，且畜产品流通、加工与生产环节割裂脱节，制约了畜产品商品化，常常出现"买难"和"卖难"的问题；三是自给性家庭牧场限制了科技应用程度，必然抑制牧业生产力的提高；四是牧民在分散的商品交换中不掌握市场行情，往往处于被动地位，成为不等价交换的受害者。要解决上述问题和矛盾，有效提高畜牧业生产力和经济效益，最为有效的办法是建立能使畜产品进入市场的完备的运作组织，并通过它把牧户有效地组织起来，将畜牧业建设成为一个完整的产业体系，引导组织带动牧民进入市场，使分散的牧户与大市场对接，并帮助牧民规避自然风险和市场风险。

2. 加快两个根本性转变，实现畜牧业现代化的途径。畜牧业产业化能够引发牧区经济的深刻变革，从而推动两个根本性转变。第一，产业化可推动生产要素向畜牧业投入。青海草原畜牧业历来是单一的畜产品生产，经营粗放，要素投入效益低，以牧畜工商一体化为特点的产业化必将大幅度提高经济效益，形成畜牧业投入的利益机制和动力机制，激发各方面向畜牧业投入的积极性：首先会刺激科技需求，吸引科技投入的增长；其次，畜产品基地的建设将吸引大量的资金投资；再次，企业化管理和畜牧业产业链的延长也将使活劳动大量增加。第二，产业化的发展有利于优化牧区经济结构：一是产业化将促使畜牧业生产根据市场的需求调整畜牧、畜群结构，最大限度增加经济效益；二是产业化发展将有效地促进牧区第二、第三产业发展，改变传统的单一产业状况。第三，畜牧业产业化将推动政府职能的转变。产业化是一种适应市场经济的新的经营体制，这种体制将进一步打破经济的部门界限和条块分割，客观上要求地方政府必须用经济的、法制的手段指导畜牧业，推动畜牧业产业化的发展。第四，畜牧业产业化构筑了新型的畜牧业与畜产品加工业之间的关系。长期以来，畜牧业与畜产品加工业是两个独立的生产体系，两者是纯市场买断关系，而产业化将使它们变成一个链条上相互依存、相互促进的两个环节，更有利于畜牧业现代化的发展。

3. 增加牧民收入的重要举措。产业化的实施将使牧民的经济收入大幅度提高。一是可直接提高畜牧业经济效益，提高劳动生产率，使牧民从初级畜产品的生产、销售中得到比以往更多的收入。二是畜牧业产业化的一个实质性突破就是要冲破封闭的自然经济格局，使其向产前、产后延伸，将畜产品加工和流通等纳入畜牧业经济体系，与牧业相关的上游和下游产业联系起来，结成"利益共享，风险共担"的经济共同体。这样就可使直接生产畜产品的牧民参与分享畜产品加工、流通和综合利用所得的利润，即产业化各环节平均利润，从而增加他们的经济收入。三是畜牧业产业化比传统畜牧业需要更多的活劳动投入，牧业劳动力能够更多地被吸收，以减少隐性失业，增加牧民收入。

4. 加快畜牧业市场主体发展，实现畜牧业商品化的出路。实行牧业产业化就是要将畜牧业作为一个产业来经营。它一方面可以进一步突破家庭分散经营的局限和区域壁垒，培植壮大一批畜产品加工龙头企业，带动广大牧民进入市场，减少牧民生产上的盲目性、随意性；另一方面将促进畜牧业的收购、加工贮藏、运输等相关产业迅速发展，广大牧民即可围绕畜产品的生产经营，与龙头企业和各种服务组织通过契约或股份合作等形式结合一体，提高参与市场竞争本领和抵御市场风险的能力。总之，在产业化条件下，草原畜牧业不再是一个封闭的产业，牧户也不再是孤立地从事牧业生产的经济单位，牧民不再是仅仅为自己消费而生产的牧民，畜牧业、牧户、牧民将成为市场经济体系的组成部分和必然参与者。

二 青海草原畜牧业产业化经营的可行性分析

（一）优势与机遇

有一种看法，似乎农牧业产业化适合于经济社会发达的地区。这种看法并不全面，从理论和实践上看，欠发达地区实施产业化难度会大一些，但并不必然影响它的实行。一个地区能否实现农牧业产业化经营，关键要看其有没有符合地区实际的产业结构，是否形成了支撑农牧区经济发展的支柱产业和主导产品；有没有一头联市场、另一头联千家万户，具有深加工能力的"龙头"企业，是否形成生产、收购、加工、包装、运输、销售一条龙体系和合理的利益分配机制，有没有依据市场需求、由价格决定生产什么和生产多少的市场调节机制。就青海牧区来看，实行畜牧业产业化经营固然有许多制约因素，但有利条件是主要的。①青海牧区是特色畜产品生产基地。青海牧区地处青藏高原，自然环境特殊，孕育了10多种别具特色的畜牧业资源，其中以牦牛和藏绵羊最多，还有犏牛、黄牛、藏山羊等畜种，全省有2000多万头（只）各类牲畜，畜产品产量也相应达到一定规模。据统计资料，1997年生产肉类19.8万吨、奶类19.1万吨、羊毛1.64万吨、羊绒225吨、牛毛绒2041吨。畜产品加工产品呢线、毛线、地毯、皮鞋、牛绒衫、皮夹克、工业用呢、羊毛绒、藏毯、骨胶、蹄角粒粉、骨粒粉、绵羊肠衣、冻牛羊肉等畅销国内外，而且潜力很大。可以说，随着科学技术的进步，无论是畜产品生产的发展还是加工产品的市场，前景都是很广阔的。青海将成为特色畜产品坚实的生产基地。②畜牧业发展的内在要求。青海的特色畜产品应该说是国内外市场需要的短缺产品，但却常常出现"卖难"的问题，丰富的畜产品资源难以转化经济优势。究其主要原因，一是家庭承包制形成的千家万户的分散生产很难形成规模，限制了劳动生产率的提高，产品有优无势，占领不了市场；二是科技落后，畜产品的加工深度不够，形不成品牌，产品有优无名，巩固不了市场；三是体制不顺，信息不灵，流通不畅，产品难以进入大市场，有优无市。为解决这些方面的问题，促进牧业经济发展，过去我们采取过一些一般性措施，但效果不大。农牧业产业化经营的特点和许多地区实施的经验表明，它能够解决青海畜牧业发展中的一些深层次矛盾，对畜牧业经济的发展起到突破性作用。其作用机制表现在：一是通过龙头企业的作用使畜产品生产、加工、销售环环紧扣，有效地将分散的个体小生产与大市场联结起来，提高牧民进入市场的组织化程度，解决畜产品"卖难"问题；二是农牧业产业化所实行的贸工农一体化经营，使企业与牧户、生产基地形成了"利益互补、风险共担"的利益共同体，合理分配利益，有利于提高牧民的收入及其生产积极性；三是农牧业产业化实行区域化布局、专业化生产，客观上要求生产基地的规模化经营，从而克服小规模经营与运用先进科学技术的矛盾，以提高产品的科技含量。③畜产品的商品率比较高。畜牧业产业化涉及畜产品的生产、加工与销售诸环节，其正常的运行须以较高的畜产品商品率及总量为前提，很难设想在一个自给自足的自然经济环境中能推行产业化经营。青海牧业区曾长期处于自然经济状态，但中华人民共和国成立后，随着生产力水平的提高，畜牧业经济得到了长足发展，畜产品商品率大幅度提高。到1997年，羊商品率达14.57%，大牲畜商品率达18.40%，牛、羊肉及皮、毛等畜产品基本上以商品出售，畜产品商品率相对于一般农产品商品率要高得多，这就为畜产品加工企业及销售企业的存在与发展提供了基本条件。④牵一业而可动全局。相对于种植业来说，畜牧业是一个专业化功能很强的产业，它可滋生出多条产业链，促进带动许多相关产业的发展。如牲畜皮毛的生产可带动皮革、毛纺、地毯工业发展，肉食生产可带动食品工业发展，牲畜脏器是医药的原料，可带动医药工业的发展，饲料工业可促进种植业、渔业生产的发展。畜牧业的上述特点也是其产业化发展的重要条件。⑤有利的社会环境。农（牧）业产业化是中国农民在实行农村牧区家庭承包责任制后，根据我国的国情及市场经济的要求找到的一条发展农牧业经济的道路。各地的实践已证明，它既保留了承包中充分调动农（牧）民生产积极性的优点，又克服了其规模小、集约化程度低、比较效益低等弱点，而且使农（牧）业在更大范围内和更高层次上与第二、第三产业中的部门直接发生联系，进行跨行业的生产经营。农（牧）业产业化对我国农牧业发展的革命性意义已被广泛认可，党中央反复强调要在农牧区推行农业产业化，各地包括青海省各级政府也都采取各种措施大力支持农牧业产业化经营的实施。

（二）困难与问题

从总体来看，青海牧区实施畜牧业产业化不仅必要而且可行，但毕竟这个地区社会发展程度低，自然地理环境差，在实施过程中除存在普遍性问题外，还有一些特殊性问题和困难，主要表现在：①牧区地域辽阔，牧户分散，交通不便。青海牧区，包括海北、海南、黄南、玉树、果洛5个藏族自治州和海西蒙古族藏族自治州，国土面积69.6万平方公里，占全省面积的96.6%，而人口只占全省总人口的20%左右，人口密度很小，有的地方平均每平方公里只有1人，而且居住分散，加之交通条件差，给畜产品的流通带来一定困难。同时因点多、面广、线长，必然加大商品的交易成本。②牧民的素质难以适应牧业产业化经营的要求。畜牧业产业化是与市场经济相适应的较高层次的经营方式，它要求参加产、加、销一体化经营的牧业劳动者，要根据整体发展的需求信守和运用好有关的协议和规定，要不断提高经营管理水平和运用先进技术的能力生产更多优质的畜产品，要学会有效地抵御经营风险的能力，等等。而从自然经济和计划经济时期过来不久的广大牧民还缺乏市场观念、法制观念、信息观念，还不适应牧业产业化经营，同时由于牧民见识少、文化素质普遍低，也限制了先进的管理和技术在牧业生产上的推广应用。③牧区第二、第三产业发展严重滞后。牧业产业化的实质是将牧业生产与服务、加工、销售各环节结合起来，通过市场牵动龙头企业、龙头企业带动牧业生产基地、基地联结牧户的形式，实现牧业生产专业化、畜产品商品化和服务社会化，其基本特点是三次产业的有机结合。从青海牧区来看，第二、第三产业比重过小，而且现有的工业、流通企业素质很低，难以就地培植起较高素质的龙头企业，而且可以利用的科技、信息、中介、人才等服务组织很少。这就为牧业产业化的正常发展造成了难度。④草原畜牧业灾情多，丰歉起伏大，影响牧业产业化经营的正常运行。青海地处高寒，自然灾害频繁，加之牧草生长期短，牲畜主要依靠天然草场放牧，饲管粗放，生产技术落后，畜牧业极易遭风、雪、旱、冻、虫等自然灾害的侵袭。中华人民共和国成立后，尽管政府和牧民采取了新的防灾措施，但是仍然不能完全摆脱牲畜秋肥、冬瘦、春死亡的局面。根据近年来情况，每年牧区死亡牲畜在 130 万头（只）左右，最多时达到 196.67 万头（只），相当于商品畜的一半左右。牧业生产的大幅度起伏波动必然会影响加工业的正常运行和商品市场变化。

总的来说，实行产业化经营是青海畜牧业发展的必经之路，当前实行产业化经营既有畜牧业发展的内在要求，又有许多有利条件，应该说经过努力还是行得通的，但是相对农业区特别是内地农村来说，困难较大。我们应该认清实行产业化的主导因素，正视困难，在国家政策指引下学习和吸取内地产业化经营的经验，大力推动草原畜牧业产业化经营的实施。

三　青海草原畜牧业产业化实践的基本状况

（一）初步形成了若干条龙型经济

为解决青海牧区畜产品资源分散、流通不畅、省内加工业落后的状况，在国家政策的引导下，农牧民自发地向畜牧业产业化经营方面发展，有些农民主要是撒拉族、回族农民活跃在广大牧区，走帐串户，从牧民手中收购畜产品、活畜，集中起来在市场上销售，有的还办起了畜产品加工厂，初步形成了几条产业链，即龙型经济。

1. 牛绒的生产、收购、加工产业链。过去，牛绒是牧民用来制作牛毛绳子、帐房单子、口袋的原料，除此之外并无大的用处。20 世纪 90 年代初，青海省开始用牛绒开发出新型高级牛绒衫等，并风靡全国。以循化县乡镇企业雪舟三绒集团为代表的牛绒衫等加工企业，派人到牧区收购牦牛绒进行加工，据有关资料，年收购牛绒 1400 多吨，占全省产量的 85% 以上。集团原料部下设 5 个采购点，即玉树、果洛、拉萨、那曲、海西采购点，大量收购牦牛绒。1998 年以前将其收购的原料全部提供给青海省牦牛绒集团有限公司，它实际上充当了中介组织的角色。1998 年以后与省公司脱钩，自己收购原料，自己加工生产优质薄型牛绒衫、电脑提花牛绒衫、牛绒被、牛绒毯、牛绒精纺面料、牛绒呢等产品，产品又通过50多个分布在全国各大中城市的销售点销往全国各地。1998年完成总产值3600多万元，上缴国家税金330多万元，安排农村劳动力650多人，解决待业青年400多名，全年发放工资530多万元。

2. 羊毛生产、加工、销售产业链。青海产西宁大白毛是生产地毯的上好原料，现已有以湟中县乡镇企业上新庄藏地毯集团为骨干的20多家地毯加工企业，并已形成10多万平方米的加工生产能力，年消耗羊毛500吨左右。预计5年后地毯产量有可能达50万平方米，年耗羊毛5000万吨左右，增加就业人员2万左右。该集团利用传统工艺加工的藏毯已远销西欧、北美、日本等17个国家和地区。此外，化隆毛纺厂、循化洗毛厂等多家企业，每年从牧区收购羊毛近6000吨，洗净后销往山东、江苏、河北等省及尼泊尔等国。

3. 牛羊"西繁东育"产业链。牧区每年有许多幼畜、弱畜因气候、草场等方面的原因而不能正常生长发育和生存，海东、西宁有牛羊贩运和育肥专业户一万多户，每年从牧区买回大批牲畜，利用脑山地区的草山和大量农作物秸秆育肥出售。据有关资料，1996年仅海东市就有贩运育肥户11032户，贩运育肥牛6.61万头、羊44万只，加上西宁等地从牧区运出的牲畜，共计约80万头（只）。随着牛羊贩运、育肥规模的扩大，逐步形成了贩运或育肥的专业大户，有的办起了龙头企业，与此同时，防疫、销售、饲料加工等服务业也得到了相应发展。

（二）草原畜牧业产业化过程中存在的问题

青海畜牧业产业化发展已经起步，形势较好，但也存在不少问题：①相当一部分干部和群众对畜牧业产业化的意义认识不足，不少地区还未把这一工作列入议事日程。此外，对什么是产业化经营认识不清。有的认为，青海牧区落后，实行产业化条件不成熟；有的认为，畜产品销售、加工达到一定规模了就是产业化了；有的认为建了几个大的龙头企业就是产业化了。这些模糊认识对产业化正常发展均有很大影响。②已产生的龙型经济还处于产业化起步阶段的雏形。判断某一经营主体是否实现了牧业一体化，一般要符合四个标准：一是龙头企业与多元参与者主体是否具有直接的共同利益，即以一体化利益机制相联结的利益共同体，其合理的尺度应是平均利润和"超利"的返还；二是龙头企业与多元参与者主体是否有一定组织形式的经营载体来联结；三是各参与者主体是否有一定的制度来维系；四是是否按一体化营运约束机制来运作。用上述标准来衡量，青海草原畜牧业产业化经营还远未实现：首先，龙头企业与广大牧户虽然存在共同利益，但相互之间还只是一般的交易关系，尚未结成利益共享、风险共担、休戚与共的特殊关系，同时龙头企业素质低、规模小、市场竞争能力不强，对畜牧业经济的带动能力差；其次，龙头企业一般是直接向牧民收购畜产品，之间还没有中介服务组织来联结，产业链短，不健全；最后，龙头企业与牧户之间处于松散状态，之间的交易由尚无具有一定法律效力的契约来维系，整个产、加、销的运作也无一定的约束。③运行机制不适应。省内尚未建立起畜牧业产业化的组织指挥体系，对牧业产业化经营的规划、指导、协调和研究不够；对畜产品市场和生产要素市场的改革不配套；社会化服务滞后，如缺乏税收、信贷、财政、外贸等政策方面的引导和服务，缺乏信息技术、人才等服务。此外，条块分割体制的影响仍然存在，严重阻碍了牧业产业化的发展。

四 青海草原畜牧业产业化的组织模式选择

（一）现有的几种农（牧）业产业化组织模式

农（牧）业产业化的基本形式是市场＋中介组织＋农（牧）户，但是由于经济发展水平和农（牧）业生产、经营内容的不同，以及各地区文化传统、民族习惯、农牧民思想观念和科技素质的差别，农（牧）业产业化组织形式千差万别，从产业化发展水平看，可区分为高级产业化组织形式和初级产业化组织形式。在不同等级的产业化组织形式中，不仅各参与主体联系、合作方式不同，而且参与主体的数量也有所差别。目前，我国农（牧）业产业化的主要组织形式有以下几种。

1. 农（牧）户＋企业。企业通过与农（牧）户建立稳定的购销关系，以自身对农（牧）产品的加工、销售带动千家万户对某种农（牧）产品的稳定生产。其特点是：以市场为导向，以一个或几个经济实体为龙头，以农（牧）户为基础，以社会化服务为纽带，通过利益吸引使农工商技结成风险共担、利益均沾的利益共同体。其活动方式是：龙头企业根据市场要求和资源条件与农（牧）业生产单位签订合同，建立专业化的农（牧）副产品生产基地，并提供配套服务，扶持生产；农（牧）业生产者按合同进行定向生产，按时按量交售产品；龙头企业按合同收购产品并对其进行系列化加工后销往市场。在这种形式中，企业处于中心地位，能否形成强有力的产业链，关键要看企业加工产品在市场上的占有率。这种形式以企业的生存与发展为目标，只有企业不断发展壮大，农（牧）户的利益才能最终得到保障。

2. 农（牧）户 + 专业技术协会。这是全国比较广泛的产业化形式，其活动方式是：专业技术协会主要通过向周围农（牧）户提供科技信息、生产资料、管理技术直到运销的全过程服务，把农（牧）户与市场联结起来。其特点是：以一项主要农（畜）产品的生产为核心，以先进实用的农业技术为基础，将生产同一产品的农（牧）户组织起来，由初步的农业实用技术交流、推广、培训逐步发展到生产规模的扩大，并逐步发展成为具有一定经济实力的农村或牧区经济联合体。这种形式可对文化科技素质低的农牧民随时进行指导，灵活、迅速、低成本地将先进的农（牧）业生产技术推广到农（牧）户中，有效地提高农（牧）业产品产量和质量，提高农（牧）业生产的附加值。但也存在一些问题：一是专业技术协会是农（牧）民自发性组织，大多与农（牧）户之间没有明确的法律合同关系，同时也不一定能够持续地为农（牧）户增加利益，因此组织形式的稳定性较差；二是往往由于我国农（牧）业生产技术发展落后，加之农（牧）业技术推广服务体系不够健全，处于农村（牧区）社会基层的专业技术协会能够获得的新技术的渠道有限，致使技术协会的技术储备不足，技术更新缓慢，从而失去技术支撑能力；三是专业技术协会在分散的农（牧）户与畜产品市场间的中介和桥梁作用有限，专业技术协会主要着眼点是实用技术交流与推广，不可能为农（牧）民解决农（畜）产品的市场销售问题，一旦农畜产品滞销，将从根本上动摇农（牧）户与协会间本来就比较松散的关系。

3. 农（牧）户 + 合作经济组织。这种形式基本上是合作组织以某种实体为依托，以合同的形式把农（牧）户联起来的一体化经营体系。农（牧）户在这种经营体系中所获利益的大小依据其参与程度而定。它是联结农（牧）户与企业、市场的有效中介组织，不仅是农业产业化链条中的一个重要环节，同时也为农业产业化经营提供必要的组织保障。其主要类型有：一是社区合作经济组织，即以乡、村行政区域为基础建立的合作经济组织；二是专业合作经济组织，即以某一种产品或某一产业为纽带发展起来的新型经济组织；三是合作基金会，即在坚持资金所有权和收益权不变的前提下由乡（镇）、村社区合作经济组织和农（牧）户在自愿互利、有偿使用的原则下建立的，主要从事集体资金管理和融通活动的社区性资金互助合作组织。其功能主要有组织功能、中介功能、载体功能和服务功能。

4. 农（牧）产品批发商＋农（牧）户。这种形式是在农业生产商品化和专业化背景下按市场经济要求自发形成的，其参与者主要是农（牧）产品生产专业户、运销专业户、便利市场运行的各种企业、进行市场管理和维持公平交易的政府机构等。在这种组织形式下，农（牧）户根据农产品批发商提供的市场信息安排生产，并与批发商达成农（牧）产品的购销协议。这种形式可以较好地解决农（牧）业生产适应市场的问题，并推进农牧业生产的规模经营，提高农（牧）户的收益。其正常运行很大程度上取决于专业批发市场的发育水平。

（二）青海草原畜牧业产业化组织模式的选择

1. 选择农（牧）业产业化组织模式的决定因素

发展农（牧）业产业化经营，具体采取哪一种组织形式，不仅受制于农（畜）产品市场的完善程度和市场交易组织效率、经营农畜产品的种类和特点、经营的规模和"龙头"单位的带动和组织能力、农（畜）产品基地交通运输条件、农（牧）业产业化经营的发展程度，而且还取决于以下因素：一是"龙头"企业与农（牧）业生产主体之间双向选择、谈判和签订合同的难度，以及监督合同履行的花费难易程度等。因为，发展产业一体化经营的根本目的之一就是节约交易成本，而要达到节约交易成本的目的，就要求建立产业一体化经营的组织模式。这不仅可使原不通过外部市场的非固定交易主体之间的一次性买断交易，通过有效服务和按市场价收购产品等非市场和市场安排内部化，而且可使产业化经营的组织形式本身的组建与管理节省时间和精力。从这个意义上讲，在特定情况下，交易成本最小的那种组织模式一般地说就是应该选择的产业化经营模式。二是能否形成"利益共享，风险共担"的经济利益共同体。这是产业化经营的一个核心的问题。产业化经营模式的选择，必须充分考虑各参与主体在调节共同利益关系及相互约束的市场和非市场制度安排方面能否取得共识，并得到法律的认可与保护；同时所选定经营模式实施后，参与一体化经营的各个主体是否能真正分享到从初级农（畜）产品生产到制成品销售全过程各环节增值总量的平均值，也就是实现利益均沾。如果达不到这一经营目的，那么这种经营组织形式就名不符实，只能是一个空壳。

2. 青海草原畜牧业产业化模式选择

在我国农村牧区，由于各地经济发展水平和农牧业生产、经营内容的不同，以及农牧民文化科技素质、思想观念、民族习惯等的差别，农牧业产业化组织形式和经营类型不尽相同。青海牧区是以藏族为主的少数民族地区，经济社会发育程度低，人口的文化素质低，畜牧业基本上是由牧民家庭分散承包经营的，而且牧户居住分散、交通不便、信息闭塞、远离市场，畜牧业生产区域性明显，形成了多种畜产品基地。由于牧区市场经济发育程度低，畜牧业产业化才初见端倪。鉴于上述情况，我们认为，青海草原畜牧业产业化可根据各地具体情况和产品特点，采取多种组织形式，如批发市场＋牧户（市场带动型）、合作社＋牧户（中介组织带动型）等，但目前应主要发展龙头企业＋中介组织＋牧户的形式，即以龙头企业为主，围绕一项产业或产品，形成"龙头"联结中介组织、中介组织联结牧户的产加销一体化经营组织。这种形式与计划经济时期实行过的企业＋收购站＋生产队有相似之处，而且简便易行，容易在短期内取得成效，因而也容易被农（牧）民接受。这里的中介组织可以是专业合作社，也可以是专业技术协会或产销协会，甚至可以是不规范的牧民合伙组织或经纪人组织。这种组织的职能：一是代表牧户与龙头企业洽谈、谈判和签订合同；二是代替企业把分散在牧户的畜产品集中起来，进行初步包装和加工，并组织运输，将产品交予龙头企业。通过中介组织的作用，既可避免企业与一家一户的牧户签订合同和收购畜产品，从而降低交易成本，又可以避免因信息不对称使牧民在交易中吃亏受骗。

在龙头企业与参与主体的结构确定后，相互之间的利益联结方式还应依据实际情况而定。一般地说，有三种利益联结方式：一是紧密联结式，即主要通过股份制或股份合作制的办法把产业化经营系统各主体、各环节紧密联系起来，共同享受利益，承担风险。二是半紧密联结式，即主要采用合同契约方式，明确各方的权利、责任和利益分配关系，作为联合经营的保证。按这种方式，企业不直接向农（牧）民返还利润，主要通过保护价加服务向农（牧）民间接转让部分利润，是向利益共享、风险共担运行机制迈进的过渡形式。三是松散型，即龙头企业、中介组织、农（牧）户在产权上相互独立，供需双方仅靠信誉关系维系，企业对农（牧）户的产品采取买断方式，产品价格随行就市。这种联系方式在龙头企业具有较强实力情况下，农（牧）民可分享到实际利益，在企业效益发生波动时"链环"容易断裂。由于青海草原畜牧业产业化尚处于起步阶段，利益机制问题尚在探索过程中，在产业化经营中起主导作用的龙头企业经济实力还不强，对牧户带动作用有限，社会服务组织功能尚不完善，目前龙头企业与牧户的利益联结方式以半紧密式为宜，随着各方面条件的不断成熟，逐步向紧密联结式过渡。

五　青海草原畜牧业产业化的基本思路、原则与重点

（一）草原畜牧业产业化基本思路

基本思路是：①在完善草场承包责任制的基础上，立草为业，建立草场流转机制，鼓励草场与畜群向养畜能手集中，促进两者配套协调发展；②以疏导流通渠道为突破口，主动与区外畜牧产业链对接，学会利用两个资源开拓两个市场（区内、区外）；③发展季节性畜牧业，加快畜群周转速度；④以发展畜产品加工业为新的增长点，填平、补齐、壮大和延伸区内畜牧业产业链，增强市场竞争能力；⑤紧紧抓住培植"拳头产品"、创建"龙头企业"，建设畜牧基地、开拓区外市场、完善配套服务、理顺利益机制等关键环节，加快贸、工、牧一体化进程，多层次、多模式地推进青海草原畜牧产业化。

提出这一基本思路的依据是：总体来看，在青海草业—畜牧业—流通业—加工业链条中，主要存在草业基础薄弱、流通业不畅、加工业滞后和畜牧业臃肿等问题。草场划分承包以后，尽管在理论意义上具有提高牧户管理草场、建设草场、合理利用草场的功能，但它仅适合于温暖湿润地

区；在高寒地区，草场承包所带来的实际影响并不乐观。一是宜牧草场的休养间隔时间短。大体是民主改革以前为半年以上，计划经济时期尚能保持2~4个月，而承包以后已基本没有了明显的休养生息时间。有些地方虽仍有夏季草场，但放牧的时间只有40天左右。二是草地划定包死之后，抵御和逃避灾害的能力丧失，不要说下雪，即便是下刀子，也只能待在那里，传统部落的结伙转移和计划经济时期的县乡范围的无私让地已不可能。草场承包后，子辈另立门户，几次分家，单户草场面积越来越小。如此，就无法满足轮放的需要，一场小灾就可导致一批赤贫户。三是草地经一次次分割后，为防越界放牧引起纠纷，把畜群赶来赶去，牲畜恐慌，不能悠闲自在地吃草，不仅难肥，却易赶瘦。传统那种跨越千里、多种方式交流畜种和计划经济时期县际之间的交流畜种已不可能，牧民所养牲畜只能近亲、近缘繁殖，结果必然导致牲畜从个体体质到种群的全面退化。四是因越界放牧用草，草场纠纷成倍翻番，不仅县际、乡际间有争斗，而且就连父子、兄弟间也开始争斗，由此派生的治安案件明显上升。传统部落的或计划时期集体经济式的社区群体意识消解，个体意识的增强也导致牲畜盗、失案件的大幅度上升，邻居间走失的牲畜也常常是有去无回，单独牧户对远距离而来的偷盗团伙更无力对抗，暗偷变成明抢，等等。这些现象的存在对青海草原牧业发展构成了严重障碍。实际上，青海牧区大牲畜和羊的年末存栏数，在计划经济时期的1973年达到顶峰1600多万头（只）后，一直再未有明显增加，甚至20世纪80年代以来还有所下降，如1997年末下降为1540.44万头（只）。不仅数量下降，而且质量严重退化。新中国成立初期，500千克以上的牦牛、50千克以上的藏羊很普遍；1977年成产牦牛平均胴体重为312千克、藏羊为28千克；如今满口牦牛平均胴体重已降至200千克左右、满口藏羊已降至16千克左右（上述数据引自《攀登》杂志1998年第5期《对高原草地危机的思考》）。五是草场生产能力下降明显，目前六州牧区草场退化面积达530万公顷，占可利用草场面积的16.8%，其中仅"黑土型"退化草场达300万公顷。另外，尚有330万公顷草场严重缺水。结果，20世纪90年代草场单位面积产草量，较70年代下降了三分之一多①。

---

① 《青海统计年鉴》（1998），第19页

　　解决上述问题的出路就在于建立草场转让市场。青海草原土地贫瘠，饲草稀薄，负载畜群需要较大区域面积才能满足牲畜的用草量、草地的生养生息和对天灾的躲避等综合需要，以实现可持续发展。但是因草场面积有限，又不可能依牲畜头只数安排相应的承包面积，草、畜双承包不协调。如存在这样的情况，有的牧民有草场却不愿放牧，造成草场闲置，有的养畜大户的草场不够，失去了放养规模效益，造成固定资产投资与劳动成本过高。所以，仅开放牲畜市场还不够，必须加快开放草场转让市场。只有通过草场和畜群的相互转让才能协调好二者之间的矛盾。就世界范围而言，青海草原与西藏一起被认为是仅有的一块拥有最洁净环境和最灿烂阳光的"净土"，畜产品具有天然、无污染等独特的品质，是绝佳的绿色产品和地道的特色食物，发展特色牧业绿色食品前景广阔。特色产品主要面向区外销售，其输出规模与能力对草原畜牧业发展起决定性作用，疏导流通成为关键性因素。交通是流通的基础。青海草原地域辽阔、交通线长，而牧区经济基础薄弱、自我积累与发展能力有限，改善交通必须以国家投入为主。为了最大限度地利用现有交通设施，青海要继续深化流通体制改革，加强畜产品市场建设，严禁随意设卡收费，确保"绿色通道"畅通。由于流通条件的改善，20 世纪 80 年代以来，在牧区牲畜存栏数不变或降低的情况下，畜群周转速度加快，牛羊出栏率与商品率提高，各类畜产品反而有所增长。与 1985 年相比，1997 年六州牛羊存栏头数减少了65.93 万头（只），下降幅度为 4.1%，但牛羊肉产量却增加了 35819 吨，增幅率为 46.35%。当然从横向比较，青海草原牲畜的出栏率、商品率都还较低。如 1997 年牧区牛出栏率为 24.20%、商品率为 18.40%，绵山羊出栏率为 18.79%、商品率为 14.57%，均比全国水平低 10 个百分点左右，与美国、澳大利亚等畜牧业发达国家相比，差距更大。近几年，牧区根据自身特点创造出一条发展季节性畜牧业的路子：秋后三五家人轮流合牧，除保留少量精选母畜外全部批量出栏，花一部分钱从区外购买粗草料，积蓄起来以备冬春使用；到冬季轮流隔日圈养；春夏过渡之际从区外收购瘦弱牲畜与仔畜，到夏季再度形成数量规模。从而实现了三个减轻和三个提高：减轻了草场压力、冬春收养难度和枯草寒冷多灾季节的死亡损失；提高了基础畜种质量、生态效益和经济效益。今后要大力推广。

　　畜产品易腐烂，为此必须提高畜产品加工水平。通过加工包装可延长保质期，为向区外运输提供时间保证，有利于克服区内市场狭小和畜产品产销不同步的矛盾；通过加工可缩小体积、减少重量，有利于降低运输费用，为走向更远的市场提供可能；通过加工还易于分类包装，满足不同层次和多种类型的市场需求，有利于畜产品增值和创立名牌。1997年，全国农产品加工业的总产值与当年农业总产值的比重为46%，而青海仅为31%，差距明显，更无法与世界水平相比（如美国为121%、荷兰为400%）。可见，青海牧区畜产品加工潜力很大，水平亟待提高。

（二）草原畜牧业产业化应坚持的重要原则

1. 市场导向原则。即要按市场需求调整畜产品结构。对现在市场要定位分析，具体到位，同时要努力寻找与开拓潜在市场。市场预测关系重大，需要长远考虑，周全处之。项目建设需要一定时间，生产线运行更需要较长时间，因此市场应该是未来较长周期内的市场，它包括低迷和繁荣两个相对的阶段。对项目市场预测时，过去那种常用的只研究繁荣阶段市场而忽略低迷阶段市场的做法，弊病很多，后果严重，容易产生市场误导。实际上，低迷阶段的市场状况对一个项目的运行效益起着决定性影响，研究预测时应作为重中之重。

2. 比较优势原则。青海草原畜牧业发展要注重发挥相对优势，走特色农业的路子。与内地相比，青海牧区畜牧业的相对优势是：畜种独特，牧草无污染，生产环境洁净，牛羊肉野味足、膻味小，营养丰富，是绝佳的天然绿色食品，能增强体质，提高人类抗低温和低氧的耐力；牦牛绒纤维细而柔软，具有较好的保暖性能，是高档的纺织原料；藏羊毛不易变形，弹性足，以"西宁大白毛"著称，是极佳的地毯原料；等等。

3. 规模效益原则。规模效益是一条基本的经济原则，普遍存在于各行业，畜牧业也不例外。从发达国家的经验看，家庭牧场与规模化经营并不矛盾。试与美国做比较：美国牧民户均养牛3500头左右，大户则养20万头以上，而青海户均养大牲畜52头、羊161只，合计超千头（只）的很少；美国牧民年人均生产肉类产量为7600千克，而青海年人均生产肉类产量仅249千克，是美国三十一分之一。可见，青海发展家庭牧业的潜力还很大。

4. 科技领先原则。即在草原畜牧产业化经营中要把科学技术放在优先地位，并在生产、加工和储运等环节尽量引进和选用世界领先的技术。当然不能盲目引进，而要结合青海高寒缺氧的条件，争取少走弯路和一步到位。从青海牧业再生产各环节来看，加工和储运等环节与区外基本一致，完全可采用"拿来主义"；草业和畜种等环节则有其独特性，需要增强自我开发能力。如畜种主要是牦牛和藏羊，除尼泊尔、巴基斯坦北部等地有分布外，主要集中在青藏高原。几十年畜种改良的实践表明，犏牛、半细毛羊的适应范围有限，牦牛和藏羊还是最能适应这方水土的畜种。今后的优化方式应摆脱近亲繁殖的困扰，多借用野牦畜、西藏和四川等地畜种的基因。

5. 因地制宜、分类指导原则。青海草原面积广，但牧业六州自然、经济、技术条件各有不同，发展水平有先有后。青海的黄南、果洛、玉树三州生态环境恶劣、雪灾频繁，气候潮湿寒冷，交通不便；环湖地区的海南、海北两州，靠近东部农业区，水热条件较好，交通相对便利；海西气候干燥，草场贫瘠，但交通条件稍好。这就要求我们在实际工作中，必须坚持分类指导、分情决策、分层推进，绝不能搞一刀切；也要防止一哄而上、一哄而下，出现大起大落。在区域安排上，要按照六州所处三类区域的不同特点，确定各自的发展重点。在重点项目的建设上必须加强宏观调控，防止地区间恶性竞争，搞低水平的重复建设，造成资源浪费和经济损失。在发展模式上，必须坚持多样化，实行经营主体多成分、经营组织多形式、经营水平多层次。在推进速度上，必须因地制宜，不搞齐步走；有条件的地区可以快一点，没有条件的可以慢一点。在牧业产业化具体工作上，不搞评比，不搞达标。

6. 自愿互利原则。即必须尊重牧户、企业和中介等市场主体的意愿，不搞"拉郎配"，更不能靠行政命令强行"捏合"。青海牧民文化素质不高，市场意识淡薄，在这种环境下搞畜牧业产业化，政府应该承担更多的责任。这并不是说要采取定计划、下指标的摊派方法，而是说可以有意识地培植和树立典型，以发挥示范效应。就全局而言，政府最好采取引导和鼓励等办法，运用财政杠杆去推动，尽量使市场机制发挥最大作用。青海草原畜牧业产业化最终应由市场自主完成，过多的行政干涉只会起到"拔苗助长"的作用。

以上六条原则归结到一起，就是在按照市场经济规律办事。要懂得，在发展畜牧业产业化经营时，不是越大越好，而是效益优先。由于区内市场小，且购买力低，小型化经营可能更为经济有效。但不能顾此失彼，而应协调发展；不能一刀切，而应形式多样；不贪一步到位，而应循序渐进；不盲目求全，而应突出特色。

（三）草原畜牧业产业化应确定的发展重点

确定发展重点要根据青海草原的现实情况，按照先易后难的原则，选择有特色、市场广阔、竞争力强的产业群。步入 21 世纪后，我国居民的生活将达到小康水平，对毛制品、动物生化产品和牛羊肉的需求将进一步增加。因此我们建议，以下列六条产业链为发展重点。

1. 菜牛羊产业。目前，我国城镇居民年人均牛羊肉购买量仅有 3 千克，为世界人均购买量的 1/4；而且质量差，大多为中低档牛羊肉，在深加工方面也远不能满足实际需要。

青海高原型牦牛主要分布在青南三州，其体型高大，产肉性能好；环湖型牦牛主要分布在海南与海北两州，其躯体较小。1997 年六州生产牛肉仅 58583 吨。青海牦牛的饲养周期一般为 4 年多，比美国长 70% 以上。

青海高原型藏羊体格较大，平均每只产肉 38 千克；欧拉型藏羊体格较小，平均每只产肉 15 千克；其他种类羊数量较少。1997 年六州生产羊肉仅 54591 吨。青海藏羊的饲养周期在 2 年左右。鉴于有"春瘦秋肥冬多病死"的教训，因此还得在缩短饲养周期上下功夫。

表 青海牦牛肉、藏羊肉与省外其他牛羊肉营养成分比较

项 目	测重（克）	蛋白质（克）	脂肪（克）	热量（千卡）	氨基酸（种）
牦牛肉	100	20.0	1.6	98	19
黄牛肉	100	12.6	5.3	122	16
藏羊肉	100	19.0	7.3	235	18
绵羊肉	100	11.1	28.8	307	15

菜牛羊产业的龙头企业既有省内区外的青海省肉食品集团公司、省农副产品公司、牧工商肉类加工厂、河湟集团、绿宝集团等，又有区内六州各自的肉食品公司、各县的肉联厂。生产的速冻系列产品有羊肉串、牛肉串、羊肉水饺、涮羊肉片、精选牛羊排、牛肉丸子、牛柳、牛林、牛展、

牛扒、口条、百叶、肠衣、净肚等，熟制品系列有欧式火腿、波尼亚烤肠、里道斯肠、哈尔滨红肠、京广川味香肠、澳洲烤肉、五香牛肉、牛肉三明治、牛羊肉罐头、牛羊下水罐头等，干制系列产品有牛肉干、牛鞭干等。特别是区内的果洛州乳品厂采用素有"山珍"美誉的青藏高原牦牛腿肉为原料，生产的"雪山牌"牛肉干分咖喱、五香两种，多次获奖，在省内外有较高的知名度，已成为青海的名特产品之一。据统计资料，1997年六州城镇与农村人口共消费牛羊肉1592.60吨，是当年总产量的14%；西宁和海东的牛羊肉也自给有余。因此，青海牧区的菜牛羊主要销往省外。1997年出口冻牛肉445吨，活牛599头，二者合计约790吨，占总产量的7%。

2. 羊毛毯业。在青海藏羊中，高原型羊产毛量最多，每只年产毛量为1.46千克，净毛率达60%~85%，毛长23厘米。1997年六州产绵羊毛1.49吨、山羊毛357.27吨。羊毛毛质粗长、弹性强、织密性好、坚挺、耐磨，并有较强的耐碱性，是织地毯、壁毯、长毛绒的优质原料。羊毛毯的种类有地毯、毛毯和挂毯3种。地毯：青海六州各有自己的地毯厂，但产量小、质量差，竞争能力有限。1997年全省产地毯18.63万平方米，其龙头企业主要是区外的湟中县上新庄工贸公司。其加工生产能力为40万平方英尺，拳头产品嘎贝毯以朦胧柔和的色彩和低价位走红市场。毛毯：1997年全省产纯毛毛毯92109条。牧区最大的毛毯厂是生产"虎威"牌产品的海北毛毯厂，区外龙头企业是双虎纺织品公司；还有湟中毛毯厂，产品商标为"鹊虎"牌等。挂毯：生产量较小，没有专门生产厂家，地毯与毛毯厂都可生产。其中，地毯是青海的创汇大户，1997年出口民族地毯14975.9平方米，羊毛手工打结地毯3457.2平方米，共创汇约80万美元。

3. 皮革业。牦牛皮有松面、裂面及弹性差等缺陷，但保暖性好，六州多数县都有皮革厂，年产量都在万张以内（折牛皮）。1997年六州共鞣制皮革36000张，区内也可生产皮制品，主要有皮鞋、皮衣、皮箱、皮带等，其中以皮鞋产值最高。这些产品产量小、档次低，竞争能力差。西宁和海东是牧区皮革的主要加工基地，1997年共生产皮鞋40万双、革皮服装2万件、皮包1000多个、皮手套3000多副。皮衣龙头企业主要有青海群星实业公司（原省皮毛被服厂），拥有牛羊蓝湿皮50万张、服装面革15万张、毛革两用 10 万张的生产能力，其"群辉"牌系列皮装在省内市场有较高知名度；大通民亨皮毛加工厂，拥有 10 万张毛皮加工能力，其"高原猫"皮大衣也有一定的市场竞争能力。皮鞋龙头企业有青海民族靴鞋厂，西宁第一、第二、第三、第四皮鞋厂等，年生产能力在 6 万~10 万双，其中"雪豹"牌系列鞋较有知名度。

4. 毛纺业。羊毛除可用做毛毯系列产品外，还可用于生产呢绒、毛线、羊毛衫等毛纺产品，牛绒、羊绒都是上佳的纺织原料。1997 年青海牧区共产羊毛 11784 吨，牛绒 1878 吨、羊绒 157 吨。区内共有各类毛纺厂、牛绒衫厂 51 户，一般都是小型集体或私营企业，生产规模较小，加工能力有限。所以，毛纺原料主要以向外输出为主，主要加工基地是西宁市与海东市。青海全省有毛纺、牛绒企业 200 余户。其中规模较大、有竞争能力的企业是青海三绒集团有限公司。该公司连续三年居青海私营企业盈利大户第一位，其雪舟牌系列牛绒产品在北京、沈阳和天津等市有较高的知名度，还是全国首批工商行政管理部门与企业联手打假维权的"百家企业"之一。1997 年全省共产纯毛线 95 千吨、羊绒衫 0.62 万件、羊毛衫 2.03 万件、牛绒衫 80 多万件。

5. 骨制品产业。牧区年产牛羊骨几千吨，但原料浪费很大。牛羊骨可用于生产照相明胶、药用明胶、食用明胶、工业明胶、硬胶囊、骨髓壮骨粉、鲜骨酱和骨髓油茶等。龙头企业有两家，都位于西宁。一家是青海金牛胶业集团公司，现拥有年产胶囊 12 亿粒的机制空心硬胶囊生产线和年产 1500 吨的明胶生产线各一条，产品畅销国内外，享有良好的信誉，市场占有率不断扩大；另一家是新近建成投产的雪牛保健食品有限公司，年产清真牦牛骨髓壮骨粉新产品近千吨，可加工利用牦牛鲜骨 600 吨。

6. 动物生化品产业。牦牛与藏羊长期生活在高寒缺氧的青藏高原，有许多独特的生物性能，应用价值极大，可开发出多种生化产品。这一产业才开始在青海起步，尚处于科研试验或筹建生产阶段，前景十分广阔。目前，西宁康富粮油有限公司正在建设——利用牛羊的软骨、喉头和气管制取年产 16 吨硫酸软骨素的项目。该产品对脑血管、心血管以及人的关节部位有着良好的保健和治疗作用，并可增强人的免疫力，增强细胞活力，吨价格在 700 万元以上；青海金牛胶业集团有限公司正筹建广泛用于化妆品、药品、食品行业的胱胺酸和半胱胺酸生产线，年生产规模为 100 吨。高原生物研究所正与省外科研单位合作，进行从牦牛血液中提取卟啉铁、双歧因子的开发试验。

这六条产业链几乎涵盖了青海草原畜牧加工业主要发展方向，今后要借助区内外一切可利用的技术和资金，促使其壮大成熟，迅速带动区内畜牧业发展。

六　实施畜牧产业化要抓好五个环节

（一）提高和统一认识是搞好畜牧业产业化经营的前提

由于青海牧区自然条件恶劣、工业基础薄弱、市场发育不良、牧民文化素质低等原因，推广畜牧业产业化经营的确面临着比内地更多的困难，但各级领导绝不能因此产生畏难情绪，搞表面应付，态度冷淡，有意推脱责任，而必须把此项工作放到战略高度来认识。邓小平曾经指出："中国社会主义农业的改革和发展，从长远观点看，要有两个飞跃。第一飞跃，是废除人民公社，实行家庭联产承包责任制……第二个飞跃，是适应科学种田和生产社会化的需要，发展适度的规模经营。"江泽民同志也指出："要大力发展农业的社会化服务体系，发展贸、工、农一体化的产业化。经营方式。"20世纪80年代以来，在牧区实行草场承包和牲畜归户制度，调动了广大牧民的生产积极性，推动了牧区生产力的发展。但是，在实践过程中也暴露出许多问题，主要是如何搞好社会化服务和发挥规模效益等问题，虽然进行了许多探索，但至今未能找到有效的解决途径和办法。事实上，全国各地农村的实践证明：实行产业化经营，既能保持家庭承包责任制原有的优点，调动千家万户农民的积极性，又能克服其固有的缺点，有利于搞好科学种田、社会化服务，发挥规模效益。它是农村经济新的增长点，有利于多渠道、多形式增加农业投入，提高农业比较效益。因此，它是实现千家万户小规模生产同千变万化的国内国际大市场对接的有效途径，是促进传统农业向现代农业转变的必由之路，是农村实现脱贫致富的重要举措。但是，青海草原畜牧产业化经营有其自身的特点，应从青海的实际情况出发，鼓励企业与牧民大胆探索，勇于创新，走出自己的路子来。为此，各级领导在思想认识上要树立五个观点，实现五大转变：一是树立综合发展观，把畜牧业与相关产业的发展有机联系起来，个体劳动要专业化，社区经济要综合发展，实现区内经济从单一的畜牧业向贸、工、牧多种经营转变；二是树立全局观，把区内畜牧业的发展纳入全省、全国经济发展规划，注重发挥相对优势，形成与西宁、海东的分工协作关系，以借用区外力量实现区内畜牧业向现代化转变；三是树立规模效益观，草场和牲畜要向养畜大户手里集中，把剩余劳动力从畜牧业的捆绑中解脱出来，以发展服务业、运输业和加工业，实现由小规模、分散化、低水平经营向生产专业化、布局区域化的规模经营转变；四是树立市场观，把区内畜牧业发展与区外市场变化紧密结合起来，利用市场机制配置区内资源，实现从自产自销的自然经济模式向为他人生产的市场经济模式转变；五是树立持续发展观，把近期发展与长远发展结合起来，注意保护草场，控制环境污染，实现从超载过牧的掠夺性经营向以产草为业、以草定畜的生态牧业转变。

（二）重点建设以深加工为主体的龙头企业是实现畜牧业产业化的核心任务

畜产品深加工是畜牧业生产的延续，以带动诸多相关产业的兴起，发挥显著的产业关联效益；既可提高经济增长的总量和质量，又可起到节约资源、保护生态的作用。但是，由于深加工投资巨大、技术要求高、管理任务重，牧户难以承担，必须要由龙头企业来承担。深加工龙头企业的牵动能力、运作水平和活力状况决定着畜牧产业化的成效和规模。当然，龙头企业所涉及的产业不仅仅是深加工，还应包括运输业、流通业和贮藏业等，它们分别为草原畜牧业产前、产中、产后提供各方面服务，都是产业化的"链条"，因此也应大力发展。这里提出龙头企业要以深加工为核心，是因为：在草原畜牧业产业化经营中，加工业是最薄弱的环节，是瓶颈因素，其发展比其他环节更为迫切。作为龙头的深加工企业，不但应具有收购畜产品和组织生产的功能，更应承担着开拓市场的重任。有了市场开拓能力，才能解决牧民小规模生产与大市场之间的矛盾，才能真正成为连接农户与市场的桥梁。牧区要建设以深加工为主体的龙头企业，必须处理好区外与区内的关系。小型企业应放在区内建设；大型企业在信息管理、技术开发、市场服务和财政金融等方面应有更高的要求，应在配套条件好、交通方便的西宁和海东等地进行，不求所在，只求所有。

（三）广辟流通渠道、开拓国内外市场是实现畜牧业产业化经营的关键

广辟流通渠道，一是要改善交通，国家和省上要加大对青海牧区交通的投资，提高公路等级，用交通促流通，以抵消山高路远对流通的不利影响。二是要培育和建设集贸市场，增强市场的承载能力和辐射力量，同时在贩运点、屠宰点建立牛羊交易货栈。三是要借用现代科技发展电子商务。如电台和电视台要辟专栏介绍牛羊行情，通过互联网向外公布商情信息等，特别要学会利用中央台的扶贫广告做好对外宣传。四是要积极发展市场中介服务组织，通过中介组织带动个体联产贩运的发展，通过市场经纪人为外来客商牵线搭桥。五是要改善经营方式，秋季大量出栏，春季大量买进，形成季节性牧业。国外畜牧业的发展表明：利用草原和农区两种资源，能降低牛羊的饲养成本。如美国先在夏秋季节在草场放牧犊牛，养到 7～8 月龄活重 20 千克，到冬春季时再转售给农区，采用室内催肥；各种精粗饲料要按规定比例定时、定量地由传递管道送到牛舍饲槽内。这种方法的好处是牛肉质量好、瘦肉多，周转时期短，饲养成本低。青海牧区和农村虽已出现这种饲养方式的雏形，但规模较小，未成气候，需加紧推广。从比较优势考虑，畜牧业的效益要好于种植业，因此青海东部农业区应围绕西部牧业区的发展做好配套服务，建设饲料与育肥基地。

（四）加大要素投入，建设商品基地

要素投入主要指劳力和资本投入。牧民历来是投入的主体，改革开放以前国家是资本投入的主体，但目前牧民已成为投入的主体。虽然每一牧户投入资金较少，但面广户多，集腋成裘，因而在整个资金投入中所占比重最大。所投入的资金主要用于当年生产，起到了维持简单再生产的作用，可以说，没有牧民最基本的资金投入，草原畜牧业再生产过程就难以年复一年地维持下去。当然，光靠牧民的资金投入是不够的，还需国家财政投入。财政预算用于牧业的支出主要包括：①支援牧区生产支出和各项农业事业费；②基本建设支出；③科技三项费用；④以工代赈与减灾扶贫

款。这些政府对农业的资本投入要一如既往地争取，越多越好。但由于政府财力有限，增加投入还应主要依靠牧民，要通过调动他们的积极性来实现。

从经济学分析，当对草原建设的边际收益大于边际投入时，牧民才会有投入的积极性。畜产品基地的建设可以充分利用当地的自然条件，扬长避短，有利于做到以较少的投入取得最大的产出。这是因为，通过基地建设，能够在草场和牲畜承包的基础上形成小规模、大群体的生产格局，形成商品批量与规模效益，为牧民和服务组织提高技术装备水平创造条件，促进养畜大户的出现。要通过基地建设，发挥青南、环湖和海西各自的相对优势，促进它们之间及与区外的协作，推动畜牧业社会化大生产，从而提高全省资源的配置效率。同时，还要通过开放草场市场、财政补贴和以工代赈的措施，引导牧民加大资金投入。

（五）围绕产业化发展，完善社会服务体系

从青海牧区的内外情况看，草场和牲畜承包到户制度具有极强的生命力，应长期坚持。但是，要适应畜牧业产业化和现代化的需要，还必须配套发展社会服务体系，加强优质草种引进、畜种改良、畜牧兽医、技术推广、信息传播、信贷服务等；在产、供、销、贮、运等环节建立服务组织，以确保畜牧业再生产的正常进行。从专业化角度看，社会服务体系作为独立的新兴产业，应逐步从畜牧业生产中相对分离出来，并得到长足发展。从一定程度上看，社会化服务体系的完善程度决定着畜牧业产业化的水平。

服务也是一种特殊的商品行为，应遵循等价交换原则。企事业单位提供一定的服务，牧民就应提供相应的报酬，即实行有偿服务、合理收费。从长远看，那种只靠财政补贴过日子、靠事业费维持的专业服务公司是很难坚持到底的。有偿服务有利于解决服务质量差、服务态度坏等问题，能够更好地调动服务人员的劳动积极性，对供需双方都有一定好处。但是，由于青海牧区经济基础薄弱，牧民收入低，而地域辽阔、条件艰苦，服务成本高，牧民群众一时很难承受得了。所以，服务收费要有一个过渡过程，近一段时间国家还应对某些牧业服务单位给予一定的财政补贴。

完善社会化服务体系必须坚持多种经济形式，采用全民、集体、企业和个人一起上的办法。要以集体和合作经济组织为基础，以专业经济技术部门为依托，转变政府服务组织的职能，发挥民办服务组织的积极性。根据畜牧业产业化的要求，通过不断改造和创新，提高服务水平。

21世纪，青海草原畜牧业要实现大发展，就必须抓住产业化所带来的机遇。

（该调研报告2000年荣获青海省第五次哲学社会科学优秀成果评奖二等奖）

论青海历史上区域文化的多元性

王　昱

青海历史悠久，地域辽阔。从地理位置上看，东部地区属黄土高原的边缘地带，西部和南部属青藏高原，两种不同类型的地域在境内联结过渡；从经济文化类型上看，东部与中原农耕文化相联结，西部等其余地区属草原游牧文化，两种经济文化类型在境内并存、交错；从民族文化发展上看，历史上有多种民族在这里聚居，在友好往来和冲突中，中原汉族文化北移西进，西北少数民族文化东进南下，不同的民族文化得到交流、发展和融合。这种情况使青海历史上的区域文化显示出多元的特点，成为中华文化圈中具有鲜明特色的部分。研究这种特点，对知古鉴今、深入认识省情，具有重要的现实意义。

一　农耕经济和草原游牧经济共存

青海地区的农业、畜牧业都有着悠久的历史。自周秦迄汉初，生活在青海地区的羌人以畜牧为生。由于自然条件和历史发展等原因，青海东部地区经历了以畜牧为主到农牧兼重，再到以农业为主的发展过程；而西部等广大地区则经历了由原始畜牧业到畜牧业为主的发展过程。

中原农耕文化对河湟原始畜牧业的影响，最早发生在战国初期。据《后汉书·西羌传》记载，秦厉共公时（公元前476～前443年），羌人无弋爱剑被秦拘执，后逃到三河间（今青海东部黄河、湟水、大通河流域）。当时"河湟间少五谷，多禽兽，以射猎为事"，羌人"所居无常，依随水草，地少五谷，以产牧为业"，爱剑"教之田畜，遂见敬信，庐落种人依之者日益众"①。这说明，河湟羌人在战国初就开始学习爰剑从秦国学来的种田和养畜的先进技术，从原始畜牧、射猎为生的生产生活方式开始向着农牧兼营的生产方式过渡，显然这与秦国先进的农耕文化的影响是分不开的。

青海东部地区农耕经济较大规模的发展是从西汉开始的。西汉宣帝时，后将军赵充国在击败羌人后，大规模实行军事屯田，垦殖湟水流域2000余顷土地。东汉时将屯田扩大到黄河流域，屯田"共三十四部"，后"以湟中地广，更增置屯田五部"②，共数千顷。大批屯卒修浚渠道、整修土地、发展灌溉农业，规模之大前所未有。牛耕铁犁、耧、耙、糖、水磨等先进生产工具和技术传入了青海东部地区。隋代除河湟以外，在今海南州大河坝等地区大兴屯田。唐代在今青海屯田七八十年，尤其是河源军（今西宁市）经略大使黑齿常之"度开营田五千余倾，岁收百余万石"③，成效显著。吐蕃占领河陇地区后，部分农田荒芜，出现弃农归牧等现象，青海东部农业发展受到了影响，但在湟水流域农耕并未被废弃。唐使吕温在入蕃途中曾写有"耕耘犹就破羌屯"的诗句，破羌为今湟水流域乐都区，诗句描述了吐蕃占领时此地的农耕生产的景象。宋代招募弓箭手（乡兵的一种）进行屯垦和戍守，并采取多种形式开垦废弃之农田，在青海东部地区屯垦面积约有五六千顷以上。宋代李远在《青唐录》中形容湟水流域的田园风光"宛如荆楚"。明代在实行军屯的同时，允许军户之余丁和各类户籍之人自行开垦荒地，许诺部分或永远免去税粮；同时还实行商屯、民屯和营田。西宁卫管辖的河湟地区中属"纳马番族"的藏族部落也多有兼事农业者。这样，就调动了人们垦荒的积极性，使更多的荒地得到了开垦，河湟地区半农半牧经济中农业的比重逐步加大，并开始向以农业为主转化。清代，西宁道佥事杨应琚奏准在巴燕戎（今青海化隆县境）、大通卫（今大通县境）等地开荒，实行"劝垦""招垦"的优惠政策，使青海东部宜于开垦之地大部分得到开垦，形成了以农业生产为主、畜牧业生产为辅的格局。由于历代封建王朝在人力、物力、财力等方面对农业的投入，湟水流域成了中原农耕文化的窗口，对省内其他地区的辐射力日益

---

① 《后汉书》卷 87，《西羌传》。
② 《后汉书》卷 87，《西羌传》。
③ 《旧唐书》卷 109，《黑齿常之传》。

增大。

　　青海西部、南部等地区天然草场辽阔，水草丰茂，生活在这里的人们素以畜牧业为主。史籍中对青海高原的牲畜数量虽没有总体的统计，但从统治阶级掠夺当地牲畜、战争双方相互掠获及当地向政府进贡牲畜等侧面，可见牲畜数量之多。如两汉时，汉军进击羌人，掠夺牲畜就达数十万头之多①。东晋义熙十年（414 年），南凉大破乙弗部（又称乙弗无敌国，驻牧于青海湖周围），获牛马羊四十余万②。北魏和平元年（460 年），北魏军队一次就掠获吐谷浑牲畜 30 余万头③。元代时重牧轻农，青海是全国14 个牧道之一。明代永乐时，除民间畜牧业外，政府在今青海境内置牧马监苑，牧养官马，设甘肃苑马寺于碾伯（今乐都区）。所辖 6 监中，在青海境内就有 4 监 16 苑，牧马数量约六七万匹。清代，青海民营畜牧业有了新的发展，官营畜牧业也很发达。当时西宁镇标马场设在巴燕戎（今青海化隆县境），后又在大通新设马场。除马以外，西宁镇尚拥有常备骆驼1000 匹，以备军需。乾隆年间，青海地区马牛羊总数约在 350 万头（只）以上，是青海古代畜牧业发展的鼎盛时期。青海是历代统治者用物品交换和征集军马的主要地区之一，历史上曾向中原地区提供过大量耕畜，以解决内地因战乱而引起的耕畜不足的困难。青海先民们在生产实践中还总结出了培养优良畜种的技术，如吐谷浑人以中亚良马为母本、以青海环湖良种马为父本进行杂交，史载"吐谷浑尝得波斯草（母）马，放入海（按指青海湖中海心山），因生骢驹，能日行千里，世传青海骢者也"④。吐谷浑人不仅能培育良马，而且还善于训练。史籍中多次提到向南朝、西魏进贡"舞马"，就是把骏马训练成能在音乐声中翩翩起舞，以供宫廷娱乐之用。三千年来，青海地区的畜牧业在发展中有巨大的优势。至今仍是祖国的主要畜牧业发展基地之一。

　　青海东部的农业经济和西部等地区的牧业经济互相依存，互相补充。位于西宁市西部约百公里处的日月山一线，是青海农牧区的天然分界线，其东农田块块，菜花飘香；其西则草原广袤，牛羊遍野。青海历史上农牧

---

①　《后汉书》卷 87，《西羌传》。

②　《晋书》卷 126，《秃发溽檀载记》。

③　《资治通鉴》卷 129。

④　《北史》卷 96，《吐谷浑传》。

经济交换有许多形式，如地方割据政权与中原封建王朝的纳贡与回赐，在农牧区交接地带的互市，以及唐代以后少数民族地区与中原地区的茶马互市等。吐谷浑多次向内地贡马，东晋咸安元年（371 年），仅一次就向前秦送马5000 匹。吐谷浑向北朝纳贡，"终宣武世至于正光，犛牛、蜀马及西南之珍，无岁不至"①。隋时，中原王朝与吐谷浑在承风戍（今青海贵德县境）互市，唐与吐谷浑在承风戍、赤岭（今日月山）进行互市，中原王朝用丝织品、茶叶等物品换取吐谷浑、吐蕃的马匹和其他畜产品。唃厮啰政权向宋朝进贡，宋朝则以相当于或超过贡品价值的钱物进行回赐。这些特殊的贸易方式成为各族人民经济交流和商品交换的重要渠道。宋代的青唐城（今西宁市）、清代的丹噶尔城（今湟源县城）等，都是历史上曾显赫一时的东西部民族贸易的中介和商品交换的中心市场，它们在农牧经济互相补充方面发挥了重要的作用。

二 统一的政治制度和特殊的管理制度共存

历史上青海东部地区和其余地区曾实行过不同的地方政治制度，这是由中央政府对地区控制的密疏和地区之间的差异性所决定的；中央政府在控制严密的青海东部地区实行与内地统一的地方政治制度，而在西部等其他地区则实行着一些特殊的政治制度。这种地方政治制度多元的特点既体现了一统的风格，又显示出区域特色。

今青海东部地区自西汉时设立郡县，纳入中原王朝的行政区划体系后，除战争等特殊影响外，一直由中央实行着有效的管理，体现的主要是同一性。青海的牧业区则因地理、气候、交通等原因，又远离全国政治中心，信息闭塞，生产力发展水平较低，历代统治者往往视其为边鄙荒芜之地，各朝从不同的历史条件出发采取了不同的统治措施，体现的主要是差异性。在青海地区实行的特殊的政治制度主要有如下几种类型。

1. 设专门军政机构或派军政官员统辖。西汉元鼎六年（前 111 年），设护羌校尉，持节统领今青海、甘肃等地区的羌人事务，兼管民政和军务。校尉营初设于令居塞（今甘肃永登县境），东汉时改设于狄道（今甘

---

① 《北史》卷96，《吐谷浑传》。

肃临洮）、安夷（今青海平安区）、临羌（今青海湟源或湟中县境）等地。宣帝神爵二年（公元前60年），赵充国在平羌取得胜利后招徕先零等羌人降汉，并设置金城属国安置归附的羌人。属国由属国都尉专门管理，既典武职，又理民事。元朝将藏族地区划分为三部分，建立了3个宣慰使司都元帅府（简称宣慰司），上隶中央宣政院（原称为总制院）。其中与青海藏区有关的有两个宣慰司，一是吐蕃等处宣慰使司部元帅府（治河州，今甘肃临夏），辖区中含今青海省的海南、黄南、果洛等地区；二是吐蕃等路宣慰使司都元帅府（治所约在甘孜至昌都的交通线上），辖区中含今青海省的玉树等地区。宣慰司设有宣慰使数员，具体实施中央和宣政院的政令，侧重于管理军事和驿路交通。清代设有专门管理青海蒙古族、藏族事务的官员，称青海办事大臣（或称西宁办事大臣），选谙习蒙藏事务者担任，驻扎西宁，上隶于清廷理藩院，掌有军政大权，统辖青海蒙古各部和青海藏族部落。

2. 实行羁縻管理。唐初，唐灭北方突厥后声威远播，内附唐朝的"四夷"增多，其中有大批党项羌降附于唐。唐朝在党项诸部地设置了一系列的羁縻府州。这种制度不同于内地的州郡，是继承了汉代的"属国"制和魏晋以来的"都护""护军"制而发展起来的。《新唐书·地理志七下》羁縻州序曰："唐兴，初未暇于四夷，自太宗平突厥，西北诸蕃及蛮夷稍稍内属，即其部落列置州县。其大者为都督府，以其首领为都督、刺史，皆得世袭。虽贡赋版籍，多不上户部，然声教所暨，皆边州都督、都护所领，著于令式。"① 松州都督府（治今四川松潘）所辖党项羁縻府州较多，其中包含今青海果洛藏族自治州等地区。明代仿效唐代以来治理边疆的策略，在今青海湖以西、以北等撒里畏兀儿人居住的地区设安定、阿端、曲先和罕东四卫，归西宁卫节制，称"西宁塞外四卫"。四卫系羁縻卫所。由部落首领担任卫官，职务世袭，朝廷既不派流官，也不派兵驻扎，准其在部落内部因俗而治，在辖区内拥有民政、司法、军事等权力。

3. 地方割据政权。青海历史上曾在分裂局面中出现过或长或短的地方割据政权。吐谷浑王国是鲜卑族慕容部吐谷浑建立的地方性政权。西晋永

---

① 《新唐书》卷43，《地理志》。

嘉末，吐谷浑率部徙居今青海，与诸羌杂处①。传至孙叶延时采用祖父名"吐谷浑"作为部落联合体的称号。如果从叶延初建独立政权（约在329年）算起，到唐高宗龙朔三年（663年）灭于吐蕃为止，"吐谷浑"国共存在了近340年。其间吐谷浑主要活动于青海地区，其总部先后设于沙州（今青海贵南县境）、赤水（今青海兴海县境）、伏罗川（约今青海共和盆地）、伏俟城（今青海湖西铁卜加古城），疆域广袤，国势强盛。其政治制度有汉胡两种官制杂糅在一起的特点：一方面体现了游牧部落联合体的特色，如其国主前期自称"大单于""戊寅可汗""可汗"等，意为部落联盟的首领，延及夸吕时政治制度基本定型后又自称"可汗"，其意思已变成了皇帝②；另一方面受魏晋中原政治制度的影响，自称"大都督""车骑大将军""吐谷浑王"等，职官体系也仿效汉制。南凉王国（397～414年）为十六国之一，是鲜卑族秃发部在今青海东部河湟地区与甘肃河西走廊东部地区建立的地方政权，先后以廉川堡（今甘肃永登北）、乐都（今青海乐都）、西平（今青海西宁）、甘肃武威等地为都。其在职官体系上也把胡、汉两种职官杂糅在一起：秃发部落首领秃发乌孤起兵之初，曾自称大都督、大将军、大单于、西平王，以表示是本族的最高掌权者；同时又仿效中原王朝，推行类似封建的官制。唃厮啰是宋代时在青海东部地区建立的以蕃人为主体的多民族的地方割据政权，统治河湟地区近百年之久。活动范围广袤，史称其辖地"占河湟间二千余里"，首府在青唐城（今西宁市）。其政治制度较为特殊，更多地显示出游牧民族的特点。其政权为若干大小部落的联合体，最高统治者称"赞普"，下设"国相议事厅"和"国主亲属议事厅"，二者相互制约，通过带有宗教色彩的盟誓形式来沟通中心政权与部落间的联系，实行"立文法"和"祭天"等形式使各部落服从于中心政权。

4. 土官土司制度。这是统治阶级依据边远地区和民族特点，循其俗、施其政而实行的一种制度。明代在青海少数民族地区推行土官制度，以土官治土民，如在西宁卫辖下的"十三族"的各藏族部落中，"其诸豪有力者，或指挥、千户、百户，各授有差"③。土官在封建统治者授权下以当地

---

① 《宋书》卷96，《鲜卑吐谷浑传》；《北史》卷96，《吐谷浑传》。
② 周伟洲：《吐谷浑史》，宁夏人民出版社，1985。
③ 《明经世文编》卷404，郑洛《收复番族疏》。

少数民族头人和朝廷命官的双重身份来统治所属族众。土司制度由土官制度演变而来。清初，清政府对归顺的土官继续发给号纸印敕，任命为朝廷官员（有品级但无俸禄），根据其原管辖部属及对耕地、牧地的占有情况"封土司民"，并世代承袭，"世守土地人户，称其为土司"。土司拥有士兵武装，其制度有浓厚的割据性，为防止坐大成患，统治者常采取一些限制措施。

以上实行的不同于内地形式的政权机构具有相对的独立性，体现着中央政府对民族地区特殊性的认可。青海历史上的各割据政权，其重大的政治活动都具有明显的内向性，在政权组织形式上常常仿效中原地区的统治模式。吐谷浑政权"建官多效中国"，"其官置长史、司马、将军，颇识文字"①，南凉王国大量吸收汉族官员与士大夫担任郡县官吏，使南凉人才济济；唃厮啰王国历代"国主"都接受宋朝封赐，北面称臣，沟通和发展了与中原地区的经济文化交流。这种中原封建政治制度对民族地区的影响，极大地推进了民族地区社会封建化的进程，加快了中国形成统一的多民族国家的步伐。

三　多民族聚居和相互融合

自古至今，青海地区多民族聚居的特点十分显著，在历史发展的各个阶段，民族迁徙、民族杂居、民族融合等历史现象一直存在。据文献记载，自战国至清代，青海地区先后有20余个民族曾生活于这块土地上，主要有羌人、三苗、匈奴、月氏、汉族、氐族、白兰、宕昌、党项、苏毗、多弥、鲜卑（乞伏氏、秃发氏、吐谷浑）、回纥、吐蕃、唃厮啰、撒里畏兀儿、蒙古、回、撒拉、土族等。有许多古代民族曾显赫于青海这块历史舞台，后来又融合于汉族和其他民族之中而消失于史乘。民族融合、分解、再融合的历史过程形成了中华民族你中有我、我中有你的特点。

民族迁徙是个普遍的历史现象，青海历史上许多较大规模的民族迁徙对这里人口构成、民族关系、经济文化都带来很大的影响。青海最早的民族迁徙活动传说在舜的时代，《尚书·舜典》中有"窜三苗于三危"的记

---

① 《晋书》卷125，《乞伏乾归载记》。

载，《史记·五帝本纪》进一步说"迁三苗于三危，以变西戎"，《后汉书·西羌传》曰："西羌之本，出自三苗，姜姓之别也，其国近南岳。及舜流四凶，徙之三危，河关之西南，羌地是也，滨于赐支，至于河首，绵地千里。"《史记·索引》解释曰"变谓变其形及衣服同于夷狄也"。这些记载，都是指原居南方的三苗被流放到三危，被当地土著融合而变成了羌人。三危的地望，从上述"河关之西南，羌地是也"，"滨于赐支，至于河首"的方位看，均离不开今青海地区。因河关在今甘肃临夏与青海循化交界地区，其西南正是青海境内的赐支河（黄河）河曲地区，黄河在此处形成了一个大转弯，其方位与史籍正合。

人口的流动往往导致文化从一个地区扩散和传播到另一个地区。青海本为古代羌人居住的地区，西汉时，汉族开始成批地进入河湟地区，形成了与羌人错杂而居的局面。元鼎六年（前 111 年）汉军迫使羌人离开湟水中游家园，西迁青海湖地区居住。神爵初赵充国在击败羌人后，留步卒万人屯田湟中。西汉末王莽建立西海郡（治今青海海晏三角城）后在全国立新法 50 多条，凡有违犯者即被强行迁徙到青海湖地区，被迫迁居的内地百姓数以万计[①]。东汉章帝时，汉军在击败当羌、占领大小榆谷（今青海黄河以南海南藏族自治州大部分地区）后，令 2000 多驰刑徒在黄河谷地进行屯田。隋大业五年（609 年），隋军在河湟郡、积石镇等地大开屯田，遣天下"罪人"配为戍卒，边戍守边垦种荒地。明初，河湟地区有军户 8000 多户，非土著军户大都挈妇携子来河湟地区着籍服役。历代大批汉族人主要是通过从军、屯垦、移民从内地到青海定居，其中以军事农业人口为主。随着时代的发展，迁徙汉族人口的职业构成逐渐多样化，如任官、经商的汉人，发配边地的罪犯及内地无地农民等。一批一批的汉人定居之后，建设新家园，不断成为青海地区新的土著。河湟地区尤其是湟水中游谷地，汉族比例由少及多，最终成为多数，形成了以汉族为主的文化圈。

民族之间的战争、部族内部的分裂、政局的混乱、政权变更等也是造成青海民族融合加速的原因。西汉初，原居河西走廊的月氏人因受匈奴攻击，被迫徙居祁连山以南和湟中地区，依羌人居止，与羌人共婚姻，史称"湟中月氏胡"。西晋后，北方鲜卑族因内部分裂徙居青海，与当地羌、汉

---

① 《汉书》卷 99，《王莽传》。

各族杂居错处，建立了以吐谷浑为中心的与诸羌豪酋的联合政权。十六国时，政权更迭不断，曾建立南凉国的秃发鲜卑等族，在南凉灭亡后大部分归于西秦（乞伏鲜卑），西秦又亡于大夏，大夏又亡于吐谷浑。后陇西、河湟地区又先后为北魏（拓拔鲜卑）、西魏、北周所有，后又统一于隋。在急剧的历史变化中，秃发鲜卑、乞伏鲜卑与北魏拓跋鲜卑一起同归于汉化之途。从三国、两晋至南北朝的三个半世纪中，曾在青海等地活动过的羌族、月氏、匈奴、吐谷浑等民族，或逐步发展演变为其他新的民族，或移居他地，或在与汉族杂居中主动或被动地接受汉族文化的影响而被同化，逐步纳入了汉族文化圈中。

由此可见，在漫长的历史发展中，各民族间杂居共处、相互的同化和融合是不可避免的。各民族其祖先也不可能是单一来源形成的，考古学和古人类学研究的成果也证明了中国民族是多元起源的。民族融合的结果又为新的民族的产生和新的民族融合创造了条件。唐代，吐蕃灭吐谷浑后，占领了青海大部分地区，居今西藏地区的吐蕃人进入青海戍守，不少人留居了下来。吐蕃对境内诸羌、吐谷浑及汉族等人民采取了奴役和同化政策，使大量的羌人、吐谷浑人和汉人融入吐蕃民族之中，后来逐步发展成为青海的藏族。所以唐代以后，史籍中已基本无诸羌和吐谷浑人的记载。蒙元时期，大量的中亚、西亚穆斯林迁入中国，其中很多是由成吉思汗西征时被迫东迁而来，也有东来经商、仕宦、传教等人士。到元朝末年，回人已具备了一个民族的雏形，后来改为回族，在青海东部地区有广泛的分布。蒙古军西征时，原居西突厥乌古斯部撒鲁尔部落中 170 户人口东迁，被安置在元积石州（今循化县境）驻扎，后经长期发展逐步成为我国的撒拉族，现主要居住于青海循化地区。元代，原居青海的霍尔人和留居于此的蒙古人通过长期交往，逐步发展成为西宁州土人，约在元末明初形成了一个单一的民族，新中国成立后定名为土族，主要居住于青海东部地区。明代中期以后，东蒙古部落大批向青海湖地区迁徙，残破的明塞外四卫、撒里畏兀儿族和藏族部落四散逃徙或成其役属。至万历时，蒙古入居人数已达 10 万之众，在明军的不断打击下西海蒙古逐步衰弱下去。明末，厄鲁特四部之一的和硕特蒙古从伊犁地区移牧青海，占据了以青海湖为中心的草原，进而进据卫藏成为整个青藏高原的统治者。青海牧地成为和硕特首领顾实汗子孙的世袭领地，今青海海西地区的蒙古族其先辈大部分为和硕特蒙古。

四　多种文化风俗与宗教共存

古代青海地区民族构成的多样化，带来了不同的文化背景和思想行为观念。各民族的文化传统、风俗习惯和宗教信仰既自成体系又相互渗透。有些民族的文化融入了汉文化之中，有些汉文化融入了少数民族文化之中，显示出了民族文化相互融合的历史和多元的特点。

西汉以后，中原封建王朝的行政体系在青海东部建立，汉族文化随之进入，开始在这里生根和传播。1942 年在乐都老鸦出土了汉《三老赵掾碑》，所记主人赵宽为西汉后将军赵充国五世孙。赵氏原籍上邦（今甘肃清水），后迁居令居（今甘肃永登），再迁居破羌（今青海乐都区）。他曾任汉浩门县（治今甘肃永登河桥一带）三老一职，主掌教化；他钻研经典，热心教育，常在湟水沿岸地区讲学，有学生一百多人，皆成俊艾。其子继承父业，用教育去感化当地的人心风俗。东汉至魏晋，湟水流域已出现了汉族豪门大姓，如西平郭姓、鞠姓，金城韩姓等，一度在国家和地区的政治历史舞台上十分活跃。他们在家族内聘请儒生教授子弟，对当地历史文化的形成和发展有一定的影响。明洪熙元年（1425 年），在西宁卫始设儒学，后又建立社学，规模不断发展，明代青海地方也有了进士和举人。清代除有西宁府儒学外，各县建有县儒学、义学、社学等，府县还建有一批书院，旧式儒学教育分布较广泛。

汉族文化强烈影响着少数民族的土著文化。吐谷浑国通行的语言以鲜卑语为主，但很多上层人士精通汉族文字，汉语在其国内也十分流行，并采用汉语作书契。魏晋时，河湟地区的地主豪强和氏族首领由于受中原文化的影响，开始接受儒学教化。南凉曾有重武轻文的世俗，"取士拔才，必先弓马"①，但由于仰慕中原文化，便仿效中原兴办儒学，请汉族儒士教授鲜卑贵族子弟，提高了统治者阶层的文化素质。

民族文化融合是一个互相渗透的过程，少数民族的汉化和主体民族的胡化往往同时进行。青海历史上民族文化的融合还往往伴随着不同民族的

①　《晋书》卷 126，《秃发利鹿孤载记》。

征服而开始的。唐代，吐蕃占据青海后与汉文化等发生密切关系，唐蕃联姻后唐蕃关系和好不绝；关系逆转后吐蕃统治者实行民族压迫和民族歧视，推行民族同化政策，强迫被占领的河陇地区的汉人穿蕃服，说蕃人语言，只有在年节祭祖时才准穿唐服，故汉人"皆毛裘蓬首"。陈黯《唐代河湟父老奏》曰，"家为虏有，而心不离，故居河湟间，世相为训，今尚传留汉之冠裳，每岁时祭享则必服之，亦不忘汉仪"，但"逾代之后，斯人既没，后人安于所习"，说明了被奴役的汉人虽怀念汉族文化，但只经几代的熏染仍为周围文化环境所同化。唐司空图《河湟有感》诗曰："一自萧关起战尘，河湟隔断异乡音，汉儿学得胡儿语，却向城头骂汉人。"其中就反映了大量汉族被吐蕃强制同化的事实。

当地人文环境的潜移默化也是造成民族文化融合的重要原因。明代在青海地区屯田的军户许多是从南方调拨来的汉族，今青海黄南藏族自治州同仁县的保安四屯，"屯兵之初，皆自内地拨往，非番人民，故今有曰吴屯者，其先盖江南人，余亦有河州人。历年既久，衣服言语渐染夷风，其人自认为土人，而官亦目之为番民矣"①。说明从江南迁来的人受当地民风濡染为时既久，与当地土著已无两样，不仅地方官员这样看，就连自己也这样认为。

共同根植于青海高原独特人文环境和土壤的各种文化，既有各自独特的个性，也有许许多多的共性，容易相互交流和交融。如吐谷浑政权统治者为鲜卑族，属下主要是羌族、匈奴、汉族等，在长达三个半世纪的统治下，各民族的风俗与原吐谷浑的风俗相互影响，逐步变成了比较一致的文化风俗。《魏书·吐谷浑传》记载："其俗：丈夫衣服略同于华夏，多以罗幂为冠，亦以缯为帽；妇人皆贯珠贝，束发，以多为贵……父兄死，妻后母嫂等，与突厥俗同。至于婚，贫不能备财者，辄盗女去。死者亦皆埋殡。其服制，葬讫则除之……好射猎，以肉酪为粮。"② 吐谷浑在衣、食、婚、丧等方面，融合了汉、羌、匈奴等不同民族的习俗。子娶寡母（后母）和弟娶寡嫂的婚俗，在北方羌人、匈奴、鲜卑、柔然、突厥等古代游牧民族中较为普遍，这对于保持家族或本氏族劳动力和财产具有经济

---

① （清）龚景瀚：《循化志》卷4。
② 《魏书》卷101，《吐谷浑传》。

意义。

　　不同时期随着不同民族传入青海地区的各种宗教，反映了青海区域文化中不同的社会意识形态。佛教传入今青海地区，约在东晋十六国至魏晋南北朝时，五凉割据河西地区时佛教就十分流行。自晋以来，内地僧人走青海道西行求经者对沿途地区的佛教传播也起很大作用，青海的地方割据政权南凉、吐谷浑等统治阶层改信佛教后推动了佛教的普及。青唐政权时，河湟吐蕃普遍信奉佛教，当时青唐城内塔寺众多，"城中之屋，佛舍居半"①。元朝时期，藏传佛教传入蒙古，统治者采取推崇扶持政策，蒙藏两族均信奉藏传佛教。明代以后，朝廷抬高了藏传佛教僧人的社会地位，民间以穿僧服为荣，青海地区出现了瞿昙寺、塔尔寺等一大批藏传佛教寺院。元明时期，随回人、撒拉人等民族徙居青海，他们信奉的伊斯兰教随之传入青海东部农业区，建于明洪武时的西宁东关清真大寺、循化街子清真大寺等都是著名的伊斯兰教寺院。伊斯兰教在青海东部河湟地区有广泛的传播且发展较快。明清时道教传入青海，各地建有一些道观，但从道士人数、寺观规模等方面看均不及佛教和伊斯兰教。清代，天主教、基督教等传入青海，外国传教士、神父来西宁等地传教，在西宁及部分农业县城修建教堂，但信徒人数较少。有多种宗教共存和少数民族信仰宗教，是青海历史上一种普遍的社会现象，这也是地区文化意识多元特点的重要方面。

　　（该文原载《青海社会科学》1999年第6期，2000年荣获青海省第五次哲学社会科学优秀成果评奖二等奖）

---

　　① 李远：《青唐录》。

宗教与青海地区的社会稳定和发展

马文慧

　　社会稳定是社会存在和发展的前提，对整个社会发展进程、发展速度以及发展目标的实现有着重要影响。社会发展是社会稳定的根基，以社会发展求社会稳定，则稳定存，稳定真，稳定久远。从最终意义上讲，社会稳定是手段，社会发展才是目的。稳定是为了更好的发展。发展只有在一种稳定的社会环境中才是可能的，也就是说，社会稳定是社会发展的必要前提条件，没有社会稳定，发展最多也只是一种善良的意愿。正如邓小平同志所指出的："中国的问题，压倒一切的是需要稳定。没有稳定的环境，什么都搞不成，已经取得的成果也会失掉。"

　　在社会发展过程中，往往会出现影响社会稳定的各种因素，有政治的、经济的、宗教的、文化观念的，以及社会群体之间的利益冲突和矛盾等等。在民族地区，宗教是影响社会稳定的不可忽视的因素之一。宗教是一种十分复杂的社会历史现象，从社会学角度讲，它是社会控制的一种特殊方式和手段，较之社会控制的政治、法律、道德等这些方式来说，宗教更具有感情色彩，更有自愿、自律和持久性，尤其对信教群众的思想和行为更具有控制力。作为整个社会体系的结构要素之一，它同其他各种社会要素发生着广泛的联系，这就使它在社会体系中占有一定的地位，从而对社会稳定产生重要影响。

　　青海是一个多民族聚居的地区，在全省72万平方公里的土地上，居住着汉、藏、回、土、撒拉、蒙古等许多民族。同时，青海也是一个多宗教共存的地区，主要有佛教、道教、伊斯兰教、天主教和基督教，据1996年统计，全省信教群众达到228.6万人，占全省总人口的47.5%。在6个主要民族中，藏族、土族、蒙古族和一部分汉族信仰藏传佛教，有信教群众

125万人，占全省信教群众总数的54.7%。回族和撒拉族信仰伊斯兰教，有信教群众78.4万人，占全省信教群众总数的34.3%。汉族中有一部分分别信仰汉传佛教、道教、天主教和基督教，有信教群众约25.2万人，占全省信教群众总数的11%。在各主要宗教派别中，藏传佛教和伊斯兰教流传的历史较长，信教群众较多，影响广泛，有着浓厚的地方色彩和深厚的社会基础。

在西部大开发之际，青海要实现社会、经济的可持续发展，必先保持社会稳定。而宗教问题事关青海稳定的大局。深入研究和探讨宗教对信教群众社会生活的影响，对社会稳定的双重效应，以及如何积极引导宗教与社会主义社会相适应，这对我们在改革开放，发展社会主义市场经济，积极推进西部大开发的历史条件下，进一步做好宗教工作，维护青海地区的社会稳定，加快青海地区的社会发展，具有极为重要的现实意义。

一　信教群众社会生活中的宗教活动及其影响

1. 信教群众社会生活中的宗教活动

宗教，包含有信教群众（宗教职业人员和一般信教群众）、宗教意识（宗教情感、心理与体验）、宗教组织与制度、宗教行为和活动等内容。它们相互作用并有机地联系在一起，构成一个完整的系统。对广大信教群众来说，宗教的传布是通过一些与人们日常生活有着密切联系的宗教活动，来巩固和加深信教群众之间的认同感和亲密感，统一信教群众的思想，增强信教群众之间的沟通，把广大信教群众紧密地团结在一起。宗教活动是在宗教意识的指导下进行的，它体现着宗教意识，同时也起到强化宗教意识的作用。从这个意义上讲，宗教的意识形态，是通过一系列宗教活动来体现的，是信教群众社会生活中的重要组成部分。它表现在信教群众社会生活的各个方面：①喜庆节日。如藏族群众过藏历新年时都要请活佛诵经祈祷，祈求平安幸福。回、撒拉族过开斋节、古尔邦节时，男人们都要到清真寺参加会礼，然后各家各户延请阿訇念海亭祈祷。②经济活动。历史上信仰藏传佛教的群众，在春种秋收之前，都要请活佛诵经祈祷，卜算日期，然后在选定的吉日里开始春种秋收。

善于经商的穆斯林们，严格按教规从事商业活动。③婚丧嫁娶。信仰藏传佛教的群众在结婚时，要请活佛卜算，看双方的生辰属相是否相合，然后择吉日完婚。④生老病死。宗教贯穿于信教群众一生的各个方面，如藏、土、蒙古族群众在孩子出生后请活佛诵经祈祷、命名，名字一般都与佛教有关；去世后，请活佛诵经，为死者超度亡魂，占卜送葬日期，家属要布施财物，在其忌日，亲属请活佛为其诵经祈祷。另外，信仰藏传佛教的群众家中都设有佛龛，供奉佛像，并于农历初一、十五奉献净水，点酥油灯，顶礼膜拜；经常到寺院烧香拜佛；遇事拜求神佛予以保佑或请活佛诵经、转山转寺、放生、带护身符等以求平安。回、撒拉族群众在婴儿出生的三天或七天内请阿訇或家中经常念经的长辈为婴儿洗大净、取经名；去世后，先给亡人"净身"，穿白布"卡凡"，然后抬至清真寺站"者那孜"，在其忌日念海亭、上坟；穆斯林们平时要做礼拜、封斋等日常的宗教功课。

总之，宗教有其接近世俗的一面，它以信教群众喜闻乐见、易于接受并遵行的方式传布其精神，如在藏族地区，佛塔、嘛呢堆、经轮随处可见，这就为那些信教群众提供了信教场所，他们可以不受文化程度的限制，念嘛呢经、转经轮等，以求得现世消灾除难，来世超度升天。一些宗教活动已演化为信教群众的民族风俗习惯，潜移默化地在信教群众中代代相传。而且，宗教往往通过宗教活动使宗教意识、宗教观念贯穿于信教群众的一生，影响着信教群众社会生活的方方面面。

2. 宗教对信教群众社会生活的影响

①宗教与政治生活。宗教的本质与政治的本质有着内在的联系，以藏传佛教为例，它不仅是一种宗教思想力量，而且曾经对政治生活产生十分深远的影响。在青海藏区，曾有过局部区域性的"政教合一"统治，隆务寺等部分寺院，不仅参与政治，干预政治，而且对政治有着举足轻重的影响。在藏区以外的土族、蒙古族等地区，藏传佛教也同样与世俗政治势力有过相当紧密的联系。如明朝末年，形成于青海互助一带土族社会的土官制度，即与土族地区最大的藏传佛教格鲁派寺院——佑宁寺有关。在一定的历史条件下，"政教合一"统治缓和了统治阶级内部的矛盾，维持了当时社会稳定的局面，加强了藏传佛教在藏族、土族、蒙古族等地区的地位和群众的信仰。但随着寺院的不断增加，僧数与宗教开支与日俱增，信教

群众的经济、心理负担越来越重，形式化的虔诚信仰、频繁的宗教活动等阻碍了民族经济的发展和藏族、土族、蒙古族等社会的进步。民主改革后，废除了宗教上层及其他农奴主的政治特权。但40多年来，流亡在外的十四世达赖集团为了自己的政治需要而利用藏传佛教，进行分裂祖国的图谋，因此，我们必须着眼于加快青海省经济发展、改善人民生活，严防境内外分裂主义分子利用宗教进行政治渗透，搞分裂民族、分裂祖国的破坏活动。

②宗教与经济生活。宗教的生存、传播、发展都离不开经济。宗教场所需要经济的辅助，宗教活动需要经济的扶持，宗教职业人员需要经济的辅助，因此，经济是宗教的重要物质保障，它保证了宗教制度的实施和宗教实践的运行，最大限度地帮助信教群众实现了自身精神情感的最大满足，保障了宗教组织、宗教活动的正常运转。如回、撒拉族聚居的地区均建有清真寺，清真寺不仅是回、撒拉族穆斯林宗教活动的中心，而且也是经济中心。有的清真寺直接组织经商，带动了广大回、撒拉族商业活动的展开，从而使经商成为穆斯林社会中一种传统习惯和崇尚风气。在城镇，回、撒拉族多从事商业、饮食业；在农村，除务农外大部分兼营工商饮食业。伊斯兰教重视、肯定商业经济，却更强调经商服从于信仰，允许商人谋取和享受今世财富，但这些财富是"暂时的""虚幻的"，只有后世才能永得欢乐，而在后世能否"进入乐园"，主要看其信仰，而不是现世取得的财富。这种价值观念使一些回、撒拉族经营到一定规模，便不再扩大经营，小富即安。伊斯兰教中的许多规范，大多适合于小商小贩，缺乏也不可能提出现代经营与管理的规范，因此，尽管回、撒拉族有强烈的经商意识和善于经商的精神个性，但大多是小规模经营的商业饮食业，缺乏具备现代经营管理制度的企业和公司。

③宗教与教育。历史上，全民信教的藏、回、土、蒙古、撒拉族人民一般接受传统的寺院教育，在信教群众的心目中，寺院就是学校，活佛、阿訇就是有学识的师长，学习的内容就是经书经典。九世纪上半叶，藏族翻译事业的兴旺和文化事业的蓬勃发展，以及后来的文化教育、文学艺术、天文历算及医药卫生等诸方面的全面昌盛，绝大部分都是在藏传佛教寺院中进行的。宗喀巴宗教改革的成功，标志着寺院教育的正式形成。寺院不仅是僧尼进行诵经修持等各种宗教活动，以及供信教群众顶礼膜拜的

场所，而且成了文化教育中心，是研习佛教和藏族语言文字、天文历算、医药卫生、工艺建筑、绘画雕塑、宗教舞蹈等多种学科的场所。藏传佛教的教育制度，以格鲁派的比较完备且影响较大，它在不断的发展过程中，逐渐形成了一套完整的教育体系。藏传佛教寺院教育汇集了数以百万计的历史文化典籍，保存、丰富并传播了民族文化，推动了藏文化的发展进步，加速了文学、建筑、绘画、雕塑艺术等的勃兴。但是，寺院控制了教育，垄断了教育，藏传佛教成为信教群众唯一的正统思想，宗教占据了教育的统治地位，绝大部分知识分子集中于寺院，严重阻碍了藏、土、蒙古族文化教育和科学技术事业的进步，一定程度上禁锢了民族文化的进一步发展。

④宗教与文化礼仪习俗。任何一种宗教都是通过喜庆节日来实现其目的的，从某种意义上讲，宗教文化与世俗文化有着内在的联系，它为世俗文化提供了来源和积淀。宗教通过宗教信仰、宗教制度、宗教仪式和行为方式的一致性，从总体上成为信教群众团结的精神纽带，并且成为一种社会传统，因而，宗教不仅成为弘扬社会基本价值的传统文化、礼仪，而且通过这种文化礼仪潜移默化地影响信教群众的信仰、价值观念、道德水平等。不同的区域、民族、信仰构成了不同的生活习俗，它从不同的角度反映出本地区、本民族以及具有共同信仰基础的人们所特有的文化内涵。藏传佛教和伊斯兰教正是通过信教群众的生活习俗传承了其文化，并通过日常生活中的某些礼仪形成独具地方色彩的文化习俗。

信仰藏传佛教的藏、土、蒙古等民族在长期的历史发展过程中，其医药、天文历算、文学、绘画、建筑、语言、戏剧等常常受到宗教的影响，在这种特殊的文化氛围中，信教群众的衣食住行、婚丧嫁娶、节庆、礼仪等许多方面都不能不和宗教联系起来。有些宗教仪式在传承过程中逐渐演化为传统节日中的重要内容，有的传统节日习俗就是直接从宗教祭祀活动演变而来的，如大祈愿会、燃灯节、青苗会、敖包会、六月会等。回、撒拉族的婚姻家庭、饮食卫生、丧葬殡礼、节日庆典以及道德行为等，都来源于伊斯兰教教规。他们的语言、神话、传说、民间故事等，多带有浓厚的宗教色彩。

二 宗教对社会稳定的双重效应

1. 宗教维护社会稳定的正面效应

第一，宗教作为一种意识形态，具有心理调节功能。由于目前我们的物质生产力发展水平还有限，又处于社会转型时期，很大一部分人的利益、愿望、追求在现实生活中还常常无法得到彻底满足，还会感到困惑、受到压抑。宗教虽然不能直接解决现实问题，但它通过把现实的一切纳入信仰的解释模式之中，从超现实的彼岸给予虚幻的反映和合理的解释，从而使一切矛盾和不合理被臆想地解决了：现实压迫为"精神自由"所克服，社会的不平等在来世中被补足；人世的仇恨在"上帝的怀抱"中化为兄弟情义；社会中的罪恶和不公平被"末日审判"和"来世报应"所抵消。从而增强了信教群众的心理接受和承受能力，提高了信教群众应付一些现实问题的心理强度，在一定程度上为社会稳定消除了心理隐患。

第二，宗教作为一种人生观，它赋予信教群众对待生活的一种意义和目的，为人们提供了一整套价值标准和行为规范的系统，对实践具有指导和规范作用。藏传佛教和伊斯兰教的教义中的某些内容已成为藏、土、蒙古、回、撒拉族信教群众的行为规范和价值标准，通过喜庆、节日等礼仪习俗潜移默化地影响着信教群众的行为和价值取向，如热爱祖国、遵纪守法、仁慈互助、体恤孤寡、解困救危、诚实守信、与人为善，反对背叛祖国、违法乱纪、背信弃义、诽谤诬陷的行为；爱护自然、保护自然，反对杀害生灵及危及他们生命的行为等。这些规范不仅对信教群众的行为起着约束作用，而且对促进人与人之间的和谐关系，实现社会的良性运行有重要作用。一方面，宗教把道德准则提高为宗教信条，把恪守宗教关于道德的戒律作为取得来世进入天国的标准，使道德带上了一层神圣的色彩，强化了道德的权威性和信教群众的服从心理。另一方面，宗教的某些教义以道德戒律的形式作用于社会、使道德更具约束力，增强了道德对社会稳定的维系作用。此外，宗教上层人士对社会秩序的维持有一定的积极作用。一些宗教上层人士以其较高的威望和学识，在广大信教群众中有着较大的影响力，团结那些爱国爱教的宗教上层人士，发挥他们的影响和作用，加强党和政府同广大信教群众的联系，有利于巩固和发展爱国统一战线，维护社会稳定。

第三，宗教是社会控制的一种重要方式。宗教借助神灵，能起到法律、道德、习俗等其他社会控制形式所起不到的作用。宗教通过自己的经典、教义、教规，一方面激励信教群众遵照执行，另一方面严厉惩罚犯规者，使他们自觉用教义和教规规范、约束自己的思想和行为，从而把社会冲突控制在一定秩序范围内，促进社会的和谐和稳定。

第四，宗教作为一种社会纽带，有利于加强信教群众的团结。宗教通过宗教信仰、宗教制度、宗教仪式和行为方式的一致性，从总体上成为信教群众团结的精神纽带。藏传佛教和伊斯兰教在藏、土、蒙古、回、撒拉族中通过召集信教群众举行生老病死、婚丧嫁娶等宗教仪式；通过敬同一神、念同一经、遵守同一教义和教规，使信教群众之间的感情格外亲切，甚至可以忘却一时的恩怨得失，把信教群众的观念、情感和行动统一起来，实现了群体行动的基本一致，从而巩固和加深了信教群众之间的认同感和亲密感，增强了沟通，把不同职业、阶层、文化水平、性别和年龄的人相当紧密地团结在一起，为社会稳定提供了必要的群众基础。

第五，宗教作为一种社会组织，有自身的一些特点，它在一定范围内可以向社会提供多种福利性的服务。如不少藏传佛教寺院开办藏医门诊部，为各族群众看病治病；宗教团体组织信教群众开展修桥补路、植树造林、赈灾济困、保护生态等活动。宗教团体发挥自身力量，积极为社会服务，成为社会公益事业的一支重要力量，从而在一定程度上维护了社会稳定。

2. 宗教的负面效应

第一，宗教的思想体系对社会稳定有消极作用。宗教的世界观和人生观归根结底是建立在人类对异己力量的无能为力的基础上的，它把神奉为世界和个人的主宰，把社会和自然的全部内容虚化为神的意志，主张宿命论，从根本上抑制了信教群众奋发向上的精神，把命运寄托于对"来世"的向往，在一定程度上阻碍了社会进步，对社会稳定产生消极影响。

第二，宗教教派或教派内部的矛盾斗争比较复杂，常常易于激化。由于宗教信仰对内的凝聚性与对外的排他性，使同一宗教或教派内部的信教群众之间常常产生情绪相互感染、相互认同，行为相互激励，从而可能在某种特定的条件和环境中掀起集体性的狂热，使矛盾激化，事态扩大，影响社会的稳定。如青海地区的伊斯兰教内教派矛盾比较突出，教派间和教派内部的纠纷在一些地方时有发生，从而影响了一方的安定。

第三，境外敌对势力利用宗教进行渗透和分裂活动，对青海省的社会稳定构成了直接威胁。境外敌对势力通过宗教进行渗透，以实现其"西化"和分化的阴谋。特别是达赖集团对青海省的渗透有增无减，长期以来，青海一直是达赖集团进行渗透、分裂活动的重点地区之一，他们利用"美国之音"藏语广播和携带、张贴、散发传单、标语，制造"藏族独立"的反动舆论；以捐资修建寺院、赠送宗教用品的方式，收买人心；采取金钱引诱、感情拉拢、入学深造等手段，大肆煽动、策反信教群众，尤其是青年知识分子和国家干部非法出境，加紧了对宗教上层人士的策反和对寺院"四权"的争夺活动；建立秘密地下组织，进行有计划、有步骤的民族分裂活动；派遣人员打着"振兴民族教育，发展藏族经济文化"的幌子，假借投资之名实施经济渗透，妄图"以商养政"。

第四，一些旧社会遗留的、掺杂着封建内容的宗教活动是影响青海省社会稳定的一个重要因素。受各种因素的制约，青海省的经济、文化、教育发展滞后，一些信教群众的思想观念比较落后，文化素质低，对宗教信仰缺乏理性思维，法制观念淡薄，辨别是非的能力差，在强烈的宗教意识支配下，往往表现出思想上的愚昧和行动上的盲从。加之有些地区早已废除的宗教特权死灰复燃，如伊斯兰教门宦制度中的放口唤、放阿訇和教主世袭制的现象不同程度地恢复；藏传佛教中的宗教封建特权和部落势力重新抬头，干预行政、司法和群众生产、生活、教育、婚姻的现象时有发生，这些已成为影响青海省社会稳定的现实因素。

三　积极引导宗教与社会主义社会相适应

世纪之交，世界上各种思想文化相互激荡，一些国家因宗教问题频频引发局部冲突，国内外敌对势力在我国扩大开放的过程中，也会利用宗教对我们进行渗透和分裂活动。当前，我们面对经济体制转轨时期社会生活、意识形态领域出现的新情况、新问题，应该清醒地认识到在社会主义初级阶段我们的法律制度还不健全，作为一种控制手段，宗教不仅存在而且在某些方面还将有所发展，这就要求我们必须切实做好宗教工作，积极引导宗教与社会主义社会相适应。

首先，在政治上要引导宗教组织和信教群众热爱祖国，拥护中国共产党的领导和党的基本路线，拥护社会主义，维护国家统一和民族团结，在宪法、法律和政策允许的范围内活动。利用宗教教义、教规和宗教道德中的某些积极因素为社会主义社会服务，努力使宗教与社会主义社会的发展进步和"两个精神文明建设"相适应。这既关系到宗教能否与社会和睦相处，也关系到宗教自身能否"有益社会，奉献人群"。积极发扬光大青海省宗教界的爱国传统，鼓励宗教界人士和宗教团体运用自己的影响，引导宗教活动服从和服务于国家的最高利益和民族的整体利益，引导信教群众爱国守法，抑恶扬善，服务社会，为祖国统一、民族团结和社会发展多作有益的贡献。

其次，在经济上要引导宗教团体和信教群众维护、遵守国家的经济政策，向有利于发展社会主义市场经济，有利于提高人民的物质生活水平的方向发展。在改革开放、西部大开发的大好时机下，积极引导宗教寺院团体开展多种形式的"以寺养寺"活动，开办商店、旅社、藏医门诊部，发展旅游业，通过多种渠道增加寺院收入。鼓励藏传佛教僧人在宗教生活之余，从事开荒种地、植树造林、放牧牲畜等多种生产活动，走自食其力之路。引导回、撒拉族群众，充分发挥他们善于经商的传统，开展多种经营活动，发展民族经济。同时，宗教中所含有的伦理内容对信教群众的经济生活具有一定的规范功能，我们要加以引导使其服务于社会主义市场经济。

第三，在教育方面，我们要根据青海省社会经济发展的需要和宗教寺院的分布特点，因地制宜，充分利用其教育资源，用群众易于接受的形式对当地信教群众进行传统文化及道德的培养，开展一些有利于发展地方经济、提高民族文化素质的教育活动，鼓励信教群众学习和掌握现代文化科学知识，使他们的思想获得解放，观念得以更新，充分发挥寺院教育的积极作用。

第四，在文化方面，引导宗教保护和弘扬宗教中优秀的文化成果，同时摒弃其中的某些糟粕，改革那些封建迷信的内容，吸收现代科学文化技术成果，面向现代化、面向世界、面向未来，不断与先进文化交流、交融，获得自身的更好发展，以适应日益变化的社会和信教群众不断增长的各种需求。

第五，在宗教行为和活动方面，积极引导宗教活动向有利于维护信教群众正常的生产、生活和社会秩序，有利于信教群众的身心健康的方向发展。如通过积极引导，随着社会的发展，藏传佛教相沿成习的"出家为主，在家为辅"的形式正在发生变化，一些寺院如海西的茶卡寺、北柯柯寺等，少数僧侣常住寺院，多数平时居家生产，逢大型宗教活动到寺院诵经等，和以往相比，各教派的活动相对简化，内容有所改变，次数也有所减少。信教群众以宗教活动为中心的生活方式发生相应的变化，参与经济活动，注重现实生活的热情高涨，信教群众的生活中也将随之注入现代生活方式的内容。

（该文原载《青海统一战线》2001 年第 2 期，2000 年荣获中央统战部全国统战理论研究优秀成果评奖二等奖）

论中华民族凝聚力

曲青山　朱玉坤　余中水

中华民族凝聚力，是一个多元一体的民族在长期的历史发展中，以血缘、地缘为依托，以优秀文化为纽带，在为共同利益的斗争中形成的对民族整体的吸引力、向心力以及民族个体成员之间亲和力的综合反映。对中华民族凝聚力做深入探讨，对于增强民族团结、推进建设中国特色社会主义的伟大事业，有着重大的现实意义和深远的历史意义。

一　从"98"抗洪看中华民族凝聚力

"98"抗洪抢险波澜壮阔，气吞山河。其规模之大、险恶之峻、牵动面之广、动用人力财力物力之多、耗时之长，均为人类抗灾史上所罕见。它展现了中华儿女不畏艰险、奋力拼搏的英雄气概，将中华民族凝聚力上升到一个新的高度，令世人叹服。

（一）民族精神的当今升华

中华民族凝聚力是一个庞大的系统，在这个系统中有三重要素：一是物质技术因素，二是社会政治因素，三是精神文化因素。其中，精神文化因素的结晶就是中华民族精神，它是中华民族的精神支柱或灵魂。中华民族精神博大精深，其核心是"自强不息、厚德载物"①。它在不同的历史

---

① 张岱年：《致中华民族精神与民族凝聚力学术讨论会的贺信》，《增强中华民族凝聚力第三次学术讨论会论文集》，广东人民出版社，1994，第14页。

时期有着不同的表现。在古代，有"神农尝百草"精神、"大禹治水"精神、"精卫填海"精神、"愚公移山"精神、"兼爱互利"精神、"人本"精神、"杀身成仁、舍生取义"精神、"天人合一"精神、"爱国主义"精神等；到现代，有井冈山精神、长征精神、延安精神、南泥湾精神、张思德精神、白求恩精神、鲁迅精神、上甘岭精神、大庆精神、雷锋精神、南京路上好八连精神、焦裕禄精神、青藏高原精神、抗洪精神、两弹一星精神等；还有虽无特定命名却被群众普遍接受的革命英雄主义精神、"一不怕苦、二不怕死"精神、"大公无私、先人后己"精神、"艰苦奋斗、勤俭建国"精神、"甘于奉献、乐于牺牲"精神等。所有这些构成了蔚为壮观的精神群体，成为中华民族精神的主旋律；造就了三皇五帝、诸子百贤、大批民族英雄和仁人志士，产生了杰出的无产阶级革命家和无数现代英雄、模范人物。由江泽民同志概括、倡导的"万众一心、众志成城，不怕困难、顽强拼搏，坚韧不拔、敢于胜利"的伟大抗洪精神具有鲜明的时代特征：其一，价值指向的确定性。抗洪抢险、战天斗地就是最大限度地保护人民生命财产免受或少受损失，更重要的是保卫改革开放和现代化建设成果，以有限的损失确保国家更大的利益。其二，针砭时弊的批判性。改革开放、建立和发展社会主义市场经济，给我国经济社会的发展注入了新的活力，但也毋庸讳言，其负面影响也滋生和助长着拜金主义、享乐主义和极端个人主义，促使一些人物欲横流，越轨违法行为不断发生，严重污染了社会环境。抗洪精神就是对当今那种见利忘义思想倾向的否定和批判。其三，民族心理的震撼性。在与特大洪水搏击中，广大军民奋不顾身、压倒一切困难与险恶的英雄气质，绘成了可歌可泣、壮志恢宏的历史画卷，使每个有良知的海内外中华儿女受到一次极大的心灵震撼，使人们的思想情操得到一次很好的洗礼。其四，民族凝聚的超常性。民族的凝聚性深藏于民众的心理之中，当遇到特种情况、非常时机，为着共同的根本的利益，就会骤然升腾成克敌制胜、无坚不摧的巨大力量。抗洪精神如同抗战精神一样，凝聚着民族的意志、决心与行动，成为不朽的历史丰碑。

（二）物质技术基础的现实折射

马克思说过："批判的武器当然不能代替武器的批判，物质力量只能用物质力量来摧毁；但是理论一经掌握，群众也会变成物质力量。"① 从古到今，中华民族精神之所以有其应有的地位，都离不开物质技术这一基础。大禹治水"三过家门而不入"的至圣精神教育着一代又一代的炎黄子孙，但大禹采取的"疏导"策略之所以能取得成功，首先在于会盟"稽山"，得到了诸侯的支持，有了人力物力的保证。当时的生产力水平虽然低下，但毕竟可以提供较为原始的挖掘、运输生产工具。近代中国共产党之所以能领导全国人民以弱胜强，打败日本侵略者、推翻国民党反动派的统治，原因固然很多，但毕竟离不开"小米加步枪"。抗洪抢险之所以能取得辉煌胜利，同样也离不开物质技术力量的支撑：第一，人力支持。百万军民直接投入抗洪抢险第一线，亿万人民作坚强后盾，其形成的综合战斗力是无法估计的，它所形成的巨大的精神力量更是不可阻挡，所向披靡。在这样强大的力量面前，任何自私的、消极的心理或行为都会化为泡影，使人们的心灵得到净化、情感获得升华，使之溶入滚滚的洪流，同心同德去夺取最后的胜利。第二，物资保障。大批抗洪物资，包括粮食、蔬菜、饮料、帐篷等生活必需品，沙袋、草袋、塑料布、钢材、水泥、沙石料等防洪物资，以及许许多多的救援物资，从四面八方源源不断地运抵抗洪一线，稳定了军心、民心，使广大军民更加专心致志地投入抗洪抢险斗争。第三，技术指导。气象、水文部门借助于计算机、卫星遥感、雷达探测、自动测报等高新技术进行全天候监测、预报，对于掌握大气水情的变化、增强防范意识起到了先导作用。正因为监测预报准确、及时，在紧要时刻未做荆江分洪，使堤坝转危为安，减少了损失，把握了争取胜利的主动权和决定权。医疗卫生、防疫治病工作及时到位，防止了疾病的流行，这对提高抗洪军民的战斗力以及灾后重建家园都有着重大的意义。总之，物质技术力量促进了抗洪精神的高涨，反过来抗洪精神的高涨又使物质技术力量发挥更好的作用，形成了全民族抗洪抢险的热潮。

（三）政治领导成熟的时代标志

1. 中央的正确领导与科学决策是抗洪抢险夺取胜利的"主心骨"。表现在：中央领导在整个抗洪抢险中密切关注灾区群众的生命安全和切身利

---

① 《马克思恩格斯全集》第 1 卷，第 460 页。

益，直接指挥这场抗洪抢险，始终与人民群众心连心；每当关键时刻，根据汛情的恶化及时提出了"严防死守，确保长江大堤安全、确保重要城市安全、确保人民生命安全"的战略方针，做出了大规模动用人民解放军投入抗洪抢险、军民协同作战的重大决策；在危急时刻亲临一线视察，审时度势，正确判断，及时发出各种指令，从而极大地激励和鼓舞了抗洪军民的斗志；国家防汛抗洪总指挥部坚决贯彻中央的决策，充分准备、全面部署、果断指挥、科学调度，从而取得了抗洪抢险的主动权。

2. 受灾省区的各级领导认真贯彻执行中央的方针和决策，全力以赴地做好动员和组织工作。在危急时刻和生死关头，他们与抗洪军民一道顽强拼搏，涌现出像罗典苏那样具有献身精神的杰出代表。他们是凝聚抗洪力量的重要一环，发挥了桥梁作用。

3. 广大基层党组织和共产党员、共青团员以身作则、身先士卒，哪儿最艰苦，哪儿就有他们，哪里最危险，他们就在哪里出现。有的还立下"生死牌""军令状"，表达了誓与洪水抗争到底的坚强意志与决心，在人民群众中树立了良好的形象与光辉的榜样，充分发挥了战斗堡垒和先锋模范作用。

古语道："殷忧启圣明，多难兴邦国。"但同为洪水，在半殖民地半封建的旧中国却是"遍地汪洋，尽成泽国"，"饿殍千里，哀鸿遍野"。可见，多难能否兴邦，关键在于国家政治领导是否成熟、坚强与清明。一滴水可以折射出太阳的光辉。抗洪抢险实现了超常的多轮驱动的综合作用，闪耀出璀璨的思想光华，标志着中华民族凝聚力上升到了一个新的水平。

二 回眸历史探中华民族凝聚力

（一）自强不息、刚健奋进的价值认同

《周易》曰："天行健，君子以自强不息。"意思是说，人也应当像大自然一样生生不息，刚健奋进。积极的人生态度推动着人们积极投身到改造自然、改造社会的伟大斗争中去，在不断改造客观世界的同时改造自己。从移山填海、改造山河到战胜内忧外患、洪涝地震灾害，无不体现着我们民族顽强的生命力。顽强的生命力造就了乐观有为的人生态度：不怕

任何艰难困苦，奋发向上；得意不傲，失意自强；逆境中奋进，危难中建树。"周王拘而演《周易》；仲尼厄而作《春秋》；屈原放逐，乃赋《离骚》；左丘失明，厥有《国语》；孙子膑脚，《兵法》修列；不韦迁蜀，世传《吕览》；韩非囚秦，《说难》《孤愤》三百篇，大抵圣贤发愤之所作为也。"① 顽强的求索精神，使中华民族在天文、地理、水利、建筑、农学、医学、文学、伦理学等方面都为人类做出了卓越贡献，使中国享有"丝绸之路""冶炼之乡""瓷器之国""礼仪之邦"等盛誉。

中华民族在长期的历史发展中逐步形成了自己独特的价值观：①价值标准，即义利统一。《礼记·中庸》曰："义者宜也。"韩愈《源道》说："行而宜之谓义。"《墨子·经说上》说："义，利也。"《周易·文言》说："利者义之和也。"《宋·程颐》说："大凡出义则入利。"可见作为行为规范的义与利是统一的。强调义而不失利，旨在善事善举兼为利，只有这样才能做到义与利的有机结合与统一。荀子、司马迁以至后来的戴震、王阳明等都是主张义利兼容的，那些值得称颂的民族英雄、志士贤达就是义利统一观的杰出代表。中国共产党人把举大义兴大利的价值标准推行到了全民族、全社会，使中华民族的凝聚力空前增强，出现了全民族抗战、全民族抗洪抢险等伟大壮举。②价值取向，即整体至上。古代的天人合一论视天地人为统一的整体，人们的价值行为在于"仰取象于天，俯取度于地，中取法于人"②。即立身处世要从整体考虑，而不执偏。这种以大局为重，必要时不惜牺牲个人利益或局部利益而保全整体利益的价值取向，塑造了中华民族自尊、自信、自强、自立的主体精神，培育了一代又一代人的民族责任感、民族气节、忧患意识和献身精神，增强了中华民族的向心力与内聚力。③价值再造，即兼容并蓄。中华文化源远流长，流派纷呈，"同归而殊途，一致而百虑"③，在主导思想的规范下对不同派别、类型、民族的思想文化予以兼容并包、兼收并蓄。儒道互补、儒法结合、儒佛相融、儒佛道三教合一，以至近代以来对基督教、伊斯兰教等外来宗教文化的容纳和吸收都是世人皆知的事实。"海纳百川，有容乃大"（林则徐语），体现了中华民族自强奋进的价值再造功能。

---

① 《史记·报任少卿书》。
② 《淮南子·泰族训》。
③ 《周易·系辞下》。

人文价值体系的形成与认同，奠定了中华民族安身立命、奋发向上的伦理基石，成为民族精神的坚实内核。这是中华民族延绵不辍、兴旺繁荣的根本维系力之所在。试看在人类历史上有不少发展到高峰的民族文明，如玛雅文化、巴比伦文化、埃及文化、印度文化等都似昙花一现；有的因地理环境的恶化而中断，有的因外力的摧残而崩溃，有的受异质文化的影响而嬗变。唯独古老的中华文明饱经磨难而历久不败，永葆生命的活力，其中至关重要的就是具有厚重文化底蕴的伦理价值的维系力。

（二）"一则多力、多力则强"的群体意识

中华民族的群体意识在深层次上有着自己质的规定性：①原始自然观的群聚性。"群"是古代人类对自身组织力量的认识，人"力不若牛，走不若马，而牛马为用，何也？曰：人能群，彼不能群也"①。近代，严复在介绍西方的进化论时也谈到"合群"对人类进化的重要作用："能群者存，不群者灭，善群者存，不善群者灭"；"不能爱则不能群，不能群则不能胜物，不胜物则养不足"②。这说明，重视群体是增强民族凝聚力的保证，也是战胜自然的保证。②整体再造的自组性。中华民族形成和发展的两千多年间，保持民族统一的时间占七分之六。其间由于内乱、外族入侵或重大自然灾害等原因，中华民族凝聚结构迭经破坏而失散，然"大道废，有仁义；智慧出，有大伪；六亲不和，有孝慈；国家昏乱，有忠臣"③，中华儿女能够卧薪尝胆、枕戈达旦、祖生击楫、闻鸡起舞、壮怀激烈，以重振雄风，匡正河山。尽管有人把近代中国看作"一盘散沙"，但在面临国破家亡的危难时刻，中华民族各种分散的甚至对立的力量又迅速聚拢起来，如经过全民族十四年抗战最终打败了日本帝国主义。正如毛泽东曾指出的："日本敢于欺负我们，主要的原因在于中国民众的无组织状态。克服了这一缺点，就把日本侵略者置于我们数万万站起来了的人民之前，使它像一匹野牛冲入火阵，我们一声唤也要把它吓一大跳，这匹野牛就非烧死不可。"④ 新中国成立后，虽然有"大跃进""三年自然灾害"那样的"天灾

---

① 《荀子·王制》。

② 《天演论·制私》按语。

③ 老子：《道德经》。

④ 《毛泽东著作选读》上册，人民出版社，1986，第266、86页。

人祸"和"文化大革命"那样严重的"内伤",但在痛定思痛之后也能得以纠正,使中华民族的凝聚力在新的形势之下得到新的汇聚。事实证明,有凝聚力的群体才能由弱变强,成为不可战胜的力量。③家国一体的聚合性。长期自然经济的生产方式使人们的思想为封建宗法关系所束缚,形成了以血亲关系为纽带、以家庭或宗族为单元的凝聚体。但随着对外交往交流的不断扩大与延伸,家庭的、宗族的凝聚力最终拓展为家国一体的群体价值意识,验证了"单者易折,众者难摧"的哲理。家是国的基础,国是家的放大,家国一体就是做人、治家与为国效力的一致性,即"修身""治国""平天下"。"身修而后家齐,家齐而后国治,国治而后天下平"①,最终达到整体"止于至善"的理想境。古有"花木兰替父从军""杨家将抗辽""岳家军抗金""戚家军抗倭",今有"新时期英雄战士"李向群等,家富未敢忘报国。中华民族这种内聚力具有强烈的排他性:民族内部不管怎么闹,外人不得插手,外人一插手,矛盾性质就变了,就会出现团结御侮的新局面。对外敌入侵是这样,对大自然的挑战也是这样。④人心向背的群趋性。千古兴亡多少事,得道多助,失道寡助,得民心者得天下,失民心者失天下。民心向背乃是国家安危、社稷兴衰的决定性因素。"民为邦本,本固邦宁"②。"君者舟也;庶人者水也。水则载舟,水则覆舟。"③"民为贵,社稷次之,君为轻"④。自西汉以来,民本思想与王权联系得越来越紧密,但统治者与民众毕竟是根本对立的,民众始终处于被压迫、被剥削、被奴役的地位,只有当民众忍无可忍、最终冲破这种压抑的时候,他们的力量才能像火山爆发般显现出来。到20世纪,中国共产党以全心全意为人民服务为宗旨,领导全国各族人民进行社会主义革命和社会主义建设;改革开放后邓小平提出要以人民群众"拥护不拥护""答应不答应""赞成不赞成"作为一切工作的出发点。这样,就把数亿人的意志、愿望、智慧和力量凝聚到了一起,使"我们中华民族有同自己的敌人血战到底的气概,有在自力更生的基础上光复旧物的决心,有自立于世界民族

---

① 《孔子·大学》。
② 《尚书·五子之歌》。
③ 《荀子·王制》。
④ 《孟子·尽心下》。

之林的能力"①，也为民族精神注入了新的内容与活力。

（三）宽厚待人、团结和睦的民族情感

1. "天人合一"的民族情怀，即"天人之际，合而为一"②。荀子说："天有其实，地有其才，人有其智，夫始能参。"天地人三者各有贡献，故称"三才"。其中人为万物之灵，主体地位明确。这种整体宇宙观赋予中华民族以无可比拟的博大情怀，其"上下求索""究天人之际，通古今之变"③ 的"入世"哲学，比虚幻的基督"现世"哲学和释迦"来世"哲学要高明得多。它不因外来文化的影响而惑乱，也不因时势的跌宕而变异，成为中华文明的精粹。

2. 大同理想的民族情结。儒家经典《礼记·礼运》篇中说："大道之行也，天下为公。"对以"大同"思想为主轴的社会发展目标的向往，一直是中华民族世世代代盼望太平盛世的理想追求，有着广泛的社会基础。有的君王自称"太平皇帝"，年号"太平真君"（魏太武帝）、"太平兴国"（宋太宗）等；农民革命也是如此，唐末黄巾军出自"太平道"，宋代农民起义则以"杀尽不平享太平"相号召，近代则有"太平天国"。这些都非常富有理想主义色彩。近代改良派和革命派代表人物则试图把这种理想转化为现实政治，康有为写《大同书》、孙中山提出"天下为公"都是受这种思想的影响。在封建时代，尽管统治者与被统治者追求"太平盛世"的目的不同，但作为统治者能否关心百姓疾苦、治国理政是否出于公心，往往成为社会安定还是动乱的恒定器。"大同理想"所做的"公平""协和"社会的设计展示了中华民族的伟大智慧，比柏拉图的"理想国"、莫尔的"乌托邦"以至"空想社会主义"更具客观实在性和社会价值性。

3. "兼爱""贵和"的民族情义。墨子曰"兼相爱，交相利"，体现了具有博爱精神的"仁爱""兼爱"是中华民族伦理观的出发点和归宿点，包含着人类的终极关怀。《中庸》曰："致中和，天地位焉，万物育焉。"由爱而"致中和"是爱的实现形式与价值表现。《论语·为政》曰："礼之用，和为贵。""贵和"贯串于格物、致知、正心、诚意、修身、养性、

---

① 《毛泽东著作选读》上册，人民出版社，1986，第86、266页。
② 董仲舒：《春秋繁露·深察名号》。
③ 《史记·报任少卿书》。

齐家、治国平天下的全部生活之中，乃有"心平气和""和气生财""和气兴业""和气有人帮""家和万事兴""天时不如地利、地利不如人和""和睦兴邦"等价值认同。"兼爱""贵和"以平等为原则，譬如汉族和其他各民族之间相互尊重风俗习惯、宗教信仰等。平等则消除歧视，增进和解与团聚。有平等才能有信赖，有信赖才能一视同仁、选贤任能，促进民族融合。"兼爱""贵和"以互利为基础，譬如通过茶马互市，大批畜产品运往内地，内地的丝绸、茶叶和瓷器等销往四方。"无数铃声遥过碛，应驮白练到安西"。陆上、海上"丝绸之路"的开通密切了各民族间的关系，增进了各民族的情谊。"兼爱""贵和"以团结为目的。"四海之内皆兄弟也"。凝重的思想文化与千百年来小生产者思安求太平的期望融为一体，凝结成中华民族世世代代求团结统一的愿望。各民族求同存异、包容并蓄、百花齐放、共展智慧，一同发展了中华文化，文化的融合为各民族注入了"剪不断，理还乱"的民族情感。"兼爱""贵和"以进步为指向。"见贤思齐焉"，民族的进步向来以尊重和学习其他民族的先进文化为导因。文化的一统非武力征服的结果，"野蛮的征服者总是被那些他们所征服的民族的较高文化所征服，这是一条永恒的历史规律"①。从秦汉到清末数易王朝，其间也有过蒙古族、满族入主中原，但中华民族的文化并没有随着王朝政权的更迭而中断，也没有随着政权的转移而改变方向，反而是朝着共同繁荣与进步的方向前进。

4. 爱国主义的民族情操。民族和国家虽然是两个不同的概念，但秦汉以后形成的中华民族既指生活在中国的各民族共同建造的国家，又是在中国领域内 56 个民族的总称；中华民族既是民族的整体，也是国家的整体。爱国主义不仅陶冶了中华民族的爱国情操，也锤炼了这个民族的伟大气节。"人生自古谁无死，留取丹心照汗青""先天下之忧而忧，后天下之乐而乐""天下兴亡，匹夫有责"，正是我们民族高风亮节的正气歌，激励和鼓舞着各民族无数仁人志士为国家的兴亡和独立而前仆后继，奋斗不已。

---

① 《马克思恩格斯选集》第 2 卷。

（四）根系万邦、聚而不散的民族心理

1. 民族的归属感。中国是一个巨大的地理单元，横跨三个气候带，三面环山而抱海，有着良好的生息繁衍条件。华夏民族首先在以黄河中下游流域为中心的中原腹地生息发展，并向外扩散，逐步形成了民族间相互融合、杂居与群居的自然格局和相互需要、"谁也离不开谁"的关系。各民族承袭的原始图腾崇拜虽然各异，但至今已演变和公认为是中国龙，中华民族同是龙的子孙、龙的传人，国境内的民族归属感越来越强，而且延续到海外华人中间，其向心力之强烈为别的民族所不及。

2. 民族的认同感。综观当今世界民族之林，以血缘、地缘关系为纽带形成的纯血统民族为之罕见，各民族共同创造的文明特别是传统的优秀文化才是维系、推进民族心理认同之根。它渗入民族的观念之中，成为民族内聚与归向的心理动力，使民族成员自觉认识和估量到本民族的历史地位，关注本民族的前途与命运，以及在维护中华民族整体利益上应尽的责任与义务。

3. 民族的倾向性。如蒙古族土尔扈特部曾被迫西迁，但仍念念不忘祖国。当准噶尔叛乱平息后，土尔扈特汗渥巴锡毅然率领部族历经千辛万苦，战胜了沙俄军队的围追堵截，历时半年多，终于返抵祖国境内。在异国他乡，处在西方文化包围圈中的华人社会仍一直保留着中国风俗，讲华语、写方块字、吃中国菜、延中医，使中华文化落地生根，体现了对中华民族的向心。每当祖国遭受大的自然灾害，港澳台同胞和海外侨胞都向灾区群众伸出了援助之手；在平时，他们为了祖国的富强献计献策、助资办学、投资兴办实业，表现出拳拳的爱国之心。正如美籍著名实业家姚美良先生所说："我永远也不会忘记先父对子孙的遗训：'炎黄子孙在海外不管怎样有钱有地位，如果祖国不富强，也是抬不起头来的，更不用说扬眉吐气了。'先父刻骨铭心的教诲，使我一旦想起，就坐卧不安，感到有责任想方设法，为了弘扬中华文化，振奋民族精神，振兴民族工业，谋求祖国富强而奔波呐喊。"①

---

① 转引自张江明《爱国主义是中华民族凝聚力的核心》，《增强中华民族凝聚力首次学术讨论会论文集》，汉荣书局，1991，第37~38页。

4. 民族的御侮性。屈原的《国殇》、岳飞的《满江红》、文天祥的《正气歌》等，表现了古代中华民族仁人志士壮烈的爱国情怀与高尚品格。从近代的义和团抗击八国联军、左宗棠率部驱逐新疆沙俄势力、林则徐虎门销烟、三元里抗英直至现代中国人民伟大的抗日战争，均表现出同仇敌忾、奋力抗侮、共赴国难的民族精神。

三　面对现实谈增强中华民族凝聚力

（一）中华民族凝聚力与发展社会主义市场经济

改革开放、发展社会主义市场经济，其积极意义不必赘述，但受价值规律的普遍性渗透、东西方文化的碰撞、"出国热"与"经商热"的激荡等影响，人们的价值观念、价值取向与道德行为发生了重大变化，滋生了拜金主义、享乐主义、极端个人主义等腐朽思想，从而引起了人们对民族凝聚力的忧虑。有忧患意识的民族是不可战胜的民族。忧患可促使人们早想早知早行，提醒人们透过现象进行审慎、深入的思考与求索。现实负面的影响有弱化民族凝聚力的可能，但不足以动摇其深厚文化积淀之根基。伟大的抗洪精神不仅是最好的佐证，而且也告诉我们，应当充分利用当今经济、政治的实力，在整治国家灾难的过程中促使民族的向心力与聚合力得到进一步的巩固。社会生活的多样性反映出美与丑相生相克的对立统一，扬美抑丑、助善惩恶会使中华民族在新的历史条件下获得新的相融相凝。

（二）中华民族凝聚力与促进祖国统一

继香港、澳门回归后，实现祖国大陆与台湾的最终统一的呼声越来越高。在中国历史发展的长河中，分裂始终只是支流，统一才是主流，"九九归一"、国家统一已成为中华民族的共识。江泽民同志在北京庆祝澳门回归的大会上引用唐代诗人王维的诗句"遥知兄弟登高处，遍插茱萸少一人"，表达了对台湾同胞的热切关爱，呼出了大陆同胞的心声。统一而兴是中华儿女的愿望。海峡两岸的人民同根同脉，被隔绝的痛苦再也不能继续下去了。曾有多少人因未盼到台湾与祖国大陆的统一而留下了绵绵遗恨。国民党元老于右任先生遗作《望大陆》写道："葬我于高山之上兮，望我大陆；大陆不可见兮，只有痛苦！葬我于高山之上兮，望我故乡；故乡不可见兮，永不能忘！天苍苍，野茫茫；山之上，国有殇！"短时期的分必然要让位于长时期的合，民族的融合、思想文化的融合不以任何个人、阶级的意志为转移。无论是达赖集团分裂祖国的行径还是李登辉、吕秀莲之流制造"两个中国""一中一台""台湾独立"的图谋，都是逆历史潮流、不得人心的。我们既然有能力处理国与国之间历史遗留的许多棘手问题，当然也有能力处理"同室"间的恩怨问题。摒弃前嫌，求同存异，没有解决不了的难题。同是炎黄子孙，当以国家的、民族的大义为重，重新回到中华民族统一的原则立场上来。如果置中央政府的严正立场和12亿中国人民的意愿于不顾，利令智昏、执迷不悟、一意孤行，做出亲者痛、仇者快的举动，那么等待他们的只能是无情的铁拳，只能被历史前进的车轮辗得粉碎。

（三）中华民族凝聚力与弘扬爱国主义精神

爱国主义在各个不同的历史时代有着不同的内容与表现。当今中国的爱国主义集中到一点就是建立中国特色的富强、民主、文明的社会主义祖国，为全面实现中华民族的伟大复兴而奋斗。主要体现在：①爱国主义与社会主义的统一。今日的中国是以中国共产党为领导核心的社会主义新中国。在大陆，热爱祖国与热爱社会主义有着内在的必然的联系，因此要把热爱祖国落实到热爱社会主义的行动中去，二者是不可分割的整体。②爱国主义与"一国两制"的统一。"一国两制"构想既尊重历史，又照顾现实；既保证"你不吃掉我，我也不吃掉你"，又维护国家领土和主权完整；既保持台湾、香港、澳门地区的繁荣稳定，又有利于促进内地经济建设。因此，要把热爱祖国落实到拥护"一国两制"、促进祖国统一的行动中去。③爱国主义与西部大开发的统一。新的世纪是属于中华民族的世纪，更是中国西部人大展宏图的世纪。实施西部开发战略，进行多元启动、东西联手、加大投入，从改善生态环境做起发展地区特色经济，既有利于缩短东西部历史发展与现实发展中的差距，也有利于调动东西部协调发展的积极性，对于增强民族团结、促进各民族的共同进步与发展、实现东西部齐飞、振兴大中华，有着重大的现实与历史意义。

20 世纪 30 年代以来特别是改革开放后的 20 多年，中华民族凝聚力的周期律更加呈现趋短的势头，这是现代社会发展节奏加快、时代进步要求全面提升的必然反映。如果说我们民族是带着伤痕与屈辱刚刚走完 20 世纪的话，那么现在我们更有信心、更有把握地说：当今中华民族将带着骄傲与理性告别过去，走向新世纪的辉煌！

（该文原载《青海社会科学》2000 年第 3 期，2001 年荣获青海省"五个一工程"入选作品奖）

实施绿色工程　发展特色经济

——青海开发绿色食品的现状与前景分析

翟松天　余中水　苏海红

面向 21 世纪，人类文明形式由工业文明向生态文明转变，世界经济形式由资源经济向知识经济转变，经济发展道路由非持续发展向可持续发展转变，这"三重转变"必将促进绿色食品成为食品工业发展的趋势。发展绿色食品产业符合中央关于农业发展的总体要求和青海省发展质量效益型特色农业的总体思路，是从根本上改变青海省农业和加工业发展状况、再创新优势的现实选择。青海地处青藏高原，独特生态环境和资源使其成为天然绿色食品宝库，若能以此为突破口，形成只有高原特色的绿色食品产业，必将推动特色经济发展战略的进程。

一　绿色食品及其兴起的背景

（一）绿色食品的概念及其界定

所谓绿色食品，在一般意义上讲是指无公害污染或把公害污染程度限定在控制标准以内的优质营养食品，换言之，是安全性（卫生性）、营养性、食味性和外观性（物理性）俱佳的优质无污染食品。我国农业部将绿色食品定义为遵循可持续发展原则、按照特定生产方式、经过专门机构认定、许可使用绿色食品标志商标的无污染的安全、优质、营养食品的统称。

根据农业部的界定，获得"绿色食品"标志的产品，除符合一般食品营养标准外，还必须同时符合下列条件：一是产品或产品原料的产地必须符合绿色食品生态环境标准；二是农作物种植、畜禽饲养、水产养殖及食品加工必须符合绿色食品生产操作规程；三是产品必须符合绿色食品质量和卫生标准；四是产品外包装必须既合国家食品标签通用标准，又符合绿色食品特定的包装、装潢和标签规定。此外，绿色食品最终产品必须由中国绿色食品发展中心指定的食品监测部门依据绿色食品卫生标准（一般分为农药残留、有害重金属和细菌三部分）检测合格。这些既是对绿色食品的界定，也是对绿色食品开发做出的具体要求。

我国的绿色食品与美国日本的有机食品、欧洲的生态食品相类似，都是以环保、安全、健康为目标的食品。不同之处是，有机食品和生态食品的标准比绿色食品高，被人称为"纯而又纯"的食品，从基地到生产、从加工到上市都有非常严格的要求，如在其生产和加工过程中绝对禁止使用农药、化肥、激素、转基因等人工合成物质，在整个生产、加工和消费过程中更强调环境的安全性等；而绿色食品涵盖了有机、生态食品和可持续农业产品。我国绿色食品分两个标准：AA 级绿色食品吸收了传统农业技术和现代生物技术，对应的是有机食品，可完全与国际接轨，很容易被国外销售商接受；A 级绿色食品对应的是限制使用农药、化肥等化学合成物的可持续农业产品。

（二）绿色产业兴起的背景分析

1. 国际背景

工业革命实现了人类社会中基本受制于环境到征服自然以人类自己的意愿改造环境的根本转变，创造了辉煌的工业文明，同时也给人类带环境污染、资源破坏的恶果。生态危机引起人类对自身生存及发展危机的严重反思，深刻认识到工业革命的发展道路是一条在推动生产力极大发展的同时，也伴随着严重浪费资源的发展道路，因此，必须探索可持续经济发展的绿色道路。无论发达国家还是发展中国家，都逐渐开始抛弃"高投入、高消耗、高消费、高污染"的非持续经济发展模式，积极创建"低收入、低消耗、低污染、适度消费"的可持续经济发展模式。20 世纪 70 年代美国在关于防止环境污染的法规当中首次提出开发绿色产品，80 年代欧美保护消费者权益运动持续高涨，消费者的绿色环保意识日益增强，他们愿意以较高的价格购买绿色产品，抵制普通产品。在人类健康利益的驱动下，全球兴起了新一轮的绿色革命。绿色产品的涵盖范围越来越广泛，有食品、洗涤用品、机动车、照明、家电、服装、建筑材料、化妆品、染料等无污染、无公害、可循环使用的各种产品。目前，全球绿色产品中最多的是绿色食品。从绿色食品的消费情况看，西欧各国是最主要的消费地，消费量占世界总量的3/4，北美与东亚地区的消费量也与日俱增。可以预见，21世纪绿色产业将逐渐成为主导产业，而绿色食品也将是主导食品

2. 国内背景

可持续发展战略的提出。改革开放20多年来，随着人口和经济增长以及工业化的迅速推进，我国的资源损耗、环境污染和生态破坏问题日益突出。为使资源、环境、人口、经济发展相协调，使经济效益、社会效益环境效益相统一，加速实施可持续发展战略成为较文明大国必需的、唯一的选择。生态农业、有机农业、自然农业、生物农业等替代常规农业生产方式的实践，是一个人们普遍关注的热点问题。

绿色消费的潮流。绿色消费是以"自然、和谐、健康"为宗旨的有益于人类健康和社会环境的一种消费形式，是随着消费者自我保护意识增强、消费水平提高、消费观念改变以及回归自然的渴望而产生的。随着人民生活和收入水平的不断提高，市场商品数量增加，居民消费结构得以调整，人们开始注重高质量、安全可靠的消费用品，绿色消费已成为一种新时尚。同时，国内不合理和违规的用药造成农药危害等，使人们普遍对消费品尤其是食品产生某些恐惧心理。这种现状不仅导致人们对消费品逐渐失去信任，绿色消费品进口数量大幅度增加，给国内消费品市场造成极大压力，而且又促使人们的健康消费意识得以普及和觉醒，绿色消费的新概念日益增强。

国际贸易绿色壁垒的压力。绿色壁垒是指进口国政府以保护生态环境为由，以限制进口保护贸易为目的，通过颁布复杂多样的环保法规、条例建立严格的环保技术标准和产品包装要求，建立烦琐的检验认证和审批程序，实行环境标志制度，以及采取保证环境进口税等方式对进口产品设置的贸易障碍。绿色壁垒有三种：绿色关税、绿色技术、绿色检疫。西方发达国家正是通过这些绿色壁垒限制或阻止我国产品的出口，并通过一些绿色标志，如美国的"EPA标志"、加拿大的"EV制度"、日本的"生态标准制度"、法国的"NF环境"等，作为进入国际市场的通行证。面对绿色壁垒，最根本、最有效，也是最有益的方法，就是以积极的态度迎接挑战，鼓励企业申请环境标志，并推行ISO 14000系列标准，化阻力为动力，

开拓广阔的国际绿色市场，以达到"环保—贸易"相互促进持续发展的目的。

绿色食品的开发尚处于初级阶段。我国自 1990 年实施"绿色食品工程"以来，绿色食品产业从无到有，从小到大，现已成为可持续发展战略中的重要组成部分和成功运作的典范。据统计，截至 1999 年底，全国共有 742 家企业的 1360 个产品使用绿色食品商标标志，绿色食品实物生产总量达到 1000 多万吨，环境监测的农田、草场和水面达到 4000 多万亩，各类产品出口创汇超过 2 亿美元。虽然我国年销售额只是欧洲有机食品销售额的 10% 左右，但其种植面积的统计数占全国总耕地面积的比重已超过欧美、澳洲有机食品的种植面积。目前，已开发产品包括粮食、食用油、水果、蔬菜、畜禽产品、水产品、奶类、酒类和饮料类等。我国绿色食品是在参考国外有机食品、生态食品相关技术、标准及管理方式的基础上立足国情发展起来的，目前在国际市场上所占份额还较小，大量潜在市场还没有企业涉足；品种少、技术含量不高、深加工能力不足；同时，经营者以中小规模的民营企业居多，资金投入少，食品的贮藏、保鲜及加工、包装技术既不能满足国内不同层次消费者的偏好，也不能在国际市场形成较大竞争优势，等等。这些表明我国绿色食品开发尚处于初级阶段。面对可持续发展的国际潮流和即将加入 WTO 的机遇，若能加大绿色食品的开发力度，建立新型的绿色产业，就能有效为我国经济增长注入新活力，占有更多的国际市场份额。

二 开发绿色食品的重要意义

开发绿色食品不仅关系到农牧业产业结构调整、农牧民增收的大问题，而且还有着促进农牧业产业化、改变传统观念、推动饮食文化进步的作用，对青海具有重要的战略意义，具体表现以下几方面。

（一）开发绿色食品是面临发展经济和保护环境双重压力下最佳的发展途径

青海地处青藏高原，生态环境原本就很脆弱，再加上人口剧增、工业迅速发展，使全省生态环境问题十分突出：水土流失面积已达到 336 万平方千米，占全省总土地面积的 46％，且以每年还以 0.21 万平方千米的速度增长；荒漠化程度日益严重，草地中度以上退化面积达 747 万平方千米，占全省总草场面积的 20.1％；湿地面积大幅度缩减，黄河来水明显减少；自然灾害频繁发生，等等，这些都说明生态环境恶化速度在加快。而青海地处三江之源，有中华水塔之称，是影响全国大气变化的枢纽地区之一，由此决定了青海在保护和建设好生态环境方面的地位和作用十分突出。与此同时，青海经济发展面临着严峻的挑战：一方面，知识经济时代的到来促进了全球生态环保、高新技术和生物工程三大产业的兴起，产品科技含量不断加大，使省内企业面对更为激烈的市场竞争；另一方面，在国际绿色浪潮影响下，企业将受到来自国际贸易绿色壁垒和国际市场绿色化消费的强烈冲击。

面对上述环境保护和经济发展的双重压力，青海省若能抓住西部大开发机遇，在保护建设生态环境的前提下，充分利用冷凉气候、洁净环境和高原农牧业生物资源，生产加工无污染的安全、优质、营养类食品，并使之形成规模化、市场化、社会化，就能纠正以往工农业生产只强调产品与效益而忽视环境保护的错误倾向，把资源与环境的保护自觉融入生产行为之中，实现经济发展与环境保护相结合的目的。

（二）开发绿色食品有利于青海省利用得天独厚的自然环境和资源条件

青海省工业化程度不高，一些地区的自然环境相对处于原始状态，具有东部地区所没有的天然、无污染的有利条件，是开发生产绿色食品的理想场所。从资源看，青海省有着广阔的草地资源、农牧业资源以及种类繁多的野生动植物资源，是绿色资源宝库。从农牧业生产看，青海省属于不发达的内陆省份，生产仍以传统方式为主，牧区进行天然放牧，农区脑山靠天种植，这是开发绿色食品良好的自然环境。此外，青海省又是多民族聚居的省份，许多独具风味的民族传统食品经过进一步加工、包装和宣传，提高产品的科技含量和附加值，即可成为绿色食品。

（三）开发绿色食品有利于促进科技进步，提高农牧产品的效益

绿色食品是高科技的物化，它在客观上要求应用现代科技来解决目前

一些食品的内在质量问题，使其在生产过程中，除保留和继承传统的栽培和饲养技术外，还要用高科技手段治理和预防有害自然环境的出现。受经济条件制约，青海对一般加工项目不可能投入很多资金，而绿色食品多为短平快和国家扶持项目，能在西部大开发和江河源生态环境综合治理战略中寻找发展机遇。只要形成一定的产业群体，就能在一定程度上激发全省经济的内在活力，使隐藏着的经济潜能得以释放。绿色食品的开发还可彻底改变过去将初级产品经发达省区精加工后再返销的局面，充分显示其高附加值积累资金的特征。目前，国际市场上绿色食品价格通常比常规食品高20%～50%，有些紧缺产品可超出1倍甚至几倍，在欧美发达国家有机食品的零售价比普通食品高出50%～150%。如果青海省能在绿色食品的开发上下功夫，效益是非常可观的。

（四）开发绿色食品能促进工农业的协调发展

受农牧民自身素质和气候、交通、通信等条件的制约，青海省的自然灾害频繁，农牧业生产易出现大幅度波动，风险大。发展绿色食品及其深、精加工业，不仅能降低风险、实现大幅度增值，而且能从"质"上改变其原始形态、延长贮存、调节需求层次的变化，从"量"上形成一定商品规模，以可观的批量和持续的输出量占有市场。同时，绿色食品工业还能极大拓展饮食消费空间，是可持续农业的必然延伸与继续。目前，东部发达省区由于资源和劳动力成本提高，农业发展速度大大落后于工业，并有脱离农业、片面发展工业的倾向。青海省应该而且能够避免这种倾向的发生，在接受东部地区食品工业向西转移的过程中直接引进先进科技，积极挖掘本省的潜力和空间，使农业和工业均衡发展。

（五）开发绿色食品有利于推进农业产业化进程

农业现代化的基本特征是生产集约化、经营一体化、产品商品化、技术和管理现代化。开发绿色食品正是集科研、生产、加工、检测、储运销售于一体，把全程质量控制技术和管理措施贯穿于农业的产前、产中、产后各个生产经营环节中，不断延长农业产业的发展链，使其形成若干个种养加、产供销一条龙的生产经营体系。开发绿色食品要以龙头企业为依托，在满足人们日益提高的饮食消费需求的同时，通过企业行为提高农产品质量和食品工业水平，进而把千家万户的生产加工与市场销售紧密联结在一起，实现规模经营，使分散的企业和农户有组织地进入流通大市场，以促进青海省从粗放型传统农业向集约型现代农业转变。

（六）开发绿色食品有利于新产品开发和竞争机制的形成

在可持续发展的带动下，更多的农产品向清洁的绿色食品方向发展，使新产品不断涌现，继而产生三种效应：一是持续效应，即较多的新的绿色食品可使地方经济的持续发展有了较可靠的保证；二是扩散效应，即绿色食品开拓新市场会带动其他产业的发展；三是重组效应，即同类绿色食品的企业可能实施资产重组，组成新的企业集团或产业联盟，达到提高国民经济整体发展水平的目的。当然，这些绿色食品的开发必须面对市场，依靠竞争力占有市场，谁就能够赢得胜利，同时也就必然会促进竞争机制的形成。

三 优势与潜力

（一）特殊的自然环境与生物资源

1. 自然环境

青海位于我国中部偏西内陆地区，雄踞"世界屋脊"青藏高原。境内河流纵横，分为黄河、长江、澜沧江、内陆河四大水系，集面积在 500 平方千米以上的河流 271 条。河川径流来自大气降水、冰雪融水和地下水。全省自产水资源总量约为 627.48 亿立方米，素有"中华水塔"之称。境内有全国最大的咸水湖——青海湖。全省总面积 72.12 万平方公里，占全国总面积的 7.5%。境内地势高峻，平均海拔在 3000 米以上，是全球海拔最高、生态环境独特的地理单元。平地面积占总面积的 30.1%、丘陵占18.7%、山地却占到 51.2%。地形地貌分祁连山地、柴达木盆地、黄湟谷地和青南高原四种类型。祁连山地从东到西地势逐渐升高，海拔多在 4000米以上，大部分山地和一些河流的上游都发育着冰缘地貌，高寒草场面积大；柴达木盆地底部有宽广的盐湖沉积平原、冲积平原、洪冲积平原和风积沙丘，在洪积平原和冲积平原接触地带发展绿洲农业前景广阔；黄湟谷地是境内海拔最低，水热条件最好的地区，是全省主要的农业区；青南高原山地平均海拔超过 4500 米，冰川、冰缘地貌千姿百态，黄河、长江、澜沧江的源头均在此区，三大河干流谷底水热条件好，其东部灌丛草甸占优势，是全省主要的牧业区。

独特的自然地貌和高海拔影响着省内的气候条件，产生了三种效应：一是空气稀薄，干燥少云，太阳辐射透过大气层的距离比海拔低的地区短，被大气层反射和吸收的少，因而太阳辐射量较多，年太阳总辐射量多在 600 千焦耳/平方厘米以上；而且日照较长，年日照时数在 2328～3575 小时。二是气温低且垂直变化鲜明，昼夜温差大。海拔 2500 米以下的河湟谷地年均气温为 3℃～9℃，高海拔地区年平均气温在 –2℃ 左右。冬季长，春秋相连，是全国理想的避暑胜地。三是风大且多，大部分地区风速在 3米/秒以上。

2. 生物资源

畜牧资源。青海是中国五大牧区之一，草原面积 3646.67 万公顷，其中可利用面积 3160 万公顷，草质好，适口性强，畜牧业发展潜力很大。一是草原畜牧业。天然牧区主要集中在青南高原、青海湖环湖地区和柴达木盆地。这三个地区牲畜头数占全省牲畜总头数（折羊单位）的 85%，畜产品收购量占全省的 84%，可利用草场面积占全省的 95%。在高原生态环境长期熏陶、自然选择和人为作用下，形成了独具特色的牛、羊、马、驴、骆驼等地方畜牧资源。其中：牦牛是青藏高原的稀有品种，截至 1999 年底全省约有 500 余万头，居全国第一，约占世界牦牛总饲养量的 1/3。它对高海拔、低气压、严寒的环境有极强的适应能力，主要分布在海拔 3000 米以上的高原牧区。它除能提供优质乳、肉、皮、毛等畜产品外，也是高原牧区的重要役使工具。藏羊是我国三大原始绵羊品种之一，也是青海省主要的绵羊种和特有畜种。全省现有 1000 多万只，约占全省羊只总数的 61%，主要分布于高寒牧区，可提供优质肉和皮毛。二是农区畜牧业。主要分布在日月山以东，包括湟水、大通河、黄河河谷地区。这里不仅有大面积的成片草山、草坡，牧草生长期长，草质好，适宜草食动物发展，而且有大量农作物秸秆，适宜舍饲畜的发展。目前，农区 14 县市的草食牲畜量已占到全省的 1/10，肉类产量占 1/3，牛奶产量占 1/4，禽蛋产量占90% 以上；畜牧业产值已占该地区农业总产值的 40.66%，占全省畜牧业总产值的 42.05%，成为全省畜牧经济增长最快的地区。截至 1999 年底，全省大牲畜、羊合计 2070.9 万头（只），其中牛、马等占 21%，羊占 79%。肉类总产量达 20.15 万吨，其中牛肉 6.05 万吨，羊肉 6.65 万吨。畜牧产值约占全省农业产值的 48%。

种植业资源。全省可耕地面积为 611.56 千公顷，为总土地面积的 0.85%，主要分布于土壤质地较好且有利于灌溉的东部农业区和柴达木地区。一是粮食作物。青海的粮食作物构成简单，品种少，只有春小麦、青稞、豌豆、蚕豆、马铃薯形成了生产规模。1999 年，全省种植春小麦 182.89 千公顷，总产量 59.37 万吨；青稞 56.96 千公顷，总产量 15.36 万吨；豌豆 30.53 千公顷，总产量 4.47 万吨；蚕豆 22.12 千公顷，总产量 6.50 万吨；马铃薯 44.13 千公顷，总产量 14.78 万吨。春小麦是主要的粮食作物，产量高，但品质比冬小麦差。青稞是第二大粮食作物，产量高，具有独特的耐高寒特点，在海拔 3000 米左右的高寒地区仍可生长。豌豆是主要食用豆类作物和饲料作物，也是外贸出口物资，品质较好。蚕豆是主要粮食作物之一，品质优良，颗粒大、饱满、无蛀虫，是重要的出口物资，1999 年创汇 464 万美元。马铃薯的淀粉含量在 17% 左右，以其味正、个大、皮薄、色鲜而闻名全国，运销省外。二是其他作物。其他作物种类少，栽培面积小，分布集中，主要有油菜、蔬菜、果树以及零星种植的瓜果、胡麻和甜菜等。1999 年全省种植籽油菜 186.16 千公顷，总产量 27.85 万吨；蔬菜 13.94 千公顷，总产量 56.63 万吨；瓜类 0.05 千公顷，总产量 0.28 万吨。油菜是主要油料作物，在各类作物种植面积中居第三位，是青海省商品率最高的农作物。由于其生长期长、含油量高，出油率列全国之冠，具有高油酸、高亚油酸的特点，因此营养丰富，易于消化，是重要的外销产品。青海省也是我国最后一块油菜籽高收获地区，可有效弥补省外油料加工企业因淡季无油可榨而形成的断档。全省有蜜源植物 500 多万亩，除油菜外，有豆类 50 万亩、野油菜 80 万亩，还有 200 多万亩的辅助蜜源，年产 6000 吨蜂蜜、240 吨蜂王浆、200 吨蜂花粉等。这些蜂产品质量好，色味纯正，无残留农药，是优质绿色食品的加工原料，也是青海省主要出口产品。由于气候因素，以往其他类作物种植面积受限，然而随着科技的进步和对青藏高原气候资源的充分利用，在蔬菜等作物的种植上也有了突破性的进展，尤其在利用冷凉气候发展反季节蔬菜上更为突出。1999 年蔬菜瓜类产值达到 27418 万元；还有一些特殊的果品和副业资源，如著名的贵得长把梨、乐都软梨、金川雪梨、循化花椒等，产量虽少，但品质极佳。

野生动植物资源。初步查明，青海仅陆栖脊椎动物就达 270 多种，占全国的 12.5%，其中：经济兽类 110 种，占全国的 25%；鸟类 294 种，占全国的 16.5%。还有珍贵野生动物雪豹、野牦牛、野骆驼、黑颈鹤、獭、赤狐、猞猁、马鹿、麝以及白唇鹿、天鹅、雪鸡等。省内有野生植物 2000 余种，其中：经济植物 1000 余种，药用植物 680 余种，名贵药材 50 多种。主要有大黄、冬虫夏草、贝母、干草、亚麻、白刺、蕨麻、蕨菜、沙棘、红景天、枸杞等。

渔业资源。青海地处江河源头，境内河流纵横、湖泊众多，有一定数量的水产资源，但天然鱼种单纯、品种少，水产品繁殖缓慢。青海湖裸鲤等为高原特有鱼种，总储量达 5 万多吨。目前，境内利用冷凉气候进行相应水产品的开发和养殖取得较好收益，并有很大发展潜力。

（二）优劣势评价

1. **优势**

青海位于世界屋脊青藏高原的东北部，又是世界上公认的无污染地区之一。与其他西部地区相比，由于气候寒冷、干燥少雨、光照时间长、海拔高等独特的自然环境，给青海发展绿色食品与特色经济增添了很多后发环境优势。人烟稀少，很多环境尚处于原始状态。青海是西部各省区中人口最少的省份，1999 年总人口 509.8 万人，平均 7 人/平方公里，绝大部分地区基本没有工业，大气、土壤和水等污染范围小、程度甚低，对农作物病虫害基本属于自然控制。由于开发晚，农牧业生产仍以传统方式为主，化学要素投入较少，受污染较轻，加之地域辽阔，大气环境、水环境、土壤环境等状况要明显优于开发早、开发程度高的东部与中部地区。与西部其他地区相比，也有明显优势：一是牧区为自然放牧，天然草场草质好基本不施用任何化学物质；二是农业种植业施用化肥、农药相对较少，部分山区处于自然农业状态，根本不施用化肥、农药等；三是工业企业大部分集中在湟水河流域和柴达木盆地的局部地区，加之境内地形地貌垂直分布明显，这些企业造成的污染相对容易控制和治理，对其他地区的影响也很小；四是农产品、畜产品中农药、金属残留和细菌含量均符合国家关于绿色食品有关标准要求，可以提供较多的 A 级和 AA 级高档绿色食品。

气候优势。一是昼夜温差大、光照时间长，不仅使动植物产品的质量和品质颇佳。而且风味独特、营养丰富，适宜开发为绿色食品；二是全境年平均气温在 -3.7℃~6℃之间，属于冷凉型气候，可天然预防病虫害的大面积流行，培植具有高原特色的冷凉型动植物，如反季节蔬菜的生产、虹鳟鱼养殖等。2000 年仅外向型反季节蔬菜种植面积达 6.5 万多亩，向省外销售各类蔬菜 15 万吨，创产值 7500 多万元，有的还销往中国香港、日本等地。若能积极开发系列反季节绿色食品，其经济效益将更为可观。

资源优势。一是潜力大。由于受社会经济制约，对境内很多特色生物资源的认识和开发利用尚处于起步阶段，很多未知领域好有待涉足和探索，开发绿色食品有极大潜力。二是寓意深。境内生物资源散发着青藏高原特有的气息和神奇的魅力，开发为绿色食品不仅能满足人们对青藏高原的好奇心，还能以特有的方式宣传青海。三是分布相对集中。生物资源量大、分布相对集中、地域特点明显，有利于集中开发和集约化人工种养，建立特色各异的一地一品、一地一业的产业基地，形成县域绿色食品品牌，从而能产生"稳农、兴工、促牧、活商、富民"的效果。四是多样性。野生生物资源呈现多样性，天然产品种类繁多，多数可人工培植，为开发奇特、营养、食疗、保健、高附加值的绿色食品创造了良好的资源条件，能丰富人们的食品结构。

2. 劣势

区位劣势。一是远离出海口，远离交通运输主干线，不利于产品远距离运输，影响市场占领和对外出口；二是虽与西亚、南亚国家较近，但并不毗邻，何况这些国家的经济落后、社会闭塞而动荡，绿色食品的市场容量极其有限。

信息劣势。由区位偏远、城市稀少、经济落后、基础设施差条件等所决定，信息化水平明显低于发达省区和有些西部地区，这种差距及其影响更甚于经济上的差距。而绿色食品开发在很大程度上依赖于信息化水平，因此信息劣势是青海省发展特色经济的主要障碍之一。

科技劣势。绿色食品不仅仅是资源和劳动密集的产业，也应是科技含量较高的产业，然而青海的高新技术尚处于刚刚起步阶段，如不加强，绿色食品的开发就没有前途。

人才劣势。科技、管理、经营人才缺乏。在西部12个省区市的文盲半文盲率中，青海位居第一，达到42%（全国为18%）。可见，人才的缺乏更是青海省今后开发绿色食品的主要问题所在。

市场劣势。青海的市场体系不健全，专业市场处在初步建立和完善之中，要素市场尚处于起步阶段。当地市场容量十分有限。加之人们的生产经营观念落后，对全国市场及国际市场的开拓能力很低，因此所拥有的市场份额极小。

（三）潜力

1. 种植业

春小麦、青稞。总体品质虽差，但蛋白质含量高，可初加工为焙烤食品、发酵食品、小麦胚芽等，深加工为淀粉类、有机酸类、氨基酸类，糖类、酒类等多种食品，还可开发民族食品等，市场潜力大。

豌豆，蚕豆。产量大、品质好、营养价值高，是很好的植物蛋白。可初加工为豆类蔬菜、小食品等，深加工为淀粉类食品（如粉条、粉丝）、副食品（腐竹、素鸡）、调味品、酿酒、豆奶制品等。蚕豆每年仅外贸出口就达2万吨，远销日本、韩国、西欧等国家和地区，仅占在世界蚕豆需求量24万吨的8.3%，生产潜力极大。据专家预测，蚕豆的开发价值在2亿元以上。

马铃薯。品质佳，不仅能初加工为薯条、薯片等干制品、膨化品、油炸品、强化品，还可深度开发淀粉类、果糖、有机酸、山梨醇、果脯、糯米纸等产品。有些产品可替代进口产品，市场看好。马铃薯的开发价值在0.8亿元以上。

油菜籽。品质好，含油量在40%以上，油色金黄，油味醇香。加工后多为二级精练油，经脱色、脱臭、脱酸后可成为高级食用油。菜籽粕除作肥料外，还可进行工业化脱毒；深度开发其蛋白成分可生产超微豆粉、腐竹、植物蛋白肉等。据有关部门预测，我国油脂需求量以1995年为基数测算，到2030年将增加251.8%，特别是无污染的绿色油脂将倍受消费者青睐。油菜籽的深度开发价值近2亿元。

蔬菜、水果。多为初级加工品，如脱水、速冻制品、腌制品等。能弥补省内的季节差，创造经济效益；也能在炎热的夏季运销省外，形成反季节蔬菜，前景乐观。可深度加工为蔬菜汁、饮料等。

2. 养殖业

牛、羊肉。主要以鲜肉和冻肉的形式投放市场。目前在初加工上发展较快，牛羊肉串、片、丸等相继被开发出来，罐类食品有所增加。但受技术、工艺制约，高档精深加工肉制品还有待于进一步开发。

乳品。草场牧区仍停留在自给性的粗加工上，城市乳制加工品主要有消毒奶、奶粉、黄油、干酪素、炼乳，酸奶、冷饮等，具有后发潜力。

蜂产品。不仅有丰富的养蜂资源，而且由于高原特有的自然环境和良好的油菜品种，原蜜品质优良，其产品在国际市场上有很高信誉，但加工利用程度一直很低，开发价值很大。

水产品。青海湖裸鲤鱼品质较好，又是青海特有鱼种，可开发地方独特食品，目前还没有深加工制品。

3. 野生动植物养殖、栽培

不少有经济价值的野生动植物，诸如白唇鹿、藏雪鸡、虹鳟鱼、大黄、党参、枸杞、当归、甘草、川芎、黄芪、郁金香等均可在青藏高原养殖、栽培。对野生动植物利用的广度和深度虽然有了很大变化，但它们在生态系统中的全面作用及自身价值还有待于进一步的认识，人工养殖、栽培以及开发的潜力无限。

综上所述，青海在开发绿色食品方面的资源潜力较大。青海高原地理研究所在综合考虑资源、科技、市场、加工技能、地域条件及政策等因素的基础上，曾经建立了"青海省生物资源开发利用潜力模型"，并通过仿真运算得出结论：进行生物资源深度开发利用后，其产品产值是现有产品的 11.98 倍，其中农产品为 11.1 倍、畜产品为 20.5 倍。然而，当前这些资源仅仅以原料和初加工形式进入流通领域，很多属于绿色食品的并没有绿色食品标志，其经济效益难以提高，也不可能带动相关产业的发展。如果能充分利用青海得天独厚的环境、生物资源，大力发展精加工、深加工的绿色食品，其经济效益将会大幅度提高。

四　发展现状与制约因素

农业部成立绿色食品发展中心后，青海省也成立了绿色食品办公室

（隶属省农业厅），于1994年开始了绿色食品开发工作。已开发的包括油料、畜牧、野生动植物、奶品、蜂产品、酒和饮料等类产品，占全国的2.6%，但与其他省区相比（如黑龙江绿色食品产品约占全国的12.4%），比重偏低，也与青海省的资源、环境优势很不相符。这说明：青海省的绿色食品产业刚刚起步，有着广阔的发展空间。若能发挥资源优势，把握市场机遇，绿色食品产业必将成为地方经济新的增长点。

（一）发展概况

1. 食品工业发展的简要评述

从新中国成立到目前，青海食品工业从无到有，产品结构、行业结构、地区分布结构等均发生了很大的变化。到1999年底，完成工业总产值近10亿元（1990年不变价），上缴国家税收近亿元。在食品工业24个门类中，青海省已涉足17个门类，形成了具有一定规模的食品工业体系。一些具有资源优势的产品，如精练菜籽油，菜花蜜、青稞酒、牛羊肉、虫草酒、野生植物及其加工品等在国内外多次获奖，为青海食品工业赢得了声誉。但总的来企业亏还十分严重。

随着国际绿色浪潮的兴起，青海绿色食品的开发逐步由一般初级产品向名、特、优、新产品发展，由一般小型企业向"龙头"企业发展。到1999年底，全省获得绿色食品标志的生产企业达15家，产品达34个。年产量达5.58万吨，年销售额达到1.12亿元，实现年利润0.075亿元。产品有牛羊肉、粮油类、乳制品、饮料、酒类、矿泉水、人参果等品种，如下表所示。原料生产基地面积达110万亩以上，使这些地区的生产环境得到有效的监控和保护。目前，粮油、牛羊肉、乳制品、酒类、饮料、矿泉水等有了一定程度的开发和加工，对蚕豆、油菜、马铃薯、大蒜、枸杞、花椒、辣椒等产品也加大了开发力度。这不仅扩大了绿色食品的品种和数量，也增强了在国内外市场的竞争力。同时，生产企业也积极开发高附加值、高科技含量、市场看好的绿色食品，逐渐由劣势企业变为优势企业。

有些企业，其产品虽尚未获得绿色食品标志，但也增强了环保意识。逐步向国内和国际绿色食品标准靠拢。为了开拓市场和进一步提高市场竞争力，这些企业在其产品开发和加工过程中，严格按国内外订单的需求标准以及 ISO 9000 质量体系要求进行生产。从所有制角度看，1998 年产品销售收入 500 万元以上的非国有食品类企业占全省食品类企业的 11.2%，到 1999 年已占到 15.3%。年产品销售收入在 500 万元以下的小型食品企业中，民营企业也占有相当的数量。从民营企业发展趋向看，虽然有 70% 从事第三产业，但已明显表现出在迅速向以资源开发为主的第一、第二产业的过渡。这为发展绿色食品产业奠定了良好的基础。

表　1999 年获得绿色食品标志的生产企业及产品一览

企业名称	产品品种
青海省丁香粮油集团公司	一级精练菜籽油、菜籽色拉油
青海贵南牧场	精练菜籽油，烹调油
青海省肉食品集团公司	分割羊肉、剔骨牛肉、羊肉串
青海省农副产品总公司	分割牛肉、分割羊肉、人参果
西宁市农副产品公司	人参果
青海牧工商肉乳联合加工厂	分割牛肉、分割羊肉、西海奶粉
海西州肉食品集团公司	分割羊肉、分割牛肉
青海省果洛雪山有限责任公司	咖啡牛肉干、全脂加糖奶粉
大通天然饮料厂	白桦汁、沙棘汁
青海省绿宝实业有限公司	沙棘汁
青海昆仑山矿泉水有限公司	矿泉水
青海昂思多矿泉水有限公司	矿泉水
青海雪线纯矿泉水有限公司	矿泉水
青海省花宝蜂业股份合作公司	藏牛羊鞭蜜、蜂王浆蜜、太子蜜、枸杞蜜、虫草蜜
青海青稞酒集团公司	青稞液、青稞酒、青稞头曲、青稞特酿、互助头曲

2. 重点企业效益分析

青海省花宝蜂业股份合作公司　该公司是西北地区唯一集蜂产品收购、科研、加工、销售为一体的专业公司。自 1992 年建立加工基地以来，累计生产出口蜂蜜 34522 吨、蜂王浆 150 吨、蜂花蜜 20 吨；出口蜂蜜 34000 吨、蜂王浆 136 吨、花粉 10 吨，创外汇 2000 多美元，上缴利税 600 多万元。到 2000 年，公司总资产为 2055 万元，其中固定资产 952 万元、流动资产 1103 万元，完成工业总产值 1663 万元。公司的主业是蜂产品食品加工，产值占总产值的 85% 以上。拥有年生产 10000 吨出口蜂蜜生产线、年生产蜂王浆 150 吨生产线、各种规格小包装蜂蜜食品生产线等，其产品 90% 以上销往欧洲、美国、日本、港澳等地。1997 年该公司获得了国家绿色食品发展中心的绿色食品标志，曾被评为"中国食品工业十年新成就优秀产品""青海省优秀新产品一等奖""青海省首批名牌产品""全国供销总社名牌产品"，连续三年被西宁市消协确定为推荐产品。公司效益的 80% 来自产品质量的不断提高，其主要技术质量指标已达到或超过国家出口标准，并逐步向国际标准靠拢，因为每年出口订单中都会增加一些新的质量指标，只有质量达到进口国的特殊要求，企业才能生存；另外 20% 来自新产品的不断开发和产品科技含量的不断增加。企业认为，获得绿色食品标志所带来的效益目前不是很大，之所以要申报主要是为了迎合国际大市场的标准，以迎接我国加入 WTO 后的挑战。

青海省肉食品集团公司　公司成立于 1994 年，当时负担沉重，亏损面广，仅靠原始的牛羊肉出售、简单的肉类分割维持生存，在某种程度上说仅仅是个冷藏库。1996 年实行总经理负责制，1997 年初成立了由总经理负责的新产品开发小组。不到一年时间就迅速开发了清蒸牛肉罐头系列、牛肉干系列、香肠系列等 5 大系列 40 多个品种。1999 年改制为国有独资集团公司，在产品开发上又上了一个新台阶，推出孜然型、麻辣型、清淡型等十几种风格不同的羊肉串，注册为"宝羊"牌，产品增值 50% 以上。当年生产"宝羊"牌羊肉串 1000 多吨，产值达 5000 万元，利税 30 万元，销售跃居全国近百家羊肉串生产企业前列，被湖北省评为"湖北市场消费者最可信赖的品牌"之一；并在长沙、深圳等 20 多个城市建立了营销网络，平均月销量可达 500 吨。公司的经济效益主要得益于：一是从体制上理顺了企业的总体发展思路，建立了一套有利于企业管理和经营的制度，调整了企业与政府部门的隶属关系和权力利益格局，从而促进了企业的全面发展；二是产品科技含量不断增强，使以往只起冷藏库作用的企业，变成总资产 2 亿元，产品分 5 大系列 40 多个品种，集科工牧贸一体化、产供销储一条龙，集约化生产、规模化经营的跨行业、跨所有制、多元化经营的大型企业集团；三是获得了国家绿色食品标志，使产品在省内外各大中城市占有相当的市场份额，并增强了集团公司的知名度和实力水平。

青海省绿宝实业集团有限公司　公司成立于 1997 年，注册资产 5000 万元，是青海省最大的民营企业之一。目前公司已发展成为集科工贸为一体，以研制、开发、生产青藏高原野生、珍稀、优质动植物为原料的饮品和牛羊肉系列制品的主要生产和加工企业。公司下属相对独立的 7 个分公司，其中绿宝天然饮品公司和绿宝畜产品开发有限公司主要生产绿色食品，主要产品有"三野"牌三刺果汁、"绿宝"牌纯净水、清真系列牛羊肉产品、大黄饮品等，产品销往国内五省区二直辖市，1998 年获沙棘汁产品的绿色食品标志。截至 1999 年底，集团公司总产值近 5000 万元。该公司现已把开发重点放在高新技术产业领域，已建成了国家高新技术产业示范项目的高吸水性树脂生产线。而对绿色食品的开发将维持现状，不打算有更大的投入力度，原因是：一方面这些绿色食品尽管在上海、广东等地很有市场，但运费较贵，成本太高；另一方面省内市场容量小，人们的绿色消费观念淡薄，政府又没有这方面的扶持力度，企业不得不考虑生存和效益问题。在绿色食品开发上所取得的效益，公司认为主要得益于：一是对绿色饮品的开发较早，初始的宣传广告投入大，消费者很快认可了"绿宝"饮品产自青藏高原，是天然、无污染、无公害的，使"绿色宝贝"效应迅速扩散，打开了国内市场；二是增强科技含量，保证质量，公司对各食品类分厂厂址的选定、原辅材料的选用、成品的产出均严格按绿色食品要求及国家卫生标准执行。1997 年绿宝三刺果汁被联合国粮农组织授予"特等奖"，1998 年在上海国际食品博览会、上海国际酒业、酒店业博览会上被评为"最受消费者欢迎的食品"，1999 年被中国食品工业协会评为"国家质量达标食品"。

青海丁香粮油（集团）有限责任公司　是青海省粮油行业中规模最大、综合生产能力最强和最具有技术实力的国有龙头企业，是集粮油、饲料加工以及仓储、养殖为一体的销供产一条龙、科工贸一体化的集团公司，主要产品有"丁香"牌面粉系列产品、色拉油精炼油系列产品、陈醋系列产品、饲料系列产品等。截至 1999 年底公司总资产达 29188 万元，2000 年仅绿色食品菜籽食用油产量就达 3560 吨，产值 3831 万元。公司至今仍保持良好的经济效益，这是因为：一是拥有具有国际先进水平从瑞士布勒公司引进的两条专用面粉生产线和从以色列、德国、意大利引进的高级食用油加工、罐装生产线等，年产各种专用面粉 8.4 万吨、各种高级菜籽油 1.5 万吨，并具有严格的产品质量、计量监督体系和可靠的信誉保证；二是各项管理以现代公司制企业的要求予以规范，不仅调动了职工的积极性，也增强了企业活力，使产品在省内占有较大的市场份额；三是注重新产品和绿色食品的开发，为占有更多的市场打下了良好的基础。

通过对以上四家生产绿色食品重点企业的效益分析可以看出：一方面，企业都以市场为导向，大力调整了经营结构，积极探索买方市场条件下公司发展的新路子，80% 以上的企业通过产品获得国家绿色食品标志认证，对提高产品的知名度和市场竞争力产生了积极的促进作用及深远的影响。另一方面，虽然有不少企业认为青海开发绿色食品确实具有极大的发展潜力和市场潜力，又具有西部大开发和即将加入 WTO 的良好时机，并将依托青海资源优势实施品牌战略、搞好绿色食品开发和营销作为企业的一项既定的长远方针和目标，但由于青海目前还没有形成大力开发绿色食品的社会环境，面临的困难和问题多，政府的支持力度小，企业想涉足绿色食品产业而又顾虑重重。

（二）主要制约因素

1. 绿色食品工业发展的制约因素

产品结构不尽合理。绿色食品工业化程度低，绿色产品开发程度低，大多属于初加工和粗加工产品，质量档次和附加值不高，大量的优质食品资源难以形成优势产业，未能发挥出应有的经济效益。据有关资料表明，价值 1 元的农产品经过加工处理，出口到美国可增值 3.7 倍、日本可增强 2.2 倍，而我国仅增值 28%。以肉类加工为例，1999 年新疆平均每户出售自宰羊肉 100.45 公斤（居全国首位）、内蒙古 99.93 公斤、青海 86.93 公斤，而全国的平均数仅为 10.36 公斤，可见这些西部省份肉类加工规模之小、水平之低。

企业组织结构不合理。生产绿色食品的企业小而分散，抗风险能力和市场竞争能力弱，具有龙头作用的大型企业和企业集团很少。大多数食品企业虽然打着绿色无污染的宣传口号，但没有良好的技术工艺水平、过硬的质量水准，尚属于作坊式生产。有的企业在省内虽有一定的知名度，但经济效益也不是很好，负债高，长期在低水平上运营。同时，企业与原料基地的联系不够紧密，分散的农户提供的原料在时间、品种、质量、规模等方面远不适应绿色食品生产加工的要求，一定程度上影响了产品质量的稳定性。

加工技术设备陈旧落后，企业创新能力不足。一些绿色食品生产企业虽然引进了一部分20世纪八九十年代的先进设备，但还有大部分企业在采用传统的手工加工技术或使用六七十年代的技术设备。如肉食品就存在生产、屠宰、加工和流通环节上的技术问题，若不能很好地解决，极易引起在宰杀、去骨、分割、冷藏和加工等过程中的再污染。由于缺乏资金和人才，多数企业技术改造缓慢，技术创新能力不足，影响了企业的竞争能力和发展后劲。此外，受利益驱动，食品工业的重复建设现象严重，某种产品只要有一定的市场，各类加工企业就蜂拥而上，形成市场的过度竞争，质量不能确保，致使企业损失惨重。

体制和思想观念上的差距。受狭隘地方观念影响，在西部大开发、大流通过程中，无论是政府还是投资主体，仍自觉不自觉地表现出一定程度的自我封闭，在引进人才、资金、技术、给予优惠政策和创造良好环境方面相对保守滞后。与发达省份相比，在推动企业经营机制转变和多种所有制经济蓬勃发展方面有着较大差距。食品工业属于竞争性行业，更适宜民营企业的发展，包括各种非公有制资本的进入，而青海省国有经济所占比重仍接近80%的局面没有改变多少。

宣传力度不够，管理不规范。对绿色食品宣传力度不够，从而导致了社会对发展绿色食品的认识不足，尤其是还没有引起政府、投资主体的普遍重视，使绿色食品在地区间和行业间的发展不平衡，总量扩展缓慢。绿色食品管理体制不健全，机构设置不顺，管理机构没有自己的监测检验设施，职能难以发挥。这些因素不仅影响了绿色食品管理工作的开展，也影响了企业主体对开发绿色食品的信心和热情。

2. 农牧业发展的制约因素

农业区。东部农业区可以说是一个资源约束型的地区，土地、水、生物资源相对稀缺，农业资源的开发利用程度也不是很高。资源无序浪费和开发现象严重，使本来就相对不足的资源状况日趋紧张。农用土地后备资源不足，土地质量恶化。农药和化肥的使用量日益增大，食品污染问题不容忽视。位于湟水流域的农区还受到严重的工业废水污染，主要污染源来自西宁和海东地区。1999年西宁地区工业废水排放量为2218万吨，占全省总量的54.2%，其中又主要来自高耗电企业。农区农业发展的非可持续性直接影响了青藏高原无污染的形象和绿色食品的开发。

牧业区。当前主要存在的问题是生态环境恶化问题。现在牧业区水土流失面积扩大；土地沙化趋势严峻，沙化面积已达 1252 万公顷，且仍以每年 13 万公顷的速度递增；草场退化面积日益加重，中度以上退化草场面积 733 万公顷，占草地总面积的 20.1%；严重退化草地面积 440 万公顷，占 12.2%。与 20 世纪 50 年代相比，单位面积草场的产草量下降 30%～80%。同时，由于草场超载过牧、只用不养，牧草得不到生息机会，加之滥挖虫草等野生植物，降低了草场的载畜能力。虽然全省在生态环境保护方面做了大量工作，但由于其特殊的自然地理环境和气候因素，又受全球气候变暖影响，牧业区生态环境仍呈恶化趋势，从而严重制约了绿色食品的开发。

五　经验教训和对策

在市场经济条件下，任何产品的开发都应考虑市场因素，尤其应了解同类及相关产业的开发状况，如此才能知己知彼，占据较强的竞争优势。青海在绿色食品的发展思路上也应如此。这方面需认真汲取其他省区的经验教训，从中取长补短，以便有针对性地制定发展战略。

（一）黑龙江省发展绿色食品的经验教训

黑龙江省位于我国的东北部，素有"黑天鹅"的美称，有世界三大片之一的黑土资源和丰富的草资源、湿地资源，草场面积达 500 万公顷，有利于发展绿色食品，1990 年该省在全国率先提出了建设绿色食品强省的目标，十年来绿色食品从无到有，从小到大，迅猛发展。截至 2000 年 8 月，该省有效使用绿色食品标志产品 145 个，约占全国的 12%，其中：AA 级产品约占全国的 25%；产量 58 万吨，产值 46 亿元，实现利税 5.8 亿元，种植面积 750 万亩，产量 300 万吨，产值 70 亿元，增加值 38 亿元；畜产品产值预计可达 23 亿元。其成功经验有：①高度重视，增加投入。政府首先从省情和 21 世纪农业发展的大趋势出发，提出了"打绿色牌、走特色路"、建设绿色食品强省的思路和目标，由此统一全省上下的认识，并相继成立了省、市、县绿色食品管理机构，制定和下发了《黑龙江省 2000～2010 年绿色食品发展规划》《黑龙江省绿色食品产业发展实施方案》等，大到总体规划、小到品和类别都有详细的实施办法。同时，政府不断加大对绿色食品企业和基地的投入，2000年就投入4300万元，并带动地方、企业、银行、引资等投入6.4亿元。本着择优集中原则，将这些资金主要用于扶强扶壮。②强化政府职能，在拓展市场上做文章。政府采用了两个"两手抓"：一是一手抓有形市场建设，一手抓无形市场建设。成立了省绿色食品配送中心，以充分发挥政府宏观调控职能；除了在省内建立近百个绿色食品销售网点外，还在北京、上海、南京、广州等地建立了13个大型营销网点，使中心逐步成为立足黑龙江、辐射东北、服务全国的绿色食品集散地。二是一手抓营销队伍的培养，一手抓整体形象的塑造。注重用现代化市场营销理念和策略，培养和造就绿色食品的营销队伍，并充分利用媒介和多种博览会、展销会，树立黑龙江省绿色食品安全、无污染、营养、保健、高品位的整体形象，提高其产品在国内外市场上的占有率。③实施品牌战路，提高产品附加值。该省充分发挥绿色食品龙头企业创名牌、闯市场的主体作用，一些实力雄厚的龙头企业都非常重视科技开发和市场营销，创立了一批市场公认名牌产品。在绿色食品的开发上也逐渐实现由平面开发向立体开发转变，并不断提升加工层次，产品逐步由低档次向高档次、高附加值方向延伸。

但在探索绿色食品开发路子上，黑龙江省也有不少教训值得我们认真思考。一是监督和管理必须要规范。该省绿色食品事业发展过程中，其相应的管理办法、名牌产品保护条例以及有关质量方面的法规出台滞后，目前还没有研究、制定出一套科学、实用的生产操作规程，以确保绿色食品向规范化、标准化、科学化方向发展。这种状况导致：一方面，绿色食品质量极不稳定，有些产品以次充好，影响了该省绿色食品的整体形象；另一方面，在一些绿色食品主产区农药化肥残留又悄悄冒头。据哈尔滨市环境监测部门抽样监测表明，该市7个区的蔬菜作物中，有机农药六六六、滴滴涕、乐果、马拉硫磷、对硫磷的检出率都较高，其中后3项均有不同程度的超标，也有重金属残留被检出；同时，在该市12县的农田中被检测出上述5种农药的检出率都很高，个别点位检出重金属汞、镉等。这表明，黑龙江省在无公害农产品基地建设上的监督和管理跟不上，审批基地不规范，没有严格的详尽指标体系和跟踪监测系统。二是生态环境保护力度不够。要建成绿色食品大省，环境的保护和建设是必不可少的，因为良好的生态环境是绿色食品的生命线。该省虽然有开发较晚、土壤肥沃、少污染、气候优良等特点，具有绿色食品开发的特有生态环境条件，但也有很多主产区仍在城市近郊，以往工业污染所造成的土壤残留物较多，政府和相关部门在治理环境的同时却忽视了对土壤的有效治理，而且对农民所选用的化肥、农药也没有限制和规范，从而导致常用的几种化肥重金属含量较高。农民虽对绿色食品的生产有初步了解，但也不是很清楚，在耕作过程中没有完全按照绿色食品生产的标准进行，使产品质量参差不齐。在消费市场上，一些产品生产经营者擅自标明绿色食品字样，以次充好，以假乱真，导致食品声誉下降。三是没有把绿色食品生产与现代科技有机结合起来。初加工品多，深加工品少，高起点、高水平的绿色食品科技开发更少，无论是作物栽培、育种、病虫害防治技术还是高新加工技术，都没有重大突破，传统产业仍占主导地位。这种状况不仅不能适合未来食品产业的挑战，也影响其在国际市场上的进一步拓展。

有鉴于黑龙江省以及其他省份绿色食品开发中的经验教训，青海在开发同类产业时应注意以下问题：①优先保护生态环境。切忌人为破坏生态，如宁夏的发菜、甘草滥采滥挖现象即为此问题的典型。青海的冬虫夏草、大黄、红景天、蕨菜等确实是本地的特色产品，具有无可争议的市场竞争优势，但在没有重大技术突破的情况下，特别是在野生人工驯化栽培技术尚不过关的情况下，此类特色产品的开发必须以不破坏生态环境为前提。②强化绿色环保意识。绿色标志只是绿色产品的一个图标，若没有绿色环保意识，仅有绿色标志，也不能称为真正的绿色食品。目前很多生产企业其产品原料虽然达到了绿色食品标志，但因厂商的绿色环保意识淡薄，在加工、包装及营销方面并不注重是否有污染，对消费者的自我保护动机也缺乏理解，其产品自然不会有市场或者说不会有稳定、长期的市场。因此，只有加强对食品生产、消费过程的监控，在种养、加工、包装、运销和使用全过程执行特定的标准，才能形成真正意义上的绿色食品。③把握好速度与质量的关系。就全国来看，从1990年到1998年，国内"绿色产品"年均增长速度为151%，大大高于国内同期经济增长速度，更高于美国有机产品年均增长2%的水平（刘连馥：《部分国家有机食品的发展概况》，《中国食物与营养》）。黑龙江、内蒙古、山东等地的绿色食品发展状况均表明，目前绿色食品产业还处于数量扩张、迅速成长的阶段，如不控制超高的速度，将难以保证产品质量，有损这一产业持续健康发展。青海的绿色食品产业尚处于起步阶段，更应注重速度和质量同步发展，争取开发一个，成功一个。④处理好生产与流通的关系。当前青海一些企业批量生产绿色产品，缺乏大市场的支撑，能形成大市场的绿色产品又因种种原因迟迟形不成规模。有的企业简单地把绿色食品与野菜、野果及带绿色的产品画等号，与"红色产业""黑色食品"相提并论，以为绿色食品的生产是简单的、粗放的，忽视质量和技术上的投入；有的企业一哄而上进行重复建设，纷纷引进成套先进设备，又因其他原因形成高投入、中产出，高价格、低效益或负效益的局面。问题的根本出在市场销售上。就全国而言，绿色食品销售还未建立专门的渠道和专营店，与普通产品的销售在时间和空间上无明显区别，价格上的优势很难树立起来。在这种情况下，企业必须要处理好生产与流通的关系，注重产品有无市场特色。

（二）青海绿色食品的发展对策

1. 强化政府行为

加强生态环境保护。良好的生态环境是生产绿色食品的物质基础和先决条件。虽然独特的气候、海拔、地理位置以及开发程度低等有利条件，使青海具有开发绿色食品的良好环境优势，但面对江河原生态的日益恶化，要想保持青藏高原原有的环境优势，必须要采取一系列长期保护和不断改善环境的措施，也需要全省人民、全国人民的共同努力。借助西部大开发的机遇，省委、省政府及相关部门已进一步加强了环境保护工作，结合退耕还林（草）工程和"防护林"工程，大力进行植树造林，以涵养水源、保持水土和调节小气候。同时还应利用行政、法律、经济等手段，坚决制止工业尤其是高耗电工业"三废"的排放，实行清洁生产；对乡镇企业要严格规范，对一些规模小、无环保措施的小企业要坚决实行关、停、并、转，以改善城市环境特别是湟水河流域的水污染状况；对省内的16个生态环境重点县要因地制宜地搞好建设，以点带面推动全省农业的可持续发展。

建立和完善强有力的开发保障体系。青海若要充分利用得天独厚的环境、资源优势来开发绿色食品，自然离不开政府的扶持和宏观调控。省政府应从保护生态、促进产业结构调整的战略高度认识发展绿色食品的重要性，在产业结构调整中把发展绿色食品产业作为主攻方向，将其纳入社会经济发展规划中，确立与生态环境相适应的绿色食品产业发展规划和总体布局，并制定切实可行的发展措施。绿色食品的生产由原料开始到包装、转运，全过程都贯穿、体现可持续发展的原则，因而还应把绿色食品开发作为青海省可持续发展战略的重要内容。

加大宣传力度。开发绿色食品是一项新兴的事业，只有加大宣传力度才能产生预期效果，在全社会形成共识。政府和企业应把宣传引导工作放在绿色食品开发的首位，切实加强青海绿色食品整体形象的宣传。在宣传层次上，不仅要对相关部门进行重点宣传，而且要对科研部门、社会团体乃至全社会进行普及性宣传，唤起社会各界对开发绿色食品的关心和支持；在宣传内容上，要广泛普及绿色食品及其标志的基本知识，引导消费者树立优先消费绿色食品的意识，使人们真正认识到开发绿色食品在保护农牧业生态环境、保障人体健康、增强农产品市场竞争力等方面的作用；在宣传方式上，要通过广播、电视、报纸、因特网及新闻发布会、博览会等各种有效途径，扩大宣传的覆盖面，让广大干部群众充分了解绿色食品、认识绿色食品，为绿色食品开发创造一个良好的舆论氛围。

制定优惠政策。由于绿色食品的生产要按一定标准严格进行，需选用优良原料，这使其生产成本高于普通食品；在加工过程中，为防止二次污染，生产程序较为烦琐，也加大了成本；在绿色食品原料生产中需少施甚至不施化肥、农药，少用或不用促增剂等，使原料的产量低于普通食品原料，无形中也增加了成本；绿色食品还没有被人们充分认识，其防伪问题也没有彻底解决。所有这些因素都影响着绿色食品的市场竞争力，因此，政府要在绿色食品生产和开发上给予政策扶持，尤其在开发的起步阶段更需要一定的优惠政策，如此才能确保青海绿色食品开发的顺利进行。

增加开发投入。目前，青海用于绿色食品开发的资金投入、技术投入尤其是高新技术投入不足。政府一方面要在现有财政能力许可的情况下尽力加大投入，扶持绿色食品产业；另一方面，要积极争取国家投入，吸引省外、国外资金和技术投入。通过加大投入和多形式、多层次、多渠道筹集资金，建立完善以龙头企业和农牧民为主体、财政投入为导向、信贷投入为补充的绿色食品开发投入机制，提高绿色食品生产的经济效益。

推进产业化经营。外省及青海省发展绿色食品的实践说明，实行产业化经营是绿色食品生存和发展的关键性措施，能促进其组织化、市场化程度。首先，要培育和壮大牵动绿色食品产业发展的龙头企业。对规模较小的同类加工企业在区域内组建绿色食品集团，优先开发绿色食品，然后靠品牌效应发展壮大；对有实力的大型企业集团要给予必要的鼓励政策，引导其向绿色食品产业投资；加大招商引资力度，吸引国内外资金创办绿色食品企业。其次，要建设高标准的生产基地。要根据各县特点，在原有基础上不断扩大特色各异的绿色食品产业基地，并向高起点、高质量和科学化、规范化的目标迈进。最后，要探索完善内部利益机制，调整好龙头企业生产基地和中介组织的利益关系，通过参股和契约等有法律效力的形式确定各方的责、权、利关系，建立起利益共享、风险共担的利益共同体。

加强管理。青海省发展绿色食品尚处于起步阶段，难度大。一是绿色食品原料生产多为家庭分散经营，统一操作很难；二是农牧产品要达到无公害标准，不仅要抓过程控制，还需要辅之以强有力的措施；三是采用传统农业生产技术远不能解决所有公害问题，还要运用现代化高新技术，等。针对这些现状，政府应借鉴外省的经验和国际市场标准，做好以下工作：①在原料主产区要摸清主要作物的污染状况，如有没有污染、污染因子、污染源、污染程度如何等，要做到底数清楚，明确治理目标，从而有针对性地采取措施。②参照国家有关标准，促使生产、技术监督等部门共同努力，加快制定主要食品原料无公害暂行标准，包括产地环境质量标准，把有害物控制在合理范围内。③制定相关生产技术操作规程，从耕作、施肥、浇水、病虫害防治、加工、储运等各环节层层把关，进行全程控制、标准化生产。④积极推广无公害生产技术，如栽培、施肥、防病虫技术等。⑤要配备必要的检测设备和技术人员，制定科学的、可操作的检测程序和监督办法。⑥积极探索建立绿色食品市场营销机制，通过配送、连锁经营、专卖等方式，形成生产、销售封闭运行的特定销售网络，并加强市场管理，加大对假冒伪劣产品的打击力度。⑦通过国家有关部门争取与国际有机农业运动联盟接触，这不仅有利于标准制定、审核和标志认证体系尽快完善及规范，尽早与国际接轨，而且有利于青海省特色绿色食品打入国际市场。

2. 规范生产企业行为

扩大生产规模。目前，青海绿色食品生产规模小，在整个农产品和食品总量中所占份额少，相当一部分地区和企业的开发潜力没有挖掘出来。企业应抓住西部大开发的机遇，面向未来市场，在充分进行市场调查和预测的基础上积极扩大生产规模，为绿色食品的大发展奠定基础。

实施品牌战略。绿色食品要在国内外市场站稳脚跟，就必须牢固树立品牌意识和精品意识。青海的一些龙头企业已较好地发挥了创名牌、创市场的主体作用，但关键是要调整产品结构，把特定区域内的中小企业的相关产品纳入其品牌系列，扩大市场覆盖率。所有生产企业还应注重产品的深加工，要由目前主要生产 A 级绿色食品向 AA 级方向发展，品种由单一向多样化、系列化方向发展，并利用广告宣传、产品展销等手段提高品牌的知名度。

提高科技含量。技术是绿色食品生产、加工效果和质量的保障。青海省食品的生产应与现代化大生产相结合，应与先进科学技术相结合，在生产、加工、储运等诸环节中，尽可能采用现代化手段。原料生产要切实加大农业先进适用技术和农业科技成果的推广力度。种植业要在大规模推广优良栽培技术的基础上，重点推广抗病虫害转基因种、测土配方施肥和病虫害综合防治技术；畜牧业要在大力推广良种牧草种植的基础上，在牲畜良种良法结合上实现重点突破。加工环节上要加快技改步伐，努力用高新技术、高新工艺改造传统产业，并充分吸收传统农牧业的生产经验和技术，加强常规技术的生态化。

建立销售网络。企业不仅要在省内外大中城市建立绿色食品销售网点，发展绿色食品专卖店、连锁店、专销柜等进行集中销售，而且应通过现代科技手段建立绿色食品信息网络，面向国际市场。由于我国绿色食品认证尚未得到欧盟、日本和美国的认可，多数以通过外商投资企业返销产品的形式出口，销售和出口的成交形式仍然是等人上门洽谈业务或召开交易会商谈等，没有采取主动进攻式的先进销售技术。青海若能按国际标准建立认证体系，生产高质量的绿色食品，并积极争取政府和国家的支持寻找国际市场，前景将十分乐观。

加强人员培训。企业要不断加强对技术人员的培训工作，逐步实现绿色食品生产标准化，充分利用科研机构、大专院校和有关技术部门科技人员的作用，增强其为企业提供技术服务的功能，提高企业员工的质量意识和科技水平，使绿色食品的生产有切实的技术保障。同时，要加强企业管理人员的培训工作，使之了解与绿色食品有关的政策、法规，提高其管理水平，使绿色食品的生产和开发顺利进行。

培育高素质经营型的农牧民。高素质经营型农牧民是农村牧区中先进生产力的代表，也是龙头企业进行农业产业化进程中的最有生机和活力的市场主体。近几年青海在发展特色农牧业和实施农业产业化进程中，一大批农牧民经市场经济大潮的锤炼，逐步发展成为农村牧区中一支新生力量。若龙头企业对这部分农牧民素质给予进一步培养和提高，他们将能在很大程度上促进"绿色"产业的大力发展。生产企业要协调好各基地与农牧民的关系，积极引导他们解放思想、转换观念，使他们了解原料种植、养殖的相关技术和内容，激发他们面向市场，积极创建"绿色"生态生产基地。

加大有机肥、生物防病虫制剂的开发力度。减少化肥、农药的用量，多施有机肥及利用生物技术防治病虫害，是生产绿色食品的一项关键性措施。生产企业还应利用先进科学技术制售有机肥和生物制剂，并使之降低成本、提高肥效、保证供应。只有这样，才能既满足优质、无污染绿色食品生产的需求，又可创造极大的经济社会效益。

六 市场前景和发展预测

（一）市场前景预测

从国际市场看。近十年来，随着世界各国对绿色食品的认可，以及消费者对绿色食品需求的增加，绿色食品的市场份额上升较快。欧洲一些国家如德国、奥地利、丹麦等已达到食品类消费额的 2% ~3%，预计在今后十年有望达到 10% ~15%；世界市场将从现在的 110 亿美元增至 1000 亿美元，不少国家的绿色食品年消费量将达到食品消费量的 20% ~30%，甚至 50%。在西方发达国家，绿色食品或有机食品基本靠进口，德国、荷兰、英国每年进口的有机食品分别占有机食品消费总量的 60%、60%、70%；美国所需的有机食品 80% 靠进口，其销售已从 1980 年的 7800 万美元上升到 1997 年 45 亿美元，年增长幅度高达 20% 以上；韩国每年以 40% 的速度递增；日本 1999 年国内销售额达到 3000 亿日元，91.6% 的消费者对有机蔬菜感兴趣。近几年虽然国外对进口我国的绿色食品质量要求越来越高，但出口量仍不断增加，在国际市场具有较强的竞争力。

从国内市场看。随着经济的发展、收入水平的提高及工作节奏与工作方式的改变，城镇居民的消费观念与消费方式正在发生巨大的变化，人们对食品质量的重视程度越来越高，食品的检疫、添加剂、残留物等涉及产品质量的有关问题成为购买食品必须考虑的问题。尤其在一些高收入高消费的地区或人群中，形成了对绿色食品巨大的现实市场需求，有关部门对北京、上海两大城市调查表明，80% 左右的消费者希望购买到绿色食品。我国人口众多，是食品消费的最大市场，在未来 5～10 年里，只要绿色食品消费在食品消费总量中达到 1% 左右，其市场化规模就相当可观，而按照目前的发展速度，国内绿色食品在未来十年内有望达到 4%～10% 的市场份额，同时绿色食品中的 AA 级产品或有机食品将会不断上升。

从生产地域看。由于绿色食品的生产具有资源清洁、劳动密集、多种经营等特点，发达国家绿色食品的生产受到一定限制，目前德国和英国绿色食品进口量分别占国内消费量的 98% 和 80%。而我国西部地区尤其是青藏高原有着大量独特的地方资源，并且劳动力成本低、环境状况优良，极具开发有机食品和绿色食品等高附加值食品的优势，无论在国际或国内市场上，"青藏高原"本身就是打开绿色食品市场的一张"王牌"，深受消费者的喜爱和认可，这给青海发展绿色食品产业带来良好的市场机遇。青海省已借助西部大开发的春风，逐渐调整了农牧业产业结构，在生态环境治理、品种选育和栽培管理、产品加工贮藏等方面已积累了一定的技术贮备，只要与现代科技不断结合，完全能够保证绿色食品的质量与独特风味。

（二）产业发展预测

种植业。至 2010 年，青海仍以特色种植业为基础，充分发挥地区比较优势，面向市场需求调整种植业结构，加大生态农业适用技术推广力度，增加无公害的蔬菜、油菜、豆类、马铃薯等作物的生产，并将有约 7 万公顷农田得到生态方面的有效监控和保护。在经济较发达地区都将有自己的绿色食品拳头产品,如民和县的苹果,乐都区的保鲜蔬菜、白皮大蒜,互助县的双低油菜,湟中县的蕨菜,湟源县的陈醋等。今后重点开发为绿色食品的农产品有蚕豆、油菜、优质专用小麦、豌豆、脱毒马铃薯、蔬菜、水果等;土特产品有蕨菜、冬虫夏草、蘑菇、人参果、沙棘、枸杞、花椒等。以开发和保护并重,人工种植规模会逐步扩大。

畜牧业。至2010年农区畜牧业通过与退耕还林(草)工程结合将有突破性进展,以舍饲、育肥为重点,成为高产优质高效农区畜牧业;草原畜牧业在进一步保护、建设和合理利用草场资源的前提下,将更重视加强土种选育、品种改变和良种引进,调整优化畜种畜群结构,将有近24万公顷的草原得到有效的生态监控和保护。今后重点开发为绿色畜产品有牛羊肉、牛肉干、牛羊脏器、鲜奶、奶制品等。

水产业。将加大在黄河干流青海段及高矿化湖泊进行名优冷水性经济鱼类的集约化养殖力度,并在青海特有鱼种和生物资源保护的基础上进一步开发深加工及高科技含量产品,到2005年水产养殖业达到5000吨规模,到2010年鲑鱼、鳟鱼的年产量达到1.5万吨,新增渔业产值24亿元。重点开发的绿色水产品有青海湟鱼、鳗鱼、鲑鱼、虹鳟鱼、鲟鱼等鱼种以及螺旋藻、衣藻等盐藻类。

食品加工业。至2010年将初步建立具有高原特色的新的食品工业体系,产值年均增长约13%,主要行业技术经济指标接近全国平均水平。绿色食品加工业在各行业的关联度将进一步增强,无论在花色品种、高附加值产品开发上还是在工业化、规模化的生产上都有所提升,在全省食品工业总量中所占的比重由目前的百分之几提高到百分之十几,在龙头企业建设上也将加大投资和技改力度,其中粮食将达到年加工量1万吨,预计投资1000万元;海南、海北、海西等地的油料将达到年加工量6万吨,预计投资3000万元;果洛、黄南、海南等地畜产品将达到年加工量5000吨,预计投资1200万元;海北等地区的蜂产品将达到7000吨,预计投资500万元。今后重点开发的绿色食品加工品有食用油、特制面粉、蜂产品、饮料、矿泉水、食用盐、啤酒、果酒、低度白酒、陈醋等。

总之,今后在开发绿色食品上将注重与农牧业产业结构调整的结合、与发展优质农牧产品的结合、与"菜篮子""米袋子"工程的结合、与提高企业经济效益和增加农牧民收入的结合,逐步完善绿色食品的环境监测和质量监测体系，建立全省绿色食品的质量监测评估中心和绿色食品开发公司。到 2010 年实现全省绿色食品标志产品数量达到 100 个，生产总量 12 万吨，产值 2.5 亿元，纯利润 2000 万元。

（三）区域布局预测

根据青海绿色食品资源状况和环境质量的评价，"十五"期间绿色食品生产的具体区域布局是：①玉树、果洛、海南、海北、黄南、海西牧区，以生产牛羊肉、牛羊肉制品、乳制品、牛羊脏器制品及冬虫夏草、人参果的采收加工为主。②海东农区，以生产小麦、蚕豆、豌豆、马铃薯、青稞、蔬菜、果品、沙棘、白桦、花椒等产品为主。③海西地区的贵南牧场、海北地区的门源县、浩门农场及环湖各农场，以生产油菜和蜂产品为主。④柴达木盆地农区，以生产优质专用小麦、油菜、豌豆、枸杞、大蒜为主。⑤西宁市、格尔木市、德令哈市、平安县、乐都县、湟中县，以生产蔬菜、生猪、鲜奶为主。⑥龙羊峡水库、李家峡水库、海东部分川水地区鱼塘及其他条件较好的天然水塘，以养殖虹鳟鱼、鲤鱼、鲑鱼、鲫鱼、草鱼、大银鱼、池沼公鱼等为主。

（四）基地建设预测

利用十年左右的时间建立起具有青海高原特色的五大绿色食品基地：①青南、海北建成以自然生态资源为主的人参果、蔬菜等土特产品产采加工基地，投资 300 万元，面积为 50 万亩；相应建成化隆、循化、贵德等地的花椒、苹果生产基地，投资 800 万元，面积为 5000 亩。②海东、海西、海北、海南建成以优势农产品为主的生产加工基地，其中：油料基地面积为 200 万亩，投资 9000 万元；大通、湟源、湟中、互助蚕豆基地 10 万亩，投资 500 万元；在以青南、大通为主的畜产品加工基地中相继建立网围栏 200 万亩、疫病防治区 1000 万亩、草原危害处理 200 万亩，棚圈 15 万平方米，全部投资 3000 万元，年产牛羊肉 1 万吨。③建成以互助、湟中和大通为主的马铃薯生产加工基地，投资 5000 万元，面积为 15 万亩。④建成以海南、海北为主的蜂产品生产加工基地，投资 500 万元。⑥建成以海西、柴达木、诺木洪、德令哈地区为主的枸杞、沙棘、紫皮蒜生产加工基地，投资 400 万元，面积为 2 万亩。

（五）　决定市场前景的主要因素

充分利用信息资源。绿色食品生产的基地及企业：首先需要了解的是该种植或养殖什么、加工趋向等，然后才能考虑如何打入国内外市场。然而，至今青海省还没有专门的信息咨询机构及人才，即使能在互联网上获得许多相关信息，但仍离不开专门的技术人员的分析和加工。目前，我们信息利用意识不强，从事信息服务的中介组织和人员亟待培训。

政策引导和支持。由于全省上下对发展绿色食品产业没有足够重视，各级政府在生态农业县、生态示范区及绿色食品基地发展上的资金、技术投入不足。有些地区虽然建过基地，但未与绿色食品开发战略紧密结合，产品规模化、产业化水平都很低。同时，绿色食品生产企业都还没有外贸进出口权，并受到国内出口配额和许可证的制约。

完善质量控制体系。一家一户式经营体制已构成绿色食品产品质量控制体系中的最大障碍，如何把这些分散农户或牧民组织起来，统一按照绿色食品标准进行生产和加工，保证生产全过程的质量控制，已成为各个基地的主要任务和亟须解决的问题。但在青海省还没有充分发挥地方政府、企业及农牧民合作经济组织的积极性，利益共享、风险共担的合同契约式运行机制还有待进一步完善。

生态型技术研究与开发。青海很多绿色食品生产基地多选在生态环境条件相对较好的山区或牧区，土壤肥力的维持主要依靠自然轮作及生草覆盖，病虫害防治主要依靠自然天敌平衡。这种状况十分被动，亟须利用高新技术开展适合本地的新型生态技术的攻关，如微生物快速发酵菌株的研制可大大提高生物肥料的肥效和养分含量，新型生物杀虫剂、杀菌剂的引进和开发可提高病虫害防治的效果等，而且类似这种生态型替代技术的研究与开发项目一般也很容易得到国家的专项支持。

（该文 2003 年荣获青海省第六次哲学社会科学优秀成果评奖二等奖）

江河源区相对集中人口
保护生态环境（节选）

穆兴天　参看加　严金海

一　江河源区相对集中人口保护生态环境的重要性和必要性

通过对江河源区生态环境现状和恶化原因的分析，我们对江河源区相对集中人口保护生态环境重要性就会有不言自明的感觉。其实，保护江河源区的生态环境，就是保护中华民族繁衍生息的生命之源。

（一）中华文明的形成、发展，与黄河、长江密不可分

水是生命之源。人类古代文明的诞生总是与江河流域密切相连，因为江河给人类带来了灌溉农田之利和航运联络之便。有了江河及两岸陆地的支撑，人类文明之花才能盛开不衰。从国外的情况看，古埃及文明靠的是尼罗河、古巴比伦文明靠的是底格里斯河和幼发拉底河、古印度文明靠的是恒河的滋养，才会欣欣向荣、枝繁叶茂。源远流长的中华文明的繁荣发展，同样与源自青藏高原的黄河、长江密不可分。青藏高原拥有极其丰富的水资源。我国地表总径流量约 2700 亿立方米，其中 2/3 左右来自高原和山地，而来自青藏高原的约有 1000 亿立方米，占总径流量的近 2/5，因此青藏高原是我国水源大本营，是水利能源之源泉。特别是青藏高原腹地的江河源区，更以其在中国水生态中的地位，而被冠以"中华水塔"的美誉，自此发源的黄河和长江，在中华民族从古至今的历史上都被尊称为"母亲河"，因为她们既是中华民族诞生的摇篮，又是中华民族成长的基地。世界各国也都以黄河文化和长江文化作为中国文明的代表与象征。

黄河文化：黄河流域是中华民族的摇篮，也是各民族相互交融形成我国统一多民族国家的渊薮，更是中华文明起源的根据地。陕西蓝田县出土的"蓝田人"猿人化石证明，早在80万年前的旧石器时代，黄河流域就有人类活动，黄河文化开始萌芽。在新石器时代中期，黄帝部落在黄河中上游地带崛起，经过长期的部落战争，与炎帝部落、蚩尤部落、太昊部落、少昊部落、颛顼部落和帝喾部落的人民相互融合，沿黄河流域发展，共同开发了黄河中下游地区，开创了中国历史上的"三皇五帝"的辉煌时代，大禹治水的故事就发生在这一时期。大禹之子启在距今3500年前，建立了以安邑（今山西夏县）为中心的夏王朝，并将中国划为"九州"，其中黄河流域六州、长江流域三州。400多年后，商王朝代替了夏王朝，并建都于其部落根据地亳邑（今河南商丘）。商朝时期的黄河文化就相当发达，它与古埃及、古巴比伦并称为三个古代强盛的帝国，它们是世界古代三大文化中心。从商朝到北宋的2500年间，黄河流域一直是我国政治、经济和文化中心——自西汉至隋唐，先后有11个朝代建都于黄河中游名城西安（古称长安），历时1100多年，先后有9个朝代在黄河下游谷地的洛阳建都，历时近千年，故有"九朝古都"之称；北宋王朝定都开封，在60多年的时间里，这里经济繁荣，文化灿烂，《清明上河图》所描绘的就是当时的繁盛景象。可以说，古代中国文化就是在黄河的怀抱里发祥的，黄河的性格铸就了中华民族吃苦耐劳、英勇不屈的民族性格，把黄河称为中华民族的"母亲河"是当之无愧的。

长江文化：长江流域也是中华民族的摇篮，夏五朝划分全国为"九州"，其中的梁州（秦岭以南与四川盆地）、扬州（长江下游）、荆州（长江中游），都已超出了黄河流域的范围，而扩展到长江流域，说明当时长江流域已有发达的文明。近年来的考古发现表明，在长江中下游地区，存在大量的旧石器时代和新石器时代的人类文化遗存，它们是中华民族古代文明的历史见证。如存在于公元前4800年的河姆渡文化（发掘于浙江省余姚市），出土的文物主要有翻耕农田工具骨耜、大量稻谷遗迹等，它表明，这一文化与黄河流域史前文化代表的仰韶文化，是完全不同的稻作文化典型。类似河姆渡型的人类稻作文化遗迹遍布长江中下游沿岸许多地方，并与黄河流域远古文明处于不断交流、融汇过程之中，两大地域内史前人类文化遗存有着明显的相似性。这说明，中华文明多元一体的进程在两大流域间早就开始了。

上述两大文化的形成、发展，都是得益于黄河长江的存在，都是围绕江河流径而形成的。由此我们也可知江河源地青藏高原的生态价值之珍贵和难以估计。

（二）江河源区生态环境直接关系着中华民族的可持续发展

两河流域不仅是中华文明的发祥地，同时也是中华民族振兴的中坚力量。

20世纪80年代初期，黄河流域人口总数达到8153万人，其中城镇人口是1374万人。总耕地面积1298.1万公顷，其中水田12.3万公顷。粮食总产量210.95亿公斤，人均粮食产量258.5公斤。黄河流域雄厚的经济实力是国家强盛的可靠保障。

长江流域总面积180多万平方公里，占全国总面积的1/5。20世纪80年代初期，长江流域总人口34796万人，其中城镇人口5176万人。总耕地面积2448.5万公顷，其中水田1408.1万公顷。粮食总产量1156.5亿公斤，人均粮食产量332.5公斤。长江流域的面积和经济实力均高出黄河流域同类值，是我国大陆最富裕繁荣的区域。①

两河流域的富庶，得益于长江、黄河，根本上说是得益于生成江河的雪山、冰川。如果江河源区生态环境恶化得不到遏制，秀美山川得不到恢复，两河流域的工农业生产和人民生活将受到直接或间接的影响。近年来，黄河断流使中下游工农业生产遭受巨大损失，1998年的洪涝灾害使长江流域工农业生产和人民生命财产遭受巨大损失，这些都是明显的例证。

有"地球第三极"之称的青藏高原，尤其是居于其腹地的江河源区，在自然环境方面占据着极其特殊而重要的位置。就中国而言，它是"中华水塔"，就世界而言，它是全球气候调节区。这些作用是由它具有的一系列独一无二的生态功能所聚合而成的。

1. 热力作用。这里地壳的平均厚度约为30公里，最厚处达75公里，比大陆平均表面高出2000～3000米。由于这块巨厚且辽阔的高原凸入地球大气环流层的中部，因而它以自身蕴含的热量和辐射太阳热对大气环流产

---

① 王天津：《青藏高原人口与环境承载力》，中国藏学出版社，1998。

生了特殊的热力场效应。

2. 动力作用。青藏高原以它巨大的体积凸出于北半球中纬度地带，北半球与之相对应的每一股大气环流在运动时，都会受其阻挡而被迫改变原来的流动方向。

依靠热力和动力作用的合力，青藏高原及江河源区对大气环流运动的性质、方向、强度以及江河的水流量，都施加着重大的影响。而这两类作用又都与高原地表的绿色植被状况息息相关，如果这些地表植被遭到破坏，它对北半球生态循环的调节影响就会朝着不利于现代人类生存的方向发展，其典型表现是高原大气活动和干湿季节转换异常，导致源自这里的江河或者洪水泛滥，或者干枯断流。江河源区的环境恶化，已经导致气候的异常，旱、涝、虫等灾害的频繁发生，不仅危及当前的工农业生产的发展和人民生活，而且由于这里生态环境的脆弱性、易损性及难以恢复性，因此可以说在侵蚀着中华民族可持续发展的基础。据统计，江河源区生态环境恶化引起的黄河断流，已经给中下游地区的经济发展造成无法估计的损失，特别是山东省，仅 1972 年到 1998 年的 27 年间，黄河断流 21 次，造成直接经济损失高达 350 亿元人民币。1998 年那场侵袭神州的以长江为主的大洪灾，造成的国民经济损失高达 3000 亿元人民币。

综上所述，我们认为，江河源区生态环境的保护和治理已到了刻不容缓的地步。因为江河源区的生态环境正在恶化，而且恶化的速度在逐年增快。而这种恶化，不仅已经影响着国家的现代化建设，而且将影响整个中华民族的可持续发展。江河源区是我国生态建设和生态安全的制高点，而生态安全对中华民族的伟大振兴，与国防安全、金融安全同等重要，甚至可以说是至关重要的。

(三) 生态环境的恶化已严重制约江河源区藏族的发展进步

江河源区生态环境的恶化，给整个中国乃至世界，都带来了灾难性的后果，但受害最直接的，还是江河源区的各族人民。这种危害主要表现在以下几个方面。

1. 自然灾害频繁，生产条件恶化

江河源区生态环境恶化最突出的表现之一是草场退化、植被稀疏低矮。这一变化引起的直接后果，一方面是自然灾害频繁发生，另一方面是

产草量下降，导致生产条件不断恶化。

草场退化使当地气候变得十分恶劣，自然灾害频繁发生。10 年前，这里流传的谚语说：十年一大灾，五年一小灾。所谓的灾，指的是雪灾（也称白灾），降雪覆盖草场，致使牲畜无法采食而造成大量死亡。过去因草高过膝，一般的降雪不会形成灾害，但随着草场退化，现在的草高只有 3～10 厘米，一次小的降雪就可造成大量牲畜的死亡。1949 年以来，玉树藏族自治州共发生八次大的雪灾，降雪量虽无增加，但造成的损失却逐年增加。八次雪灾共造成 745.66 万头（只）牲畜死亡，直接经济损失达 15.96 亿元人民币，而 1995 年底 1996 年初的第八次大雪灾共死亡牲畜 129 万头（只），死亡率为 33.78%，直接经济损失达 7.6 亿元人民币，占八次雪灾经济损失的 50% 强。

草场退化造成产草量的不断下降，从而造成牧民的频繁搬迁。过去，一年之中牧民搬迁转场最多不超过三次，但现在由于产草量的下降，牛羊常处于半饥饿的状态，不仅影响畜产品质量，而且使牧民频繁搬迁，甚至七八天就得搬迁转场一次，奋斗多年刚刚实现半定居的牧民，不得不过着居无定所、逐水草而居的"乞牧"生活。玛多县由于草场退化，已有 38% 的牧民弃家而去，成为"生态难民"。

2. 生存环境恶化

由于生态环境的不断恶化，江河源区藏族人民的生存环境也在不断恶化。青藏高原被人们与南极北极并列，称为"地球第三极"，也因为环境的恶劣被称为"生命的禁区"。当我们钦佩藏族在这里繁衍生息的坚韧精神的同时，应该理解藏族的无奈。藏族民歌中唱道："辽阔的羌塘草原啊，当你不熟悉它的时候，它是如此那般的荒凉；当你熟悉了它的时候，它就变成你可爱的家乡。"其中既有对严酷环境的艰难适应，也有别无选择的叹息。在这里，平原地区无处不在的氧气却成为稀有物品，空气中的氧气含量只有海平面的 50%～70%。生存在这里的人们平常走路，如同内地人背了 50 斤的重量，更何况还要进行繁重的生产劳动。在这里，生命变得极其脆弱，一方面，人口的自然选择十分严酷，非健壮婴儿不能存活，有些地区的婴儿死亡率高达 38%；另一方面，成年人中各种高原性疾病，如高原性心脏病、风湿性关节炎、肺水肿、肺结核等时刻在威胁着人们的生命。1998 年，玉树藏族自治州的干部进行了一次全面体检，结果几乎没有一个人是完全健康的。我们调查时，当地干部不无伤感地说：检查身体体现了上级领导对我们的关怀，但检查出疾病无钱治疗，倒不如不检查。因为平时认为自己健康，一检查到处是毛病，倒增加了我们的心理负担。曲麻莱县玛多乡的郭洋村，位于黄河源头地区，这里本是无人区，但草畜矛盾的加剧，使东风乡的一部分牧民搬迁到这里。由于海拔高、气候恶劣等原因，从 1995 年至今，已有 280 多位牧民被莫名其妙的疾病夺去了生命，村中最年长者，今年才 49 岁。

江河源区的群众需要买水喝——这种难以置信的事情，确确实实地发生了。"江河源头第一县"的曲麻莱县，其县城约改滩的居民每天上班前和下班后所做的第一件事就是担着水桶到路边等待卖水车的到来。过去卖水车只有两辆手扶拖拉机，如今增加到六辆仍显不足，每户居民每月仅买水的费用就达 40～70 元不等。缺水带来了卖水生意的红火，卖水者一年收入万元以上。曲麻莱县城原在色吾沟，由于缺水、草场退化、风沙太大的原因，于 1988 年搬迁到现在的约改滩。当时这里水草丰美，河流众多，考察的结论是此地地表水和地下水可供人畜饮用 50 年，县城周围七八条大小河流、100 多口人工机井，供应县城 3000 多人的饮用，可说是绰绰有余。然而由于生态环境连锁反应式地恶化，县城周围只有两条小河有水，117口机井，能出水的不到 10 口，而且要打入地下 200 多米才能见水。建成不到 20 年的曲麻莱县城又面临被废弃的危险。几年前投资 80 多万元修建的唯一一座水电站，也因水量不足而关闭，人们不仅要承受缺水的痛苦，而且还要忍受无电的折磨，依然过着"走路靠牛，点灯靠油，穿衣靠皮"的生活，发展经济、促进民族现代化的理想，更是遥遥无期。

3. 交通、通信、医疗卫生及教育事业无法跟进，甚至有倒退的趋势

畜牧业中实行联产承包责任制后，极大地激发了广大牧民的生产劳动积极性。但同时也带来一些弊病，如居住分散，尤其是生态环境恶化之后，牧民们居无定所到处游牧，不利于交通、通信、医疗卫生事业的发展，牧民们听不到广播、看不到电视，缺医少药，得了急病或大病，根本得不到及时治疗，牧民们处于"小病抗，中病躺，大病等"的境况之中，闭塞的牧区更闭塞；原来牧民在实现半定居后，民族教育曾得到一定的发展，适龄儿童入学率得到提高，但游牧或"乞牧"后，由于居住地的不确定性和分散性，对教育事业的发展形成冲击；原有的集体经济因包产到户经营而遭到削弱甚至消亡，作为基层组织的牧委会，根本拿不出资金发展社会公益事业，不仅使牧民享受不到应有的社会福利，而且大大削弱了基层组织的领导管理职能，社会控制能力大大下降。关于这一点，将在第五部分详述。

（四）江河源区生态环境恶化影响到人口承载力

关于这一点，前面在分析生态环境恶化原因时已经谈到，从中我们不难看出，全球气候变暖变干，是导致江河源区生态环境恶化的一个方面，更主要的是由于当地人口的增加、外来人口的无序性、掠夺式的开发，已大大超过了当地生态环境的承载力。在过去很长一段时间内，部分人士认为，青藏高原面积广大，自然资源丰富，人口绝对生存空间辽阔。其实这种看法并不全面，带有很大的盲目性。青藏高原的确地大物博，可是受现有科学技术和实际经济力量的限制，许多资源是无法在短期内被开发利用的，它们只具有潜在的经济价值。同样，受现有尚不完善的经济制度的影响，已经开发利用的资源没有高效率地转化为商品价值（杀鸡取卵式的开发行为已为人所不齿，更何况既杀鸡又打卵？），当地人均的国民生产总值在国内一直排在末位。对我国各省区的人口承载潜力研究表明，20世纪90年代青海省土地承载人口的极限为380万人，超载120多万人。中国科学院自然资源综合考察委员会的黄胜利博士以区域人口承载数量、人口受教育程度等指标计算出人口压力指数，又通过起伏度、干燥度、降水度率、草地退化、荒漠化度率、水土流失率、土壤浸蚀模数、森林覆盖率、贫困率、受灾度等指标测算生态压力指数，其结果表明：在全国各省区中，西藏与青海的人口压力最大，而生态压力也在中上水平，人口数量均超过人口承载极限度。人类的生存不仅需要广阔的空间，更要有维持生存所必需的生产资料和生活资料，为了这些必需，人们便无度地向大自然索取，而大自然也开始无情地报复人类。因此，保护江河源区生态环境，首先应解决人口问题。

（五）居住、经营分散弊端多

青海牧区从1984年实行家庭联产承包责任制已有17年的时间。这17年的实践，有利有弊。从有利的方面看，这一制度极大地调动了广大牧民的生产积极性，改变了过去那种干好干坏一个样、干多干少一个样的状况，发挥了牧民的主观能动性，创造了自主经营的宽松环境。但同时，在江河源区自然气候环境下，这一制度暴露出一家一户分散经营的种种弊端。按户承包经营后，牧民们居住更加分散了，如果说部落社会中各部落间"牧犬之声相闻，老死不相往来"的话，那么现在各户间连牧犬之声都听不到了。分散居住带来了以下一系列问题。

1. 使牧区的文化教育事业难以发展，现代化建设受阻

第四次人口普查资料显示，玉树藏族自治州 15 岁及以上人口数为133525，其中文盲半文盲人口数为 105489，文盲半文盲人口占 15 岁及以上人口的 79%，为全省之最。从下表中我们更可清楚地看到 1982 年至1990 年不同地区在校学生数量和文盲半文盲数量的差距。

1982～1990 年在校学生数量和文盲半文盲数量对比

单位：人

地区	项目	高　中	初　中	小　学	12 岁及以上人口中文盲半文盲人数
玉树	1982 年	3234	7319	26478	88950
	1990 年	2360	9478	24821	121330
互助	1982 年	6154	27892	78758	118670
	1990 年	9362	44609	107964	120151
西宁	1982 年	87517	212064	263830	189822
	1990 年	115326	287633	282040	196764
全省	1982 年	199261	544725	999470	1243654
	1990 年	271691	791579	1180613	1234755

资料来源：根据青海省第三、第四次人口普查手工汇总资料制表。

从上表我们可以看出在全省在校学生增长、文盲半文盲人数下降的情况下，玉树藏族自治州的在校生却在不断下降（高中、小学在校学生数分别下降了 27.03%、6.26%），而 12 岁及以上人口中文盲和半文盲人数却在上升（上升了 32380 人）。而同为少数民族的土族，在校生数量增加，文盲半文盲人数下降。造成这种现象的原因是多方面的，但其中有两个原因是不可忽视的，那就是：藏族居住分散而土族居住集中；土族劳动力过剩而藏族由于分散经营劳动力不足，16～19 岁的高中生被父母从学校拉回到牧场放牧。

而以上仅是全省、全州的概况，如果深入到县、乡牧民集中分布区，适龄儿童入学率更低。1999 年 10 月，省民委主任李庆同志到玉树州调研，在其调查报告中反映出的情况就是这样："治多县多彩乡有学龄儿童 284 名（7~12 岁），全乡只有 1 所寄宿学校，在校生 36 名（包括超龄生和干部子弟），入学率为 6%；立新乡学龄儿童 367 名，在校生 39 名，入学率为 11%；当江乡学龄儿童 214 名，在校生 20 名，入学率为 9.5%。"[1] 很多牧民子弟由于居住分散而处于上学难或无学上的境地。

居住的分散，加之气候恶劣造成的各种疾病众多，使广大藏族牧民得不到医疗卫生保障，缺医少药的阴影又笼罩在这些牧民的头上。目前，全州共有医疗卫生机构 93 个，病床 700 多张，卫生工作人员 1138 名。另外，各牧委会和村也水平不一地建有卫生室，民间医生 1000 余名。尽管从州到乡以及村（牧）委会建有医疗网点，但县及县以下的医疗卫生机构建设从 20 世纪 80 年代起逐步滑坡，村级卫生室形同虚设。缺医少药问题的主要表现是：农牧民群众以及干部患地方病、传染加剧传播蔓延，孕妇、婴幼儿死亡率高，成年人因病致残、致死丧失劳动力，家庭因病返贫，使整个民族体质的健康发展和正常的生产生活受到严重威胁。据各县医院门诊统计，在主要的几种传染病中，肝炎患者 3000 多人，肺结核患者 1450 多人，脑结核患者 130 多人。这只是近两年县医院接收治疗的患者，而大量的牧民则没有条件到县以上医院接受检查治疗。1985 年和 1995 年的两次大雪灾后，在牧民群众中出现了坏血病，仅曲麻莱、治多、玉树三个县就有 1000 多名患病者。此外，在称多县清水河地区有一种原因不明的流行病，一旦患病，死亡率极高，中卡村 1997 年以来已死亡 20 人，有的牧民家一年死亡 3 人。据估计，在玉树州的干部群众中，15%~20% 的人患有各种肝炎、结核等传染病，甚至在学校学生、寺院僧人中传染流行，医务人员把结核病多发地区称为结核村、结核沟并非渲染。

造成医疗卫生事业滑坡、群众健康水平下降的主要原因是：因各户分散经营，没有资金进行州、县、乡、村医疗网点的建设，村级医疗网点名

---

① 李庆：《关于玉树藏族自治州民族教育等问题的调查报告》，《青海民族宗教工作》1999 年第 4 期。

存实亡，大部分村没有医疗的基本设施，有民间医生而没有药品，使不少经过培训的民间医生无法行医；因居住分散，牧业点与县乡驻地距离很远，生了病根本得不到及时治疗，处于"小病抗，中病躺，大病等"，即小病凭个人的抵抗力自然恢复，中病躺在家中听天由命，大病只能在家等死的状况。如称多县杂朵乡格所村两户牧民草山打架，刀伤 4 人，因没有及时治疗，几天后流血过多而死亡，该村距乡政府有 150 公里。在医疗条件稍好的地方患感冒根本不算什么问题，但在这里就会要人性命——治多县索加乡一户牧民的三个孩子就因感冒而死！①

居住分散切断了广大牧民与外界的联系，听不到广播看不到电视，更不要说通过这些现代化的媒体了解中央的各项政策、国内外大事及学习科学文化知识，有的牧民居然不知道当今的国家领导人是谁。同时，居住分散和交通不便，也阻碍了牧民参与社会市场经济活动，外面的商品进不来，自产的畜产品销不出去，失去了很多发展进步和提高生活质量的机会。

2. 降低了抗灾自救的能力

雪灾是畜牧业生产的灭顶之灾，如果救灾不及时，将对牧民的生命财产造成无法估量的损失。如前所述，1950 年后，玉树藏族自治州共发生八次大雪灾，虽然降雪量没有大的变化，但自实行联产承包责任制后所造成的损失却大大高于集体经营时。造成这种现象的主要原因，就在于居住分散后由于交通不便、协作力下降而降低了抗灾救灾的能力。如曲麻莱县，县城与最近的叶格乡的距离为 88 公里，而与最远的麻多乡的距离为 225 公里；乡政府驻地到最远的牧委会的距离达 350 ~ 400 公里，而且相连其间的公路为季节性互通，一遇恶劣天气就中断，因此，救灾物资即使送到乡政府驻地，也很难及时运到牧民手中，这显然增加了救灾难度，减弱了抗灾救灾的能力。1995 年底 1996 年初的那场大雪灾，使治多县和杂多县各出现了 500 多户无畜户，由于居住分散偏远，灾后的救济物资无法运到灾民手中，无奈之下，县政府将这些无畜户迁到县城附近救济，虽然暂时解了燃眉之急，但也留下了许多社会隐患，如灾后重建问题、社会治安问题、

---

① 李庆：《关于玉树藏族自治州民族教育等问题的调查报告》，《青海民族宗教工作》1999年第 4 期。

恢复生产问题等。

3. 降低了社会控制能力，削弱了地方政权建设，尤其不利于生态环境的保护

首先，牲畜归户自主经营后，降低了社会控制能力，牧民的生产经营活动得不到有效管理，处于一种无序的随遇而安的状态。前文提到草场退化的一个重要原因是牲畜超载过牧和草场建设滞后，但根本原因还在于这种无序的发展模式。牧民养多少牲畜，那是他自己的事，县、乡、村根本无法控制，实际养畜量要大大高于上报的统计数。再加上一家一户经营，根本无力进行草原建设、草种和畜种改良，牧业生产实际上处于一种低层次的、竭泽而渔式的发展状况，生态环境的恶化以及接踵而来的生存环境的恶化便不可避免地发生了。

其次，实行集体经济时，村一级都有几十万元甚至上百万元的公积金和公益金，村一级组织可以发展文化教育、医疗卫生、畜牧科技事业，在灾情和疫情面前可以开展扶贫济弱、畜病防治活动，基层党组织和村委会成为牧民的主心骨、领路人和依靠。自从承包经营后，集体财产瓜分殆尽，村一级组织根本拿不出资金发展文化教育、医疗卫生和畜牧科技事业，更不可能开展扶贫救济等公益事业，只能做些"催粮纳款、刮宫引产"的事情，威信下降，有些地方和有些时候甚至成为牧民的对立面。同时，承包经营后，草山纠纷等事件时有发生，而发生纠纷后，牧民不是找各级政府和村级组织，而是找宗教人员、原部落头人的后裔调处，致使已经废除多年的封建宗教势力和部落势力抬头，严重影响牧区的社会政治稳定和畜牧业经济的正常发展。

二　相对集中人口保护生态环境的可行性

在江河源区进行相对集中人口保护生态环境，是一项庞大的系统工程，牵涉到千家万户的生存发展问题，牵涉到政治问题、民族问题、生态环境问题以及资金、技术等方方面面的问题。因此，这一工程的可行性，就理所当然地成为人们关注的焦点。经过对各方面情况的综合分析，我们认为，这一工程是可行的。

（一）西部大开发战略，为实施这一工程提供了难得的机遇

实施西部大开发战略，加快中西部地区发展，是党中央高瞻远瞩、总揽全局做出的重大决策。这一战略的实施，不仅为西部地区的发展和各少数民族的发展进步提供了难得的机遇，更为改善西部日益恶化的生态环境提供了难得的机遇。

早在 20 世纪 90 年代末，江泽民同志就号召我们"再造一个山川秀美的西北地区"。他说："改善生态环境，是西部地区的开发建设必须首先研究和解决的一个重大课题。如果不从现在起，努力使生态环境有一个明显的改善，在西部地区实现可持续发展的战略就会落空。"① 这段话，深刻揭示了改善生态环境与西部地区可持续发展之间的密切关系。

朱镕基同志在谈到西部大开发时认为，实施西部大开发战略，是一项复杂的系统工程，要有步骤、有重点地推进。在当前和今后一个时期，要切实抓好的重要工作有五项，其中第二项就是切实加强生态环境保护和建设，这是实施西部大开发战略的根本。他说："只有大力改善生态环境，西部地区的资源才能得到很好的开发和利用，也才能改善投资环境，引进资金、技术和人才，加快西部地区发展步伐。尤其要看到，改造西部地区的生态环境，对于改善全国生态环境，具有重大意义。""因此，必须高度重视和突出抓好生态环境的建设，把它作为实施西部地区大开发的切入点。"② 在此，他提出要坚决实施"退耕还林（草）、封山绿化、以粮代赈、个体承包"的措施，因为"现在全国粮食供应充裕、库存多，是以粮食换林草的极好时机，我们要紧紧抓住而不能错过这个难得的机遇。这样，既可以改善生态环境，又可缓解目前粮食总量相对过剩造成的一些矛盾，还能带动整个经济结构调整。同时，把以粮食换林草同扶贫工作结合起来，也是加快贫困地区脱贫致富的有效途径"③。

2001 年 8 月 28 日，国务院西部开发办公室出台了《关于西部大开发若干政策措施的实施意见》，其中把生态环境建设列入优先安排的建设项目中，并提出了具体实施办法。

---

① 《青海日报》1999 年 6 月 19 日。
② 《青海日报》1999 年 11 月 1 日。
③ 《青海日报》1999 年 11 月 1 日。

1. 开展退耕还林还草试点工作。国家按长江上游地区每亩退耕地每年补助 150 公斤、黄河上中游地区每亩退耕地每年补助 100 公斤粮食（原粮）的标准，在一定时期内向退耕户无偿提供粮食，补助粮食的价款（每公斤原粮 1.4 元）由中央财政承担，调运费用由地方财政承担。同时，国家给予退耕户适当的现金补助，补助标准按退耕面积每亩每年 20 元计算，所需资金由中央财政负担；国家向退耕户提供种苗费补助，补助标准按退耕还林还草和宜林荒山荒地造林种草面积每亩 50 元计算，所需资金由中央基建投资安排。对因实施退耕还林还草影响地方财政收入部分，由中央财政在一定时期内适当补贴。

2. 有选择地增加对生态环境建设项目的贷款投入。配合退耕还林还草、封山绿化等生态环境建设工程，对一些有还贷能力的速生丰产用材林、经济林、山野菜、中药材开发以及个体苗圃等项目，增加信贷投入。

3. 对保护生态环境，退耕还林（生态林应占 80% 以上）还草产出的农业特产收入，自取得收入年份起 10 年内免征农业特产税。

4. 有计划、有步骤地对坡耕地退耕还林还草，鼓励利用宜林宜草荒山、荒地造林种草，实行谁退耕、谁造林、谁种草、谁经营、谁拥有土地使用权和林草所有权。国有荒山、荒地等未利用地依法出让给单位和个人进行造林、种草等生态建设的，可以减免土地出让金，实行土地使用权 50 年不变；达到出让合同约定的投资金额并符合生态建设条件的，土地使用权可以依法转让、出租、抵押；土地使用权期限届满后，可以申请续期。利用农村集体所有的荒山、荒地等未利用地进行造林、种草等生态建设的，可以通过承包、租赁、拍卖等方式取得土地使用权，实行土地使用权 50 年不变；土地使用权可以继承、转让（租）、抵押。

5. 国家设立的各项科技基金、科技计划经费等专项经费向西部地区倾斜。重点围绕西部生态环境和基础设施建设、产业结构调整等方面的关键共性技术攻关及产业化，加大倾斜支持力度。加强西部地区科技能力建设，加强对国家重点实验室、工程中心、野外观测台站等科研基础设施和基础数据库、生物种质（基因）资源库、科技信息网络等科技基础性建设的支持。

西部大开发战略的实施，为实施相对集中人口保护生态环境这一工程提供了难得的机遇，中央领导同志的指示和西部大开发的具体政策又为这一工程的可行性提供了政治理论及政策保障。

（二）三江源自然保护区的建立，为实施这一工程提供了资金和技术等方面的支持

2000 年 8 月 19 日，根据国家生态安全和中华民族可持续发展的需要，由江泽民同志亲笔题写碑名、布赫副委员长撰写碑文的"三江源自然保护区"揭碑仪式，在通天河畔隆重举行，标志着三江源自然保护区的正式成立。

三江源自然保护区面积达 31.8 万平方公里，是长江、黄河及澜沧江的发源地和生态系统最敏感的地区，也是我国面积最大、世界高海拔地区天然湿地最多、生物多样性最集中的自然保护区。建设好三江源自然保护区，对于保护高原湖泊湿地、原始森林、珍稀野生动植物、高寒灌丛、草甸草原和"世界第三极"景观及整个三江源流域生态环境，具有重要的作用。

国家林业局副局长周生贤表示，国家林业局将把三江源自然保护区作为全国自然保护区建设的一号工程，作为西部生态建设的重中之重，在投资、项目、资金等方面重点倾斜，并以此为契机推动西部生态建设和全国自然保护区建设。他说："三江源自然保护区的成立仅仅是拉开了建设的序幕，今后的建设任务极其艰巨……要真正把三江源自然保护区建设纳入国家和地方社会经济发展计划。同时，要在科学考察的基础上，充分论证，做出科学规划和布局，提出切合实际的总体目标、近期目标和建设项目。"① 这些设想，正好给我们社会科学研究工作者提供了用武之地，也为我们提出的相对集中人口保护生态环境的方案提供了投资、项目、资金等方面的支持。

当然，三江源自然保护区建设是一项极其复杂的系统工程，光靠林业部门的力量还远远不够，必须依靠各行业、各方面的大力支持。要拓展思路，多渠道筹集资金，不仅要争取国家投资、部门投资、地方投资，还要广泛争取和吸纳国内和国际的社会资金，共同为实施这一工程提供资金保障。因此，保护三江源自然生态环境，既是中央的既定方针，又是各部

---

① 《青海日报》2000 年 8 月 29 日。

门、各级政府的共识，只要我们大胆设想，小心求证，拿出切合实际又行之有效的方案和项目，资金等方面是可以得到国家各部门甚至国际社会支持的。

（三）中华民族特别是藏族优良的生态环境保护传统，为这一工程的实施提供了广泛的群众基础

生活在青藏高原的藏族，面对恶劣的生态环境，千百年来形成了独特的生态文化，使这片广袤的高原很少受到人为的破坏，基本保持了原始状态。藏族中的智者辛饶米沃且创立的本波教，把自然空间划分为天、地、地下，并且为了自然环境不遭到破坏而使万物神圣化，主张万物有灵，人们只能敬畏地对待万物，而不得加以任何形式的破坏。这种持续的教化，使藏族逐渐形成了这样一种生态观："自己所处的自然环境具有神圣性，当代人只能以一种恭敬的态度谨慎地利用自然界已经赐予的资源财富。但是不该索取自然界不允许的资源，即不能以破坏的方式损害自然的原魂。任何对草原的挖掘，对泉水、湖水与河水的污染，对野生动物的侵犯都是对自然的侵犯，因而立即会遭到惩罚。这种态度使青藏高原自然环境得以保护，自然资源得以持续。"[1] 佛教传入后，藏族几乎全民皈依了佛教，而佛教以杀生为第一大戒，认为自然界的有情众生（众生的范围很广，既包括有生命的人、动植物，也包括无生命的万物）都有生存的权利，其生命必须得到尊重和保护，破坏这一戒律，就是最大的罪孽。这一思想与藏族的传统观念不谋而合，并使之得到强化。"佛法认为众生的生存环境，是众生共同的业力和愿力创造的，它对众生的生存、苦乐有极大的影响。人们应该像保护生命一样保护环境、优化环境，要爱护一草一木。环境的恶化、资源的破坏意味着这个地球上的生命的末日将临。因此不但伤害动物、鸟兽、昆虫是犯罪，就连割草砍树、破坏自然生态、污染河流环境都被视为恶行而属佛律禁止之列"[2]。过去神圣不可侵犯的神山、圣水同样被藏传佛教神圣化，受到人们的敬畏和信仰，一切生命形式得到尊重而备受呵护。因此藏族群众一直遵循这样一个原则：人类绝不能妄自剥夺有情众

---

[1] 南文渊：《藏族文化中的"三因论"——兼论藏族对自然环境与社会和谐并存的认识》，《青海民族研究》2000 年第 1 期。

[2] 多识·洛桑图丹琼培：《佛理精华缘起理赞》，四川民族出版社，2000。

生的生命权，更不能为了满足个人的私欲、物欲而剥夺其他动植物的生存权——只要人类的生存权不受威胁即可。

藏传佛教一再强调生命体处在与周围一切因缘的联系之中，受诸因缘的影响，因此人要时时关心环境因缘，处处想到前因后果，创造万物和谐关系。同时对所谓的人生世俗利益（物质利益）抱一种超然的态度，认为人生为"空"，不必苦苦追求，顺其自然、洒脱觉悟，方不失和谐美好的生活。受这种思想的长期影响，藏族的经济活动一直保持与自然环境的协调和谐，但同时偏重于保护，忽视了对自然的开发利用，使社会发展缓慢，生产总量无快速的增长，生产力水平不高。这是另外需要研究的问题。这里要强调的是：这种生态文化和生态伦理使藏族群众具有浓厚、朴素的环保意识，对一切破坏生态环境的行为深恶痛绝，而对一切保护生态环境的行为和举措都满怀赞赏而从善如流。因此，只要讲清相对集中人口的目的，做好搬迁和安置工作，切实解决牧民们生存和发展中存在的实际问题，那么这一工程的实施就会获得广大牧民群众的理解与支持。

谈到这里，我想举一个实例。我的家乡青海省贵德县是一个气候宜人、山清水秀的地方，黄河穿县境而过，滋养着这里的万物，被人们称为"青海的小江南"。但是经济却很落后，原因是经济结构单一，没有像样的乡镇企业以保证财政自给，"无工不富，无商不活"。为了改变这种局面，县委县政府在考察了市场情况之后，决定建一座现代化的铝厂，厂址就选在取水便利的黄河边上。出于发展经济的急切心理，该项目在尚未经有关部门审批的情况下，就匆匆上马。但当地素有环保意识的村民立即站出来反对，认为建设这样一座工厂，不仅会破坏本地山清水秀的环境，而且会殃及清澈的黄河。在与县政府交涉未果的情况下，他们联名向有关部门举报，建设过半且投资过百万元的工程便半途而废。对于村民们的这一义举，有些人有不同看法，认为这些村民是"鼠目寸光""榆木脑袋不开窍"。但我想，半途而废的厂房和依然清澈的黄河水，就是自然立给这些善良而有远见村民的无字丰碑，历史会永远记住他们的。

（四）民众对相对集中人口的意愿

为了掌握当地藏族群众对相对集中人口的真实意愿，我们选择曲麻莱县的东风、巴干、曲麻河、玛多、叶格、秋智乡，发放 250 份问卷，委托各乡的干部进行问卷调查。从实际回收到的 203 份问卷的结果看，既在意料之外，也在情理之中。

意料之外的是，在问及是否愿意相对集中进行异地安置时，我们原以为很多人会愿意。但结果，不愿意的占绝大多数，达 157 人，占被调查人的 77.34%；而愿意的只有 46 人，仅占被调查人的 22.66%。情理之中的是，不愿意进行相对集中异地安置的原因虽多种多样，但其中的几个原因是我们事先就想到了的。回答"故土难离"44 人，占被调查人的 21.67%；"怕影响收入"53 人，占被调查人的 26.10%；"怕安置不好"73 人，占被调查人的 35.96%；"生活、生产习惯不适应"43 人，占被调查人的 21.18%。

我们走访了一些牧民，就我们掌握的情况看，不愿进行异地安置的原因有四个：一是这些牧民祖祖辈辈生活在这里，对这片条件严酷、气候恶劣的土地有深厚的感情，故土难离是人之常情；二是怕安置不好而影响收入，使自己的生活水平下降；三是这些牧民绝大部分祖祖辈辈从事畜牧业生产，因而担心异地安置时会让他们从事其他行业的生产，造成生产、生活方面的不习惯；四是怕搬迁以后西藏、新疆甚至本省海西州的牧民趁机进牧真空地带，造成既成事实后难以讨回，也使异地安置的初衷落空。

针对这些顾虑，政府部门除了要做耐心细致的说服宣传外，更要制定相应的政策法规，规范搬迁、安置工作，保证搬迁后的生存环境和生产、生活只会比目前更好，消除牧民的种种顾虑。同时，对民众意向也应做具体分析。在问卷调查中，不愿搬迁的人口基本上分布在生存条件较好的地区，而愿意搬迁的人口基本上分布在海拔较高、生态环境恶化严重的地区。如麻多乡，选择愿意搬迁的有 10 户，占 28.57%；选择不愿搬迁的有 5 户，占 14.29%；选择不知道（观望）的有 20 户，占 57.14%。而生存条件相对较好的东风乡、秋智乡，被调查者都选择了不愿意搬迁进行异地安置。

三 相对集中人口的具体办法

（一）方案选择

如何保护江河源区生态环境？这已经成为很多人关注的问题，也为此提出了种种解决方案。虽然方案各不相同，但目的是一致的，那就是用尽可能快捷的办法达到保护生态环境的目的。

方案一：以草定畜，缓解草畜矛盾，遏制草场退化的趋势。

如前所述，青海牧区普遍存在草场超载过牧的现象，超载率最高的地区竟达70%左右。而草场超载过牧的直接后果，是草场失去休养生息的机会，造成草场退化、沙化。为此，青海各地政府在制定国民经济规划时，都提出了"以草定畜"的口号，即以理论载畜量为依据，有多少草，养多少畜。多年的实践证明，"以草定畜"到目前为止也仅仅是口号，并没有收到什么实际效果，牲畜超载过牧的现象依然存在，生态环境恶化的趋势并未得到遏制。原因很简单，其一是多年来当地人口的快速增长，已经远远超过了生态环境的承载力，以理论载畜量为依据确定养畜量，已不能满足当地群众的生存需要；其二是牲畜和草场承包经营后，基层组织的社会控制力减弱甚至消失，畜牧业生产经营的自主权在牧民手里，养多少畜、出栏出售多少畜，取决于牧民，基层组织很难参与管理，因而以草定畜只能是一个口号、一句空话。

方案二：全部搬迁江河源区牧民，进行异地安置。

江河源区生态环境恶化，既有自然因素，也有社会因素和人为因素，但主要是由于人们不合理地开发、利用自然资源造成的。因此，有人提出彻底的解决办法是将江河源区，尤其是高海拔地区的牧民全部迁出，进行异地安置，从事多种经营。理由是这些地区高寒缺氧，生态脆弱，缺乏人畜生存的基本条件；将人口搬迁异地安置，不仅有利于当地民族的发展进步，也有利于生态环境的恢复、治理和保护。

笔者认为，全面搬迁江河源区牧民，进行异地安置，虽然可以杜绝对生态环境的人为破坏，但并不是切实可行的方案。一方面，搬迁、安置几十万人口到异地，不是一件容易的事，除了资金问题外，其他地区也无能力或草场安置如此众多的人口；另一方面，生态环境作为一个复杂的大系统，没有了人类的活动，打破固有生物链，让其自然恢复也是不可能的。因此，这一方案目前也是不可取的。

方案三：相对集中人口，进行异地安置，同时在无人区发展种草业，以达到恢复和保护生态环境的目的。

之所以提出这一方案是因为生态环境的恢复、治理是一项系统的、复杂的、长期的工程，不可能在短时期内一蹴而就，应逐步地开展这项工作。

实施这一工程，限制性因素很多。首先，是当地牧民的意愿，很多牧民之所以对异地安置持否定态度，除了故土难离等观念外，主要是对能否安置好、是否会影响收入、安置地的生产生活是否习惯等方面心存疑虑，因此只能将部分生态环境恶化严重，且不适宜人类生存，又与长江、黄河水生态密切相关地区的群众先进行异地安置，等群众确实看到异地安置的好处，再分批进行异地安置，效果可能要好得多。其次，大规模地进行异地安置工作，缺乏经验，应将部分搬迁安置作为试点，在实践中总结经验，吸取教训，以利于今后的工作，千万不可再干"没打着狐狸，反惹一身骚"的事情。最后，搬迁和异地安置牧民，需要大量资金，据估算，搬迁安置一户牧民需经费5万元，同时在相对集中的居民点修建学校、医院等设施也需要不少投资。如果大规模地搬迁安置，不仅安置地的选择确定很困难，而且费用过于庞大，因而是不现实的。

基于以上考虑，我们认为，目前采取相对集中人口的方案较为可行。

（二）搬迁对象的选择

首批试点搬迁对象的选择，应考虑这样几个方面的因素：生态环境严重恶化、生存环境已不适宜人类生存和发展、与长江黄河水生态密切相关的乡村。根据调查，我们认为治多县的索加乡、扎河乡，曲麻莱县的麻多乡、曲麻河乡，称多县赛河乡的赛河、芒查两村以及整个玛多县，符合上述条件，属亟待搬迁之列。

1. 索加乡

索加乡地处治多县西北部，建政于1966年，乡人民政府驻地直根尕卡。下辖4个牧委会，16个牧民小组。全乡总面积10857.08平方公里，平均海拔4500米以上，乡店海拔4350米。截至2000年底，全乡总户数868户，总人口4400人。气候状况：境内光照充足，辐射强烈，日照时数在2600~3000小时，无四季之分，只有冷暖季之别，冷季漫长，暖季短促，年均气温为-6.5℃至-0.5℃，最暖月均温度为10℃，最冷月温度在-20.0℃至-12.0℃；降水稀少，干湿分明，属典型的高原大陆性气候。自然灾害频繁，危害严重。

由于干旱、鼠虫害及超载过牧的影响，天然草场大面积退化，草场产草量下降，部分地区已成为寸草不生的"黑土滩"。全乡草场总面积1373.3万亩，其中沙化、退化草场面积122万亩，占总面积的8.9%；鼠害面积约96万亩，占总面积的6.9%；冬春草场严重超载，夏季草场还可继续发展；由于交通困难，信息闭塞，气候恶劣，环境严酷，灾害频繁且危害严重，牧业生产逐年受损，牧民返贫率上升，给民族发展造成重大影响。

索加地区自然环境严酷，给人类活动带来严重影响。一是交通不便，信息闭塞，对群众生产生活构成严重威胁，牧民群众的"买难卖难"问题尤为突出。一旦遇到大的自然灾害，特别是雪灾，因道路受阻，畜产品营销受到限制，常造成丰产不丰收，甚至歉收；二是牧户居住分散，办学难度大，适龄儿童入学极为困难；三是医疗条件差，医疗水平低，群众就医难，因病死亡率较高；四是人均寿命短，主要原因是海拔高，空气稀薄，光照紫外线强烈、干燥、风大，人类患冠心病、风湿病、肺病、大骨节病等常见，高原性疾病极多。索加西部地区被称为"地球第三极""生命的禁区"。以上因素的制约使索加地区部分牧民已陆续自行东迁。截至目前，共有东迁牧民153户、788人，占总户数的17.63%，占总人口数的17.91%。

索加地区高寒干旱，自然条件严酷，生态环境十分脆弱，气温、降水等气象因素的变迁，使原本脆弱的生态条件更加趋于恶劣，加之人们对生态环境保护的意识较为淡薄，对草场滥牧和抢牧，加速了生态环境的恶化。

2. 扎河乡

扎河乡位于治多县西部，建政于1962年。下辖4个牧委会，14个牧民小组。全乡土地总面积5044平方公里，平均海拔4500米以上，乡店海拔为4540米。截至2000年底，全乡总户数971户，总人口4518人。气候状况：光照充足，辐射强烈；冷季漫长，暖季短促；降水稀少，干湿分明；灾害频繁，危害严重，属典型的高原大陆性气候。

超载过牧、鼠虫害和资源开发过程中一些人为的破坏，致使大面积草场严重退化。全乡草场总面积676.9万亩，其中：沙化、退化草场面积133万亩，占全乡草场总面积的19.65%；鼠害面积122万亩，占总面积的

18.02%；虫害面积已得到有效控制。冬春草场严重超载，夏秋草场还可继续发展。

民族发展中遇到的具体困难及当地不适宜人类生存的具体情况与索加乡类同。不少牧民已弃家东迁，但由于交通不便，东迁牧户尚未完全得到统计。

3. 麻多乡

"黄河源头第一乡"——麻多乡建政于 1957 年 10 月，现管辖 3 个自然村：郭洋村、巴颜村、扎加村，16 个牧业社。全乡总面积 11991.65 平方公里，牧民 876 户，人口 3961 人。2001 年初存栏各类牲畜 150581 万头（只）。麻多乡气候寒冷、干旱、多风、多大雪。全乡平均海拔 4500 米以上。

麻多乡海拔高、自然条件严酷，气候条件恶劣，自然生态系统十分脆弱。全乡沙化、退化面积 1281 万亩，占全乡土地总面积的 68.3%，其中鼠虫害面积高达 384.35 万亩，占全乡土地总面积的 30%。全乡草场面积 593.31 万亩，现有牲畜 150581 万头（只），少数牧户存在超载问题。黄河源头恶劣的生态环境是当地群众贫困的重要根源。

近 10 年来，由于气候、人为破坏等因素，麻多乡草地退化、沙化、水土流失面积逐年扩大，土地荒漠化的形势十分严峻。郭洋、扎加一带的草场出现了沙赶人的局面。扎加三组原 33 户牧民群众，其中 13 户牧民由于草场被沙子掩埋，没有了生产生存条件，赶着牛羊，带着家产投靠巴颜等地的亲戚朋友。其他各组也都存在七八户携儿带女投亲靠友的局面，过去全乡境内的十几条小河，现在全部干涸或被沙子填满，郭洋村一组、三组、五组的上百户牧民、几百户人口，上万头牲畜的饮水只能靠天上下雨、下雪。

麻多乡是我国北方水系的主要水源涵养区，黄河发源于麻多乡郭洋村雅拉达泽山，黄河源头几条大的支流均发源于麻多乡境内。生态地位重要，保护生态环境任务艰巨。近 10 多年来，本区域沙土流失，草地"三化"十分严重，源头地区长期干旱缺水，造成黄河长时间缺水断流，冬春季大雪灾害连年不断，牲畜因缺草大批死亡，牧民生活贫困。

4. 曲麻河乡

曲麻河乡建于 1963 年 10 月，下辖 4 个行政村（牧委会）、12 个牧业社（牧民小组），全乡共有 689 户，共计 3404 人。全乡地处青藏高原腹地，平均海拔在 4500 米以上。属典型的高原大陆性气候，空气干燥寒冷，缺氧量高达 40%，长年无绝对无霜期，无明显四季之分，仅粗略分为冷、暖两季（其中冷季长达 7~8 个月），多风沙（七八级大风年均日数在 100 天左右，主要集中于冬春期），年平均气温在 -5℃ 至 8℃（户外），属自然灾害易发和多发区，全乡土地 17017.2 平方公里，其中可利用草场面积为 4773.3 平方公里，占总面积的 28.05%。

受全球气候恶化的影响和人为因素的破坏，全乡生态环境日趋恶化，尤其草原沙化、退化现象非常严重，分别占全乡草山总面积的 40% 和 30% 左右。草原鼠、虫泛滥成灾且灾情呈不断上升趋势，全乡鼠害面积达 90% 以上，虫害面积达 25% 左右。据初步调查统计，全乡草场鼠、虫平均分布密度为 200 个鼠洞/亩和 20 只毛虫/平方米，最严重地带高达 600 个鼠洞/亩和 20 只毛虫/平方米。牧草生长期短（每年仅 3~4 个月），加之草场的大面积沙化、退化，导致草场牧用率锐减，畜草矛盾突出。据统计，全乡 60% 以上的养畜中等户和 95% 以上的养畜大户的草场不同程度地超载。本地牧民群众赖以生存的草地畜牧业缺乏潜力和后劲，在频繁的雪灾、风灾、旱灾等自然灾害中长期处于"发展—受灾—发展—受灾"的恶性循环之中，始终摆脱不了"靠天养畜"的被动局面。全乡区地处边远，交通不便，信息闭塞，条件艰苦，气候恶劣，地区经济和各项社会事业发展相对滞后。据统计，目前全乡尚有 50 余户共计 240 余人的温饱问题未得到根本解决。

由于全乡海拔过高（属生命学家提出的"生命的禁区"），缺氧严重不足，空气干燥寒冷，日光紫外线过强，高原性心脏病和红细胞增多症（简称"高红症"）、功能性肺病、风湿性关节炎、高血压、各类结核病及白内障、沙眼、雪盲症、日光性皮炎等疾病，发病率高、危害面积广，严重威胁着广大人民群众的身体健康，人均寿命短且呈下降趋势。部分地区人畜饮水困难，基层卫生保健条件差，牧民群众生活水平低。自然灾害频繁，尤其风沙灾害肆虐无忌，为害甚烈，部分地区已到了"沙进人退"的地步。当地群众被迫外迁各地，且逐年增多。

曲麻河乡地处长江源头，草原沙化、退化导致水土严重流失，属长江北源最大支流的楚玛尔河（下游称"曲麻河"）所含泥沙量逐年增加，昔日清澈见底的景象一去不复返，除冬季外长年浑浊不清，其中的鱼类种类及数量明显减少，其他鸟类也有所减少。

5. 赛河乡

赛河乡成立于 1959 年 8 月，现驻地当巴，距县城 45 公里，行政区域面积 311.28 平方公里。全乡现有赛河、阿多、者贝、芒查 4 个村 14 个合作社。其中赛河、芒查两村是该乡生存条件最艰苦的地区，地处长江上游通天河东岸，平均海拔 3800 米左右。芒查村原下辖毛格、然格、格亮、芒查等生产合作社，现有 3 户，总人口为 8 人。赛河村下辖差改、赛康、日日、扎龙、当巴 5 个生产合作社，现有 80 户，总人口为 450 人。

赛河、芒查两村环境特别艰苦，农牧民生存条件差，导致群众纷纷涌向外地。赛河乡是称多县最落后、最艰苦的地区，尤其是该乡的赛河、芒查两村的生存条件让人难以想象。由于赛河、芒查两村地处通天河岸，山高谷深，土地贫瘠，那里的人们生活生存条件十分艰苦。近几年来，当地群众纷纷举家外迁，目前居住人员所剩无几。例如，1995 年前芒查村总户数 56 户，总人口为 350 人，1995 年至 2000 年已有 53 户、342 人迁往称文乡等地；现芒查村剩下 3 户 8 人（其中 1 户是五保户），土地撂荒面积达 1520 亩。赛河村从 1995 年至 2000 年的 6 年间已搬迁 37 户、121 人，现剩 80 户 456 人，土地撂荒面积为 215.4 亩。

有关芒查、赛河两村大量群众搬迁的原因有以下几个：一是交通不便。赛河乡是称多县唯一不通公路的乡，赛河、芒查两村因地形复杂，难以"三通"，几乎处于被遗忘的角落，由于基础建设落后，给当地群众生产、生活带来了很大的困难，阻碍了经济的发展和群众生活水平的提高。二是由于赛河乡的芒查、赛河两村的所在地多为石山、砂滩，农牧民群众赖以生存的产业难以发展。三是不通路、不通电、不通电视，群众文化生活单调，信息闭塞，当地的农牧民子女入学难。四是随着人们观念的更新，逐步看到了外面世界的精彩，不愿落后，找出路、谋发展。

6. 玛多县

玛多县由藏、汉、回、土、撒拉、蒙古、满 7 个民族组成，藏族全县人口 10717 人，占总人口的 80% 以上，牧业人口皆为藏族，有 1593 户，人口 7569 人，占总人口的 70.6%。生态环境的现状已在前面详述，不再重复。目前已有 600 户左右的牧户因生态环境恶化而弃家"乞牧"。建议将玛多县60%的牧民迁出，进行异地安置。

（三）安置地的选择

妥善安置搬迁牧民，不仅是经济问题、生态问题，更是严肃的政治问题。因为这一工程不仅涉及该地区的政治稳定、民族发展进步的问题，更涉及整个中华民族生态安全和可持续发展的问题。因此一定要慎重稳进，切不可操之过急而把好事变成坏事，应把握以下原则：所选安置地的生态环境、生存环境要优于现在的居住地；安置工作要稳妥慎重，既不能影响搬迁牧民的收入，也不能影响安置地牧民正常的生产、生活秩序；要深入细致地做好搬迁牧民和安置地牧民的政治思想工作，要把搬迁的理由和道理讲清、讲透，切不可简单粗暴，违背民意。

1. 玛多县牧民安置地的选择

玛多县牧民共1593户7569人，60%需搬迁。30%的牧民的安置地可选择在地处海南藏族自治州共和、兴海两县间的共和盆地三塔拉地区；另30%的牧民可安置在本州生态环境相对较好的玛沁、班玛、久治等县。其余40%的牧民居留原驻牧地，一方面从事畜牧业生产，一方面从事恢复生态环境的种草业。

共和盆地是黄河上游最大的沙漠化地区之一，总面积13800平方公里，其中共和县塔拉滩是共和盆地中最大的一个滩地，又是沙化最为严重的地区之一。塔拉滩东西宽约52公里，南北长约60公里，总面积2136平方公里（折合约320万亩）。该滩分一、二、三塔拉，由东向西，由低到高，呈梯级分布。其中一塔拉面积92.4万亩，二塔拉面积83.6万亩，三塔拉面积134万亩。海拔在2600～3200米。土层厚度在50～200厘米不等。土壤主要是栗钙土和风沙土两大类型。滩内干旱少雨、风大沙多。

近几十年来，由于不合理的开发利用，塔拉滩明显地表现出严重的草原退化和沙化现象。根据1987年、1996年的TM卫星遥感图对比解译测算，目前荒漠化面积达217.32万亩，其中严重沙漠化土地面积达83.69万亩，占总面积的26%；强烈发展中的沙漠化土地达17.47万亩，占总面积的6%；正在发展中的沙漠化土地达116.16万亩，占总面积的36%；潜在沙漠化土地达102.35万亩，占总面积的32%。现在严重沙漠化土地面积每年仍以1.81万亩的速度递增。

造成塔拉滩沙化的原因是气候干旱和不合理的经济活动。主要表现在以下几个方面：一是气候干旱多风、气温偏低、冷热剧变。共和盆地多年平均湿度只有 1.0～3.3℃。绝对最高气温 26～31℃，绝对最低气温 –31℃以下。多年平均降水量 250～300 毫米，多年平均蒸发量却高达 1654.5～1841.2 毫米，为自然降水量的 6 倍左右，年平均干燥度为6～6.3。同时本区风大而频繁，全年多西北风，多年平均风速虽然在 2.1 至 2.5 米/秒之间，但大于等于 5～6 米/秒，起风时间的累计时间可达 1811.7 小时，大于等于 8 级以上的大风日数平均 14.9～41.7 天，最多年份达 97 天，最大瞬时风速可达 40 米/秒，沙尘暴日数年平均 16 天，最多年份达 55 天。二是地表沙源丰富。除盆地边缘石质山地之外，其余均为松散的第三、第四沉积物组成。大面积含沙地表的存在，是沙漠化发生、发展的条件和基础。三是植被稀少，覆盖度低、植株矮小，致使土壤裸露，侵蚀强烈。四是盲目开荒，过度放牧，加速了土地沙漠化。人类的多次干扰和破坏乱垦、过牧、滥砍、滥砍滥挖，导致土层失去植被保护，在强风的侵袭下遭受强烈风蚀。五是投入不足。近年来，尽管当地政府在财力十分紧张的情况下，投入一定的人力、财力、物力对荒漠化土地进行了治理，但由于投入不足，建设速度跟不上退化速度。

重点治理龙羊峡库区风沙和水土流失区。认真实施好保护母亲河绿色工程龙羊峡库区项目，按照"先易后难、以绿为主、集中连片、项目管理"的要求，因地制宜，乔、灌、草结合，防护林、经济林、用材林相结合，加强沙化治理和绿化，计划到 2003 年完成 35 万亩的造林任务，减少进入龙羊峡库区的泥沙量，有效控制库区风沙。

重点治理共和盆地沙漠区。共和盆地是黄河上游沙漠化最严重且面积较大地区，其中共和县塔拉滩是沙漠化集中区。我们在积极争取实施好国家生态环境重点建设工程、全国治沙重点县工程和全州黄河流域的生态环境治理工作的同时，把塔拉滩作为全州防止土地荒漠化重中之重，采取以下综合措施进行治理。

水利工程：根据塔拉滩地区地形、地理位置，引水方案为引大河坝河水，总调水量 7945 万立方米。引水线路为在青康公路 17 道班 18 公里处的青根河上修建总库容为 4427 万立方米的水库一座，输水干渠 118.9 公里，支渠 6 条共 89 公里，渠道建筑物 89 座。

人畜集中安置工程：水源问题解决后，以水为中心，全面规划、合理开发，建立高效、稳定的流域人工生态系统，将目前沙区内 3272 户、1.8 万人，15.35 万头（只）牲畜以及玛多县的搬迁牧民集中起来予以安置，发展浇灌农牧业。

人工生态建设工程：本着"以水定地"的原则，以治理沙漠化，建设良性生态为目标，以林牧为主，适当考虑解决牧民生活用粮问题。人工生态建设工程总面积 45.47 万亩，其中净面积 35.6 万亩，在净面积中，草地 19.28 万亩，林地 10.91 万亩，农用地 5.41 万亩，草、林、农比例为 3.6：2：1。

三塔拉地区面积宽广，一、二塔拉亦农亦林，三塔拉只宜种草畜牧，如果这一项目如期成功完成，不仅可以治理当地遭到严重破坏的生态环境，减少输往龙羊峡库区的泥沙，避免水土流失造成的库区隐患和减少黄河的携沙量，而且可安置玛多县的搬迁牧民，可说是一举多得的民心工程。

2. 治多、曲麻莱、称多等县各乡牧民安置地的选择

根据群众要求在本州、本县进行相对集中安置的要求，治多、曲麻莱、称多三县五乡的牧民，由各县自行安置。

（四）存在的问题及困难

相对集中人口进行异地安置，是一项牵涉千家万户的工程，如果能够顺利进行，不仅可以有效地保护江河源区的生态环境，而且能够解决当地藏族生存与发展所面临的许多难题，因此也是一项利国利民的大好工程。但就目前的情况看，有不少问题和困难是必须解决的，如果这些问题得不到解决，那么我们选择的方案只能是纸上谈兵。

1. 体制问题

现在我们进行相对集中人口安置搬迁牧民，最大障碍就是现行的承包经营的经济体制。因为牧区所有的草场已承包到户自主经营，已经没有剩余草场安置搬迁牧民。要求获得既得利益的牧民让出部分草场安置这些搬迁牧民，显然是不现实的。因此，在生态恶化区和敏感区特别是江河源区废除现行的经济体制，走畜牧业股份制道路，进行集约化生产，是保护和改善生态环境，促进当地藏族的发展进步，实现人口、资源、环境协调、可持续发展的根本出路。

实际上，江河源区的一些牧民已经开始自发地进行类似股份合作的联营尝试。例如玉树藏族自治州称多县清水河乡尕青村的几户牧民就进行了这方面的尝试。这也是一种实验，但如缺乏统筹规划、细致安排，这种实验命运堪忧。

党的十一届三中全会以来，牧区"草场承包到户，牲畜作价归户，私有私养"的家庭联产承包责任制的实行和不断完善，给以畜牧业生产为主的牧区经济建设注入了新的活力和动力，极大地调动了群众的生产积极性和责任感，牧民群众有了更大的生产经营自主权，生产得到不断发展，生活水平日益提高。

由于近几年雪灾的影响，牲畜死亡惨重，加之一部分牧户经营管理不善，无节制地出售和宰杀牲畜，沦为贫困户。清水河乡尕青村党支部和村委会从本村的实际出发，经过认真研究，并经过全村村民民主推定和认真筛选，把全村贫困程度最高的 20 户 102 人作为重点扶贫对象，集中起来，组建了扶贫联营小组，因地制宜地开创出了一条符合本地特点的扶贫工作新路子，并且取得了一些可喜的成绩。

据调查，1984 年实行牲畜作价归户联产承包责任制时，该 20 户牧户只有 61 人，他们也和其他村民一样，平等承包了牲畜，共承包各类牲畜 2682 头（只），其中牛 687 头，绵羊 1993 只，马 2 匹，人均牲畜 44 头（只）。在承包牲畜中有适龄母牛 293 头、母羊 695 只，人均适龄母畜 16.1 头（只）。随后，由于雪灾的影响和经营管理不善，该 20 户所承包的牲畜死的死，卖的卖，杀的杀，到 1997 年底，只剩下 50 头牛（其中奶牛 25 头）和 2 匹马，而人口却发展到 102 人，人均只有半头（只）牲畜，严重缺乏生产、生活资料。组建扶贫联营小组，其基本出发点就是对这些牧户经过 3~5 年集中帮扶，达到规定的脱贫标准，有了一定的生产和生活基础后，自行脱离联营组，走自主经营、勤劳致富的道路。

联营组以"三个有利于"为标准，在牲畜作价归户，私有私养和草场承包到户的家庭联产承包责任制不变的前提下，在牧户自主自愿的基础上，实行统一组织领导、统一安排生产、统一抗灾保畜、统一畜疫防治、统一治安联防的联营扶贫体制。为了便于经营管理，联营组有偿借用卓好等四户牧户的草场，并对组内牧户承包的草场也实行有偿租赁。联营组由村支部书记和村长分别担任组长和副组长，并设会计一人。每年每户的生产目标和任务由组长根据各户的实际，经过村党支部和村委会集体讨论，拿出指令性计划，督促落实。实行收入统一代管代存，收支分户记账，合理安排生产和生活，积蓄资金，购买生产母畜，以求发展生产。

联营组现有 20 户 102 人（其中男 50 人，女 52 人），共有劳动力 42 人（其中男劳力 21 人，女劳力 21 人）。自 1998 年 3 月组建以来，联营组在安排一家一户生产任务的同时，因地因时制宜，采取了以下几项措施。

第一，按户安排生产计划，确定生产任务。及时安排了每户的生产计划和任务，规定每头奶牛生产酥油 20 斤，曲拉 15 斤；每头牛生产毛绒 3 斤；每年男劳力全年完成副业收入 1500 元；每户每年拾牛粪 300 袋。经过一年的努力，各项生产任务完成情况良好。

第二，统一组群放牧，合理利用草场。对各户的现有牲畜统一单独组群，安排 2 名放牧员单独放牧，合理利用草场，加强饲放管理，做到少一头补一头，坚决杜绝责任事故。

第三，按户进行畜产品粗加工，统一出售。打酥油、抓牛毛绒等内容的畜产品生产以户为单位经营，自产自收。所产的畜产品在安排好当年生活的前提下，剩余部分由联营组长统一安排出售，收入由组会计代管代存，严禁牧户随意无计划出售和宰杀牲畜。

第四，统一组织副业生产，开展多种经营。根据每个劳动力的年龄和特长，分别制定副业计划，并把能够外出的 18 个男劳力编为 3 个副业生产小组，季节性地组织他们开展挖虫草、揉皮子、捻毛线、织褐子、修棚圈、打土块等副业生产，以增加收入。

第五，兴办扶贫小学，提高牧民素质。利用集中方便的优势，村上腾出 2 间办公室，在乡政府的资助下购置桌凳 20 套，办起了一所扶贫小学。现有在校学生 38 名，设藏文、汉族、数学三门课程，乡抽出汉文程度较高的一名干部，并聘请 2 名高中毕业生（待业青年）担任教师，按计划开展了教学工作。党校不仅收教牧民子弟，还担负起在牧民中扫盲的任务。为了解决办学资金问题，村上还集中 3 万元扶贫贷款筹办一个扶贫小卖部，其利润除用于贫困户购买生产母畜外，全用于村办扶贫小学的开支。

随着以上措施的落实，经过一年的努力，联营小组在牧业生产、副业生产等方面都取得了较好的收效。一是牧业处在保证成畜无减损的情况下，当年生产并育活牛犊 15 头，其他增加牛 28 头，绵羊 40 只，现有牲畜

118 头（只），总增 66 头（只），总增率 126.9%；每户安排 2 只羊的冬肉后，净增 50%。二是畜产品生产方面，共产酥油 450 斤、曲拉 400 斤、牛绒 76.3 斤、牛毛 60 斤，折价计 2711.50 元。三是副业方面，获得现金 21756 元、牛 28 头、绵羊 40 只，做小生意收入 7935 元，共计 46891 元。四是小卖部纯利润收入 6900 元。以上四项总计收入 56502.50 元，人均 553.95 元，户均 2825.13 元。其中扣除实物折价、牲畜折价及校服 40 套和学生鞋 40 双购置款共计 24136 元后，现金收入为 32366 元，人均 317.31 元，户均 1618.30 元。

联营组今年人均收入水平比较高，其主要原因，一是副业生产抓得比较紧，副业收入占总收入的 83%，人均副业收入达 291.09 元；二是由于实行了收入分户记账和统一代管代存的办法，杜绝了一些不必要的支出；三是联营组全年除了预支面粉 2000 斤和其他生活用品的购置款共 2000 元以外，基本上保持了有收无支，他们的生活靠县、乡、村的集中救济维持。

我们认为，联营组与分户经营相比，其优势在于：

一是通过小集体的生产和生活方式，在培养贫困户的竞争意识、上进心和积极性，改变听天由命、好吃懒做等方面发挥了积极作用。

二是把救济扶贫和生产扶贫结合起来，突出生产扶贫。救济式的扶贫只能解一些贫困户生活上的燃眉之急，要从根本上摆脱贫困走向富裕，最根本的问题就是要扶持生产，靠生产致富。一年来，尕青村把有限的救济物资集中投放到联营组，基本上满足了贫困户日常生活消费，而他们自己的生产收入积蓄下来，为购买生产母畜积累了资金。这种集中帮扶的好处是救济能够见效，资金容易集中，购畜有望实现。

三是有利于发挥"统与分"的功能，在分户经营的前提下，调动群体力量。在抗灾保畜、畜疫防治、草原基础建设等关键时刻，联营组能够很好地解决一家一户办不到或办不好的事情。

四是有利于民族教育事业的发展。治穷先治愚，开展教育扶贫是长久利益。尕青村着眼未来，兴办扶贫小学，开展教育扶贫的形式，虽然在现阶段难以收到实效，但从长远利益打算，的确是一件功不可没的大业。而这一点在分户经营的情况下是难以做到的。

五是有利于生态环境的保护，走可持续发展道路。联营组统一组群放牧后，注意合理利用草场，改变了过去乱牧、过牧的现象，有利于植被恢复和生态平衡。

2. 搬迁经费问题

要将上述牧民搬迁出目前的居住地，妥善安置在新居民点，需要大批资金投入。就目前我们拟定的搬迁区，共有牧民 4523 户、21285 人。据州县有关部门的估计，搬迁和安置一户牧民，需投入资金 5 万元人民币，建设新居民点的房屋、医院、学校等基础设施，需投入资金 2000 万元人民币，即最终完成这项工程，需要投入 24615 万元人民币。

鉴于青海省及玉树、果洛藏族自治州的财政状况，根本无力进行如此大规模的投入，因此这一费用应由国家、中下游受益流域和青海省及搬迁区所在地州县共同承担。经费分担三方各承担多少，可进一步研究。我认为，国家应投入 40%，即 9846 万元；中下游受益地区承担 50%，即 12307.5 万元；青海省及搬迁区所在地州县共同承担 10%，即 2461.5 万元。之所以如此分摊搬迁及安置经费，是因为：首先，江河源区生态环境所产生的效应超越江河源区的范围，受害或受惠都具有全国性甚至世界性意义。因此应树立超越江河源区局部利益的整体观。其次，江河源区的生态效益大于经济效益，这一判断，是在确立超越江河源区局部利益的整体观之后，进一步认识江河源区生态价值的必然推论：生态效益的空间效应大于经济效益的空间效应；生态效益的时间效应持久于经济效益的时间效应；生态效益的基础性效应强于经济效益。最后，1991 年夏季长江中下游地区水灾造成的经济损失相当于青藏高原许多年产出的总量。当年苏、皖、豫、鄂、湘、黔等 6 省受灾绝收的 4170 多万亩耕地若按亩产 500 斤粮食计算，总损失约 104 亿公斤，仅此数即超过当年青藏高原粮食总产量的 5 倍。1998 年以长江为主的洪灾，造成 3000 亿元损失！如果江河源区生态环境的改善所形成的调洪能力足以使这些洪灾的危害程度减轻 20% 的话，避免损失的部分也是可以在江河源区建设更优化的生态环境，并使该地区的居民的生活质量发生明显的改善。相反，如果江河源区和全国各地的人们都为自己眼前的、局部的利益，不仅保不住这种利益，最终将危及整个中华民族甚至全人类的整体利益。因此应树立江河源区的局部利益与全中国的整体利益息息相关、密不可分的观念。

作为长江、黄河等大江大河上游地区的青藏高原及相邻地带的各族群众，长年坚持人工植树种草，封山育林，实行退耕还林还草工程，限制草原牲畜放牧，实行计划生育等，这些经济和社会方面的大量劳动投入，直接或间接地改善了当地的生态环境，恢复了绿色植被，减少了水土流失，产生了积极的生态效益。一方面，当地各族人民从中获得了经济效益，但另一方面，由他们创造的部分经济效益却随着江河流失了，也就是说，在奔腾而下的江河中，已经蕴含着物化了的上游区域各族人民的众多劳动，传统意义上的天然江河已经成为非纯天然流水了。当江河中、下游地区居民使用这些流水安排生活、从事生产时，他们就无偿地享受了上游地区居民的这些特殊劳动产品，或者说是从上游地区创造的生态价值中截取了一些利益。这种现象以隐蔽的方式违反了价值规律，使江河上游各族人民植树种草、保护生态环境的生产积极性被严重挫伤，导致这里的生态环境恶化愈演愈烈。

鉴于江河源区在中国乃至全世界生态安全中的重要地位，也鉴于上述情况，建议国家在江河中下游受益地区开征"江河源区生态环境保护税"，设立"江河源区生态环境保护基金会"，以吸纳国内外的税收和捐助，加大对江河源区生态环境保护的资金投入，以达到江河源区生态环境可持续的保护和建设的目的。

3. 搬迁区乡镇干部的安置问题

目前我们拟定的搬迁区，是玉树、果洛藏族自治州甚至全中国生存条件最恶劣的地区。在这里工作的广大干部，很多是献了青春献终身，献了终身献子孙的优秀干部，为了党的事业，为了当地人民群众的利益，他们无怨无悔地默默奉献，在他们身上，集中体现了"特别能战斗，特别能吃苦，特别能忍耐，特别能奉献"的高原精神，他们是党和国家的宝贵财富。

但现在要进行搬迁牧民异地安置，原有的县、乡、镇建置就要相应撤销，如何妥善安置广大干部，就成为一个大问题。在机构改革，党政机关人员分流举步维艰的情况下，安置这些干部更是难上加难。但无论多么困难，有多大阻力，都应妥善安置他们，否则对党和国家是一大损失，对这些同志是莫大的伤害。我认为，可以通过以下措施进行安置。

一是让50岁以上的干部全部提前退休，在省、州府所在地修建退休干部生活楼，以目前的工资总额为标准发放退休金，使其颐养天年。

二是采取自愿原则，让一部分年轻干部仍然在原地工作，领导牧工进行种草、兴修水利等工作，恢复真空地区的生态环境（关于这一点，将在下文详述）。

三是不愿留在当地工作的干部，要安插到其他县、乡工作，哪怕为此增加编制，也要妥善安置。

4. 区域间的协作问题

搬迁牧民进行异地安置，是一项牵涉方方面面的大工程，有必要做好方方面面的协调工作。就目前情况看，这一工程牵涉青海与西藏自治区的关系，牵涉玉树藏族自治州与海西蒙古族藏族自治州之间的关系，牵涉果洛藏族自治州与海南藏族自治州和海西蒙古族藏族自治州的关系，还牵涉各州内部县与县、乡与乡之间的关系。

①青海省与西藏自治区间的关系。这次拟定搬迁的治多县索加乡，与西藏自治区相邻，山水相连，没有天然屏障阻隔其间，因而索加乡的牧民搬迁后，存在西藏牧民跨界到已成真空地带的索加乡放牧的可能。若如此，那么不仅会使我们搬迁牧民异地安置保护生态环境的计划落空，而且会导致两地区间的纠纷，影响社会稳定。因此，建议党中央、国务院在实施这一计划前就要做好两地区间的协调工作。

③玉树藏族自治州和果洛藏族自治州与海西蒙古族藏族自治州和海南藏族自治州间的关系。这次拟定搬迁曲麻莱县曲麻河乡、麻多乡以及玛多县与海西蒙古族藏族自治州相邻，同样存在海西州牧民到玉树、果洛搬迁地放牧的可能。同时，玛多县60%的牧民要安置在海南藏族自治州的三塔拉地区。因此建议省委省政府应做好州与州之间的协调工作，确保这一计划顺利实施。

③两州县与县、乡与乡之间的关系。玛多县40%的牧民要搬迁到果洛藏族自治州的玛沁、班玛、久治等县安置；治多县索加、扎河乡的牧民要搬迁到本县的多彩、治渠、当江和立新4乡安置；曲麻莱县的曲试河、试多乡的牧民要搬迁到本县东风、已干、叶格、秋智4乡安置。建议两州的州委州政府、县委县政府，做好搬迁区与安置区的协调工作，保证搬迁出故地牧民在安置区生产、生活不受影响，妥善地安置下来，满意地生活下去。

搬迁区牧民搬迁到其他县、乡后，势必加重安置区的生态环境压力。

若无行之有效的解决办法，就无法实现我们的初衷。因此，还是如前所述，一定要改变目前实行的分户经营的体制，进行集约化经营，合理分配、利用草场，加大科技投入，提高单位草场产草量和畜产品产量。同时对搬迁牧民实行与农业区相同的政策，实施"退牧还草"的补偿措施，解决搬迁牧民在生产生活中的实际困难。只有这样，才能解决广大牧民生存、发展问题，也才能达到保护生态环境、走可持续发展之路的目的。

（该研究报告 2003 年荣获青海省第六次哲学社会科学优秀成果评奖二等奖）

民族历史回响中的文化寻根

——论梅卓的长篇小说创作

胡　芳

当代藏族文学是中国文学大观园中的一枝奇葩，它与其他兄弟民族的文学齐步并进，经历了颂歌文学——伤痕文学——反思文学——改革文学等阶段。但在进入 20 世纪 90 年代之后，文化寻根逐渐成为藏族文学创作的重镇，如央珍、梅卓和阿来等青年藏族作家将文学求索的目光转向了本民族古老悠久的历史和深厚博大的文化，他们的笔触深入了民族历史生活的真实，呈现了本民族特有的生命、文化形态和性格。其中，梅卓以自己凝重而幽邃的情怀、唯美而灵异的风格在文化寻根和美学创造领域构筑了一道醒目的风景。她的长篇小说《太阳部落》和《月亮营地》传递了青海藏族部落历史行进的足音，蕴涵着极其丰厚而独特的民族历史、文化、人性、精神及审美内涵。

一

文化寻根，指从民族的生活形态、深层精神和文化特质中寻找民族文化之根，其表现途径相当广阔。其中，关注民族的历史、本原生活，关注人性既是文化寻根的途径，又是文化寻根的重要表现内容。梅卓是个有着强烈的文化寻根意识的作家，她在自己的长篇小说创作中艺术地再现了青海藏族部落特定时期的历史，展现了藏民族生活原生态的流动，再现了藏族人特有的人性形态和生命情韵。

对历史的追思自始至终是文化寻根的一个重要组成部分。梅卓在《太阳部落》和《月亮营地》中对青海藏族部落的苦难历史作了深切缅怀，这两部小说是姊妹篇，涵盖了从民国初年到中华人民共和国成立前四十多年中青海藏族的历史际遇。即在反动政府的多重压迫和欺凌下，藏族部落从最初的沉沦麻木到逐渐觉醒、从自相残杀到最终团结一致、为保卫家园而战的艰难历程。梅卓在小说中主要展现了藏族部落面临内忧外患的生存困境：在部落内部，因私人恩怨而掀起的部落间的频繁战争，或是由个人的争斗而导致的无谓的流血和死亡，使部落内人心涣散，缺乏凝聚力和战斗力；而在部落外部，反动政府时时窥视着，竭尽挑拨、欺压之能事。他们不仅利用部落间的矛盾挑起战争，使之自相残杀，还发动部队侵占藏族部落的土地，血洗整个藏族部落，残酷镇压藏族人民的反抗斗争。作家对此显示出了强烈的忧患意识和历史责任感，使小说具有了较深刻的社会和历史内涵。

《太阳部落》和《月亮营地》是以青海藏区独特的地域文化作为背景和底色的。梅卓在这两部小说中充分展现了绚丽多彩的青海藏区文化，如那些平正宽阔、房屋布置错落有致、房顶上高高飘扬着各色经幡的藏家庄廓，充满了灵异和神秘气息的寻找、认定转世活佛灵童的诸种仪式和过程，缭绕着滚滚桑烟、传递着藏族人独特灵魂观的各种丧葬仪式，装扮奇特、形象怪异、有着神奇法力的民间巫师及充满了欢乐气息的神圣而庄严的祭山盛会，等等，都是小说中色彩浓烈、极为醒目的文化存在，是具有鲜明的地域文化色彩的青海藏区文化景观。这些斑斓多彩的文化景观使梅卓的小说散发出独特的文化韵味，具有浓厚的民族文化底蕴。

梅卓在长篇小说中展现的本质内容是藏族部落在特定历史时期的社会生活，这原生的生活状况是通过人性与爱情表现出来的。人性的表达与解剖是梅卓小说创作的一贯主题。她以女性特有的细腻而敏锐的目光透视和剖析着藏文化背景下普遍的人性存在，在展示其真实的存在和原生本相的同时，还致力于人性的冲突和演变，并写出了这种冲突和演变对民族历史的巨大影响，从而在写作中构建了极富民族性和历史感的社会人性指向。

在梅卓的小说里，无论是尊贵而富有的千户、头人或贵族家庭的各个成员，还是身为下人的管家、厨娘或普通的牧民、农妇，甚至被藏族人视为从事贱业的猎人、认为不可接触的天葬师，等等，他们身上既有民族性，也有普遍的人性。如《太阳部落》的索白，用权谋夺取了伊扎千户的封位，但他并不是个十恶不赦的坏人，他身上也闪耀着人性美的光芒。在不择手段地当上千户之后，他一心一意地维护部落的利益，对属下、百姓的权益全力以赴，在吃了不懂汉文的亏之后，他力排众议，果断地在伊扎办起了教汉文的学校。他的内心也不无圣洁的地方，他多年来深深地爱着桑丹卓玛，对弟弟、对妻子也不是没有丝毫的感情。但他的开明背后蔓延得更久远的是狭隘，深情背后隐藏得更深的是无情。正是他对沃塞部落头人永无止息的仇恨及执着于私人恩怨的偏执个性，使两个部落遭受了灭顶之灾。在梅卓的小说中，其他令人过目不忘的，还有耶喜的多情与多愁善感、万玛措的敢爱敢恨、尕金的虚荣与多疑、香萨的刚烈与疾恶如仇、阿·格旺的自私与势利、甲桑的冷漠与遗世独立，等等，这些性情各异的人物组成了一道富有藏文化意蕴的人性风景线。

与汉族作家塑造的人物相比，梅卓小说中的人物较少禁锢和压抑，他们的喜怒哀乐更为强烈和直接，散发着自然的美质。在梅卓的笔下，所有的人物无一例外地具有自然人的特质，他们是活生生的存在，他们身上的人性富有原色感。如阿·格旺头人，年轻时曾与甲桑的母亲尼罗倾心相爱，但在面临阿家的权势与财富的诱惑时，他毫不犹豫地抛弃尼罗入赘阿家，从而成为月亮营地的权贵。在妻子死后，他又一次背弃诺言，娶了年轻漂亮的娜波为妻，致使尼罗伤心而死。而在尼罗死后，他又沉浸在怀念和愧疚中不能自拔，目光迷乱、内心迷茫地整日与尼罗灵魂附体的白尾牦牛相伴。阿·格旺的背弃和他的坚守一样真实，他不是完人，他自私，他吝啬，他贪图享受，但另一方面，他自然，他真诚，他真实，他身上体现的人性虽不完美，却散发着真实和自然的光芒。梅卓小说里的人性就是这样，并不完美，甚至有些残缺和丑陋，但那是完完全全、真真切切能触摸到的人性真实。由此，作家通过对人性自然真实的具体描写，实现了自己对人的终极关怀，抵达了以人为本的人文关怀的文学彼岸。

爱情是最富有人性光彩、最能体现人性崇高和卑俗的事物。在《太阳部落》和《月亮营地》中，作家用了大量篇幅来刻画和展现爱情，她用自己细腻而灵动的笔触生动地展现了藏族人民本原的情感世界，那些充溢着爱与美、得到与失去紧紧相随的爱情生活。梅卓笔下的爱情像牧歌一样美丽而忧伤，她小说中的女性人物是在用她们的整个生命和内在灵魂回应着爱情的呼唤。如《太阳部落》中的桑丹卓玛、耶喜、雪玛、香萨、阿琼，《月亮营地》中的尼罗、阿·吉、茜达、阿·玛姜，都是一些执着于爱情的女子，她们的爱情或是隐秘的、不能为人所知的，或是中途遭受变故、不能始终如一的，或是爱非所属、不为世俗接受的，无一例外地充满了不圆满的悲剧感，但即使是这样，由于她们执着地等待，无悔地付出，她们的爱情仍然散发着纯真的美的光辉。

在梅卓的笔下，藏族女性对爱情的崇尚达到了极致。以耶喜为例，这个美丽的康巴女子在爱人遭受不幸之后，心如死灰般地随姐姐远嫁遥远的沃塞部落和伊扎部落，但在新婚之夜，当她见到面貌酷似自己心上人的管家完德扎西之后，她的爱情如枯木逢春般复活了，她无视千户丈夫的存在，毫无顾忌地将自己献给了完德扎西，并无惧世俗的压力，勇敢地长期与完德扎西保持着暧昧关系。这个一味地沉浸在怀旧中不能自拔的女子，无疑是一个爱情至上的人，她鄙视物质享受，鄙视千户夫人的高位，只注重自己内心的感受。同样，桑丹卓玛也是一个用自己的全部生命去拥抱爱情的女子，在丈夫嘉措离开家之后，她爱上了腼腆而俊美的有妇之夫洛桑达吉，从而开始了她一生的苦恋。这期间，尽管有千户索白的温情诱惑，有丈夫的深夜回归，有因误会而造成的爱人间的长期隔绝，有世俗的冷眼和嘲笑，桑丹卓玛也从没放弃自己对洛桑达吉的眷恋，她甚至顶着世俗的压力替洛桑达吉生下了一个女儿，并长期独自一个人承受着这个秘密。在梅卓的小说中，藏族女子就是这样率性地爱着，她们的爱自然、炽热、勇敢而执着，她们为爱本身而爱，她们为了爱情坚韧地承受着生命的喜悦和苦难，她们的人生因爱情而生动、美丽起来。

有关爱情的描写是梅卓小说中的华彩乐章，但梅卓不是单纯地为了爱情的美丽而描写爱情，她颇具匠心地将爱情作为藏族人生活的一个重要方面而全面展现。在她的笔下，爱情是贯穿小说始终的一条最清晰的线索，小说中人物的爱情纠葛是导致他们人生、甚至部落命运发生转折的关键性因素。如桑丹卓玛，因情人洛桑达吉的意外残废而迁怒于沃塞部落头人嘎嘎，在女儿阿琼爱上嘎嘎并与其私奔后，她的怨恨达到了极点，她一把火烧掉了自己的庄廓，找到索白，恳求索白替她找回女儿，而深爱着桑丹卓玛的索白不忍心拒绝她的恳求，最终出兵沃塞，致使严总兵有可乘之机，一举消灭了两个部落。而在《月亮营地》中，孤傲的甲桑因爱情的失败而整整消沉了十年，成为除了母亲和妹妹之外，对任何事物都漠不关心的人。他的情人阿·吉在丈夫的部落被马家军阀占领之后回到了故乡，用爱情引导和激励甲桑为保卫家园而战，最终使他战胜自我，成为拯救部落于危亡之中的孤胆英雄。

在文化寻根的文学潮流中，梅卓较早地以人为中介展现了藏族部落历史的缓缓流动，即以人为本，用人性演化的轨迹展现了藏族部落历史变迁的进程，用藏民族生活原生态的流动形象展现了一幅幅活生生的民族历史图景，张扬和传递了藏民族缤纷多彩的人性形态和生命情韵。这种表现不仅走进了民族生活的真实，直抵了民族文化的深层积淀，还具有传达人类或人性存在的普遍意味。

二

促进民族灵魂的重铸是文化寻根的重要使命。梅卓有着强烈的批判意识和使命感，她在小说创作中竭力挖掘和展现本民族内在的深层的精神世界，并对其进行了较深入的剖析和批判。在《太阳部落》和《月亮营地》中，她借助特殊的历史时段，通过藏族部落命运和社会生活的变迁深刻展现了本民族从麻木到觉醒、从沉沦到崛起的曲折心路，展示了民族灵魂嬗变的轨迹，其笔触深入抵达了藏民族几千年的心理积淀，探寻着民族的内在痼疾与活力。

精神世界的展现是一个民族内在生命形态的展现。梅卓在她的长篇小说创作中展现了藏民族多姿多彩的心灵天地，显示了他们强悍、狂放、善良、瑰丽而又沉重、苦涩、蒙昧，令人敬佩而又心酸，充满伟力而又积淀惰性的灵魂。在她的笔下，藏族人有着独特的个性和丰富的情感世界，他们既爱憎分明、敢爱敢恨，又免不了有时候是非不分、善恶不辨；他们天性就崇尚爱与美、感情炽热深切，却又盲目固执、摆脱不掉传统的重负；他们热爱自由、富有战斗精神，却又放不下个人恩怨，常常因拘囿于自我的局限而忘却民族大义。梅卓在她的小说中再现了藏族人爱恨纠葛、美丑夹杂的精神世界，再现了一个民族强悍而高扬、坚韧不屈而又惰性深重的民族性格。

梅卓对民族心理的把握独到而又深刻，她总是从本民族的历史、经济、宗教、风俗和伦理道德的深层去把握人物的复杂心态，多层次地描写人物的感情纠葛和性格特点，从中挖掘藏民族内在的精神特质。如在《太阳部落》中，梅卓把具有多重性格蕴涵的索白放在了伊扎千户的特殊位置上，让他处在各种矛盾的风口浪尖上，一方面，从他与沃塞部落头人、伊扎千户合法继承人嘉措、县府势力代表严总兵、管家完德扎西和弟弟丹麻喇嘛的各种明暗交错的斗争和矛盾中，逐步深入地展现他既精明强干、工于心计、做事不择手段，又轻信多疑、固执自大的性格特征；另一方面，从他与将他束之高阁的妻子耶喜、主动为他投怀送抱的厨娘万玛措及他对之一往情深的桑丹卓玛之间复杂而又微妙的感情纠葛中细致入微地表现了他既无情又深情、既冷酷又善良的性格特点。这是一个不能简单地用美与丑、善与恶来衡量的人物，其多重性格的产生有着深厚的民族风俗、经济、宗教和伦理的背景。

梅卓还善于从细小的地方展示人心的丰富，揭示人物灵魂深处的悸动。这种展示同样是从民族文化的底蕴中挖掘出来的。如在《太阳部落》中，阿多和女儿尕金的婚姻相继失败后，不约而同地举起鞭子鞭打自己的结婚用品白毡，这是有一定的文化背景的。据《青海藏族游牧部落社会研究》记载：在青海牧区的婚礼上，新娘被接到新郎家的帐房前时，帐房前铺着一条白毡，上用大米撒成"卐"纹图案（佛教认为此图案象征坚固难摧、吉祥如意）。新娘下马时要踩在这个图案上面，希望婚姻永恒不变，充满幸福。在这里，藏民族的礼俗与人物的微妙心理融合在了一起，不论母女俩有怎样的性格缺陷，她们一开始对自己的婚姻也是抱着美好的愿望，可希望破裂了，心灵被扭曲的阿多和尕金用鞭打结婚用品白毡的举动来宣泄对背弃她们的丈夫的痛恨与诅咒，这痛恨与诅咒的背后隐藏更深的是对美满、坚贞婚姻的渴望。

任何一个民族的精神世界都有两重性，一面是优秀的、积极的，一面是落后的、消极的。藏族也不例外。在其强悍、勇敢、坚韧、率性的民族性格背后，还根深蒂固地隐藏着固执盲目、麻木愚钝的心理惰性，这种惰性在梅卓小说中有多处体现。如在《太阳部落》中，精明强干的伊扎千户索白被仇恨和爱情蒙住了双眼，一再地向沃塞部落发动攻击，最终引狼入室，使对部落的土地和财产馋涎欲滴的反动势力的代表严总兵有机可乘，一举歼灭了两个相依相仇的部落。在《月亮营地》中，梅卓进一步展现了藏民族心理中消极的一面。在月亮营地面临外敌入侵的时刻，头人阿·格旺满足于自己的富裕与权势，一心想着怎样才能积攒更多的金钱和扩大自己的势力；营地里最勇敢、最有胆识的甲桑一味地沉浸在爱情失败的阴影中不能自拔，对周围的一切漠不关心；文巴布、麦尔贡等年轻人蛮勇好斗，整天喝酒打架，惹是生非。除了阿·吉之外，整个营地的人浑浑噩噩，没有丝毫危机感，其麻木心态令人为之忧心。尤其是甲桑，在部落面临生死存亡的危急时刻，只关心自己的痛苦、仅仅因为母亲灵魂附体的白尾牦牛被蒙面人抢走，就偏执地认定是阿·格旺派人干的，跑到阿·格旺家中与其决斗，最后误杀了自己同父异母的妹妹阿·玛姜，酿成了不可挽回的悲剧。

文学的本质是批判。梅卓带着自觉和理性的目光正视着自己民族的内在痼疾，痛彻地反省了渗透在人们文化心理结构、生活方式和人生态度中的历史惰性，对民族传统文化中由于"漫漫岁月飘落下来的层层尘埃"进行了批判和自省。她在《太阳部落》中主要写了部落间的仇杀和个人情欲给整个民族带来的毁灭性打击。在藏民族的历史生活中沿袭了很久的仇杀习俗，无论是私人间有仇必报的仇杀，还是部族间争夺草场或世袭仇恨而造成的仇杀，始终是根深蒂固地生长在藏民族身上的一颗毒瘤，它阻碍着民族的团结和发展。梅卓用犀利的笔锋展示和解剖着这颗毒瘤，她的笔触深入了藏民族心理的重负。而在《月亮营地》中，梅卓进一步把目光投向民族心理中因袭的历史积尘，她展示了私人恩怨和个人的人性弱点对整个民族生命力的侵蚀和损害。如甲桑的冷漠与麻木、阿·格旺的自私与势利、文巴布等青年的醉生梦死、蛮勇好斗，使面临外敌入侵的月亮营地如一盘散沙，没有凝聚力和战斗力。而甲桑与阿·格旺父子的彼此仇视与敌对，阿·格旺念念不忘与章代部落的过节，迟迟不肯与云丹嘉措联合，都造成了一些无谓的流血和牺牲。

如果说作家在《太阳部落》的创作中对藏族部落的出路感到迷茫，那么，她无疑在《月亮营地》的创作中找到了明确答案。在《太阳部落》中，藏族部落遭受重创之后，劫富济贫的强盗王国果衮塘给了残存的人以希望，但这希望是极其微弱和渺茫的。于是，作家在《月亮营地》中竭力探索一条民族团结自强的道路。在这部小说中，藏族部落的人们最终从敌人的阴谋和欺诈中成长起来了，他们摒弃前嫌，携手抗敌，成为一个不可战胜的整体。而勇士甲桑，在阿·吉的激励下终于从个人恩怨中走了出来，他从一个单纯地沉浸在自己悲欢中的人成为一个为部落的自由和独立命运而战斗的英雄。脆弱、失色而单一的个体生命，一旦汇入了整个群体生命的洪流中，便彰显出藏民族生命本质的顽强和伟大。梅卓在这部小说的创作中明确指出，只有团结起来，联合为一个整体，藏民族才能真正地强大起来，不受外敌欺凌。无疑，梅卓在长篇小说的创作中对藏民族曾经的苦难历史作了深切地缅怀和反思，她用血淋淋的历史教训给了人们以警戒启示。

对自己民族苦难历史的文学回顾，是为了后辈人们永远记住这血的教训，而对自己民族性中不那么优秀的因素的反省与批判，是为了民族的自立和自强。梅卓走的是一条启蒙主义的文学道路，她从民族心灵长河的缓缓流动中热切地探索着自己民族生生不息的生命活力，追寻着促进民族奋进的精神动力，呼唤着民族意识的觉醒。因而，梅卓不是"颂者"，而是一个探索者和追寻者，她在长篇小说创作中表现出来的自觉而理性的民族自省意识，积极而又强烈的寻找全民族团结奋进道路的探索和尝试，是极为可贵的，显示出了极大的勇气、胆量和思想，并使她的小说具有了丰富而深刻的思想和情感力度。

三

深邃而奇异的民族视角是文化寻根在美学创造领域中的显著特征。梅卓是个唯美的作家，有着独特的艺术个性和审美追求，但在艺术思维和审美情趣方面，她无疑受到了藏族传统文化的深刻影响。她的小说创作完全是浸润在深厚博大的藏文化的熏陶之中，散发着浓郁的民族情调。在梅卓的小说中，人物的情感、思维、语言、生活方式无一不是藏民族所特有的，带着鲜明的民族特征，而最能体现民族传统文化底蕴的各种民俗，更是被梅卓巧妙地当成一种独特的叙述手段，用其或绚丽或神秘或灵异的特征烘托出了小说整体富有藏民族特色的艺术氛围。

梅卓在小说中塑造了一系列形象各异、具有藏民族特性的栩栩如生的人物形象。如《太阳部落》中的索白、耶喜、桑丹卓玛、香萨、尕金，《月亮营地》中的阿·格旺、尼罗、甲桑、阿·吉、阿·玛姜等，梅卓不仅是从服饰穿戴、语言行为展示其民族特性，她还善于捕捉人物身上最本质的东西，从很细微的地方传神地传递人物的民族性。如尼罗，这是个典型的藏族老妇人形象，由于多年来拜神求佛，终日生活在桑烟的燎烧之中，桑烟的香气甚至已浸入她的肉体，使她浑身上下散发出了柏香的气息。梅卓捕捉了她身上最富民族特性且具有深刻意蕴的东西，从而赋予了这个人物以代表性，使她成为无数藏族老年妇女形象的汇聚。

梅卓在小说中大量地描述了藏民族的各种信仰习俗和生活习俗。在她的笔下，藏民族的各种民俗不仅是他们生活的一个方面，还是展示他们心灵和精神世界的一个窗口。如藏民族的葬俗，是她在小说中多次描绘的，而每次的叙述指向都是不尽相同的。那些弥漫着滚滚桑烟，萦绕着喇嘛阵阵诵经声的葬礼延续着死者未了的心愿和情怀，传递着或悲伤或怨愤或诡异或离奇的感情信息。因而，在梅卓的小说中，大量的民俗描写不仅仅是民俗演绎、事项罗列，而是折射着藏民族在历史嬗变流程中形成和蔓延的生命情韵，显示了作家富有民族特色和情怀的特殊的审美意识和审美追求，而这些异彩纷呈的民俗描写给小说中营造了浓厚的民族文化氛围，渲染了瑰丽神奇的艺术氛围。

梅卓是作家，也是诗人，她的叙述方式是别具一格的，兼有诗人的激情飞扬和作家的镇定沉着，其小说激情内敛，在看似从容平淡的叙述中蕴含着浓浓诗意和无限张力。读梅卓的小说，是要被她那富有魔力的语言所迷惑的，那横平竖直的方块字到了她的笔下就有了灵性和生命，变成了活的、有自己感觉和色彩的精灵。如《太阳部落》中有这样一段文字：

> 风来的时候，雨便住了。
>
> 雨收住最后一滴湿润而温柔的叹息，一轮弯弯的红月亮，就立刻升起在高山之巅，伊扎，这一片喧噪了一天的土地，此刻已沉沉入梦。
>
> 醒着的，只有这高山、树木、岩洞，还有哗哗而去的玛冬玛河。
>
> 还有私语，还有四臂环绕的缠绵。

淡淡的诗意中蕴含着深厚的情感底蕴，这语言是有生命的，它就像水中的鱼儿，有自己缤纷的色彩和所要抵达的方向，它描述的其实是一种心境，一种感受。用这样的语言描绘景物，小说中的景物就不再是壁挂式的，而是鲜活、余韵未了的，给人以无尽的遐思；用这样的语言去描述人物的对话、心理活动，小说中的人物情感流露就不是单一的、教条式的，始终氤氲着一层淡淡的诗意，有着多元意绪，给人以既自然奔放又含蓄悠远的感觉。

梅卓的叙述方式是多元的，她在小说中经常转换叙述的角度和方法。她最擅长运用的是意识流手法，《太阳部落》和《月亮营地》中的很多章节就是按照意识流手法设置的，人物的情绪流动和心灵独白往往统领着情节的发展，作家沿着人物的心理流程和精神轨迹，寻找着其心灵符号的所知和所能，富有层次地描绘人物的种种心理活动和情感波澜。如此，主人公的心灵面貌和精神在读者面前表露无遗，哪怕是最细微的感受都让读者有如同身受的感觉。显然，意识流手法的大量运用使小说显得更加细腻和生动，增强了小说的叙述力度和情感力度。此外，注重写心境、写感受的感觉化的写意方式，运用象征、比喻、暗示来传递"弦外之音"的表现手法，从不同的侧面丰富了梅卓小说创作的艺术探索，展示了她在美学领域中的独到造诣。

幽渺深邃的意象运用是梅卓小说的一个亮点，虽然运用得并不多，但仅有的几个意象如天际的星星一样璀璨而夺目，不容人忽视它们的存在。如《太阳部落》中的太阳石戒指和木刻风马、《月亮营地》中的雪豹都是包含着丰富寓意和深刻象征意蕴的意象，其艺术构思十分精妙和新颖，颇具独创性。其中，太阳石戒指非金非银、非玉非石，但却具备着金银的光泽、玉石的品质，这枚透明中蕴含着深奥、光辉中蕴含着神秘的戒指是伊扎部落千户之王的王冠，是千户权力的象征。在小说中，这枚具有魔力的神奇戒指的出现和转换意味着权力的交换，其光芒的变幻预示着伊扎部落的兴衰，它就像一个枢纽，触发着荫蔽在人心最深处的贪欲和高尚，也牵动各方面的利害关系和各种矛盾斗争，它在整个小说中起着画龙点睛式的作用。而香萨所心爱的木刻风马，有着与太阳石戒指截然不同的寓意。它是香萨父亲留给女儿的礼物，蕴含着父亲对女儿的所有美言与祝福，也凝聚着香萨对父亲的无尽思念，但后来它也有了太阳石戒指的类似魔力和品质，成为胜利的象征和呼唤。在《太阳部落》中，这两个意象相互映衬，相互对应，加深了小说的诗意和意蕴。

梅卓的小说充满了神秘虚幻的色彩，这种奇异、梦幻般的氛围源自藏民族浓厚的宗教文化熏染下形成的特殊的民族心理和意识。藏族是个全民信教的民族，他们的信仰虔诚而独特，他们相信灵魂不灭、万物有灵，相信在现实生活之外还存在一个未知的神灵世界。这种心理在《太阳部落》和《月亮营地》中得到了充分体现，梅卓在这两部小说中刻画了种种在外人看来是不可思议，而在藏族人看来是再自然不过的特殊事物。如转世的永生不死的活佛，法力高强、能左右战争胜负的巫师，或神秘游走或附着在其他物体之上、能与人进行感情交流的灵魂，预示人命运的各种奇异梦境，笼罩整个部落的失忆梦魇等，这些虚幻的灵异的事物与小说中人物现实的爱恨情仇交错纠缠在一起，虚实相同，亦真亦幻，使小说自始至终笼罩着一层魔幻的色彩。

梅卓的魔幻手法是深深地扎根在藏民族独特的信仰、意识、习俗这些带有民族神秘文化底蕴的土壤中的。在小说中，她错落有致地运用了活佛转世、巫师、梦魇、灵魂游走、梦境、心灵感应等藏民族原始文化和宗教文化中极富神秘性的文化符号，轻松自如地突破了奇异虚幻的神灵世界与真实存在的现实世界之间的界限，完成了神秘和现实的自由转换。如在《月亮营地》中，尼罗的灵魂从眉心逸出，在漂浮中回忆往事，跟踪着儿女们和情人阿·格旺的生活，她是个连接过去和现在、荒诞和真实的纽带。这是个用虚幻衬托现实的例子。梅卓还善于用魔幻来渲染现实中的危机。如在《月亮营地》中，章代部落的小头人乔被马家军团的人劫走后，整个营地的人顿时陷入了失忆的梦魇中，他们记不起彼此熟悉的名字，而"此时的广阔草原，已经失去了所有冠以神圣、美丽名字的神山、峡谷、河流、草场、植物和野兽的称谓，人们甚至记不起自家的猫、狗、羊、牛和马匹的爱称了。"这种情形一直持续到乔被救出后才消除。在这里，丢失名字是一种可怕的预兆，是灾难的警示，意味着营地的人要失去部落和灵魂的家园，要失去生命生生不息流淌的民族家园；而恢复对名字的记忆意味着部落和民族有了希望，有了光明的前景。在梅卓的小说中，超现实的、魔幻般的事物就是这样自然地存在着，也很自然地交融在作家对民族历史和生活的客观叙述中，从另一角度补充和丰富着小说主题的表达，显示了作家对民族历史存在、人性存在、情感存在和部落命运的关注与文学思考。这种艺术表现突破了人们惯常的审美思维，给人们提供了一种新的充满了藏民族意味的审美经验。

从《太阳部落》到《月亮营地》，梅卓的美学追求逐渐成熟起来了，她有了更明确更深邃的写作指向，但同时，她的写作像一条宽阔平缓的河流在从容镇定的流淌中突然流入陡峭狭窄的河道一样，有些浮华和急躁。如在《月亮营地》中，过于急切和凝重的思想表达在某种程度上削弱了作品的艺术性，而文巴布等次要人物的形象塑造显得有些僵化和单薄，作品有些细节的建构也存在粗疏之处。如果梅卓能更深入地体验民族生活，在民族文化领域中进一步沉淀和打磨自己，相信这些不足是可以避免的，而她的创作也更能走近臻善至美的境界。

（该文原载于第三届中国文联文艺评论奖获奖文集《当代文艺到底缺什么》，2003 年荣获第三届中国文联文艺评论评奖二等奖）

陈云关于解决我国"三农"问题的战略思想

刘傲洋

我国是一个农业大国，农业的情况如何，对整个国民经济发展的影响极大。所以，任何一个中国的经济决策者、经济学家、经济管理家，在提出他们的政策主张与理论观点时，都不能脱离农业的实际情况，而必须高度重视这一客观因素。"三农"问题是关系我国改革开放和现代化建设全局的重大问题。农业基础设施薄弱且生产力水平低下、农村各项社会事业发展缓慢且服务功能弱化、农民众多且大都贫穷落后，是我国的最大国情，也是"怎样建设社会主义"和"全面建设小康社会"所要解决的关键问题。抓住了"三农"问题，就抓住了中国特色。在陈云的经济论著中，虽然专门论及我国农业发展问题的文章并不多，但是，由于上述客观现实的存在，他把握住了这一战略基点，在许多有关中国社会主义经济的重大战略性建议和理论观点中，阐发了不少有关"三农"问题的思想，在新中国建设发展中，提出了一系列解决农民问题的有效途径和具体方式。在他的这些思想中，遵循着一个主体思路：从经济发展的战略高度认识我国的"三农"问题，把"三农"问题始终看作是从事各项社会主义建设事业、发展社会主义经济、做出各种战略性决策的基础。这也是陈云整个经济思想独到之处的重要体现。研究陈云解决"三农"问题的战略思想，对于进一步深化农村改革，促进农村经济持续、全面发展，推动我国广大农民早日步入小康社会具有重大的现实意义和深远的历史意义。

一 "三农"问题始终是我国革命和建设的首要问题

（一）"三农"问题关系着国家和社会的稳定

陈云历来重视"三农"问题。首先，他紧紧抓住农民占全国人口80%

以上、在国家整个经济生活中是个大头的基本事实,将"三农"问题摆在重要的战略位置上。明确指出:农业问题,是关系到全国人民生活的大问题,"是民生问题";农业也是关系国民经济全局的经济因素,"农业问题是全国的大事","农村的情况好了,整个国家的经济情况也在好转"。① 其次,在对国民经济体系深入考察的基础上,他认为农业发展对保持和提高国家收入有重要贡献,为国家和社会的稳定提供了不可或缺的物质基础。指出:农业为社会其他生产部门提供原料和产品销售市场,促进社会其他部门生产发展,能使国家财政收入财源扩大。再者,他在指导国家经济发展计划中,始终贯彻上述思想,总是优先安排农业问题,稳住国民经济的这个大头,防止出乱子。不难看出,陈云认为,农业发展、农村稳定、农民富裕了,"三农"问题解决了,才能谈国家和社会大局的稳定。

(二)农业发展是国民经济综合能力提高的基础

首先,陈云在深刻理解马克思主义经典理论的基础上,始终从农业是国民经济辩证运动体系的基础的高度对待"三农"问题。根据马克思关于社会生产两大部类划分的理论,农业部门是第二部类的重要组成部分。随着劳动生产率提高,商品交换日益发达,再生产规模逐渐扩大,以致劳动产品单一性和再生产需求多样性的矛盾激烈到外化程度,农业部门向社会生产其他部门提出了新的生活消费品和生产资料与生产设备的要求,推动其他部门进行扩大再生产。这样,由农业部门扩大再生产过程中产生的新的消费要求,通过商品交换,转化成为推动社会其他生产部门发展生产的动力,形成连动反应。陈云对农业在国民经济辩证运动体系中的地位和作用的认识是非常明确的,指出,农业生产下降会形成整个社会经济的恶性循环。农业生产不足,为城市提供的农产品有限,农产品价格上涨,必将使工业部门和商业部门及其他服务部门劳动力再生产的费用增高,导致工业品价格大面积地上涨,社会经济稳定的局面就难以维持。市场物价稳定,是经济发展的前提;市场物价不稳又阻碍了农业发展。这样,就会形成整个社会经济的恶性循环,引起社会经济生活的混乱。基于对国民经济辩证运动体系和农业基础地位的深刻认识,早在1950年,陈云就在国家经

① 《陈云文选》第3卷,人民出版社,1995,第210、194、160页。

济工作中，采取收购农产品的方式，有力地增加了农民购买力，较好地促进了农业内部经济运转，并且通过农业与其他国民经济部门的联动反应，实现了对整个社会经济发展的促动。

其次，将马克思主义理论应用于中国实际，提出农业对我国经济建设规模有很大的约束力的观点。陈云对马克思关于"超过劳动者个人需要的农业劳动生产率，是一切社会的基础"[①] 的原理，理解深刻，运用娴熟，清晰地分析到：农业对建设规模的约束，不仅在于对国家收入有很大影响，而且我国农村人多地少，农业生产增长率不高，满足劳动者个人需要后的农业劳动生产率很有限，农业生产水平很难大幅度提高，因而农业对经济建设的规模有很大的约束力。并且他认为，这种状况在短时期内不会有大的改变：我国国民经济中工业所占的比重将来会增加，农业生产也要发展，但是在今后相当长的时期内，农业对经济建设的约束力是很大的。所以，他早在 1951 年就明确指出：在我国，农业发展不起来，工业就很难发展，就一定会扯我们前进的后腿。这种对科学理论的准确理解和应用，充分反映在陈云对复杂的经济实践活动的客观冷静的分析上。1962 年，面对国民经济的严重困难，陈云独树一帜地指出：出现这种形势的原因不是农业扯了后腿，"而是基本建设规模过大，农业负担不了，工业也负担不了"，是建设规模超过了农业以及整个国力的承受能力；"最近几年工业建设的大发展，是建立在 1958 年生产 7000 亿斤粮食、7000 万担棉花的错误估计上的"[②]，是工业发展脱离农业生产的现实生产能力的结果。

第三，城市发展离不开农村经济发展的支持。1950 年 11 月底，陈云在第二次全国财政会议上的讲话中说："扩大农副土产品的购销，不仅是农村问题，而且也是目前活跃中国经济的关键。半年来的财经工作完全证明，城市的繁荣是农村经济转动的结果。农副土产品卖出去了，就增加了农民的购买力，促进城市工商业的发展，减少或消灭城市的失业现象，城市购买力也跟着提高。工商业繁荣，又增加了国家的税收，减少了财政上的困难，物价更趋稳定。这样，可以进一步促进正当工商业的发展，打击

---

① 马克思：《资本论》第 3 卷，人民出版社，1975，第 885 页。
② 《陈云文选》第 3 卷，人民出版社，1995，第 194、195 页。

投机，使城市交流更趋活跃。这是一连串的收获。"① 新中国成立后几十年经济建设正反两方面的经验，特别是 1979 年以来农村改革的成功，为城市的发展提供了动力，充分证明了陈云关于农村对城市发展重要作用的判断。他将农村与城市统筹考虑的观点和思路更被我国现在的经济发展实践所证明，具有很强的现实指导意义。

（三）尊重农业经济基本特征，将"三农"问题纳入国家战略发展规划

基于对农业在国民经济中的地位和作用的清晰认识，陈云在党的八届三中全会上，深谋远虑地提出，发展农业，即使增加了措施，见效的周期也比较长，"大体上要七八年到十年。如果在第二个五年计划期间不注意农业的发展，到第三个五年计划再来注意，那就晚了，今后十五年内就会处于紧张的状态。换句话说，如果现在不注意，错过了五年，就要耽误十五年。"陈云还极为深刻地指出："如果我们只注意搞工业，不注意解决吃饭穿衣问题，搞了工业以后，老百姓没有饭吃，没有衣服穿，再回头来搞农业那就晚了。究竟回头搞好，还是先搞好？当然是先搞好。"② 但是，令人痛心的是，由于 1957 年以后，我国在改革农村生产关系上出现了脱离实际的跃进，陈云的这些宝贵意见在实际中并没有贯彻下去。而陈云所担心的"耽误十五年"的担忧却变成了严酷的现实。由于一系列政策上的错误和失误，因农业承受不了高速度发展的重工业的压力，发生了国民经济发展陷入困境的局面。三年困难时期，农业大幅度减产，农业生产遭到了很大破坏，财政收入减少，市场供应十分紧张，人民生活相当困难。正如陈云所告诫的，农业发展"错过了五年"，就大大限制了国民经济的发展，被迫"再回头来搞农业"。但是，值得注意的是，我们错过的五年和耽误的十五年，正是发达国家经济突飞猛进的时期。因此，陈云的这些真知灼见，充分体现了他作为一名出色的经济理论家和实践家的战略远见，对于我们今天制定国民经济发展规划仍然具有重要的借鉴意义。

---

① 《陈云文选》第 2 卷，人民出版社，1995，第 118 页。
② 《陈云文选》第 3 卷，人民出版社，1995，第 78～79、86 页。

二　实事求是，尊重市场经济基本规律，
适时进行农村经济体制改革

（一）从中国国情出发，审慎对待农业生产关系，及时进行变革

陈云认为，生产关系和生产力之间是对立统一的辩证关系。要发展农业，就要及时调整农村生产关系。为此，他在新中国成立至 20 世纪 80 年代间，在我国农业生产关系历次变革中发挥了中流砥柱的作用。

1950 年，中国的土地所有制面临着亟待改革的局面，首先必须消灭延续了几千年的封建土地制度。在当时生产力遭到大破坏、生产力水平极其低下的现实情况下，陈云认识到，在诸多办法中，及时变革旧的生产关系，进行土改，消灭封建土地制度，实现耕者有其田，是发展农业生产最能见效的办法。1951 年 5 月，他明确指出："只有进行土地改革，才能大大鼓励农民的生产积极性。"①

1952 年以来，随着经济建设规模的扩大和人民生活水平的提高，农副产品的供给和需求之间的差距日益增大。现实经济生活提出了农业要进一步增产的要求。陈云在向党中央汇报"一五"计划编制情况时说："农业增产有三个办法：开荒，修水利，合作化。这些办法都要采用，但见效最快的，在目前，还是合作化。"② 因为当时物化劳动要素的储备还很有限，不可能增加多少农业投资。实行合作化，能够在较短时间里更充分地发挥农业生产资料的作用。

1953 年到 1957 年，即农业合作化的五年，农业连年增产，不断向前发展。但在"左"倾错误思想指导下，1958 年中共八大二次会议基于对农业经济发展的过高估计，脱离农业经济发展实际而不适当地快速进行人民公社化。1959 年到 1961 年，农业连年减产，而且出现大幅度地急剧下降。农业生产所遇到的严重困难，已明显暴露了生产关系脱离生产力发展要求的问题，而且暴露了农村经济体制中存在的严重弊端。在这种情况下，陈

---

① 《陈云文选》第 2 卷，人民出版社，1995，第 140 页。
② 《陈云文选》第 2 卷，人民出版社，1995，第 238 页。

云敏锐地发现了进行农村经济体制改革的必然性和必要性。为了解决农业面临的严重困难，陈云吸收了邓子恢在 1959 年就提出的农业要实行生产责任制的观点。[①] 并且在深入调查研究的基础上，建议对农民实行包产到户。[②]

进入 20 世纪 80 年代后，陈云继续他在 20 世纪 60 年代初提出的农业要搞责任制的思想。于 1982 年指出：农业搞生产责任制，会有很大的作用；不是吃大锅饭，完全是多劳多得、不劳不得；这是一件大事；体制改革，农业先行；工业财贸系统的改革也势在必行。

陈云的上述实践和思想，是建立在充分的科学依据之上的。他以生产力与生产关系的辩证统一关系为指导，深刻认识到：物化劳动要素的增加，受着物质财富储备程度的限制，但在同样的物化劳动要素条件下，活劳动要素的积极作用得到发挥，就能提高生产力。为此，他一贯主张从中国国情出发，审慎对待农业生产关系，及时进行变革，既不能使生产关系落后于生产力发展要求，也不能盲目求大、求快，使生产关系脱离生产力发展水平。我国经济建设发展正反两方面经验已对此做出了验证。一方面，我们在建立农业生产合作社的指导思想上，有贪大求快的成分存在。尤其在经营管理形式上整齐划一，统统集中生产、集中经营，这显然在很大程度上违背了生产关系一定要适应生产力性质规律的要求。另一方面，他关于发展农业要不断调整生产关系，使之最大限度地与生产力发展水平相适应的思想，已被实践特别是 1980 年以来我国农业的迅速发展证明是完全正确的。我国经济体制改革的发展，也正如陈云所指出的那样，由农村先行，引起连锁反应，经济体制改革规模不断扩大，并逐渐深入地发展。

从 1957 年后半年开始，由于我们指导思想上"左"倾错误的发生，陈云针对农业合作化实施过程中的错误提出的纠正意见，实际上并没有被采纳，他关于农村经济体制改革的思想也未能付诸实践，而且他本人也被认为"右"倾而受到冷遇。但是，陈云的这些深湛的思想并没有因为当时没有得到贯彻而失去它的光辉，相反，他在 20 世纪 50 年代和 60 年代关于

---

① 《〈关于建国以来党的若干历史问题的决议〉名词解释》，长征出版社，1981，第 132 ~ 133 页。

② 中共中央文献研究室为《简明不列颠百科全书》提供的《老一辈无产阶级革命家主要代表、现任党和国家主要领导人传略》陈云条目。

农业改革的论述,是今天农业改革思想发展的先驱。他不仅为党的十一届三中全会以来我们大力发展农村商品经济做了必要的理论准备,而且为有中国特色的社会主义市场经济理论体系的形成做出了不可磨灭的贡献。

(二) 以供求规律为指导农业生产的根本规律

陈云发展农村经济的思想,是建立在尊重市场经济基本规律基础上的。特别是遵循供求规律,通过市场交换实现农村经济发展的思想是非常明确的。他明确提出了农产品要"适应市场需要"的观点,并在这方面有过很多相关论述。早在1950年6月,陈云在党的七届三中全会上的发言中,讲到农产品出口问题时,就提出了以销定产发展农村商品生产的思想,他说,"将来是粮食出口,还是棉花出口?这要看国际市场需要什么。如果不需要粮食,粮食出不了口,棉花能出口,那么华北地区就多种棉花,其他地区多种粮食。这也要统筹兼顾,好好计算一下。否则不摸底,种了棉花就卖不了。"[①] 同年11月,他提出,我们要促进农村商品交换,以推动农村经济发展,要实行近地交流、全国交流、内外交流,让农民销出农副产品。1951年4月,他又提出,我们组织生产,要充分考虑农民的购买力会大大提高的因素,以计划生产,增加对农村商品的供应。他说:老百姓需要什么东西,也要摸清楚,如果我们只办重工业工厂,不办轻工业工厂,老百姓等着要东西,没有东西供给他们,他们就不满意。他还在党的八届二中全会上提出开放农村小土产自由市场,而且就自由市场的作用、管理做了详尽地论述。陈云在对农业合作化进行经验总结时,也提出了农业生产的相当部分(除粮食外)要纳入"适应市场需要"的轨道,即要建立在商品生产和商品交换的基础上,努力发展农村商品生产。

这些论述清楚地表明,陈云主张用近地交流、全国交流、内外交流的办法打破封建割据的传统,通过广泛的商品生产和交换,使农村经济形成良性循环;主张以销定产,认真预测市场需求变化趋势,以便根据市场需要安排生产。这是陈云在对市场经济基本规律科学认识的基础上,在当时经济发展情况下的理论和实践突破,为我国最终建立社会主义市场经济体制做出了贡献。

---

① 《陈云文选》第2卷,人民出版社,1995,第97~98页。

（三）因地制宜，综合经营，切实增加农民收入

陈云对农民收入问题给予了高度重视，认为这一问题作为"三农"问题的核心，不仅是农业和农村经济发展的综合反映和落脚点，而且是关系到农村经济持续发展和社会稳定的基础因素。通过对经济实践的认真总结，陈云将改革农业经济体制作为切实增加农民收入的重要突破口。他在党的"八大"上，及时总结了农业合作化过程中的经验教训，特别指出了经营和管理形式上整齐划一的错误。他说："农业生产合作社的粮食、经济作物和一部分副业生产是必须由合作社集体经营的，但是许多副业生产，应该由社员分散经营。不加区别地一切归社经营的现象必须改变。许多副业只有放开手让社员分散经营，才能增产各种各样的产品，适应市场的需要，增加社员的收入。""我们必须及时地纠正只注意集中生产、集中经营，而忽视分散生产、分散经营的错误做法。否则，在生产方面、流通方面和为消费者服务方面已经出现的一些毛病，就会继续发展。"① 为此，他特别指出了农业经济体制改革的大体方向——经营形式上集中和分散的有机结合。他认为农业实行多种经营，因地制宜，该种粮食的地方种粮食，该种经济作物的地方种经济作物，不仅粮食大幅度增长，经济作物也大幅度增长。只有这样，才能在当时经济发展水平下，充分发挥活劳动的积极因素，使农民自身生产力得到真正的解放和释放，通过综合经营，多渠道、多方式增加农民收入，不断提高农民生活和生产水平。这种关于农业区域化、专业化生产的重要思想，是马克思主义实事求是思想原则在指导农业生产上的科学反映，充分体现了比较经济学的比较利益原则，是对我国农业经济理论的重要贡献。

三 统筹兼顾，协调互动，保护和促进农业生产力发展

陈云认为，在生产力已经存在，但由于生产关系与之不相适应而阻碍生产力得到正常发挥的条件下，变革和调整生产关系，使生产力得到解放，可以在短时期内使社会生产得到较快的发展。要使社会生产持续稳定

---

① 《陈云文选》第3卷，人民出版社，1995，第8~9页。

地发展，要使生产有后劲，还必须努力做好保护和促进生产力发展的工作。为此，他提出了一系列重大观点，并尽一切可能采取了积极措施。这些思想和实践已体现出科学发展观的基本要求，在具体领域仍对我们今天的工作有重要借鉴意义。

（一）在三次产业良性互动关系的培育中，保护和促进农业生产力发展

陈云一贯主张将"三农"问题纳入国民经济体系全盘考虑，跳出"三农"看"三农"。因此，他认为必须培育三次产业良性互动关系。陈云认为，重要的是如何加强城乡之间的流通，通过商品交换来扩大粮食收购，加强粮食供给这一环节。因此，早在20世纪50年代他就指出：在商业工作中，必须面向农村这一广阔的市场，采取一切有力的措施来促进城乡、工农之间的商品交换；商业部门要树立为农村服务的观点，积极组织工业品下乡，促进农民多买；农民要多买工业品，就要多出售手中的余粮，这样，既增加了粮食的收购量，又促进了工业生产的发展。基于这一想法，他主张国家在做工业发展计划时，要尽可能照顾到农民对生产资料和生活资料的需求，要重视农村这一巨大市场的结构与容量。开辟这个市场，不仅有利于农业生产的发展、粮食的收购，而且也有利于工业生产的发展。更为重要的是，这样做的结果是工业与农业都可以在相互依赖、互相促进的良性循环中获得较快的发展。

（二）在大力提高农业劳动生产率的前提下发展非农产业

陈云一贯支持发展农村经济的专业化、商品化，支持乡镇企业的正常发展。但同时，他也深刻地认识到，农村经济中非农产业的健康发展必须建立在农业劳动生产率较大提高的基础上。只有农业劳动生产率已大为提高，单位面积产量、规模经营效益已有一定水平，同时又出现了由于劳动生产率提高而造成的剩余劳动力，农业发展本身又能为非农产业提供资金（不影响农业自身发展的资金供给），那么，专业化、商品化才是顺其自然的事。因此，针对1984年以后几年出现的农民种粮、养猪、种菜的积极性下降，经商、从工的积极性大增，"无工不富"的呼声大于"无农不稳"的呼声，这些变化，陈云没有为一时的表象繁荣所欢欣鼓舞，并不简单地认为这种变化正是农村经济向专业化、商品化发展的标志。1985 年 9 月，陈云在中国共产党全国代表会议上的讲话中指出："农民中从事农副业致富的，有'万元户'，但只是极少数。前一时期，报纸上宣传'万元户'，说得太多，实际上没有那么多。宣传脱离了实际。""现在有些农民对种粮食不感兴趣，这个问题要注意。"发生这种情况的原因在于"农民做工、经商收入多，种粮收入少，就是养猪、种菜，也看不上眼。因为'无工不富'。"现在的"问题是'无工不富'的声音大大超过了'无农不稳'"。但"十亿人口吃饭穿衣，是我国一大经济问题，也是一大政治问题。'无粮则乱'，这件事不能小看就是了。"① 陈云从生产力客观水平出发，对我国当时的农业劳动生产力是否已达到了向专业化发展的水平做出了科学分析，认为，在农业发展本身还很落后的条件下，大规模地引导农民把资金投向非农产业（商业、服务业、加工业），这种非农产业的"异军突起"，就很容易形成盲目倾向，存在潜在危机。所以，他语重心长地告诫全党，"无粮则乱"，这件事不要小看。

（三）努力做好发展生产力基本建设工作，不断加强生产力发展的物质基础

陈云早在 1957 年就明确提出了这一思想。指出：在社会物化劳动要素储备不足的条件下，我们发展农业的主要办法是放在农业合作化上面的。"但是，现在要看到，合作化只是给发展农业创造了条件，还不能解决根本问题。"② 发展农业，还要从各个方面解决根本问题，提高农业生产力。陈云主要在水利建设、提高地力两方面采取了切实可行的措施，着力加强农业基本建设。陈云指出：农业基本建设效果不明显，是因为"治标的多，治本的少"，"以后要积极地做治本工作。当然不是一年两年就能够做好的，但是一定要做，非做不可，要长期地来做。"③ 他还特别强调说："水利建设是治本的工作，是百年大计。"陈云非常重视地力的提高，认为大规模地发展化学肥料，是农业增产最快、最重要的一条。早在 1957 年他就提出，为了提高地力，要从现在开始增加化肥。1961 年，他又说，为了

① 《陈云文选》第 3 卷，人民出版社，1995，第 349~350 页。
② 《陈云文选》第 3 卷，人民出版社，1995，第 78 页。
③ 《陈云文选》第 2 卷，人民出版社，1995，第 141 页。

发展农业生产，增加粮食产量，必须尽可能加快氮肥工业的发展。他还就当时条件下氮肥工业的规模和建设方针作了透彻的说明，及周密、细致、切实可行的部署。另外，陈云还强调，工业要发挥占有资金多、技术力量强的特长，以先进的技术和装备支援农业，帮助提高农业生产力。

新中国发展的历史已清晰地证明，陈云在关于解决"三农"问题的具体方式、途径和做法等方面提出的一些基本的战略思想，对于推动农村发展和整个社会主义建设起到了重要作用，并具有长远指导意义，值得我们不断地学习研究和借鉴。

（该文 2005 年荣获中共中央宣传部等七部委联合举办的全国"陈云生平和思想研讨会"入选奖）

对学术期刊若干问题的分析与思考

张　前

当前，有一些学术期刊正经历着从"养在深闺人未识"到"犹抱琵琶半遮面"，娇羞满面、极不情愿地走向期刊市场的历史性转变。梳理学术期刊的种种现实状态，其市场化的历程可谓任重道远。"工欲善其事，必先利其器。"面对市场的挑战，学术期刊确有不少方面亟待加强和完善。笔者不揣浅陋，管窥蠡测，对关乎学术期刊健康发展的若干问题作了一些分析和思考，以供专家同仁商榷。

一　评审制度

据 2001 年统计，国内期刊共有 8889 种。其中，自然科学、技术类期刊 4420 种，社科类期刊 2252 种；学术期刊占 80%，大约在 7000 种以上。但在如此众多的学术期刊中，有国际影响力的却屈指可数。是国家对学术期刊的重视不够吗？非也。至少和综合类、纯文学类期刊相比，国家对学术期刊的支持力度不算小，虽然办刊经费不是太宽裕，但正常运转几乎都没有问题。那么症结究竟何在？笔者以为在于期刊的质量。这是因为，质量是学术期刊的生命，期刊影响力的大小和其质量有千丝万缕的联系。当然，影响期刊质量的因素很多，但关键是它所载文稿的内容，即其学术价值的大小。而能否通过审稿，将学术价值较高的文稿选择出来奉献给广大读者，则是关键的关键。因此，我们有必要对国内学术期刊现行的审稿制度进行一些思考和分析。"他山之石，可以攻玉"。在剖析国内学术期刊固有的编审制度前，我们不妨将目光锁定在台湾地区和国外一些学术期刊现行的编审制度上，也许对说明问题有所帮助。

　　台湾地区学术期刊的编审制度，主要由负责专业评审的编辑委员会和坚持质量优先的审稿、用稿机制构成。或许有人会说，这与大陆没有什么区别吗！其实不然，台湾地区学术期刊的编委会，不是虚张声势的摆设，而是主导期刊运作、实施审稿把关的主体。它的组成人员跨越单位归属甚至行政区划的限制，由相关的优秀学者乃至权威学者参与期刊编审工作。其审稿程序是：来稿先由主编或指派的编辑初审，认为论文达到送审水平，可送编委会中相关专业的至少两名编委评审；编委认为有必要，可推荐更合适的专业学者评审。评审实行双向匿名审稿制，审稿的核心工作在于鉴别其原创性和评估学术价值。2001 年，台湾地区的科学论文被科学引用文献索引（SCI）收录达 10636 篇之多，居世界第 17 位。究其原因，与其严谨的评审机制有重大关系。在德国，一篇学术稿件是否能采用，也是由专家以集体无记名投票的方式表决决定。这样，可以最大限度地杜绝"人情稿""关系稿"。而编辑的主要工作是收发稿件、栏目设计、策划组稿、排版校对等事务性工作。

　　反观国内，绝大多数期刊普遍实行的是三审制基础上的主编负责制，所有稿件皆由编辑或主编一人决定，即稿件的生杀大权由编辑或主编掌握，编辑人员的"主体性"作用非常突出。由于每个编辑的口味不尽相同，择稿时喜以个人的好恶来取舍稿件；就是质量接近或基本相同的稿件，也因编辑欣赏"口味"之差异导致两种截然不同的结果。编辑中的确有不少学问家、专家，但不可否认，就目前而言仍是少数。现在，除一些在学术界有较高知名度的期刊外，绝大多数期刊受系统性学术训练的学者型编辑很少，尚无研究经验和学术积累的年轻编辑逐年增多，他们很难准确把握来稿的学术水准和质量。就是学有专攻者，走上编辑岗位后整天要处理大量来稿，无暇从事研究，也会与学术疏离，对学术的脉搏把握不准。尤为严重的是，在市场经济大潮的冲击下，如果说整个国家和社会对科研工作还比较重视，能给科研人员带来直接名利，那么对学术期刊的编辑一直得不到应有的重视，他们只有默默奉献的份儿。这种情况必然导致学术期刊编辑，尤其是年轻编辑心浮气躁，耐不住寂寞，缺乏老一辈编辑"做嫁衣"的精神，对名利和淡泊的关系处理不当，其危害可想而知。因此，在学术界充满功利思想、科研评价方式极不完善、学术腐败和学术泡沫日趋严重的今天，作为学术传播和交流中介者的学术期刊，若再不加以从编审环节去遏制"学术垃圾"流入市场，从根本上消除滋生"学术垃圾"的土壤，会对国内科研繁荣和学术期刊自身的发展带来很大的影响。

其实，国内不少理论期刊也设有编委会，且规模空前。有些编委会足有百人之多，其中既有高级领导干部，又有学术顾问，更不乏国内学术界名家、大家，但真正参与期刊编辑工作的甚少，其中有不少是"拉大旗作虎皮"，当作一块"金字招牌"而已。令人欣慰的是，国内也有些学术期刊，如《中国社会科学》《历史研究》等，顺应市场潮流，从刊物的装帧设计、印刷质量，尤其是从学术质量入手开始革新。在审稿上也根据期刊的实际情况，有选择地借鉴国外匿名审稿、专家审稿方式，极大地提升了国际影响力和市场竞争力。但这样的学术期刊还是凤毛麟角，绝大多数学术期刊却依然故我，对自身的改革、读者的需求没有太多的思考，令人担忧。笔者以为国内学术期刊在审稿中也可根据各个期刊的不同特点和实际情况，有选择地去借鉴国际通行的匿名审稿和编委制衡的编审制度，并将外审和内审紧密结合起来，集思广益，倾力打造学术精品、质量精品，全面提升刊物在学术期刊市场中的竞争力。

二 评价体系

20 世纪 90 年代初，当"核心期刊"这一概念被引入到国内的学术期刊时，一些在学术界有影响的期刊大显威风，在这块璀璨夺目的"金字招牌"的光环下，吸引了不少高质量的学术佳作，使其知名度、影响力陡增。这对提高期刊质量注入了生机和活力。但与此同时，也加剧了"核心期刊"的"异化"，对曾有力推动学术期刊繁荣发展的评价模式带来了始料不及的后果。目前，"核心期刊"从最初文献计量学上的概念延伸到对期刊质量的评价，其原始功能逐步退化，评价功能渐趋突出，使用价值随之泛化。"核心期刊"已成为学术界和出版界关注的"核心"。

"核心期刊"之所以仍能引起前所未有的关注，这是因为：国内科研、高教、出版等系统的人员晋升职称离不开"核心期刊"，甚至年度考核、评优、奖金、津贴也与之挂钩，就连硕士、博士研究生顺利拿上学位也离不开它。试想，全国每年约有 33 万名研究生毕业，按有关规定，毕业前每人若在"核心期刊"上刊发 2 篇论文，就有 66 万篇之多。再加上年度考核、评优、晋升职称等所需刊发的学术论文，其数量之大令人咋舌。可全国所谓的"核心期刊"毕竟有限，对版面的需求严重大于供给。由此出现了千军万马齐挤独木桥的"壮观"局面，产生了金钱和学术的交易。在功利的驱动下，有的不惜出高额版面费，有的千方百计拉关系、走后门，一些戴有"核心"桂冠的学术期刊借此创造"经济效益"。在这种情况下，有不少人情稿、关系稿以及赶势应景、抄袭拼凑的伪劣之作也堂而皇之地登上"核心期刊"的版面。这些文章发表后，就名正言顺地披上了"核心"之外衣，成为晋升职称、评优、拿文凭的敲门砖。有的地区虽没有全国认可的"核心期刊"，但主管部门也可根据"地区特点"和"实际需要"，指定几家作为"核心"对待。结果只能是鱼龙混杂，刊发文章的质量难以保证。

其实，国家新闻出版管理部门对期刊的正规提法，从来没有"核心期刊"之说，只有"重点期刊""优秀期刊"的说法，而后者也仅是从国家对期刊管理工作方面而言的。但是，时下人们往往以是否"核心"来衡量办刊质量。已入围的"核心期刊"一方面要保持"核心"身价，另一方面要应付众多文稿的冲击；而未入围的期刊要将入围"核刊"作为办刊目标，千方百计提高"文摘率"，一味地去迎合一些遴选指标。其结果，使期刊编辑工作处于两难的尴尬之境。

"核心期刊"的引进，对学术期刊的发展有一定的推动作用，但无限度地滥用和"核心期刊"功能的泛化必须引起全社会的关注。笔者认为各地方、各部门、各高校制定的职称晋升、学位评定等文件中，不应有唯"核心期刊"论文之限制条文。重要的是，要尽快完善期刊和论文学术评价的标准和体系，创造一个提高期刊和论文质量的良好环境，使之走上健康有序的发展道路。

三　市场意识

作为理论研究和信息传递的重要载体，学术期刊担负着学术交流、理论传播、促进科学、培养人才的重要功能，指导着社会政治、经济、文化、科技、教育事业的发展。因此，在探讨学术期刊的效益问题时，无疑应注重社会效益。但在市场经济条件下，同时也应讲求经济效益。

我们知道，出版物既是文化产品，又是文化商品。既然是一种商品、一种特殊的文化商品，就该有投入和产出的经济行为，而不应该远离市场、远离消费者而孤芳自赏不去谈经济效益。我们对学术期刊的未来和目前不太乐观的处境应有所思考，积极地去寻求期刊生存和发展的有效途径，要在注重提高期刊学术含金量的同时，想方设法追求经济效益的最大化，实现两个效益的完美结合。

目前，学术期刊经济效益难于实现的原因是多方面的。有客观方面的因素，如国内学术期刊市场还是一个不完全的市场，许多市场要素不具备，法人结构不合理，产权制度不完善，市场发育不健康，产品成本偏高。这是导致学术期刊市场化程度不高、发行量徘徊不前的一个重要原因。但也有主观方面因素，如学术期刊的主编及其编辑的市场开发意识普遍不强，"只讲质量，不问效益"或注重社会效益、忽视经济效益的现象比较严重。学术期刊追求社会效益、实现学术价值的最大化无疑是第一位的，但一个发行量只有几百份或近百份的学术期刊，其学术价值能在社会上产生多大的效益，的确不能不引起我们的思考。当然，笔者所谈的经济效益不仅仅是只追求市场利润狭义上的经济效益，它也包括刊发论文中的理论、知识和方法应用到意识形态领域和实际生产生活中间产生的经济效益，也就是广义上的经济效益。学术期刊要完全实现两个意义上的经济效益，笔者认为至少要做好以下几方面的工作：一是要加大学术期刊的含金量，提高刊发论文的学术价值，使读者愿意去看、愿意去买，从而扩大读者面，提高市场占有率。二是要从形式到内容突破"千刊一面""面面俱到"，文史哲经无所不包、数理化生无一遗漏的旧模式，在创特色、充分利用自身学科资源上下功夫，从形式到内容给读者耳目一新的感觉。要使刊发的论文最大限度地在指导生产实践和为社会创造财富中发挥作用，也就是说，将科研成果渗透到生产力的各个要素中，使知识形态的生产力转化为现实的生产力，为国计民生或社会经济发展提供理论支持和思想资源，最终实现期刊两个意义上的经济效益。三是要根据期刊自身的特色，充分利用期刊的社会信息优势和行业优势，善于开拓广告市场，合理安排一些适应刊物、适合读者口味的广告，在维护期刊整体结构特色的前提下，努力提高广告效果。四是要追求管理效益。一个合格的编辑或主编，不仅要有学者的严谨，同时也应该具备商人的精明。这里所说的"精明"，不是让编辑人员去四处钻营，而是要求学术期刊的编辑人员具备全面素质，甚至能掌握印刷、发行方面的相关知识，以最大限度地降低刊物的印制成本，减少不必要的开支。

最后，在处理两个效益问题时，必须强调的是，学术期刊在任何时候、任何情况下追求经济效益都必须以社会效益为前提，切不可"只求效益，不求质量"，为创收去刊发大量获取文凭、晋升职称所用的低劣之作，或"只问质量，不问效益"，对印刷成本、管理成本和发行成本不问不闻。总之，学术期刊在处理两个效益问题时，首先要考虑自身的社会效益，在此基础上努力实现经济效益。若两个效益发生矛盾、难以兼顾时，更要首先考虑社会效益，切不可本末倒置或偏废一方。

参考文献

杨云山：《走出学术期刊困境的途径》，《编辑之友》2004 年第 5 期。

陈红：《台港学术期刊的质量保障机制》，《中国编辑》2004 年第 1 期。

《出版专业理论与实务（中级）》，上海辞书出版社，2004。

袁玉立：《学术期刊：把中国学术推向国际学术平台前沿》，《学术界》2002 年第3 期。

[该文原载《青海社会科学》2004 年第 6 期，2006 年荣获"首届中华优秀出版物（论文）奖]

试析抗日战争时期延安廉政建设的历史经验

唐　萍

"以史为鉴，可以知兴替"。历史蕴含着经验和真知。党的十六大报告指出："坚决反对和防止腐败，是全党一项重大的政治任务。不坚决惩治腐败，党同人民群众的血肉联系就会受到严重损害，党的执政地位就有丧失的危险，党就有可能走向自我毁灭。"[①] 这绝不是危言耸听，而是我们党对国内外廉政建设的历史经验的科学总结。中国共产党自成立之日起，就十分重视党的廉政建设。特别是抗日战争时期，党在延安把党风廉政建设当作党的建设的头等大事来抓，积累了丰富的、宝贵的历史经验，对我们今天实践"三个代表"重要思想、落实《建立健全教育、制度、监督并重的惩治和预防腐败体系实施纲要》、全面加强党的建设和实现小康社会，都有着十分重要的借鉴意义。

一　历史回顾

抗日战争取得胜利已经60多年了，延安精神一直鼓舞、鞭策着中国共产党人艰苦奋斗、自强不息，成为我党一笔宝贵的精神财富，特别在廉政建设方面，开了一代廉政建设之风。陕甘宁边区政府廉政建设的突出成就，主要表现在以下四个方面

（一）注重思想建设，确立为人民服务的宗旨，从教育上保证了廉政建设的胜利进行

思想教育是我们党的一大政治优势。陕甘宁边区非常重视思想建设，

---

① 《〈十六大报告〉辅导读本》，人民出版社，2002，第49页。

1944 年 9 月，毛泽东发表了著名的《为人民服务》一文后，党的"七大"会议上确立了"全心全意为人民服务"是中国共产党的唯一宗旨，是我们党区别于其他任何政党的一个显著标志，也是抗日政权廉政建设的思想基础。当时延安各级抗日政权始终把贯彻群众路线、加强思想政治工作作为廉政教育的主要内容来抓。1938 年 10 月，毛泽东告诫党员干部"共产党员无论何时何地都不应以个人利益放在第一位，而应以个人利益服从于民族的和人民群众的利益。因此，自私自利，消极怠工，贪污腐化，风头主义，等等，是最可鄙的；而大公无私，积极努力，克己奉公，埋头苦干的精神，才是可尊敬的。"① 指出了作为一名共产党员应有崇高理想和目标追求。同时中共要求在政府中工作的党员"以艰苦奋斗接近民众，起保护民众利益的模范作用，改造过去时代腐败的政治机构，实行政府的民选，澄清中国几千年来的政府和人民对立的官僚制度，肃清贪赃枉法无恶不作的衙门恶习，使边区各级政府真正成为民众自己的政府，真正成为全民族需要的、抗日的、民主的、廉洁的政府。"② 为全党树立了学习的榜样，提高了党员干部的公仆意识，有力地促进了延安地区及各抗日根据地党的群众路线的贯彻实施。

在确立全心全意为人民服务宗旨的同时，边区政府还进行艰苦奋斗、勤俭节约的教育，以防止少数人贪图安逸和享受，抵制外来腐朽思想的侵蚀。1937 年 9 月边区政府主席林伯渠和审计委员会主席谢觉哉联名发出通知，要求边区各级政府保持红军传统，防止浪费腐化习气侵入。公私费用必须严格分开，一切私人费用均不能出公家账，禁止"办高价酒席"。要建立严格的审计制度，反对铺张浪费。1942 年底，边区政府又规定了"力求合理经济""厉行节约""实行经济核算制""开展反贪污浪费的斗争""爱惜民力"等五项规章。这些有力的措施，配合了思想教育，使边区广大干部养成了一种任劳任怨、一心为公、勤俭节约、艰苦奋斗的精神。

为了进一步确保各级政权的廉洁性，陕甘宁边区通过发扬民主、开展批评与自我批评的方式进行了反不良倾向的斗争。林伯渠在边区参议会的工作报告中明确指出，抗日战争时期边区政府的任务之一就是"发扬民主

---

① 《毛泽东选集》（第 2 卷），人民出版社，1966，第 488 页。
② 《陕甘宁边区抗日民主根据地·文献卷》（下），中共党史资料出版社，1990，第 495、46、521、134 页。

主义工作作风，严格实行集体领导，耐心倾听下级的意见，严格反对官僚主义、贪污腐化倾向，发扬艰苦奋斗的优良传统"①。1939 年 9 月中共陕甘宁边区区委员会组织部发出的《关于今后组织工作的指示信》中强调："把党内民主的发扬要看成今天组织工作中最中心的一环，要从教育的基础上来开展反不正确倾向，克服一切不良现象。"② 这些正面思想教育同开展批评与自我批评相结合，对培养各级干部克己奉公的优良品德和保持延安政权的廉洁性起到了重要的作用。

（二）注重法规建设，制定相应的法规条例，从制度上保证了反腐倡廉的顺利进行

制度是廉政建设的保证，是教育和监督的依据。陕甘宁边区政府，非常重视自身的政治建设，把反腐败当作一件大事来抓，为打击扼制贪污腐化现象，陆续制定了一系列法规条例，使反腐倡廉工作有章可循、有法可依。1938 年 8 月 15 日边区政府制定了《惩治贪污暂行条例》，经过一段时间的试行，于 1939 年又制定了正式的《惩治贪污条例》，规定：对克扣、截留、盗窃、侵吞、强占、浪费公用财物、挪用公款、虚报账目、营私舞弊、敲诈勒索等十种行为，皆按贪污论罪处罚。对贪污 500 元以上（含 500 元）处死刑。1939 年 4 月，边区政府公布了《陕甘宁边区抗战时期施政纲领》，规定："发扬艰苦奋斗作风，厉行廉洁政治，肃清贪污腐化，铲除鸦片赌博。"③ 1941 年 5 月 1 日，边区政府又公布了《陕甘宁边区施政纲要》即"五一施政纲要"。这是边区政治、军事、经济、文化、教育事业的总方针，是具有极大权威的法律文件，其中第八条规定："厉行廉洁政治，严惩公务人员之贪污行为，禁止任何公务人员假公济私之行为，共产党员有犯法者从重治罪。"④ 之后，1943 年公布的《陕甘宁边区政务人员公约》第五条中规定："公正廉洁、奉公守法"。该条规定下面的注释说：

① 《陕甘宁边区抗日民主根据地·文献卷》（下），中共党史资料出版社，1990，第 495、46、521、134 页。

② 《陕甘宁边区抗日民主根据地·文献卷》（下），中共党史资料出版社，1990，第 495、46、521、134 页。

③ 《陕甘宁边区抗日民主根据地·文献卷》（下），中共党史资料出版社，1990，第 495、46、521、134 页。

④ 《新中华报》1941 年 5 月 1 日。

"这是我们政务人员应有的品格，要在品行道德上成为模范，为民表率。要知法守法、不滥用职权、不假公济私、不贪污、不受贿、不赌博、不腐化、不堕落。"① 在相继出台的政策法规制度之后，中共中央和边区政府领导人又强调，必须严格执行政策法规，做到依法办事、赏罚分明。特别是对在工作中勤勤恳恳、埋头苦干、不怕流血牺牲者及时给予表彰，对违反政策法规、腐化堕落分子也及时予以处罚。1943 年 2 月在中共西北局高干会议闭幕前，边区政府对王震等 22 名克己奉公、成绩昭著的干部予以隆重地表彰和奖励。边区政府主席林伯渠亲自授奖，毛泽东逐一为每份奖状题字，使受奖者感到莫大的光荣。在同一个会上，也揭露和惩处了王华亭等 6 人的犯法违纪行为，并宣布党内将审查其党籍，分别给予开除及严重警告处分。

（三）注重建立监督机制，建全监督机构，从机制上保证廉政建设的顺利进行

监督是廉政建设的关键，是促进教育和制度落实的措施。边区政府特别重视民主监督问题。首先筹建了边区参议会，使廉政建设走上制度化轨道。1937 年 11 月，边区举行了议会的选举，准备成立边区议会，后为统一战线的需要改为参议会。1939 年 1 月陕甘宁边区第一届参议会正式召开，通过了施政纲领和各项组织条例，选举产生了议长、副议长和边区政府委员会、政府主席、高等法院院长。这时的边区参议会，既是一个有广泛代表性的民意机关，又是一个最高权力机关，充分体现了边区民主政治制度的优越性，促进了廉政建设的顺利进行。具体做法如下。

首先，人民通过参议会行使选举权。参议会分边区、县、乡三级，它是边区人民行使民主权利的最高机构。《陕甘宁边区议会及行政组织纲要》中规定："各级议会议员，由选民直接选举；各级行政长官——乡长、区长、县长、边区主席，由各级议会选举；边区法院院长，由边区议会选举；边区政府各厅长的任命，须得边区议会的同意。"② 从 1937 年到 1945 年陕甘宁边区先后进行过三次全面的选举运动，采取的是普遍的、直接

---

① 《陕甘宁边区抗日民主根据地·文献卷》（下），中共党史资料出版社，1990，第 495、46、521、134 页。

② 《新中华报》1937 年 5 月 23 日。

的、平等的、无记名投票式的选举，凡是赞成抗日又赞成民主的，不分阶级、党派、民族、性别，都享有选举权和被选举权。人民自由选举那些清正廉洁、关心群众疾苦的人为参议员，并通过各级参议会参与政权的管理。

其次，人民通过参议会对政府官员行使监督，具有罢免权。从立法地位上讲，边区政府隶属于参议会，参议会有权选举、罢免边区政府长官及高等法院院长，有权监督、弹劾边区各级政府、司法机关的公务人员。参议会闭幕期间设参议会常驻委员会，行使监督及咨询之权。边区政府是边区的最高行政机关，高等法院是最高司法机关，它们既分别独立行使职权，又都向参议会负责，接受参议会监督。政府工作人员，包括各级行政长官，如有贪污腐化、违法失职行为，参议会可代表人民将其罢免。这种高度民主的政治体制，有力地促进了廉政建设的进行，使人民掌有各级干部的选举、监督、任免大权，可以及时防止腐败的发生，维护政府的清正廉洁。同时，边区政府还特设审计处来行使行政监督和经济监督的职权。该处系边区政府人大行政部门之一，按照《陕甘宁边区政府组织条例》规定，其中掌理的事务有八项，第八项为"关于贪污、舞弊及浪费事件之检举事项"。这说明边区政府对反腐败问题不单停留在认识上，还采取了有效措施，设立专门机构，专司其责。例如：陕甘宁边区司法机关依法严判了甘泉县张家畔税务分局局长萧玉壁贪污案。他在任职期间利用职权侵吞公款3050元，被边区高等法院依法判处死刑。1942年1月5日《解放日报》专门发表了《从萧玉壁之死说起》的社论，号召大家："我们要严重的注意！注意每一个反贪污的斗争，抓紧揭发每一个贪污事件，我们一定要做到：在'廉洁政治'的地面上，不容许有一个'萧玉壁'式的莠草生长！有了，就拔掉它！"萧玉壁一案成为延安党政机关和司法部门对腐败分子不徇私情、秉公执法的典型，做到了违法必究、执法必严，在群众中引起了强烈的反响，使人民大众充分感受到在法律面前人人平等的原则，保证了廉政建设的健康发展。

（四）通过精兵简政，建立清正廉洁、精干高效的政府，从工作作风上保证了廉政建设的顺利进行

精兵简政是共产党领导的抗日政权进行自身建设的一项改革措施，也

是保廉反腐、克服官僚主义的一个重要手段。1941年12月中共中央发出了《关于精兵简政》的指示。1942年9月7日毛泽东为《解放日报》写了《一个极其重要的政策》的社论，要求各抗日根据地"把精兵简政当作一个极其重要的政策看待"①。到了1942年12月毛泽东又在《抗日时期的经济问题和财政问题》报告中指出："这次陕甘宁边区高级干部会议以后，我们就实行'精兵简政'，这一次精兵简政，必须是严格的、彻底的、普遍的，而不是敷衍的、不痛不痒的、局部的。在这次精兵简政中，必须达到精简、统一、效能、节约和反对官僚主义五项目的。"②把精兵简政同整风运动结合起来，在思想上，批判了"某些政策不统一、政令不统一、干部管理不统一与政纪不严明的现象"；在组织上，为了消除叠架骈枝、头重脚轻、职责不明、权限不清现象，对边区的党政机关、军队系统、民众团体、事企业单位，从上到下都进行了大规模地精简，仅边区政府机构就裁并了五分之一，使其直属机关从原来的35个减至22个，政府工作人员也精简了40%以上。边区政府通过精兵简政，改变了过去机构重叠、职责不明、"头重脚轻"、"以上代下"等弊病，克服了鱼多水少的矛盾，减轻了人民负担，加强了政府与群众之间的联系，大大提高了工作效率，也堵塞了产生官僚主义的漏洞，促使各级政府官员保持廉洁奉公、高效精干、联系群众、埋头苦干的工作作风。

综上所述，回顾抗日战争时期延安抗日政权的廉政建设，具有深远的历史意义。首先，它为全国树立了廉洁政府的表率，赢得了人民群众的信任和拥护，保证了抗日根据地的巩固和扩大，为夺取抗战胜利奠定了基础。由于延安是中共中央所在地，陕甘宁边区政府廉政建设取得的辉煌业绩，使共产党在全国人民心目中树立了良好的形象，以延安为中心形成了党群一心、万众协力、生机勃勃的抗日局面。因此，陕甘宁边区政府标志着新中国的新生力量，是民族解放的支柱，是动力，是灯塔。其次，延安时期党和政府工作人员养成的奉公守法、勤俭节约、民主求实、艰苦奋斗、全心全意为人民服务的作风已成为至今被人称颂的延安精神的主要内容，延安的廉政建设是革命根据地进行民主政治建设的一个重要方面，是

---

① 《毛泽东选集》（第3卷），人民出版社，1969，第836、850页。
② 《毛泽东选集》（第3卷），人民出版社，1969，第836、850页。

密切党群关系、干群关系的一个重大举措，其廉政建设的经验成为中国共产党宝贵的精神财富，继承发扬延安精神已成为共产党及其政权进行廉政建设的思想基础。

二　廉政启示

延安廉政建设的历史经验，对当今开展反腐败斗争具有启示作用。

启示一：加强廉政建设，关系到党的生死存亡，必须常抓不懈

从陕甘宁边区政府的建立、发展过程可以看到，一个政权要巩固扩大，必须得民心，而得民心的关键在于认真抓好廉政建设。抗战时期，延安政权之所以得民心而重庆政权失民心，一个重要的原因就在于前者是清正廉洁的。当时在延安，廉洁奉公已成为政府人员一般具有的品质。我们的工作人员大都是一些不知疲倦的人民的公仆，他们念念不忘的只是抗战与人民的整体利益。因此陕甘宁边区人人心情舒畅、斗志昂扬，使得边区辖地不断扩大，敌后战场捷报频传。相反，国统区由于许多官僚贪污腐败、鱼肉百姓，弄得怨声载道、民心不稳、士无斗志，正面战场连遭败绩。从这一历史事实中我们可以看到，廉政建设对一个政权的巩固发展至关重要。今天，虽然共产党已处于执政党地位，国家尚无外侵之患，但是廉政建设仍然关系到无产阶级政权的巩固，关系到具有中国特色社会主义建设的成败，不但不能放松，还应切实加强、常抓不懈。2000 年江泽民在《推动党风廉政建设和反腐败斗争的深入开展》中强调："党风廉政建设与反腐败斗争关系党和国家的生死存亡。我们党和政府的宗旨是全心全意为人民服务，这就决定了各级领导干部必须清正廉洁，始终同人民群众同甘共苦、息息相通。不解决好反腐倡廉的问题，改革、发展、稳定就没有坚强的政治保证，党和政府就会严重脱离群众，就有亡党亡国的危险。"① 这段话告诫我们党，腐败现象的蔓延，严重破坏了党和群众的联系，而成为国内外敌对势力颠覆我们的借口。如果我们党重视这个问题，就有能力克

① 《建立健全教育、制度、监督并重的惩治和预防腐败体系实施纲要》重大问题解读，新华出版社，2005，第 45、125 页。

服腐败现象。因为共产党从来就是生根在群众之中，与群众的联系正是我们党的力量所在。

启示二：加强廉政建设，既要抓思想教育，更要建立健全相应的机制做保证

延安时期边区党政机关着重抓了思想教育，树立了良好的风气；同时也及时建立了有效监督机制，如边区议会、审计处等，以确保廉政措施的实施。由于当时处在残酷艰难的战争环境，客观上对共产党及其领导的抗日政权起着一种制约和监督作用。因此，尽管当时监督机制还不健全，但是，通过血与火的考验，不担抵御了敌人的侵犯，也清洗了自己的队伍，保持了清正廉洁、与民同甘苦共患难的优良作风。今天，我们进行廉政建设仍应承袭延安时期所采用的严肃纪律与思想教育相结合的方法，在加强思想建设的同时，尤其要重视制度建设。任何一种好的思想作风，只有用组织制度的形式确定下来，才能成为有形的、比较稳定的因素，并发挥出更大的威力。1986 年江泽民同志在《为把党建设成更加坚强的工人阶级先锋队而斗争》中指出："民主集中制，是党的重要组织原则，是党内生活必须遵循的基本准则，是实现决策科学化、民主化必不可少的制度保证。"① 这种高度民主和高度集中辩证统一的制度，是辩证唯物主义和历史唯物主义在党的组织建设上的体现，也是我们党的群众路线在组织制度建设上的创造性运用。这一制度的基本出发点和落脚点，在于充分调整党的各级组织和全体党员的积极性和创造精神，在党中央领导下，集中全党的正确意见，团结一致地为人民的利益而工作。因此，我们必须在坚持正面思想教育的同时，建立健全一套完整的党内和政府的监督机制，及时地、坚决地清除一切腐败分子，永葆党组织的纯洁和政府廉洁。

启示三：加强民主建设与群众监督相配合，才能取得良好的效果

一个政权的廉政建设与民主建设是相辅相成的。只有使人民真正具有

---

① 《建立健全教育、制度、监督并重的惩治和预防腐败体系实施纲要》重大问题解读，新华出版社，2005，第 45、125 页。

选举、罢免、监督政府官员的权利，才能彻底保证一个政权的永远廉洁。陕甘宁边区政府非常重视贯彻民主精神，在《陕甘宁边区抗战时期施政纲要》中，明确规定："发扬民主政治，采用直接、普遍、平等、不记名的选举制，健全民主集中制的政治机构，增强人民自治能力。"① 延安的廉政建设之所以搞得好，与其民主运动普遍展开密切相关。毛泽东在延安时期，也曾谈到民众监督问题。1945 年 7 月毛泽东在同黄炎培谈共产党如何跳出自盛而衰的历史周期律时，提出了依靠民主、依靠人民监督政府，防止消除腐败现象发生的重要思想。这一思想阐明，只有让人民来监督政府，政府才不敢松懈；只有人人起来负责，才不会人亡政息。我们坚信共产党是能够打破"周期率"的，但这将是一个长期曲折的过程。进入新世纪，一些腐败现象滋生蔓延，这就更需要发扬延安时期的民主传统，更需要加强群众监督、舆论监督，采用民主的方式保证政府的永远廉洁。邓小平对这个问题有过精辟的论述，他指出："要有群众监督制度，让群众和党员监督干部，特别是领导干部。凡是搞特权、特殊化，经过批评教育而又不改的，人民就有权依法进行检举、控告、弹劾、撤换、罢免，要求他们在经济上退赔，并使他们受到法律、纪律处分。"② 与此同时，我们还需要加强舆论监督。通过舆论工具对党和政府的工作进行监督，使其警钟长鸣。

三 反腐思考

延安廉政建设的历史经验告诉我们，任何一个政党和国家，都会经历这样一个规律："因廉而兴、因腐而衰"。延安精神之所以鼓励着一代又一代人，原因只有一个，那就是建立了一个最清正廉洁的政府。人民信任它，拥护它。进入新世纪新阶段，党风廉政建设和反腐败工作都面临新的机遇和挑战，特别是国际形势发生了深刻变化，世界各种文化相互激荡，社会矛盾相互交织，西方敌对势力加紧对我们党实施"分化、西化"的图谋；同时，我国正处在改革发展的关键时期，执政环境发生变化，现有的工作体制、工作机制和工作方法等都存在着与新形势不相适应。这些因素

---

① 《解放周刊》1939 年第 68 期。
② 《邓小平文选》第 2 卷，人民出版社，1983，第 332 页。

的存在，给解决腐败问题增加了难度。如何从创新教育、制度、监督的高度来解决这些问题，笔者做以下的思考。

（一）以"三个代表"重要思想为指导，不断创新廉政教育的内容

在新的历史条件下，加强和改进党风廉政教育必须根据新形势下党员干部的思想工作现状，不断丰富教育内容，突出教育重点，贴近实际，与时俱进，进一步增强教育的预见性、主动性和针对性。

1. 不断丰富信念教育的内容

信念决定着人们的品质和世界观、人生观、价值观，决定着廉洁自律、勤政为民意识的形成。始终把理想信念教育作为重中之重，这是开展党风廉政教育的根本要求。前些年，中央结合"三讲"教育、"三个代表"学教活动，通过理论读书会、党校集中授课、专家专题辅导、广播电视讲座、参观革命传统基地等形式，做到"理想教育常抓不懈""信念教育温故知新""宗旨教育常搞常新"。有重点地开展"树理想、做贡献""学党章、守纪律、正党风""一岗双职、廉洁勤政"理想信念教育活动。对广大党员干部进一步巩固共产主义理想信念，校正人生方向，找准自身坐标，改善精神状态，发挥积极促进作用。

2. 突出优化环境教育

当前全党的中心工作是经济建设，党风廉政教育必须服从服务于经济建设。特别是近年来各地都在抓招商引资，以招商引资推动经济快速发展。因此，优化经济发展软环境显得尤为重要。基于这种认识，必须把这方面的教育作为一项重要内容，列入党风廉政教育工作重点。通过组织开展"艰苦奋斗、廉洁从政、优化环境"主题教育，引导广大党员干部和国家公务员进一步转变作风、提高效率，达到领导方式和工作方法有明显改进，依法行政、公正执法水平有明显提高，经济发展软环境得到明显改善的目的。

3. 加强廉洁勤政教育

加快经济发展，全面实现小康社会，需要大力发扬艰苦奋斗的精神。必须适应新形势的发展，准确把握时代精神和社会发展趋势，对艰苦奋斗赋予新的内涵、提出新的要求。这就要求每位党员干部，越是改革开放和

发展社会主义市场经济，越要牢记"两个务必"，艰苦创业，廉洁奉公，勤政为民。为此，要针对部分党员干部表现出来的小富即安、小富即满，形式主义、官僚主义，脱离实际、急功近利，讲排场、比阔气，公款大吃大喝、高消费娱乐、奢侈浪费等问题，集中开展一系列艰苦奋斗、廉洁勤政等教育，使广大党员干部通过学习党风廉政理论、廉洁从政知识，牢固树立长期艰苦奋斗的思想，并把艰苦创业作为自己的首要责任，大兴勤俭节约之风，保持奋发向上、自强不息、为民做事的良好精神状态。

4. 强化党纪法规教育

要使党员领导干部遵纪守法，必须首先知法懂法。一些党员干部之所以出问题，党纪法规观念淡薄是一个重要方面。要坚持把党纪法规教育作为重点，通过制定教育方案、举办培训班、组织竞赛、考试等，不断增强党员干部遵守执行党纪法规的自觉性。特别是通过组织开展党纪法规知识竞赛、法纪主题演讲比赛、"学党章、守纪律、正党风"等教育活动，使广大党员干部的党纪法规观念得到强化，从而带头维护党纪政纪法纪权威。

（二）加大制度创新的力度，不断推进从源头上预防和治理腐败

在经济体制转轨时期，诱发腐败的诸多因素中，主要还是管理体制和监督机制不健全、不完善，干部的从政行为不规范，制度上的漏洞和薄弱环境较多。因此，必须加强制度创新。

1. 加快推进行政审批制度改革。坚决取消不符合政企分开、政事分开原则，不符合我国加入世界贸业组织所做的承诺和世贸组织规则，妨碍市场开放和公平竞争以及实际上难以有效发挥作用的行政审批。对取消的审批事项要加强后续监管，逐步建立科学的管理机制、规范的运行机制和严密的监督机制。

2. 继续推进财政管理体制改革。进一步落实"收支两条线"规定，所有行政事业性收费都要实行收支脱钩管理，并逐步纳入预算。加快推进预算管理改革，编制综合财政预算。扩大国库集中支付和预算外资金收缴管理制度改革的试点范围。继续整顿和规范行政事业单位的银行账户管理，认真清理和规范政策外补贴，严禁设立"小金库"。

3. 深化干部人事制度改革。认真贯彻《党政领导干部选拔任用工作条例》，制定干部选拔任用工作的监督制度和用人失察失误责任追究制。建立由组织、纪检监察、审计等部门参加的干部监督工作联席会议制度。全面推行县级以下党政领导干部、国有企业领导人员经济责任审计，扩大县级以上党政领导干部经济责任审计试点范围，把经济责任审计结果运用到干部任用和奖惩中。

4. 认真贯彻公开、公平、公正的原则，完善并严格执行建设工程招标投标、经营性土地使用权出让、产权交易和政府采购四项制度。

（三）坚持"三个结合"，不断创新监督制约机制

1. 监督制约与保护支持相结合

监督制约和保护支持是相辅相成、有机统一的两个方面。无论是监督者还是被监督者，同时既要受到监督又要受到保护。各级党组织和广大党员干部既要认真履行监督职责，又要注意遵守监督纪律，正确行使监督权利。一是各项监督应在党委统一领导下，按照组织原则和严格程序进行。党员有权将自己的意见向党的上级组织直至中央反映，但不能公开发表与党中央决定相反的意见。二是党员有权检举党的任何组织和党员违纪违法的事实，但不能以监督为名侮辱、诽谤、陷害他人；不能利用质询故意刁难、无理纠缠。三是对被调查没有发现问题的党组织或党员要及时予以澄清，消除影响。只有这样，才能保证监督沿着合法有序的方向发展，监督机制才能更加健全。

2. 自上而下的监督与自下而上的监督相结合

要坚持把发展党内民主作为加强监督的重要基础。党内民主是党的生命，也是党内监督的基础，对人民民主具有示范和带动作用。党内民主的状况影响和制约着党内监督工作的水平。要健全民主制度，丰富民主形式，扩大公民有序的政治参与，保障群众的民主权利。领导班子要切实负起责任，搞好职责范围内的监督工作。在监督实践中，既要强调党的上级组织对下级组织的监督，又要落实党员对党的组织、党员对党的干部、党的下级组织对党的上级组织的监督。

3. 党内监督与党外监督相结合

我们党是执政党，党内监督在各种监督中起着基础和核心的作用。党内监督搞不好，党外监督就很难开展。同时，加强党外监督，也可以促进党内监督，提高党内监督的水平。要充分发挥党内监督的优势，以党内监

督带动和推动党外监督。要充分发挥人大的监督作用，落实宪法和法律赋予人大的监督责任。要切实保障宪法赋予公民的批评、建议、控告、检举等权利，认真受理、及时核查群众举报反映的各种问题，搞好群众监督。要充分发挥舆论监督的重要作用，营造良好的舆论监督氛围。要重视并支持舆论监督，主动听取来自新闻媒体的意见，推动和改进各项工作。要通过全党和全社会的努力，使党内监督与党外监督紧密结合，形成比较完善的监督制度体系，提高监督的整体效果。

（该文原载《青海社会科学》2005 年第 5 期，2006 年荣获中央七部委"纪念中国人民抗日战争暨世界反法西斯战争胜利 60 周年学术研讨会"入选奖、青海省第七次哲学社会科学优秀成果评奖荣誉奖）

近百年来柴达木盆地开发与
生态环境变迁研究（节选）

王　昱　鲁顺元　解占录

一　开发柴达木的几点教训

人口、资源、环境问题，是中华民族永恒的主题。西部大开发以来，柴达木盆地的建设坚持"在保护中开发，在开发中保护"的方针，合理利用水、土地、矿产、林木和草原等资源，严禁乱伐滥挖沙生植被、乱捕滥杀野生动物，加强生态保护和建设，坚持经济建设与环境建设同步规划、同步实施和同步发展，综合治理环境污染，做好防灾减灾工作，取得了较好的成效。在看到成绩的同时，我们也要看到柴达木盆地的开发，走过了艰难的里程，也曾出现过多次的挫折和失误，给我们留下了沉痛的教训。对此做历史的反思，是十分必要的。

（一）缺乏科学精神，资源开发就会带有盲目性

20世纪50年代，"大跃进"运动使人们的头脑膨胀，在"边勘探、边生产、边建设"这一方针的指导下，喊出了"有设备、有技术能办，没设备、没技术也能办"的口号，盆地的工业建设"遍地开花"，当时曾出现过"大小厂矿1200多个"。这数字中除了浮夸因素之外，还反映了人们在发展工矿企业上的盲目性。在发展的重点上，20世纪50年代曾提出"以石油勘探为重点"，"以钢铁生产作为压倒一切的任务"等口号；20世纪60年代"重点"的内容发生变化，又提出过"以硼砂、石棉为中心"的口号，大批石油工作者被调出盆地。在石油开采方法上，时而"四面撒

网、全面出击"，时而"集中勘探、专攻深油层"，导致浪费严重，成本很高。当时柴达木工委及青海石油局向中央汇报这一情况时，邓小平同志曾说："如果成本降不下来，石油含量再大、再珍贵，我们也开采不起。"对已探明或未探明的矿藏资源，在来不及科学测定的情况下盲目开采，加上当时技术条件有限，提炼出的部分资源虽然可供利用，但同时造成了矿产资源的极大浪费和人为的破坏。这一时期的开发存在着大矿小开，一矿多开，争抢资源，乱挖滥采，采富弃贫，盲目上马，重复建设等现象。工业发展普遍存在发展水平低，经济结构、产业结构不合理，资源消耗大，加工转化增值能力弱等突出问题。与此同时，也存在着工业污染物随处排放，大气污染、废水污染、固体废物污染严重存在，环保投入严重不足的情况。矿业开发虽然也取得了一定的成绩，但它是以巨大的投入和惊人的浪费为代价，以牺牲当时的自然生态环境和矿产资源为代价的。它证明了是否能够科学决策和科学开发，将影响和决定着一个地区经济社会能否健康发展的问题。

（二）不按经济规律办事，农业开发建设就会走弯路

柴达木盆地现有耕地面积4.74万公顷，可利用草场596万公顷，有丰富的农牧业资源，需要科学地规划和开垦。但在20世纪50年代后期，在"以粮为纲"的指导思想下，制定了"开荒为纲"的方针，提出了"变牧业区为农业基地"的错误口号。柴达木工委曾做出了在第二个五年计划中"要开拓荒地400万亩"的决定。凭一股热情轻率地制定了"边勘测，边规划，边垦殖"的发展步骤，进行大面积的荒地开垦。农业区到山区开荒，牧业区队队开荒，国营农场则是开荒的主力军。为了解决劳动力不足的问题，除调一批犯人扩大和新建农场外，还从河南等省迁移男女青年8万多人到青海开荒。"文化大革命"期间，再次从山东迁移男女青年8000人，参加格尔木地区的开荒，并建设农场。这些青年移民在人生地疏、气候环境恶劣的情况下，积极响应政府的号召，为青海的开发出力流汗，受冻挨饿，做出了他们应有的贡献。但开荒办农场，国家投入大于产出，浪费巨大，成效甚微。脱离实际的移民决策，结果都不成功，三批移民后来绝大部分都陆续返回原籍，移民青海的实践成了失败的实践，从中得到的教训是十分深刻的。

在"以开荒为纲"错误思想指导下，各部门迫于完成开荒任务，未经勘察设计和科学论证，集中大批劳力、畜力和机具，一哄而上，开垦了大量的不能使农作物成熟的牧草地，广种薄收，粗放经营。由于气候寒冷、无霜期短，雨量少，水源不足，引水工程无法奏效，使大片农田干旱成灾；有些地方地下水位过高，有灌无排，土壤盐渍侵蚀加重，致使颗粒无收。德令哈农场当时开垦了13万亩耕地，但现在能耕种的仅有2~3万亩。据统计，当时盆地共开荒125.9万亩，先后弃耕达55万亩。盲目开垦，又大片被迫撂荒，一方面耗费人力、物力、财力，结果是徒劳一场，打了一场人力、物力、财力的消耗战；另一方面，为了把宜林宜牧区变为农业区，在大量开荒中砍伐树木、砍挖固沙灌木、燃草开垦草原，使大面积的荒漠原生植被受到破坏，导致大片土地沙化荒芜。当时大量开垦荒地的出发点也许是好的，但现在作历史反思，不顾农业生产的自然条件，盲目开荒，结果是适得其反，导致生态失衡，灾害频繁，受到了自然规律的惩罚。代价是惨重的，损失是难以弥补的。今后，新一代柴达木人选择重建绿色家园，走生态建设的道路，任重而道远。

在"大跃进"的年代里，思想越"左"越"光荣"，吹牛皮、说谎话之风盛行，经济指标层层加码。1958年秋收以后，全省各地竞放农作物"高产卫星"，假典型相继出现。1958年，柴达木盆地赛什克农场向全国宣告：春小麦亩产8585.13斤，摘取了小麦亩产"世界冠军"的桂冠；德令哈农场宣告：油菜亩产2160斤，创出全国油菜"最高纪录"。在那个浮夸的年代里，柴达木放出的这两颗"农业高产卫星"震惊中外。这极具讽刺意味的事件，在柴达木开发史上留下了值得后人深省和借鉴的一页。

二 柴达木盆地经济开发和生态环境保护的对策建议

构建和谐社会，是"立党为公，执政为民"的本质要求，人与自然和谐发展是和谐社会的重要组成部分，在谋求经济、政治、文化全面协调发展的同时，努力实现人与自然的和谐共生，是全面建设小康社会的崭新理念。在这个理念指导下，如何继续保持柴达木盆地快速发展这个势头，加快柴达木新兴工业基地建设，加快经济社会发展，并且汲取前人开发的经验教训，加强生态环境保护，是我们今后面临的永久性的课题。

（一）坚持科学发展观，走全面、协调、可持续发展道路

坚持科学发展观，坚持全面、协调、可持续发展，是经济发展、社会发展和人的全面发展的统一，是经济社会和人口、资源、环境的统一，是物质文明、政治文明、精神文明建设的统一。全面、协调、可持续发展作为科学发展观的基本内容是相互联系的整体。只有实现全面、协调、可持续发展，才能保障以经济建设为中心的各项工作顺利推进，才能实现经济社会与人口、资源、环境相协调。

要进一步加大投入力度，保持国民经济的持续稳定增长。牢牢把握发展主题，切实把加快发展的各项任务落在实处，千方百计把经济建设搞上去，保持国民经济持续稳定增长，是推进小康进程、实现小康目标的根本所在。要认真总结改革开放以来海西经济持续高速增长的经验，把握未来的发展趋势，找准工作的着力点，实现海西国民经济的持续快速健康发展。改革开放以来，柴达木的经济建设发展很快，尤其是实施西部大开发以来，国民经济快速发展，经济实力不断增强，海西地区生产总值年均增长率和发展速度高于全省和全国的平均水平，经济总量在青海省已处于举足轻重的地位。

致力于全面建设小康社会的奋斗目标，消除或缩小社会成员之间的贫富差距，在农村加大扶贫开发力度，增加财政对农村基础设施的投入。制定任何经济指标、上任何经济项目，都必须以人民群众的实施承受力为前提，充分调动群众的积极性、主动性和创造性。任何方面的发展都应充分倾听人民群众的意见和建议，并以此作为领导者决策的重要依据，尊重民意，集中民智，珍惜民力。

高度重视城市和农村的贫困问题，完善社会保障体系，在城镇建立和完善最低生活保障制度，在农牧贫困地区改善农牧民的生产、生活条件，保障进城务工人员的权益，加大就业再就业的工作力度。加快扶贫地区的经济开发，从根本上提高贫困地区的生产能力和贫困人口的脱贫致富能力。加大职业介绍和再就业的培训力度，进一步引导、管理和逐步统一城乡劳动力市场，形成城乡劳动者平等就业的制度，不断改善农村富余劳动力转移就业的环境。任何方面的发展都应统筹兼顾人民群众各方面的利益，着力解决关于群众切身利益的问题，使人民群众得到实惠。

在重视经济发展的同时，重视教育、科技、文化、卫生、体育、环境保护等社会事业的发展。把发展教育科技作为实现我国现代化的根本大计，坚持不懈地狠抓"两基"教育工作，加快基础教育改革和发展，推进农村义务教育管理体制，加强师资队伍建设，努力提高基础教育的质量和水平，推进职业教育与成人教育改革和发展，提高其适应经济社会发展的能力。建立和完善城镇基本医疗保障体系，建立和实施新型农村合作医疗保障体制，减轻农牧民因疾病带来的负担，提高城市农村居民的健康水平。加大对社会事业的投入，改变社会事业严重滞后于经济发展的局面。

统筹东西部地区的经济布局，推进东西两个经济区的协调发展，逐步增强综合经济实力。以德令哈市为中心的东部经济区，农牧业资源、生态资源、旅游资源较为富集，农村人口较多，经济总量较小。要以"农牧民增收、财政增长"为目标，在切实加强德令哈市基础设施建设、提高城市服务功能的同时，把加快基础设施建设、优化农牧业结构、扩大工业经济总量、加快小城镇建设、加强生态环境保护和治理、积极发展第三产业、搞好开发式扶贫、发展非公有制经济等作为工作重点，努力实现东部经济区的快速发展。要坚持不懈地创新发展思路和发展方式，从东部资源特点和自身优势出发，正确处理资源禀赋与其他生产要素的关系，坚持以市场为导向，加快发展特色农牧业和优势产业，把精力集中到技术创新和开拓市场上，着力调优种植业、调大养殖业、调强加工业、调活服务业，既要推进农牧业产业化经营，又要坚持工农业互补，大力发展有市场前景和发展潜力的工业项目，不断增强区域综合经济实力。以格尔木为中心的西部经济区，矿产资源十分富集，工业化、城镇化的基础已经具备。要以"提升城市化水平、推进工业化进程"为目标，按照"集中力量打基础，坚持不懈攻生态，调整结构创特色，改革开放促开发，科教兴区强素质，依法治区保稳定"的总体工作思路，重点提升格尔木城市化水平，加快"工业立市、商贸活市、科教兴市"的步伐，进一步完善城市功能，充分发挥中心城市的辐射和带动作用，推进工业的升级换代，努力实现西部经济区的快速发展。要从西部地区矿产资源富集的实际出发，坚持依靠科技创新，带动秉赋优势向现实生产力的转变，逐步增强西部经济区的经济实力。要把服务好大型企业和重点项目，扶持好中小企业，发展好个体私营经济，建设好昆仑工业园区，落实好各类建设项目作为全区工作的重点，加快改造传统产业，不断提升工业产品的档次，加快培育一批规模大、实力强的经济增长点，带动全州经济的快速发展。全面落实科学发展观，落实好宏观调控政策，加快结构调整，深化体制改革，转变经济增长方式，在加快经济发展的同时，加强社会主义先进文化和民主政治建设，使柴达木盆地经济社会实现全面协调和可持续发展。

柴达木盆地的发展必须走一条绿色发展之路。坚持科学发展观，以人为本、协调发展，特别是可持续发展，已成为党和国家重视、整个社会重视的新的发展观。这个新的发展观的核心就是以人为本，就是要追求人类的发展。因为生态环境本身是一种特殊的资产，是生产力，也是国际竞争力，保护生态环境本身也是提高人们生活质量的重要组成部分。绿色发展实际上是寻求从需要的角度出发，在人类的发展过程当中，人们对健康的需求、对绿色的需求与日俱增，这就出现了我们所说的绿色食品、绿色药品、绿色建筑、绿色服务、绿色能源、绿色市场、绿色工厂等。围绕以人为中心提高人的生活质量（包括健康质量），就会形成新的产业、新的市场。

良好的环境和生态秩序既是人类生存和发展的基础，又是人类向往和追求的目标。可持续发展就是要促进人与自然的和谐，实现经济发展和人口、资源、环境相协调，经济社会发展要充分考虑人口承载力、资源支撑力、生活环境和社会承受力。既要考虑当前发展的需要，又要考虑未来发展的需要；既要满足当代人的利益，又不能牺牲后代人的利益；既要遵循经济规律，又要遵循自然规律；既要讲究经济社会效益，又要讲究生态环境效益。要进一步控制人口增长，缓解资源的人口承载负担，节约资源、保护环境、加强生态建设，高度重视并大力发展循环经济，要以尽可能小的资源投入和环境代价，取得尽可能大的经济社会效益，坚持走生产发展、生活富裕、生态良好的文明发展道路，保证人类一代接一代地永续发展。

（二）走新型工业化道路

首先，要着力发展支柱产业。第一，石油天然气是具有巨大的发展潜力的产业之一，虽然目前综合开发能力较弱，但潜在的经济效益很大。要进一步加大柴达木盆地的油气勘探力度，增加储量，扩大生产能力，逐步形成勘探开发并举，油气并举，以气为主，油气化工与盐化工相结合的发展格局。积极开发石油天然气下游产品，目前格尔木炼油厂30万吨甲醇项目已开工建设，格尔木藏格公司60万吨甲醇项目前期工作正在积极推进，预计到2010年，油气化工产业销售收入可达225亿元。第二，柴达木盆地盐湖资源十分丰富，是一个巨大的无机盐资源宝库。具有储量大、品位高、类型全、资源组合好、多种有用组分共生等特点，为发展盐湖化工提供了优越的条件。要依托盐湖集团，以氯化钾为重点，大力发展钾肥产业化项目，扩大生产能力。以钾为龙头，大力发展钠、镁、锂、锶、硼系列产品，实现盐湖资源的综合利用。建设全国重要的复合肥生产基地、无机盐生产基地、"两碱"生产基地。目前，6万吨/年碳酸锶项目、180万吨/年纯碱项目、100万吨/年硫酸钾镁肥项目正在建设当中，盐湖提锂、水氯镁石脱水炼镁等科技攻关项目正在积极推进。2010年，盐湖化工产业销售收入达196亿元。第三，有色金属工业也是柴达木盆地的优势之一，要以现有西部矿业公司锡铁山铅锌矿等一批骨干企业为依托，加快发展有色金属工业，积极开发铜、金属镁、镁基合金等新产品，形成生产能力，扩大生产规模，增强产品的市场竞争力，努力走出一条新兴工业化的路子。今后发展的主要方向是向新型材料工业转变，形成资源多金属开发——冶炼——精深加工——新材料的产业链，并促进合金新材料向装备制造业延伸。当时，一批型材加工项目正在建设或论证之中，到2010年，有色金属销售达310亿元。

要积极发展传统产业。第一，建材工业在西部大开发中有着良好的机遇，要抓住国家扩大内需，建设青藏铁路、城镇建设等有利契机，以现有建材企业为依托，组织开发生产水泥、水泥制品、石棉、墙体材料、石膏等建筑材料，大力发展节能、节地新材料和低污染产品，淘汰落后的生产工艺、设备和产品。第二，农畜产品加工业也是有高原优势的传统产业，要依托柴达木优势的农牧业资源，瞄准国内、国际市场的需求，积极发展具有高原特色的农畜产品加工工业，重点发展肉食品加工、中药材加工及绒毛、皮革加工等多种类型的加工工业，提高农畜产品的附加值，形成特色产业，增加农民收入。大力开发天然、绿色、营养系列食品，开发高原纯净、无污染的饮用水产品和淡水养殖产品。第三，抓好煤炭工业，重点开发工业焦炭。抓好老矿井的技术改造，关停资源浪费严重、技术工艺和设备落后、效益低下的煤炭企业，以提高质量效益。

要在改造传统产业上下功夫。20世纪50年代资源开发时采取的"因陋就简、土法上马、土洋结合、滚动发展"的思路和手段已不能适应今天现代工业发展的要求。柴达木工业发展应确定在由传统的工业化同现代工业化转变，由工业初级加工、粗加工、单一的工业产品加工和出售原材料向精深加工、精细加工转变。坚持有序开发与合理利用并重，强化对资源开发的规划与管理，做到统筹安排、持续利用；加大科技投入与科技攻关，提高资源的深加工程度和综合利用水平，积极开发高科技产品，提高工业产品的附加值；利用现代技术改造传统生产工艺和落后生产技术，加快改造现有工业和骨干企业，延伸工业产业链；按照扶优扶强、改组联合、优化结构、做大做细的方针，发展优势产品，壮大优势产业，加快形成具有较强市场竞争力的工业产业群体。在市场经济条件下，市场竞争归根结底是产品质量和效益的竞争，因此，必须把讲求效益作为加快海西工业化发展的战略问题来加以认识，把效益作为各项工作的价值追求和目标，促进传统工业向效益工业的转化。

积极发展高新技术产业，减少和防治工业污染。首先，要加快盐湖资源的综合开发，加大科技攻关力度，依托盐湖集团，大力发展钾、钠、镁、锂、锶、硼高新技术系列产品，实现盐湖资源的综合利用；坚持油气并举，促进石油天然气化工向油气一体化、多元化方向发展，通过精深加工和粗细加工，使产品上规模、上水平；推动石油天然气开发与盐湖化工的相互结合，积极开发高科技下游产品，提高盐化、石化产品的附加值；加快新型材料、农畜产品加工、中藏药开发、高原生物制品开发等关键技术的突破，拓展资源开发空间，挖掘产品开发潜力，建立中藏药资源保护、种植、繁育、研究、开发基地，逐步建成具有一定规模的中藏药制剂、沙棘、枸杞、藏茵陈等系列保健品、藏药保健品生产加工基地，使资源优势尽快转化为有竞争力的产品优势和经济优势。相应地说，高新技术产业的发展，充分利用了资源，减少了工业污染，保护了生态环境。其次，要坚持开源和节流并重，并把节约放在首位。为保持经济平稳、快速发展，必须切实转变经济增长方式，形成有利于节约资源的生产模式和消费方式，建设资源节约型社会。调整优化产业和产品结构。严格市场准入，控制新上高消耗项目，遏制低水平重复建设。大力推广节能降耗生产技术工艺、设备和产品。合理开发，综合利用，提高矿山回采率，保护优势资源。积极发展循环经济，利用好二次资源，提高共生伴生资源、再生资源回收和综合利用水平，推行"资源——产品——再生资源"循环发展的模式，建立健全有利于节约资源和生态保护的生产方式，走低投入、高产出、低消耗、少排放，能循环、可持续的发展道路。在全社会树立节约资源的意识，全面推进资源节约型社会建设。

重视和发展循环经济，建立和完善评价指标体系和科学考核机制。以绿色GDP为核心、以国家财富及其变化为基础、以资源耗减成本和环境降级成本为纽带的用以反映经济与资源环境之间相互影响关系的基本理论体系、基本概念体系、基本方法体系和基本指标体系，注重经济与社会、城市与农村、发达地区与落后地区、人与自然等方面的协调发展，与全面建设小康社会具有一致性。要建立健全有关的法律法规体系，把发展循环经济纳入国民经济和社会发展规划。综合运用财税、金融、投资、价格等手段，完善水、能源、矿产等资源的价格形成机制，逐步形成有利于低投入、高产出、少排污、可循环的政策环境和发展机制，对清洁生产、节能节水、资源综合循环利用等改造和建设项目给予支持或补助，引导企业和其他社会资本向循环经济领域投资。在全社会提倡绿色生产生活和文明消费方式，为可持续发展创造一个良好的社会氛围。

（三）积极发展农林牧相结合的绿洲生态农业

加强农业生态环境保护，推进循环型农业的发展。第一，合理利用水资源，加强水利建设。土地资源的可利用性决定于水资源，盆地的农业开发决定因素是水，有水才有农业。绿洲农业建设的要点是兴修水利、植树造林、建设农田。要搞好水资源的合理利用、调节与建设，没有水就没有绿洲，就没有绿洲农业，必须以水定地。水的多少和利用的合理与否，决定绿洲农业规模的大小，也决定着农业的成败。柴达木盆地农田的高产与低产与水有着密切的关系，在同样的农业技术措施条件下，按农事季节灌上四五次水就是高产田，只能灌一两次水就是低产田。所以，搞好水利建设对发展盆地农业至关重要。水利建设先要建设好水库、塘坝、拦蓄调节水源，以解决田、林、草的灌溉用水。此外，还必须建设排水工程系统，如采取沟灌沟排、井灌井排和它们之间相互结合等形式，排水排盐，以免抬高地下水，加重盐渍化。第二，搞好土地建设，建设稳产高产农田。随着盆地的开发，发展农业应是一条什么样的路子？这是人们应该思考的一个问题。是在现有农业开发基础上走高产农业的路子（并不排斥有条件有计划有步骤地进行小规模的开垦），还是继续走开垦荒地为主的路子？从盆地的实践经验中看，应该走高产农业的路子。柴达木盆地的农业成就来之不易，曾走过了一条曲折发展的道路，20世纪50年代，柴达木大量开荒，由于缺乏科学的勘测规划和建设，开垦了许多不宜开垦的土地，加之没有林网保护，水利建设少，又不配套，耕地粗放，因而风沙、盐碱、缺水三害俱全，不仅产量不高不稳，而且大量土地被迫弃耕。20世纪60年代以后，着手大力兴修水利，营造防护林带，改良土壤，生产条件逐步有所改善。到20世纪70年代，处在各河流中下游的农场、社队逐步建成了绿树成荫、渠网成系的绿洲，生产由低而不稳发展到高产稳产，并且创造了春小麦亩产超1吨、豌豆千斤、西红柿2万斤的纪录，蔬菜长得很好，开始创造出了一条农业高产稳产的路子。土地建设是绿洲农业建设的基础，在兴修水利，进行水利土壤改良，植树造林，建设生物防护屏障之后，要对土地进行全面的整治。要以建设基本农田提高单产为突破口，平整土地，精耕细作，合理灌溉，农牧结合，培肥土壤。改良土壤的关键是降低浅水层的地下水位，将其控制在临界深度以下，以防止土壤盐渍化。在盐渍化地区的排水渠口种树，利于降低地下水位，减少土壤次生盐渍化。种植耐盐植物（如草木樨）和喜盐植物（如甜菜），能使土壤脱盐，改良土壤结构，增加土壤有机质，经济效益也较高。第三，营造农田防护林网，发展绿洲农业。发展柴达木地区的农业，必须搞好林业建设，营造防护林网，保护和建设绿色屏障。在可以开荒的地方要留有足够的防护林带保护圈用地，层层设防，把绿洲农业与荒漠生态系统紧密结合起来。各个乡村和农场都应努力建立比较完整的农田防护林网体系，充分发挥护田作用，逐步推行渠、林、田、路的全面规划，进行农田综合治理，做到以林护农，要用生态学、整体农业的观点指导农田建设，走农业生产与生态环境良性循环的道路。

大力发展林业生产，坚持不懈地治理荒漠。第一，汲取过去的经验教训，大力开展种草种树。种草种树是把单纯向自然界索取和掠夺，变为改善、增殖和合理利用自然资源，建立良好生态系统的有效措施。实践证明，在柴达木有条件的地区大力发展林业，因地制宜，因害设防，营造防护林网，保护和建设绿色屏障，是能够在生态建设方面做出成效的。现在柴达木盆地人工种树多为杨树，树种较单一。今后在营造各种林带时，要坚持科学造林，注意草、灌、乔结合，防止树种单一，以维护营造复合植被的稳定性能和生态系统多样性能，防止病虫害和其他灾害，提高植物对环境的调节能力，实现盆地生态的良性循环。借助西部大开发的春风，加快生态建设步伐，继续实施重点生态环境建设项目，如退耕还林工程、"三北"防护林四期建设工程、海西州森林生态效益补偿项目工程等，使各项生态建设项目开花结果。我们一定要把林业跨越式发展置于社会主义现代化建设的全局之中，作为一项功在当代、利在千秋的大事来抓。努力把昔日的荒漠戈壁逐步建成生机盎然的绿色家园。

第二，保护好现有森林、沙生植被和人工林资源。柴达木盆地现有林地以生长青海云杉、祁连圆柏为主。灌木林地以生长梭梭、柽柳、木麻黄、白刺、盐爪爪等为主。此外，还有一些有价值的植物资源，如药用麻黄、甘草等。人工林地经几十年的建设，已在绿洲地区形成规模。植物是生态系统的生产者，是动物的食物来源。森林涵养水分，沙生植被固沙挡风，它们是盆地生态平衡中不可短缺的因素。为使森林和沙区植物永远不断地为我们提供物质能量，必须下决心把它们保护好，严禁樵采，稳定现状，控制或杜绝危害，是当务之急。要对盆地的各级领导和各行业的建设者加强生态学知识的教育，使人人知道为什么要爱护盆地的一草一木，并用生态学的知识来指导工作，少犯破坏生态环境和违反科学规律的错误。要严厉打击各种毁草案件，对已经遭受到破坏的地区要采取封沙育林等有效措施予以恢复。要在统一规划的基础上，适当调整产业结构，明确土地使用权，做到草木各有其主，互不侵犯，相互促进。为了从根本上解决挖取沙区植被和樵采已有林木，必须切实解决群众的生产、生活燃料供应问题。盆地本身就有着丰富的石油、天然气、风能、太阳能和煤资源，应作为一项系统工程，进行科学的规划和预测，作为开发的科学论证，统一规划，统筹安排，因地制宜，把盆地群众的生产、生活所需燃料供应问题彻底解决好。只有这样，才能根治樵采，使已有的森林和沙生植被真正得以保护。

第三，实行和完善荒漠治理的激励政策。柴达木盆地土地未利用面积大，荒漠化程度高，生态环境脆弱。自20世纪80年代起自实施国家"三北防护林工程"起，对盆地的荒漠化进行综合治理，已取得了一定的成效，一定程度上遏制了生态环境的恶化。但由于不可抗拒的自然原因，加上不适当的人为活动，总体上仍然呈现着沙漠化不断扩大的总趋势，人类治理荒漠化的任务仍然十分艰巨。在治理荒漠化的过程中，应制定荒漠化治理长期规划。走保护——治理——开发——利用——效益的道路。坚持保护和建设并举，因地制宜，因害设防，先易后难，由近及远的原则。在5~10年中，在加强保护天然林和沙生植被的基础上，以格尔木、都兰东部、冷湖、茫崖、尕海——德令哈地区荒漠化治理为重点，做好项目可行性论证及治理规划。进一步放宽"四荒地"拍卖、转让政策，允许打破行政区划界线，允许不同经济类型成分的主体购买"四荒地"使用权。在实施过程中尊重科学、尊重自然规律，杜绝盲目性，不搞一哄而上，不做表面文章，要积极稳妥地建立一种适合盆地情况的责任制度，把荒漠化建设的各种任务落实到领导、单位和个人身上，长期坚持，不懈努力，广泛动员全社会各方面的力量，共同参与，共同建设。通过重点区域治理，逐步建立起区内良性的生态环境系统，促进经济、社会和生态的协调发展。部分荒漠化土地，建议允许以自留地或承包的形式分给群众，鼓励职工或农场兴办家庭林场或承包已有林地，实行谁承包、谁治理、谁养护、谁受益的政策，长期不变，并允许继承和转让。允许利用西部大开发的历史机遇，按照责、权、利相结合的原则，形成大家事大家办、社会公益事业社会办的投入机制，拓宽投融资渠道，建立多元化的投资投机，制定切合实际的优惠政策和生态效益补偿制度，鼓励和吸收盆地内外、省内外、甚至国内外的投资者来盆地投资荒漠化建设项目和与之相关的产业项目。通过实行多种多样的荒漠治理的激励政策，有效地遏制荒漠化的发展趋势，改善柴达木盆地的生态环境。

第四，建立自然保护区。在柴达木现在和今后的开发中，建立自然保护区是防止生态破坏的一个有效办法。为了加强盆地现有森林和沙生植被的保护工作，已建立起格尔木市托拉亥胡杨林、柴达木梭梭林、德令哈市可鲁可湖——托素湖3个省级自然保护区，3个保护区总面积达到533.7万亩。还有人提出的建立宗加、巴隆梭梭林自然保护区，都兰南部的昆仑山高原草甸自然保护区、茫崖阿拉尔野生动物自然保护区，格尔木察尔汗盐湖自然保护区等。对此，也应进行科学考察，编制考察报告和规划，开展专家论证，逐步建立自然保护区。加强保护管理各种类型的自然保护区，争取国家和省上对自然保护区的建设和投入，将有效地提升各保护区内各类型生态系统的保护能力和水平，充分发挥辖区内野生动植物、湿地资源的生态效益和社会效益。

加强草原生态建设，发展盆地绿洲畜牧业。第一，在加强草原建设中必须贯彻"全面规划，加强保护，合理利用，重点建设"的方针。在落实各种管理责任制的基础上，要对放牧地、割草地、畜棚、饮水点、居民点进行合理布局，加强对天然草场的保护、利用和更新。实践证明，草场退化的主要原因是超载过牧，实行以草定畜是防止过牧，恢复草原生机，促使畜草关系由恶性循环逐渐转入良性循环的关键措施，必须采取生产与科研结合、草原和畜牧结合的方法，根据不同畜种的正常个体需草量和不同类型草场的实际产草量，研究制定出一个比较科学的载畜量指标。要引导牧民树立大局观念，有长远的眼光，重视天然草场的合理利用与科学管理，克服只顾眼前利益、追求短期效益、进行掠夺式放牧的思想和行为，充分认识草场退化带来的灾难性后果，增强他们在草原建设方面的自觉性和主动性，进一步建立和完善天然草场的管理责任制，固定草场使用权，积极动员牧民群众增加对草原建设的投入，有计划地对草场进行休牧和轮牧，控制放牧强度，科学地限制牲畜存栏数，进行测草定畜，减少草畜矛盾，使草原得以休养生息。

第二，保护荒漠沙生植物，维护草原生态系统。要重新认识灌木林在荒漠地区所发挥的作用，灌木耗水量小，适应性强，耐干旱、耐盐碱、耐风蚀、耐高寒，根系发达，自我繁殖快，具有很强的复壮更新和自然修复能力，而且成林年限短、成效快、成活率和保存率高，三五年就可发挥生态效益。国家林业局已宣布，灌木林要计入森林覆盖率计算范围。柴达木盆地荒漠化土地面积广阔，灌木具有独特的生长优势。只有加强灌木林培育，才能从根本上改变荒漠区域日趋恶化的生态环境，加快区域经济发展和农牧民脱贫致富。在自然条件恶劣的地区，乔木很难发展，而灌木耐旱节水，容易繁殖，生长稳定，与灌木混交的乔木树种抗病虫鼠害能力强。在防护林建设中，乔、灌、草结合防护效果最好。所以，在柴达木盆地造林绿化工作中，从大部分地区干旱、半干旱的自然状况出发，要重新认识灌木林，大力发展灌木林，使其在荒漠地区生态环境中发挥应有的作用。

第三，坚持立草为业，努力把草业做大做强。柴达木盆地光能资源丰富，热量条件好，在盆地发展畜牧业应抓住国家实施退耕还林还草政策的机遇，大力开展生态建设，有计划地种植牧草，抓好退耕还林、退耕还草的工作。据有关资料介绍，盆地尚有宜耕地200多万亩，应在今后综合开发规划中正确处理农、牧业用地问题，充分考虑畜牧业发展的需要，从开发面积中划出一定的可耕地，作为饲草、饲料基地。有草、有树、有林，才能更好地发展畜牧业，饲养更多的牲畜。畜多方能肥多，促进粮食作物的高产稳产。在结构调整中，充分发挥盆地农牧区相连部分的半农半牧、农牧结合的区域优势，立足市场，放眼未来，看准畜牧业生产的增长潜力和经济效益。扩大饲草饲料种植面积，大力发展农区畜牧业。坚持走牛羊育肥舍饲圈养的路子，以牛羊育肥为突破口，着力实施畜牧业种子工程，抓好牧草籽种和林种的收购、选育、推广工作。传统畜牧业主要利用天然草场，靠天养畜，种植牧草对牧民来说既没有这个习惯，而且对种草的意义和价值认识十分肤浅。种植牧草是牛羊育肥的基础，也是绿洲畜牧业和草地畜牧业的主要区别。据海西州草原站实验，在柴达木盆地绿洲农业区撂荒地上种植紫花苜蓿，在一年有3次浇水的条件下，苜蓿干草产量达到1000公斤，表现出优于种粮的效益。由于观念上的差距，目前农民选择质量最差的土地种草，使种草效益不能充分显现。种植牧草在品种的选择上应发挥科技指导的作用，本着节水、宜畜、因地的原则，选用优质牧草紫花苜蓿、沙打旺等品种，改变过去只种青燕麦，青稞、豌豆套种，刈割储存青草的传统做法。也可用农作物套种饲用甜菜、胡萝卜、莞根等，充分发挥种植饲草在牲畜育肥中的作用。坚持立草为业，逐步引导农牧民走"订单农牧业"的路子，积极发展农区畜禽养殖业和城郊畜牧业，以都兰、乌兰、德令哈、格尔木等市县为重点，分别建立半细毛羊、绒山羊、育肥牛羊和商品猪基地，提高农牧产品商品率，增大牲畜出栏率，扩大畜产品市场。实行林、草、养殖业的有机结合及复合经营优势互补，改善牧区生态环境，实现柴达木盆地畜牧业持续稳定的发展。

第四，实行科学养畜，实现传统畜牧业向现代畜牧业的过渡。改革开放以来，牲畜、草场承包到户，盆地牧业开始实行以草定畜、定居舍饲，畜种进行不断地改良，使牧业潜力得到较好挖掘，使集约型经济逐渐显现。要做到牧业可持续发展，必须坚持科学养畜，实现由数量型向质量效益型彻底转变，由传统型畜牧业向现代化畜牧业的彻底转变。要认真抓好家畜品种的改良工作，实践证明，利用杂交优势培养速生、丰产、适应性强、耐粗饲的优良品种，是提高畜牧业产品产量与质量的重要手段。盆地的改良绵羊产毛量比土种羊高 3~3.5 倍，但有一段时间因改良羊毛市场价值下降，因而对棉改工作有所放松，从长远发展来观察，棉改的经济价值要比藏系羊毛的价值高得多，因此还应坚持和发展棉改工作。盆地绵羊改良的比重在青海省最高，棉改的工作曾经获得青海省奖励，今后应继续努力以加速建成细毛羊与半细毛羊生产基地。

针对格尔木、乌兰、都兰的自然条件，适于发展三北羊，三北羊羔皮经济价值高，羔羊当年宰杀取皮，既有经济效益，也减轻了草场压力。在畜种改良中，盆地绒山羊改良成绩突出，已形成了产、供、销一条龙格局，应继续加以发展。除发展数量外，根据气候、地貌，可用宁夏中卫改良山羊与本地山羊杂交，向皮、肉、奶兼用方向发展。盆地多为半农半牧区，对牛的改良非常有利。除了重视对牛奶的需求，还应重视肉牛的生产。盆地牦牛、黄牛都存在饲养期长、耗草多，奶、肉、毛产量低的问题，应有计划地进行品种选育，引进国内外优良品种，进行杂交、改良，提高它们的品质。应加强经营管理，推广新技术，实行科学养畜，提高出栏率与商品率，彻底纠正以往片面追求存栏数而忽视牧业经营效益的错误倾向。应调整畜群结构，开展羔羊育肥出售，提高母畜比例，实行季节性畜牧业生产，推广优良牧草种植，提高畜牧业机械化水平，建立城镇副食品生产基地，做好产品精深加工，推动畜牧业经济向规模化、产业化方向发展。

（四）重视城镇生态环境综合治理，改善人口集中区域的生活条件

加强中心城市和小城镇建设，推进海西城镇化进程。一是重点加快格尔木、德令哈两个中心城市的建设，按照高起点规划、高标准建设、高效能管理的要求，做好城市规划，完善基础设施，增强服务功能，加快产业开发，进一步提高城市的经济效益和城市建设管理水平。努力把德令哈市建设成为海西州的政治、文化、教育中心和东部经济区的工业、商贸中

心，适当扩大德令哈城市规模，积极发展特色农牧业和矿产资源加工业；把格尔木市建设成为青海西部的名城、海西州的经济中心和重要的盐化、石化工业基地，完善格尔木的城市功能，建成新型的工业城市，从而形成两个重要的增长极，以中心城市的发展促进整个盆地的小城镇建设和城乡经济的发展。二是大力发展盆地的小城镇建设，坚持"科学规划、合理布局、突出重点、有序推进"的原则，根据地区经济发展水平、资源状况、人口分布等条件，量力而行，逐步实施，切实加快察苏镇、西里沟镇、新源镇、大柴旦镇、冷湖镇、花土沟镇等县级城镇的建设，认真编制建设规划，适度确定发展规模，注重突出地方特色，使县级城镇成为农牧区地域性经济和文化中心。三是加快建设一批小城镇，坚持以现有建制镇为基础，抓紧建设唐古拉、郭勒木德、大格勒、香日德、茶卡、怀头地拉、孓海、阳康等小城镇，充分发挥其与农村联系紧密的区位优势和吸纳就业能力较强的功能优势，大力挖掘发展潜力，加快实现农村牧区剩余劳动力的转移，辐射和带动农村牧区经济发展，促进水利、道路、环保、农田和通信等农牧业和农村牧区基础设施建设，提高农村牧区生产力发展水平和农牧民生活质量。

加大城镇绿化力度，努力改善生活环境。要以工业化带动产业化，以产业化推动城镇化。坚持产业立城立镇，增强城镇发展的后劲，积极引导特色产业、龙头企业向城镇集中，形成城镇发展的支撑。在有污染的工业厂区，可选用杨树（抗苯、粉尘）、萱草（抗 SO_2）等植物进行厂区绿化，墙体、棚架可用啤酒花作为绿化材料进行垂直绿化，增大攀缘植物柔化建筑物的面积，让绿色常驻工业厂区。应重视城镇道路绿化和单位、社区的庭院绿化工作。目前城镇道路绿化，树种较单一，多以杨树、柳树为主，不但显得景观单调，而且每年到五六月份杨花柳絮飞扬，严重影响城市环境卫生，给行人行车带来烦恼。为改善城镇绿化格局，应逐步改变城镇道路以杨、柳树为主的状况。道路绿化应选择树干通直健壮，郁闭性好，对环境适应性强，有较强抗寒、抗旱、抗病虫害能力的树种。行道树的选择可选用白榆、圆冠榆、垂柳、海棠、杏树等，其他树种可因地制宜，作为次干道绿化树种。城市道路绿化可采用"一街一主要树种"的规划布局，如建成垂柳一条街、海棠一条街、垂榆一条街等特色布局，以形成街道的特色景观，增加城镇的风韵。搞好城镇道路绿化，可以起到降低噪音、阻挡粉尘的作用。在多板块的道路设计中，应形成乔木、灌木、草本和地被构成的多层稀疏林带，其间配置与之相适应的亚乔木和灌木，下层选用宿根耐寒，能露地越冬的花卉、一年生草木花卉及地被植物，形成乔灌草花和谐统一的群体。

关注和整治城镇人口集中区域的生态健康。针对生态恶化和环境污染对人类健康的影响，应采取相应的对策措施。第一，组织各种研究和规划力量，积极开展生态健康分析和生态战略模拟，编制区域、城市和社区生态健康发展规划；第二，组织国内外研究机构与企业联手，开展攻关和产业的生态转型研究，孵化新型的生态产业和生态产业园，减少工业发展对生态环境的污染；第三，要开展生活方式的环境影响评价和生态审计，将环境影响总量分计到每个人、家庭、单位和社区；第四，应建立健全对生态安全和生态卫生的社会监督渠道和监测手段，严明奖惩制度；第五，要通过各种舆论工具和教育手段，在全社会大力宣传、普及生态卫生、生态安全、生态产业、生态健康的科学知识和生态伦理、道德、观念与意识，通过生态卫生运动和生态文明运动等各种科学的、教育的、文化的、经济的、行政的和法律的手段，诱导人们的生活方式、生产方式和生活意识的转型，倡导和传播生态合理的认识文化、体制文化、物态文化和心态文化。围绕不断满足人的需要及提高人的生活质量，营造优美的生态环境，努力为人民群众提供清洁、舒适、安全、便捷的生活和工作环境。

（五）大力发展旅游业等有利于生态环境保护的特色产业

在旅游开发中提高生态环境保护意识。旅游业的发展需要良好的生态环境，良好的生态环境促进旅游业的发展。旅游业比任何行业都更加依赖生态环境，必须把生态环境保护到重要位置上来考虑。柴达木盆地的旅游开发中，要坚持生态容量概念，尽量保持高原盆地自然景观的原汁原味。要认识到盆地的生态资源既丰富有特色，又脆弱经不起破坏，经不起无计划地旅游冲击和破坏性地开发。旅游景点的开发要注意和防止简单开发、粗放经营、急功近利，避免以破坏旅游资源、牺牲生态环境为代价而追求眼前利益的情况发生。从自然资源可持续发展的角度看，急功近利，乱建营利性的设施，导致原始自然风景人工化、商业化，使自然景区"原作"严重受损的做法是一种破坏行为，也是得不偿失的。西部资源的珍贵就在于许多景区以前较少受到人为的破坏，因此必须把建立旅游与生态环境的良好互动关系放在首位，充分考虑资源与环境对旅游活动的承受能力，以期实现资源与环境的永续利用，实现柴达木盆地旅游的可持续发展。

加强旅游项目的科学规划，以防止无序开发可能带来的生态环境破坏。柴达木盆地虽然不是全国有名的风景区，但依然有其独特的自然风貌，应从实际出发，分门别类地按自然保护区、风景名胜区、森林公园、地质公园等类型分类规划。风景名胜区与自然保护区在主要功能上有着本质的区别：风景名胜区主要是为了对资源的合理开发利用，以满足人们对休闲生活的需要；自然保护区则主要是为了保护对人类可持续发展具有重要意义的生态环境。功能与性质不同，决定了风景名胜区与自然保护区在处理保护与利用关系方面的根本差异。柴达木盆地较多的是自然保护区，我国对自然保护区的传统保护思路是严格保护，保护区建设和管理采取的方针是早划多划、先划后建、抢救为主、逐步完善，因此，对划定的自然保护区就应采取严格保护的措施，使其得到应有的保护，而不能采取批而不建、建而不管、管而不力的态度。重视对旅游项目的规划评审，在未制定科学规划前，禁止进行任何形式的开发活动。在规划和开发中，旅游路线和设施建设要尽力做到不破坏自然景观、不污染环境、不影响物种的生存和繁衍，保护和维护生态系统的安全和完整。要本着"景区内游、景区外玩"的原则，加强开发管理，把商业化的旅游服务基地限制在指定的区域，不在风景旅游区内修建宾馆、饭店和娱乐设施。避免那种哪里风景最佳，开发商就在哪里大兴开发、破坏生态的现象。

制定必要的法规制度，确保在旅游开发中对生态环境的保护。禁止开展破坏生物多样性和污染环境的旅游。对各景区景点的破坏生态环境的各种不文明行为，对违犯有关法规制度的，应进行整治和查处。历史文物的开发，一定要遵照《文物保护法》办事，本着保护为主，合理开发的原则，采取有效措施保持好文物古迹和重要人文景观资源。要充分认识到历史文物、历史遗址是一次性资源，一旦被破坏，便无可挽回。近些年柴达木盆地都兰等地的古墓破坏十分严重，应提高全民文化资源保护意识，下大力气保护文物，避免再遭劫难。

（六）加强盆地的生态建设，加大环境保护力度

要加大生态环境建设的全民教育力度，加强生态意识教育。生态环境保护是关系到柴达木盆地开发成败和经济社会可持续发展的决定性因素之一。保护环境，维系生态的有机进化和动态平衡，对于谋求经济、社会的持续发展，提高人民生活质量具有重要作用。保护环境资源就是保护生产力，改善生态和建设环境就是发展生产力，为人民创造优美的生存环境就是维护人民群众的根本利益。各级党委、政府和有关部门都应该牢固树立"生态保护第一"的观念，改变以往生态建设的从属地位。柴达木盆地的生态环境建设和保护不是仅靠行政管理部门、专门部门和生态环境专家就可以完成，而是要靠全民的重视和行动。在全民教育中应加强有关生态环境建设与保护的科技知识、职业技能和法制法规教育，使全社会都能认识到生态环境建设与保护对于干旱荒漠地区的可持续发展的重要意义，使全社会劳动者都成为生态环境的建设者与保护者，让环保理念成为社会关系的新杠杆，让环境文化成为生产力布局和资源配置的调节器。

要加强宣传教育，实行观念更新，改变传统意识，增强生态危机感和历史责任感。党的十六大报告在阐述全面实现小康社会目标时提出的"促进人与自然的和谐"的途径，是人与环境相互改造应遵循的原则。在实践中，遵照这一原则取得成功的事例数不胜数。还有无数事实说明，在经济建设中只顾金山银山，忽视绿树青山，所得到的金山银山的含量就会大打折扣。因为早晚要从金山银山中扣除巨额的环境治理费，以及因环境恶化所致的疾病治疗费、预防费及多种费用。到头来，不仅保不住金山银山，即使花光金山银山，也难以很快地再现逝去的绿树青山。在这一方面，20世纪的50～70年代中，柴达木盆地部分森林和大量沙生植被的人为破坏，造成自然环境恶化，就是一个典型的例证。因此，破坏环境，不但给经济发展带来负面影响，也给人类的发展带来种种难以弥补的伤害。从人类的产生和发展史的角度来看，美好的自然环境，是人类产生和发展不可缺少的重要条件之一。破坏自然环境，就是破坏人类的生存和发展的条件；保护自然环境，搞好生态保护和建设，就是保护人类自身的生存与发展的条件。我们应深入开展宣传教育，充分认识传统发展观是以单纯的经济增长为核心的发展观，它主要以国民生产总值或国民收入的高速增长为宗旨，

并以此为各个领域发展的基础和衡量社会文明的唯一尺度。要实现人与自然和谐发展，必须树立科学发展观，与片面追求利润至上、增长至上、GDP 至上、眼前利益至上的传统发展观决裂，与"污染不可避免""先污染再治理""先建设后评价"的错误认识决裂，使"人与自然和谐发展"成为共识。只有坚持经济发展与环境保护相结合，从构建和谐社会的高度去认识和把握人与自然和谐的重要性，才能不断提高责任意识，增强紧迫感，采取切实措施推进和谐社会的构建。要不断增强各族群众和外来投资者、建设者的生态意识、环境保护意识和法制意识，全力促进人与自然的和谐，推动整个社会走上生产发展、生活富裕、生态良好的文明发展之路。

实行绿色发展战略，是中国经济可持续发展的必然选择。几千年来，中国经历了渔猎采集文明向农耕文明再到工业文明的转型，而历史上的每一次文明转型都面临着人口与资源的激烈矛盾，尤其是三百多年来的工业文明史，对自然的破坏最为无情，生态系统受到严重破坏，森林锐减、气候变暖、荒漠化扩大、旱涝灾害频发、环境危机加剧。在 20 世纪 50~70 年代，柴达木盆地的经济发展，正是经历了一场生态系统受到严重破坏的环境危机。因为，在短缺经济下，一般把增长等同于发展，刻意追求经济总量及其扩张速度。几十年的实践告诉我们，发展经济不能只靠增加投资、扩大规模、铺摊子、上项目等外延方式，要走既有较快速度又有科学可持续发展的路子。

树立和落实科学发展观要实事求是，不能搞绝对化，不能顾此失彼。要处理好 GDP 增长与经济社会全面发展的关系。发展是一个经济社会全面进步的过程，不能以 GDP 的增长来代替经济社会的全面进步，但也不能因强调经济社会全面发展就忽视 GDP 的增长。GDP 增长是城乡居民收入、财政收入的基础，也是社会各项事业全面发展的财力基础。我们应纠正的是只顾 GDP 增长而忽视经济社会和其他方面进步的发展模式。现在国家几大部门正在加紧研究适合我国国情的"绿色 GDP"核算体系，用以衡量经济发展过程中付出的环境资源的代价。绿色 GDP 是从传统 GDP 中扣除了经济增长导致的灾害、环境污染和资源浪费之后的净产值。发展经济如果以牺牲生态环境杀鸡取卵获得 GDP，发展使资源过度消耗、生态退化、环境污染造成危害，需要补偿和治理的巨大投入，这种发展就不是科学的发展和可持续发展。作为对一个地区经济发展的考核来说，表面上的发展中应扣除所付出的巨大的代价。作为对官员"政绩"的考核，应考核他们的经济增长中对资源的消耗浪费、对生态环境的代价有多大，他们的真实政绩到底是什么，是否借用了子孙赖以生存的空间，是为后人积累遗产，还是在拆东墙补西墙，是否创造了价值呢？所以，各级领导要树立科学发展观和正确政绩观，要克服对"GDP"的盲目追求，合理使用自然资源，减少浪费。各行各业都必须坚持增产与节约并举，把节约放在优先位置。必须切实转变经济增长方式，形成有利于节约资源的生产模式和消费方式，建立资源节约型社会。

必须强化人们的资源环境危机意识，必须发展循环经济以提高资源使用效率，必须发展清洁生产以降低生产过程中的污染成本，必须发展绿色消费以减少消费过程对生态的破坏，必须发展新能源以实现生产方式的彻底超越。只有这样，才能实现社会的可持续发展，实现工业文明向生态工业文明转型的历史性跨越，培养出一个人与自然、人与人双重和谐的生态文明。早在2002年，联合国计划开发署就曾指出，人口众多的中国应选择"强调经济发展与保护环境统一协调"的"绿色发展"之路。我国经济学家胡鞍纲认为，从"黑色发展"到"绿色发展"的尽快转型是中国的根本出路。这当然也是柴达木盆地经济发展的根本出路。要彻底摆脱以牺牲环境为代价的经济增长，彻底摆脱"先污染、后治理"的"增长优先"之路，就要实施绿色发展战略，发展循环经济，加快向生态文明转型的步伐。

在实施绿色发展战略中，政府是主导，企业是主体。政府应把发展循环经济作为编制"十一五"规划的重要指导原则，制定相应的法规政策，用循环经济的理念指导各行各业各类规划；在工业企业比较集中的以及现有的经济技术开发区建立生态工业园区，通过废弃物的交换、循环利用、清洁生产等手段，形成一种新型的工业形态；采取招商引资、贷款、引入民间资本等多元化融资方式，建立循环经济发展基金；普及循环经济和相关法律知识，增强广大群众的生态观念，积极提倡节约型的消费行为和生活习惯，引导科学消费和文明消费。

经济繁荣、社会文明与环境优化互为条件，相互促进，做好生态环境保护和建设工作，是构建和谐社会的必然要求。进入新世纪新阶段，加强生态建设，维护生态安全，是我们经济社会可持续发展的基础。树立落实科学发展观，一个很重要的方面就是统筹人与自然的和谐发展。加强生态环境的保护和建设，是实现经济社会可持续发展的一项重要任务，在影响社会经济可持续发展的人口、资源、环境三大要素中占有举足轻重的作用。柴达木盆地是全国八大沙漠之一，20世纪六七十年代以来本来就稀少的生态惨遭破坏，土地沙化面积以每年6万至7万平方公里的速度扩大，生态环境保护和建设的任务十分艰巨而复杂，柴达木地区的环境保护面临着支撑加大资源开发力度、加快经济发展步伐、努力建设和谐社会的严峻挑战，要紧紧抓住历史机遇，以科学发展观指导和促进全省经济社会的全面协调、可持续发展，是摆在柴达木地区各族人民面前的一项重要而艰巨的任务。必须统一思想，提高认识，加强领导，强化责任，密切配合，要从多方面加大盆地生态环境保护和建设的力度，切实改善柴达木盆地的生态环境。

要加大生态保护和建设战略的规划力度。未来10至20年，应切实贯彻党的"十六大"关于加强西部地区生态环境建设的精神，加大柴达木盆地生态保护和建设战略的规划力度。在总体上和大范围内应以保护为先，以自然恢复和调整人类经济行为为主，以人工建设和生态建设为辅。围绕合理开发和利用水资源，优化水资源的区域配置，改善水资源的利用结构，提高水资源的利用效益，加强生物多样性保护，对重要生态系统应通过建立自然保护区进行严格保护，加大环境综合整治力度。在西部工业区合理开发资源，综合利用资源，坚持资源开发和节约利用并举，走新型工业化道路，减少和治理工业污染，尽量避免造成资源浪费和对生态环境的破坏；在农业区要坚持退耕还林还草，加强天然林的保护和恢复，实施山川秀美计划；在牧业区要加大对天然草原的保护与建设，实行减畜育草，休牧育草，乃至退牧还草，实施牧民安居工程。进一步加强盆地的生态环境保护工作，推动生态环境补偿费用的落实，完善政策机制，加快研究、编制和完善全盆地的生态环境保护规划、生态功能区划，建立健全生态环境保护监管体系，建成生态环境信息系统和监测网络，加大生态环境保护的执法力度，正确处理好开发利用与环境保护、生态保护与生态建设的关系，实现可持续发展。

加大对盆地生态环境建设的科学研究力度。从柴达木盆地生态环境的特殊性和目前生态环境的实际出发，应加强对盆地生态环境保护与建设的科学研究。1983 年 7 月 27 日至 8 月 14 日，由中国国土经济学研究会组织的赴青海柴达木盆地考察团，由著名学者于光远带队，由国土经济学、水利、地质、化工、农业、畜牧业、环境保护等各方面的专家参加，考察了柴达木盆地的德令哈、乌兰、都兰、大柴旦、格尔木等地，于光远提出了"把青海省建成一个'生态省'"的主张，考察团形成了一批分学科的考察报告，对于柴达木盆地的经济开发和生态环境保护具有很高的参考价值。今后，应继续加强对盆地资源开发和保护的综合研究，这种研究既包括自然科学方面，又包括社会科学方面。要加强高原盆地自然环境演变机理研究，开展生态承载力、生态安全指标及其阈值的研究；开展人类活动对盆地生态环境破坏过程的研究，量化人为因素对生态环境的影响，为制定生态环境保护与建设提供依据；要研究盆地生态系统的功能和恢复与改善的生物工程技术，为治理盆地荒漠化，恢复与重建受损生态系统提供技术支持；研究评估盆地水资源的数量、质量以及在生态系统中的作用；研究国土资源，包括农、林、牧、渔，矿物、能量资源以及科学文化资源、人才资源等，正确评估柴达木盆地的可持续发展能力；结合地区社会经济发展状况与规划，研究区域生态经济政策，走科学发展道路。应大力鼓励科研部门、高等院校与企业合作开发生态保护和建设的工程项目。

加大资源和环境保护的行政管理和治理力度。鉴于海西生态环境脆弱，部分地区的资源环境已被破坏和污染的现状，应该有重点、有针对性地建立健全资源环境保护管理实施办法和措施，强化执法监督，严防形成新的污染和破坏，确保可持续发展。首先，抓好重点区域的治理力度。选择污染严重，危害大的地区作为生态治理的重点区域，强化目标责任制，层层落实，力争在"十五"期末有较大改观。其次，全力实施生态建设工程，要把草原生态建设与保护工程、天然林资源保护工程、退耕还林还草工程、生态建设重点县工程、防沙治沙工程、绿色通道工程和沙土保护工程等重点工程建设作为关系全局的大事来抓好抓紧，长期不懈地坚持下去，以造福子孙后代。第三，采取有效措施，确保生态建设有序进行。一是把水资源的开发利用放到生态建设的重要位置，想方设法解决好水的问题；二是突出加强柴达木盆地荒漠化治理，抓好草原生态环境治理，保护和恢复草原生态，把生态环境建设与调整农村经济结构、改善广大农牧民生活紧密结合起来，促进农业增效，解决好农民吃粮、烧柴和增收问题，对少数生存环境恶劣的贫困地区，要创造条件，实行易地开发；三是把生态建设与农牧业结构调整、增加农牧民收入、扶贫开发、生态移民等紧密结合起来，发展绿洲农业，特别是要大力发展蔬菜、肉、蛋、禽、奶的生产，为资源开发提供优质的后勤服务，使生态环境逐步趋好；四是充分发挥科技在生态建设中的主导作用，提高生态建设中的科技含量。对柴达木盆地大开发建设中大量的裸露边坡土地的治理问题展开研究，高度重视修建的青藏铁路、各级公路边坡植被的恢复、生态防护和绿化效果，取得经验，加以推广，以得到直接和潜在的生态、经济、社会效益。

强化城乡污染治理，改善生产生活环境。着力抓好重点区域、流域和城镇的污染治理，强化对大气污染、水污染、垃圾污染和噪声污染的综合治理。坚持预防为主，尽快调整污染防治战略，从末端防治转向源头控制和全过程控制。严格执行新上基建和技改项目的环境评价制度，严把项目质量关，对于那些起点低、能耗高、技术工艺落后、原材料浪费和环境污染严重、产品单一、效益低下、小打小闹的工业项目坚决不予立项。杜绝环境污染和破坏生态的现象发生。大力推广清洁生产技术，淘汰产品质量低劣、浪费资源、污染环境和不符合安全生产条件的落后生产能力。目前还有大量的工业企业仍然是粗放型的生产模式，工业废水即便实现了达标排放，还是有大量的污染物排入了江河湖泊和大自然中，加重了自然环境的污染。随着经济的发展，工业废水、废料、废渣等排放量还要增加。只有大力推行清洁生产，实行污染物排放的源头控制和全过程控制，污染物排放才会有较大幅度的削减，工业生产才可以做到增产不增污。引入市场机制，改革污水和垃圾处理机制，全面推行收费政策，加快配套基础设施建设，积极推行城镇的生活污水和垃圾处理。加强农业和农村污染防治，做好规模化畜禽养殖的污染防治。在积极解决点源污染的同时，大力加强面源污染的防治。积极推广生态农业和有机农业，保护农村饮用水源地，消除污染事故隐患。

各级政府要坚持科学发展观，在决策过程中协调好生态环境与经济发展的关系，在发展经济的同时，要进一步建立健全有关生态环境保护的目标责任制，分级签订目标责任书，定期组织检查考核，将生态环境保护目标作为考核各级政府目标责任和考核领导干部政绩的重要内容。各有关部门要按照生态环境保护的要求，各司其职，各负其责，协调行动，组织和落实生态保护的各项政策规划和措施。

积极培育和发展环保产业，使之成为具有良好经济效益、社会效益、生态效益的新型产业，提高可持续发展的技术保障水平。环境保护部门在抓生态环境保护和建设上负有监督检查的重要责任。环保部门作为政府专门的职能部门要认清形势，准确定位，明确工作重点与任务，加强对环境污染的监控治理。要深入基层调查研究，扎扎实实做好基础工作，全面了解和准确掌握本地生态环境状况和突出的生态问题，在政府重大决策中及时提出具有针对性、可操作性强的评估意见和保护对策。在西部大开发中，要切实加强对水、土地、森林、草原、旅游、野生药用植物和矿产等资源开发的生态环境保护管理，重点做好水环境、大气环境和生态环境的治理和保护，避免和减少资源开发对生态环境的破坏。

建立健全生态环境保护监管体系。一是进一步深化资源开发项目的环境管理。从完善管理规章制度入手，针对不同类型资源开发的生态影响，制定生态保护与恢复的行政规章和标准。重点做好水资源开发、土地资源开发、矿产资源开发生态恢复措施和标准的制定，使开发建设单位和主管部门有章可循。对重点污染行业和企业进行限期治理，通过强制性保护和严格项目监管，避免资源开发过程中的生态环境破坏和对周边地区的污染。二是加强生态保护监管能力建设。环保部门要落实生态保护统一监管职能，承担生态保护重任，必须保证必要的监管手段和条件，包括生态监测能力、监理取证设备和交通通信工具，提高环境管理水平。重点建设格尔木市国控监测网络站，加强重点污染源在线监测，对重点行业、企业实行在线监控。努力改变一些地区无机构、无队伍、无能力的被动局面。三是开拓生态监管局面。应理顺环保、国土资源、林业、草原、农业、水利等有关部门在生态保护监督管理上的职责关系，环保部门要重点做好法规、规划、标准、规章制定等方面的工作，开展生态监测、生态调查等基础性工作。针对生态现状和保护中出现的实际问题及时报信息、报数据，并及时调查处理生态破坏事件，为政府当好参谋，树立环保权威。

加强执法力度，提高执法水平。一是加强和完善西部地区生态环境保护立法工作。在生态经济法制建设中，应将生态与经济协调发展的理念纳入经济、人口、环境、社会保障等立法中。针对目前生态环境保护法制建设的特点和薄弱环节，制定和完善生态保护法律法规，改变多年来单纯保护资源环境的现状，实现对生态系统完整性的保护和生物多样性的保护。同时要适应西部开发的形势和西部地区生态环境的特点，制定有关资源开发的生态保护法规及生态功能区建设、保护管理的有关法规。二是遵守规章制度，严格执法。要严格执行环境影响评价制度，规范资源开发的生态环境管理。走新型工业化道路必须对传统高污染企业的废弃物、烟尘等加大治理力度。加大环境执法力度，对污染超标企业严格实行罚款、责令整改、停业整顿、关闭、法律制裁等处罚措施，加大对违法排污企业的打击力度。完善监督制约机制，实现生态经济执法与司法活动的公平、公开和公正。对有法不依，有章不循，造成重大生态破坏的案件，要严肃处理，公开曝光。要及时发现和总结资源开发中生态环境保护的先进经验和典型，树立样板，带动全局，努力推进资源开发的生态保护与恢复工作。三是加强执法队伍建设。西部地区应尽快形成省、地、县三级环境监理机构，配备监理设施，组建综合素质高、执法能力强的监理队伍，在生态保护中承担执法监督的重担，因此要特别注重提高监理人员的生态环境保护执法业务培训，做到严格执法和善于执法。

（该课题 2006 年荣获青海省第七次哲学社会科学优秀成果评奖二等奖）

青海工业内生性增长因素研究

詹红岩

一 青海工业经济发展现状分析

(一) 工业生产快速增长

近年来全省工业经济发展呈现出快速增长的态势。2002 年工业增加值增速达到了 15.5%，2003 年达到 17%，2004 年达到了 22%。全年完成工业增加值 157 亿元，拉动全省经济增长 7.7 个百分点，工业增加值占 GDP 的比重提高到 35%。

(二) 工业经济效益得到提高

2003 年 1~8 月，全省规模以上工业企业盈利总额为 13.04 亿元，亏损总额为 4.91 亿元，盈亏相抵后实现利润 8.13 亿元，比 2002 年同期增长 1.06 倍。2004 年全省规模以上工业企业利润近 40 亿元，增长 1.5 倍以上，与此同时，支柱产业和优势产业的效益大幅度提升，在全省工业经济中所占的比重进一步加大。

(三) 深入推进国有企业改革，加快了项目建设和技术改造步伐

国有企业产权多元化改革深入推进，基本确立了授权经营的 20 家国有资产经营公司及企业集团的资本结构调整方案并组织实施；认真解决破产企业的遗留问题，资产重组工作取得积极进展，完成了青海水泥股份、三普药业等重大资产重组项目，第一机床厂、第二机床厂、山川铁合金、丁

香集团等企业的重组工作逐步落实，西宁特钢集团和西宁铁路分局、煤业集团、水电四局等企业的主辅分离工作进展顺利；中小企业的各项综合改革进一步深化。

加快了项目建设和技术改造步伐，全省"十五"计划第一批 64 个重点工业项目 37 个产业升级项目有 8 个竣工投产，19 个正在建设之中；第二批 50 个重点工业项目中，已有 6 个开工建设，同时，加强了国债项目的跟踪监管，6 个国债项目和 6 个技术改造项目已顺利开工；民间投资也已逐步涉足大中型产业项目和高新技术产业化项目，中信国安、浙江玻璃股份有限公司、江苏远东集团等省外大型企业及战略投资者开始参与青海省盐湖资源、煤炭资源、中藏药资源和大型房地产的开发和建设。

（四）园区经济发展势头迅猛，聚集效应逐步显现

青海省的工业园区，已初步形成各具特色，各具优势的产业分布格局，发展势头迅猛。西宁经济技术开发区、甘河工业区、生物产业园、格尔木开发区等工业园区，基础设施建设和投资环境逐步改善。截至 2003 年年底，四个园区已累计批准入驻企业 355 户，其中 123 户企业开工建设，2003 年全年实现销售收入 13.2 亿元，增长 101%。仅 2004 年一季度甘河滩工业区和西宁经济技术开发区工业总产值同比分别增长 1.2 倍和 1.5 倍，为全省工业发展注入了新的活力。

二　工业经济发展从中长期看面临的不利因素

（一）基础产业的发展制约了工业经济的快速增长

首先是电力供应缺口在近几年内很难缓解。2004 年全省发电量预测为 137 亿千瓦时，而 2004 年用电量达到 180 亿千瓦时，全省发电量与用电量相差 43 亿千瓦时，供需矛盾较 2003 年进一步加剧，平均日缺电量 1180 万千瓦时，由于用电负荷增长主要集中在上半年，缺电量超过 1500 万千瓦时。其次是铁路运输能力严重不足。据调查，2004 年全省铁路货物发送需求量达到 1120 万吨~1140 万吨，受大宗工业品产量增加较快等因素影响，青海省铁路运输需求旺盛，运力和运能同时告急，加之目前兰青线运量已

超设计能力的 100 万吨，已达到运能极限，因此，今后相当一段时期青海省铁路运输形势将十分严峻。第三是电价和原材料价格上涨，对工业运行带来很大影响。由于电解铝行业是青海省今后几年工业发展主要的经济增长点，电解铝企业的电费成本占生产成本的 30% 左右，氧化铝价格不断上涨，由 2200 元/吨涨至 3400 元/吨，上涨幅度超过 50%，2004 年以来仍在高位波动，同时，由于缺电和外购电量的增加将会引起高耗能企业的生产成本上升，效益下降。

（二）产业发展的整体环境仍然欠佳，特别是全社会缺乏企业家精神

青海省产业发展的整体环境不容乐观，从产业协作上讲，产业配套能力弱，缺乏一些最基础的配套工厂和设施。我们在调研中发现，很多企业需要的一些配套件在本地几乎寻找不到，必须向外地采购，比如西宁天地工贸公司在西宁寻求电灶一些很普通的配件都找不到，还需到外地加工，这显然抑制了企业扩大规模的热情和冲动。从人才方面讲，产业发展环境存在比较明显的外在性制约，缺乏专业技术工人队伍，许多企业面临的问题之一是寻找可以在企业中有效工作的技术工人。另外，全社会普遍缺乏企业家精神。企业家可以被看作是这样的一些人，他们有能力和动机发现新的为市场提供其所需要产品的途径，并且靠经营新企业来供给这些产品。青海省不仅缺少企业家队伍，而且现有企业家的才能也经常没有得到很好地使用。探讨青海省目前工业发展中最缺乏的是什么，是资金、技术或是人才？我们认为，一般而言，这些都缺乏，但从深层次上讲，最缺乏的是一种能够促进和激励创新的环境条件和制度规则，也可以说在民众中普遍缺乏一种企业家精神以及这种精神所衍生出的宽容、容忍失败的心态。当然，形成这种产业氛围有历史的原因，有地理环境的因素。但不可否认也有思想因素，那种安于现状、得过且过、不敢冒风险，封闭和保守思想观念大大制约了这种精神的成长。

（三）企业活力不足，特别是中小企业发展比较缓慢

青海省企业普遍缺乏活力，在经营中有利润的企业，小富即安思想严重，缺乏再投资的冲动和欲望，没有看到市场发生变化的一面，缺乏危机

感；经营过程中亏损的企业，往往眼睛向上，指望政府给予帮扶，指望银行贷款给予解决。很多国有企业还普遍存在政企不分、产权不明晰的问题，致使企业浪费严重，运营成本奇高、劳动生产率低下、创新不足、同时，由于激励与约束机制不完善，损害了生产技术人员与企业管理人员的创新热情。

中小企业创业、投资、创新不活跃，缺乏热情和冲动，据抽样调查统计，青海省有66.6%的企业负债率高于40%，受中小企业自身原因以及金融体制的影响，银行总体上不愿给中小企业提供资金支持。目前，青海省中小企业事实上存在着投资回报率低，收益差，投资易沉淀的问题，而国外或省外发达地区的中小企业一般来说虽然风险较大，但存在着投资回报率较高的特点，青海省的中小企业到目前远未实现集群式的发展。与此同时，企业产品结构单一，资金短缺、技术设备落后、缺乏市场竞争力等问题仍然十分突出。从总体上讲，中小企业仍以"内向型"经济为主、生产经营主要面向省内、县内甚至本乡村内的消费需求，投入与产出以"圈内循环"为主，加之青海省人口总量少，消费水平和档次不高，这也是影响中小企业活力不足的重要原因。

如果我们以一个地区的工业企业市场占有率来衡量工业经济的发展水平，或许可以得到某种启示。据2001年的数据，西部地区工业企业销售收入11569.25亿元，占全国的10.84%，而青海省工业企业销售收入约为218.65亿元，只占西部地区的1.89%，仅仅约占全国的0.2%，只比西藏高一些，从中不难看出，青海省工业发展总量仍然十分弱小。

（四）政府的服务职能没有完全到位，招商引资成效不甚理想

近年来，我们加大了交通、能源、水利等基础设施和生态环境建设的力度，投资硬环境在一定程度上得到改善，但投资软环境的营造大多还停留在依靠出台各种优惠政策和招商引资的做法上，而通过制度创新、社会开放、解决我们比较突出的思想观念滞后、组织创新乏力、政府效率低下等方面的问题，还缺乏一些有效的方式和手段。

由于青海省目前存在的实际情况，我们发展工业经济的希望相当程度上还是表现在招商引资的成效上，但目前外资在全省投资中所占比重仍较小，与全国的平均水平差距甚大。根据统计，青海到2001年年底吸收外资

仅占全国总量的 1.6%，投资项目规模太小，无大项目支撑，部分项目存在很大投机成分，生产型企业较小，引资渠道过于集中，地域局限性较大，有 65% 的外资来自香港、东南亚地区，且多以中小型企业为主，产品的科技含量低、销路一般；部分外商投资企业不按合同、章程规定经营，履约率较低，并且大部分外商投资者不直接参与经营管理，部分外商投资企业注册资本不能足额到位。因此，可以说青海省外商投资企业存在着总量小，结构不合理，投资规模过小，高科技企业少等问题，从深层次上说是外资进入青海的条件和环境还不够理想，不够成熟。

三　制约青海省工业内生性增长的理论分析

（一）工业内生性增长的重要性分析

工业内生性增长问题，主要研究和探讨的是工业经济发展过程中的活力和发展潜力问题。我们认为，工业经济如果不能够从内部形成发展的原始动力，外部恐怕有再好的机遇，再优良的环境，再强大的投资，整个工业经济都不能算作是健康的、可持续的发展和增长，也可以说工业的简单增长并不等同于工业化水平的提高，因此，探讨青海省工业内生性增长问题就显得尤为重要和迫切。

（二）青海省工业化进程所处的阶段分析

工业化进程的直接表现是工业部门在国民经济中的比重上升，这是衡量工业化阶段的主要指标，根据钱纳里、塞尔奎因等经济学家的实证研究，工业化过程中产业结构的演变有一定的规律性，在三次产业的产出构成中，工业化的演进使第一产业的比重下降，第二产业的比重迅速上升，并拉动第三产业的比重提高。

青海省由于多年来结构偏差的存在，以 2003 年的统计数据来看，第一产业 47 亿元比重为 12%；第二产业 184.26 亿元比重为 47.2%；第三产业 158.90 亿元，比重为 40.8%。说明第一产业比重低于 20%，二产的比重高于三产，可以判断青海省工业化进入到中期的第二阶段，另外，从人均 GDP 的测算上也可以支持上面的判断，2003 年，青海省人均 GDP 达到

7276 元，接近 1000 美元，对应钱纳里关于增长阶段的划分，达到了工业化中期的第二个阶段。

最近的研究成果指出，一个地区的工业化进程和水平可以用区域工业化率（IR）表示。IR 等于地区工业增加值与地区生产总值的比重。地区生产总值（GRP）是一个地区所有常驻单位在一定时期内生产活动的最终成果。国内通常习惯用国内生产总值（GDP）表达。2002 年青海省的区域工业化率为 80.02 亿元/341.11 亿元 = 23.4%，2003 年为 120.77/390.16 = 30.95%，而西部地区在 2001 年的工业化率的平均水平为 31.9%，东部达到 42.9%，中部为 39.5%，说明青海省目前的工业化率水平仍是相当低的，不仅远低于东部发达地区，就是与西部平均水平也有不小的差距，因此，对青海省实现工业化的长期性和艰巨性应有足够的认识。

四 青海省工业内生性增长的路径选择

工业发展水平已成为衡量一个地区经济实力的象征，青海省的工业如何保持快速、持续增长，我们从工业发展的内生性角度提出如下建议。

（一）积极争取国家的优惠政策，加大政策倾斜力度

1. 积极争取中央政府对西部乃至青海更为有效的优惠政策

西部大开发五年间，西部发展加快，而东部发展更快，西部地区发展工业所面临的困难也愈来愈大。在这种情况下，青海省工业如果仅靠自身的积累是很难得到持续快速发展的，因此，必须要有超常规的措施和手段，而地方政府所能动用的财力和政策措施是极其有限的，因此，积极呼吁和争取中央政府对青海在发展工业方面的优惠政策和措施，就成为当务之急，比如，能否在民间金融、中央与地方税收分成比例、工业用地政策、中小企业融资上市、特色产业和资源性产业信贷支持等方面给予优惠政策的扶持和帮助。

2. 正在实施的宏观调控对西部乃至青海应区别对待

从全国来讲，当前的经济确实有局部过热的问题，但对青海来讲，我们认为，还谈不上有过热的现象，应该说一定程度上产业发展仍偏冷，而现在要与那些的确过热的地方一样开始降温，使得调控后引起的停顿可能

需要用很长一段时间才能重新升温，因此，对西部地区特别是像青海省这样工业化水平极低的省份，宏观调控的力度、手段都应该区别对待。

（二）加快产业政策的制定，并使之具有权威性和可操作性

首先，产业政策包括产业结构政策和产业组织政策，产业结构政策主要包括主导产业的选择和幼稚产业的扶持政策。主导产业具有以下特征：能刺激创新并创造新的市场需求，具有持续的高增长率，对其他产业的增长有直接和间接的诱发作用，政府除了要对主导产业进行扶持外，还需要对幼稚产业扶持。产业组织政策是指为获得理想的市场绩效，由政府制定的干预和调整产业的市场结构和市场行为的政策。

其次，要深入对经济结构优化、经济增长和经济运行有影响行业的调查研究工作，根据国内外产业发展的新趋势，结合青海省的实际，应有产业发展方向和具体的政策措施。比如，对于已确定的支柱及优势的每一个产业，我们认为都应制定相对完整，有权威性和可操作性的政策措施，这样一方面使人们对某个产业有比较稳定的心理预期，另一方面，也能较好地协调政府各部门的职能关系，既避免不闻不问，也避免对企业过度干预。

第三，在产业政策的制定中，要处理好综合性产业政策和专项产业政策之间的关系，积极发挥行业协会等社会中介组织在实施产业政策工作中的作用，同时，要加强产业政策的贯彻落实和监督检查工作，开展对已发布的产业政策执行情况的调查分析工作，及时总结经验，及时提出修改和调整意见。特别是对于产业政策的目标导向上，不能都笼统地提倡做大做强，我们有些特色产业，如中藏药、沙棘饮料等限于资源和技术条件，在现有的条件下，很难做大。所谓的特色，在一定程度上往往是市场发展前景具有某种不确定性，并且市场容量有限，风险较大的产业。因此，应分门别类，区别对待每个产业的特殊条件和情况。在产业发展纲要或产业政策的制定上，要坚决改变过去那种面面俱到，针对性不强，每句话都正确，但都难以解决产业发展问题的弊病，要按照突出重点，有所为，有所不为的方针，为每一个产业的发展解决一些实际问题。同的，产业政策应有一些预期性、导向性的指标，特别是指标的设定要符合产业的定位，因为政策作为政府的一种承诺，不能停留在难以评估的空洞口号上。

（三）加快基础产业的发展，更好地为工业经济发展提供支撑

当前，全国性的煤电油运紧张局面丝毫未减，越来越成为工业发展的"瓶颈"，青海省也不例外。因此，要从加快推进全省工业化进程，促进国民经济持续快速健康发展的战略高度，充分认识抓好基础产业发展的重要性。

（四）工业经济发展要轻重工业并举，特别是要注意优先发展制造业

由于历史原因和自然条件的限制，青海省的工业发展自觉不自觉地走了一条重工业优先发展的路子，而重工业一般来说也属于资金密集型工业。对于资源优势明显的青海省，适度发展重工业是没有问题的，但是不能因此忽视了能带动就业，促进人均收入较快增长的轻工业发展，因此，在工业发展战略上，我们应走轻、重工业并举的发展战略。

结合目前国内外的新趋势和动向，应特别注重制造业的发展。依靠科技延长资源加工链条，尽可能提高制造业的附加值，青海省资源丰富，但资源的加工链条短、附加值低，如果青海省制造业的深加工系数能达到全国水平甚至东部发达地区水平，则制造业的产值将会成倍增长，这也是青海省将资源优势转化为经济优势的现实路径选择。比如，我们有较丰富的石油天然气资源，能将天然气资源就地转化，实现把气留住的目的；青海省的电解铝产量已接近全国产量的十分之一，而我们的铝加工能力却相当薄弱，所以应大力发展铝加工制造业；在青海省已有相当基础的数控机床、量具刀具等机械制造业，应鼓励其大力发展。

（五）政府要减少管制，做好服务职能，着力塑造出有利于产业发展的软环境

据世界银行最新公布的一项调查结果显示，商业管制最少的国家和地区，其经济也最为强劲，比如在澳大利亚，注册一家私人公司几乎不要任何成本，仅经两道法律程序，费时两天即可完成，而在安哥拉，注册一家公司要 5331 美元，是该国人均收入的 9 倍，且费时长达 146 天。经济学告诉我们，政府对经济发展的作用应主要用于"市场失灵"处，

所以政府应依法行政，不能出现错位，越位和失位，当然，对于像青海省这样的欠发达地区，各种要素市场的发育不成熟，有其特殊性，有时不仅需要"政府搭台，企业唱戏"，一定程度上也需要"政府搭台，政府唱戏"。

（六）更加重视现代服务业的发展，促使其成为青海省新兴支柱产业

工业化和城市化的风险之一就是贫困人口的增加和环境的恶化，因此，如何将青海省的工业化道路和可持续发展能力结合起来，努力降低城市中贫困人口，现在看来是一个难点，我们认为大力发展服务业，提高服务业的档次和层次，可以在一定程度上缓解这一难题。服务业应该成为优先发展的行业。第一，服务业吸纳就业能力强，服务业增长的就业弹性系数，一直高于其他行业。第二，按照增长能力、吸纳就业能力，产业带动能力和可持续发展的需求，有学者衡量和测度了服务业的若干行业，认为房地产业、物流服务业、社会服务业和旅游业等部门具备成为服务业中的新兴支柱产业的要求。

毋庸讳言，服务业的发达是建立在工业化高度发展基础之上的，一个地区的工业化是一个有深刻内容和广泛内涵的概念，不是等工业化完成之后，再将服务业的发展提上议事日程，而是工业化的完成过程必定就是服务业的大发展过程。因此，从这个角度说青海省在工业化完成过程中，应更加重视和提升服务业发展的水平和层次，努力使现代服务业成为青海省的新兴支柱产业。

参考文献

李春林：《工业经济的比较优势分析》，冶金工业出版社，2003。

中国社科院工业经济研究所：《中国工业发展报告》，经济管理出版社，2003。

黄群慧：《企业核心能力理论对管理学的价值》，《中国社会科学院院报》2003年第12期，第26页。

楚俊国：《国有企业激励机制创新的思路》，《中国改革》2003年第2期。

翟松天主编《2003：青海经济蓝皮书》，青海人民出版社，2004。

中国社会科学院课题组：《产业结构调整升级促进新兴支柱产业发展》，《宏观经济研究》2003 年第 5 期。

孙发平、吴大伟：《青海利用外资的环境分析与对策研究》，《青海社会科学》2003 年第 6 期。

吕政、郭克莎：《为什么要走新型工业化道路》，《经济日报》2003 年 2 月 19 日。

《过多商业管制阻碍经济发展》，《中国经济时报》2003 年 10 月 9 日。

（该文荣获青海省第七次哲学社会科学优秀成果评奖二等奖）

青海省城镇各社会阶层
状况调研报告（摘选）

孙发平　　拉毛措　　刘成明　　鲁顺元　　肖　莉　　马文慧

导　言

　　社会阶层是因职业差异而形成的不同社会利益群体之间的社会关系。如果说，改革开放以前整个中国社会呈现为由工人、农民和知识分子（干部）构成的两个阶级一个阶层的阶级阶层结构的话，20世纪70年代末以来随着改革开放推动了国民经济的持续高速发展，加快了中国由农业社会向工业社会、由乡村社会向城市社会的转变，从而使中国的阶层结构发生了全方位、大范围的分化与组合，催生了诸如私营企业主、个体工商户、三资企业的管理和技术人员、农民工等新的社会群体和社会阶层。在改革发展正处于一个关键时期的情况下，正确处理好社会各阶层之间的关系，建立和谐的阶层关系，使各阶层"各尽所能、各得其所而又和谐相处"，成为构建和谐社会最关键的内容之一。

　　本文以职业分类为基础，以权力资源、经济资源和文化资源的占有状况为标准来划分社会阶层。这是因为，在当代社会职业身份的分类是一种最基本的社会性区分，从事不同职业的人，在收入、声望、教育、权力等方面都存在着差异，因而职业的分类与社会分化紧密相关，且调查中个人职业信息较易获得，因此本课题即以职业分类为基础；再者，实际生活中，人们凭借其社会经验和主观感觉对人群进行分类，主要依据三个方面的标准，即是否有钱（收入高低或拥有财产多少）、是否有权（在政府或企事业单位中担任职位的高低）、是否有文化（学历文凭的高低），换句话说就是依据人们对权力资源、经济资源和文化资源的占有状况。我们认为，在当代中国社会，上述三种资源的拥有状况是各社会群体及其成员在阶层结构中的位置以及个人的综合社会经济地位的标志，如果说职业类别是我们划分社会阶层类别的基础，那么前述三种资源的占有情况则是我们确定各个社会阶层的社会等级差别的依据，并据之来刻画各社会阶层的基本特征。基于上述标准，我们认为与全国其他地区一样，当前青海省已经形成了由 10 个社会阶层组成的社会阶层结构，即国家与社会管理者阶层（2.37%）、经理人员阶层（1%）、私营企业主阶层（1%）、专业技术人员阶层（6.7%）、党政机关和事业单位一般工作人员阶层（2.89%）、个体工商户阶层（7.98%）、商业服务业人员阶层（7.56%）、产业工人阶层（19.2%）、农民阶层（47.3%）、失业者阶层（4%）。[①]

青海省当下形成的这个社会阶层结构，具有以下几个特点。

第一，已具备现代社会阶层结构雏形。一是现代社会阶层的基本构成成分均已具备，今后只是各个阶层的规模、比重发展变化；二是各社会阶层在社会阶层结构中的位序已经确立；三是阶层具有了一定程度的开放性，各阶层内的人员可以流动。

第二，随着社会流动渠道的逐渐开通，由制度安排和政策规定直接界定人们的社会阶层地位的格局基本被打破，新的社会流动机制正在逐步形成，人们可以凭借自己的努力和才能，改变自己的社会地位从而实现向上流动的可能。

第三，现阶段的社会阶层结构，是在经济体制改革、经济结构调整、经济大发展的推动下，在社会改革体制滞后的背景下，自然、自发形成的，这种结构还只是个雏形，就其结构构成而言，该缩小的阶层还没有小下去（农业劳动者还占47.3%），该扩大的阶层也还没大起来（如社会中间阶层所占比重不到18%），因此还不是一个公平、开放、合理的现代社会阶层结构，存在引发社会危机的结构性因素。

第四，职业结构趋于高级化。经济的持续高速增长和经济体制市场化的进程，推动了体制外部门尤其是非公有制经济的迅速扩张，这种扩张导致了体制外非农就业空间的扩大，使得大量的农村过剩劳动力得以在非公

---

① 主要依据青海省 2000 年人口普查资料及 2006 年青海省就业状况数据计算所得。

有制经济部门就业，同时还催生了个体工商户以及私营企业主等新的社会阶层的兴起，从而为越来越多的人提供了向上流动的机会。换句话说，是较高等级职业的数量和比重大幅增加，低层次职业的比重则不断减少，职业结构趋于高级化。

本文基于在青海省西宁市等主要城镇所做的 1000 份抽样问卷调查和近百份各阶层成员访谈的数据和资料，通过对青海省城镇居民各个社会阶层的基本特征、社会态度与评价、对社会发展的评价与预期等指标的考察，以及对父辈职业地位与子女职业地位、对本人最初职业地位与当前职业地位进行交互分析，考察代际的和代内的职业地位或阶层位置的变化，以期较为准确地描述当前社会阶层结构的形态和特征，了解青海省城镇各阶层面临的主要问题或其基本诉求，发现青海城镇社会流动模式转变的积极因素，揭示其中的消极因素，并提出相关的建议，从而为进一步改革和调整相关的制度安排和政策规定提供合适的战略方向和可行的策略路径，促使青海社会流动模式最终实现现代化转型，促使社会流动的机制变得更加公正、更加合理、更加开放，在此基础上加快形成一个与经济发展和经济结构变化相适应的公正、合理、开放及各阶层和谐相处的现代社会阶层结构。

一　国家与社会管理者阶层

国家与社会管理者阶层是指在党政、事业和社会团体机关单位中行使实际管理职权的领导干部。目前，这一阶层在青海省社会阶层结构中所占比例不高、人数不多，但由于他们掌握着当前中国社会最关键的资源——权力资源，因而在资源配置中处于明显优势地位，从而也就决定了国家与社会管理者阶层在社会结构中的优势地位。该阶层具体包括四大类群体：①高层行政管理者，指党政、公检法司、人大、政协及各社会团体中拥有实际行政管理权力的县处级及以上级别的干部；②中层行政管理者，指党政、公检法司、人大、政协及各社会团体中拥有实际行政管理权力的乡科级干部；③低层行政管理者，指党政、公检法司、人大、政协及各社会团体中拥有实际行政管理权力的科级以下干部和无实际行政管理权力的科级以上级别干部；④中高层事业单位管理者，即各类公有制事业单位的主要负责人，如医院院长和书记、学校校长和书记、电台和电视台的台长和书记、报社和出版社的社长和书记、研究所（院）长和书记等。

（一）基本特征

1. 从代际流动看，国家与社会管理者阶层表现出一定程度的代际继承性。受调查者当中，有36.97%出身于党政机关和事业单位领导干部家庭，另有29.09%出身农民、10.9%出身工人、9.09%出身专业技术人员、7.27%出身于党政机关和事业单位办事人员、5.45%出身国有或集体企业管理人员家庭。显然，父亲的职业本身是国家与社会管理者的人，最可能成为国家与社会管理者。父代为农民和工人的也占较大比例，这一方面说明为农民和工人提供了上升流动机会，但另一方面，相比农民和工人阶层在总体社会结构中所占较大比例而言，来自这两个阶层的人流入国家与社会管理者阶层方面并无优势。而专业技术人员、党政机关和事业单位办事人员及国有或集体企业管理人员家庭出身的人，较之其在总的社会结构中的比例，进入国家与社会管理者阶层也具有一定优势。

2. 从代内流动来看，国家与社会管理者阶层在某种程度上是一个多进少出的阶层。也就是说国家与社会管理者阶层通常是社会流动的最终目的地，人们流动进入此阶层之后流往其他阶层的愿望不是很强烈，向下流动的可能性较小，这也从一个侧面反映了它在社会结构中的优势地位。最初职业为国家与社会管理者的人，绝大多数（73.68%）目前的职业仍是国家与社会管理者，而其他则主要来自专业技术人员（8.77%）和办事人员（5.89%）。因此总的来说，专业技术人员和办事人员是国家与社会管理者的主要来源，而商业服务业人员成为国家与社会管理者的机会则少得多，工人和农民则基本上没有机会成为国家与社会管理者。这意味着国家与社会管理者阶层的选拔条件（如学历文凭）较高，同时表明作为优势阶层对较弱势阶层的排斥性较强，而这也必然影响到该阶层的利益倾向及其与工人和农民阶层之间的关系。

3. 工作流动频繁，具有明显的"人往高处走"的倾向。其中有81.87%的受调查对象更换过工作，而主要流向则仍然是国家与社会管理者阶层，更换工作的原因依次是"个人发展""工作的稳定性""家庭原因""单位在社会上的地位""薪水及待遇问题"；从工作地点的变动来看，有着乡镇→县城→地或州府所在地→省会依次甚至跳跃式从低到高流动的现象。

4. 大中专毕业生毕业分配、军队干部转业和社会招考是人们进入国家与社会管理者阶层的主要途径。有 90.05% 的人是"由劳动人事、组织部门安置或调动"成为国家与社会管理者的，另有 5.85% 通过参军转业、4.09% 的人通过社会招考进入该阶层。也就是说，大中专毕业生毕业分配、军队干部转业和社会招考是人们进入国家与社会管理者阶层的主要途径。

5. 国家与社会管理者对自身的评价较高。该阶层的人认为现代社会的推动力量依次是"国家及社会管理者""专业技术人员""农牧民""工人""私营业主"等，而且对前二者的偏好大大高于其余人群。分别有 45.02% 和 43.86% 的国家与社会管理者认为自己目前属于"中下层"和"中层"，仅有少数人（9.94%）将自己归入"中上层""下层"或是"不清楚"自己属于哪个阶层，无人认为自己属于"上层"；对自己所处阶层的满意度多持"基本满意（70.76%）"和"不满意（18.71%）"的态度，其余少数人为"非常满意（5.26%）""很不满意（2.34%）"和"不清楚（2.92%）"。

（二）主观意愿及存在的主要问题

因为权力资源和文化资源的占有状况方面的优势，国家与社会管理者阶层在社会中处于有利地位，他们的社会心态较为平和，能够较为全面客观地认识和处理相关的问题，认同程度较高。具体表现如下。

1. 该阶层总体上对自己的工作比较满意。从对个人工作的感受来看，国家与社会管理者对"单位在社会上的地位""工作的稳定性""工作条件"的评价较为满意，对于"工资收入""同事关系""福利待遇"和"工作中的劳动强度"的感受集中在"一般"选项，而就"自己才能的发挥""提升机会"及"领导"的评价多为"不满意"或"很不满意"。

2. 多数人对当下的社会不正之风深恶痛绝。就"哪些人获得了高收入"这个问题，国家与社会管理者依次认为主要是"当官的人""特殊行业的人""有资产的人""有技术的人""有家庭背景的人"和"有社会关系的人"获得了高收入，而且对前三类人的选择频数大大高于其余人；同时认为获取高收入的人主要是通过"有资产""利用职权""有技术专长""有社会关系""有家庭背景"等方式获得的，同样高度集中于前三项。

3. 普遍存在工作任务重、压力大的感受。关于个人工作中压力的主要来源，有66.67%的人选择"工作任务重"，另有"健康原因"（12.28%）"同事关系复杂"（11.11%）和"跟领导关系不好处"（9.94%）等原因。

4. 生活和工作中同样面临收入低、发展机会少等困惑。具体包括以下方面："条件艰苦，待遇偏低""经济上不富裕，应酬多开销大""工作中难以发挥自己的才干""人际关系复杂""培训机会少，跟不上知识更新的步伐""工作任务繁重，压力大""子女的就业"等。

5. 由于工作稳定、社会地位高，对生活的满意度较高。调查者中对生活幸福度的感受多集中于"比较幸福（55.56%）"和"一般（38.01%）"，感到幸福的主要原因在于"生活水平提高，发展机遇更多""社会环境更加宽松和自由""有稳定的工作和收入""工作环境好"；另有少数人（6.43%）由于"子女就业难""收入低，经济负担重""工作压力大""社会不安定""分配不公"等原因感觉不幸福。

6. 对目前和未来的生活普遍持乐观态度。具体而言，对于"国家宏观政策""失业""住房"基本持"不担心"或"毫不担心"的态度，对"养老费用与照料"和"个人收入"的担心度"一般"，而对于"孩子的教育支出""医疗费用支出""地区发展前景""单位发展态势"表现出"很担心"或"有点担心"。

7. 大多数人认为生活质量近年来有明显改善，但针对物价的快速上涨，对今后的生活状况表现出明显的担忧。国家与社会管理者大多认为自己的生活状况与三年前相比"好一点"或"好很多"，而对于今后三年自己的生活状况的看法则存在明显分歧。尽管仍有一半多的人认为会"好一点"，但由于恰逢通货膨胀，因此有相当一部分人对于自己的生活状况不抱乐观的态度，认为今后三年会"说不上""没变化""差一点"甚至"差很多"。

8. 对近30年来社会经济的变化和对未来10年社会发展的预期，国家与社会管理者多持乐观态度。有97.66%认为自己的生活水平"提高"；98.83%的人认为经济发展"加快"，选择明显高度集中；71.93%认为民主程度"提高"，但也有为数不少的人（25.73%）认为"下降"和"没有变化"；80.7%认为法制建设"加快"，另有18.71%的人认为"没有变化"或"减慢";对于贫富差距的看法也高度集中,87.72%的人认为"扩大";对于社会治安的态度则出现了分歧,分别有 56.14%、30.99% 和 9.36% 的人认为社会治安"改善""恶化"和"没有变化"。对未来 10 年社会发展的预期,86.55% 认为生活水平将会"提高",显著乐观;对于经济发展的预期也以"加快"为主占 87.72%;就民主程度的预期而言,80.12% 的人认为会"提高",其次为"没有变化(10.53%)""不知道(7.02%)"和"下降(2.34%)";85.38% 的人认为法制建设将会"加快",其次为"没有变化(9.94%)"和"不知道(4.09%)";有 64.91% 的人认为贫富差距将会继续"扩大",但也各有 25.14% 和 6.43% 的人认为将会"缩小"和"没有变化";69% 的人认为社会治安将"改善",而认为"不知道""没有变化"和"恶化"的人大约各占 10.5%。

(三)对策建议

通过对国家与社会管理者阶层基本特征的分析及其社会态度和主观诉求的考察,我们提出如下针对性的建议。

1. 深化干部人事制度改革和干部政绩制度改革,形成民主选拔干部的制度和机制。调整政府职能,调整国家与社会管理者的角色,形成民主选拔干部尤其是领导干部的制度和机制,结合"十七大"关于政治体制改革的要求,严格设置职位,确定各职位的任职条件,同时按照法定的程序竞争上岗。

2. 加大对公共权力运作的监督力度,使得干部的升迁流动及权力运作实现民主、公开和透明。建立健全权力监督机制和勤政廉洁保障机制,通过进一步加强舆论监督,并采用让公民和所在单位职工评价领导干部绩效的做法,使得干部的升迁流动及权力运作实现民主、公开和透明。

3. 处理好国家与社会管理者阶层与其他社会阶层的关系,从而最大可能地消除各种潜规则的影响力和市场,保证国家与社会管理者阶层成为一个自我约束、廉洁奉公、依法行政的阶层,以利于构建和谐的阶层和社会群体关系。

二 国有企业管理者阶层

国有企业管理者阶层是指在国有及国家控股的大中型企业的中高级领

导人员。问卷涉及的国有企业管理者阶层中，男女各占一半，皆为城镇户籍的汉族。

（一）基本特征

1. 受教育程度普遍较高。受调查者中，大学本科以上学历的占 64.52%。

2. 先赋性条件对本人职业获得的影响较大。受调查者的父亲为掌握有组织资源的党政机关、事业单位工作人员、领导干部及国有企业管理人员与专业技术人员的占 83.87%，其中为国有企业管理人员的占到 41.94%；为个体劳动者、工人、自由劳动者、农牧业劳动者的仅占 22.58%。母亲为国有企业管理人员的，占到 22.58%。

3. 受调查者父母亦有较高的学历水平且多属城镇户籍。受调查者的父亲为高中、大专以上文化程度的分别占 45.16% 和 12.9%，母亲为初中、高中以上文化程度的分别占 67.74% 和 29.03%。父母为城镇户籍的分别占 90.32% 和 87.1%。说明在国有企业管理者阶层这个相对的高收入阶层，城镇户籍人口具有一定的垄断地位。

4. 对职业、工作单位、同事关系、工作条件及劳动强度的满意度较高。有 61.29% 的受调查者，对其职业和工作单位很满意或较满意。受调查者对其同事关系很满意或较满意的比例达到 71.49%，并分别有 51.61% 和 38.71% 受调查者对其工作条件及劳动强度很满意或较满意。

5. 多数人保持着职业的相对稳定性。没有更换过工作的，高到 67.74%。即使流动，也局限在经营性行业间。但相对产业工人而言，由属于行政事业单位的卫生体育和社会福利、教育文化艺术和广播电影电视业、党政机关及社会团体等非经营性单位流向企业的国有企业管理人员比例较高，达到 19.35%。

6. 对行政官员以权谋私行为保持较高的关注度。有 54.84% 的受调查者认为，"当官的人" 获取了高收入，其次有 19.35% 的人认为有技术的人和有资产的人获得了高收入。在问到 "容易获得高收入的人通过什么方式获得" 时，分别有 32.26% 和 25.81% 的人认为是 "利用职权" 和 "有家庭背景"。

7. 国家及社会管理者和专业技术人员在这一阶层中留有较好的印象。有 54.84% 的受访者认为国家及社会管理者阶层是现代社会的推动力量，有 41.96 的受访者认为专业技术人员是现代社会的推动力量。

8. 生活满意度相对较高，并对生活状况的变化及改善持有一定的信心。对总体生活感到非常幸福或比较幸福的人数比例，达到 58.06%；感到一般的占 38.71%。认为与 3 年前相比，好很多或好一点的，占 70.97%；认为今后 3 年，会好很多或好一点的，占 41.94%。

9. 对继续保持目前的个人社会地位及国家宏观政策继续稳定发展保有较高的信心。有 38.71% 的受访者表示，"毫不担心"或"不担心"会失业，45.16% 的人表示国家宏观政策会不断优化。

（二）存在的主要问题与主观愿望

1. 职业大多由劳动、人事、组织部门安置或调动。这个比例达到 61.29%。这一阶层中，一部分是从产业工人中产生，一部分由上级主管部门委派。无论如何，通过社会招聘的较少，显然在这一阶层缺乏有效的竞争机制，其为企业谋发展、为职工谋利益、为社会创效益的动力不足。

2. 期望对现行的国有企业管理者工资制进行进一步改革。有 41.94% 受调查者对其目前的工资收入不满意或很不满意，更有 45.16% 的对福利待遇不满意或很不满意。典型调查了解到，青海省大多国有企业实行了管理者年薪制，相对省内其他阶层，其收入水平高。但由于习惯于把其他垄断行业或高收益企业及省外同行业管理者作为参照对象，因此对经济收入不满意度仍然较高。还有 35.48% 的人对能否保持目前的收入水平，表示"有点担心"或"很担心"。

3. 经营管理才干和潜力有待深入发挥和挖掘。对自己在本单位的才能发挥有 32.26% 持"一般"或"不满意"；有 41.91% 的对目前的地位感到"一般"或"不满意"或"很不满意"，希望得到更多的提升机会。

4. 对工作的稳定性和单位在社会上的地位并不乐观。有 38.71% 对工作的稳定性感到"一般"或"不满意"或"很不满意"，有 41.94% 感到单位在社会上的地位"一般"或"不满意"。

5. 虽然认为劳动强度不大，但普遍感到工作任务重、压力大。38.71% 对工作劳动强度很满意，但有 54.84% 的人认为，工作有较大压力且工作任务重。

6. 对目前所处的社会地位仍不十分满意。29.03% 认为自己处在社会中层，61.29%认为处在社会中下层；51.61%的人对其主观认定的社会阶层感到基本满意，不满意或很不满意的比例达到41.94%。

7. 不少人仍为医疗和教育费用支出所困扰。有54.84%的人对目前和未来的医疗费用支出表示"有点担心"或"很担心"；41.94%的人对目前和未来的孩子教育费用支出表示"有点担心"或"很担心"。

8. 对地区发展前景和单位发展态势保持高度警惕。表示对两者感到忧虑和担心的受调查者各占38.71%。

9. 对社会发展评价较高，并有较高预期，但很关注贫富差距拉大和社会治安恶化问题。77.42%认为近30年贫富差距扩大了；67.74%认为未来10年贫富差距将会进一步扩大；35.4%认为近30年的社会治安"恶化"；有61.29%的认为，未来10年这一状况会得到改善。

（三）对策建议

1. 引进竞争机制，吸纳更多的优秀经营管理人才，充实到国有企业管理队伍中。扩大国有企业管理者引荐范围，尽量避免"近亲繁殖"。建立健全更加规范科学的国有企业管理者考核考察机制，切实把那些懂管理、会经营、有责任感和使命感的优秀人才安排到管理岗位上。

2. 缩小省内各国有企业，特别是同一政府国有资产管理部门下属企业管理者收入差距。在此过程中，收入分配向那些高科技企业、农畜产品加工企业等与青海省产业导向一致的企业倾斜。

3. 加快建立并完善产权明晰、权责明确、政企分开、管理科学的现代企业制度，为人尽其才创造良好环境。目前，应当着重使以企业领导者政府行政职务激励为主向经济收入激励为主转变，使其真正发挥企业法人作用。

4. 政府国有企业管理机构要为企业做好服务，为其管理者排忧解难。转变政府行政职能，积极为国有企业管理者施行更加具有创造性、前瞻性的管理举措，创造政策、制度环境。

三 党政机关和事业单位一般工作人员阶层

党政机关和事业单位一般工作人员是指党政机关中的中低层公务员、

事业单位中的基层管理人员和非专业性文职人员等，是协助单位和部门负责人处理日常行政事务的专职办公人员，是不占有生产资料的非体力劳动者。

（一）基本特征

1. 代际继承性较高。父辈为党政机关和事业单位领导干部占31.82%，党政机关、事业单位一般工作人员占23.86%，工人和农牧业劳动者分别占19.32%和11.36%。

2. 代内流动性较低。没有更换过工作的占47.73%，工作的变动或社会流动往往也是水平流动——从其他党政机关、事业单位或社会团体如教育文化艺术和广播电影电视业流向这一阶层的占28.41%。

3. 主要来源渠道是传统的组织分配或调动。由劳动人事组织部门安置或调动的占76.14%，参军转业占12.5%，考录进入的占2.27%。

4. 对专业技术人员和国家及社会管理者的评价较高。认为现代社会的推动力量依次是"专业技术人员""国家及社会管理者""工人""私营业主""农牧民"等，对前二者的偏好大大高于其余人群。

5. 对自己目前的社会地位不很满意。分别有51.69%和29.21%认为自己目前属于"中下层"和"中层"，有19.10%将自己归入"中上层""下层"或是"不清楚"；有58.43%的人对自己所处阶层感觉基本满意，39.33%"不满意"或"很不满意"。

（二）主观意愿

1. 对自己的工作满意度相对较高。对自己的职业、工作单位、同事关系、领导、工作的稳定性、离家的距离方面的满意度较高，但对提升机会、福利待遇、工作条件、工作中的劳动强度、自己才能的发挥不太满意。

2. 对于官员以权谋私、权钱交易等行为高度关注。依次认为"当官的人""有资产的人""有社会关系的人""特殊行业的人""有技术的人""有家庭背景的人"和"有文化有学历的人"获得了高收入；认为"利用职权""有技术专长""有文化有学历的人""不清楚""有社会关系""有资产"和"有家庭背景"等方式获取高收入，其中选择"当官的人"和

"利用职权"频数大大高于其他选项。

3. 普遍存在工作任务重、压力大的感受。66.67%认为"工作任务重"，12.22%认为"同事关系复杂"，11.11%来自"健康原因"，7.78%认为"跟领导关系不好处"。

4. 收入偏低及晋升和发展机会的缺乏是其共同的心声。面临的最大困难主要有"收入偏低，生活压力大（物价上涨）""缺乏培训机会、晋升和发展机会""工作条件差，福利待遇低，付出和得到的不成正比""同事关系复杂"等。

5. 对生活的满意度一般。幸福度的感受"一般（48.31%）"和"比较幸福（38.20%）"。幸福的主要原因是"工作稳定""收入有保障""家庭和睦"；不幸福的原因为"工作任务重、压力大""福利待遇相对太差""子女的就业艰难""老人的医疗负担重""生活艰难"等。

6. 对自己目前和将来的生活状况比较乐观。认为目前的生活状况与三年前相比"好一点"（54.02%）"好很多"（19.54%）和"没变化"（17.24%）；今后三年自己的生活状况"好一点"（44.44%）和"好很多"（22.22%）。

7. 对子女教育费用和医疗费用的支出表现出一定的担忧。对"孩子的教育支出""有点担心"（34.15%）"一般"（19.51%）和"很担心"（19.51%）；"医疗费用支出""不担心"（42.68%）"有点担心"（24.39%）和"很担心"（15.85%）；"养老费用与照料""不担心"（37.80%）"有点担心"（22.16%）和"一般"（17.07%）；对"国家宏观政策""地区发展前景""单位发展态势"基本持"不担心""一般"和"不清楚"的态度。

8. 对社会经济发展状况的评价和预期总体较为乐观，但对贫富差距拉大和社会治安恶化问题较为担忧。96.59%认为自己的生活水平"提高"；92.13%的人认为经济发展"加快"；78.65%认为法制建设"加快"，16.85%的人认为"没有变化"或"减慢"；66.29%认为民主程度"提高"，30.34%认为"下降"和"没有变化"；82.02%的人认为贫富差距"扩大"，12.36%认为缩小；分别有49.44%、31.46%和11.24%的人认为社会治安"改善""恶化"和"没有变化"。

（三）对策建议

1. 发挥好该阶层社会"稳定器"和"缓冲带"的作用。通过创新机制，提高该阶层的开放程度，既使其中的优秀者能够升迁流动，又在机会均等的前提下能让其他较低阶层的人有机会成为这一阶层成员。

2. 建立健全新陈代谢机制和竞争激励机制，为人尽其才创造良好的环境。建立健全更加科学合理的干部考察任用机制，使得能力强、素质高的人不仅能够充分发挥自己的才干，也能获得较多晋升机会。

3. 切实解决其生活和工作中遇到的实际困难和问题，解除其后顾之忧。通过规范并提高其收入水平，以及落实带薪休假制度等措施，为其排忧解难。

4. 加强培训、提高素质。这一阶层人员的素质、能力等直接关系到党政机关与事业单位的对外形象和办事效率，因而要加强这个阶层人员的学习、培训。

四　私营企业主阶层

私营企业阶层是我国当代社会结构的重要组成部分，是新的社会阶层中一个具有特色的群体。

（一）基本特征

1. 社会来源广泛。既有农民、机关干部、公有制企业经营管理者和科技人员，也有大中专毕业生和下岗职工。

2. 大多具有较强的学习、组织、创新、冒险精神。年龄多为中青年，其中男性占80%以上，文化程度以高中、初中为主。具有一定的科学文化知识和丰富的社会经验，善于利用机会和知识，十分关注国家政治形势的发展变化，对有关法律法规较为了解，自我保护意识强。

3. 社会意识和政治态度日趋积极。随着经济实力的增强，对政治参与表现出了一定的兴趣，社会地位日益提高，有362名个体私营经营者成为各级人大代表和政协委员，有467人光荣加入党组织。同时，私营企业主中担任其他社会职务的比例也在不断提高。

4. 对社会发展评价与社会预期十分客观和乐观，对生活的满意度和社会认同度很高。认为"当官的人""有资产的人""特殊行业的人"获取了高收入；认为"利用职权""有社会关系""有资产"容易获得高收入；认为压力主要来自"工作任务重、健康状况不良"；认为当前和今后"贫富差距"扩大，"社会治安"恶化；认为工作和生活中面临的最大困难是："因为是私营企业，在社会上得不到所需要的支持与帮助，资金周转、人际关系处理时有困难，面对垄断行业的垄断经营，竞争不公平"；对"养老费用与照料、住房、医疗费用支出"有点担心，对"失业、个人收入、孩子教育支出、国家宏观政策、地区发展前景、单位发展态势"不担心。

（二）存在的问题及主观意愿

1. 私营企业在市场准入、资金供应、税收等方面仍然面临着许多困难。半数以上的私营企业主认为制约私营经济发展的主要因素是宏观调控、信贷政策和税收政策。同时，私有企业存在管理方式落后、整体素质偏低、经营欠规范、技术落后、技术开发和创新能力有限、抵御市场风险能力较弱等问题。

2. 少数私营企业主运用非法手段影响着个别地方政府的决策及其执行。部分私营企业主向政府公务人员行贿拉拢，腐蚀干部队伍，败坏社会风气，干扰影响着政府正常的工作秩序。

3. 私营企业主与其他阶层的疏离感加深。部分私营企业主不正当致富和畸形消费等严重败坏社会风气、侵害群众的利益、劳资冲突比较严重、行事急功近利，不顾社会准则等都极大地影响着这个阶层的形象。

4. 进一步转变政府职能的诉求强烈。随着私营经济的发展壮大，加强社会治安、解决行业准入、行业竞争不规范问题以及政府对企业管理不规范的问题是其主要诉求。

（三）对策建议

1. 为私营企业创造平等竞争的市场环境和良好的社会环境。进一步转变政府职能，进一步强化服务，完善政策，打破行业垄断，放宽私营企业的市场准入。

2. 既大力支持和鼓励，又需规范和加强管理。通过工商联等行业、中介、管理组织，对私营企业大力鼓励支持，同时要求他们自我教育、自我管理、自我服务。

3. 积极帮助私营企业主妥善处理好与社会各阶层之间的利益关系。通过不断提高其自身文化素质和改变社会舆论中有失公允的偏见，不断完善各种法律法规，处理好私营企业主阶层和其他阶层的和谐发展问题。

4. 适当扩大私营企业主的政治参与度。适度扩大私营企业主参与政治、表达利益的合法机会，鼓励和引导他们通过人大、政协、社团等合法的程序表达自己的要求。

五　专业技术人员阶层

专业技术人员阶层是指在各种经济成分的机构（包括国家机关、党群组织、全民企事业单位、集体企事业单位和各类非公有制经济企业）中专门从事各种专业性工作和科学技术工作的人员，其中科教文卫专业人员构成该阶层的主体（69.3%）。

（一）基本特征

1. 受教育程度比父母高。受大学专科及以上教育的父亲占20%，母亲占10%；受教育程度为高中21%，大学专科32%，大学本科36%，研究生及以上7%。

2. 阶层流动较少。与父母同一阶层的占19%和18%，父母职业为党政机关、事业单位领导干部的分别占13%和2%；工人的分别占26%和21%，农牧业劳动者分别占11%和27%。

3. 工作任务重压力大。56%认为压力主要来自工作任务重，经常加班加点，超时工作，15%认为压力来自健康状况，9%认为主要压力来自跟领导关系不好处。

4. 工作相对比较稳定。61%没有更换过工作，21%和14%分别更换过一次或两次。更换工作的主要原因分别是个人发展、薪水及待遇问题、工作的稳定性和家庭原因等。

5. 认为所处地位为中下层。53%、34%和10%认为属于中下阶层、中层和下层；50%对目前所处阶层基本满意，34%不满意，9%很不满意；

50%对生活的幸福感一般，30%比较幸福，11%不太幸福或很不幸福。

6. 生活状况有了进一步改善。35%感到生活幸福，50%一般，11%不幸福。生活状况与3年前相比，57%认为"好一点"，17%"好很多"，5%"没变化"。对今后3年的生活预期，37%的认为"说不上"，21%"好一点"，11%"没变化"。

（二）主观意愿

1. 对国家宏观政策、地区发展前景、单位发展态势等表示担忧。对国家宏观政策和地区发展前景分别有30%和36%"有点担心"和"很担心"，26%和19%"毫不担心"和"不担心"。对单位发展态势42%"有点担心"和"很担心"，17%的表示"毫不担心"和"不担心"。

2. 对个人工作的满意度相对较高，认为单位在社会上的地位较低。对个人的职业、工作单位、事业关系、领导、工作的稳定性、离家的距离等表示"很满意"和"较满意"的分别占57%、52%、78%、54%、47%和48%。但对工资收入、工作条件、提升机会、福利待遇、自己才能发挥、工作中的劳动强度、单位在社会上的地位等表示"一般""不满意"和"很不满意"的分别占58%、48%、63%、68%、60%、66%和58%。

3. 对自身阶层的价值认可度比较高。60%认为现代社会的推动力量是专业技术人员，39%是国家及社会管理者，10%是工人。

4. 对孩子教育支出、养老费用与照料和医疗费用支出等忧虑和担心较为明显。对养老费用与照料、住房、医疗费用支出、失业、个人收入、孩子教育支出表示"有点担心"和"很担心"的分别占57%、45%、51%、40%、44%、60%、30%、36%和42%。

5. 对用不正当方式获取高收入有一致看法。53%认为获取高收入的人是当官的人，30%特殊行业的人，25%有资产的人，17%是有技术的人。45%认为获取高收入的方式是利用职权，30%有技术专长，24%的认为是有社会关系，23%的认为是有资产。

6. 对近30年经济社会发展变化的总体评价持肯定态度。79%和51%认为"生活水平"和"民主程度"有提高，85%和56%认为"经济发展"和"法制建设"步伐加快。

7. 对"社会治安"状况的评价褒贬不一。认为"社会治安"得到

"改善"的分别占 45% 和 48%；认为"恶化"的分别占 36% 和 23%，认为"不知道"的分别占 11% 和 19%。

8. 对近 30 年和未来 10 年的贫富差距扩大的认同度较高。83% 和 65% 认为贫富差距扩大趋势较为明显，未来 10 年仍然如此。

9. 对未来 10 年社会发展持乐观态度。认为"生活水平"和"民主程度"将有所提高的分别占 63% 和 49%。认为"经济发展"和"法制建设"步伐加快的分别占 63% 和 53%。

（三）对策建议

1. 进一步优化专业技术人才成长环境，提高其社会地位。优化人文环境，树立"人才资源是第一资源"的理念；优化竞争环境，为人才成长创造公开、公平的竞争环境；优化政策环境，建立健全科学合理的激励约束机制。

2. 建立政府与专业技术人员阶层的沟通机制。沟通工作有利于专业技术人才队伍的稳定，有利于他们更好地发挥作用，政府应引起高度关注，及时与他们沟通，了解其实际情况，提高他们的积极性。

3. 切实解决专业技术人员阶层在生活中遇到的实际困难和问题，解除其后顾之忧。针对孩子教育支出、养老费用与照料和医疗费用支出等方面的担心和忧虑的情况，在政策和制度方面予以适当倾斜优待、特殊照顾。

4. 着力培养专业才能，使他们在一些重要领域和岗位充分施展才能。在充分挖掘专业技术人员的聪明才智、着力培养专业才能方面出台一些切实可行的政策，特别要注意挖掘和培养"本土人才"。同时也要在政治上加以特别关心，多给他们创造提升机会，提供广阔舞台。

六　个体工商户阶层

个体工商户阶层指的是拥有少量经济资源，雇用少量劳动力或不雇用劳动力，主要从事工业、手工业、商业经营的劳动者。

（一）基本特征

1. 从业人员来源的多元化特征明显。主要来源是城镇的失业、待业人员，国有、集体企业下岗工人，城市居民和农民，也有党政机关、科研部门、国有企业和其他部门的"下海"者。

2. 呈现年轻化、学历高趋势。性别结构上，男性高于女性；年龄结构上，中青年是该阶层主体；文化水平以高、初中为多。

3. 从事行业相对集中。主要集中于批发零售、住宿餐饮业和社会服务业。

（二）主观评价与预期

1. 普遍对自己的社会地位认同不高。对自我社会地位的评价以"中下层"为多，"中层"次之。对自己所处阶层的满意度依次为"基本满意""不满意""很不满意"。对"工资收入""工作条件""自己才能的发挥""工作中的劳动强度"的感受集中在"一般"选项，对"工作的稳定性""福利待遇"则依次为"说不清""不满意""很不满意"。

2. 在工作和生活中面临的最大困难集中在"经济"和"文化"两个方面。主要认为物价过高，经营压力大，文化水平低，又不能得到有效的培训和指导，只能从事技术要求低、本钱少的行业，经营范围、经营特色、经营规模和水平都很有局限。

3. 对国家和地区发展前景基本报以肯定态度。对国家宏观政策、地区发展前景"不担心"的比例最大。医疗费用支出、个人收入"有点担心"；对住房和孩子的教育支出以"一般"为主；对失业普遍"不担心"。对生活的幸福感受总体来讲"一般"和"比较幸福"。

4. 对社会经济变化和未来社会发展基本上持乐观肯定的态度。与前三年相比现在的生活是"好一点"的比例最高；对今后三年的生活状况大部分"说不上"。近30年来社会经济的变化和未来10年社会发展，认为生活水平"提高"、经济发展"加快"、民主程度"提高"、法制建设"加快"、贫富差距"扩大"，社会治安"改善"和"恶化"的比例相当。

5. 对当官的人利用权力获取高收入的认同程度高。普遍认为"当官的人"获取了高收入、获得高收入的人是通过"利用职权"等方式获得。

（三）存在的问题

1. 扶持力度不够。随着城市建设"退路进厅"工程的实施，个体户创业面临更多的限制，经营成本、经营难度和风险不断加大。

2. 整体素质普遍较低，缺乏必要的社会保障。准入门槛低、趋利性强，违反登记管理法规、侵犯消费者权益、制售假冒伪劣商品等消极现象和违法行为的存在严重损害该阶层的社会形象，某种程度上造成与其他阶层的对立与矛盾。无养老保险、失业保险、医疗保险等社会保障，不利于该阶层的长远发展

3. 经营环境仍有待改善。政策法规不健全，落实不到位，融资筹资困难等问题，一些执法、职能部门的各种名目繁多的收费依然存在，少数管理人员以权谋私，吃、拿、卡、要，野蛮执法的行为仍时有发生。

（四）对策建议

1. 真正将各项政策落实到位，切实解决影响个体经济发展的资金困难问题。有关职能部门认真贯彻现行政策和法律，全面落实既定政策和优惠措施；可以通过组织推荐参加中小企业信用担保机制和试行对个体协会依法申办资金互助组织给予指导扶助，解决筹资融资困难。

2. 行政机关依法办事，管理人员清正廉洁。有关职能部门进一步公开办事制度，增加工作透明度，文明执法，严格查处管理人员的违法行为，进一步优化个体经济发展的社会环境。

3. 建立健全社会保障机制。加大对个体工商户的养老保险、失业保险、医疗保险的社会保障力度，让全体人民共享改革发展的成果，实现劳动者义务与权利的均衡，保障个体工商户作为社会主义劳动者应当享有的社会保障权利和依法享有的民主政治权利。

4. 充分发挥行业协会的作用。利用工商联、个私协会组织，加大个体工商户的教育培训工作力度，加强个体经济人才建设；协调解决个体经济发展和生产经营中存在的突出问题，引导和支持个体私营企业向科技型、外向型、环保型发展。

5. 重视发展与各阶层的友好合作关系。个体工商户阶层仍需进一步在群体中加强社会主义精神文明建设，不断提高服务意识和服务水平，坚持诚实守信经营，自觉履行义利兼顾、扶贫济困的社会责任，正确处理好与各个阶层的关系。

七 商业服务业员工阶层

商业服务业员工阶层是指在商业和服务业行业中从事非专业性的、非体力的和体力的工作人员。

（一）基本特征

1. 年龄结构以年轻人为主，性别结构以女性居多。年龄以 35 岁以下的年轻人为主，特别是 17~18 岁至 28~29 岁的年轻人占据多数。在性别结构上女性占据多数，特别是在商业领域占到 87% 以上。

2. 文化素质偏中下。文化学历以高中学历占多数，个别大学学历的为 20 世纪 90 年代初期大学毕业后分配到商业服务业领域原国营单位的职工。

3. 代际流动没有明显家庭背景的影响，代内流动以中下阶层为主。工人、农民、个体劳动者家庭出身的人成为商业服务业员工的概率较高。父亲的受教育程度以初中学历占多数。约 35% 一开始就从事商业服务业工作，很大一部分来自城镇居民中高中毕业没有考上大学且没到婚嫁年龄者；约 30% 来自进城务工的女性农民；近 20% 来自下岗工人。从流出率方面看，超过半数者停留在本阶层内不流动，15% 左右进入个体户阶层，10% 左右进入办事人员阶层，20% 左右流向农业劳动者阶层和城乡无业失业半失业者阶层。

4. 工作的获得途径较广，工作时间较长。通过商场贴的招聘广告、人才市场、报纸等媒体招聘、职业介绍机构和亲戚朋友介绍获得工作。每天工作时间以 8 小时为多，有的甚至达到 12 个小时，每周工作时间以 7 天居多。

5. 工作流动频繁，收入水平差距大。更换工作以两次及以上者居多，主要原因为"薪水及待遇问题"，主要也是在商业服务业领域内频繁流动。最初工作时的月收入从 500 元至 1200 元不等，目前工作的月收入高者可达 3000 元以上（个别大饭店的厨师，甚至更高），低者刚工作者为 300 元至 500 元不等（商业高于餐饮业）。

（二）主观意愿

1. 工作感受一般。对个人工作的感受从"职业、工资收入、同事关系、工作条件、提升机会、福利待遇、自己才能的发挥、工作中的劳动强度、工作的稳定性"到"离家的距离"以"一般"选项占绝对多数。

2. 获得高收入的人群及原因。这个阶层的人员依次认为"当官的人""有文化有学历的人""有技术的人""有社会关系的人""有资产的人""有家庭背景的人"获得了高收入；认为获得高收入是因为"有文化有学历""有社会关系""有技术专长""有资产""利用职权"及"胆大敢干"。

3. 社会的推动力量。他们认为现代社会的推动力量依次是"国家及社会管理者""专业技术人员""商业服务业人员"（商业服务业人员排第三同其自身为商业服务业人员有关）。

4. 自己所处的阶层。认为自己所处的阶层为"中下层"，其次为"中层"和"下层"；对自己所处阶层的满意度"基本满意"和"不满意"所占比例大体一致，其次为"很不满意"。

5. 幸福感受度。这个阶层对生活的幸福感受总体为一般，而"非常幸福"和"很不幸福"的比例大体相近。原因在于"工作任务重""压力大""收入低，物价高""社会关系复杂""没钱""心理负担重""没有高学历，没有技术特长"，同工作和生活中的最大困难相对应。

6. 对目前及未来的担心。对"养老费用与照料""住房""医疗费用支出""失业""个人收入""孩子教育支出"的忧虑和担心依次为"很担心""有点担心""一般"；对于"国家宏观政策""单位发展态势""地区发展前景"的忧虑和担心的排列依次为"一般""有点担心"和"很担心"。

7. 生活状况的比较。认为自己的生活状况与三年前相比"好了一点"占多数，今后三年"好很多"占多数，表明商业服务业员工阶层对自己的生活充满了希望。

8. 对社会经济变化的感受和预测。对近30年社会经济的变化和未来10年社会发展比较乐观，充满了希望，认为生活水平提高，经济发展加快，民主程度提高，法制建设加快，贫富差距扩大，社会治安改善（没有变化与恶化，所占比例大体相近）。

9. 对于将来的打算。这个阶层的人员 30% 打算"等积累一笔资金后自己干"，其中可能有一半流入到个体户阶层；30% 只是"边干边看，没什么具体打算"，还有一部分女性打算"结婚后就不干了"。

（三）对策建议

1. 加强聘用合同管理。只有近 30% 同用工单位签订了劳动合同，而且都是 1~3 年的短期合同。因此必须严格执行《劳动法》的相关规定，加强聘用合同管理。

2. 强化职业岗位技能培训。相关的管理部门可以通过鼓励支持行业协会和商业企业与相关院校合作进行商业、服务业专业管理人才的培养。支持、资助行业协会进行职业业务素质培训，以提高其总体上的服务能力。

3. 建立健全社保制度。只有近 30% 的用工单位为员工办理了失业或养老保险、医疗保险。因此必须将商业服务业从业人员纳入城镇社会保障体系，保障他们的基本权益，为满足条件的从业人员办理社会保险。

八　产业工人阶层

产业工人阶层是指国有、集体、私有、个体等企业中从事产业化生产的劳动者及相关人员。

（一）基本特征

1. 与父母基本处在同一阶层，且其职业获得直接受到父母的影响。受调查者的父母为产业工人的分别为 53.57% 和 55.36%。

2. 城镇人口仍然是企业职工的主要来源，且方式单一。父母为城镇户籍的分别占 89.29% 和 83.93%。户籍在农村的产业工人占 3.57%。51.79% 由劳动、人事、组织部门分配；10.71% 通过人才市场、传媒介绍招聘或创业。

3. 工作变动相对比较频繁。有 26.79% 的人更换过一次、有 17.86% 的人更换过两次及以上。其原因是为了个人发展和寻求工作的稳定性。

4. 流动主要局限在省会城市（主要是西宁市）和同行业。各企业间的产业工人流动相对比较多。

（二）存在的主要问题与主观愿望

1. 对职业、工作单位、收入、提升机会、福利待遇、自己才能发挥等的满意度较低。39.29%并不乐于从事产业工人这一职业；57.14%对所在的工作单位没有信心；分别有 66.07%、57.14% 感到其工资收入、福利待遇一般，或不满意或很不满意（占其中的 43.75%）。33.93%认为其工作条件一般，25%的职工对其工作不满意或很不满意；46.43%认为即便工作再努力，一般缺少提升机会。因此，62.5%感到在企业中并不能使自己的才能真正得到充分发挥。39.29%的职工感到工作稳定性一般，48.21%认为单位在社会上的地位一般。

2. 普遍感觉到工作任务重、压力大。53.57%工作任务重。有 25%的职工感到在工作中的劳动强度过高而不满意或很不满意。

3. 医疗和教育费用支出正在成为产业工人的两大负担。30.36%对目前和未来的医疗费用支出表示担忧，26.79%的人对目前和未来的孩子教育费用支出表示担忧。

4. 专业技术人员、国家及社会管理者在该阶层中具有较高的职业声望。46.43%认为现代社会的推动力量是专业技术人员，35.71%是国家及社会管理者。48.21%认为"当官的人"获取了高收入，17.86%认为是"有文化有学历的人"，32.14%认为是"利用职权"方式获取。

5. 对自身阶层认同较低，且对所认定的阶层不满意。80.36%认为在中层或中层以下，44.64%认为在社会中层以下；61.4%对阶层不满意或很不满意。58.93%的人生活幸福感一般，12.5%的人感到不太幸福或很不幸福。

6. 对单位发展态势表示忧虑，时常抱失业之患。46.43%对目前和未来企业发展态势持悲观态度，19.64%和26.79%"有点担心"和"很担心"。32.14%担心自己在目前和未来失业，19.64%对目前和未来失业"有点担心"。

7. 贫富差距扩大的现象在这一阶层印象深刻。40%以上对近 30 年和未来 10 年生活水平、经济发展、民主程度、法制建设、社会治安等抱有较高的预期，83.93%认为近 30 年的贫富差距在扩大，66.07%的人预期未来10 年的贫富差距会进一步扩大。25%认为近 30 年的民主程度在没有变化或在下降；有 35.71% 的人预期未来 10 年的民主程度会"下降"或"不知道"。33.93% 认为近 30 年社会治安恶化了，35.71% 预期未来 10 年的社会治安将会"恶化"或"不知道"。

8. 对自己 3 年来生活改善有较强的认同，但对未来 3 年生活略感迷惘。58.93% 认为与 3 年前生活好了一点，近 40% 的人不能确定未来 3 年的生活状况如何变化，认为"说不上"，17.86% 的人认为会"好很多""好一点"。

9. 对企业的同事关系、领导比较满意。分别有 58.93% 和 53.57% 对同事关系和企业领导较满意或很满意，认为企业同事关系简单而融洽，领导有实干精神，能够很好地考虑到职工的利益。

（三）对策建议

1. 积极开展企业职工文化活动，不断提高其文化生活水平。健全相应的组织，如工会、共青团等，保障一定的经费，积极组织产业工人参与并注重挖掘企业内部文化人才。

2. 加快经济、产业结构调整步伐，积极为国家控制行业"瘦身"。积极推进宏观经济结构调整，通过改制、重组等形式，使国有企业从非经济命脉行业中退出，给非公有制经济发展开拓必要的空间。继续企业内部非经营性部门从企业剥离。

3. 加强企业与周边社会环境的沟通与联系，避免企业成为社会"孤岛"。企业积极吸纳周边农村城镇人口，围绕所属企业产业发展方向培训农村剩余劳动力。并与当地职业技术教育学校沟通、交流，调整专业方向，为其培养中高级技术人才。

4. 在实践教育和医疗公平的过程中，要充分考虑到异地就业工人及其子女的保障问题。在推进教育和医疗卫生体制改革时，要设法避免对异地就业产业工人子女的不公正待遇甚至歧视，在基础条件允许的情况下，做到同等对待，以解除他们的后顾之忧。

5. 积极开辟企业多渠道引人、用人的方式和途径，激活企业发展所需人才流动、吸纳的市场。引导就业市场健康发展，为企业引人、用人建造人才库；建立企业与就业市场互动机制，通过市场引进企业所需人才，激活企业职工流动活力，营造竞争环境。

6. 进一步加快企业管理体制机制改革，营造职工发挥创造潜能的良好平台。通过深化企业特别是国有企业管理体制改革，为技术能手和管理能人脱颖而出创造条件。在实行年薪制的过程中，要防止管理者与职工收入差距过大而挫伤普通职工的劳动创造积极性。

九　农民工阶层

农民工是指户籍仍在农村，主要从事非农产业，介于产业工人与传统农民之间的双向交叉的社会群体，经常在城市和乡村之间流动。

（一）基本特征

1. 年龄结构上以中青年人居多。中青年人占据多数，以35岁以下的青壮年人口为主，约占农民工总数的70%。

2. 性别结构上以男性为主。但在餐饮、娱乐、商业服务业、家政服务等行业的女性多于男性，且以未婚年轻女性居多；而在建筑、制造业等领域，男性多于女性，打散工者，即西宁人所称的"站大脚"，男性多于女性。

3. 临时性、季节性、流动性较强。有的在农闲季节外出务工、亦工亦农，主要分布在建筑、装卸、运输、清洁、家政、餐饮、批发零售、服装、五金、冶金等行业。

4. 文化素质偏低。绝大多数只有初中和小学文化程度，不熟悉社会知识和务工常识，没有什么专业技术，缺乏起码的职业技能，对外部信息了解和接收的能力弱，信息极不对称，只能从事一些普通的劳务性工作。

5. 具有群体性特征。农民工在城市里相对比较封闭，生活空间有限。自发性大，分散性高，组织化程度低。他们往往有很强的血缘、亲缘和地缘等传统意识。近90%是通过亲友介绍或帮带等方式实现流动就业的，一般是同村、同乡。

6. 水平流动性高。流动性很大，具有相当的不稳定性。但大多处于水平流动，是在相近或相似的职业之间流动，往往无法从职业流动中获得社会地位的提高。

（二）主观意愿

1. 工作感受。对"工资收入""工作条件""自己才能的发挥""工作中的劳动强度"的感受集中在"一般"选项，对"福利待遇"和"工作的稳定性"依次为"说不清""不满意""很不满意"。

2. 高收入人群及获得高收入的方式。认为"当官的人""有资产的人""有社会关系的人""特殊行业的人""有家庭背景的人"获得了高收入；认为获得高收入的人是通过"有社会关系""利用职权""有技术专长""胆大敢干""吃苦耐劳""有资产""有家庭背景"等方式获得的；认为现代社会的推动力量依次是"农牧民""专业技术人员""工人""自由职业者""国家及社会管理者""商业服务业劳动者""个体户""私营业主"。

3. 自己所处的阶层。认为属于"下层"和"中下层"，还有一很大部分"不清楚"自己属于哪个阶层；对自己所处阶层的满意度依次为"很不满意""不清楚""不满意""基本满意"。

4. 遇到的主要困难。面临的最大困难依次是"害怕生病""子女的受教育问题""工作机会不多""没有文化和技术专长，找不到好的活干""没有社会关系""缺乏亲人，常感到孤独寂寞""生活条件差，住所不稳定""各种针对农村人的限制和城里人对农村人的歧视""工作压力大，劳动强度高"。

5. 对幸福的感受。总体来说，农民工对生活的幸福感受90%以上为"一般"，原因在于"没有固定收入""工作不稳定""挣钱辛苦""农村收入低""没钱"等。

6. 对目前及未来的担心。对"养老费用与照料""医疗费用支出""失业""个人收入"依次是"很担心""有点担心"和"不清楚"；而因农民工在农村基本上都有住房，因而对"住房"一项的感受以"一般"为主，其次为"很担心"和"不担心"；"孩子的教育支出"选项中"一般""有点担心""很担心""不清楚"所占比例大体相当，这是由于农民工以中青年为主，孩子大多处于义务教育阶段或更小，农村义务教育阶段学费全免而使得他们还感受不到过重的教育支出压力；对于"国家宏观政策""地区发展前景""单位发展态势"选项以"不清楚"占最大比例。

7. 生活状况的比较。与三年前相比，农民工都认为自己的生活状况"好了一点"，而对于今后三年自己的生活状况大部分是"说不上"，占60%，由于工作的稳定性差，故而农民工对于自己的前景还是一片茫然，对于自己的生活状况不抱乐观的态度。

8. 外出打工的原因。大部分农民工外出的原因集中在"农村太穷，生活太苦""农村收入水平低，没有挣钱的机会"以及"看别人都出来了，自己也跟着出来了""待在家里没事干"和"农村缺乏更好的发展机会"；而在"对于未来的打算"的调查中，大部分集中在"只是暂时在外面，将来一定回家乡去""赚到一定的钱后就回家"和"看一段时间，不好了就回家"。可以看出，大部分农民工外出打工没有明确的目的或方向，盲目性较大。

9. 遇到失业时的选择。95%以上的农民工都遇到过完全没有工作的状况，当他们遇到完全没有工作即失业时，大部分选择"找亲戚、朋友、老乡帮忙找工作"或"到人才市场寻找工作"。而其中女性和年纪较大的男性则多选择"回家"。

10. 遇到身无分文时的选择。95%以上的农民工都遇到过身无分文的情况，而这时，大部分还是选择"找亲戚、朋友、老乡借钱"，其次为"回家""靠自己过去的积蓄"。

11. 收入状况。农民工的收入与其进城打工的时间成正相关关系，最初月收入50元至800元不等，目前月收入最高的可达到1500元，最低者160元；打工的收入比在自己家乡的收入高出数额的排列顺序为"高100～300元""高300～500元""高100元以下""等于在家乡时的收入""高500～800元"，而没有一人选择"少于在家乡时的收入"。

12. 住宿情况。除了一些打散工的，离西宁较近的几个县的农民工早晚坐班车或骑自行车回家外，大部分农民工住在和老乡、朋友在城郊合租的房子或用工单位提供的宿舍或帐篷里。

13. 对社会经济变化的感受及预测。对近30年来社会经济的变化，认为自己的生活水平"没有变化"和"提高"所占比例相当；认为经济发展"加快"，但"没有变化"也占较大比例；认为民主程度"下降"和"没有变化"；认为法制建设"加快""没有变化"和"不知道"各占一定比例；认为社会治安"改善"和"恶化"的比例相当，而"没有变化"也占一定比例。对未来10年社会发展，预期生活水平以"不知道"为主占近 50%，同 7. 的分析一致，其次为"提高"占 30.8%，"下降"占 19.2%；预期经济发展也以"不知道"为主占 60.8%，其次为"提高"占 25%；预期民主程度也以"不知道"为主占 44.4%，其次为"没有变化"和"提高"所占比例接近；预期法制建设同样以"不知道"为主占 48.1%，其次为"没有变化"和"提高"；预期贫富差距"扩大"占 85% 以上，其次为"不知道"；预期社会治安"恶化"占 47.4%，其次为"改善"占 29.6%，"没有变化"占 18.5%。

（三）对策建议

1. 依照《劳动法》的相关规定，加强聘用合同管理。98% 以上的雇主没有为农民工办理养老金、失业保险金和医疗保险金，98% 以上的雇主没有办理工伤保险。多数农民工不敢提出签订劳务合同的要求。用工单位必须依法与农民工签订劳动合同，并向劳动保障部门进行用工备案。

2. 建立健全社保制度。将农民工纳入城镇社会保障体系，保障农民工的基本权益，为满足条件的农民工办理社会保险。

3. 强化职业技能培训。加大对农民工培训的投入力度，扩大培训规模，提高培训质量。农民工自身也要重视专业技能学习，提高就业能力和就业层次。

4. 加快建设工会组织。依靠工会组织解决劳资纠纷、工资拖欠、超强劳动、安全生产、职业病危害等问题，可以有效地维护农民工自身合法利益。

5. 给予更多人文关怀。在工作上应注重对农民工工作业绩的考核，对于那些工作表现突出、业务精良的农民工应给予褒奖评劳模、提拔重用，并关心其家庭、子女教育和其他问题，使他们在思想观念上、行为上认同用工单位，融合于用工单位，并发挥其创造力和凝聚力。

6. 建立健全农民工登记制度。把暂住证登记与社会保障登记联系起来一并完成，这样可以把基础工作做实，对农民工的人员基本情况也可以做到心中有数。同时对农民工实行分类登记管理。

十　失业者阶层

失业者阶层是指无固定职业的劳动年龄人群，他们是体制转轨和产业结构调整时期出现的底层阶层，也是一个过渡性的特殊阶层。这一阶层的人员包括下岗职工、大中专毕业生、复转军人和新成长劳动力。

（一）基本特征

1. 受教育程度普遍较低。受教育程度为高中的占 48%，初中占 34%，大学专科占 1%，大学本科占 0.2%。父母受教育程度为小学的分别占 22% 和 42%，初中的分别占 50% 和 26%，高中的分别占 12% 和 0.4%。同时，大多数被调查者的父母处于产业工人阶层。

2. 具有一定程度的代际继承性。被调查者此前的所拥有的工作大多在产业工人、国有（集体）企业管理人员、个体劳动者等阶层，这与他们的父母所处阶层基本一致。

3. 整体素质偏低，不适应就业结构调整的需要。在分析没有就业的原因时认为"劳动技能单一""无技术""文化程度低""没文化""无文凭""年龄偏大"等最根本的原因。

4. 再就业空间较小，主要集中在社会服务业。再就业的行业有 62% 在社会服务业，10% 的在批发零售贸易和餐饮业，6% 的在其他行业。

（二）主观意愿

1. 对国家宏观政策、地区发展前景表示乐观。50% 对国家宏观政策表示"毫不担心"或"不担心"，18% 的表示"很担心"，28% 的认为"不清楚"。44% 的被调查者对地区发展前景表示"毫不担心"或"不担心"，20% 的表示"有点担心"或"很担心"，30% 的认为"不清楚"。

2. 对生活的忧虑和担心十分明显。问卷显示，被调查者对养老费用与照料表示"有点担心"的占 30%，"很担心"的占 58%，"一般"的占 10%，"不担心"的只占 2%。对住房表示"有点担心"的占 26%，"很担心"的占 54%，"一般"的占 24%。对医疗费用支出表示"有点担心"的占 12%，"很担心"的占 78%，"一般"的占 6%。对失业表示"有点担心"的占 12%，"很担心"的占 84%，"一般"的占 2%。对个人收入表示"有点担心"的占 12%，"很担心"的占 78%，"一般"的只占 2%。对孩子教育支出表示"有点担心"的占 12%，"很担心"的占 66%，"毫不担心"的占 16%。另外，54% 的被调查者认为未来没有一点保障，8%

的感觉生活失去意义。

3. 对失业前的职业、工作单位、同事关系和领导的满意度相对较高。问卷显示，被调查者对失业前个人的职业、工作单位、同事关系、领导等表示"很满意"和"较满意"的分别占 48%、36%、50% 和 26%，表示"一般"的分别占 22%、26%、22% 和 34%，表示"不满意"和"很不满意"的分别占 16%、18%、8% 和 14%。

4. 对失业前的工资收入、福利待遇、工作的稳定性和离家的距离等的满意度较低。问卷显示，被调查者对失业前的工资收入、福利待遇、工作的稳定性和离家的距离等表示"不满意"和"很不满意"的分别占 34%、38%、32% 和 28%，表示"一般"的分别占 30%、32%、28% 和 14%，表示"很满意"和"较满意"的分别占 22%、4%、1% 和 40%。

5. 对失业前的工作条件、提升机会、自己才能的发挥、工作中的劳动强度和单位在社会上的地位等的满意度为一般。问卷显示，被调查者对失业前的工作条件、提升机会、自己才能的发挥、工作中的劳动强度和单位在社会上的地位等表示为"一般"的分别占 38%、12%、34%、52% 和 30%。表示"不满意"和"很不满意"的分别占 24%、6%、16%、14% 和 14%。表示"很满意"和"较满意"的分别占 18%、4%、8%、10% 和 12%。表示"说不清"的分别占 4%、32%、18%、4% 和 16%。

6. 希望在就业与再就业过程中得到诸方面的帮助。就业与再就业是民生之本，被调查者把就业与再就业当作改善自己生活状况的唯一途径，希望得到就业与再就业援助。问卷显示，34% 的被调查者希望得到政府培训，4% 的希望有学历深造，20% 的希望提供信息，24% 的希望就业环境得到改善，2% 的希望地方经济发展。

7. 对现代社会的推动力量问题的认识比较一致。问卷显示，72% 的被调查者认为现代社会的推动力量主要是国家及社会管理者，16% 的是专业技术人员，14% 的认为是其他。同时有 70% 的被调查者认为"当官的人"获取了高收入，并有 38% 的认为高收入是通过"利用职务"获取的，20% 的认为是"吃苦耐劳"获取的，16% 的认为是"有文化有技术有学历"。

8. 对近 30 年经济社会发展变化的评价持肯定态度。问卷显示，66% 的被调查者认为其"生活水平"有了提高，14% 的认为下降。56% 的认为"民主程度"得以提高，24% 的表示不知道。80% 的认为"经济发展"步伐加快，4%的认为减慢。72%的认为"法制建设"进程加快，6%的认为减慢。64%的认为"社会治安"有了改善，20%的认为在恶化，8%的认为没有变化。

9. 对近30年和未来10年的"贫富差距"持扩大看法。问卷显示，92%的被调查者认为近30年的"贫富差距"扩大趋势较为明显，2%的认为在缩小。54%的被调查者认为未来10年"贫富差距"将会进一步扩大，26%的认为将会缩小，20%的表示不知道。

10. 对未来10年社会发展持乐观态度。问卷显示，54%的被调查者认为"生活水平"将会提高，20%的认为将会下降，24%的表示不知道。68%的认为"民主程度"将会提高，8%的认为将会下降，26%的表示不知道。62%的认为"经济发展"将会加快，8%的认为不会有变化，4%的认为将会减慢，26%的表示不知道。64%的认为"法制建设"的进程将会加快，4%的认为将会减慢，26%的表示不知道。58%的认为"社会治安"将会改善，12%的认为将会恶化，22%的表示不知道。

11. 阶层处于社会的下层。问卷显示，60%的被调查者认为自己属于社会的下层，14%的认为属于中下层，22%的认为不清楚。其中，46%的被调查者对自己所处阶层表示很不满意，24%的表示不满意，10%的表示基本满意。38%的被调查者认为自己目前的生活不太幸福，22%的认为很不幸福，24%的认为一般，只有6%的认为比较幸福。

12. 生活状况的改善仍不明显。问卷显示，48%的被调查者认为与3年前相比，自己的生活状况"好一点"，30%的认为"差许多"，16%的认为"没变化"。对今后3年的生活预期，56%的认为"说不上"，4%的认为"没变化"。

（三）对策建议

1. 把解决就业再就业当作解决民生问题的首要大事来对待。就业是民生之本，就业是解决失业者阶层生活状况的最基本途径。

2. 对失业者阶层的子女教育支出、就业方面给予适当照顾。应出台相应政策根据具体情况按实际收入分类予以适当照顾，以减轻他们的生活压力，解除后顾之忧。

3. 进一步强化职业技能培训。针对该阶层大多数没有特长或技术单一的情况，进一步加大职业技能培训的资金投入力度，增加培训项目，扩大培训规模，提高培训质量，从而提高失业者阶层的就业竞争能力，实现自身的稳定就业。

4. 畅通失业者阶层的利益诉求渠道。失业者阶层作为一个弱势阶层，它比其他阶层更需要一个利益诉求渠道和途径，因此，各级党政机关要创造条件让他们充分表达意见，信访机构要注重为失业者提供服务，各级领导要经常深入基层，多了解失业者阶层的基本情况，多予以人文关怀，多给他们办实事，以最快的方式解决利益矛盾，切实保护失业者阶层的合法利益。

参考文献

陆学艺主编《当代中国社会流动》，社会科学文献出版社，2004。

杨继绳：《中国当代社会各阶层分析》，甘肃人民出版社，2006。

朱光磊等：《当代中国社会各阶层分析（2007年版）》，天津人民出版社，2007。

《2006～2007年甘肃省经济社会发展分析与预测》，甘肃人民出版社，2007。

《青海省2000年人口普查资料》，中国统计出版社，2003。

《青海统计年鉴（2007年）》，中国统计出版社，2007。

（该文原载《青海研究报告》2008年第10期，2009年荣获青海省第八次哲学社会科学优秀成果评奖二等奖）

黄河流域与水有关生态补偿
机制案例研究（摘选）

——以青海省三江源区为例

孙发平　苏海红　丁忠兵

2006 年，全国国民经济和社会发展第十一个五年规划纲要首次提出，按照谁开发谁保护、谁受益谁补偿的原则，建立生态补偿机制。2007 年，环境保护部为了推动建立生态补偿机制，完善环境经济政策，促进生态环境保护，专门出台了《关于开展生态补偿试点工作的指导意见》（环发〔2007〕130 号），提出按照"谁开发、谁保护，谁破坏、谁恢复，谁受益、谁补偿，谁污染、谁付费"的原则，明确生态补偿责任主体，确定生态补偿的对象、范围。2008 年 10 月，《国务院关于支持青海等省藏区经济社会发展若干意见》（国发〔2008〕34 号）明确提出了完善生态补偿政策、建立以生态补偿为核心的"三江源国家生态保护综合试验区"等重大举措。2009 年，水利部根据《国家发展改革委办公厅关于建立和完善生态补偿机制的部门分工意见的通知》（发改办农经〔2007〕914 号），组织水规总院牵头研究建立和完善与水有关的生态补偿工作。该项研究按经济活动行为对与水有关的生态环境的影响特征，及对不同经济社会活动引发的生态补偿问题进行分类，初步分为一般性生产生活活动、限制发展区域、重大工程建设和流域水生态保护与修复等四大类生态补偿类型。其中，本课题就是水利部生态补偿机制研究总课题的一项课题。三江源作为全国甚至亚洲地区最重要的水源保护与涵养区域，以及典型的限制发展区域，探索建立三江源生态补偿机制是实现三江源生态环境长效保护的治本之举，是确保我国生态安全的必然选择，体现了国家对三江源地区生态环境保护和经济社会全面发展的高度重视。与此同时，三江源水源保护与涵养区生态补偿机制的建立和完善，对于全国限制发展区和重点生态功能区探索建立生态补偿和流域补偿机制具有十分重要的借鉴意义。

第一章 三江源水源涵养区生态补偿的内涵、主体、对象及范围

建立生态补偿机制，其实质就是要解决什么是生态补偿、为什么要进行生态补偿以及如何进行生态补偿的问题。具体到青海三江源水源涵养区，建立生态补偿机制首先必须明确生态补偿的内涵、必须遵循的基本原则、补偿对象（谁补谁）以及补偿范围等基本问题。

一 三江源水源涵养区生态补偿内涵及补偿原则

从一般意义上讲，生态补偿包含着多层内涵，如生态系统内部的物质、能量的循环与补偿，人类活动对自然生态系统物质能量循环的影响，以及人们在生态活动中相互间的利益平衡与补偿，等等。虽然生态补偿不同层面的内涵之间具有一定的内在联系，是相互影响的，但不同的内涵侧重点所要求的补偿内容、补偿方式等还是存在相当大的区别。因此，具体到三江源水源涵养区建立生态补偿机制，必须首先对生态补偿的内涵做出选择，明确补偿的主要方面和应遵循的基本原则。

（一）生态补偿的理论基础

生态补偿是目前环境经济学研究的前沿课题，一般研究认为，生态系统服务功能价值理论、外部性理论和公共物品理论等是生态补偿的理论基础。

1. 生态系统服务功能价值理论。生态系统服务功能价值理论既是建立生态补偿机制的生态学基础，也是确定补偿标准的理论依据。生态环境包括处于其中的自然资源，是人类赖以生存的基础，既包括土地、水、生物、矿产等要素禀赋资源，也包括环境容量、景观、气候、生态平衡调解等综合的环境资源。生态系统服务功能是指人类从生态系统获得的效益，生态系统除了为人类提供直接的产品以外，还包括供给功能、调节功能、文化功能以及支持功能等。生态系统提供的生态服务应被视为一种资源、

一种基本的生产要素，而这种生态服务或者说价值的载体便是我们常说的"生态资本"。不管是土地、矿藏，还是森林、水体，作为资源它们现在都可以通过级差地租或者影子价格来反映其经济价值，从而实现生态资源资本化。这种生态资本必然离不开有效的管理。由于长期受我国传统计划经济体制的影响，生态系统服务的价值没有被认识和重视，环境无价的观念根深蒂固地存在于人们的思维中，也渗透在社会和经济活动的体制和政策中。随着生态环境破坏的加剧和生态系统服务功能研究的深化，使人们逐渐认识到生态系统服务功能的价值，并成为反映生态系统市场价值、建立生态补偿机制的重要基础。因此，人类在进行与生态系统管理有关的决策时，既要考虑人类福祉，也要考虑生态系统服务功能的价值。

2. 外部性理论。外部性理论是建立生态补偿机制的基本原则和制定相应政策手段的依据。环境资源在其生产和消费过程中产生的外部性主要反映在两个方面，一是资源开发造成生态环境破坏所形成的外部成本，二是生态环境保护所产生的外部效益。前者导致资源开发领域里严重的环境污染与生态破坏，这部分成本没有纳入经营者的生产成本；后者导致生态环境的效益被其他个体无偿享用，生态环境保护的效益难以兑现。外部性的存在，导致资源环境保护领域里难以达到帕累托最优。

生态资源环境所具有的外部性导致了市场失灵，使得资源配置无效或低效。需要采用一些措施或途径来矫正或消除这种外部性。具体而言，就是要设计一定的机制对生态产品的边际私人成本或边际私人收益进行调整，使之与边际社会成本和边际社会收益相一致，实现外部效应的内在化。归纳起来主要有两种方式：一是庇古手段，即通过政府干预的手段来矫正外部性，对于正的外部影响应予以补贴，对于负的外部影响应处以罚款，以使得外部效应内部化。这样在利润最大化原则作用下，实现私人最优与社会最优，庇古税理论可作为生态补偿中的纵向补偿的理论基础。二是科斯手段，即将外部性问题转变成产权问题，通过明晰产权、依靠市场力量来解决外部性问题。生态补偿中的"上游与下游之间的补偿"和"部门与部门之间的补偿"，可利用科斯定理，通过构建某种产权交易市场予以解决，即所谓横向补偿的理论基础。

3. 公共物品理论。公共物品理论是选择生态补偿政策途径的基础。按照微观经济学理论，社会物品可以分为公共物品和私人物品两大类。保罗·A·萨缪尔森（Paul A. Samuelson）认为，公共物品就是每个人消费这种物品不会导致别人对该物品消费的减少。与私人物品相比较，纯粹的公共物品具有以下两个基本特征：非竞争性和非排他性。这两个特性使得它在使用过程中容易产生两个问题："公地的悲剧"[①] 和 "搭便车"[②] 问题。人们普遍认为，自然生态系统及其所提供的生态服务具有公共物品属性。公共物品消费的非竞争性和非排他性，使得人们更愿意"消费"优美的环境物品，而不愿承担其需要的支出。而生态环境由于其整体性、区域性和外部性等特征，需要从公共服务的角度进行有效的管理，重要的是强调主体责任、公平的管理原则和公共支出的支持。由此，基于公平性原则，区域之间、人与人之间应该享有平等的公共服务，享有平等的生态环境福利，政府管制和政府买单是有效解决公共物品的机制之一。因此，只有通过制度创新让受益者付费（支付生态补偿费），生态保护者才能像生产私人物品一样得到有效激励。

（二）三江源水源涵养区生态补偿的内涵

三江源水源涵养区生态补偿内涵的确定，一方面必须以一般意义上的生态补偿概念为基础，另一方面还必须紧密结合三江源地区生态环境保护面临的主要矛盾和问题。

1. 一般意义上的生态补偿概念。从词源意义上看，生态补偿是源于生态学中自然生态补偿的概念和生态平衡思想，是指一种不受人类影响和干扰的自然现象和自然机制，是自然生态系统所具有的自我恢复和补偿能力，是生态系统自身的一个功能。[③] 但近年来，随着人类活动对自然生态平衡影响程度的加深，生态补偿越来越指如何通过调节人与人之间的利益关系，以维持和保护生态系统服务功能。目前，我国重要生态功能区、流域和矿产资源开发等领域中的生态环境保护遇到的挑战有一个共同原因，是保护或破坏行为背后的环境利益及其经济利益的分配关系发生了扭曲；

---

① "公地的悲剧"是指如果一种资源的所有权没有排他功能，那么就会导致公共资源的过度使用，最终使全体成员的利益受损，即过度使用。

② "搭便车"现象：1740 年休谟提出，在一个经济社会，如果有公共物品的存在，免费搭车者就会出现；如果所有社会成员都成为免费搭车者，最终的结果是谁也享受不到公共产品，最终导致公共物品的供给不足。

③ 丁四保、王昱：《区域生态补偿的基础理论与实践问题研究》，科学出版社，2010。

出现了保护与发展的矛盾冲突，或出现了破坏就能牟利的现象。从环境经济学原理看，就是保护活动产生的正外部经济性或破坏活动所产生的负外部经济性没有内化到行为主体的私人收益和成本中去。因此，现在所指的一般意义上的生态补偿机制是指：为改善、维护和恢复生态系统服务功能，调整相关利益者因保护或破坏生态环境活动的利益分配关系，以外部成本内化为原则的一种具有经济激励特征的制度。纠正后的利益关系应该是，享受别人劳动付出而带来的生态服务的主体要支付费用，生产生态服务的主体应得到经济回报；相反，造成生态服务功能损失的主体要支付费用，生态服务功能的产权代理人或恢复生态服务功能的主体（如地方政府）应得到经济赔偿。① 根据生态补偿目标的不同，生态补偿的类型从大的方面可以分为"抑损"型生态补偿和"增益"型生态补偿两类。前一类生态补偿采取的主要补偿方式是对环境污染行为收费，后一类生态补偿采取的主要补偿方式是开展生态环境治理工程。

2. 三江源水源涵养区生态补偿内涵。三江源水源涵养区位于青藏高原中部，这里高寒缺氧，自然条件十分恶劣，生态系统非常脆弱。同时，受自然条件的限制，这里人口稀少，经济发展水平极低，几乎没有什么工业，人类活动对自然环境的破坏相对较小。独特的自然环境使三江源地区即使没有人类活动的破坏，其生态服务功能的维持仍处于一种十分脆弱的状态。因此，三江源水源涵养区实施生态补偿，重点任务不在于减少工业污染和人类其他生产生活活动的破坏，而在于如何积极进行生态环境保护与建设。据此，本报告所指的三江源水源涵养区生态补偿的内涵为：通过建立一种以保护和可持续利用三江源生态系统服务为目的、以经济手段为主调节相关者利益关系的制度安排，使三江源的生态环境保护者与受益者之间能实现利益平衡，从而对各方参与者形成一种持久的利益驱动机制、激励机制和协调机制。具体包括三个方面：一是三江源地区群众为保护该地区生态环境投入了大量人力物力，应得到相应补偿；二是三江源地区农牧民按照该地区主体功能定位要求放弃了大量发展机会，应得到相应补偿；三是三江源地区是我国最重要的生态功能区之一，该地区产生的生态

---

① 中国生态补偿机制与政策研究课题组编著《中国生态补偿机制与政策研究》，科学出版社，2007。

效益不仅使当地群众受益，更使长江、黄河、澜沧江流域及全中国都受益，这些外部受益地区应该对三江源地区给予补偿。

（三）建立三江源水源涵养区生态补偿机制的原则

建立生态补偿机制是一项复杂的系统工程，涉及多方面的利益主体。2006年4月，温家宝总理在第六次全国环境保护大会上明确提出，要按照"谁开发谁保护、谁破坏谁恢复、谁受益谁补偿、谁排污谁付费"的基本原则，完善生态补偿政策，建立生态补偿机制。根据总理提出的这一基本原则，结合当地影响生态环境的主要因素，本报告认为，三江源水源涵养区建立生态补偿机制应坚持以下基本原则。

1. 保护者受益原则。三江源水源涵养区是我国最重要的生态功能区之一，是"中华水塔"，其生态环境保护活动具有极大的外部正效应（生态效益和水资源效益）。如果不对当地的生态保护活动给予必要的补偿，就会导致普遍的"搭便车"行为，没有人或单位愿意为这些正外部效应买单。其必然结果是没人愿意从事保护生态环境活动，优良生态环境这种公共产品的供给将严重不足，全社会、全流域将可能陷入经济发展与生态破坏的恶性循环之中。因此，应对三江源水源涵养区从事生态环境保护活动的人群给予必要补偿，使他们通过补偿不仅能收回为生态环境保护而投入的成本，还能从增加的效益中分享部分利益，从而实现国家、流域和当地居民的互利共赢。

2. 受益者补偿原则。无论是从社会主义的国家性质出发还是从发展市场经济的要求来看，追求公平已日益成为全社会普遍追求的行为准则。在三江源水源涵养区的生态保护与建设活动中，其产生的环境效应、水资源效应具有极大的外部性，全流域、全中国的人口都将从中受益。但与此同时，由于生态效益具有典型公共产品特征，在消费中不具有竞争性和排他性，使得三江源区外人口难以通过市场机制为自己获得的收益付费，生产、消费的公平性无法体现。因此，在当前市场机制还无法解决公共产品生产、消费的公平性问题情况下，政府代表公众受益者对三江源水源涵养区的生态保护活动给予一定补偿（付费）就是一种必需的、理所应当的行为选择。

3. 以人为本原则。良好的生态环境是人类生存发展的基础，人的全面发展是人类社会发展的终极目标。三江源水源涵养区既是我国重要的生态功能区，又是我国经济发展最落后、群众生活水平最低的少数民族聚居区，建立三江源水源涵养区生态补偿机制，必须始终坚持以人为本的基本原则。要将生态补偿与转变区域经济增长方式结合起来，丰富补偿手段，创新补偿方式，完善配套政策体系，为当地群众提供增收致富的长效渠道，使三江源水源涵养区在生态环境良性循环的同时，加快实现当地居民的脱贫、致富、奔小康目标。

4. 赡养式补偿和开发式补偿相结合原则。虽然从功能区划上来看，三江源水源涵养区是我国的限制开发区和禁止开发区，但这绝不意味着该地区就是通过实施生态补偿，将当地人口全部供养起来。事实上，在一定范围内，人类相当一部分经济活动与当地的生态环境是可以兼容的。因此，三江源水源涵养区实施生态补偿的内容不能仅是对当地群众的生活给予补偿，还应该通过实施职业技能培训、组织劳务输出、支持发展生态畜牧业等开发式补偿措施，增强当地群众的自我发展能力。

5. 循序渐进原则。三江源水源涵养区生态补偿涉及的面积广、利益相关、主体众多，一次性制定出台一个面面俱到、一劳永逸的生态补偿机制几乎不可能。因此，当前三江源探索建立生态补偿机制，必须坚持循序渐进的基本原则。要从经济发展水平、市场发育程度和人们的认识水平等现实条件出发，先以政府为主后逐步向以市场为主过渡，先低水平补偿后逐步提高补偿标准，先仅考虑主要因素实施补偿后进行全面补偿。

二 三江源水源涵养区生态保护损益关系分析

近年来，三江源地区重要的生态功能地位得到党和国家的高度重视，先后被确定为省级和国家级自然保护区，实施了总投资额达75亿元的《青海三江源自然保护区生态保护和建设总体规划》，2009年又被国务院确定为我国唯一的生态保护综合试验区。这些生态保护政策和措施一方面给三江源地区群众带来一些新的就业机会，但另一方面也使当地群众的发展选择权受到了较大限制，使地方财政收入和农牧民家庭收入受到了较大损失。另外，为保护三江源地区生态环境，三江源地区丰富的矿产资源几乎全部被禁止开采，一些对生态环境有一定影响的企业也被强制关闭或迁出，当地旅游业的发展也被严格限定在生态旅游、文化旅游等狭窄范围之内。班玛县金矿就是一个典型例证。班玛县是果洛州第一批国定贫困县，为加快脱贫致富的步伐，1990年县黄金开发总公司应运而生，由于机械化程度高、矿体资源丰富，企业经济效益显著，到2001年，共产沙金937.39千克，产值达7273.72万元，为增加地方财政收入、实现财政自给，拉动地方经济发展，扩大社会就业等方面做出了贡献。但该企业自2001年青海省政府发布公告要求停止开采沙金后被迫关闭，该县财政状况又陷入入不敷出的窘境。类似的情况也发生在玛多、称多和曲麻莱县。因此，三江源地区实施生态保护的利益受损者主要有当地农牧民、地方政府、当地部分工商企业。

三江源区作为我国重要的生态功能区之一，其广阔的草原、湿地在吸收二氧化碳、净化空气、维持地表热平衡等方面具有巨大生态价值，加强三江源地区生态环境保护不仅对保障中国的生态安全具有重要意义，而且对维护全球气候环境的稳定具有重要影响。同时，三江源区也是我国最重要的水源涵养区，是"中华水塔"，其生态环境保护将通过大江大河水资源的传递而惠及整个流域。当然，通过加强生态环境保护，三江源区当地群众也能享受到日益改善的生态环境带来的各种好处，如水草丰美有利于畜牧业的可持续发展，环境改善有利于生态、观光旅游业的发展，水资源充沛有利于灌溉农业和水电工业的发展，等等。因此，三江源区实施生态保护的受益主体主要包括三个大的方面：一是全中国乃至全世界人民，二是长江、黄河、澜沧江全流域的居民和企业，三是当地的居民和企业。

当然，根据温家宝总理提出的"谁开发谁保护、谁破坏谁恢复、谁受益谁补偿、谁排污谁付费"的原则，三江源水源涵养区在水资源利用、生态旅游资源开发、工业企业生产、城镇居民生活等各个方面还会产生一些利益受损者和受益者，但由于该地区自成立国家级三江源自然保护区以来，这些有可能破坏当地生态环境的人类活动已受到了严格限制，本报告不再分析这些人类活动中的利益损益关系，也不将他们列为生态补偿的主、客体考虑范围。

三　三江源水源涵养区生态补偿的主体与对象

根据三江源生态补偿的基本原则及生态保护的损益关系，生态补偿的主体是三江源生态保护的受益者，生态补偿的对象是三江源生态保护的受损者。这种主体、对象的划分是以人的经济利益关系为基础的，是以人为对象的。而对于自然生态环境内部的各种替代补偿关系暂不纳入生态补偿的范畴。

具体来看，三江源生态补偿的最重要的主体无疑是国家。因为三江源生态保护的最主要效益是生态效益，这种效益具有完全的外部性，即利用上的非竞争性和非排他性，"搭便车"现象成为必然，没有企业或者个人愿意为这种效用付费，只能是国家通过财政转移支付的形式代表全体公民为创造这种外部效益的人群进行补偿。第二类补偿主体是从长江、黄河、澜沧江受益的居民和企业。第三类补偿主体是社会力量。随着全社会环境保护意识的提高和支付能力的增强，国内外越来越多的环保人士、基金和公益企业愿意为重点生态功能区的生态环境保护活动贡献力量。只要机制设计合理，引导得当，社会力量将日益成为三江源生态补偿的重要主体。至于说三江源当地居民、企业在一定程度上也是三江源生态保护的受益者，是否也应该作为生态补偿的主体。我们认为一方面当地经济发展水平低，补偿能力有限；另一方面，这样会造成自己给自己补偿的结果，不具有现实意义。因此，我们在此不将当地的居民和企业列入三江源生态补偿的主体范围。

对于三江源生态补偿的对象，根据前面的损益关系分析，主要包括三江源地区的居民、地方政府和相关企业三类。

四　三江源水源涵养区生态补偿的范围

接受生态补偿的地域范围。根据课题研究的目标和任务及对三江源水源涵养区生态保护的损益分析，三江源水源涵养区生态补偿的受偿范围为整个三江源地区，行政区域包括玉树藏族自治州的玉树、称多、杂多、治多、曲麻莱、囊谦县，果洛藏族自治州的玛多、玛沁、达日、甘德、久治、班玛县，海南藏族自治州的兴海、同德县，黄南藏族自治州的泽库、河南县以及格尔木市代管的唐古拉山乡，共 16 个县，119 个乡（镇），679 个行政村，总面积 36.31 万平方公里，占青海省总面积的 50.71%。

提供生态补偿的地域范围。三江源水源涵养区生态溢出价值的补偿由于主要靠中央财政的转移支付，因而不存在确定的地域范围；对于三江源水源涵养区水资源的溢出价值补偿，实施生态补偿的地域范围理应包括除青海以外的黄河、长江、澜沧江中下游流域的各省区市，但由于澜沧江水资源在国内利用程度较低，三江源产水量在长江径流量中所占比重较低（占 2%），而黄河径流量 38% 的水量来自三江源区，因此，本报告仅研究黄河流域的生态补偿问题。另外，考虑黄河流域上、中、下游省份经济发展水平差异和对黄河水资源贡献、受益程度的不同，本课题在探索黄河流域的生态补偿问题时，重点将黄河中下游的陕西、山西、河南、山东四省作为提供生态补偿的地域范围，而对上游的青海、四川、甘肃、宁夏、内蒙古五省区暂不纳入提供补偿的地域范围。

第二章　三江源水源涵养区生态补偿标准测算

生态补偿标准测算是要解决补多少的问题，它是保证生态补偿机制公平性和可行性的重要环节。三江源水源涵养区生态补偿标准的测算，一方面与前面分析的生态补偿内涵、补偿原则、补偿对象、补偿范围等因素密切相关，另一方面也与选择的测算方法密切相关。

一　生态补偿标准测算方法及模型

生态补偿标准的测算是实施生态补偿的关键所在，也是难点所在。综合国内外生态补偿标准测算的最新成果及南京水利科学院在《水源涵养与保护区域生态补偿机制研究》中期汇报成果中提出的补偿标准测算模型，本研究拟采用成本—效益核算与综合协商相结合的测算方法。

所谓成本、效益核算，就是核算三江源地区实施生态保护的直接投入成本和当地居民为保护生态环境而牺牲的机会成本，将其作为生态补偿的最低标准（因为如果实际实施的生态补偿标准低于这一标准，三江源地区的生态保护活动将难以得到当地居民的支持，也不能保证生态补偿的公平性）。与此同时，核算三江源生态保护产生的效益，效益大于保护成本是实施生态保护活动及进行生态补偿的前提。倘若一个地区实施生态保护活动产生的效益还低于投入的成本，那这种生态保护活动在经济学上就是非理性的，更没必要进行生态补偿。

在核算出三江源地区生态保护活动的效益大于投入成本的前提下，效益就是实施生态补偿的最高限额。因此，生态保护活动的成本、效益核算实际上就是给生态补偿标准确定了一个区间，在这一区间实施补偿，无论是对于三江源生态服务价值的生产者来说还是受益者来说，都是收益大于成本，是一种双赢的制度安排。

在成本、效益核算清楚之后，如何在这一区间内确定一个具体的补偿标准，目前较为合理和可行的办法就是建立一种协商机制（比单纯由中央政府确定或地方政府要价要合理一些）。在市场机制健全的情况下，生态环境产品的生产者与受益者可以通过直接的讨价还价和市场竞争，达成一个双方都能接受的补偿标准。在市场机制不完善的情况下，就只能依靠相关政府部门分别代表生产者和受益者进行协商。虽然在成本－效益区间内的补偿标准变动不会对资源配置效率（生态保护活动）产生影响，但它对生态环境产品的生产者、受益者的福利变化是有影响的。效益与成本之间的差额是三江源生态保护活动的生产者与受益者在这一活动中增加的福利总和，因为福利总和是固定的，补偿标准偏高一些，就意味着生产者得到的福利更多一些，受益者得到的福利相对少一些；补偿标准偏低一些，就意味着生产者得到的福利少一些，受益者得到的福利更多一些。在本报告中，鉴于目前地方政府与中央政府、特别是地方政府与地方政府之间还缺少必要的、有效率的利益协商平台和机制，使得在成本—效益之间通过多边政府协商来达成一项各方都能接受的补偿标准协议几乎不可能。因此，本报告将根据实际情况对政府协商的方式方法做进一步地改进，即在核算出效益大于成本的前提下，以三江源地区生态保护成本，结合当地经济社会发展的现实需要（以 2020 年与全国实现同步小康为基本参照），先由青海省单方面提出一个三江源水源涵养区生态补偿标准（主要包括生态保护成本与部分溢出效益），然后提交到国务院，最后由青海省人民政府（代表三江源地区群众）与国务院（同时代表流域各省市区政府）进行协商，确定最终的生态补偿标准。

具体来看，三江源水源涵养区生态补偿标准主要包括两部分内容：一部分是三江源地区生态保护成本补偿额（用 C_{t-1} 表示，又包括直接成本和机会成本两部分），另一部分是三江源生态保护溢出效益补偿额。其中，对于三江源生态保护溢出效益补偿额我们不是直接采用（生态保护效益 - 生态保护成本）×分享比例的方式来确定，而是采用（全国农民人均纯收入 - 三江源地区农牧民人均纯收入）×三江源地区农牧民人口数×生态保护成效调节系数的方式来确定。主要原因是目前国内外关于生态价值的测算还没有形成公认的、具有可操作性的测算方法，不同学者、部门按照不同方法测算出来的生态价值数量值相差巨大，使得目前还难以通过生态价值的测算来得出一个令人信服的生态效益补偿额。在此，我们用一种简化的办法，用全国农民人均纯收入与三江源地区农牧民人均纯收入差距再乘以三江源地区农牧民人数来粗略地表示三江源地区应分享的生态保护溢出效益。关于调节系数，主要是从责权对等原则方面进行考虑，认为最终的补偿标准应该与三江源水源涵养区的生态保护效果之间建立动态联系，即当三江源水源涵养区的生态保护效果超过预定目标，下一年的补偿标准就适当提高；当低于预定目标，则适当降低下一年的补偿标准，以此在生态补偿的主、客体之间建立起一种有效的激励约束机制。该调节系数为生态保护实际监测效果与预定目标的百分比。考虑三江源地区的主要生态特征及监测指标的可操作性，本报告仅选择三江源年产水的水质、水量两个指标。其中水质指标根据三江源地区工业污染几乎为零的实际，选用泥沙含量来反映。

总之，在成本 - 效益核算基础上，通过这种综合协调形成的生态补偿标准，应该就是一个在目前条件下既能保证资源配置效率，又能为各方所接受的、比较合理的、具有较强可操作性的补偿标准。

具体的生态补偿标准测算模型：

$$M_t = C_{t-1} + (S_{t-1} - s_{t-1}) P_{t-1} \times \left(\frac{V_0}{V_{t-1}} \times \frac{Q_{t-1}}{Q_0} \right)$$

模型成立的前提是：$U_{t-1} > C_{t-1}$。

式中，M_t 表示第 T 年生态补偿总量；

C_{t-1} 表示第 T－1 年生态保护成本；

S_{t-1} 表示第 T－1 年全国农牧民人均纯收入；

s_{t-1} 表示第 T－1 年三江源地区农牧民人均纯收入；

P_{t-1} 表示第 T－1 年末三江源地区农牧民人口；

V_{t-1} 表示第 T－1 年三江源产水的平均泥沙含量；

V_0 表示三江源产水的泥沙含量目标值；

Q_{t-1} 表示第 T－1 年三江源产水量；

Q_0 表示三江源产水的目标值；

U_{t-1} 表示三江源生态效益。

$(S_{t-1} - s_{t-1})P_{t-1} \times (\dfrac{V_0}{V_{t-1}} \times \dfrac{Q_{t-1}}{Q_0})$ 表示生态保护溢出效益补偿额

$(\dfrac{V_0}{V_{t-1}} \times \dfrac{Q_{t-1}}{Q_0})$ 表示生态保护成效调节系数

二 三江源水源涵养区与水有关的生态服务价值测算

生态价值也称为生态系统服务功能价值，是指生态系统与生态过程所形成及所维持的人类赖以生存的自然环境条件与效用。孙发平、曾贤刚等著的《中国三江源区生态价值及补偿机制研究》一书，第一次全面系统地对三江源区生态系统服务功能进行了评估，计算得出三江源生态系统总的服务价值为 11.55 万亿，其计算公式为：生态系统服务价值 =｛直接使用价值＋间接使用价值｝ ＋｛选择价值＋遗产价值＋存在价值｝。直接使用价值指与生态产品和服务的利用直接相关的价值，如木材、非木林产品、游憩、教育、旅游等，通常涉及私人效益。间接使用价值指人们间接从生态系统服务功能中获得的效益，如流域保护、固碳、生物多样性保护等。选择价值是人们为了将来能直接利用与间接利用某种生态系统服务功能的支付意愿。存在价值亦称内在价值，是人们为确保生态系统服务功能继续存在的支付意愿。遗产价值是为子孙后代将来利用而愿意支付的价值。

其中，三江源水源涵养区水资源的直接使用价值为 1599.4 亿元/年，主要包括饮用水价值、水力发电价值、内陆航运价值、水产品生产价值、休闲娱乐价值等五个方面；间接使用价值为 252.41 亿元/年，主要包括水源涵养价值、土壤保持价值、湿地气候调节价值、水域气候调节价值等方面[1]。以此计算，三江源水源涵养区与水有关的生态功能服务价值为1851.81亿元/年。

三　三江源水源涵养区生态保护成本测算

鉴于三江源地区已被列为国家级自然保护区和国家级生态保护综合试验区，对于三江源生态保护的一些工程性投入，国家已安排相应的财政资金进行建设，加之本报告是以建立生态补偿机制为目的的，故在核算三江源水源涵养区生态保护成本时，对短期工程建设成本不在计算之内，而只计算需要进行长期投入的生态保护成本。不仅如此，在需要长期投入的生态保护项目中，还应该选择那些与水源保护与涵养密切相关的项目。据此，我们认为三江源水源保护与涵养区需要长期投入的生态保护直接成本项目主要有两项：一是林地管护成本 C_{11}，二是草场管护成本 C_{12}。其他的生态保护项目如沙化土地治理、水土流失防治、植树造林、退耕还林、封山育林、网围栏建设等都可以通过或正在通过特定的工程建设项目给予解决，本课题在测算生态补偿标准时就不再考虑这些保护成本。而像污染防治这类项目，虽然它是一种需要长期投入的生态保护项目，但考虑目前三江源地区人们的生产、生活活动造成的环境污染量还很小，尚未对三江源地区的水源保护与涵养产生太大影响，且按照"破坏者付费"的基本原则，环境污染治理的主体不应是流域中下游地区，而应是当地的环境污染企业或居民。故本课题在此对三江源地区的环境防治成本也暂不予考虑。

关于林地管护成本 C_{11}，参考国家天然林管护标准（国有天然林管护费4.5元/亩，集体、个人公益林管护费约10元/亩），结合三江源地区各类林地的管护实际需要，要真正达到林地保护效果，每亩林地每年至少需管护费15元。目前，三江源地区共有林地1836万亩，每年共需投入林地管护成本27540万元。

关于草场管护成本 C_{12}，以往的生态保护与建设规划都未将这一项目

---

[1] 孙发平、曾贤刚等著《中国三江源区生态价值及补偿机制研究》，中国环境科学出版社，2008，第142页。

列入，但在实地调研中我们却发现加强草场管护对于限制草场超载放牧、确保草场生态系统恢复具有根本性意义。在此，本课题结合三江源自然保护区生态保护与建设规划中草地鼠虫害防治平均每亩 3 元的投资标准，草原管护公益岗位的设立成本，以及与三江源地区牧民、政府官员走访座谈时了解的情况，三江源水源保护与涵养区草场管护成本每亩每年约需 10 元。目前，三江源地区共有草场 3.21 亿亩，每年需投入草场管护成本 321000 万元。

对于三江源水源保护与涵养区生态保护间接成本的测算，同样根据长期性和直接相关性两个基本原则，退牧减畜 C_{21} 是三江源地区农牧民承受的最大的、长期性的损失，是为生态保护付出的机会成本。其主要原因是由于牲畜对牧民来说是最重要的生产资料，减畜就意味着生产能力的下降。至于像限制沙金开采、矿产资源开采等生态保护行为，给当地农牧民带来的损失主要是一种短期性损失，本报告在此也不再考虑。据农业部最新方法测算，三江源牲畜超载率 146%，目前三江源地区共有牲畜 2200 万个羊单位，约超载 730 万个羊单位。根据三江源地区平均出栏率在 30% 左右的实际，三江源地区限制超载后每年将减少出栏牲畜约 219 万个羊单位，按平均每只出栏羊产肉 16 千克、每千克羊肉 28 元的价格计算，每年三江源地区农牧减畜后将减少直接收入 98112 万元。

综合以上三项，三江源水源保护与涵养区实施生态保护使当地群众承受的直接成本为 348540 万元，间接成本为 98112 万元，总成本为 446652 万元。

四　建立在成本和效益评估基础上的三江源水源涵养区生态补偿标准

根据前面已确定的生态补偿标准测算模型，本报告在测算溢出效益补偿额时，不是直接用（三江源生态服务价值－三江源生态保护成本）×分享比例来计算，而是用（全国农民人均纯收入－三江源地区农牧民人均纯收入）×调节系数来计算。下面，本课题以 2008 年相关数据为基础，对三江源水源涵养区的生态补偿标准进行具体的示范性测算。

2008 年，三江源地区共有农牧民人口 61.8 万，农牧民人均纯收入 2431

元，同期全国农民人均纯收入为4761元。以此计算，三江源水源涵养区生态保护溢出效益补偿基数（未考虑调节系数）为143994万元。由于目前三江源水源涵养区生态补偿机制尚未真正建立和运行，实际生态保护效果与目标值的比例关系还无法确定，暂且将生态保护成效调节系数设定为1。因此，三江源水源涵养区生态保护溢出效益补偿额也为143994万元。

最后，根据前面确定的三江源生态补偿标准测算模型，三江源地区生态补偿的年度补偿额为生态保护成本补偿＋生态保护溢出效益补偿。将本节计算出的三江源生态保护溢出效益补偿额（143994万元）与前面计算的三江源水源涵养区实施生态保护的直接成本（348540万元）和机会成本（98112万元）进行加总，即得三江源水源涵养区生态补偿标准总额（590646万元）。详见图1。

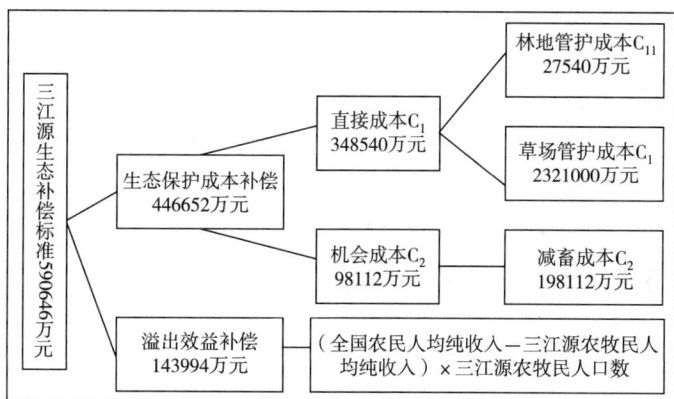

图1　三江源水源涵养区生态补偿标准测算

五　对三江源水源涵养区生态补偿标准测算的回顾与总结

回顾本章对三江源水源涵养区生态补偿标准的测算过程，主要经历了以下五个步骤。

第一步，提出三江源生态补偿标准的测算方法与模型。本课题主要参照南京水利科学院在《水源涵养与保护区域生态补偿机制研究》中期汇报成果中提出的补偿标准测算模型，结合三江源实际，兼顾可操作性，提出了成本—效益核算与综合协商相结合的测算方法，采用的测算模型为 $M_t =$

$$C_{t-1} + (S_{t-1} - s_{t-1})P_{t-1} \times \left(\frac{V_0}{V_{t-1}} \times \frac{Q_{t-1}}{Q_0} \right)。$$

第二步，测算三江源地区生态保护价值。本课题主要吸收借鉴了《中国三江源区生态价值及补偿机制研究》一书的研究成果，得出三江源地区的生态服务价值约为 115000 亿元，其中与水有关的生态服务价值为 1851.81 亿元/年。该价值远大于三江源地区的生态保护成本，为三江源地区实施生态补偿提供了前提，也为三江源地区生态补偿标准确定了一个最高限额。

第三步，计算三江源地区生态保护成本。其中，直接保护成本为 348540 万元（包括林地管护成本 27540 万元，草地管护成本 321000 万元），间接保护成本 98112 万元。

第四步，测算三江源生态保护溢出效益补偿额。考虑到测算结果的科学性、合理性及测算方法的可操作性，本课题不是直接采用（三江源生态服务价值 – 三江源生态保护成本）×分享比例的方法来计算，而是用（全国农民人均纯收入 – 三江源地区农牧民人均纯收入）×三江源地区农牧民人口×调节系数的方法来计算的。以 2008 年为例，在不考虑调节系数的情况下，三江源生态保护溢出效益补偿额为 143994 万元。

第五步，计算三江源生态补偿标准总额。将三江源生态保护成本补偿额与三江源生态保护溢出效益补偿额相加，即得三江源生态补偿总额（590646 万元）。

对于该补偿标准额度，首先，由于它未考虑生态补偿效果调节系数，因此它实际上是一个补偿基数，至于具体每年的补偿额，还需根据上年三江源地区的生态保护效果进行适当调整。其次，该补偿标准考虑的因素虽然较为简单，但它已经将影响三江源生态补偿的主要因素考虑进来了，是具有较强的科学性的。第三，该补偿标准测算考虑的这几个主要因素，基数比较清楚，变化情况容易测量，可以保证整个补偿方案具有较强的可操作性。第四，总额约 59 亿元的补偿标准，它既远小于三江源地区与水有关的生态服务功能价值，也完全能够为目前我国财力所承受，具有较强的合理性。第五，当然，随着相关研究技术的进一步成熟及三江源地区基础数据的进一步完善，一方面可以将更多的影响因素纳入到测算模型之中，另一方面可以用更直接的方法计算三江源地区生态保护的溢出效益，从而使生态补偿测算更加科学、更加合理。

第三章　三江源水源涵养区生态补偿的内容与方式

建立生态补偿机制的另外一个核心环节是要解决怎么补的问题。具体到三江源水源保护与涵养区，就是要解决对哪些方面进行补偿，以及通过什么方式进行补偿。

一　三江源水源涵养区生态补偿的主要内容

根据生态补偿的基本内涵及循序渐进的基本原则，本课题设计的三江源水源涵养区生态补偿的内容主要包括两个方面，一是对需要长期投入的生态保护活动进行补偿，二是对当地农牧民的生产生活进行补偿。而对于一些短期的（包括若干年）生态工程建设，由于已有大量项目支撑，生态补偿机制中再不予考虑。对于当地基础设施建设、公共服务能力建设，考虑到情况相当复杂，且有固定渠道逐步给予解决，本课题设计的生态补偿机制也不再列入。

（一）对需要长期投入的生态保护活动进行补偿

对于三江源地区哪些生态保护活动是需要进行长期投入的，实际情况也比较复杂。如城镇垃圾处理设施、污水处理设施的正常运转需要长期的经费投入，但根据目前我国的法律规定来看，无论企业或个人都没有赋予排污的权利，"谁污染谁治理"是普遍认可的原则，因此从道理上讲不应要求国家对当地的污染治理行为给予补偿，而应主要由当地政府、企业和个人自己承担环卫设备运营费用。再如人工增雨作业也是需要长期投入的生态保护活动，但考虑到目前已经有比较固定的国家资金支持，在本生态补偿机制中也不再列入。

基于以上种种考虑和便于操作的目的，本课题所指的需要长期投入的生态保护活动主要包括两类：一类是对林地的管护，一类是对草场的管护。对于这些林地和草场，虽然可能其中大部分都承包给了具体的企业和个人，相关经营主体都能从中获得一定收益补偿，但我们认为，这些林地、草场发挥的巨大生态系统服务功能和效益是全社会共享的，因此国家有理由代表全体受益者对这些林地、草场的管护活动给予补偿。具体受补偿的管护活动内容主要包括：林地、草场病虫害防治，消防设施建设和保障运转，防止对林地的盗采和滥伐，草原超载放牧监管，退化草场治理等。每年该项生态补偿经费的使用要有具体项目支撑，并在年底进行检查验收。补偿的总金额就是生态补偿标准测算中的直接成本补偿经费，即348540万元。

（二）对农牧民生产生活进行补偿

由于三江源地区农牧民为保护该地区的生态环境放弃了大量发展机会，他们的收入水平、生活水平极低，对当地农牧民的生产生活进行补偿，既是对他们损失的机会成本的补偿，也是他们分享生态保护溢出效益的合理要求。该项补偿内容每年的补偿经费总额为242106万元（主要包括生态补偿标准测算中的机会成本补偿98112万元和溢出效益补偿143994万元）。该项补偿内容应坚持两个基本原则：一是保障三江源地区农牧民现有生活水平与全国农民同步提高，二是使三江源地区农牧民的自我发展能力不断增强。其中第二项补偿原则虽然从短期来看会增加生态补偿的负担，但从长期来看，随着当地农牧民自我发展能力的增加，其收入水平与全国农民平均收入水平的差距有可能缩小，可以使直接生活补偿的经费趋于下降。

据此，本报告对农牧民生产生活补偿的具体内容初步设计为：一是将生态保护溢出效益补偿经费（143994万元）平均发放到每一个农牧民手中，用于农牧民家庭安排日常的衣食住行等生活支出，使三江源地区农牧民生活水平能与全国一道同步提高。二是将生态补偿经费中农牧民机会成本补偿金（98112万元）用于三江源地区的产业扶持和就业培训。如根据三江源地区纯净无污染的自然环境，积极支持发展有机畜牧业、生态旅游业、清洁能源产业等的发展，通过提供一定的创业风险资金，或是进行贷款贴息，支持相关企业的发展。对当地农牧民就业培训的支持，一方面可以通过生态补偿资金进一步扩大阳光工程的培训规模，增强培训效果；另一方面可以考虑对农牧民创业和异地就业给予一定的资金、信息、技术支持，帮助更多农牧民实现转产就业、转移就业。

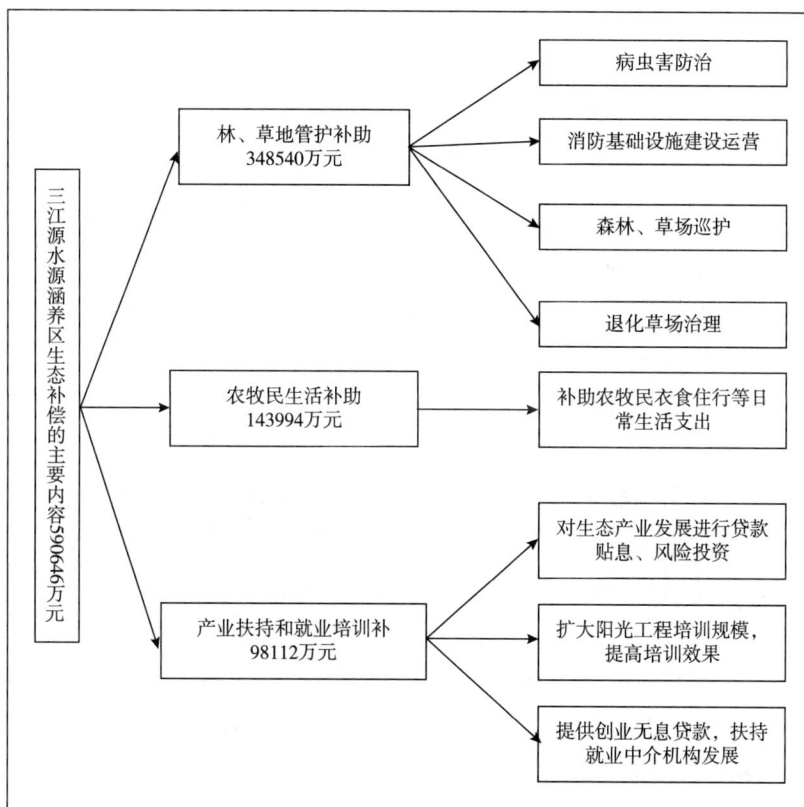

图2 三江源生态补偿主要内容

二 三江源水源涵养区生态补偿方式

所谓生态补偿方式，从狭义角度讲就是补偿主体通过什么样的方式方法将各种补偿手段作用于补偿客体，从而达到生态补偿的既定目标。生态补偿方式从不同的角度考虑可以有不同的分类。如从补偿资金的来源主体划分，可以分为中央补偿、流域补偿、市场补偿等。本课题在此考虑的主要补偿方式是以中央补偿为主，流域补偿和市场补偿为辅。如从生态补偿的手段来划分，又可分为资金补偿、产业补偿、人才（智力）补偿等。下面，本课题将主要从这一角度对三江源水源涵养区生态补偿的方式进行规划和设计。

（一）资金补偿

从当前三江源地区所处的经济发展阶段及其所具备的经济发展条件来看，资金补偿无疑将是近几年内三江源水源涵养区实施生态补偿的最主要方式。一方面，三江源地区自然条件差，生态保护活动投入成本高，需要给予必要的资金支持。另一方面，当地农牧民收入水平、文化水平低，劳动技能短缺，急需要给予一定的资金帮助以改善生活条件和受教育条件，提高生活水平，增强劳动技能。当然，在对当地农牧民给予资金补偿时也应注意公平性与激励性相结合、权利与义务相结合。把生活补偿性资金按家庭人口数平均发放，避免出现"会哭的娃娃有奶吃"现象，体现生态补偿的公平、公正。对于一些用于产业扶持、技能培训的资金补助，则要与企业、个人的努力挂钩，奖勤罚懒，奖优罚劣。对于用于生态保护的补偿资金使用则实行严格的资金预决算管理，把资金拨付与生态保护成效直接挂钩，给生态补偿主体（出资方）一个合理的交代。在补偿资金的来源方面，鉴于三江源地区重要的生态地位、巨大的生态服务价值及受益主体的广泛性，近期的资金来源应以中央财政资金为主。其实质是中央政府代表整个三江中下游地区购买源头地区生产的生态产品。

（二）产业补偿

三江源地区的生态保护与当地群众的生产发展、生活改善涉及的内容很多，通过生态补偿给予一定的资金支持只是帮助实现这一目标的一种方式，或者说是一种主要方式。与此同时，随着社会的发展，生态补偿完全还可以采取产业补偿的方式进行，即针对当地实际情况和实际需要，帮助建立一些有利于生态环境保护和经济发展的产业项目，增强三江源地区的自我发展能力。与资金补偿相比较，产业补偿的一个突出优势是有利于协调生态补偿主体（补偿方）与客体（被补偿方）间的利益关系，容易建立起一种互利双赢的补偿机制。具体补偿措施包括：一是帮助发展生态产业。如利用三江源地区纯净无污染的自然环境发展有机畜牧业，引导内地有实力的相关企业来三江源地区进行投资，以及组织标准化生产、进行品质认定和产品市场营销等，使三江源地区与相关企业在合作中实现共赢。二是帮助推广生态品牌或生态标志。如帮助三江源地区积极争取农畜产品的绿色生态标志，以及发展手工艺品、旅游纪念品等低碳产品，从而增加三江源地区相关产品的市场知名度，提高产品附加值。三是帮助三江源地区发展教育、文化产业。如引进国内知名大学到三江源地区开办热贡艺术学院，培养高层次专业人才；继续在内地重点中学开办民族班，帮助更多的三江源地区孩子到内地接受高水平的基础教育，通过教育最终实现产业移民。

（三）技术人才补偿

三江源地区经济社会发展落后有传统基础的原因，有区位条件的原因，但最主要的原因还是劳动者素质低、人才技术缺乏。因此，三江源生态补偿的另一重要方式是进行技术人才扶持，即通过国家的大力支持，普遍提高当地人口的文化水平和劳动技能水平，加大引进高新技术和高技术人才，增强三江源地区综合发展能力。具体补偿措施包括：一是进一步加大国家对三江源地区基础教育、职业教育的投入力度，通过对口帮扶、支教等途径引导优秀师资力量为三江源地区教育事业服务，普遍提高三江源地区劳动者的文化技术水平。二是加大对三江源地区人才、技术输入力度。根据三江源地区经济社会发展的实际需要，对一些急需人才建立特殊津贴岗位，不求所有但求所用，引导国内优秀人才积极为三江源经济社会发展服务。三是高度重视三江源地区劳动力资源的培养和提高。通过生态补偿机制，进一步提高劳动力的科技知识水平，改善生产条件，增加学习培训的机会，充分调动他们的积极性，发挥其人才主力军作用。

（四）其他补偿方式（含政策补偿）

三江源水源涵养区生态补偿除了采取上述几种补偿方式外，借鉴国内外的成功经验，还可以探索采取流域补偿、市场补偿、基金补偿、政策补偿等多种方式。相关的具体补偿措施为：一是设立三江源水源保护与涵养区生态补偿基金，除了投入少量政府财政资金用于基金的启动外，基金的大部分资金应主要依靠社会筹集。如可以通过加大宣传力度，吸引国内外环保人士和社会团体为三江源地区实施生态补偿捐款赞助；也可以通过发行特殊彩票的形式，筹集所需资金。二是加快推进碳汇交易。充分利用三江源地区工矿企业少、二氧化碳净吸收能力强等优势，积极推动国内实施碳汇平衡和碳汇交易政策，将三江源地区的低碳优势转化为现实的经济优势，间接实现生态补偿。三是加大部分公共产品的产权制度改革和产权保护力度。如将三江源地区水资源的优先使用权界定给当地群众，当地群众通过实施生态保护和采取节约用水措施，就可以将节余下来的水资源使用权有偿转让给中下游地区，从而获得必要的资金补偿。四是对三江源地区实施全方位优惠政策，增强当地的可持续发展能力。如对当地符合生态环境保护要求的所有产业免征一切税收，藏富于民。对当地农牧民子女实行十二年制免费教育，对寄宿制学生、大中专学生给予生活补助。全面建立农村社会养老保障体系，将当地农牧民领取养老金的年龄提前到50岁，等等。只有通过这些政策补偿，解决了三江源地区农牧民的生存问题和发展问题，才能从根本上缓解人与自然的矛盾，实现当地生态环境的长效保护。

（五）对各种补偿方式的统筹安排

在我国，生态补偿不是一种简单的圈钱行为，而是一种以保护生态环境、实现人与生态环境可持续发展为目标，兼顾生态环境保护成本、当地群众生产生活需要、国家财力以及相关受益者的补偿意愿与补偿能力等各方面因素的系统工程。三江源地区影响生态环境保护成效的因素很多，当地经济社会发展的落后也是全方位的，这就决定了三江源生态补偿必须是多种补偿方式并举，必须统筹安排。

近期，资金不足是制约三江源生态保护与当地经济社会发展的最主要因素，而产业合作、人才技术引进受当地自然条件和经济基础等多种因素的制约还存在较大困难。这就决定了近期三江源生态补偿应以资金补偿、政策补偿为主，以产业补偿、技术补偿、人才补偿等方式为辅。而在资金来源上，由于流域间各省区市进行补助的意识和机制都未建立起来，生态产品的市场交易也远未在社会上形成共识，这就使得近期资金补偿只能以中央财政资金补偿为主，以流域补偿、市场补偿、基金补偿为辅。在补偿标准上只考虑主要因素，实行较低标准的补偿方案。

中远期，随着相关市场机制的建立完善及流域各省区市地方财力的增加和补偿意识的增强，三江源生态补偿应采取以产业补偿、技术人才补偿为主，以资金补偿为辅的补偿方式。补偿资金的来源也可以由以中央财政补偿为主向以市场补偿和流域补偿为主过渡。到那时，三江源生态补偿将不再是简单的"输血式"补偿，而将变成一种"造血式"补偿，三江源地区的经济社会发展水平与发展能力将逐渐追上全国平均水平。在补偿标准确定上，要逐步将更多的影响因素考虑进去，如补偿效果调节因素、破坏者补偿因素、增强三江源地区公共服务能力因素等，以使补偿方案更加全面、更加科学。

三　补偿资金来源

虽然就目前国家财力而言，为三江源地区每年提供 590646 万元的生态补偿资金压力并不太大，但考虑到"受益者补偿"的基本原则及充分调动各方面的积极性，三江源生态补偿应尽可能使资金来源渠道多元化。

（一）中央财政资金

鉴于三江源生态保护效益的外部性、公益性及短期内难以建立市场化的生态补偿机制等实际困难，中央财政在短期内应作为三江源生态补偿资金来源的主渠道，为三江源生态补偿提供 70% 以上的资金需求。在中长期，随着流域补偿资金和社会力量提供的补偿资金的增加，中央财政负担的三江源生态补偿金比重将逐步下降。

（二）流域补偿

三江源是长江、黄河、澜沧江的发源地，三江源地区的生态保护对维系三江中下游地区的生态安全和正常的生产生活具有举足轻重的价值，因此，适时建立流域补偿机制，引导中下游地区对三江源地区提供必要的生态补偿资金也是三江源生态补偿资金的重要渠道。

鉴于黄河水量的 38% 来自三江源地区，加之整个黄河流域已建立起比较完善的水质、水量监测系统和取用水计量系统，目前完全有条件在黄河流域建立起对源头地区的生态补偿机制。另外，由于黄河上游的甘肃、四川、宁夏、内蒙古自治区等省区对黄河水既有汲取，又有贡献，且当地经济水平较低，短期内不宜将其纳入生态补偿的主体。黄河中下游的陕西、河南、山西、山东四省与黄河之间的贡献、索取关系较为简单，且经济发展水平较高，目前可以作为三江源生态补偿的主体之一。

为此，课题组一方面运用国内外较成熟的生态价值评估理论和方法，测算出黄河源区水资源直接使用价值约为1204.6亿元/年，其中向中下游地区提供的直接使用价值约为839.6亿元/年。黄河源区水资源巨大的直接使用价值虽然从理论上讲主要源自大自然的恩赐，但如果源区群众不进行必要的保护、甚至肆意破坏的话，黄河源区水资源向中下游地区提供的很可能不是正效益，而是负效益（如洪水、泥石流等）。黄河源区巨大的水资源价值为其实施流域补偿奠定了基础。另一方面，课题组通过意愿调查法，得出黄河中下游四省居民每用一吨水愿意向源头地区提供的平均补偿意愿为0.254元。另据黄河水利委员会提供的资料显示，2006年，黄河中下游的陕西、山西、河南、山东四省从黄河中的总取水量为179.71亿立方米。考虑黄河干流水量的38%来自黄河源区这一因素，我们粗略认为，黄河中下游四省取用的黄河水量中青海黄河源区提供了38%，即68.29亿立方米。结合中下游地区人们的补偿支付意愿，黄河中下游地区每年可以向源头地区提供的生态补偿的资金为17.35亿元（179.71×38%×0.254）。这一渠道提供的生态补偿资金约可占三江源每年所需的生态补偿金的29%。

（三）社会力量

近年，随着研究的日益深入，三江源地区巨大的生态价值和重要的生态地位逐渐得到世人的认可。保护三江源已不仅是当地及中下流域居民、政府和企业的共识，甚至已成为全中国，乃至全世界的共识，有越来越多的环保组织、爱国人士愿意为三江源生态保护做出一份贡献。因此，畅通渠道，广泛接受环保组织和相关人士的捐赠，也是今后筹措三江源生态保护资金的重要渠道。

为此，一方面要进一步加大宣传力度，提高三江源地区在世界范围的影响力。另一方面要建立基金或发行彩票，畅通环保组织、环保人士资助三江源生态保护的渠道。力争使社会捐助资金占到三江源生态补偿资金的1%以上，并逐步提高。

第四章　三江源水源涵养区生态补偿的实施机制

三江源水源涵养区生态补偿涉及的范围广、资金量大、利益关系复杂，要保证生态补偿机制真正建立并良好运行，还必须给生态补偿确定一套易于监控、科学合理的目标体系，必须对相关的政策、法律进行配套完善。

一　三江源水源涵养区实施生态补偿的基本目标

三江源水源涵养区生态补偿是一项长期举措，涉及相关利益主体众多，确定明确的目标，不仅有利于明确补偿资金的使用方向，提高资金利用效率，而且有利于各方面对生态补偿达成普遍一致的认识，推动生态补偿机制的实施。

综合考虑现阶段我国经济发展水平、人们对生态环境的质量要求及三江源地区的客观气候条件等因素，三江源水源涵养区生态补偿的总体目标是：通过生态补偿，减少三江源地区人口对生态环境的破坏性活动，加大对生态环境保护与建设工程的投资力度，基本遏制三江源水源涵养区生态环境总体恶化趋势，逐步恢复其生态系统的结构和功能，增强其水源涵养和水土保持的能力，同时确保当地农牧民生活水平的提高与全国保持同步。

（一）生态目标

生态目标是三江源地区实施生态补偿的首要目标。由于三江源地区地处高寒环境，这里草原广袤，适宜灌木、乔木生长的地方很少，常用的森林覆盖率指标缺乏足够的代表性。为此，我们采用植被覆盖度作为考察三江源地区生态状况的主要指标。参考三江源自然保护区生态保护与建设规划的相关目标要求，结合当地的实际条件和人们对生态环境质量要求的不断提高，三江源水源涵养区实施生态补偿之后，其植被覆盖度较2005年提高20%～40%，并使这一植被覆盖度水平长期保持。另外，载畜量是影响三江源生态环境的重要因素，三江源实施生态补偿的另一重要目标是必须把超载牲畜减下来，使三江源地区总载畜量始终保持在 1500 万（羊单位）以下。

（二）水资源保护与涵养目标

通过实施生态补偿，使三江源水源涵养区的重点生态保护与建设工程长期化，水源涵养能力得到切实增强。基本目标是：三江源水源涵养区的年水源涵养量较 2001～2005[①] 年的年平均水平增加 13～20 亿立方米，河流泥沙较 2001～2005 年的平均水平减少 2000 万吨左右。其中黄河径流（唐乃亥水文站）较 2002～2004 年平均径流量 448.1 立方米/秒增加 30% 以上，国控断面唐乃亥、出省界省控官亭断面水质始终保持 II 类以上水质，平均含沙量低于 0.11 千克/立方米（黄河沿水文站）。

（三）当地居民生活改善目标

增加三江源地区农牧民收入，不断提高其生活水平，既是确保三江源生态保护与建设工程真正发挥作用的内在要求，也是实施生态补偿的应有之义。结合全面小康社会建设目标和《国务院支持青海等省藏区发展若干意见》提出的发展目标要求，按照 2008 年三江源地区农牧民人均纯收入 2431 元的水平，要在 2020 年与全国同步实现小康目标（人均纯收入 8000 元），则需通过生态补偿及自身努力，使三江源地区农牧民人均纯收入在此后的 12 年间年均增长达到 10.44% 以上，同时到 2020 年使三江源地区农牧民消费的恩格尔系数达到全国农村平均水平。

二　建立三江源水源涵养区生态补偿保障机制

三江源水源涵养区的生态补偿涉及的地域范围大，利益主体多，既需要中央财政的资金支持，又需要流域各省区市的广泛参与。再加之生态补

---

① 这里将基期选择在 2001～2005 年，主要是考虑到 2006～2009 年三江源地区属于丰水期，降水异常偏多，再加之有三江源生态保护与建设工程的影响，使这一时期三江源水源涵养量不是一种常态，以此为期数，无法真实反映生态补偿对增强三江源地区水源涵养能力所发挥的作用，故本报告选择三江源生态保护与建设工程实施前五年的平均值作为基数，更能准确反映生态补偿的价值。

偿机制遵循先易后难的原则，无论是补偿标准、补偿内容还是补偿方式，都需要在实践过程中不断进行调整和完善。因此，实施三江源水源涵养区的生态补偿必须建立强有力的领导机制和各种政策保障机制，以协调各方利益，督导生态补偿机制的实施。

（一）建立健全领导体制，加强对生态补偿工作的领导

鉴于三江源水源涵养区生态补偿机制的主要资金来源在中央财政，生态补偿实施的责任主体在青海省，生态补偿的具体操作又离不开州县政府的直接参与，三江源水源涵养区生态补偿机制宜建立中央、省、州县三级领导体制。

其中，中央级的领导体制可考虑建立三江源水源保护与涵养区生态补偿部（省）级联席会议。由国家发展改革委、财政部牵头，国家相关部门及青海省人民政府参加，每年定期召开一次会议。主要职责是：审议生态补偿方案，确定每年生态补偿资金的总额、来源及拨付渠道，审议上一年生态补偿资金使用情况和生态补偿目标完成情况，审议下一年生态补偿资金使用计划及要实现的预期目标。

省级领导机构可考虑成立青海省三江源水源保护与涵养区生态补偿领导小组。由省政府主管副省长任组长，省发展改革委主任、省财政厅厅长任副组长，办公室设在省发展改革委，发展改革委主任兼任办公室主任。主要职责是：组织编制生态补偿实施方案，积极争取国家及流域省区市的资金支持，向三江源地区各级地方政府下达生态补偿的各项任务，指导、监督生态补偿任务目标的完成。

州县领导机构可考虑在三江源地区每个州设立一个三江源水源保护与涵养区生态补偿领导小组办公室。由州发改委主任任办公室主任，州林业局、农牧局、财政局、发改局各抽调一名干部组成。主要职责是：组织生态补偿资金的发放，组织相关生态保护项目和产业扶持项目的实施，反馈生态补偿实施的效果及存在的问题。

在三级领导机构之间，要形成分工明确、职责清楚、层层监督的工作机制。省级生态补偿领导小组向部级联席会议负责并报告工作，州级生态补偿领导小组向省级生态补偿领导小组负责并报告工作。三江源水源涵养区生态补偿的最主要责任主体是青海省人民政府及其下属的生态补偿领导

小组，无论是补偿资金的安全使用、生态保护项目的组织实施，还是三江源地区受补偿农牧民生产生活条件的改善，省级领导小组都要按照部级联席会议通过的补偿方案严格执行，并将任务细化给各州的生态补偿领导小组办公室。

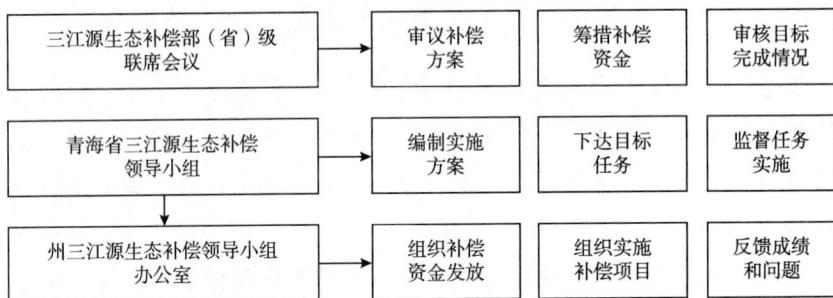

三江源生态补偿部（省）级联席会议 →	审议补偿方案	筹措补偿资金	审核目标完成情况
青海省三江源生态补偿领导小组 →	编制实施方案	下达目标任务	监督任务实施
州三江源生态补偿领导小组办公室 →	组织补偿资金发放	组织实施补偿项目	反馈成绩和问题

图3　三江源生态补偿领导机制示意

（二）明确责任，加强评估和监督

关于生态补偿的监督，部级联席会议一方面要对生态补偿的最终结果进行监督，另一方面要对生态补偿资金的使用情况进行监督。省级生态补偿领导小组要直接参与到生态补偿的实施过程中进行监督，发现问题及时纠正。对于生态补偿效果的评估，由于涉及的专业性较强，可委托环保部或黄河水利委员会下设的专业机构进行。

三　完善三江源水源涵养区生态补偿的政策法规建议

涉及全国范围的生态补偿是一项复杂的系统工程，也是一项开创性工作，既需要行政部门的积极推动，还有赖于人们生态环保意识的增强和国家相关法律政策的完善。因此，完善与生态补偿相关政策法规，对于推进三江源水源保护与涵养区生态补偿工作具有重要意义。

（一）深化认识，明晰产权

生态补偿的实质是一种利益交换关系，它的一个前提是这些相关利益关系的产权是清晰的，产权归属是明确的。比如三江源水源涵养区实施生态补偿，它的一个暗含前提是三江源地区创造的巨大生态价值的产权是属于三江源地区所有的，现在由于这种价值的使用具有非排他性，全国其他地区（特别是流域中下游地区）无偿享用了，三江源地区无法通过市场机制要求给予补偿，只能通过建立生态补偿机制的方式要求给予补偿。但这一前提在中国的宪政层面目前实际上并没有给予完全保证，这就造成了三江源地区在要求江河流域中下游地区给予生态补偿时不能理直气壮，是否给予补偿更大程度上只能靠中下游地区的自觉。再比如关于三江源水源涵养区的生态保护问题，实际上也涉及初始产权的界定问题。如果初始产权界定是三江源地区人民对当地生态环境有破坏的权利，无保护的义务，那么，现在三江源地区实施生态保护、减少环境污染，他们就有权利要求国家给予相应的补偿。相反，如果初始产权界定是三江源地区人民对当地生态环境只有保护的义务，没有破坏的权利，则他们目前的保护活动就是理所当然的分内之事，就不应得到补偿，反而是应对他们过去的生态环境破坏行为向中下游地区给予一定补偿。可见，深化认识，明晰产权，对建立三江源水源保护与涵养区生态补偿机制十分重要。

如何深化认识，明晰产权，我们认为必须按照循序渐进的原则逐步推进。首先，要在理论层面深化研究，加强探讨，分析在社会主义基本所有制关系前提下，如何将过去未曾考虑过的生态产品、环境产品纳入产权界定范围，以及如何使初始产权界定公平合理，如何通过产权的交易以提高资源配置效率等。其次，要加强相关理论宣传和科普宣传，使人们对一些传统公共产品逐渐形成产权意识，让人们认识到在条件具备的情况下公共物品的配置也可以通过市场机制实现。第三，要进一步深化对依法治国的理论认识，从法律层面对一些重大产权关系给予明晰。

（二）加快生态补偿法制建设工作

从目前阶段看，生态补偿工作主要还处于一种自由协商的状态，协商成功了，生态补偿机制就能建立起来；协商不成功，生态补偿机制就无法建立。不仅如此，在生态补偿方案的实施过程中，生态补偿的主客体之间更多的只是一种合同关系，一方违约的最大成本就是合同失效，由此使得生态补偿在实施过程中也还存在相当大的随意性。因此，我们认为，对于像三江源水源保护与涵养区这类重点生态功能区的生态补偿问题，应尽快纳入法制化轨道，使该地区生态补偿机制的建立和实施都具有法律强制性。至于是将重点生态功能区生态补偿的法律强制规定放入《环境保护法》《中华人民共和国水法》等现在法规之中，还是专门制定一部"重点生态功能区生态补偿法"，还需要法学界的进一步深入研究。当然，考虑立法周期、立法条件的成熟性等问题，三江源生态补偿的立法问题可以先制定行政法规，如由国务院制定《青海三江源生态环境保护条例》，将生态补偿的内容包含在条例之中。等今后条件成熟之后，再将行政法规上升为一般法律。

（三）转变三江源地区经济发展方式

生态补偿的核心是人，通过生态补偿不仅要解决生态环境的保护问题，而且要解决当地群众的生产生活问题。因此，生态补偿机制的建立和实施还必须与当地经济发展方式的转变紧密结合起来，通过转变经济发展方式保障生态补偿机制的顺利实施。

具体措施：一要转变三江源地区的发展理念。作为国家的重点生态功能区，物质资料的生产不再是其经济发展的主要目标，生态产品的生产才应是当地经济发展的主要职责。由此，在衡量该地区经济发展成绩时，就不应再用传统的 GDP 指标，而应改用绿色 GDP 指标，将当地环境改善、资源节约的成绩体现在经济发展指标之中。二要优化产业结构。摒弃传统的由农业到工业再到服务业的发展思路，根据自身的发展条件和市场演变趋，选择符合实际的产业结构优化升级之路。我们的一个基本思路是，作为开放经济体的一个局部地区，三江源地区完全可以绕开工业化发展阶段，走从传统畜牧业到现代畜牧业＋服务业的跨越式发展道路，通过现代畜牧业、有机畜牧业、生态旅游业等的发展积累财富，通过服务业的发展方便当地群众的生产生活，而工业品需求完全可以通过内地产品输入加以解决。三要高度重视民生建设。在技术引进、产业选择等多方面，要更加重视解决当地的就业问题。要千方百计增加农牧民收入，提高农牧民消费能力，将居民消费需求培育为拉动地方经济发展的主要动力，实现经济的良性发展。

（四）弘扬优秀传统文化，增强生态环境保护的自觉性

在社会主义国家，生态补偿毕竟不是一种完全意义上的利益交换，不

是国家补偿多少钱人们就干多少活的事情。同理，三江源水源涵养区生态补偿机制的实施也不能完全建立在利益刺激基础之上，有大量的生态保护活动还必须依赖于当地人们的自觉和积极参与。因此，弘扬三江源地区优秀传统文化，增强当地人们进行生态环境保护的自觉性，对生态补偿机制实施具有巨大的积极意义。

在三江源地区，有大量传统文化是宣扬生态环境保护的。如在三江源地区具有重要影响的藏传佛教认为，众生的生存环境，是众生共同的业力和愿力创造的，它对众生的生存、苦乐有极大的影响。人们应该像保护生命一样保护环境、优化环境，要爱护一草一木。环境的恶化、资源的破坏意味着这个地球上的生命的末日的降临。因此不但伤害动物、鸟兽、昆虫是犯罪，就连割草砍树、破坏自然生态、污染河流环境都被视为恶行而属佛律禁止之列。再比如，藏区有很多神山圣水，被禁止一切不敬行为和开发行为，如果有人违反，不仅会受到习惯法的严厉制裁，按照藏传佛教的说法，死后还会坠入地狱备受煎熬并不得超生。另外，藏族先民在崇拜众多自然神的同时，还严肃地恪守着一系列约定俗成与自然界有关的诸种禁忌制度，比如忌讳在神山区域打猎、挖土或砍柴、伐木。倘若有人违犯禁忌，就是对山神的不敬，是一种罪行，会触怒山神，招至神的报复。对于这些带有一定神话色彩的传统文化，我们首先要做的是对这些传统文化给予必要的尊重，要认识到这些传统文化实际上是当地先民在长期的生产生活中积累下来的宝贵经验的总结，是具有其客观合理性的。其次，要深入挖掘这些传统文化中蕴涵的生态环保理念，要结合现代科学的发展，对传统文化精髓进行科学阐释。第三，要按照时代发展的要求，创新传统文化的表现形式，加大对优秀传统文化的宣传力度，使传统文化精神内化为当地群众的自觉行动，更好地承担起保护三江源水源与涵养区生态环境的职责。

参考文献

孙发平、曾贤刚等：《中国三江源区生态价值及补偿机制研究》，中国环境科学出版社，2008。

王金南、庄国泰主编《生态补偿机制与政策设计》，中国环境科学出版社，2005。

郝伏勤、黄锦辉、李群：《黄河干流生态环境需水研究》，黄河水利出版社，2005。

任勇、冯东方、俞海等：《中国生态补偿理论与政策框架设计》，中国环境科学出版社，2008。

丁四保等：《区域生态补偿的方式探讨》，科学出版社，2010。

王新程：《水资源有计划市场配置理论》，中国环境科学出版社，2005。

康慕谊、董世魁、秦艳红：《西部生态建设与生态补偿》，中国环境科学出版社，2005。

丁四保、王昱：《区域生态补偿的基础理论与实践问题研究》，科学出版社，2010。

张坤民、潘家华、崔大鹏主编《低碳发展论》，中国环境科学出版社，2009。

丁四保等编著《主体功能区的生态补偿研究》，科学出版社，2009。

编委会编《三江源自然保护区生态环境》，青海人民出版社，2002。

编委会编《三江源自然保护区生态保护与建设》，青海人民出版社，2007。

张翼飞、陈红敏、李瑾：《应用意愿价值评估法科学制订生态补偿标准》，《生态经济》2007 年第 9 期。

刘玉龙：《生态补偿与流域生态共建共享》，中国水利水电出版社，2007。

常杪、邬亮：《流域生态补偿机制研究》，《环境保护》2005 年第 12 期。

郑雪梅、韩旭：《建立横向生态补偿机制的财政思考》，《地方财政研究》2006 年第 1 期。

秦鹏：《论我国区际生态补偿制度之构建》，《生态经济》2005 年第 12 期。

张惠远、刘桂环：《我国流域生态补偿机制设计》，《环境保护》2006 年第 10 期。

李若凝：《生态保护与利益补偿法律机制研究》，《生态经济》2004 年第 8 期。

赵同谦、欧阳志云、王效科：《中国陆地地表水生态系统服务功能及其生态经济价值评价》，《自然资源学报》2003 年第 18 期。

王丰年：《论生态补偿的原则和机制》，《自然辩证法研究》2006 年第 1 期。

（该课题 2011 年荣获水利部黄河水利委员会科学技术进步二等奖）

论昆仑神话与昆仑文化

赵宗福

昆仑神话作为中国远古文化的神圣话语，给中华民族带来了难以估量的深远影响，给中华儿女带来了无穷无尽的幻思遐想。昆仑神话是中国古典神话中故事最丰富、影响最大的神话系统，也可以说是中国古代神话的精华部分。而她与青海高原的历史文化有着密不可分的关系。

一 "昆仑"及其昆仑神话

"昆仑"在我国早期文献中写作"崐崘"或"崑崙"，从字面就可以看出，它与山分不开。在古籍记载和一般人的印象中，昆仑山是一座神圣的大山。这座山不仅是古老神话中的大山，而且是中华民族的象征，人们常用"巍巍昆仑"四字来形容中华民族伟岸不屈的人文性格和博大精深的文化内涵。同时它还是我们民族的发祥地，所以，过去人们动不动就说"赫赫我祖，来自昆仑"，可见它在国人心目中有无可替代的神圣位置。

在今天看来，"昆仑"在原始意义上首先是一种圆形的混沌迷茫状态。一些古书里直接写作或者等同于"混沦""浑沦""混沌""浑敦"等。所以神话里的昆仑山便呈现出一派雄伟浑圆、混混沌沌的气象。"南望昆仑，其光熊熊，其气魄魄"①，是《山海经》对这座神山的整体概括。虽然上面有众多的神人、神树、神兽等神物，但除了能射十日的后羿，一般人类上不去。神话中昆仑山不仅是圆形的，连山上的大铜柱也足足有三千里的周长，而且"周圆如削"。有关昆仑山的一切都是圆的，西王母送给中原帝

---

① 袁珂：《山海经校注》，上海古籍出版社，1980，第45页。

王的玉璧都往往是玉环，也是圆形的。

神话昆仑山的男主角黄帝，被历史化以后尊奉得具有无比神圣的地位，但在最初的神话中，他同样呈现出与昆仑一样混沌的形貌和特质。黄帝在文献中又被称作帝江、帝鸿，浑身混沌没有面目，颜色赤如丹火，长着六足四翼（又说长着四个面孔），一副"浑敦"（即混沌）的模样。以至有人认为黄帝的原型就是青海、甘肃地区民间浮渡黄河的羊皮袋①，因为是吹胀了气的完整皮囊，所以"混沌无面目"。有意思的是，黄帝有一个不成器的儿子（不才子），掩义隐贼，好行凶德，丑类恶扬，玩枭不友，天下之人称他为"浑敦"。当然，这个"浑敦"跟今天的"混蛋"差不多，表示极端的不开通、不文明，仍然透露出混沌的含义。

跟昆仑山相对的是不周山。神话中的共工一怒之下头撞天柱，把另一座山碰得走了形，不圆了，所以才叫作不周山。对人类来讲，如此周圆而广大的昆仑山真是太混沌了，人是去不了，也没有办法看得清说得明的，只好高山仰止，伏地而膜拜了。所以历代皇帝大多都有意无意地不仅向往昆仑，而且还寻找昆仑。实在没办法，把登上明堂祭祀天神的盘旋阁道，起名叫昆仑道。那些修行出家、白日做梦的道家神仙们，对昆仑山的向往更不在话下，编造出了多少神奇美妙的传说故事来。昆仑是圆的，登上昆仑山实际上又是在圆梦。总之，他们无非是在"圆"字上做文章，这也正说明"昆仑"的本意是圆，并由崇拜而增加了神圣的意味。

由于昆仑周圆而浑大，混混沌沌不可分解，逐渐又引申出完整的意思，并演化出了一些新词，譬如"囫囵"。"囫囵"一词不但在书面上仍然使用着，形容学知识不加内化地一股脑儿地往里装叫"囫囵吞枣"。而且在民间口头上也大量地存活着，青海河湟地区方言中把完整的、没有损伤的东西形容为"囫囵囵儿的"。不仅用作形容词，而且演化出别的名词，我们日常食品中就有叫"馄饨"的；把不明事理、冥顽不化的人骂做"浑蛋""混帐"。

昆仑混沌不开明，所以相应地就有了黑色的意思。这方面最能说明问题的是，从唐代开始，一些黑奴被贩卖到中国的一些贵族家庭充当家奴，因为他们生得面目黝黑，加之体魄强健，身材伟岸，被称为"昆仑奴"，

---

① 庞朴：《黄帝与混沌》，《读者文摘》1992 年第 9 期。

意思就是黑奴。对个体的昆仑奴，还加上"黑""墨"等字样来称谓，如"黑昆仑""墨昆仑"等。正因为昆仑有黑意，所以昆仑山也可以叫作黑山。黄河源头雄伟高大的巴颜喀拉山，唐代刘元鼎曾实地经过考察，他说此山叫紫山，即"古所谓昆仑者也"①。

昆仑在某种意义上还有"天"的含义，所以昆仑山实际上也可以叫作天山。"河出昆仑"实际就是说黄河发源于天山，因而李白那"黄河之水天上来"的诗句并不是没有一点依据的艺术想象。处于青海、甘肃省交接的祁连山，早在秦汉时期就是匈奴人的天山，"祁连"在匈奴语中的意思即为天。也正因为如此，历来许多学者认为祁连山就是神话中的昆仑山。

另外，一些学者还认为昆仑山实际上就是人类生殖崇拜的原型②。昆仑山十分雄伟高大，整体结构下狭上阔，有点像倒放的盆子。山上面中间有些凹陷，还有神水。瑶池大概就在这里，琼浆玉液从这里流出，另外，黄河等河流也从昆仑山流出。正因为如此，昆仑山被看作是生命之源。有的学者进一步认为，"昆仑"二字就是葫芦的同义，是女性的象征。有人还认为，昆仑山本身就是一座月山，女性之山③，所以西王母住在上面。

黄河是中华民族的母亲河，孕育了博大精深的中华文明。而这条孕育中华文明的大河的源头就在昆仑山，这也正说明昆仑山才是孕育中华文明的最初源泉。我们很多人平时喜欢说"大地母亲"，这句话背后的意象便是：大地是母亲的身躯，而突起的大山就是大地的乳房，那么作为众山之王的昆仑山自然是大地最典型的巨乳，难怪从昆仑山流出了黄河等滋润孕育民族文化的河流。

总而言之，无论是现实的昆仑还是神话的昆仑，昆仑山都是万山之宗、河岳之根，同时也是中华文明的发祥地之一。远古昆仑意象对中华文化有过巨大的影响，所以昆仑自古以来就是我们民族精神的象征，昆仑神话是中国古典神话的主体部分，这足以证明昆仑神话在中国古典神话中的重要位置和文化价值。

这重要的位置和文化价值还体现在：如果说神话是一个民族文化的源头，是文明古国的象征，那么作为中国古典神话主体的昆仑神话，至少也

① 《新唐书》卷二一六《吐蕃传下》。
② 参见吕微《神话何为》，社会科学文献出版社，2001，第150~151页。
③ 杜而未：《昆仑文化与不死观念》，学生书局，1977，第165页。

是中华民族文化的源头之一，也无疑是中国早期文明的曙光。中华文明的形成发展、中国文化的繁荣光大，无不与昆仑神话有直接的关联。

二 神话昆仑山的基本风貌

尽管由于文献记录的不足与历史化倾向的破坏，昆仑神话同样遭受到了支离破碎的下场，但是，我们从许许多多零散的典籍中还是可以理出基本的线索，就拿昆仑山的基本形态而言，从十几部古籍里面的点滴记载，就可以勾勒出它的大概：

昆仑山作为天帝的"下都"，地理位置就很特殊。昆仑又号称昆陵（也写作"昆崚"）、昆仑虚、昆仑丘，地处西海的戌地和北海的亥地方位，离东海岸有十三万里远，离咸阳四十六万里。山的东南是积石圃，西北是北户之室，东北与大火之井相邻，西南可达承渊之谷。昆仑周围的这四座大山也都是些迷茫混沌、不知详情的神山，它们实际上是昆仑山的支辅，与昆仑山共同组成了一个雄浑广大的神境世界。像北户之室的周边就长达三万里，有一条身子长九万里的巨蛇绕山三匝，伸长头就可以饮到沧海的海水。显然，北户之室及其巨蛇充当着昆仑山外围门户和守卫者的角色。

不仅如此，昆仑山周边也有与外面的世俗世界隔绝的弱水和炎火山环绕着。那弱水紧绕昆仑山，水宽七百余里，表面上波澜不起，但水质极弱，别说是载舟，就是扔进一片鸿毛，也能沉到水底，可见俗人是没办法渡过去的。弱水外边就是大火熊熊的炎火山，每年四月开始生火，直到十二月才熄火，火灭后即非常寒冷，火起时熊熊不能接近，扔进一点东西顷刻间便灰飞烟灭，常人根本就无法靠近。

昆仑山非常辽阔高大，大概正因为太广阔高大，各类文献上关于它的面积和高度的说法五花八门。昆仑山的面积，《山海经》说方圆八百里，《博物志》则说有一万里之大；至于昆仑的高度，一说离平地有万仞（大约七八千丈）之高，一说高三万六千里，一说高一万一千里，一说高两千五百里，《淮南子》则更具体地说高达一万一千里一百一十四步二尺六寸。总之，作为想象之词，大可不必太较真，但是古人看来昆仑山十分地雄伟高大，是无可怀疑的了。

山上有天帝在下方的都城，那是一座庄严华美的宫殿，这就是穆天子所谓的"黄帝之宫"吧？专门有长相狞厉古怪的天神"陆吾"守卫。帝宫周围有八十余座城环绕着。帝宫外边是玉石栏杆围绕着的九口玉井和九扇巨门，周围长满了形形色色的仙树神花，比如珠树、玉树、璇树、碧树、瑶树、不死树、沙棠树、琅玕树、玗琪树，等等。山上还有高大的天柱铜柱和建木，那是众神升降于天地之间的天梯。其实铜柱也罢，建木也罢，和昆仑山是一体的，昆仑山本身就是古人心目中最大的天梯，凡升天的都从昆仑攀援而上。这真是一个神妙奇异的世界。

从平面上说，昆仑山有三处叫作"昆仑三角"的神圣地方，那就是正东的昆仑宫和正北的阆风巅、正西的悬圃堂，都是些琼花仙树竞相开放、金台楼阁鳞次栉比的神境。另一角还有天墉城，方圆千里，城上有金台五座，玉楼十二所。附近的北户山、承渊山上也有墉城，同样金台玉楼，处处是碧玉之堂、琼花之室，紫翠丹房，流光映霞，据说这里便是西王母所居住的圣地。

昆仑山以高大著称，日月行经昆仑，都会被山光所遮拦，一派光明避隐的样子。因此高是昆仑山的显著特征之一。据《昆仑记》记载，昆仑山共分为三层，也就是三个神境层次。下面是樊桐，中间是悬圃阆风，上面是增城，便是天庭，是天帝黄帝所居住的地方。山上还有醴泉、瑶池等仙地，是人们十分向往的。每层神境都有不同的奇妙风物，凡人登之也能长生不死。

从山底下往上望，昆仑山隐约就像城阙一样。逐次向上观览，每层神灵不一，各有特色。举例来说，第三层仙境有一种谷穗长得很大，长四丈、大五围（五个人才围得住），一颗穗就可以装满一辆大车；有一种叫奈东的瓜果，用玉井的水洗过之后食用，常人也能身骨轻柔，腾云驾雾般飞行。第五层有一种神龟，身长一尺九寸，长着四个翅膀，当活到一万年的时候便飞到树上居住，还能说人话。第六层有一种巨大的五色玉树，它茂盛的枝叶可以遮盖五百里，夜晚时枝条下垂到水里，还闪烁着烛火一样的光彩。到第九层时山形逐渐狭小起来，有十二座瑶台，每座瑶台有一千步的面积，台基用五色玉石砌成。瑶台下边周围是几百顷一块的芝田蕙圃，由群仙们种植着仙草神蔬。显然，这样的昆仑山风貌跟佛教徒笔下的须弥山很有些相似，也许就是从佛经里借用来的。当然，这样的地方，常人是不可能上得去的，只有靠那些在人神之间传达信息的巫师和善于想象的文人，给世人描绘昆仑山的"真实情况"了。

昆仑是中华民族的母亲河黄河的发源地。在神话中，黄河发源于昆仑山的东北角，经过积石山浩浩荡荡东去，最终流入渤海。

从以上的描述可以看到，神话昆仑山有这样几个特点：

1. 昆仑山是先民们最为向往的理想乐园，但常人无法登临；

2. 昆仑山是天帝即黄帝在地上的行宫，也是众神居住游乐的神地；

3. 昆仑山是通往天上的天梯，是诸神升降于天地间的交通要道；

4. 昆仑山是中华民族的母亲河——黄河的源头，它是大地母亲的巨乳；

5. 昆仑山高大雄伟，上面有着十分丰富的神物异景；

6. 昆仑山的具体形胜是逐渐丰富起来的。

三 昆仑女主神西王母

昆仑山是东方的奥林匹斯山，是众神的乐园，因此山上有不少的神仙。在这些神灵中，对后世影响最大的要数孺妇皆知的王母娘娘的原型西王母。自古到今，流传着许多有关她的神奇传说故事。

说起这个西王母，一般人们只知道她的后世形象王母娘娘：她是玉皇大帝的老婆，永远是三十多岁的样子，雍容华贵，仪态翩翩，由众多的仙女伺候陪伴着，吃蟠桃，喝玉酒，协助玉皇大帝治理着天上人间，所以，世人可以向她祈求实现各种各样的愿望。

但是古典神话中最初的西王母可不是这样有风度，而是一个令人惊骇的凶煞恶神。西王母正式粉墨登场是在《山海经》中。概括起来说，神话中的西王母形象就是"虎齿豹尾、蓬发戴胜、善啸穴居"十二个字。① 实际生活中间当然没有这样的人，根据文化人类学和民俗学的理解，这样的形象不过是原始社会的一些特殊人物在特定语境中的表演形式而已。按照这一思路，我们认为神话西王母的原型是古代西部某个原始部落的女酋长兼大巫师，这样的形象实际描绘的是她作为部落女酋长和大巫师在某些神

---

① 《山海经》西次三经："西王母其状如人，豹尾虎齿而善啸，蓬发戴胜，是司天之厉及五残。"《大荒西经》："有人戴胜，虎齿豹尾，穴处，名曰西王母。"

圣活动中的装扮。

西王母所谓的"虎齿",只不过是突出了其獠牙巨口的形象,实际上就是老虎的头脸,跟守卫昆仑山的开明兽一样。这不是没有根据的想象,《山海经》本来有图,后来逐渐遗失,只剩下文字。但是在晋朝的时候,这些图还流传在世上,陶渊明、郭璞都曾见到过,所以陶渊明有"流观山海图"的诗句,郭璞还专门写了一组《山海经图赞》,其中写西王母是"蓬头虎颜"。显然这是根据山海图而作的写实,其他的一些文献上也有西王母"虎首豹尾"的记载,说明"虎齿"的确是"虎首""虎颜"的局部夸张。

一个人长着老虎的头,这就够恐怖的了,但这还不够,她还拖着一条野兽尾巴,即所谓的"豹尾"。虎头豹尾的西王母,披头散发,高声叫嚣,这是多么使人骇怖的凶残模样!但是实际上所谓"豹尾"并不是我们认为的豹子的尾巴,而是一种传说中叫作"狡"的怪兽的尾巴。

先民们为什么想象出来这样一个怪神呢?这是因为在他们的心目中,西王母本来就是一个掌握着上天灾害以及五刑残杀之气的凶神。在遥远的原始社会时期,人类的生活生产能力极其低下,面对来自大自然的各种各样的灾害,既没有力量抗衡,也没有科学解释的知识,只好想象这些灾害是由一个人类无法控制的凶神在操纵着,灾害的出现还可能是因为人类自己的种种不当言行,惹得神灵们生气而给予的惩罚。除了五花八门的自然灾害,人为的种种酷刑也是很恐怖的,所以西王母不但主掌大自然的种种灾害,还主管各种残酷的刑罚。所谓的"五刑",就是古代的"墨、劓、宫、刖、大辟"等使身体残缺或死亡的酷刑,墨是把面部刻染成黑色,劓是割去鼻子,宫是除去生殖器,刖是砍腿,大辟是处死。总之,什么最残酷最恐怖,西王母就掌管什么。

上面说过,西王母形象的特征之一是头上还戴着一件装饰品,这就是所谓的"戴胜"。过去人们常常以为这是西王母作为女性的象征,其实这恰恰是她掌管天上灾害和五刑残杀之气的标志。"胜"是古代一种女性首饰,但西王母头上的胜的形状应该是一只颜色赤红、形状像野鸡的鸟。这种鸟叫胜遇,居住于西王母的玉山上,它的出现是发洪水的预兆,而洪水过后又会有瘟疫流行。西王母戴上胜遇形状的玉胜,象征着她拥有惩罚诸神和人类的权力,也象征着天地社会秩序的正常运行。相反,如果西王母头上的胜被取消了或者折断了，那就说明天地之间处于混乱无序状态，古书上说，夏朝暴君桀统治社会的时候，没有法度可言，所以西王母折断了头上的玉胜。

西王母"穴居"，就是说她住在山洞里，但是山洞的自然质地千差万别，最好的就是坚实的石洞，所以人们又进而想象西王母居住在石头洞里。到后来人们干脆把"穴"美化为"石室"，因此汉代以后的文献中常常有"西王母石室"的记载。

总之，《山海经》里的西王母是一位只会号叫而不说话的凶神，她是病疫灾害之神、酷刑诛杀之神、死亡之神。死亡与生命相互依存，西王母既然有权力使人类死亡，也就有权利让人类不死亡，所以她又是生命之神、生殖之神。她掌握着人类乃至神仙们渴望的灵丹妙药——不死之药，所以后羿才远途跋涉到昆仑山向她求药，结果药被嫦娥偷吃，飞到月宫里去了。这就是著名的"嫦娥奔月"神话。

到了《穆天子传》中，西王母开口说话了。周穆王来到西王母之邦，以宾客的礼节去会见西王母，送上了白色的玉圭和黑色的玉璧，还有一些彩色的丝帛，西王母恭敬地接受了这些礼物。穆王又在瑶池摆下盛宴款待西王母，友好和睦的气氛颇为浓厚。这时的西王母一改往日凶相，竟然文采飞扬地为穆王献上一首诗："白云在天，丘陵自出。道里悠远，山川间之。将子无死，尚能复来？"[1]

宴会结束后，穆王又驱车登上崦嵫山的山顶，树立起一块石碑，刻上"西王母之山"五个字，并在碑的旁边亲自种下一棵槐树，作为会见西王母的美好纪念。

汉魏之后，西王母又摇身一变，变成了漂亮美丽的女仙领袖，还与中原王朝的最高统治者汉武帝会见，《汉武帝内传》《汉武故事》等伪书详尽而生动地演绎了种种诡奇的传说。再后来，西王母成为道教中的最高女仙，而在民间逐渐变成了王母娘娘。

值得注意的是，到汉代，还出现了一位与西王母对应的男神东王公。《神异经》上说，昆仑山大铜柱的下面有一座"回屋"，方圆一百丈大小，是仙人九府所在的地方，居住着玉男玉女。回屋上面有一只巨大无比的

---

[1] 王贻樑：《穆天子传汇校集释》，华东师范大学出版社，1994，第161页。

鸟，叫希有。顾名思义，这是一只天地间稀有的巨鸟。[①] 它的嘴巴是红色的，眼睛是黄色的，不吃不喝，一直面向南方。向东展开巨大的左翅，下面是东王公；向西展开巨大的右翼，下面是西王母。它的背上有一块没毛的地方，足足有一万九千里那么大，那是西王母和东王公每年相会的地方。也就是说，每年的某一天，西王母和东王公同时登上希有大鸟的翅膀，走到鸟背中间相会，由于相会时的踩踏，以至于连鸟毛都被蹭落得干干净净。

在古人看来，这种相会实际就是阴阳会通，说穿了就是男女两性间的性爱事件。而这样的观念也是从汉代的阴阳学说中生发出来的，为古老的没有爱情的西王母神话又增添了一份人性化的篇章。

四　昆仑西王母神话与青海的关系

昆仑西王母神话作为中华古典神话的重要内容，在中国文化史上具有重要的地位，所以学术界历来重视对其起源的探讨。而根据多方面的佐证，昆仑西王母神话与青海高原有着密不可分的关系。

（一）河源圣山

昆仑神话是围绕着昆仑山演绎出的传说故事，因此昆仑山无疑是昆仑神话的核心地带。"河出昆仑""河出昆仑墟""昆仑之丘，河水出焉"，这些不厌其烦的记载明确昭示我们：黄河发源于昆仑山，要寻找昆仑山，必须要沿河上溯，方能找到昆仑山。"河源"就是昆仑山地理所在的标志。

正是出于这样的地理思考，华夏民族千百年来就一直围绕着黄河源头来探求昆仑山。寻求"河源昆仑"，可以说是中国人一个不可磨灭的精神情结。

先秦时人们就在寻找着昆仑，但由于诸侯割据，交通视野有限，只好被认知在朦胧的西部旷野中。譬如楚国屈原在被放逐后，痛苦悲烈，作赋以抒无处可诉的情怀，处处以昆仑山为寄托精神的家园："朝发轫于苍梧兮，夕余至乎玄圃；欲少留此灵琐兮，日忽忽其将暮。"（《离骚》）"吾与重华游兮瑶之圃，登昆仑兮食玉英，与天地兮同寿，与日月兮齐光。"（《涉

---

① 《太平御览·卷九百二十七》，羽族部十四《异鸟》。

江》）屈子在对现实极度悲观之际从苍梧来到昆仑山，登上玄圃、瑶池等仙境，食玉英，浴仙气，在精神上与日月同光、同天地齐寿，得到了极大的满足。当然，屈原笔下的昆仑山应该说是在很广义的西部土地上，是一种神话想象，还不可能具体到青海高原。但是这种想象在后世被传承并被逐渐落实，与青海有了神奇的关联。直到 20 世纪的 90 年代，台湾等地的一些道教徒还专门来到青海西部的昆仑玉虚峰修行，据说那里是昆仑山的正脉所在，在这里修行就能迅速提升道法功能。

汉王朝不仅代替秦始皇统一天下，而且拓疆扩土，王朝使臣远达西域，为进一步认知昆仑奠定了现实地理的基础。汉武帝就曾根据张骞通西域回来所做的汇报，钦定于阗南山为昆仑山，这似乎是中国历史上第一次官方对昆仑地理位置的规定。但钦定归钦定，学界的讨论远未停止。之后两千多年来的学术界仍然进行了大量地讨论，结论众说纷纭。如果把这些讨论昆仑山的学术史进行系统的整理，简直可以写出一本厚厚的著作来。真是昆仑悬案，千古聚讼！

到唐朝时期，人们普遍认为昆仑就在今天青海西南地区。唐太宗时，李靖、侯君集等将领追击吐谷浑，"次星宿川，达柏海，望积石山，观览河源"①。唐穆宗时，刘元鼎出使吐蕃，途经河源地区，回长安后写下《使吐蕃经见记略》，其中确认河源有昆仑山。之后，元明清三代考察记录河源昆仑的文字更是屡见不鲜。固然，自然地理的昆仑山绝不等同于神话的昆仑山，但也不是说二者之间毫无关系。神话昆仑山与现实昆仑山的关系应该是：神话昆仑是现实地理的折射表述，现实昆仑是神话昆仑的神圣延续，二者结合起来看才是完整准确的。

从古籍中"河出昆仑"的反复记载和历代对河源昆仑的寻求，表明国人千万年来有一个共识，这就是昆仑山在黄河源头地域，也就是今天的以三江源为中心的青海高原地区。

（二）西王母国

《山海经》记载有"西王母玉山"②，《穆天子传》记载有"西王母之

---

① 《新唐书》卷二二一《吐谷浑传》。
② 《山海经》卷二《西山经》："又西三百五十里，曰玉山，是西王母之所居也。"

邦"①, 汉人文献记载有"西王母之国""西王母石室"②, 等等。那么这些以西王母命名的山、邦、国在何处呢? 中外绝大多数学者认为, 就在以青海湖为中心的青海高原。尤其值得注意的是, 汉代时青海湖之西有西王母石室。尤其是西汉末年, 王莽派员利诱环青海湖而游牧的羌人首领良愿让出环湖地区, 然后在此地设置西海郡, 以象征"四海一统"。对这件事, 王充在《论衡》中高兴地写道:"汉遂得西王母石室, 因为西海郡, ……西王母国在绝极之外, 而汉属之, 德孰大, 壤孰广!"事实胜于雄辩, 无须费辞, 这就足以说明当事人认为西王母之邦、之国就在青海。

此外, 关于青海湖起源的藏族传说也可佐证这样的事实。青海湖在藏语中读如"错温布", 白乌库吉曾经认为这个名称与"西王母"系一音之转, 因为"王"字在古汉语中读"温"音。藏学家吴均则认为"王母"实际就是藏语 (与羌语有渊源关系)"昂毛"(又写作"拉毛"、"旺姆", 意为仙女或神女) 的音转。而西南纳西族、普米族等羌人支系民族称神女亦音近"王母"。这些足以窥知"王母"很可能是古羌人词语。而"西"是后来逐渐不明真义, 根据方位补加上去的。许多历史学者、民族学者都不约而同地认为, 西王母是远古时代游牧于青海湖边的一位羌人女酋长。其实, 藏文文献中更有与西王母极近似的传说, 清代佑宁寺名僧松巴·益西班觉在其文集中记述道: 青海湖在古代叫"赤秀洁莫", 意思是万户消失的女神王。青海湖本来是一片美丽富饶的草原, 有十万户帐房人家, 后来海心山下的泉水涌出, 淹没了草原和帐房, 幸亏有神运来海心山压住泉眼, 才使整个草原免于沉没。这个传说至今在蒙藏群众中流传。③ "赤秀洁莫"的含义正与西王母的名称相对应, 说明西王母的神话传说原型很可能就是远古时期率部游牧于青海湖地区的羌人女首领兼大女巫。④

苏雪林说过:"西王母与昆仑山原有不可分拆之关系, 言西王母即言昆仑也。"⑤《禹贡》说昆仑在西戎之地, 而西王母也正好在羌戎之地。由

---

① 《穆天子传》卷二:"乃遂西征, 癸亥, 至于西王母之邦。"
② 王充:《论衡》,《恢国篇》。
③ 关于这方面的引述论证, 详见拙文论虎齿豹尾的西王母,《北京师范大学学报》1993 年, 访问学者专号。
④ 关于这方面的引述论证, 详见拙文论虎齿豹尾的西王母,《北京师范大学学报》1993 年, 访问学者专号。
⑤ 苏雪林:《昆仑一词何时始见于中国记载》,《大陆杂志》1954 年第 11 期。

此看来，西王母不论作为神话人物也好，国家名称也好，部族名称也好，酋长名称也好，其方位一直在以青海为中心的西部。

（三）神话传说遗迹

昆仑西王母神话作为古老的神话传说，在古代青海留下了一系列的遗迹，如著名的西王母石室、西王母樗蒲山、昆仑神祠、积石山，等等。

关于西王母石室，《汉书·地理志》云："金城郡临羌西北至塞外，有西王母石室、仙海、盐池，北则湟水所出。"临羌即今青海湟中县多巴镇一带，西北行过日月山（塞），即为西王母石室、青海湖（仙海）、茶卡盐池，湟水发源于青海湖北边。根据考古发现，所谓西王母石室就在天峻县关角乡，当地有一处巨大的自然岩洞，门前有古建筑遗址，并发现为数较多的汉代瓦当等建筑用料，在汉魏晋南北朝时此处修建有规模颇大的西王母寺。十六国时，北凉主沮渠蒙逊在征战之余，"遂循海而西至盐池，祀西王母寺"[1]。当时在当地各民族中还流传着一些关于西王母活动的传说。段国《沙州记》就提到，沙州（青海贵南县）东北青海湖一带有大山，"羌胡父老传云：是西王母樗蒲山"。以上资料证明，远古的西王母的确居牧在青海湖边草原，并留下了石室等遗迹。

昆仑山在青海，所以古代的青海东部还有"昆仑神祠"，孔安国注《史记》引王肃语："地理志：金城临羌县有昆仑祠"。更有大禹"导河积石"的大小积石山，古代文献中屡见不鲜。这些至少从汉代开始一直到明清时期文献上不厌其烦地记载的有关在青海地区的昆仑山和西王母的神话传说遗迹，也证明了昆仑神话在青海的悠久传承历史。至于这些年被发现的昆仑山玉虚峰、西王母瑶池、昆仑神泉、西王母石室，等等，可以看作是这种神话传说的精神延续和现代诠释。

（四）民族志与民俗志

西王母在神话中以"虎齿""虎颜"的形象出现，其实这是古羌人虎图腾崇拜的反映。而印证古代羌人及其支系民族的信仰崇拜，虎崇拜十分兴盛。

---

① 《晋书》卷一二九《沮渠蒙逊载记》。

《后汉书·西羌传》中的记载，秦厉公时，西羌的第一位著名酋长无弋爰剑从秦国西逃，秦兵追赶甚急时躲入一山洞，秦兵放火烧洞，只见洞口出现一虎形怪物，遮住火焰，秦兵惧退。无弋爰剑才得以逃到三河（黄河上游、湟水、大通河流域），诸羌以为有虎护佑、焚而不死是神人，遂推为首领。自此以后，其子孙"世世为豪"①。这个早期传说被史家写进志传，说明它在西羌酋长的起源上很重要，而且在当时流传很广，更说明羌人对老虎是十分崇拜的。

《太平御览》引《庄子》佚文："羌人死，燔而扬其灰。"又《荀子·大略》中说羌人作战被俘后，不忧死而"忧其不焚"。这一奇特的丧葬信仰习俗原来正与虎图腾崇拜有关。唐代樊绰《蛮书》说，羌人有"披大虫皮""死后三日焚"的习俗，目的就是为了转生为虎。李京《云南方志略·诸夷风俗》记载，罗罗（彝族）"酋长死，以虎皮裹尸而焚，其骨葬于山中。……年老（死）往往化为虎云"。彝族巫师的话更加有力地证明了虎为人祖、人死化虎的图腾观念："虎族是虎变的，如果不火葬，死者的灵魂就不能再转变为虎。"②彝族源出氐羌，其强烈的虎图腾崇拜意识与羌人的丧葬信仰习俗一脉相承。由此窥彼，羌人的虎图腾崇拜昭然。

从青海少数民族的民间信仰仪式看，古羌人虎崇拜的影子也还仍然残留着。在青海省同仁县一个叫年都乎的土族村子里，每年农历十一月要举行一种叫作"跳於菟"的虎舞驱傩仪式。届时，七名男子赤身露体，脸和身上以锅底灰画为虎头形和斑纹，手举荆枝（也许就是不死之药的象征吧）进村，两"虎"在村口敲锣鼓，五"虎"在村中走户穿巷，列队而舞。最后驱至村外河边洗尽锅灰，以示将邪鬼等尽付之东流，巫师焚纸诵经，祛邪求福。"於菟"一词早在《左传·宣公四年》中就出现过：楚人……谓虎於菟。也就是说"於菟"是虎的别称。其实，仔细追究，"於菟"可能源于古老的羌语，而土族跳於菟舞仪式完全是远古羌人虎图腾崇拜在本土的遗存。③

这些从侧面证明了西王母虎齿豹尾的形象与古老的青海民族文化密切

① 《后汉书》卷八七《西羌传》。
② 见刘尧汉《羌戎、夏、彝同源小议》，《彝族社会历史调查研究文集》，民族出版社，1980，第212页。
③ 详见拙文《丝路羌人虎图腾舞小论》，《丝绸之路》1993年第2期。

相关，从而也旁证了昆仑神话起源于青海高原。

（五）历代文人的渲染

从先秦开始，文人文学就开始涉及昆仑神话的内容，尤其是自唐宋以来，很多文人墨客就不自觉地用诗词的方式反映昆仑西王母在青海的种种想象。① 自然文学不等于写实，更不等于科学研究，但却说明了历代文化精英们认同昆仑西王母神话传说与青海地区的渊源关系。

综上所述，昆仑西王母神话与青海有着非同一般的联系，二者之间的渊源关系说明，古老的羌文化是昆仑神话的生成温床，而青海地区是昆仑神话的发祥地。

五 关于昆仑文化

昆仑山是青海高原乃至整个东方最神圣的大山，昆仑文化被称为是青海的标志性文化品牌一点也不为过。那么如何来看待昆仑文化，这要从两个方面来认知。

从文化源头看，所谓昆仑文化就是昆仑神话。

从区域文化看，所谓昆仑文化就是以昆仑山为标志的青海高原各民族文化，既包括历史文化，也包括现当代文化；既包括各类精英文化，也包括各民族民间文化。昆仑文化应该是一个区域性的文化整体。

昆仑文化的基本特征就是"大美青海"，神圣、神奇、神秘。

所谓神圣，就是昆仑神话是中华文明的源头，而且源远流长，影响了整个中华文明发展史，具有神圣的文化地位。昆仑山在中华民族的文化史上具有"万山之祖"的显赫地位，国人称昆仑山为中华"龙祖之脉"。古籍文献上经常说："赫赫我祖，来自昆仑。"其神圣性不容轻视。青海还是出产圣人的地方，如西藏佛教的后弘期，正是由青海而发生兴起的；藏传佛教格鲁派的创始人宗喀巴大师被世人称为"第二佛陀"，是具有世界性影响的佛教领袖，其弟子们的影响也是举世瞩目。著名的历辈章嘉胡图可

---

① 关于这方面的材料，可参考拙著《历代咏青诗选》中的相关诗篇，青海人民出版社，1986。

图大都产生于青海东部地区。

所谓神奇则表现在青海山川的壮丽雄奇，各民族文化的瑰丽多彩。比如昆仑山全长 2500 千米，平均海拔 5500～6000 米，宽 130～200 千米，总面积 50 多万平方千米，最高峰在青海境内，海拔 6860 米，也是青海省的最高点。昆仑山浩浩荡荡，横贯东西数千里；茫茫苍苍，挺拔高峻，雄奇壮美。真如《山海经》所描写："其光熊熊，其气魄魄。"令人震撼。

所谓神秘，就是青海地处西部，广袤的土地，雄浑的山川，神秘的宗教文化，瑰丽的民俗文化，有着无穷的神秘感。

青海多民族文化不但历史悠久，博大精深，而且"多元和美""和而不同"。

她不仅是中华文化的有机组成部分，而且在中国多民族地区具有典型性和代表性，是多民族文化的缩型地区。如此神圣、神奇、神秘而博大精深的多元文化，难于用一个普通的概念来涵盖，纵观历史与现实，唯有昆仑文化能够代表整个青海文化。

总之，昆仑山堪称是青海的标志性形象，以昆仑神话为核心的昆仑文化是青海古今各民族文化的最佳概括。

（该文原载《青海社会科学》2010 年第 4 期，2011 年荣获青海省第九次哲学社会科学优秀成果评奖一等奖）

中央支持青海等省藏区经济社会发展政策机遇下青海实现又好又快发展研究（摘选）

孙发平　丁忠兵　苏海红　朱　华　杜青华

刘傲洋　鄂崇荣　窦国林　张继宗

本课题研究的基本思路是：通过全面学习领会中央支持藏区发展等有关文件精神，深入发掘其中蕴含的政策机遇，科学把握青海实现又好又快发展的目标任务和关键因素。在此基础上，进一步深化省情研究，全面总结青海在又好又快发展方面取得的成效，分析存在的问题。最后，结合相关政策机遇，研究提出未来青海实现又好又快发展的思路、任务、措施和政策保障。

一　青海实现又好又快发展的背景分析

确定一个省的发展思路和目标，首先离不开国家层面的发展观和发展战略的宏观指导，一个省的发展思路和目标必须服从和服务于国家的总体发展战略。与此同时，省委省政府在对省情进行深入研究和对国内外经济社会发展趋势进行科学判断的基础上提出的发展思路和发展战略，对全省未来经济社会发展具有重要的指导意义，也是确定具体发展目标的重要指导方针。当前，对青海确定未来又好又快发展目标、重点、难点的指导性政策文件主要有五项：一是党的十六大报告，二是党的十七大报告，三是省十一届党代会报告，四是《国务院关于支持青海等省藏区经济社会发展的若干意见》，五是第五次西藏工作座谈会精神。以下，本课题就对这些文件中与未来发展思路和目标相关的政策背景逐一进行梳理。

2002 年，党的十六大报告向全党全国人民郑重提出了全面建设小康社会的奋斗目标，并从经济、政治、文化、可持续发展四个方面界定了全面建设小康社会的具体内容，要实现的主要目标就是六个"更加"："经济更加发展、民主更加健全、科教更加进步、文化更加繁荣、社会更加和谐、人民生活更加殷实。"全面建设小康社会的基本标准包括十个方面：一是人均国内生产总值超过 3000 美元，这是建成全面小康社会的根本标志。二是城镇居民人均可支配收入 1.8 万元。三是农村居民家庭人均纯收入 8000元。四是恩格尔系数低于 40%。五是城镇人均住房建筑面积 30 平方米。六是城镇化率达到 50%。七是居民家庭计算机普及率 20%。八是大学入学率 20%。九是每千人医生数 2.8 人。十是城镇居民最低生活保障率 95%以上。

2007 年，党的十七大报告提出了实现全面建设小康社会奋斗目标的新要求，具体任务包括：一是增强发展协调性，努力实现经济又好又快发展；二是扩大民主，更好保障人民权益和社会公平正义；三是加强文化建设，明显提高全民族文明素质；四是加快发展社会事业，全面改善人民生活；五是建设生态文明，基本形成节约能源资源和保护生态环境的产业结构、增长方式、消费模式。

2007 年 5 月，中共青海省委十一次党代会提出未来五年至 2020 年的奋斗目标是建设富裕文明和谐新青海。具体目标任务包括：实现综合实力明显增强、家庭财产普遍增加、群众生活显著改善；实现文化事业繁荣发展、民主法制健全进步、人的素质明显提高；实现社会生活安定有序、公平正义得到保障、整个社会充满活力，最终建成惠及全省各族人民的更高水平的全面小康社会。其中，对于 2007～2011 年这五年的奋斗目标，省十一次党代会提出的要求是：经济总量和人均水平再上新台阶，人民生活显著改善（生产总值和财政一般预算收入继续保持两位数增长，经济总量迈上千亿元台阶，人均水平进入全国中等行列）；转变经济增长方式取得突破，可持续发展能力显著增强；社会全面进步，和谐青海建设取得显著成效；体制机制不断创新，开放水平显著提升；党的先进性建设不断加强，执政能力和水平显著提高。

2008 年，国务院 34 号文件对未来青海藏区经济社会发展提出了明确目标：到 2012 年，生态环境恶化的趋势得到初步遏制，局部有明显改善，植被覆盖度，"三化"草原治理率、水源涵养能力逐步提高，沙化土地扩展趋势得到有效控制，水土流失防治面积稳步增加；城乡居民收入接近或达到西部地区平均水平，基本公共服务能力大幅提高，与全国差距明显缩小；基础设施进一步改善，重点产业和特色经济初具规模。到 2020 年，生态环境总体改善，生态系统步入良性循环；城乡居民收入接近全国平均水平，基本公共服务能力达到全国平均水平；基础设施比较完善，特色优势产业形成规模；人与自然和谐相处，经济与社会协调发展，全面实现小康社会。

2010 年 1 月，中央 5 号文件对青海、四川、甘肃、云南四省藏区经济社会跨越式发展提出了新的战略目标，提出用 3～5 年时间，集中解决制约经济社会发展最突出最紧迫的问题，把民生改善、社会事业发展、生态环境保护、基础设施建设作为主攻方向，并取得重大突破；到 2015 年，城乡居民收入水平和基本公共服务能力大幅提高，生态环境进一步改善，基础设施建设明显加强，重点产业和特色经济初具规模；到 2020 年，城乡居民收入接近或超过本省平均水平，基本公共服务能力接近全国平均水平，生态系统步入良性循环，基础设施比较完善，特色优势产业形成规模，经济社会协调发展，确保实现全面建设小康社会目标。

二　青海实现又好又快发展的总体思路

从现在到 2020 年，是青海实现全面小康社会目标、建设富裕文明和谐新青海的关键时期，也是青海探索具有青海特点的科学发展模式、闯出一条欠发达地区实践科学发展观的成功之路、实现又好又快发展的重要阶段。在这一时期，青海经济社会发展既将迎来一系列重大历史机遇，也将面临一些新的挑战。一方面，国发 34 号文件和中发 5 号文件及西部大开发第二个十年规划等一系列重要政策将进入全面实施阶段，将为青海又好又快发展提供重要的资金、项目、技术、舆论支持；全球经济进入新一轮复苏和快速增长阶段，世界发达国家经济体的市场信心和需求逐步恢复，将为青海进一步扩大出口创造有利时机；国内产业结构加速升级，东部沿海地区经济发展面临的资源、土地约束进一步加强，将为青海承接东部生产力要素转移及带动产业结构升级带来巨大机遇；随着近年西部大开发战略和国家扩内需、保增长等重大战略的实施，全省基础设施条件持续改善，铁路运输制约逐步缓解，电网覆盖面进一步扩大，为新时期青海实现又好又快发展奠定了坚实基础。另一方面，随着国际金融危机影响的逐步减弱，国家实施的一系列扩张性经济政策将随之逐步退出，将使全省保持全社会投资持续较高增长速度面临较大压力；国际社会对全球气候变化问题的日益关注，必将使青海省的节能减排任务越来越重，使相关产业发展越来越多地受到环境因素的限制；随着改革的深入，一些深层次矛盾逐步显现出来，各种利益问题错综复杂，将使全省实现经济又好又快发展面临的不确定因素增多，改革难度增大。根据以上分析预测，结合科学发展观的要求及省委十一届四次全委会、六次全委会精神，参考省委十一届七次、八次、九次全委会提出的全省经济工作的基本思路，围绕当前及今后一段时期青海经济发展面临的主要矛盾和突出问题，我们就未来青海实现又好又快发展提出如下总体思路。

以科学发展观为指导，紧紧围绕科学发展、改善民生、保护生态三大历史任务，抢抓国家支持青海等省藏区经济社会发展、新一轮西部大开发等重大历史机遇，按照跨越发展、绿色发展、和谐发展和统筹发展的总要求，以节能减排、结构优化、科技创新为重点，加快转变经济发展方式，提高发展质量，以加大基础设施建设投资，全力推进工业化、城镇化和基本公共服务均等化为重点，进一步加快发展速度，确保发展速度、质量和效益的统一，推动青海 2020 年与全国同步实现全面建设小康社会奋斗目标。

三　青海实现又好又快发展的基本原则

未来 5～10 年是青海践行科学发展观、实现全面小康社会奋斗目标的关键阶段，也是青海抢抓机遇、应对挑战、转变发展方式的攻坚阶段，必须以科学发展观为指导，坚持以下基本原则。

（一）坚持体制和科技创新，推进跨越发展

科学技术是第一生产力，创新是民族的灵魂，是一个国家兴旺发达的不竭动力。青海作为我国经济社会发展落后省区，发展不够是青海最大的省情，加快发展是解决青海所有问题的关键。面对 2020 年与全国同

步进入全面小康社会的宏伟目标，青海必须始终扭住经济建设这个中心，紧紧抓住国家实施西部大开发第二个十年计划、支持青海等省藏区发展的政策机遇，把争取国家更大支持和充分发挥自身主观能动性有机结合，把创新作为推动经济社会发展的根本动力，把创新精神贯穿于改革开放全过程、贯穿于经济社会发展各方面，加快完善社会主义市场经济体制，充分发挥青海的资源优势、集聚优势和后发优势，加快建设创新型新青海，实现制度创新与科技创新有机统一，推进全省重点领域、重点地区实现跨越发展。

（二）坚持生态立省战略，推进绿色发展

青海是我国乃至亚洲的重要水源地和全球重要生态屏障，不可替代的生态地位、生态功能及欠发达的省情决定了青海绿色发展的独特优势和典型意义。坚持生态立省战略，走绿色发展之路，建设资源节约型、环境友好型社会，实现速度和结构质量效益相统一，经济社会发展与人口资源环境相协调，是青海贯彻科学发展观的必然要求。未来青海发展必须进一步把握绿色发展大势，树立绿色发展理念，构筑绿色产业体系，倡导绿色消费方式，完善绿色发展保障，大力发展生态农牧业、现代服务业、循环经济、战略性新兴产业、生态旅游业和民族文化产业，加快推进绿色发展新格局，使绿色经济成为青海发展新引擎。

（三）坚持以人为本，推进和谐发展

青海多民族聚居，多宗教并存，在国家安全战略中地位重要。实现社会和谐稳定，是全省各族人民的共同愿望和根本利益所在。与此同时，青海又是我国欠发达地区之一，经济发展滞后，民生保障水平很低。切实保障和改善民生，实现和谐社会共建共享，是全省人民的迫切愿望。在新的历史时期，青海实现又好又快发展，必须把改善民生作为经济社会发展的根本目的，坚持发展为了人民，发展依靠人民，发展成果由全体人民共享，把发展的出发点和落脚点真正体现在富民、惠民、安民上，正确处理改革发展稳定关系，高度重视民族宗教工作，妥善协调社会各阶层各方面利益关系，推动藏区跨越式发展，实现各民族共同团结进步和共同繁荣发展，促进社会公平正义，确保民族和谐稳定、长治久安。

（四）坚持分类指导，推进统筹发展

青海地域辽阔，区域发展极不平衡，城乡二元结构十分突出，统筹区域、城乡协调发展的任务异常艰巨和繁重。未来十年里，青海必须牢固树立统筹发展的观念，正确处理好当前与长远、重点与一般、局部与整体的关系，总揽全局，统筹规划，分类指导，重点突破，全面推进。进一步加快城镇化进程，进一步加快社会主义新农村建设步伐，进一步加快构建"四区两带一线"区域发展新格局。充分发挥各地比较优势，促进速度质量效益相协调、城乡区域发展相协调、人口资源环境相协调、改革发展稳定相协调，努力实现全省经济社会又好又快发展。

四　青海实现又好又快发展的主要目标

制定科学的发展目标对于一个地区的发展具有重要意义，它不仅可以为一个地区发展提供一个明确的前进方向，少走弯路，而且可以为全体社会成员描绘一个美好愿景，增强人们发展的动力和信心。我们党历来重视规划未来发展目标。党的第一代中央领导集体提出了"四个现代化"的发展目标，激励了一代又一代人投身于国家的现代化建设事业之中；党的第二代领导集体提出了"三步走"发展战略，极大地增强了中国人民建设社会主义的自信心和自豪感；党的第三代领导集体和第四代领导集体提出了"全面小康社会"发展目标，使国家的发展目标与普通百姓的生活紧密联系了起来，进一步激发了全社会的发展活力。当前，青海经济社会发展正处于"十一五"与"十二五"交界时期，面临各种发展机遇与挑战。在这种新的时代背景下，科学谋划青海未来又好又快发展的目标，对于青海抢抓发展机遇、明确发展方向、凝聚发展力量、提高发展质量无疑具有重要意义。

（一）目标体系

虽然无论是在党的十七大报告还是在省十一次党代会报告中，又好又快发展都主要是指经济的又好又快发展，但本课题标题中用的是青海又好又快发展，而没有特指经济的又好又快发展。因此，本课题在谋划青海又

好又快发展目标时，将又好又快发展的概念外延略做了扩充，不仅包括经济发展目标，还包括社会、民生、生态环境等领域的发展目标。综合分析，我们认为，青海又好又快发展的目标与全面小康社会的目标无论是内涵还是外延都具有较强的一致性。

据此，本课题对青海又好又快发展的目标体系分为四个定性目标和十一个定量指标。四个定性目标为：经济发展目标、民生改善目标、社会和谐目标、环境友好目标。十一个定量指标为：地区生产总值及人均国内生产总值、城镇居民人均可支配收入、农村居民人均纯收入、城镇居民恩格尔系数、农村居民恩格尔系数、城镇居民人均住房面积、城镇化率、每万人在校大学生人数、每千人卫生技术人员数、森林覆盖率。

与国家提出的全面小康指标体系相比较，本课题提出的十一个定量指标有以下特点或考虑：一是增加了地区生产总值指标，有利于人们对全省未来经济发展总规模有一个比较清晰的概念。二是将恩格尔系数分为城镇居民恩格尔系数和农村居民恩格尔系数两个指标，既能与青海省统计年鉴中的相关指标保持一致，也能更准确地反映城乡居民的生活水平变化。三是舍弃了全面小康指标体系中的居民家庭计算机普及率指标，主要是由于青海省统计年鉴中对该项指标未进行统计，2009 年基数无法确定，更无法准确预测其未来发展目标。四是将全面小康社会指标体系中的大学入学率指标和每千人医生数指标分别调整为每万人在校大学生人数和每千人卫生技术人员人数，主要原因也是青海统计年鉴中相关统计数据的限制。五是舍弃了全面小康社会指标体系中的城镇居民最低生活保障率指标，主要原因是青海目前已在城乡建立起了最低生活保障制度，并基本实现了应保尽保，现在设定目标时再提城乡居民最低生活保障率已没有任何指导意义，现在该领域存在的主要问题只是如何提高保障水平的问题。六是增加了森林覆盖率指标，主要是为了从总体上反映未来青海生态环境的改善情况。七是其他定量指标基本与全面小康社会指标保持了一致，以便于横向、纵向比较。

当前，省委省政府正在研究制定青海"十二五"发展规划，提出的初步目标体系包括经济发展、结构调整、民生改善、科技创新、资源环境等五个大的方面及 32 项具体指标。与之相比较，本课题提出的指标体系在大的方面基本上是一致的，但在具体指标上要相对少一些，主要是为了使目标体系更加集中于又好又快发展这一主题，便于理解和操作。

（二）目标确定

关于青海又好又快发展目标体系中各个定量指标值的确定，本课题主要以国家提出的全面小康社会目标为参照，并在综合考虑藏区政策、省委省政府的相关发展战略及青海经济社会发展的现有水平的基础上进行了适当调整。另外，本课题将 2012 年和 2020 年作为青海未来实现又好又快发展目标的两个代表性时间点，一方面是由于党的十六大报告、十七大报告都将 2020 年作为我国实现全面小康目标的重要时限，另一方面是由于国务院 34 号文对青海等省藏区 2012 年和 2020 年提出了明确的发展目标要求，而藏区又占到青海国土面积的 97% 以上，藏区的发展目标在一定程度上可以代表青海的最基本发展要求。

1. 定性目标预测

从现在到 2012 年还有两年的时间，到 2020 年也仅有不到 10 年的时间。在这期间，一方面青海正经受着玉树地震和灾后重建的严峻考验；另一方面青海也将迎来贯彻落实国务院 34 号文和第五次西藏工作座谈会精神及国家继续实施西部大开发等重大历史机遇；再加之国家和全国人民支持玉树灾区重建的力度空前，也会为青海近几年的经济社会发展增添新的特殊动力。综合以上因素分析，我们对 2012 年青海实现又好又快发展的主要定性目标确定为：全省经济总量和人均国内生产总值保持持续较快增长，转变经济发展方式取得较大突破，富裕文明和谐新青海建设进程进一步加快，城乡居民的收入水平、生活水平和社会保障水平都有新的较大提高，公共服务能力进一步加强，教育、医疗、文化等各项社会事业全面发展，生态环境较大改善，全面小康社会建设稳步推进。对 2020 年青海实现又好又快发展的主要定性目标确定为："四个发展"战略得到全面贯彻落实，经济结构升级优化，发展质量显著提升，地区综合实力明显增强，社会保障水平较大提高，群众生活显著改善，文化事业繁荣发展，民主法制健全进步，人的素质明显提高，社会生活安定有序，生态环境实现良性循环，全面小康社会建设目标圆满实现，富裕文明和谐新青海建设取得阶段性重大成绩。

2. 定量目标预测

2009 年，青海完成国内生产总值 1081.27 亿元，人均国内生产总值

19454 元（约合 2860 美元），城镇居民人均可支配收入达到 12691.85 元，农牧民人均纯收入 3346.15 元，城镇居民恩格尔系数 40.39%，农村居民恩格尔系数 38.05%，城镇居民人均住房面积达到 25.77 平方米，全省每万人在校大学生人数 106.83 人，每千人卫生技术人员数 4.18 人，城镇化率 40.1%，森林覆盖率为 5.2%。根据青海当前的经济社会发展基础，结合经济社会各项指标正常发展速度和全面小康社会的目标要求，本课题对 2012 年及 2020 年青海实现又好又快发展的具体量化目标做出如下预测（见表1）。

（1）地区生产总值在 2009 年的基础上保持 12% 左右的速度增长，到 2012 年全省生产总值达到 1519 亿元左右；人均生产总值保持 11% 左右的速度增长，到 2012 年达到 26606 元左右（约 3970 美元）。到 2020 年全省生产总值达到 3761 亿元左右，人均生产总值达到 61314 左右（约 9151 美元）。

（2）城镇居民人均可支配收入在 2009 年的基础上保持 8% 以上的平均增速（扣除物价因素），到 2012 年达到 15988 元；到 2020 年达到 29592 元。

（3）农村居民家庭人均纯收入在 2009 年的基础上保持 9% 以上的平均增速（扣除物价因素），2012 年达到 4333 元；到 2020 年达到 8634 元。

（4）城镇居民恩格尔系数在 2009 年的基础上平均每年下降 0.5 个百分点，到 2012 年达到 38.89% 以下；2020 年达到 34.89% 以下。

（5）农村居民恩格尔系数在 2009 年的基础上平均每年下降 0.3 个百分点，到 2012 年达到 37.15% 以下；2020 年达到 34.75% 以下。

（6）城镇居民人均住房面积在 2009 年的基础上平均每年增加 0.5 平方米，到 2012 年达到 27.27 平方米；到 2020 年达到 31.27 平方米。

（7）城镇化率在 2009 年的基础上平均每年提高 1 个百分点，到 2012 年达到 43.1%；到 2020 年达到 51.1%。

（8）每万人在校大学生人数在 2009 年的基础上平均每年增加 15 人，到 2012 年达到 151.83 人；2020 年达到 271.83 人。

（9）每千人卫生技术人员数在 2009 年的基础上每年增加 0.3 人，到 2012 年达到 5.08 人；2020 年达到 7.48 人。

（10）森林覆盖率在 2009 年的基础上平均每年提高 0.2 个百分点，到 2012 年达到 5.8%；到 2020 年达到 7.4%。

表1　青海经济社会发展现状及目标预测

指标	2009年	2012年	2020年	全面小康社会目标值
国内生产总值（亿元）	1081.27	1519	3761	
人均国内生产总值（元）	19454	26606	61314	3000美元
城镇居民人均可支配收入（元）	12691.85	15988.08	29592.81	18000
农村居民家庭人均纯收入（元）	3346.15	4333.36	8634.49	8000
城镇居民恩格尔系数（%）	40.39	38.89	34.89	40
农村居民恩格尔系数（%）	38.05	37.15	34.75	40
城镇居民人均住房面积（平方米）	25.77	27.27	31.27	30
城镇化率（%）	40.1	43.1	51.1	50
每万人在校大学生人数（人）	106.83	151.83	271.83	
每千人卫生技术人员数（人）	4.18	5.08	7.48	2.8①
森林覆盖率（%）	5.2	5.8	7.4	

注：①该数字指的是每千人医生数

根据"十一五"时期青海经济社会发展的经验，在以上定量目标中，GDP、人均GDP、城镇化率三个指标比较容易实现。城镇居民人均住房面积目标的实现难度也不大，但住房分配的公平问题解决起来比较复杂，到2020年要真正实现居者有其屋的目标，难度还是比较大。受就业增长空间不足和未来物价存在较快上涨风险等因素影响，未来青海城乡居民收入增长速度（扣除物价因素）及城乡居民消费的恩格尔系数下降目标实现难度较大，需要各级政府给予重点关注。每万人在校大学生人数、每千人卫生技术人员数这两个指标的实现容易受国家相关改革政策的影响，具有一定的不确定性，青海应在这两方面重点做好与国家有关部委的沟通与衔接，积极争取国家的政策、资金支持。受特定地理条件的影响，森林覆盖率指标对青海未来发展而言是一个较高的目标，既需要国家的大力支持，也在一定程度上会受到气候变化的影响。对此，青海一方面应继续实施生态立省和绿色发展战略，加大生态环境保护与建设力度；另一方面还应针对青海的特殊环境，积极争取国家用植被覆盖率代替森林覆盖率作为衡量青海生态环境变化的主要指标。

五 青海实现又好又快发展的主要着力点①

实现青海又好又快发展是一项系统工程，包括方方面面的内容，如何才能将各项工作统筹兼顾，并真正落到实处，找准着力点至关重要。综合青海省情特点、制约青海又好又快发展的突出矛盾及面临的机遇和挑战，青海未来应着力从以下几方面推动实现又好又快发展。

（一）转变经济发展方式，着力发展特色产业

加快转变经济发展方式是党中央在新时期科学分析和把握我国经济发展的主要矛盾和基本规律的基础上提出的重要战略举措，是科学发展观在我国经济建设领域的集中体现。在青海，受资源结构、区位条件、传统产业基础以及人们的思想观念、文化素质、劳动技能等多方面因素的限制，全省产业结构不合理，重化工产业比重偏高，资源消耗大，环境污染严重，科技对经济增长的贡献严重不足，出口、消费在地区经济总量中的比重偏低，迫切需要转变经济发展方式，推动全省经济又好又快发展。要坚持培育、发展、壮大、提升多策并举，深化资源转换战略，以柴达木循环经济试验区和西宁经济技术开发区为主战场，构建产业间融合、产业链延伸、资源循环利用的循环经济发展新模式，促进产品由产业链的低端向产业链的高端提升，促进资源开发由粗放型向集约型、精细化方向转变，促进经济增长由主要依靠增加物质资源消耗向主要依靠科技进步、劳动力素质提高和管理创新转变，提高产业发展的质量和效益。

1. 努力培育发展战略性新兴产业

充分利用青海资源富集、电网完善、用电需求较大的突出优势，大力发展太阳能、风能等新能源产业。加快发展以三硅（工业硅、多晶硅、单晶硅）、三箔（铜箔、电子铝箔、化成箔）、三锂（氯化锂、碳酸锂、金属锂）、三镁（氯化镁、金属镁、镁合金）、三合金（铝合金、铜合金、锂合

---

① 主要参考曹文虎在全省发展和改革工作会议上的讲话《认真贯彻落实省委十一届七次全体会议精神努力实现经济平衡较快发展》、吴海昆在全省发展和改革工作会议上的讲话《关于青海国民经济和社会发展"十二五"规划基本思路的初步考虑》、骆惠宁在省十一届人大三次会议上做的政府工作报告。

金）为重点的新材料产业。大力发展数控机床、大型精密铸锻、环卫设备等装备制造业。积极推进有机绿色食品、中藏新药、野生动植物资源种质利用、生物育种等生物产业的发展壮大。

2. 积极推进传统工业转型升级

坚持走新型工业化道路，以信息化改造提升四大支柱、四大优势产业，培育发展装备制造、煤化工等新的优势产业，加大技术创新和升级改造力度，延长油气化工、盐化工、煤化工、有色金属等产业链，力争通过5~10年将青海建成全国重要的水电基地、盐湖化工系列产品生产基地、区域性石油天然气化工基地和有色金属新材料基地。实施工业"双百"行动，即建设100个重点项目、培育100户重点企业，构建产业集群，打造青海特色产业链。

3. 大力发展生态农牧业

充分利用青海草场广袤、环境洁净的独特优势，大力发展生态畜牧业和有机畜牧业。充分利用黄河谷地和湟水河谷地阳光充足、积温较高、灌溉便利等自然优势，加大日光节能温室或小型畜棚建设力度，大力发展特色蔬菜、水果种植业。积极推进耕地草场有序流转，大力扶持龙头企业和农村合作经济组织，提高农牧业产业化水平。进一步加大柴达木盆地水利基础设施建设力度，积极招商引资，扩大现代农业种植规模，将格尔木建设成青海、西藏优质水果、蔬菜生产基地。

4. 加快发展服务业

针对青海地域辽阔、城镇分散、运距较长的实际，优先发展交通运输业和现代物流业，全面拓展金融保险业和信息服务业，加快发展技术服务业，支持农牧业服务体系建设，积极发展工程咨询、管理咨询、资信服务、市场调查等咨询服务业和会展业。大力发展吸纳就业能力强和市场需求大的生活服务业。充分利用青海独特的自然风光、历史文化和民族风情等旅游资源，突出生态旅游、高原旅游、健康旅游，坚持高起点规划、高层次招商、商品建设、高水平经营，努力把青海建设成为全国高原生态旅游名省，进一步做响做实"大美青海""夏都西宁"旅游品牌。

（二）加大基础设施建设力度，着力改善经济社会发展基础

长期以来，受经济发展水平、地方财力、区位条件等诸多因素的制

约，青海基础设施建设水平十分落后，公路、铁路、机场、水利、市政、能源等基础设施远不能适应经济社会发展需要，已成为影响青海未来又好又快发展的瓶颈制约。因此，未来十年，青海必须紧紧抓住国家支持青海等省藏区经济社会发展、西部大开发第二个十年规划等重大历史机遇，进一步加大基础设施建设投资力度，改善全省经济社会发展的基础条件。

1. 大力加强交通基础设施建设

以西宁、格尔木为中心，加快构建连接甘、川、新、藏的运输通道、运输枢纽和交通场站，促进各种运输方式的有机衔接，尽快形成综合运输网络。在公路建设方面，加快推进"布局合理、横贯东西、纵贯南北"的路网建设，形成"六纵九横二十联"公路网主骨架。重点建设国家高速公路网京藏高速茶卡至格尔木、格柳高速当金山至大柴旦段，建成地方高速阿岱至同仁、大通至武威段，建成出省大通道香日德至久治、玉树至囊谦段，实现省会西宁至海北、海西、海南、黄南、玉树州通高速公路，主要出省通道通高等级公路，所有乡镇、85%以上的行政村（牧委会）通沥青（水泥）路。在铁路建设方面，建成青藏铁路西格段增建二线工程、兰新铁路第二双线工程和格尔木至敦煌铁路工程，开工建设格尔木至库尔勒铁路、西宁至成都铁路，形成东接陇海铁路、北接兰新铁路、西连南疆铁路、西南连接拉萨、东南连接成都的主骨架铁路网。同时，做好格尔木至成都、西宁至昌都至景洪铁路的前期工作，开工建设鱼卡至一里坪等地方铁路。在民航基础设施建设方面，按照合理布局、分步实施的原则，开工建设德令哈、大武、花土沟支线机场，加快西宁机场扩能改造工程建设，增辟西宁机场通往全国主要城市的航线，提高航班密度。大力发展城市公共交通，推进绕城高速公路建设，启动西宁发展轨道交通的前期工作，不断满足城市化进程对城市交通的需求，不断满足全省经济社会发展对客货运输的需求。

2. 大力加强能源基础设施建设

青海水电资源、太阳能资源、风能资源丰富，是我国清洁能源资源最富集的地区之一。未来十年，青海加大能源基础设施建设力度，大力发展清洁能源产业，潜力十分巨大。要继续加大水电资源开发建设力度。黄河龙羊峡以下河段的拉西瓦、积石峡水电站要在"十二五"时期内按期建成投运。龙羊峡以上河段要积极争取开工建设羊曲、茨哈峡、玛尔挡等大型水电站。长江上游通天河段要尽快制定水电开发规划，力争开工建设一座中型水电站。要大力发展太阳能、风能产业。通过税收优惠、差别电价等政策措施，进一步加大招商引资力度，积极引进社会资金，将青海柴达木盆地建设成我国重要的太阳能、风能利用基地。要加快区域电力主网架和电力输送工程建设。充分利用国家支持玉树灾后重建的有利时机，将330千伏输电线路尽快通到玉树，实现玉树电网与全省电网的并网。在广大农村牧区加快"户户通电"工程建设，增加农牧区和非工业用电，建立安全清洁经济的能源保障体系。

3. 大力加强水利基础设施建设

要把水资源的开发、利用、节约和保护作为一项长期任务，抓紧兴建一批大中型调蓄水骨干工程，搞好重要灌区建设与改造，统筹水资源调配，逐步解决工程性缺水、人畜饮水困难和饮水安全问题。加快建设引大济湟调水总干渠、扎毛水库以及湟水流域、黄河谷地、柴达木绿洲、海南台地等灌区配套与节水改造工程，增加城镇供水能力，扩大灌溉面积，解决农村牧区居民饮水困难和安全问题。开工建设拉西瓦、李家峡、公伯峡、积石峡水库灌区工程，重点实施黄河阶地百万亩土地复垦整理工程；开工建设蓄积峡水库工程，缓解柴达木工农业和城镇用水紧张局面。抓好湟水河和黄河等重要河段、重点城镇防洪和病险水库除险加固工程建设，增强防洪能力。积极配合国家做好南水北调西线工程前期工作，争取在"十二五"期间先期开工建设调水试验工程。

4. 大力加强信息基础设施建设

在当今信息化时代，加快信息网络建设，促进互联互通和资源共享，全面推进信息技术在经济社会领域的广泛应用，是青海实现又好又快发展的重要保障。要加快建设覆盖省、州（市、地）、县、乡四级统一的电子政务内外网，实现部门间信息共享，并对社会提供服务。依托统一的电子政务平台，按照职能需求建设相应的业务应用系统。要按照信息化带动工业化，工业化促进信息化的思路，积极开展企业信息化工作，促进电子商务的推广应用。建设集各类服务功能于一身的面向农村牧区的村级信息服务站，使广大农牧民普遍享受信息服务。加快推进电信网、广播电视网和互联网的三网融合工程，整合信息资源，优化服务功能，更好地满足全省经济社会发展需要。

（三）实施生态立省战略，着力推动绿色发展

青海生态地位重要，生态环境脆弱，继续实施以保护生态环境、发展生态经济、培育生态文化为主要内容的生态立省战略，是青海建设生态文明，实现可持续发展的基本方略。今后 5～10 年，青海必须按照绿色发展理念和生态立省的总体部署，统筹实施好重点生态保护建设工程，加快推进重点生态功能区生态补偿机制的建立和实施，遏制生态退化趋势。重点构建以三江源草原草甸湿地生态功能区为屏障、以青海湖草原湿地生态带、祁连山水源涵养生态带为骨架的"一屏两带"生态安全格局。

1. 全面加强重点生态工程建设

继续推进三江源生态保护和建设工程，精心实施退牧还草、灭鼠灭虫、黑土滩治理、生态移民、建设养畜、湿地保护等项目，确保工程规划项目如期完成和取得预期成效。积极争取国家安排部署三江源生态保护与建设二期工程。大力推进青海湖流域及周边地区生态环境保护与综合治理工程，坚决遏制生态环境恶化趋势。进一步巩固好退耕还林成果，抓好天然林保护、长江黄河源区水土保持、沙化土地治理、西宁南北山绿化等重点生态建设项目，逐步实现全省生态环境的好转。编制和实施好柴达木荒漠化地区生态环境综合治理规划、祁连山水源涵养区生态保护和综合治理规划、青海黄土高原区域生态综合治理规划，全面改善青海生态环境，增强经济发展的环境承载力。

2. 建立和完善重点生态功能区的生态补偿机制

通过积极努力，力争在 1～2 年内全面启动三江源国家生态保护综合试验区建设项目，制定出台三江源生态补偿机制的具体实施意见，进一步明确补偿范围、补偿内容、补偿标准和补偿方式，建立政府主导与市场化运作相结合的生态补偿机制。加大宣传，积极吸纳社会资金、国际资金，建立中国三江源生态补偿基金，不断提高补偿水平。制定和完善财政、税收、信贷等方面的政策措施，支持三江源地区转变经济发展方式，大力发展生态农牧业、生态旅游业和特色文化产业，增强三江源地区自主发展能力，大幅提高当地农牧民的收入水平和生活水平，确保 2020 年与全国同步实现全面小康社会目标。

3. 积极发展绿色产业

青海地处青藏高原，自然环境清新，草场辽阔，水电资源、太阳能资源、风能资源丰富，具有发展生态产业、实现绿色发展的独特优势。未来5~10年，青海应紧紧抓住世界产业向低碳、环保方向转型升级的有利时机，创新体制机制，全面构建以保护生态环境为基础，以生态农牧业、旅游业、循环经济和新能源、新材料产业为重点，以低碳增长为方向的绿色发展模式。政府相关部门要尽快研究制定全省绿色发展规划和产业政策，引导和推动绿色发展。充分利用青海丰富的森林、湿地、草地碳汇资源和生态品牌，探索建立环境交易平台，推进碳交易试点。西宁城市圈积极探索低碳能源、低碳交通、低碳产业发展的试点工作，适时向全省推广。充分挖掘青海有利于生态环境保护的传统优秀文化，结合世界文明发展的潮流，引导城乡居民树立低碳消费和绿色消费理念，推动青海全方位实现绿色发展目标。

4. 加大环境污染综合治理力度

青海生态系统脆弱，环境承载力低，加强环境污染综合治理是青海实施生态立省战略、走绿色发展道路的内在要求。要按照国家的有关政策法律要求，积极调整和优化产业结构，严格落实污染减排措施，全面推行强制性清洁生产，从源头上防治污染和保护生态。全面加强西宁、格尔木、德令哈市环境的综合整治工作，加大城镇污水处理、污水管网、生活垃圾处理设施等环境基础设施建设力度，强化湟水流域及工业集中区等重点区域工业污染防治，彻底解决西宁市历史遗留的铬渣污染问题。组织实施环保专项行动，加强环境保护宣传，广泛开展绿色学校、绿色社区、环境友好企业创建活动，推动垃圾处理和废旧资源再利用，着力解决影响群众切身利益的环境问题。大力加强农业面源污染、城镇大气污染的防治工作，全面建立环境污染监控体系和责任追究制度，确保全省城乡居民生产生活环境有较大改善。减少大气污染物排放。

（四）加强民生工程建设，着力夯实社会稳定基础

青海是我国重要的多民族聚居区、多宗教并存区和经济欠发达地区，大力加强民生工程建设，从根本上维护社会稳定和民族团结是实现青海又好又快发展的前提和保障。近年来，随着经济的较快发展、城乡居民生活

水平的大幅提高和维稳工作的深入开展，全省大局持续稳定，人民安居乐业，社会安定祥和。据此，在省委十一届七次全委会上，省委书记强卫提出，推动维稳工作从应急状态向常态建设转变，是摆在我们面前的一项重要任务。但是，我们也应清醒地认识到，在当前及今后一段时期，我国仍处于人民内部矛盾凸显、刑事犯罪高发、对敌斗争复杂的时期。随着经济体制深刻变革、社会结构深刻变动、利益格局深刻调整、思想观念深刻变化，由土地征收征用、城市建设拆迁、企业重组改制以及环境污染、安全事故和涉法涉诉、草场纠纷等引发的社会矛盾和群体性事件有可能增多。加之达赖集团等境内外敌对势力的分裂渗透和煽动挑拨，来自传统的、非传统的和境内的、境外的不稳定因素相互影响，青海维护社会稳定、实现长治久安仍面临许多新的严峻挑战。因此，在未来5～10年里，青海必须始终保持清醒头脑，牢固树立科学的稳定观，坚持和谐是稳定最高境界的要求，紧紧抓住影响社会和谐稳定的源头性、根本性、基础性问题，深入研究和把握在发展社会主义市场经济、全方位对外开放和信息化条件下维稳工作的规律和特点，更加全面地理解和贯彻科学发展观，以加强民生工程建设为根本举措，持之以恒地建设社会主义和谐社会。

1. 千方百计增加城乡居民收入

按照有利于扩大就业的基本原则，大力发展劳动密集型产业、服务业、非公有制经济和各类中小企业，确保就业规模随着经济的发展而不断扩大。深化户籍制度改革，逐步取消城乡分割的二元户口结构，实现全省劳动力市场的一元化。建立健全政府投资、重大项目和产业规划促进就业机制和公共就业服务体系，加强对弱势群众的就业扶助。全面深化收入分配体制改革，大幅提高居民收入在国民收入分配中的比重，提高劳动报酬在初次分配中的比重。建立健全调节收入分配的税费制度，坚决遏制资产性收入、投机性收入的过快增长，严控社会收入差距的继续扩大。建立最低工资标准调整的固定机制，努力使城乡居民收入增长速度不低于经济增长速度，使劳动报酬增长速度不低于企业收入增长速度。

2. 大力提高社会保障水平

按照"广覆盖、保基本、多层次、可持续"的原则，进一步建立健全城乡养老保险制度、城乡基本医疗保障制度、城乡最低生活保障制度以及失业、工伤、生育保险等社会保障体系。积极筹措资金，进一步加大农村困难群众危房改造、藏区游牧民定居工程和社会主义新农村新牧区建设力度，扩大城镇廉租房建设规模，提高城乡居民住房保障水平。加快医药卫生体制改革，加大对公立医疗的财政投入力度，规范药品、医疗服务的价格形成机制，逐步建立健全覆盖城乡居民的基本医疗卫生制度，为群众提供安全、有效、方便、廉价的医疗卫生保障。深化财税体制改革，加大对农村和城镇企业社会保障的财政支持力度，大幅提高农村居民和企业职工社会保障水平，逐步实现多元社会保障体系的融合。

3. 全力做好维护社会稳定常态工作

青海是我国反分裂反渗透的前沿阵地之一，要始终把藏区稳定作为全省维稳工作的重中之重，居安思危，未雨绸缪，深入研究与达赖集团斗争出现的新形势、新动向、新焦点，进一步做好深化寺院法制宣传教育和推进寺院管理的巩固提高工作，继续推动解决在寺未成年人、流散僧尼、私自认定活佛、自行开放寺院等藏传佛教管理中存在的突出问题，继续深入开展民族团结进步创建活动和"平安青海"建设活动，继续保护和发展全省各族人民和睦相处、和衷共济、和谐发展的良好局面。要针对新时期社会矛盾的新特点，加快建立确保社会长治久安的长效机制，深入推进社会矛盾化解、社会管理创新、公正廉洁执法三项重点工作，高度重视和正确处理新形势下人民内部矛盾，统筹协调各方面利益关系，针对社会管理存在的薄弱环节，加强源头治理，深入开展矛盾纠纷排查化解工作，依法按政策及时妥善处理群众反映的问题，积极预防和有效化解矛盾和纠纷，及时疏导公众情绪，防止个体事件处置不当演化为群众性事件，甚至是民族矛盾，防止各类矛盾叠加升级，打牢实现长治久安的社会基础、管理基础和法治基础。

4. 全面提升政府行政能力和公信力

地方政府是维护社会稳定的直接责任人，也通常是社会矛盾的汇集中心，加强政府行政能力建设，提高政府公信力，是实现社会稳定的重要保障。要进一步加强社会主义民主法制建设，坚持依法行政，推进公正文明执法，坚决克服执法不规范、执法不公平等现象，依法保障公民在政治、经济、文化、社会等方面的权利。要着力加强制度建设，完善重点投资项目公示制和责任追究制，健全资金使用监管制度，建立公共资源、公共资产、公共产品交易平台，从源头上铲除腐败现象容易滋生的土壤，全面推进惩治和预防腐败体系建设。全面推进民主监督，扩大政务公开，自觉接受省人大及其常委会的法律监督、工作监督和省政协的民主监督，加强同民主党派、工商联、无党派人士和人民团体的联系，接受新闻舆论和社会公众监督。全面加强廉洁从政教育，牢固树立正确政绩观，说实话、办实事、求实效，严于律己、永不懈怠，用勤政廉政的优良作风和实际行动，为全社会营造一个风清气正的发展环境。

（五）落实"四区两带一线"规划纲要，着力推进区域城乡协调发展

受自然环境、地理条件、文化背景和经济制度等多种因素的影响，长期以来青海各区域间的经济社会发展很不平衡。到新中国成立时，青海东部农业区已实行了上千年的封建土地制度，农业生产力比较发达，人口密集；在西宁，甚至已出现了少许现代工业，资本主义生产关系也开始萌芽；而在广阔的高原牧区，大多数地区还保持着原始的农奴制生产关系，生产力水平极其低下，人们仍过着逐水草而居的游牧生活。新中国成立后，国家及省委省政府对青海的城乡、区域协调发展高度重视，采取了一系列战略举措。2007年，省十一次党代会在深入分析省情基础上提出了"四区两带一线"发展战略，为新时期青海区域协调发展注入了新的内涵。但目前，由于客观条件、文化传统和经济基础等方面的限制，青海的城乡、区域发展差距仍然较大，产业布局不合理、区域主体功能定位不明确等问题仍然突出，迫切需要全面贯彻落实"四区两带一线"区域发展战略，探索建立"工业反哺农业""城市支援农村"长效机制，推动全省区域城乡协调发展。

1. 深化财税体制改革，完善支持农村、农业发展的公共财政体系

要根据事权与财力相匹配的原则，建立和完善统一规范透明的财政转移支付制度。加大中央和省级财政对地方政府的财政转移力度，提高基层政府提供公共服务的能力。继续加强财政资金对农村道路基础设施建设、农田水利基本建设、牧区"四配套"建设的支持力度，不断改善农村的生产、生活条件。在三江源地区加快建立科学合理的生态补偿机制，平衡生态环境保护者与受益者间的利益关系，使三江源生态保护区农牧民的生活水平能随着全国经济的发展而同步提高。

2. 加快构建"四区两带一线"区域发展新格局

要按照《青海省"四区两带一线"发展规划纲要》要求，进一步明确各区域的发展目标定位，找准着力点，推动形成分工合理、各具特色、优势互补、良性互动的区域协调发展新格局。以经济园区为载体，通过大力发展优势产业和特色产业，将以西宁为中心的东部地区建成引领全省经济社会发展的综合经济区和促进全省协调发展的先导区和海东现代农业示范区；把柴达木地区建成全国重要的新型工业化基地、循环经济试验区和海西城乡一体化示范区，成为支撑全省跨越发展的重要增长极；把环青海湖地区打造成全省生态旅游和现代畜牧业发展的重要区域，建成海北现代畜牧业示范区、海南高原旅游示范区、黄南热贡文化生态保护综合实验区；把三江源地区建成全国重要的生态安全屏障和国家级生态保护综合试验区；把"两带一线"打造成全省重要的特色农牧业走廊、新型工业走廊、水电开发走廊、生态旅游走廊和城镇化发展带。要建立健全区域合作互动机制，加强带线之间、上下游之间、园区之间的分工协作和产业延伸，点轴结合，经纬交织，区域联动，推动全省区域协调发展。

3. 加强城镇基础设施建设，加快城镇化进程

加快推进城镇化建设进程，完善州府、县城基础设施建设，提升城镇功能，提高综合承载能力，促进农牧区人口向城镇集聚，不断提高城市化水平。大力推进以西宁为中心的东部城市群的崛起，着力把东部城市群打造为青藏高原承接产业转移和资源加工输出重要基地、青藏高原商贸金融和科教文化中心、西部地区重要的制造业基地。要多渠道筹措资金，改善城镇基础设施条件，增加城镇容纳人口能力。城市规划和建设要遵循多元化原则，既要加大城市主街道、交通主干道以及标志性建筑的建设力度，又要为城市中低收入者留下生存发展的空间。要尊重城市低收入者的生存权利，通过制定实施各种优惠政策降低农村居民进入城镇的门槛，保护城乡居民的平等发展权利。要扩大城镇保障性住房的覆盖范围，将在城镇长期生活的农民工纳入保障范围，使农民工在城市里能够逐步实现居有定所，推动全省城乡一体化进程。

4. 扎实推进新农村建设

要按照"生产发展、生活宽裕、乡风文明、村容整洁、管理民主"的新农村建设20字方针，进一步加大对农村财政的倾斜力度，加快推进全省

新农村、新牧区建设步伐，尽快改变农村贫穷落后面貌。要根据城乡一体化发展要求，加快建立"工业反哺农业、城市支援农村"的体制机制，促进教育、医疗等公共资源在城乡之间均衡配置和生产要素在城乡之间自由流动，推动城乡经济社会融合发展。加强村级自治组织建设，完善村民代表大会制度和"一事一议"制度，提高村党支部、村委会谋划和组织当地公共事业发展的能力。

六　青海实现又好又快发展的政策保障措施

未来 5～10 年是青海抢抓机遇、转变经济发展方式、实现经济又好又快发展的关键时期，也是全面实践省十一届六次全委会提出的跨越发展、绿色发展、和谐发展、统筹发展战略和实现全面小康社会建设目标的重要阶段。以上，课题结合国务院 34 号文件和中央第五次西藏工作座谈会精神，阐述了未来青海实现又好又快发展的战略地位、总体思路、基本原则、主要目标，并从生态保护、农牧业发展、基础设施建设、公共服务、特色产业发展、民族团结等方面进行了分析论述，提出了相应的政策建议。不仅如此，由于又好又快发展涉及经济社会的方方面面，它的实现还离不开相关体制机制的配套完善作保障。

（一）抢抓机遇，落实项目和投资①

近年来，国家对青海经济社会发展给予了高度重视，无论是 2008 年的国务院 34 号文还是今年的第五次西藏工作座谈会，国家都对青海藏区的生态建设和经济社会发展提出了一系列含金量很高的扶持政策，可以说为未来青海实现又好又快发展带来了巨大的历史性机遇。但我们也应该看到，国家的这些扶持政策大多数是宏观性的、指导性的和意向性的，要将这些政策真正落到实处，还必须有具体的项目和争取相应投资作支撑。因此，未来几年，青海应该更加深入地研究国家给予的相关扶持政策，进一步完善实施意见，加大项目争取力度，将国家的扶持政策用足用好。

---

① 参考曹文虎在全省发展和改革工作会议上的讲话《认真贯彻落实省委十一届七次会议精神努力实现经济平稳较快发展》。

1. 在政府中长期发展规划中切实体现又好又快发展要求

要在全省和各州地市的"十二五"规划中全面贯彻落实科学发展观，切实体现又好又快发展要求。规划既要包括经济发展的目标要求，也要涵盖社会、民生、生态环境等各方面发展要求。既要继续强调发展的速度，更要重视发展的质量。要在规划中进一步加强体制机制创新，既要提高效率，也要注重公平，要让全社会共享改革发展成果，提高发展活力，促进社会和谐。要将定性指标与定量指标相结合，短期目标与长远目标相结合，既要保证相关目标的可行性，又要使目标适当超前，能对相关工作发挥应有的引导激励作用。

2. 扎实推进项目前期工作

要准确把握国家的宏观政策导向和相关扶持政策，着眼于青海经济社会发展的重点领域和薄弱环节，在重大基础设施、循环经济发展、生态环保、保障性安居工程、社会建设等领域，谋划和筛选一批重大项目，做深、做细、做实前期工作，尽快达到报批和实施深度，为争取更多的国家资金打好基础。要以"十二五""十三五"全省经济社会发展规划编制为契机，组织、筛选、谋划、论证一批资源综合利用、重大基础设施、生态建设等方面的重大项目，超前安排前期工作，充实项目储备。要重点完成好湟水北干渠二期，三江源二期，德令哈、花土沟、大武机场，格尔木一库尔勒、西宁一成都铁路，黄河龙羊峡以上河段及通天河水电规划等项目前期工作。要进一步理顺项目前期工作管理机制，统筹协调推进重大项目的前期及报批立项工作，加强对工程咨询业发展的指导，规范项目前期咨询。

3. 加强项目的组织实施和监督管理

对于国家支持的重点建设项目，各级地方政府的相关部门要加大衔接协调力度，早安排、早实施，加强服务，落实好重点项目建设所需的水、电、路等外部配套条件。要全力抓好国家扩大内需项目的组织实施工作，抓紧落实配套资金，确保按计划完成工作量。要进一步完善政府投资项目概算评审机制，强化在建项目管理，严格基本建设程序，堵塞漏洞。要加强项目稽查工作，积极配合中央检查组做好扩大内需项目的监督检查工作，配合有关部门做好工程建设领域突出问题的专项治理工作，确保扩大内需项目顺利实施和资金安全。

4. 抓紧资金的筹措落实工作

要强化政府部门的沟通联系，形成合力，加强与国家有关部委的衔接汇报，继续把主要着力点放在扩大内需、藏区发展项目和资金的争取落实上，及时申报一批符合国家投向、前期成熟的项目，争取国家更多更大的支持。要充分发挥省级政府资金的引导扶持作用，继续发行省级地方政府债券，加大预算内资金投入力度，重点支持一批符合国家投资导向，能够增强经济发展活力的产业项目、重大基础设施、民生工程等方面的项目建设和前期工作。要加大对基础设施、资源开发、农牧业产业化等方面项目的贷款贴息力度，带动和引导银行资金投入。要进一步加强与金融机构的合作，主动配合银行做好项目评估审贷，积极拓展政府融资平台，统筹运用好省级政府信用贷款资金。

(二) 深化行政管理体制改革，提高行政效率

在社会主义市场经济条件下，政府是市场规则的制定者，也是市场运行的监督者，政府的行政效率、服务水平和科学决策能力对一个地区的经济社会发展具有决定性影响。近年来，在国家的统一部署下，青海省政府部门和职能设定更加科学，行政效率大幅度提高，服务意识较大增强，可以说全省的行政管理体制改革取得了较大成绩。但是，与国家行政管理体制改革的总体进展和本地区经济社会又好又快发展要求相比，青海转变政府职能、提高行政效率的任务还十分艰巨。迫切需要围绕建设责任政府、法治政府和服务政府，把行政管理体制改革放在更加突出的位置，使政府真正成为优质公共产品的提供者、良好经济社会环境的创造者、广大人民群众利益的维护者。

1. 进一步转变政府职能

要继续按照"经济调节、市场监管、社会管理、公共服务"的要求，合理界定政府在市场经济活动中的职能范围，推进政府职能转变。进一步推进政企分开、政资分开、政事分开以及政府和中介组织分开。要在继续抓好经济调节和市场监管的同时，更加注重社会管理和公共服务，把更多的行政资源放在促进社会事业发展和建设和谐社会上来。要切实把政府经济工作的重心转到制度建设、规划安排、政策制定以及统筹协调、维护竞争秩序上，创新政府管理方式，减少和规范行政许可审批，提高公共服务

水平。

2. 创新组织体系

要按照精简、统一、效能的原则和决策、执行、监督相协调的要求，完善机构设置，坚决撤销或弱化职能相近的政府内设机构，加快培育社会中介组织，加快实现技术性、经济性职能的移交。进一步科学合理地整合、归并相关政府部门，综合设置逐步向大部门、宽职能、少机构的方向发展。科学调整行政区划和建制，规范省、州、县的职能和权限，积极推进省级部门向州地市、州地市向县区简政放权，逐步实现各级政府部门之间事权明确、分级负责、各司其职、运转有序。

3. 完善决策机制

要切实提高行政决策透明度，完善重大决策的规则和程序，通过多种渠道和形式广泛集中民智，使决策真正建立在科学、民主的基础上。建立健全政府重大事项集体决策制度、专家论证制度、技术咨询制度、社会听证公示制度和决策评估制度。研究建立政府决策行为责任追究制度，探索研究科学的干部政绩考核体系和奖惩制度等改革，逐步完善政府自我约束机制。

4. 推进依法行政

要按照合法行政、合理行政和程序正当的总体要求，继续推进依法行政。进一步规范行政执法行为，落实行政执法责任制，强化执行和执法监管职责，增强处置突发公共事件和社会综合治理的能力。切实推进政府立法工作，更好地将"立、改、废"结合起来，不断健全完善有利于科学发展、和谐发展的地方政策法规体系。稳步推进行政权力公开透明运行，全面落实完善政务公开的各项制度规定，逐步增加公开内容、扩大公开范围、规范公开程序，不断提高政务公开服务水平。

（三）拓展思路，加快经济发展方式转变

转变发展方式是党的十七大报告做出的重大战略决策，也是青海实践科学发展观，推动经济社会又好又快发展的必然要求。刚刚召开的党的十七届五中全会明确提出，制定"十二五"规划必须以科学发展为主题，以加快转变经济发展方式为主线。要坚持把经济结构战略性调整作为加快转变经济发展方式的主攻方向，坚持把科技进步和创新作为加快转变经济发

展方式的重要支撑，坚持把保障和改善民生作为加快转变经济发展方式的根本出发点和落脚点，坚持把建设资源节约型、环境友好型社会作为加快转变经济发展方式的重要着力点，坚持把改革开放作为加快转变经济发展方式的强大动力。"十二五"时期及至 2020 年，青海转变经济发展方式既面临国家支持藏区发展、西部大开发第二个十年规划、玉树灾后重建等重大历史机遇，也面临市场竞争加剧、国内外宏观经济形势不确定性增加、资源约束增强等严峻挑战，迫切需要进一步解放思想，拓展思路，加大工作力度，提高工作成效，为全省经济社会又好又快发展奠定坚实基础。

1. 不断深化认识，提高科学决策水平

转变经济发展方式是当前及今后一段时期青海面临的一项复杂而艰巨的重大历史任务。随着经济发展形势的变化和新的经济社会矛盾的不断出现，转变经济发展方式需要与时俱进，要以科学发展观为指导，不断深化认识，提高科学决策水平，妥善解决各种新的矛盾和问题，确保全省经济又好又快发展。一是不断深化省情认识。要开阔视野，拓宽思路，以动态眼光不断研究、发掘青海新的资源优势。要充分认识到，随着资源的枯竭，传统的优势可能变成劣势；随着交通条件和世界资源稀缺程度的变化，传统的劣势也可能变为优势。要按照绿色发展的新要求，充分发挥青海在低碳经济、清洁能源、生态旅游等方面的潜在优势，推动产业结构的优化升级。二是着力提高对宏观经济形势研判的能力。青海的发展方式转变离不开国际国内宏观经济大环境，需要顺势而为。要及时了解国家对宏观经济形势的最新判断，加大对国家相关宏观调控政策的宣传力度，为青海顺势推进经济发展方式转变提供良好的政策环境和舆论环境。三是科学把握产业结构演替规律。青海虽只是一个内陆省份，其产业结构与其资源、要素禀赋有着密切关系，但青海的发展又是在一个开放的环境中进行的，其产业结构的形成、演变也必然受国际、国内产业分工格局和产业结构演替一般规律的影响。青海只有科学把握世界产业结构演替的基本规律和趋势，才能在产业结构调整中明确方向，找准切入点，才有可能发挥后发优势实现弯道超车和跨越发展。

2. 考虑社会承受能力，积极稳妥地加快经济发展方式转变

加快转变经济发展方式是"十二五"时期青海经济发展的主线，是贯彻落实科学发展观、推动青海经济又好又快发展的一项根本举措。但与此同时，我们也应认识到，转变经济发展方式毕竟不是在一张空白纸上描绘蓝图，而是要对已有的不合理发展方式进行纠正。在这一过程中，就既会存在认识不一致的问题，也会存在利益矛盾的问题。由此就会引起一些争论和一些既得利益者的反对，就有可能会在一定程度和在特定时期增加社会矛盾。因此，青海在"十二五"时期加快经济发展方式转变还必须考虑社会承受能力，积极稳妥推进。一是要充分认识和妥善处理加快转变经济发展方式中可能存在的利益矛盾冲突。如在淘汰落后产能过程中，要依法保护私人财产，支持关停企业做好转产或资产变现工作，要扶持下岗工人实现再就业。在深化收入分配体制改革，增加居民收入，提高劳动报酬的时候，要考虑企业的承受能力，要支持鼓励企业在提高生产效率的同时提高工人工资。二是要借助国家相关改革的推力，推动垄断行业和大型国有企业的改革，缩小行业、部门之间的收入差距，让全社会共享改革发展成果，实现经济社会和谐发展。三是优化政府干预经济的方式，对转变经济发展方式宜主要通过经济手段和完善市场机制的方式推进，应尽可能减少政府的直接行政命令，特别是要减少政府对微观经济活动的干预，避免政府直接卷入社会矛盾之中。

3. 深化改革，提高政府执行力和公信力

从世界经济发展的历程来看，产业结构的优化升级、经济发展方式的转变主要是通过市场竞争机制而自发实现的。如欧美发达国家在工业化过程中产业结构的不断升级，各种投入要素比重的不断变化，核心竞争力的不断转移等，都主要是通过市场机制而自发实现的。这种自发的经济发展方式转变有其优越性，如比较平稳和协调，矛盾不容易集中爆发。但存在的突出问题是时间较为漫长，具有滞后性，成本较高。中国是社会主义市场经济国家，国家对宏观经济的调控能力和水平要高得多。因此，中国完全可以利用社会主义制度的优势性，发挥政府在经济发展方式转变中的主导作用，缩短转变进程，增强经济发展的预见性和科学性。当然，要将这一愿望真正变为现实，一个重要的前提是必须不断深化改革，提高政府的执行力和公信力。为此，一是要按照十七届五中全会要求，深化行政管理体制改革，加快建设法治政府和服务型政府，防止出现官僚主义和国家利益部门化。二是贯彻落实十七届四中全会精神，积极稳妥推进社会主义民主政治建设，加强民众参与和民主监督，减少政府在转变发展方式中可能

出现的"缺位""越位"现象。三是加强党的集中统一领导，完善监督、考核机制，保证中央决策不被地方执行部门按利益原则进行删减、变通。

（四）加快推进城镇化进程，统筹城乡、区域协调发展

近年来，随着青海省社会主义新农村建设的不断推进，青海农村牧区面貌有了较大改善，农村经济发展活力有了较大增强，农牧民生活水平有了较大提高。但与城市、与工业相比，正如党的十七届三中全会报告所指出的那样：农业基础仍然薄弱，最需要加强；农村发展仍然滞后，最需要扶持；农民增收仍然困难，最需要加快。另外，由于自然条件、经济基础、资源禀赋等多种因素的共同作用，青海区域发展不平衡问题十分突出，在相当大程度上制约了全省经济的协调可持续发展。因此，未来青海要实现又好又快发展，必须围绕建设社会主义新农村的目标，着眼于健全以工促农、以城带乡长效机制，按照"四区两带一线"区域发展规划，推动全省城乡、区域经济社会的协调发展。

1. 继续深化农牧区综合改革

深化以乡镇机构、农村牧区义务教育和县乡财政管理体制改革为重点的农村牧区综合改革，建立精干高效的农村牧区行政管理体制和运行机制、覆盖城乡的公共财政制度和政府保障的农村义务教育体制，促进农牧民减负增收和农村公益事业发展，全面推动新农村建设。要在已有试点的基础上，在全省范围全面推进和深化农村牧区综合改革，确保改革取得预期成效，为全省农牧业和农村经济发展创造良好的外部环境。要结合党的十七届五中全会要求，稳步推进财税体制改革，建立稳定的财政转移支付制度，增强农村财力，提高农村公共事业发展的资金保障水平。

2. 逐步建立促进城乡经济社会一体化发展的体制机制

积极建立"工业反哺农业""城市支援农村"的长效机制，调整国民收入分配结构和财政支出结构，保证农村牧区公共事业投入和基础设施建设力度不断加大，逐步实现教育、医疗、社会保障等城乡公共服务均等化。全面贯彻落实党的十七届五中全会精神，建立城乡平等的要素交换关系，促进土地增值收益和农村存款主要用于农业农村。逐步放宽农牧民到中小城镇定居的户籍限制，做好各类社会保障体系的异地转续工作，促进城乡居民根据自己的收入条件及生产生活的实际需要自由选择居住地。进

一步加大各级财政对农牧民危旧房改造的支持力度，全面实施和完成游牧民定居工程，改善农牧民的生产生活条件。加大撤县建市工作力度，推动形成以西宁为中心的东部城市群，使河湟谷地成为全省城乡一体发展的先行区。

3. 进一步完善农村牧区土地管理制度

坚持农村牧区基本经营制度，健全土地承包经营权流转市场，按照依法自愿有偿原则，进一步完善土地、草牧场使用权流转办法，规范操作程序，保障流转各方的合法权益，推进适度规模经营，提高土地利用效率；加快推进集体林权制度改革，积极推进国有林区、国有林场体制改革，完善相关配套政策，建立责权对等的森林资源管护、利用、受益机制，充分调动农牧民和国有林场职工保护林业资源的积极性和自觉性；深化农村集体建设用地管理制度改革，加大基本农田保护力度，禁止将农村通过宅基地整理增加的土地挪为城镇建设用地指标，防止城镇建设对农村土地的廉价、过度侵蚀。

4. 积极探索集体经济的有效实现形式

进一步扶持农牧业产业化经营，扩大规模，提高效益；围绕优势产业、特色经济创办各类专业协会、专业合作组织，积极发展为龙头企业和农牧民服务的各类中介机构；建立健全农村牧区现代化、社会化公共服务体系；进一步健全基层民主，特别是要加强民主管理和民主监督，确保村社各类集体经济规范运行，切实为改善集体经济成员的生产生活条件发挥积极作用。

5. 全面推进户籍管理制度改革

按照《青海省人民政府关于印发青海省深入推进户籍制度改革方案的通知》（青政〔2010〕107号）精神，在全省范围内取消农业户口和非农业户口的区分，建立城乡统一的居民户口登记制度。大幅放宽海西州城镇落户政策，适度放宽西宁市区落户政策，全面放宽省内其他地区城镇落户政策，实施居住证和"蓝印户口"制度。加快建立健全户籍制度改革的配套机制，重点建立健全承包地处置机制、宅基地处置机制、林地处置机制、计划生育权益保障政策、养老保险制度、医疗保险制度、教育保障机制、住房保障机制、就业保障机制、社会救助和福利服务保障制度、优抚保障制度等，确保户籍制度改革平稳、有序推进，加快推进全省城镇化进程。

6. 改革农村金融体制

认真贯彻落实十七届三中全会精神，积极探索发展多种所有制金融组织，放宽农村牧区金融准入政策，引导更多资金投向农牧区；鼓励各类金融机构下乡入村为农牧民开展贷款服务，拓宽金融服务领域和业务，提高金融服务质量，支持农业农村发展；继续深化全省农村信用社改革，增强涉农金融机构支农能力，规范发展适合青海省农村特点的金融组织，大力发展和完善现代农村金融服务体系；规范农村牧区的民间借贷行为，引导民间借贷健康发展，增强农村牧区经济发展活力。

7. 创新思路，推动区域协调发展

一是应高度重视发展机会的平等。要在实施差异化的区域发展战略的同时，高度重视当地群众发展机会的均等。无论是发展工业、农业还是保护生态环境，都要给当地群众创造足够的就业机会和增加收入的机会。二是促进生产力要素的自由流动和优化配置。要健全市场价格形成机制，使价格更加充分灵敏地反映要素供求关系和要素利用效率。要完善要素市场体系，促进区域之间要素市场的互联互通。三是大力发展优势特色产业。要进一步深化区情认识，明确各地特色产业定位。要强化品牌意识和市场竞争意识，不断拓展各地特色产业发展的市场空间，提升特色产业发展的层次。四是着力推动基本公共服务均等化。要进一步加大中央、省级财政对落后地区和农牧区的财政转移支付力度，探索建立稳定的财政转移支付机制，提高落后地区完善基本公共服务的资金保障水平。要充分利用中央支持藏区发展政策和新一轮西部大开发政策，积极争取项目支持，推动道路、电力、通讯基础设施向边远地区延伸。

（五）深化国企改革和支持鼓励非公有制经济发展，大力培育市场主体

青海作为经济欠发达的资源开发型省份，一、三产业发展严重滞后，消费、出口比重偏低，资源消耗高、环境污染大，科技创新对经济发展的支撑力较弱，调整经济结构、促进产业优化升级的任务十分艰巨。未来5～10年不仅是青海建设富裕文明和谐新青海的关键时期，也是调整经济结构、转变经济发展方式、提高经济增长质量和效益的重要时期。迫切需要进一步完善基本经济制度，优化所有制结构，继续毫不动摇地鼓励、支

持和引导个体、私营等非公有制经济发展。

1. 继续深化国有企业改革

加大省属国有大中型企业股份制改革力度，改善国有企业股本结构，实现投资主体和产权多元化；建立和完善现代企业制度，形成有效的公司法人治理结构，完善劳动、工资等内部管理制度，增强企业活力；着力培养和积极发展具有自主知识产权、知名品牌和市场竞争力的大公司大企业集团；继续做好国有企业结构调整及破产企业改制遗留的职工安置、欠缴职工养老失业保险金以及破产企业职工居住区物业管理等问题；继续采取多种形式放开搞活国有中小企业，落实和完善配套扶持政策；积极探索国有资产监管和经营的有效形式，切实落实国有资产保值增值责任。建立健全权责明确、管理规范、上下协调、精干高效的国有资产监管机构，完善组织体系；健全国有资产监管地方政策法规体系，逐步完善和全面落实国有资本经营预算、企业经营业绩考核和企业重大决策失误追究等制度，健全国有资产监管的责任体系。

2. 继续加大国有经济布局和结构调整力度

完善国有资本有进有退、合理流动的机制，按照规模化、集约化和合理化的原则，加快国有经济战略性结构调整，推动国有资本进一步向关系全省经济发展大局的重要产业和关键领域聚集。支持国有企业上大项目、好项目，鼓励企业积极开展与央企和跨国公司产业项目有效对接，提升国有企业核心产业发展水平和竞争力，增强控制力、影响力和发展活力，进一步发挥国有经济和国有企业在全省经济中的主导作用。

3. 着力推进垄断行业改革

坚持政企分开、放宽准入、引入竞争、依法监管，推进垄断行业管理体制和产权制度改革。要按照国家的统一部署，加快推进垄断行业国有企业的公司制改革，建立现代企业制度。通过完善国有资本出资人制度，引进外资和民间资本等，实现产权多元化，加快构造垄断行业的市场竞争格局。加快制定和完善相关政策法规，建立遵从公开、透明、专业、诚信等原则的现代监管体系。建立科学的垄断行业价格形成机制，加大对垄断企业成本、利润的审计监督力度，完善听证制度，妥善处理好垄断企业内部利益与公众利益之间的矛盾。

4. 继续鼓励、支持和引导非公有制经济发展

大力消除制约非公有制经济发展的体制性障碍和政策性因素，落实各项扶持政策措施。进一步放宽市场准入条件，鼓励和支持非公有制经济参与国有企业改革，进入金融服务、公用事业、基础设施等领域。完善金融、税收、信用担保、技术创新等方面的政策，改善法制环境，加强和改进对非公有制企业的服务和监管。实施好中小企业成长工程，扶持一批特色鲜明的项目，发展一批中小企业和个体私营经济组织。引导和支持中小企业围绕全省特色产业开展配套协作和专业化服务，促进个体私营经济的快速发展。扩大中小企业发展专项资金的规模和发放力度，加大对成长型中小企业、创业辅导、社会服务体系建设以及国家扶持项目的财政支持力度。

5. 加大招商引资力度

要充分利用国家对青海实施对口帮扶的政策机遇，继续将引进大中型国有企业作为招商引资工作的重点之一，争取更多的全国性大型国有企业在青海设立投资主体。继续办好"青洽会"等投资贸易平台，对各展会中签约的项目进行分类梳理，督促重点联系项目的进展，及时解决项目落实中存在的问题，发挥招商引资在培育和增加市场主体方面的带动作用。大力实施"走出去"战略，积极组织相关部门参与其他省份举办的各类投资贸易洽谈会，充分宣传青海的资源优势，吸引国内外有实力企业积极参与青海的基础设施建设、资源开发等项目。

（六）围绕发展各类要素市场，进一步完善现代市场体系

近年来，青海省市场体系建设全面发展，整体结构由以零售市场为主向包括零售市场、批发市场、专业市场和中介组织在内的多门类、多层次、多功能的市场体系转变，初步形成了统一、开放、竞争、有序、多渠道流通的格局；市场的规模和档次明显提高，市场配置资源的范围越来越大，作用日益增强。但是，从横向比较和与党的十七大报告提出的改革目标相比，青海省市场体系建设仍存在诸多问题，集中表现在资本、劳动力、人才、技术、产权、土地等生产要素市场投资不足，现代化设施条件比较落后；城乡、地区间市场发展不平衡，生产经营和开发建设过程中生产要素供应与需求交换不对称，与市场体系建设相配套的社会信用体系建设滞后，阻碍了公平竞争、规范有序的市场环境的形成。为此，未来青海又好又快发展必须要进一

步强化市场的统一性，大力发展以资本为重点的要素市场，建立健全社会信用体系，整顿和规范市场秩序，加快推进现代市场体系建设。

1. 加强市场体系建设的统一规划和政策引导

按照统筹城乡发展、统筹区域发展的思路，切实做好市场体系建设总体规划和布局工作。抓紧制定资本、信息、人才、土地等要素市场发展规划，保障其快速、规范发展。在此基础上，通过政策引导和引入市场机制，对具备条件的要素市场进行改造升级，加快市场信息化系统建设，扩大市场规模，提升市场功能和档次，尽快建立结构科学、布局合理的现代化市场体系。

2. 大力发展资本和其他要素市场

积极推进生产要素市场建设，千方百计解决生产要素市场建设资金不足的问题，抓紧建立各类生产要素市场的运营管理机制，健全相关政策法规，保障其健康发展。尤其要加快发展资本市场，采取政府引导扶持、企业积极参与、市场化运作的方式促进其稳步发展。要加强信贷管理，提高中长期信贷资金的运行效率，加大企业上市力度，推进创业主板市场建设，加快企业债券市场发展，在严格资格审查、放宽募集资金使用范围的基础上，增加企业债券新品种，扩大发行规模。积极培育和规范证券中介机构，规范发展产权交易市场，稳步发展期货市场。

3. 发展新型流通方式

以电子信息、自动化、现代营销和管理等技术为基础，改造和提升传统流通方式，实现流通体制、流通方式和组织形式创新，积极发展电子商务、连锁经营、物流配送等现代流通方式，促进流通结构优化和产业升级。加快新型流通方式向农村延伸，挖掘农村市场潜力，提高农村市场化水平。科学规划、合理布局城乡商业网点，重点以"万村千乡"工程为抓手，建设农牧区、城镇社区的商业网点。完善产销衔接机制，抓好市场供应，引导流通企业组织商品货源，增加相应物资储备，提高储备商品调控能力。

4. 规范市场秩序

抓紧建立健全各类市场的运营管理体制，完善相关政策法规和技术标准，保障其健康发展。加强执法，严格管理，坚决废止妨碍公平竞争、设置行政壁垒、违反有关国家标准、不合理的价格干预、排斥外地产品和服务的各种分割市场、影响统一市场形成的规定，彻底打破行业垄断和地区封锁。健全社会信用体系，强化全社会的信用意识，促进诚信管理和经营，加快建立统一开放、法制完备的市场体系。加大对经营假冒伪劣商品等不法行为的查处打击力度，切实保护各类商标品牌和知识产权，规范市场秩序。

参考文献

赵宗福主编《青海经济社会形势分析与预测》（2008～2009 年、2009～2010 年），青海人民出版社，2009、2010。

孙发平等：《中国三江源区生态价值及补偿机制研究》，中国环境科学出版社，2008。

王一鸣、曹文虎等主编《青海省区域协调发展规划研究》，青海人民出版社，2009。

曹文虎等：《青海省实施生态立省战略研究》，青海人民出版社，2009。

孙发平、张伟主编《青海转变经济发展方式研究》，青海人民出版社，2008。

中央统战部民族理论甘肃研究基地秘书处编《中国民族政策与民族关系研究专辑》，甘肃人民出版社，2005。

徐晓萍、金鑫：《中国民族问题报告》，中国社会科学出版社，2008。

苏海红等：《中国藏区反贫困战略研究》，青海人民出版社，2008。

李勇等：《青藏高原三江源地区可持续发展公共政策研究》，青海人民出版社，2009。

朱庆芳、吴寒光：《社会指标体系》，中国社会科学出版社，2001。

马凯：《2004 国家西部开发报告》，中国水利水电出版社，2005。

《2004 年中国民族年鉴》，中国民族年鉴社，2005。

青海省统计局：《青海统计年鉴》（2006、2007、2008、2009 年），中国统计出版社。

徐杰舜主编《中国民族团结考察报告》，民族出版社，2003。

郭荣伟、肖智慧主编《中外治国方略箴言集——论宗教信仰与民族团结》，国防大学出版社，2009。

吴仕民：《西部大开发与民族问题》，民族出版社，2000。

张植荣：《边疆与民族问题》，北京大学出版社，2004。

周立、胡令浩：《柴达木盆地开发与可持续发展》，青海人民出版社，2003。

丁忠兵：《青藏高原特色产业发展探析》，《青海社会科学》2009 年第 1 期。

（该课题 2011 年荣获青海省第九次哲学社会科学优秀成果评奖一等奖）

关于打造"西宁毛"品牌、
加快申报国家农产品地理标志的调研报告

马学贤　　马文慧　　刘景华　　马连龙

中共青海省委书记强卫在省第十一次党代会上所做的报告中指出："建设富裕文明和谐的新青海，我们要树立起自信、开放、创新的青海意识。要以不甘落后、与时俱进的决心，奋力加快发展步伐，不断争创青海新优势，打造青海新品牌，展示青海新形象。"实施品牌强省的战略已成为全省各界人士的共识。

西宁毛，以其独有的优良品质深得国内外商家的肯定和青睐，扬名国际。"西宁毛"这个名称来源于19世纪的国际市场。因为当时藏羊毛主要通过西宁这个当时青海最大的贸易市场，而后销往国内外市场而得名。以"西宁毛"冠名的藏羊毛走出国门的历史横跨三个世纪，长达百年以上。国际市场把西宁毛又称为"西宁大白毛""长毛"。

然而，在过去很长一个时期内，青海省对这一品牌的重视、保护、宣传、推介等工作做得很不够，甚至被淡忘。近年来，随着青海省外向型经济的快速发展，特别是数次"青海国际藏毯展览会"的成功举办，人们才回过头来对"西宁毛"开始关注。但是，从历届的"青海国际藏毯展览会"的宣传中我们可以看出其所关注的热点和焦点多集中在"藏毯"上，而对藏毯赖以生存和发展的基础和根的"西宁毛"的宣传、推介等工作显得很不够。所以，我们认为：在推进青海经济社会又好又快发展、实施"品牌强省战略"的新形势下，将"西宁毛"作为青海省一个优质品牌进行大力培育、扶持、宣传、推介的工作显得极为重要和迫切。应将"西宁毛"作为公共资源品牌的"农产品地理标志"申报和认证的工作作为当务之急抓紧做好。将"西宁毛"申请为国家地理标志产品的工作不仅重要、迫切，而且是一项复杂而系统的工程。尽快启动和完成这一过程对发展和保护地方名优产品、"实施品牌强省战略"有着十分重要的现实意义。

一 "西宁毛"品牌的历史积淀与现实优势分析

西宁毛是我国特有的优质毛类，是土种藏系羊所产之毛，是我国的主要粗羊毛品种之一。主要分布在西藏、青海、甘肃南部、四川西北部等地区。西宁毛具有纤维粗长、强力大、弹性好、富有光泽等特点，是制作地毯、长毛绒和提花毛毯的优质原料。

（一）"西宁毛"有着较悠久的历史和广泛的知名度

宋明时期，西宁由于长期设置茶马司，便成为河湟各族之间贸易集散中心；明王朝后期对西北茶马贸易经济政策进行弛放性调整，使西宁逐渐成为繁荣的商贸都市，出入青海的大部分商品主要集散于西宁。清代后期，一些外国皮毛洋行通过天津、北京的商人在青海收购羊毛，本地一些商人将青海羊毛用骆驼或皮筏沿黄河东运，经河套、张家口运往天津，直接售于英、俄、德等国商人。清光绪二十一年（1895）左右，英国买办在张家口开设的洋行，通过甘肃驼帮大量采购青海羊毛，从而使"西宁毛"的声誉在国际市场上逐渐鹊起。在西宁毛生意巨大的利益驱动下，外国资本势力很快在西宁、湟源、循化等地直接开设洋行分支机构进行西宁毛收购。据现有史料反映：在光绪十八年（1892），英商新泰兴洋行开始在青海收购羊毛，后直接在青海设立分行。美、德、俄势力也紧随其后，先后在西宁设立有英国仁吉、新泰、聚利、怡和洋行，美国平和洋行和德国德商瑞记洋行等。在湟源有英商新泰兴、仁吉、怡和，美商平和，德商美最仕，俄商瓦利等十多家洋行。在循化县有英商新泰兴、仁吉、聚利、怡和，美商平和及德商瑞记六家洋行。"这些洋行主要收购羊毛。其收购数量，湟源每年约220万斤，循化30~40万斤，隆务30~40万斤，鲁沙尔、上五庄等处150万斤，俄博、大通、永安等处100万斤，贵德100万斤。另外由玉树南出四川者也每年约150万斤。每家洋行每次收购时的资金，少则几千两（银），多则数万两。"洋行不仅大量收购羊毛，垄断羊毛价格，而且也垄断青海的输入输出贸易。例如：光绪三十三年（1907）英人

希尔兹在其筹办兰州邮政的报告上说过，"西宁的主要商业，掌握在八家洋行手里。"（见《青海地方史略》）

由于西宁毛的外销数量逐年增多，青海本地商人和北京、天津、山西、四川等地商帮贩运青海羊毛者渐多。青海的官私商号大量收购羊毛外运，外商尽可在天津收货，一切收购载运手续均委交这些商号办理，而外商也避免贩运途中的许多麻烦和风险，外商在青海等地开设的洋行也陆续撤返天津。1912 年，马麒任"镇守西宁等处总兵官"后，利用军政大权，兼营商业，设"德顺昌""德义恒"等商号，收购羊毛，运往天津，售给兴隆、安利、利洋等洋行。以后青海地区的羊毛生意，逐渐由马步芳地方势力所垄断。

新中国成立后，西宁毛更成为我国毛纺工业主要的原料。北京、上海、天津等国内许多毛纺企业都将西宁毛作为主要的毛纺原料。

综上所述，以"西宁毛"冠名的藏羊毛走出国门的历史横跨三个世纪，长达百年以上。西宁毛独有的优良品质不仅深得国内外商家的肯定，而且声名远扬。在青海省地方产品中"西宁毛"是一块叫得响的招牌，它不仅历史久远，而且赋有地方代表特色。

（二）西宁毛有着深厚的区域资源优势

藏羊分布在青藏高原，但由于各藏羊产区的自然地理条件不同，因此各地区的藏羊类型及羊毛品质差异性很大。藏羊毛分为牧业区饲养的草地型和农业区饲养的山谷型。草地型藏羊毛毛丛纤维主要由细绒毛、两型毛和少量的细刚毛组成，多属毛辫结构，毛辫长（18～20 厘米），弹性大，光泽好，是织造长毛绒和地毯的良好原料；山谷型藏羊毛长度短，但生长密度大，油脂较多，毛丛以细绒毛为主体，两型毛占有一定比例，并含有少量粗、细刚毛和干毛、死毛，适于作提花毛毯和地毯的原料。在国际地毯毛市场上具有很高声誉的西宁毛属草地型藏羊毛，主要产地就在青海，其分布于青海湖环湖地区的祁连、天峻、共和、门源和青南地区的玛多、玛沁、曲麻莱等县。据相关部门的数据反映：2008 年全省存栏羊总数为1471.64 万只，其中藏羊存栏数为 1022.21 万只，占羊存栏总数的 69.5%，产毛 12778 吨。西宁毛仅有着丰富的资源优势，而且其原产地的区域优势非常明显。

（三）国家和青海省对"西宁毛"发展工作的重视

长期以来，党和国家对"西宁毛"的生产发展给予了高度的重视和大力支持，将青海省确立为藏羊毛的主要生产基地和国家毛纺工业重点布局地区，从藏系羊种群的保护发展到"西宁毛"国家标准的制定等多方面做了大量而具体的实际工作。

1. 青海毛纺工业的兴起。20 世纪 50 年代，国家将青海列为藏羊毛的主要生产基地，在我国毛纺工业的布局中将青海放在一个重要的发展环节，从基础建设到产业政策等多方面给予大力扶持。青海毛纺厂的建设投产（1962 年投产），标志着青海毛纺工业步入了一个新的发展时期。直到改革开放初期，已基本建成门类较为齐全的毛纺织工业，全省有毛纺织工业企业 11 家（不包括区、县属企业），其中国有企业有 10 家，年总产值接近 1 个亿，固定资产原值 1.2 亿元，年利润和税金在 1500 万元左右，职工人数为 8500 多人（其中技术人员为 160 余人）。生产产品由初期的毛线、长毛绒及少量粗纺呢发展到生产毛毯、工业用呢、精纺呢、羊毛衫等各类配套毛纺织产品七大类，粗、细、厚、薄，高、中、低档等各类品种百余种。青海纺织产品出口始于 1964 年，至 1983 年累计出口额 7010 万元。

随着改革开放的不断深入，全省毛纺工业由过去的计划经济全面向市场经济并轨，工业体制改革工作已经完成，企业也由过去的国有官办全面走向了企业化管理的轨道，国企、民企、私企等各种经济形式并存。毛纺工业在改革中探索发展，青海雪舟三绒集团、青海藏羊集团等一些规模以上新兴毛纺企业正在崛起，毛纺产业的实力和潜力正在凸显。

2. "西宁毛"国家标准的研制完成。对"西宁毛"的保护和发展工作一直得到省委和省政府及相关部门的重视。从 1981 年开始，有关部门启动了"西宁毛"的地方标准的建立和制定工作，在省畜牧厅、省标准局、省畜牧兽医总站等单位共同协助下，经过多年多方面的调查、调研、论证，在广泛的样品采集和研究、征求各方意见的基础上，有关"西宁毛"的地方标准初步方案的框架和基本内容已见雏形。1985 年成立了青海省"西宁毛"标准协作组，由时任副省长的马元彪任组长，省财经委负责组织实施了对"西宁毛"标准的验证工作，省财政专项拨款 28 万元为验证经费，此项工作还得到了中国纤检局和商业部在经费上的支持。在各州县（"西宁毛"原产地）大力配合下和上海、威海和本省八个工厂的大力协助下，于1986年6月，"西宁毛"省级标准研制工作基本完成。1987年6月，在青海省"西宁毛"省级标准的基础上，"西宁毛"国家标准研制工作取得圆满成功。此标准的制定，彻底解决了我国"西宁毛"在商业流通环节中长期以来没有一个完整、科学、合理的收购交接标准而无章可循的状况，为"西宁毛"生产、流通和使用各个环节实现统一技术要求，做到科学管理提供标准化的科学依据，为实现提高产品质量和劳动效率提供了科学的技术支撑。2006年由青海省纤检局对"西宁毛"国家标准再次做出修订，修订的《西宁毛国家标准》（GB/T1998-2006）替代原《西宁毛国家标准》（GB/T1988-1998），规定了"西宁毛"的分等技术要求、检验方法、检验规则、包装标志、储存、运输的要求，从而更加适用于"西宁毛"的生产、交易、加工、质量监督和进出口检验中的质量鉴定。新修订的《西宁毛国家标准》，为"西宁毛"纤维加工、生产、交易、流通、质量监督等方面工作的有效实施，确立了更为科学的依据，使青海省在"西宁毛"这一领域中在标准化方面走在了全国前列。

3. 重点养殖区域的划定与保护建设。随着绵羊改良工作的开展，使全省的藏羊分布有了较大的变化。根据省委、省政府提出的"畜牧业增产增效，农牧民增收"的指导方针，坚持因地制宜、分类指导的原则，青海省畜禽品种区域布局总体规划和青海省绵羊改良区（域）规划中，将藏羊品种的保留区主要集中在海北州祁连县、海西州天峻县、海南州兴海县、同德县和玉树州、果洛州各县。这种有重点的藏羊保留区的划定，不仅使藏羊在一定区域内集中保留了相当的种群和数量，更为保护藏系羊品种的纯正性，特别是保持"西宁毛"品质的优良性等方面起到了积极作用。

二 打造"西宁毛"品牌的经济和社会现实意义

品牌的价值有两种，在产权未发生变动时为"内在价值"，在产权发生变动时为"交易价值"。品牌的价值实际上就是品牌的创值能力，这种能力不论产权是否变动，都是客观存在的。打造"西宁毛"品牌就是充分挖掘和积极地实现品牌的创值能力，而且这种能力是客观存在的。

（一）有利于提升"西宁毛"的品牌价值

国家《农产品地理标志管理办法》（以下简称《管理办法》）明确指出："农产品地理标志，是标志农产品来源于特定地域，产品品质和相关特征主要取决于自然生态环境和历史人文因素，并以地域名称冠名的特有农产品标志。"青海环湖地区特有的自然环境和历史人文因素孕育的"西宁毛"，在整个青藏高原藏系毛中综合品质最好，是制作地毯、毛毯、工业用呢的最佳原料，近百年来已被国内外市场所公认。将西宁毛申报中国"农产品地理标志"是完全符合《管理办法》的相关规定的，而且优势明显。《管理办法》还明确规定，"县级以上地方人民政府农业行政主管部门应当将农产品地理标志保护和利用纳入本地区的农业和农村经济发展规划，并在政策、资金等方面予以支持。国家鼓励社会力量参与推动地理标志农产品发展"。这首先从政策方面给予了倾斜、支持和保护。此外，农业部有关农产品地理标志保护和发展所公布信息反映：近年来，各地凡被认定为"农产品地理标志"的产品，其市场价格均在原基础上增长了20%以上，个别品种甚至高达200%。由此可见品牌效益和知识产权所带来的经济效益。据2008年统计，全省现有藏系羊产毛12778吨，藏羊毛近3年的市场均价为9.20元/公斤左右，若能增长20%的话，每公斤增值1.80元，总附加值就在2000万元以上。

（二）有利于强力支撑"藏毯"品牌地位的根基

21世纪以来，为了推动青海省畜牧业生产更好更快地发展，特别是在改变传统生产方式和传统经营方式，提高畜牧业生产科学、有序、高效发展方面，各级党委和政府做了大量而具体的实效工作。其中，全力打造"藏毯"品牌，就是推动和拉动畜牧业生产的发展、延长畜牧业生产产业链、提高畜牧业经济效益、增加农牧民经济收入的行之有效的重大举措。此举的成效已在近年的实际运行中得到了充分的显现。在打造藏毯优质品牌的同时，我们更应该特别重视构成这一优质品牌众多因素中的一个最重要的基础性因素，即优质的原料根基——"西宁毛"。

众所周知，藏毯生产历史悠久，青海是藏毯生产的发源地之一，但由于历史的种种原因该产业的发展比较缓慢。相反,省外或国外在藏毯方面的发展已经远远超过了我们。2000 年以来,在省委、省政府和有关部门的大力扶持下,青海藏毯行业的原有资源被重新整合,藏毯生产开始步入了产业化之路,并跻身国际市场。到 2008 年,生产企业发展到 11 家,其中手工毯生产企业 7 家、机织毯生产企业 2 家、原辅材料生产企业 2 家,基本形成了原材料供应、生产加工、市场销售为一体的产业化生产格局。但从国内外形势而言,全国现有地毯企业 360 余家,年出口额千万美元以上的企业有 6 家,500 万美元以上的有 20 余家;国外的尼泊尔、印度、巴基斯坦等国家已把藏毯作为国内支柱产业来支持发展,仅尼泊尔藏毯最高峰时年出口达 1.6 亿美元。由此不难看出该领域的市场竞争十分激烈。此外,从文化的角度而言,藏毯所承载的文化内涵也十分广泛,各地都在自己生产的藏毯上赋予其各地文化的因子来加以自我宣传、自我标榜,提高其市场竞争实力。而且,反映藏毯的物质载体就是藏系毛编织的手工或机织的地毯,其原料青藏高原到处都有,谁都可以通过商贸渠道购买到。所以,在如此竞争激烈的市场大背景之下提升青海省藏毯产品竞争实力,除了在工艺、技术、质量、营销服务等方面下大功夫外,还要在文化内涵、品牌效益、知识产权等多方面发掘和创新。打造好"西宁毛"这一品牌,就是抓住了"藏毯"之根、"藏毯"之魂,才能使之成为青海省领军世界"藏毯"行业不可替代的优势产业。其社会效应和经济效益完全可以达到吐鲁番的"哈密瓜"、云南思茅的"普洱茶"品牌之社会影响。

打造"西宁毛"优质品牌和确立农产品原产地地理标志,不仅会推动和提升"西宁毛"的品牌效益,而且将极大地提升青海省藏毯品牌的实力,推动青海省藏毯产业的快速、高效、持续发展。

(三) 有利于推动畜牧业生产和农牧民增收

农产品原产地地理标志一经确立,经过几年的营造和宣传,产品的附加值必然很快提高,农牧民从中必将得到实惠,生产积极性和产品的保护意识也会得到空前提高,藏羊养殖必定朝着科学、有序、高效、可持续的轨道发展。同时,对畜产品下游产业的发展,也会奠定良好的基础。比如,手工藏毯属劳动密集型产业,具有离土不离乡和生产布局集中与分散相结合的特点,已成为解决贫困地区富余劳动力就地转移、帮助农牧民的有效形式和途径。经过四年的探索，藏毯生产已经走出了一条符合青海省实际的发展路子，这就是"公司＋车间＋农户"的经营模式。2007年，手工藏毯新增生产能力为16万平方米，年总产量达到58万平方米；机织毯生产能力为0.3万平方米，出口创汇3275万美元，内销2633万人民币。截至2008年底已在全省6州1地1市22个县的390个村建设织毯车间390个，为农牧民就近转移提供工作岗位3.3万个。从事织毯的农民工年均收入达到3000元以上，基本实现了农户转出1人、全家稳定脱贫的目标。设想，初级产品的"西宁毛"在地理标志和知识产权的保护发展下，产品价格提高20%；下游加工链的地毯产业在上游品牌效益拉动下，藏毯总体价格净增15%～30%，其产生的社会效益和经济效益将远远超出我们目前的预计。届时，把青海省建成国际性藏毯生产集散地的发展目标定会实现。

（四）有利于为该产业的发展规划奠定基础

地理标志产业化发展必将成为今后引领农产品向着科学、高效、有序、专业化和现代化发展的趋势。据农业部地理标志保护和发展所的信息反映，近年来，我国中东部农业发达地区已经将各地所拥有的"地理标志"农产品放置于当地农业发展的重要环节和拳头产品全力推崇和营造，并已制定出详尽的产业发展规划，立志朝着产业化、现代化高效农业发展的方向努力。如宁夏以"宁夏大米"农产品地理标志为契机，制定出"宁夏大米地理标志产业发展规划"，此举不但得到当地各级政府、企业、农户的大力支持和积极拥护及参与，也得到农业部的关注和支持，即将将其列入农业部地理标志产业化发展项目的重点支持和扶持名录中。所以，我们也应以申报"西宁毛"地理标志为契机，着手开始将该产业今后发展的规划工作纳入政府相关部门的议事日程，使该产业很快成为青海省农牧业经济中特色农业、高效农业、示范农业发展的亮点和有效途径之一，成为新的经济增长点。国家《管理办法》中已明确规定"县级以上地方人民政府农业行政主管部门应当将农产品地理标志保护和利用纳入本地区的农业和农村经济发展规划，并在政策、资金等方面予以支持。国家鼓励社会力量参与推动地理标志农产品发展"。所以，在我们积极努力打造"西宁毛"国家农产品地理标志以及"著名商标""驰名商标"等品牌战略工作的同时，还应积极争取国家对该产业发展的关注和支持。

三 当前工作中存在的主要问题及相关情况

青海省在畜牧业生产发展过程中，针对"西宁毛"的保护和发展方面已经取得了十分可喜的成就，但也存在着一些不可忽视的问题。

（一）营造和宣传"西宁毛"品牌的力度还不够强

从历届"青海国际藏毯展览会"的宣传中以及与之相关的日常工作中，可以看出所关注热点和焦点多集中在"藏毯"上，而对藏毯赖以发展的基础和根基的"西宁毛"的宣传、推介等工作显得比较薄弱。截至目前，包括"西宁毛"在内的公共资源品牌"农产品地理标志"认证工作进展缓慢，全省还没有一项被农业部认证的"农产品地理标志"。其中，除我们在此工作方面的重视、安排和落实等不足的原因外，对该工作的申报、认证等技术层面的运作程序知识不够了解和掌握也是造成进展缓慢的一个重要因素。

（二）保护区域的界定问题亟待确定

"农产品地理标志"也称为"农产品原产地地理标志"，其重点就在"原产地"上。在申报"西宁毛""农产品地理标志"工作中，就出现了原产地区域图如何界定的难题。有人认为应该将原产地区域图界定在全省范围内，这样有利于全省藏系毛资源的保护和利用；也有人坚持将原产地区域图限定在环湖地区，这样更能突出"西宁毛"的品质和地域特点，有利于今后该产业的重点保护和规划发展，同时避免与周边省区在此问题上纠缠。该问题亟须上报省政府定夺。

（三）统计数据不统一

到目前，全省藏系羊及藏羊毛产量和资源品质状况不清。就藏系毛而言统计数据门出几家，12778～20000吨之间各有表述，可以说底数不清；再比如山羊绒在《统计年鉴》中是355吨，而省纤维检验局每年纤检的山羊绒为700～800吨。

（四）藏系羊育种基地的建设问题

藏羊是青海省绵羊种群中占据比例最大的一块，也是青海省特有的地方优良和优势种群。然而，截至目前，全省没有一家为该种群育种的专门（专业）机构，其选种育种依然处在自然生态之下，导致该种群退化和变异现象较为突出。

（五）西宁毛品质的保护问题

近年来，二道贩子的混等收购，直接影响到西宁毛的质量。河北等地一些商家将"西宁毛"收购后，将西宁毛的底绒提取（19～20微米，长度40毫米左右），然后将提取后的毛又混入其他毛，以西宁毛的价格售出，大大破坏了"西宁毛"的声誉。牧区相关协会虽然在集体收购原毛、保证羊毛质量、防止二道贩压级压价压秤的做法、保护牧民利益等方面做了大量工作，但仍不完善，需要进一步加强。

（六）打造高档次的毛绒市场问题

青海省是全国畜产品的主要产区，打造全国性一流的综合性绒毛市场，是我们从现在开始应该看重和着手的一个方向和目标。如何将现有的城南羊毛市场打造成全国较有影响的绒毛市场，还需要我们做大量工作。目前，该市场运作还处在一个很低的水平，依然是个体经营为主，形不成市场的合力。市场管理水平很低，硬件和各种配套设施跟不上，市场管理部门的监管服务不到位。对此应当引起相关部门的关注和重视。

四 对策建议

为使"西宁毛"申报国家农产品地理标志的工作尽快实施和顺利完成，针对以上所反映的问题和情况，提出我们的一些想法和建议，希望能对有关领导、相关部门和专家学者在决策和研究时有所参考。

（一）加强对申报农业品地理标志工作的宣传工作

自我国加入 WTO 以来，经常会有这样一个名词出现在我们眼前，即

"知识产权"或"知识产权保护"。对此我们的不少同志在认识和了解上往往会联系到"高科技""科研成果""版权所有"等方面，很少有人将其与我们身边的日常生产和生活相联系。其实"知识产权"无时无刻不与我们的日常生产和生活紧密联系。就农产品而言，知识产权涉及农产品生产的每一个环节。国外百年以前就开始重视知识产权的保护。以法国葡萄酒为例，他们对葡萄的种植区域进行了明确的界定，同时从籽种、土壤、种植、肥料、栽培、浇灌、日照、收获、储存以及酿造工艺、储藏环境、储藏时间、专用木桶等，从头到尾的每一个环节都有严格管理标准或专利（有 500 多项），这些子系统的各项标准或专利汇集成为法国葡萄酒的知识产权，并得到法国政府的严格保护和世界的公认，这也使得法国葡萄酒产量虽然不高，但身价成倍增长。由此不难看出，所谓的"知识产权"就在我们日常生产和生活的每个细微环节当中。所以，我们建议相关管理部门、新闻媒体、科普推广机构及学校教育等多方面加强类似方面的宣传教育，提高和培养人们对这一新生事物的认识、理解和支持。此外，由于申报工作程序的严谨和技术性要求较高，对申报材料的要求也较为严格，加之此项工作在青海省又是刚刚起步，在实际运作过程中也出现了许多疑难问题和这样那样的差错。所以，及时举办一期由省、州、地相关管理部门人员和有具备申报条件的县乡主管人员、农业协会成员等参加的学习班，聘请省内外专家做专题辅导讲座的工作显得尤为需要和迫切，希望能引起相关部门关注和重视。

（二）重视青海省特有农产品的发掘、保护、发展工作

虽然青海省申报国家农产品标志的工作起步较晚，但各地对此工作的热情和积极性空前高涨。据省绿色食品办反映的信息，目前为止，乐都的大蒜和辣椒，门源的蕨麻，互助的马铃薯，河南县的奥拉羊，西宁大白毛6 个品种的项目已经开始申报国家农产品地理标志，还有循化的辣椒、柴达木的枸杞、贵德的梨等 8 个项目正在准备申报之中。青海省特殊的地理环境，使全省许多农畜产品赋有独具的特色，有着其他地方的同类产品无法比拟和效仿，甚至"唯我独有"的优势和特点。这种带有青海浓郁地方特色的农畜产品散布于省内各地，品种繁多，不胜枚举。这不仅需要我们的领导者和科研工作者深入基层、深入实地进行广泛的调研工作，更需要

基层工作者和生产第一线的农牧民向上和向社会积极地宣传和推介自己地方独有特色的农畜产品。只有齐心协力、上下互动，才能使青海省特有农产品申报国家农产品地理标志工作做到零的突破，才能不断地丰富和发展青海省特有农产品这一蕴藏巨大经济效益的特殊宝库。

（三）科学合理确定西宁毛申报工作的申报主体和地域界定

今年，西宁毛的申报工作由省技术监督局下属的纤维检验局主办申报，并做了大量而细致的准备工作。但在申报审核过程当中，出现了申报主体不合适（或不合规定）的问题。国家《管理办法》规定申报主体是：农民专业合作化组织、事业单位、农民协会。纤维检验局是参照公务员执行的事业单位，但也因检验、监督所赋予行政职能的属性，不符合《管理办法》规定的申报主体的条件，因此纤维检验局牵头的"西宁毛"申报工作处于两难境地而搁浅。此外，原产地区域的界定也是亟待解决的问题。区域划定不了，申报工作就无法继续进行，因为区域是农产品原产地地理标志的空间基础，离开了它，保护范围无从谈起。以上两个问题希望得到省政府的关注和支持，协调相关部门和单位及早确定申报主体；组织相关领导、专家学者和重点区域代表共同参与和研究，尽早制定出保护区域的界定范围。仅区域界定方面，我们认为保护区域不宜划得过大，大而散，对今后的产业规划以及保护工作的实施不利，同时也避免与周边省区在此问题上的纠缠；划得太小又会束缚该产业今后的发展。为此建议应以《青海省畜禽品种区域布局总体规划》（2005～2010年）为基础，将保护区域划定在环湖地区的共和、天峻、刚察、海晏、祁连及门源的部分区域为宜。

（四）建立藏羊育种基地和良种繁育体系

良种畜禽是现代畜牧业生产的基础，也是促进畜牧业向高产、优质、高效发展的关键。建立配套完善的畜禽良种繁育体系，长期持久地培育、推广、利用畜禽优良品种，提高畜禽良种化程度，对实施畜牧业可持续发展具有十分重要的意义。青海藏羊长期在青藏高原高寒缺氧的自然环境下，形成了体质结实、耐严寒、抗病力强的特点，成为青海省牲畜中的优势畜种。然而，该种群的选种育种一直处于自然状态，导致种群退化和变异现象较为突出。所以,在保护的前提下发展这一优势畜种工作已经严峻地摆在我们面前。尤其是建立藏羊育种基地和良种繁育体系的工作应当引起我们的足够重视。《青海省畜禽品种区域布局总体规划》(2005~2010年)中已经提道:"计划根据青海藏羊不同的生态类型和生产方向,分别建立以产'西宁毛'为主的高原型藏羊资源场和欧拉型藏羊资源场各1处。其中高原型藏羊资源场建设地在玉树、果洛州通过招标方式确定,重点在保持并提高'西宁毛'品质的同时,通过本品种选育,提高产肉性能……"由此我们建议:一是建立藏羊资源场确实是保护这一畜种举措中不可缺少的一个重要环节,但同时应当将现代化条件下的专业育种基地的建立工作,提升到保护和发展规划和具体实施措施各环节的首要位置,在人财物等方面给予重点投入。二是尽快制定《青海省藏羊选育标准和办法》,只有在科学的标准和先进的管理条例的指导下,才能真正使藏羊品种测定及选择、培育、推广和建立高产种群、提高藏羊的生产性能等各项工作有章可循,落到实处。

(五)加强和提高羊毛交易的管理和引导工作

1. 加强"严禁原毛直接运往省外"的监管工作。国家动植物检疫和防疫工作的相关条例严格禁止原毛跨地区直接流通。青海省向外省输出的羊毛大都以原毛为主,附加值低,如果是洗净毛输出的话,每吨附加值会提高到900~1200元,同时,还能吸纳一些富余劳动力就业。所以,提高洗净毛加工的工作和严防原毛直接向省外输出的工作,依然是青海省今后畜产品流通环节中需继续重视和加强管理的主要工作。

2. 积极支持和发挥农牧民"协会"的作用。2008年刚察县和祁连县举办了羊毛现场交易会,由省内外20多家企业参加,企业与牧户及协会经纪人直接见面,会议举办得十分成功。以刚察会场为例,现场交易达421多吨,每公斤价格为9.6元左右,平均提高0.6元。这种政府牵头、由协会和牧户与企业直接见面的方式,不仅为供需双方搭建了相互了解和交流的平台,提高了信息、扩大了影响、实现了双赢,极大地提高了"协会"作用的发挥,同时也减少了中间环节的诸多不利因素。类似举措应当在政府的积极引导之下,逐步地加以推广。

3. 逐步建立基层羊毛分拣员队伍。基层羊毛分拣员在澳大利亚、新西兰等国家比较盛行。澳大利亚有 2 万名分检员直接参与剪羊毛的现场，根据羊毛的品质进行第一道分拣，打包、贴签，然后再交往所辖的羊毛协会，从源头严把原毛的质量关。分拣员受过专门技术培训后持证上岗，其报酬由羊毛协会发给，协会从替牧户已经销售的羊毛中提取一定比例的佣金。牧户只管生产，所有的交易全过程由协会完成。此种做法，我们也可以借鉴。内蒙古的一些地方已在探索实施。培养基层羊毛分拣员和建立基层分拣员队伍是提高畜产品质量从源头抓起的一种有效手段，也是畜产品流通中今后势必要做的工作。所以，我们应该从现在开始，对此工作有所准备和有所计划，人员的培训可以纳入农村富余劳动力技能培训的"阳光工程""雨露工程"等计划中逐步探索实施。

4. 对羊毛的公检费用逐步实施政府予以补贴或承担的措施。在我国棉花、山羊绒、蚕茧等都有政府负担的公检费，而唯独羊毛没有。在省级地方只有内蒙古在逐步实施公检费，从起初的每年划拨公检费专项资金 50 万元，提升到现在的 200 万元。公检费的实施可以减轻牧民对羊毛出售时的质检负担，同时，也能极大地提高羊毛的原毛品质。现在，牧民为了省钱和省事，对原毛很少主动去做质检，混等出售，混品种出售，甚至掺杂使假，极大地影响了原毛品质。如果逐步施行羊毛公检，不仅减轻牧民经济负担，同时更能体现优质优价，提高牧民经济收入和生产积极性，更重要的是极大提高"西宁毛"的产品质量和市场身价，创造出更高的社会经济价值。

（该文原载《青海研究报告》2009 年第 30 期，2011 年荣获青海省第九次哲学社会科学优秀成果评奖二等奖）

中国西部城镇化发展模式研究（摘选）

苏海红　师　健　肖　莉

城镇化是人类社会发展的必然趋势和经济技术进步的产物，是人类社会走向现代化的必然阶段，也是社会文明进步的重要标志。城镇化更是一个复杂的宏观生态过程，目前困扰全世界的人口、资源、能源、粮食和环境五大问题都与城镇化进程有关。未来学家托夫勒认为，高技术产业发展与中国城镇化是 21 世纪世界经济、社会发展的两个驱动因素。因此，研究城镇化对中国、对世界都具有重要意义。

改革开放以来，我国的城镇化在工业化、信息化的推动下蓬勃发展，以长江三角洲城市群、珠江三角洲城市群、京津塘城市群的崛起为标志，中国进入了全面城镇化的新时代。实践证明，经济的增长与发展必然带来城镇化水平的提高，而城镇化水平的提高又会加速经济的持续增长，推进区域经济的发展。随着中国进入全面建设小康社会和构建和谐社会的发展新阶段，城镇化进程也将面临一系列深刻变革和严峻挑战，尤其是中国西部地区①（以下简称西部）滞后的城镇化和城乡一体化进程，使城乡差别、区域差别问题更趋严峻，并制约着全国经济社会发展转入全面协调可持续发展的轨道和西部开发建设目标的顺利实现。

自党的十五届五中全会提出实施城镇化战略以来，选择什么样的城镇化道路，如何推进城镇化，成为西部区域经济社会发展的一个重大理论和实践

---

① 2000 年 12 月 27 日公布的《国务院关于实施西部大开发若干政策措施的通知》中，明确西部开发政策适用范围为 12 省区市，即：西北五省区，西南五省区市，广西壮族自治区和内蒙古自治区。此外，还包括湖北省的恩施、湖南省的湘西和吉林省的延边三个少数民族自治州。为统计方便，本书西部地区包括重庆、四川、贵州、云南、西藏、广西、陕西、甘肃、青海、宁夏、新疆、内蒙古等 12 个省（自治区、直辖市）。

课题。应该说，城镇化是各类规模的城镇发育成长的过程，大中小城镇都有其存在的合理性，以往把城镇化仅仅理解为单纯的城市建设和城市发展问题，把城镇化道路理解为发展大城市还是发展小城镇的问题，是缺乏对城镇化内涵的全面认识。《中共中央关于制定国民经济和社会发展第十一个五年规划的建议》明确指出城镇化发展的总体思路，"要坚持大中小城市和小城镇协调发展，提高城镇综合承载能力，按照循序渐进、节约土地、集约发展、合理布局的原则，积极稳妥地推进城镇化"。同时也强调"建设社会主义新农村是我国现代化进程中的重大历史任务"，"建立以工促农、以城带乡的长效机制"。可见，中央政府已全方位地来理解城镇化的丰富内涵，把握城镇化的精髓，意识到城镇化过程首先是经济结构转变的过程和经济发展方式转变的过程，解决城镇化问题既是建设大中小城市和小城镇协调发展的问题，也是解决"三农"问题，解决城乡二元体制、缩小城乡差别和建设社会主义新农村的问题。城镇化问题的解决不仅需要从城市层面来解决，也需要从农村层面来解决；城镇数量、规模、城镇化率变动等问题，也是相关社会、经济、资源、环境，以及各个不同区域间城镇化差异性的问题。

西部是我国重要的生态安全区和资源富集区，减少区域发展的生态代价和社会成本的最佳路径莫过于城镇化。西部地处江河中上游，先天脆弱和全球气候干暖化以及人类过度活动共同导致其生态环境日趋恶化，水土流失、沙漠化、荒漠化趋势十分严峻，长江水灾、黄河断流、沙尘暴天气等频繁发生，严重威胁江河中、下游地区经济社会的发展。虽然国家在西部实施退耕还林（草）以及生态保护与建设工程是十分必要的，但改善西部生态环境的关键举措还在于尽可能减少人类活动对环境的干预。因此，加快推进西部城镇化可以使人口适度聚集，把城镇化与退耕还林（草）结合起来，将迁出的人安排在就近城镇或选择适宜地方兴建新的小城镇，不仅对恢复生态、减少破坏具有重要作用，也将促进西部城镇的可持续发展。

西部的城镇化发展道路既要从实际出发，还要根据不同区域的经济发展规模、就业潜力和资源环境的承载能力，统筹城乡发展，努力形成资源节约、环境友好、经济高效、社会和谐的城镇发展新格局。西部城镇化模式包括动力机制、空间布局、制度安排和路径选择四个模块。西部城镇化发展动力必须由"政府引导＋以市场配置"为主模式逐步向以市场配置为主转变，选择与之相应的工业化水平和人口规模；西部城镇化发展的空间模式应通过建设城市圈、城镇群、城镇带以及城乡结构、多城镇结构，构筑大、中、小规模合理的城镇体系来扩充城镇化的空间布局；西部城镇化发展的制度模式应从调整产业结构、改革户籍制度、创新土地使用制度、完善社会保障体制和健全城建投融资制度等方面进行制度创新；西部城镇化发展的路径应根据区块经济特征，因地制宜，选择特色发展道路。首先，省会城市和大城市应发挥增长极的带动、辐射功能，通过统筹规划，大力发展中小城市，逐步形成若干个要素集聚能力强、人口分布合理的城市群（带），使其功能梯次延伸扩散；其次，人口分散、资源条件较差的偏远区域，重点发展现有城镇、县城和有条件的建制镇，进一步聚集人口，实现人与自然、经济与社会的和谐发展；最后，对极其不适宜人类居住或生态环境重点保护的区域，应适当迁移和集中人口，结合新农村新牧区建设，有选择有重点地推进特色小城镇建设。

根据这个总体思路，结合西部经济社会发展实际与近年来城镇化进程的实践，西部的城镇化应该是因地制宜的多样化的城镇化，是城乡关系良性互动的城镇化，是速度、规模适度有质量的城镇化，是资源节约、环境友好的亲生态城镇化，是市场经济与政府调控相结合的城镇化。本文拟从上述方面努力探索推进西部城镇化的发展模式。

一 西部的特殊性区情与城镇化发展实践

源于 20 世纪 50 年代以后倾斜式的中国西部工业化推进战略和 60～70 年代"三线"建设的开展，以及西部大开发战略的实施，使西部的工业化和城镇化发展水平有了大幅度提高。但二元经济结构尚未完全消除，西部城镇化发展水平仍十分滞后，除重庆、成都、西安、兰州、呼和浩特、昆明等大城市发展相对较快外，绝大多数西部城镇发展的差异较大，城镇发展网络密度不高，中小城镇发展严重不足。如果说全面推进工业化进程是 21 世纪西部开发和发展最主要和最基本的战略任务，那么，西部的城镇化则是这个战略任务中最艰巨和最关键的节点。

（一）西部城镇化发展的基本判断

随着人类社会的发展和城镇化概念的拓展，人口、资源、环境、经济以及社会的协调发展已成为衡量一个城镇全面发展的评价指标。对于生态环境十分脆弱但又担负着重要生态安全功能的西部而言，滞后的经济社会发展现状要求其加快城镇化进程，而有限的生态承载量又要求其城镇化必须走亲生态的可持续发展道路，在不断扩大城镇规模的同时，还应注重城镇质量的提升。由此，为准确判断西部的城镇化发展状况，我们建立了以多元化的经济、社会、科技、文化、信息、生态环境等为主的综合指标体系，来详细阐释西部城镇化总体发展状况，有助于提出优化西部城镇经济发展环境和模式的策略，以促进西部城镇的可持续发展。

根据指标体系的构成要素，并从目前的统计数据基础考虑，构建了一个4大类共16个指标构成的西部城镇化发展的指标体系。根据上述指标的重要程度分别赋予权重，并将北京、上海的平均值作为城镇化综合发展的目标值，分别计算各西部城镇的综合得分。

计算公式：$S = \sum \dfrac{P_i}{M_i} \times W_i$

其中，S 为西部城镇化综合发展得分；P_i 为城镇第 i 指标的实际值；M_i 为第 i 指标的目标值；W_i 为第 i 指标的权重。P_i/M_i 为城镇第 i 指标综合发展实现程度。

表1　西部城镇综合发展评价指标体系及其权重

指　标		权　重
经济竞争力指标	人均 GDP（元）	10
	固定资产投资总额（亿元）	8
	第二产业占 GDP 比重（%）	8
	第三产业占 GDP 比重（%）	8
	第三产业就业比重（%）	6
居民生活质量指标	城镇化水平（%）	10
	城镇居民可支配收入（元）	5
	人均住宅建筑面积（平方米）	5
社会发展指标	人口自然增长率（‰）	5
	科学事业费支出占财政支出比重（%）	5
	教育事业费支出占财政支出比重（%）	5
	电信业务总量（亿元）	5
城镇建设与环境指标	人均公园绿地面积（平方米）	5
	城市道路长度（公里）	5
	城市用水普及率（%）	5
	城市污水日处理能力（万立方米）	5

表 2　2007 年西部城镇综合发展评价

	权重	目标值	东部城镇	西部城镇	内蒙古	广西	重庆	四川	贵州	云南	陕西	甘肃	青海	宁夏	新疆
总得分	100		95.1	62.0	68.0	68.9	63.6	69.6	53.7	56.3	63.7	57.2	56.6	57.4	72.1
一、经济竞争力得分	40		33.2	25.7	29.5	24.6	25.7	25.8	23.1	22.4	26.5	24.3	25.2	23.0	34.4
★人均 GDP（元）	10	62286	6.0	3.2	5.4	2.0	2.4	2.0	1.7	1.7	2.2	2.8	2.6	2.4	10.4
★固定资产投资总额（亿元）	8	8425.2	6.3	1.9	3.7	2.9	3.0	5.0	1.0	1.8	3.4	1.2	0.2	0.6	0.5
★第二产业占 GDP 比重（%）	8	36.7	10.5	10.2	10.5	9.5	10.0	10.0	10.4	9.0	11.3	10.6	11.3	10.2	14.1
★第三产业占 GDP 比重（%）	8	62.3	5.6	5.0	4.9	4.3	5.4	4.0	5.0	4.6	4.3	4.3	5.6	4.8	4.5
★第三产业就业比重（%）	6	64.5	4.8	5.4	5.0	5.9	4.9	4.8	5.0	5.3	5.3	5.4	5.5	5.0	4.9
二、居民生活质量得分	20		15.1	10.7	12.2	10.5	13.1	10.7	8.9	10.3	10.7	9.4	10.3	11.2	10.2
城镇化水平（%）	10	86.6	7.0	4.4	5.8	4.2	5.6	4.1	3.3	3.6	4.7	3.6	4.6	5.1	4.5
城镇居民可支配收入（元）	5	22806	3.7	2.5	2.7	2.7	2.8	2.4	2.3	2.5	2.4	2.2	2.3	2.4	2.3
人均住宅建筑面积（平方米）	5	33.7	4.4	3.8	3.7	3.6	4.7	4.2	3.3	4.2	3.6	3.6	3.4	3.7	3.4
三、社会发展得分	20		16.3	10.5	9.2	11.3	9.0	12.3	11.1	9.4	11.4	10.6	10.0	9.8	11.2
★人口自然增长率（‰）	5	1.9	2.0	1.3	1.4	1.0	1.1	1.9	1.4	1.1	1.5	1.3	1.3	0.8	1.9
★科学事业费占财政支出比（%）	5	5.2	2.8	1.1	0.8	0.8	1.3	1.1	1.2	0.8	1.0	0.9	1.7	0.6	2.1
★教育事业费占财政支出比（%）	5	14.5	6.4	7.0	5.3	7.6	5.4	6.1	7.9	6.6	7.6	7.7	6.8	8.1	6.9
★电信业务总量（亿元）	5	497	5.1	1.1	1.7	1.9	1.2	3.2	0.6	0.9	1.3	0.7	0.2	0.3	0.3
四、城镇建设与环境得分	20		30.5	15.1	17.1	22.8	15.8	20.8	10.6	14.2	15.1	12.9	11.1	13.4	16.3
人均公园绿地面积（平方米）	5	8.0	6.5	5.1	6.6	5.4	4.8	5.2	3.7	4.7	5.0	4.3	5.3	6.5	5.1
城市道路长度（公里）	5	4917.5	13.3	3.5	5.0	5.4	4.4	8.3	2.2	3.2	4.1	2.6	0.6	1.7	4.3
城市用水普及率（%）	5	100	4.8	4.6	4.1	4.6	4.6	4.3	4.1	4.8	4.8	4.6	5.0	4.5	5.0
城市污水日处理能力（万立方米）	5	446.6	5.9	1.9	1.4	7.4	2.0	3.0	0.6	1.5	1.2	1.4	0.2	0.7	1.9

注：1. 根据《2008 年中国城市统计年鉴》《2008 年中国统计年鉴》相关数据整理。其中，带 ★ 号的为 2007 年各地区地级及以上城镇数据；其余为 2007 年城镇数据。2. 由于人口自然增长率等与发达程度呈反比，在计算其得分时，$S = \sum M_i / P_i \times W_i$。

从表 2 得知，东部地区城镇综合发展与北京、上海相差不大，而西部城镇综合发展水平仍处于较低水平，其实现程度仅为北京和上海的 60% 左右。应该说，西部城镇化刚刚步入初步发展的轨道。通过指标体系的评价，西部城镇化发展水平从高到低排列依次为：四川、新疆、广西、内蒙古、云南、陕西、重庆、甘肃、青海、宁夏、贵州。从区域分布看，西南区域城镇化水平和发展速度总体上高于西北区域。从经济、社会、人民生活以及城镇建设和环境等的实现程度看，具体有以下特征。

1. 经济竞争力整体不强且参差不齐

从人均 GDP、固定资产投资总额以及经济结构比重等指标中，反映了西部城镇参与市场竞争的经济实力，既是城镇综合竞争力水平的重要体现，又是促进竞争力水平提高的基础。评价结果显示，西部城镇经济竞争力较高的依次是新疆、四川、广西、内蒙古、陕西，而城镇竞争力较低的依次是贵州、云南、青海、宁夏。从单个指标分析：新疆、内蒙古城镇总体经济发展水平较高，人均 GDP 水平在西部城镇中排在前位，总体发展水平偏低的是贵州和云南的城镇；新疆、陕西、青海等工业化发展程度远高于城镇化发展水平，云南工业化水平较低；四川、重庆和内蒙古的固定资产投资额多，年均增长速度快，而青海的固定资产投资较少。从就业结构看，广西、青海、甘肃的服务业发展显著，三产就业比重相对较高。

2. 居民生活质量普遍较低

人口城镇化水平、城镇居民人均可支配收入、人均住宅建筑面积等指标在一定程度上反映了城镇居民的生活水准及生活质量。评价结果显示，重庆、内蒙古、宁夏城镇居民生活水平相对较高，而贵州和甘肃城镇居民生活水平较低。从人口城镇化水平看，内蒙古、重庆和宁夏位居西部前列，贵州最低；从城镇居民收入水平看，重庆、广西和内蒙古居民收入较高，甘肃、青海、贵州城镇居民收入相对较低；从居民住宅情况看，重庆、云南和四川居民人均住宅面积较大，贵州较低。

3. 社会发展能力较弱

人口自然增长率、科技和教育的财政投入、电信业务总量等指标不仅反映了城镇的社会发展状况，也反映了政府政策对经济、社会的作用程度及分配资源的能力。评价结果显示，西部城镇社会事业相对较发达的西部城镇是：四川、陕西、广西、新疆。从人口自然增长率看，由于西部地区多属于少数民族地区，人口增长率较高；从科技的财政投入比重看，新疆、青海的投入比重相对较高，主要是资源型省份在资源开发中急需科技大支撑，基本与其工业化程度呈正比；从教育的财政投入比重看，宁夏、贵州、广西城镇的投入力度较大，甚至高于东部城镇，西部落后地区增加教育支出，也说明这些地区的历史欠账较多；从电信业务总量看，西部城镇总体状况较薄弱，表明西部城镇信息化程度低，尤其是青海、宁夏、新疆的城镇信息化程度十分欠缺，现代化发展能力弱。

4. 城镇基础设施建设与环境建设滞后

人均公园绿地面积、城市道路长度、城市用水普及率、污水日处理能力等指标是城镇设施的基础要素。这些指标反映了城镇综合竞争力的基础条件，由于经济发展水平不同，基础设施的发展水平也不同，两者呈正相关关系。通过对公共工程和设施的比较，可以找出西部城镇在基础设施发展中的长处与不足。评价结果显示，四川、广西、新疆和内蒙古城镇建设与环境基础较好，而贵州、青海、甘肃的总体城镇建设及环境尚不完善。从人均公园绿地面积看，内蒙古、宁夏注重公园绿地的建设，人均公园绿地面积相对较多，贵州、甘肃和云南人均公园绿地面积小；从城市道路长度看，四川、广西和内蒙古的城镇道路建设较好，建设里程长，甘肃、青海、贵州由于山路较多，道路建设十分滞后；从城镇用水普及率状况看，青海和新疆城镇供水系统较为发达，普及率高，普及率较低的是内蒙古和贵州；从污水日处理能力看，广西投入力度非常大，污水处理能力强，城镇水环境较好，而青海在污水处理方面的能力非常弱，亟待提高。

从上述相关分析可以看出，西部城镇化和经济发展水平总体偏低，与东部城镇间的差距越来越大，突出表现在以下几个方面。

第一，城镇化水平远低于东部及全国水平。西部城镇发展基本上走的是通过利用国家计划拨款的资金发展工业、城市建设的"自上型"发展道路。衡量西部城镇化进程，城镇规模小、层次低、对区域经济社会的辐射带动力弱，众多数据均远落后于东部和全国的平均水平，且发展速度缓慢。

第二，城镇化进程滞后于工业化水平。世界上不少国家以工业化带动城镇化，以城镇化促进工业化，其城市化与工业化是同步推进的。但西部城镇化滞后于工业化，不仅导致产业发展的非协调性，也扩大了城乡差距，强化了二元结构。

第三，城镇体系不合理，城镇密度小，且呈现出特大城市和小城市比重高而大中型城市比重低的两头大、中间小的纺锤形结构，而非正常情况的金字塔型。大中型城市特别是 50 万～100 万人口的大城市往往是一个区域的经济、文化的中心节点，它的缺乏使城镇的辐射作用难以覆盖地域辽阔的整个西部，难以承担经济发展增长极的作用，使西部在区域发展上受到较大限制。

第四，城镇分布的空间非均衡性明显。西部地域辽阔，区域间的自然地理条件、人口密集程度、生活习惯与民族习俗、经济社会发展水平等有很大差别，城镇发展差异度较大。西部城镇的空间分布，总体上多分布在攀枝花—西宁一线以东地区的交通干线两侧。西北区干旱缺水，城镇分布受水源制约，水源条件较好的如关中平原、宁夏灌区、黄河河套、陇中及青海东部、河西走廊及新疆天山南北的绿洲地区，是城镇分布相对较密集区域；西南区崎岖多山，气候湿润，地形及交通条件是影响城镇分布的重要因素，地形平坦、交通方便的四川盆地的成渝地区、广西盆地、坝子分布较为集中的滇东高原以及贵州高原中部成为城镇分布较密区。城镇分布相对较密区与其他区域的社会经济差异也很明显，如陕西的城镇密集区只占全省土地总面积的 27%，却占了全省总人口的 58.4%、城镇非农业人口的 75%、GDP 总量的 81%，城镇密度达 71.81 座/万平方公里，为陕南和陕北平均密度的 2.1 倍多。

第五，城镇规划与建设滞后。西部城镇缺乏长远和科学合理的规划，各城镇建设自成体系、重复建设，未形成各具特色的产业布局，职能单一，难以突出地方优势，不仅加剧了相互间的市场竞争，也不利于西部整体城镇化的发展。同时，城镇建设中受制于观念的陈旧、资金的匮乏，加之缺乏合理规划，其城镇建设十分滞后，居民生活环境设施不配套、不完善，且缺乏必要的文化、体育和医疗卫生设施；工业用地、公建用地、住宅用地等分区混乱，随意性大，土地利用粗放，土地利用集约化程度低；在城镇公共设施建设、绿地建设、环卫建设、污染治理等方面投入不足；城镇"软件"建设更为落后，城镇管理人员少，管理法规不健全，缺少现代化管理手段等。由此，西部城镇在发展质量上仍落后于东部和全国城镇的平均水平。

（二）制约西部城镇化发展的因素

西部城镇化是一项复杂的、长期的系统工程，其城镇化步伐之所以缓慢，是受诸多因素的制约，既有生产力方面的，又有生产关系和意识形态方面的；既有微观的，又有宏观的。综合分析西部城镇化制约因素，有利于探讨和制定符合西部实际的城镇化发展模式。

1. 客观因素

（1）自然与生态的约束。地理条件和生态是影响一个地区经济社会发展的重要因素，也是难以改变和克服的因素。西部地形复杂多样，各种地形如山地、高原、丘陵、盆地、平原等种类齐全，但总体地势高耸，不少地域海拔在 4000 米以上，有一半以上的土地是不宜于人类居住的高原丘陵、沙漠戈壁等地带，自然条件较为严酷。西部人口分布既密集又断裂，大部分聚集在河谷盆地和零碎绿洲之中，少部分散布于深山老林之内或草原之上。除了关中、汉中平原和四川盆地外，西部大部分河谷盆地或绿洲都较小，均被高山峻岭或戈壁沙漠所阻隔。自然地理环境使西部城镇因缺少人口集聚条件无法自我扩张成大城市，或形成密集且相互呼应的城市群，城镇化进程缓慢。同时，西部生态地位又十分重要，是我国大江大河的发源区和气候变化的天然屏障区，随着全球气候的干暖化和人类活动的影响，西部生态环境逐年恶化，不仅影响着全国的生态环境，也成为西部工业化、现代化和城镇化发展的瓶颈。一是水土流失。西部水土流失面积达到 293.7 万平方公里，占西部土地面积的 42.9%，占全国水土流失总面积的 82.6%，是全国水土流失最集中最严重的地区。二是土地荒漠化。我国 27.5% 的国土出现荒漠化，主要集中在西部的新疆、内蒙古、西藏、甘肃、青海、陕西和宁夏等地。三是草地退化。西北五省区草地总面积为11975 万公顷，因各种因素造成的退化草地总面积为 6960 万公顷，占草地总面积的 58%。其中轻度退化面积占到 43.4%，中度退化面积为 38%，重度退化面积为 18.5%[①]。自然和生态的约束，决定了西部分散的城镇空间布局，限定了西部城镇发展的地理空间和规模，使其城镇地域分布不平

---

① 韦苇主编《2005 年西部农业发展情况与分析》，《中国西部经济发展报告（2006 年）》，社会科学文献出版社，2006。

衡和人口难以向城镇集中，成为西部城镇滞后的先天因素。

（2）基础设施欠账多。基础设施也称基础结构或社会间接资本，专指使用公共财富为直接生产部门和公众生活部门提供公用、共用设施，公用、共用条件，公共服务体系的设施与机构。基础设施的完备与否，是发展的准备条件。长期以来，区位条件和资源配置的不合理性，使西部基础设施建设极其落后，严重阻碍着西部与中、东部地区间的政治、经济、文化交流，束缚其生产力的解放与发展。自实施西部大开发战略以来，在国家的高度重视和政策的大力支持下，西部基础设施建设步伐速度加快，交通、电力、水利、电网设施，广播、教育、文化、卫生公共设施，农田草牧场、饮水工程、生态环境保护等农村牧区基础设施，城市建设设施、开发区建设设施等都得到显著的改善。但"冰冻三尺，非一日之寒"。尽管西部基础设施建设取得较快发展，但由于欠账多、底子薄、投入缺口大，诸多地区又多为高原和高山峡谷，地形复杂，基础设施建设难度大、成本高、见效慢，加之当地经济发展严重滞后，使得西部不论是基础设施的硬件（如交通等）还是基础设施的软件（如文化、教育、卫生）仍然十分滞后，严重制约着西部城镇经济社会的发展。

（3）社会发育程度较低。城镇化与社会文明相辅相成、相互促进。社会文明程度深刻影响着就业结构、劳动组织结构和物质空间结构，进而影响了城镇化进程。西部多为少数民族地区，全国635个少数民族县中有596个县分布在西部，集中了全国80%以上的少数民族人口，约有50万人的少数民族人口仍生活在深山或荒漠地区。可以说，西部不少区域地处偏远，生产生活相当封闭，社会发育程度极低，贫困问题十分突出。全国592个国家级贫困县中有307个县分布在西部，全国贫困人口和低收入人口的60%以上集中在西部地区。按照国家最新调整的贫困标准，预计全国贫困人口有7000万~8000万，西部地区贫困人口将有4000多万。由于整个社会发育程度较低，思想观念禁锢，商品经济意识淡薄，导致西部科技水平低、人才匮乏、劳动力素质低。据调查，西藏、青海、云南、贵州等部分地区15~60岁劳动年龄人口中，平均受教育程度仅为3~4年，文盲、半文盲占一半。长期以来西部在社会事业发展方面的投入非常少，历史性欠账较多，使教育、科技、文化、卫生等社会事业发展仍很落后，部分地区吃水难、行路难、上学难、求医难的问题仍表现突出，不仅制约着社会的进步和文明，也加深了城乡文明的隔阂，使西部城镇化发展难度又远远大于其他地区。

2. 内在因素

（1）对城镇化的认识和理解不够全面。相当长的时期，西部对加快城镇化的若干问题认识不全面、不深刻，对如何处理好工业化、城镇化、非农化关系的研究不多，存在重经济建设、轻城镇建设，重经济管理、轻城镇管理，重工业化、轻城镇化的问题。并将加快城镇化进程或单纯理解为建设城市、管理城市，未能把中小城镇建设摆上突出位置；或单纯理解为加快小城镇建设，而对大城市的辐射带动作用发挥不够，没有看到建立健全城镇体系是推进城镇化进程的重要环节。城镇建设和经营的粗放，导致西部城市呈现"摊大饼"式的发展，引发一系列城市问题。一些地区为加快城镇化进程，通过修改城镇建设规划，占用了大量土地进行城镇建设；有些地方利用县改市、乡改镇的机会，大量农用地被转为城市建设用地；有的地方政府因"经营城市"的冲动、开发区不断扩张、房地产开发与高校的"圈地运动"等，导致城镇化成为速度超常的"土地城镇化"，背离了城镇化发展规律。

（2）城镇化与资源、环境间的矛盾日益尖锐。一个地区的人口密集度必须与其城镇化的空间资源的承载力相关联。恰当的城镇承载力是维护人与自然、人与环境友好关系的临界点和关节点，一旦突破，将造成环境和生态灾难，也必将导致城镇生态和文明的衰退。城镇化进程的加快要求大规模电力和优质能源供应以及大型的集中水源供应，使较高的人均耗能、人均用水、垃圾量与稀缺的淡水资源、能源资源、土地资源的矛盾日渐尖锐。虽然西部各级政府在城镇基础设施方面（包括供排水、环保等）的投资逐年增加，但西部脆弱的生态环境和科技、资金相对缺乏等难以支撑快速发展的城镇化和空间蔓延式的扩张，不少城镇不同程度地存在缺水、饮用水源受到不同程度的污染、污水和垃圾处理率低等问题。目前西部不少城市人口的集聚过速，向郊区的扩展过速，并有不顾生态承载力而盲目扩大规模的倾向，使城镇化与资源、环境间的矛盾日益尖锐。

（3）城镇建设缺乏地方和民族特色。西部是我国主要的少数民族地区，各民族文化历史悠久、绚丽多彩，民族文化资源十分珍贵。随着西部大开发战略的实施，西部对外开放步伐加快，城镇基础设施建设突飞猛进，极大促进了西部城镇化进程。但在城镇规划和建设过程中，为体现现代化气息和追求城镇形象，西部不少地区忽视城镇发展的历史传统，片面革新，盲目拆建，贪大求全，使不少民族历史名城文化小镇失去固有的传统文化和民族特色，在城镇扩建和改造中民族的历史文化遗产也缺乏完整的保护，没有突出地方和特色风格。

3. 产业因素

（1）农业基础长期羸弱。历史原因使西部尤其是西部少数民族地区多脱胎于封建社会、农奴社会，加之气候条件恶劣，干旱、雪灾、冰雹、霜冻、洪涝、低温、病虫害、鼠害和风灾等频频发生。长期以来，西部的生产力发展水平并没有因为生产关系的变革而同步提高，农牧业在西部产业结构中仍占较大比重，且不少地方还使用着相当落后的生产工具，并采取广种薄收的耕作方式，农业商品率极低。如西藏、青海、甘肃等不少民族区域农牧业增加值占当地 GDP 的比重分别高达 50% 以上。较高农业比重并不表明其具有较高的发展水平，西部占全国 71.5% 的国土上仅创造出了占全国 18.3% 的产值。与此同时，西部传统农业比重过大，农牧业内部结构也十分单一，农牧业生产经营大都以农牧户分散经营为主，规模小，基本以牲畜或粮食作物为主，很少有其他收入，农牧业生产大多是解决生计问题，贫困问题较严重，有很大比例的县域基本依靠国家的财政补贴。2007 年，西部农牧民人均纯收入为 3028 元，比全国水平低 1112 元，为全国水平的 75%，且与全国的差距不断拉大，说明西部较高的农业比重与低下的农业人均劳动生产率并存。可以说，农业基础羸弱不仅没有为城镇发展积累资源，还成为限制西部城镇发展的重要因素。

（2）工业化程度低。工业化是城镇化的基础。西部工业化是在自然经济占统治地位、生产要素缺乏的条件下，依靠区内单一资源要素和国家的投资与建设，在较短时间内和极端落后的基础上起步，而不是西部经济自我积累和发展的结果。受工业均衡布局和地区平衡发展战略的影响，西部工业主要沿陇海—兰新、京包—兰青、成渝、成昆、川黔、黔桂、贵昆等几条铁路骨架散开在沿线的省（区）内，同时还散布着许多"孤岛式"的"三线"工业点。西部幅员辽阔、区内自然环境条件差异明显，自然资源复杂多样，经济文化发展不平衡，工业化进程中地区工业布局在外力作用下纵向推入，战线长、布局分散，工业集中点间的联系不强，诸多工业相对集中的核心区、大中城市被周边经济落后的农村分割、包围，致使经济空间发展水平起伏大、反差强烈，资源配置和开发的聚集经济效益、规模经济效益受到制约，以城镇为载体的工业发展与传统农业经济的各自封闭发展，不仅使西部呈现典型的"二元经济"结构，也阻碍了工业发展对西部经济、教育、文化等综合带动效应的发挥。进入21世纪，西部工业化仍处于初步发展阶段，整体表现为资源型、初级原料型特征，专业化水平较低，在全国工业分工中处于劣势地位，且工业竞争力和效率提高速度缓慢，与东部的差距进一步扩大。西部工业内部发展也不平衡，资源型重工业超前发展，而轻型加工业严重滞后。由于重工业的技术改造能力较弱，能源原材料工业尚不能与轻工业很好匹配，一方面限制了产业的迂回度和对中间产品的需要，使资源利用效率不高；另一方面降低了对轻工业的投资与消费需求，使轻工业变得更为滞后，最终制约西部城镇化的自然发展。

（3）第三产业发展滞后。第三产业具有投资少、见效快等特点，是经济发展中最具活力的产业。由于地形、交通等条件限制了工业的发展，农业一直占主导地位，西部第三产业增长一直较为缓慢。近几年在旅游业的带动下，西部第三产业有了较快发展，但由于观念陈旧、缺乏投资意识，目前三产仍处于一种"爬坡"的起步阶段，总体水平低且发展不稳定。2007年，虽然西部第三产业产值比重达到39.3%，但并不意味着其产业结构的高级化程度高于或接近全国和东部水平，而是在第一产业不发达、工业化水平较低状况下的一种较低表现。一是缺乏雄厚的物质基础，发展处于无物质为基础的"超前"状态。二是内部结构中，国家机关、政党机关和社会团体的增加值比重较高，在西部偏远地区此项甚至占第三产业增加值的30%左右。三是西部为资源开发服务的交通运输、地质勘探、科技咨询等第三产业发展滞后，影响了特色产业的发展壮大。传统第三产业的潜力没有充分挖掘，民族文化、旅游等资源开发利用不足，交通通信等传统产业是国民经济的薄弱环节，具有外向辐射功能的新兴服务行业，如证券、金融、商贸、物流、中介咨询、网络服务等刚刚起步。由此，第三产业的滞后发展，使西部城镇化发展缺乏内在潜质和后劲。

4. 制度因素

（1）政策和制度因素导致城乡二元结构长期存在。客观上说，西部城镇的滞后发展，既是自然、历史的沉淀和延续，又是政策导向作用的结果。改革开放以来，非均衡发展战略的实施使国家在东部投入大量资金，修建基础设施；给予东部企业种种优惠；在沿海地区设立特区、开放城市、保税区等，极大地推动了东部城镇化进程。最明显的例子莫过于深圳从 20 世纪 80 年代初的小渔村迅速成长为国际性的现代化都市。然而，西部长期以来作为东部资源的提供地和产品的销售市场，城镇化进程自然缓慢。从西部工业化进程的历史考察中也不难看出，西部工业的发展是在国家重点投资与建设的直接推动下前进的，而不是利用已有工业基础向周围落后农村经济的扩展，西部工业发展是以外来技术、劳动力、企业设备的迁入为主，而不是以本地农村劳动力向工业领域转移、农业劳动生产率提高为前提。同时，为使更多的积累资金支撑国家工业化和城镇化的发展，国家通过严格的户籍制度、粮油供应制度、劳动用工制度和社会保障制度等，将城镇人口与农村人口相分割，致使西部农村与工业开发、城镇建设互不关联，在工业和城镇发展的同时，农村经济和文化发展却始终处于极低水平。正如美国经济学家、诺贝尔奖得主阿瑟·刘易斯所说，发展中国家的城乡二元性结构在西部表现得格外突出，即一方面是少数相对发达的城镇，另一方面是广大绝对贫困的农村，二者之间缺乏有机的联系，处于一种相互隔绝的平行状态。这种城乡分割二元经济结构在西部大部分地区至今尚未得到根本的扭转和改变，农业对城镇化的推动作用十分有限，并制约了整个社会的发展和城镇规模的扩大，城镇的带动效应也难以发挥。

（2）市场发育迟缓。市场经济是竞争导向性经济。市场化是指我国从计划经济体制向市场经济体制转型的过程。偏远的区位条件，恶劣的自然环境，滞后的经济社会发展，以及改革开放非均衡发展战略的实施，造成西部长期处于极为不平等的市场竞争地位，资源的大量流失以及资金的低效益、人才的匮乏等，使其市场边缘化趋势越来越明显。根据樊纲、王小鲁先生对政府与市场的关系、非国有经济的发展、产品市场的发育程度、要素市场的发育程度及市场中介组织和法律制度环境五方面所做的测算，西部与中东部沿海地区的市场化进程差距较大。市场化进程指数西部为 4.71，而中部和东部分别为 6.16 和 7.14。西部市场发育迟缓主要表现在，一是西部的优势产业多集中在农业、矿产、能源等基础产业，而这些价格均为国家控制或定价，使西部发展过多地依赖政府的干预与支持，市场机制发挥作用有限；二是西部远离全国主要的市场半径，且地广人稀，交通、通信落后，市场交易成本高，市场发育程度较低，很难参与到全国的大市场中；三是受自身条件所限，很难将适用技术运用到生产经营中，产业的延伸增值很少，西部低价出售初级产品而高价购买各类加工品和生产资料，市场利益双重流失。市场经济条件下，资本总是向市场发育好、投资环境好、资金回报率高、经济发展动力足、潜力大的区域流动。西部较低的市场发育程度，不仅经济启动乏力，也使原本就极其有限的资金转移到东部，据初步测算，每年约 300 亿元左右。加之中央政策掌握的政策性资金总量毕竟有限、银行资金努力避免投资风险的意识日益强化、民间资金和外资大多追逐高利润回报等，导致西部资金更为短缺，很难形成新的经济增长点。可见，市场化程度低，既影响了西部生产要素的区际流动，也抑制了西部城镇化进程。

二　西部城镇化发展模式的战略选择

城镇化模式是社会、经济结构转变过程中，由城镇化动态演进所表现出来的相对静止稳态和连续变动态的系统结构、动力机制、内容特征的总和。具体的、现实的城镇化模式受各国历史文化传统、经济发展战略和经济体制的制约，而微观城镇化模式的影响因素还包括资源、区位、经济实力、各利益集团的地位以及个体偏好等[①]。

在城镇化发展的具体实践中，由于不同国家或地区的经济、社会、地理、历史等条件不同，所采取的城镇化发展模式也各不相同。从单城镇的地域结构或多城镇之间的结构看，可分为同心圆模式、扇形模式、多核心模式、理想城镇模式、区域城镇模式和大都市结构模式等；从单城镇或多城镇的变化规律看，分为周期性模式、要素运动模式、差异化城镇模式以及城镇化发展阶段模式等；从城镇不同规模看，分为大城市带动型、中等城镇为主型和小城镇聚集型。在我国，通常将规模划分作为主要的模式选择。大城市带动型城镇化模式就是通过大城市对周边腹地的辐射和带动，

---

① 周英：《城市化模式研究——以河南为例的分析》，西北大学博士学位论文，2006，中国知网。

在自身不断发展扩大的同时，也引起周边区域城镇的繁荣，从而形成整个区域的共同发展的城镇化模式。中等城镇为主型城镇化模式是采取主要发展中等城镇，以中等城镇对于大城市辐射的传递和其自身的经济扩散作用成为区域发展的核心。小城镇聚集型城镇化模式是把发展小城镇作为区域城镇化的主要内容，统筹城乡，促进农业产业化和现代化的实现。根据国内外城镇化的发展模式和实践，不同国家或地区在规模选择的同时，更立足自身特点，依据不同标准，选择不同城镇化发展模式。例如，从与城镇中心的空间关系出发，选择同心圆型城镇化或离心圆形城镇化；从城镇的产生及特点出发，选择农基型城镇化或工外形城镇化或超载型城镇化；从城镇化进程结果出发，选择积极型城镇化或消极型城镇化；从重点产业发展出发，选择各具特色的重点产业型城镇化等。西部在借鉴国内外城镇化发展经验的基础上，应立足西部基本区情，分别从规模、产业、空间结构、特色优势资源、区位条件等方面综合考虑，选择特色突出、符合当地实际的不同的城镇化发展模式。

（一）国内外城镇化发展模式的经验对西部的启示

1. 城镇发展必须遵循城镇化的阶段性特征

城镇化发展具有明显的阶段性特征，与经济、社会、基础设施等多方面相辅相成。在经济发展的一定历史阶段（人均 GDP 小于 5300 美元时），人口向大城市集中是一种必然趋势。尽管一些发展中国家出现了大城市人口的过度聚集问题，由于交通、通信技术的进步以及人力资本的增长，在未来相当长的时期内，人口向大城市集中仍将是发展中国家的一个不可避免的趋势。西部城镇化上的公共政策应动态地遵循城镇化演变的一般规律，顺应趋势，因势利导，深化以市场为导向的改革，公平分配政策资源，采取中性的城镇化规模政策，既要考虑大城市较大的人均产出，又要考虑大城市较高的劳动力、土地和居民生活费用，通过政策引导使标准化生产活动分散到中小城镇，而使大都市的生产活动主要集中在服务、研发以及非标准化的制造业上。同时，应合理划分各级政府的财权，以便中小城镇能够增加财政资源以提供与大城市进行产业和人口竞争所需要的良好服务。

2. 理顺城镇化与工业化的关系

国内外城镇化发展的实践证明，工业化是城镇化的发动机，城镇化又是工业化的促进器。城镇的根本特点是集中，能够产生聚集效益和规模效益，这与工业化要求相适应。较高的城镇化水平是建立在较高经济发展水平基础之上的，若离开了与之相适应的经济发展，城镇化就失去了持续发展的动力和基础。因此，西部要提高城镇化水平，决不能仅仅强调人口的城镇化，而必须以经济增长和社会发展为基础和前提，积极发展以工业、旅游业为主体的多元经济。与此同时，应将发展城镇经济作为减轻对自然环境压力、克服生态脆弱劣势和有效利用资源的必由之路。西部人口稀少，居住分散，生产效率和效益都很低，进行集约式生产经营的难度较大，在资金有限的情况下，应集中优势力量建设一批城镇，作为西部开发的基地和龙头，逐步向更广范围扩展，以城镇化带动西部经济的振兴。

3. 城镇化发展模式的多元化

城镇发展与地理条件、资源状况、人文历史特点等多种因素都有密切关系。不同国家或地区应根据历史、地理、经济、文化和自然条件等不同情况做出合理选择。西部地域辽阔，经济、社会及文化发展程度等差异较大，在选择城镇化发展模式时，应突破单一的模式套路，或单纯从城镇化规模结构进行的考虑，因地制宜地选择各具特色的多元化发展模式。要结合西部自身优势，既要推动大城市或大都市圈的发展，也要积极促进中小城镇的发展和提升。同时，要采用集中型城镇化与分散型城镇化相结合，或"据点式"城镇化与"网络式"城镇化相结合，或内涵式城镇化与外延式城镇化相结合，或自下而上的城镇化与自上而下的城镇化相结合的多元的城镇化发展模式。

4. 城镇化必须协调经济与社会、城镇与乡村的发展

在城镇化的推进中，应力图实现一个国家或地区内部各城镇的均衡发展。这方面，美国的西部开发可谓是成功范例。因此，西部城镇化进程中，既需要国家给予重点倾斜的制度、资金和技术支持，特别是对贫困落后的民族区域必须加大扶持力度，同时西部自身也要拆除地区间的各种壁垒，合理布局，政府推动与市场推动相结合，促进西部区域内部城镇的均衡发展。一方面要注重城镇内部经济与社会的均衡发展，另一方面要注重城镇与乡村的协调发展。对西部来说，尤其要从城乡协调发展的战略高度

来认识城镇发展和农村发展问题，城镇发展只有立足于统筹城乡发展，才能逐步扭转二元经济结构。

5. 构建合理的城镇体系

很多发展中国家的城镇体系不健全、不合理，使首位城市在整个国家的位置异常突出，缺乏信息、资金、技术等向外扩散的中间节点，从而限制了城镇在经济建设中的辐射作用。能否形成一个包含大、中、小城镇的结构合理、功能协调、分布均匀的城镇体系，是关系到城镇化能否促进经济发展的重要环节。西部在城镇化发展中应十分重视城镇体系的建构，以保证城镇化推进的持续顺利进行。

6. 加强城镇基础设施建设

经验表明，建立完备的基础设施对于经济发展、地区间交流、缩小地区差距、促进城镇发展都发挥着重大作用。由于自然条件恶劣，交通不便，信息闭塞，成为导致西部投资环境不良、产业开发条件欠佳的重要因素。因此，西部应将基础设施建设作为战略重点，以公路、铁路及民航建设为核心，形成面向全国的综合运输体系和信息传递网络，促进西部与中部、东部以及周边国家的联系与交流。

7. 重视城镇生态环境的保护与建设

国内外城镇发展初期，都曾不同程度地出现过掠夺式开发问题，如草原过牧、森林过伐、土地滥用等造成生态环境严重破坏，并付出了惨重代价。目前日益恶化的生态环境，使得生态保护和建设的成本很高、难度很大，是西部的经济社会发展的主要制约因素。因此，在西部城镇化过程中，应避免"先污染、后治理"的路子，本着"谁开发，谁保护""谁破坏，谁恢复"原则，切实加强城镇生态环境的保护和建设，走城镇可持续发展道路；积极发展无污染的清洁能源、环保产业、特色农畜产品加工业和西部民族文化旅游产业；发挥西部资源的优势，提高可再生资源的利用率，积极发展循环经济，实现产品深度开发，避免走廉价原料和初级产品的粗放式开发的老路。

8. 市场机制和政府引导共同推进城镇化

市场机制是城镇化的推进器，是促进城镇化劳动力、资金、技术等要素由农村转向城镇的基本动力机制。但政府的宏观调控与规划在城镇化发展中也担任着重要的角色。针对西部区域间经济发展水平、城镇化水平、城乡发展不平衡等现象，需要国家制定专门的产业政策、土地开发政策、投资政策、移民政策以及就业政策等，针对性地调节因市场原因而产生的不平衡；需要西部各地方政府统一规划，对落后区域进行专项整治，进行合理的城镇化制度安排，改善城镇空间布局、产业布局以及基础设施，使区域间的不平衡状况很快得以改善，差距迅速缩小。因此，西部城镇化推进中，单靠市场机制或单靠政府计划来推动城镇化都会有弊端，既需要政府的宏观调控和引导，也需要充分发挥市场机制的作用，走市场调节和政府宏观调控相结合的道路。

（二）西部城镇化发展模式的战略选择

西部城镇化滞后是不争的事实，这种滞后已成为西部经济社会发展的瓶颈。因此，加快西部城镇化步伐是落实中央西部大开发战略的一项十分重要而紧迫的任务，也是构建和谐社会和全面建设小康社会的需要，而制定符合西部区情的切实可行的城镇化模式，是实现西部腾飞的关键。在西部城镇化发展过程中，既要遵循城镇化发展的一般规律，充分吸取世界各国和我国东部城镇化发展的经验教训，又要因地制宜，利用比较优势和后发优势，依托西部自身的自然环境、资源禀赋、人口素质、经济格局、社会发展和民族文化等一系列主客观条件，创新城镇化发展的重点、步骤、战略布局，在大、中、小城镇协调发展的基础上，走出一条具有西部城镇化特色的多元化发展之路。

1. 西部城镇化模式的内涵

历史经验表明，城镇化是在经济发展达到一定水平的基础上起步的，是在工业增长、农业不断进步的基础上推进的。一般地，城镇化从起步到发展成熟要经历很长时间，是一种自发的、渐进的演变过程。而西部地区的城镇化由于自主的工业化尚未完全启动，农业停滞，农村经济发展薄弱，大批农村人口被"推向"城镇，加之城镇基础设施短缺，城镇的带动力极弱，使西部城镇走上了一条独特道路。与此同时，西部地区自然、资源、区位条件差异性较大，其城镇化模式又受各区域历史文化传统、经济发展战略和经济体制的不同而表现出不同的区域特色。

在很长一段时间，西部的城镇发展目标更多地瞄准农村地区，城镇发展的出发点也是如何通过农村发展来减缓和控制城乡间的人口流动，而长期忽视了西部城镇本身的发展和治理。自西部大开发以来，出于对城乡不平衡发展和对地区不平等问题的关注，西部地区也越来越把空间因素纳入本地区发展战略的宏观政策框架中，并着力改善城镇土地管理、财政、基础设施服务和环境，加强城镇政府和管理机构的能力建设。面向未来，城镇化战略目标开始多元化，促进城乡一体化发展、优化城镇体系和规模结构、建立良好的城镇治理模式、加强社会融合和提高城镇人居环境质量成为新的城镇化发展目标。

基于此，西部城镇化发展模式的内涵是西部地区充分发挥区位优势和地缘优势，城镇发展凸显自然特性、民族特色和区域文化差异性的同时，着力构建城乡一体化、城镇体系和规模结构优化、城镇治理良好、社会融合和城镇人居环境质量较高的特色城镇化发展道路。

2. 西部城镇化模式的选择取向

如果说西方发达国家在工业化的同时，通过工业在城镇的扩张，不断吸纳大量农村人口而走出一条经典城镇化模式的话，中国西部在工业化并未完全实现农村劳动力向第二、三产业的转移，城乡二元经济结构仍然十分明显的情况下，其城镇化道路也呈现出自身的特点，即城镇在不断扩张和向农村辐射的同时，乡村自身的城镇化也在同时进行，使城镇的扩展辐射与农村自身的城镇化同时并进。要构建能够促进西部城镇化快速推进的模式，必须在西部城镇发展特点的基础上分析发展模式的"根基"，即必须先分析构建发展模式的选择依据。城镇化模式的选择应以一定的经济理论及城镇化基本理论，包括市场化理论、结构变动理论、城镇规模体系理论、人口流动理论、城镇生态经济阈值理论以及新经济增长理论等为基本依据。这些理论是通过对实践进行严谨的归纳分析或通过严密的逻辑推理而形成的，是对原有实践或认识的总结和发展，具有一定的实践指导意义。以已有的基本理论为依据，能够使形成的城镇化模式更具有科学性和可行性。由此，西部地区根据自然环境、人口素质、经济格局、民族文化、资源禀赋等一系列主客观条件与东部地区的较大差异，其城镇化发展模式的选择依据主要有以下几方面。

（1）因地制宜。西部地域辽阔、资源丰富、民族众多、人口分布疏密不均、生态环境多样、经济基础薄弱、交通设施落后、开发资金严重不足、高层次人才缺乏、各种体制尚不十分健全等，使西部间生产力发展水平和特点的差异性较大，不同地区的资源、技术、制度环境不同，经济发展的逻辑前提和背景不同，不可能选择和实施统一的城镇化模式。因此，城镇化模式的选择既要遵循世界城镇化发展的一般规律，借鉴我国发达地区城镇化的成功经验，减少城镇化中的发展成本，但也不能盲目照搬，应实事求是，立足于西部基本区情，因地、因时制宜地选择城市化模式，宜大则大，宜小则小，使之与经济发展水平相适应，与工业化进程相协调，与产业升级和产业结构的优化相结合，最终使城镇化模式的选择更具有广泛的适应性和长久的生命力。

（2）彰显特色。城镇化的主要载体是城市（镇），没有城市（镇）的发展就没有城镇化的前进。城镇化模式的选择要有利于城镇的发展和竞争力的提高，而有特色的城镇才有形象和品位，才更有辐射力、凝聚力和吸引力，才有知名度、美誉度和发展的勃勃生机。西部民族众多，风情各异，区位条件、历史文化、重点产业、主要功能、人文景观等各具特色，并表现在建筑、民俗、饮食、语言、交通、歌舞等城镇生活的方方面面，是西部城镇化建设中极其宝贵的文化资源。因此，西部城镇化模式的选择应凸显城镇特色，着力进行挖掘、培养和宣传，以提高其竞争力。与此同时，不同特色、功能的城镇都有发展的必要性和合理性，不应一味地抑制或鼓励某种城镇的发展，努力使不同城镇之间在功能上互相补充、相得益彰，充分发挥各种类型的城镇在城镇化建设中的作用，促进城镇功能的完善和形成合理的有特色的城镇体系。

（3）可持续性。西部是我国重要的生态屏障区，生态功能极其重要且十分脆弱，不仅维系着全国乃至全球的生态系统安全，也关系着我国的政治稳定、民族团结、文化传承和可持续发展。城镇化的发展特别应注重生态环境对其可持续发展的承载力，将经济效益、社会效益、生态效益有机统一起来，既要考虑解决当前所面临的经济、社会和环境问题，通过城镇化的发展，让广大人民真正享受到城镇化带来的成果，同时又要为未来的城镇化留下余地和空间，决不能以牺牲生态环境为代价。因而，西部必须摒弃以往粗放式经济发展方式，将人力资源转化为人力资本，积极发展循环经济，切实保护生态环境，实现在城镇化进程中促进城镇和区域的可持续发展。

（4）以人为本。城镇化的最终目标是人的发展和满足人的需要，不断改善人的生活条件和质量。只有明确了最终为人服务的思想，在城镇化模式的选择上才能坚持以人为本的原则。因此，西部城镇化模式选择中，应着重体现以人为本的理念：一是加快西部环境条件恶劣地区贫困人口的转移，使城镇成为接纳这些生态移民的主要载体；二是注重西部农村牧区劳动力的转移，使其在政治上能获得与城镇居民的平等地位，在经济上获得比农牧区高的收入，获得比农牧区更好的条件和发展机会；三是在各项城镇建设规划中应充分考虑到人的需要，摒弃重生产轻生活、重物质轻精神的传统观念，加强城镇软环境包括文化娱乐设施、科教文卫服务的建设，在城镇数量增加的同时要特别重视城镇化内涵质量——基础设施、经济实力和功能的增强，依据西部特色创造良好的人居环境。

（5）适度集中。集中与分散是整个城镇化过程的两个阶段。集中型城镇化反映了经济发展水平较低（工业化初期的阶段）的城镇化特征；扩散型城镇化则反映了经济发展较高阶段（后工业化阶段）城镇化的特征。西部绝大多数地区目前仍处于工业化初期阶段，城镇化也处于加快发展阶段，财力、物力不足，基础设施不完善，生态保护与建设压力大，为获取较高的经济效益、较快的经济增长和较好的生态环境，只能将有限的资源集中投入在自然条件优越、经济和历史基础较好的少数一些点或带上，走适度集中的城镇化发展道路，有利于促进经济效益、社会效益和环境效益的统一，这也是西部经济社会发展现状所决定的。

（6）政府推动和市场主导相结合。市场和政府都是促进城镇化发展的重要力量。实践证明，市场机制是推进城镇化的基本机制，几乎所有市场经济体制较健全的国家都走上了高度的城镇化；而几乎所有的非市场经济国家的城镇化却远未成功。之所以如此，是因为市场机制不仅通过促进城镇化各种动力因素的发展，成为城镇化的间接动力和外生变量，同时也直接推动城镇化进程，成为城镇化的直接动力与内生变量。随着西部大开发战略的进一步实施，市场机制在西部社会资源配置中的基础性作用也越来越突出，但西部属于欠发达地区，经济社会发展滞后，市场机制尚未完全建立健全，仅靠市场的力量是无法实现和推动城镇化的，尤其在政策体制的调整、基础设施投资的增加和城镇合理科学的规划等方面，都需要政府的直接引导和推动，同时，发挥市场机制的主导作用，用市场化运作推进城镇化。西部城镇发展的模式，既不能采取完全的市场化，也不能采取完全的政府推动，应促进政府推动和市场主导的结合，充分发挥市场和政府的合力，走出一条既符合一般规律又符合西部特点的新型模式。

3. 西部城镇化体系与经济圈（带）的构建

有步骤地推进重点城镇的经济发展是西部开发的关键。国际经验表明，开发欠发达地区主要有两种方式：一种是强调社会发展（输血型），通过扶贫和财政转移支付等措施改善欠发达地区人民的生活水平；另一种是强调经济发展，依靠市场运作机制和必要的政府干预，使落后地区形成"造血"机能。西部发展中这两种方式都应发挥作用。由于经济发展必然形成经济活动比较集中的地区，即重点经济区或经济带，也是经济增长极。尽管西部开发政策追求地区的均衡发展，但仍要突出重点区域或城镇的作用和功能，分阶段有重点地推进。由西部城镇化内部结构的现状可知，西部城镇分布密度的差异大，内部各级城镇发展失衡，城镇的集中度过高，中间层次发展薄弱，城镇体系不完善，造成西部较高的城市首位度，城镇间生产能量缺乏相应承接，市场交换难度大、成本高。因此，西部城镇化发展应充分关注城镇体系，以及经济圈、经济带的构建和完善，促进各级城镇间的衔接和带动力、辐射力的增强。

4. 西部城镇化发展模式的差异性选择路径

回顾国内外城镇化进程，均采用了不同的发展模式，各自都有其优劣之处，城镇模式并不取决于人们的主观愿望，而是由城镇所在区域的客观条件所决定。西部地域辽阔，人口密度小，内部差异度大，城镇布局、自然地理以及经济社会发展等都有各自特点，应从自身条件和特点出发，选择与本地区实际情况相符合的、体现自身特色的多元化城镇化道路。

（1）平原人口稠密区城镇化发展模式。西部人口稠密区主要集中在四川盆地、关中盆地、汉中平原、河套平原等地区，以及云南、贵州、广西、甘肃等平原及绿洲区域，这些平原和河谷区域不仅是西部省会城市和特大、大中城市的主要分布区域，主要城镇群和重要的经济发展功能区，也是西部人口最为稠密的区域，是城市经济发展的核心。西部与东部城镇发展现状表明，西部平原这些人口稠密区 200 万～400 万人、100 万～200 万人口的特大和大城市数量明显低于东部，且各城市的中间梯度城市比重少，如重庆、成都和西安市属超大城市，人口规模都超过了 400 万人，但是在首位城市之下却没有特大城市和一定数量的大城市作为衔接而更多地直接过渡到人口约 100 万以下的中等城市。大中城市数量不足、规模偏小、产业结构层次低使西部城市体系出现断层，结构优化程度低，尤其是100万～200万人口等大中城市相对薄弱，导致西部大中城市经济辐射能力弱，对小城镇和广大农村的经济拉动作用不强，并成为影响西部整体经济发展的主要因素。

基于上述基本特点，西部平原人口稠密区城镇化应选择以市场机制推动为主、以大中城市为主体的城镇发展模式——综合性中心大城市的辐射带动模式。并根据西部不同的省情、区情，分别采取城镇圈、发展合作带两种空间格局。

（2）山区小块人口相对密集农业区城镇化发展模式。平原和人口稠密区域外，西部多为高海拔地区或山区，如青藏高原、云贵高原、黄土高原等区域，这些区域的人口主要分布在山区的河谷地带、零散绿洲以及交通便利的河道、陆路沿线等，如新疆的绿洲、青海东部的河湟谷地、西藏的"一江两河"流域、甘肃陇南和陇中的河川谷地、云南的坝子、贵州的河谷平坝等区域，布局分散又相对集中。这些自然、人文环境及经济基础相对好的农业区域，随经济发展和产业结构调整，聚集了一定数量的资源型、劳动密集型产业，农业人口不断流向产业集聚地，把千家万户的小生产同千变万化的大市场连接起来，农民成了"离土不离乡，务农又经商"的特殊农民，这种聚集效应的扩散，使产业结构日趋合理，形成市场经济的良好氛围，城镇也以此为依托得以持续发展。在实践中，西部很多河谷地带通过小城镇建设，把转移农牧区剩余劳动力与解决农牧区产业结构单一问题相结合，大力引导农牧民进镇经商务工等，实现了剩余劳动力的转移，加快了农牧业生产集约化进程，显著提高了定居农牧民的收入，现已初见成效，不仅成为当地经济社会发展的关键节点，也是高原绿洲农业最具活力的中心地带。在其发展和建设过程中既要以市场推动为主，更需要政府的引导和支持，同时要有选择有重点地梯次推进，在西部山区小块人口相对密集区，逐步培育和建立起小城市、县城、小城镇的合理布局。

山区小块人口相对密集农业区城镇化应选择以市场推动为主、以政府引导为辅，实施中、小城镇协调和梯次发展战略，有选择地以特色小城镇（包括县城）为重点的城镇发展模式——特色农业发展模式。

（3）人口相对稀疏或高海拔牧业区城镇化发展模式。西部人口相对稀疏或高海拔牧业区主要指青藏高原牧业区，同时也包括新疆、内蒙古、甘肃、四川等省区的牧业区。这些区域幅员辽阔，受高海拔以及地势、地貌和高空流天气系统等的影响，绝大多数土地处在干旱地带，主要被山地、沙漠、戈壁所占据，气候寒冷复杂多变，耕地面积很少。西部人口相对稀疏或高海拔牧业区也是我国重要的生态脆弱区域，人口密度普遍很低，且居住人口过度分散，许多居民点位处交通闭塞、环境恶劣的偏远地区，缺乏必要的基础设施和公共服务设施，城镇经济社会发展十分滞后。在高海拔人口相对稀疏牧业区，壮大城镇经济的战略重点应放在做大做强县域经济上，因为其区域经济发展不仅要注意面上的推进，更要注重点上的突破，用优先发展县域经济这个点来合理扩大牧业区县域规模，以点带面扩大其辐射、带动作用，既符合人口相对稀疏或高海拔牧业区实际，又是一种经济合理的战略选择。

基于此，西部人口相对稀疏或高海拔牧业区城镇化应选择由政府推动、以县城经济为重点的城镇发展模式——生态旅游发展模式。

（4）重要生态功能区城镇化发展模式。我国生态脆弱环境区主要分布在7个地区①，其中5个位于西部：北方半干旱半湿润脆弱区、西北干旱脆弱区、西南山地和石灰岩脆弱区及青藏高原脆弱区。西部生态脆弱区面积约占全国脆弱生态环境总面积的82%。其中西部高海拔人口相对稀疏牧业区多属于极强脆弱区。从保持流域、区域生态平衡，减轻自然灾害，确保国家和地区生态环境安全方面具有重要作用的生态功能区，包括江河源头区、重要水源涵养区、江河洪水调蓄区、重要渔业水域、防风固沙区和水土保持的重点预防保护区和重点监督区域看，也主要分布在西部。在西部生态环境异常脆弱的重要生态功能区，如何处理好生态保护和建设与城镇化发展间的关系至关重要。西部生态环境的改善既要加大生态环境治理的力度，更要减轻对生态环境的压力，而非农化进而城镇化则是减轻生态环境压力、促进生态环境治理的重要措施。随着城镇化水平的提高，有利于提高土地使用效率，有利于控制生态环境保护区的农牧人口分布和密度，从而减轻人口对耕地、草地等资源的压力，真正把生态环境重建和城镇化有机地相结合，通过产业支撑，融生态建设于产业发展之中，实现生态建设产业化，最终实现西部经济、社会的可持续发展。由此，西部重要

---

① 秦大河等：《中国西部环境演变研究》，2000。

生态功能区城镇化应选择走生态城镇之路。

西部重要生态功能区城镇化应选择通过建立健全生态补偿机制,由政府主导和扶持,走迁移—聚集型生态城镇的可持续发展模式。这种模式需要政府的主导和扶持,需要政府更多财政资金的投入,同时需要各方面的统筹规划,涉及面大,困难较多,但也是被实践证明可行的特殊的城镇化发展模式。

三 加快西部城镇化进程的对策建议

加快城镇化步伐,是一项复杂的系统工程,不可能一蹴而就。进入 21 世纪,西部城镇化的基础、背景和发展战略、目标等又发生了较大变化,基于西部城镇化的现状及进程中所存在的问题,要加快西部城镇化模式的成功实现,就必须认真总结经验,逐步探索,不断完善,进一步排除经济和制度中存在的各种障碍性因素,明确指导方针,整合资源,切实采取强有力的推进措施。

(一) 宏观政策建议

1. 创新城镇化进程的制度安排。面对现代市场经济条件,对历史欠账多、经济社会发展底子薄弱的西部而言,其城镇化不能完全在市场主导的体制框架中运行,政府的规制干预和制度创新是必不可少的。同时,城镇化作为伴随社会经济增长和结构变迁而出现的社会现象,与制度安排及变迁也密切相关。在一个国家或地区的城镇发展政策上,通过产业结构转换和经济要素流动的制度安排,将促进或延缓或阻碍城镇化进程。城镇化的实质是产业和人口向城镇的不断聚集,创新城镇化的体制框架,就是要为这一聚集过程创造条件。

2. 重视城镇体系的规划与建设。城镇化建设是一项系统工程,涉及各个方面,而城镇规划是城镇建设和发展的"蓝图",是管理城镇建设的法定依据,没有科学规划的思想,在实施中必然造成各行其是的盲目性、无序性,即使花费了大量的人力、物力、财力,也难有好的效果。可以说,城镇体系规划是对城镇空间的有序合理安排,决定着各级城镇在区域中的合理布局和发展区位,是稳步推进西部城镇化的基本前提。

3. 加强西部城镇基础设施建设。基础设施也称基础结构或社会间接资本，专指使用公共财富为直接生产部门和公众生活部门提供公用、共用设施，公用、共用条件，公共服务体系的设施与机构。城镇基础设施的完备与否，常常是城镇发展的前奏和准备条件。长期以来，区位条件和资源配置的不合理性，投入不足，建设资金缺乏，投融资体制及其运行机制的滞后，使西部城镇基础设施建设极其落后，基础设施供给不足的矛盾较突出，城镇交通、供水、排水和污水处理、燃气和供热、绿化等方面同东部发达城镇相差甚远。政府在加大公共设施投入的基础上，应积极开辟城镇建设投资新渠道，改革城镇基础设施管理体制，并将城镇基础设施建设作为一项产业在西部大中城市进行产业化改革，引入市场机制逐步走向市场化，带动和释放市场活力，加快西部城镇化建设步伐。

（二）提升西部城镇综合竞争力

1. 构筑西部城镇特色经济体系。经济学家缪尔达尔的城镇发展积累因果理论认为，当城镇发展到一定水平时，决定其增长的不再是本地的资源禀赋，而是城镇本身吸聚资本、劳动等生产要素的能力。这种能力取决于城镇能否形成一种繁荣的主导产业，这一产业将会派生出新产业，而新产业又能形成一种繁荣的主导产业及其派生出的新产业。这种累积和循环的产业发展的过程，推动城镇不断向前发展。可见，产业经济是决定城镇经济功能和城镇性质的内在因素，也是推动城镇经济增长的基本条件，城镇发展首先要解决的是产业发展问题。西部地理位置特殊，自然条件恶劣，城镇经济发展比较缓慢，产业发展所必需的基础设施不完备，工业经济底子薄，尚处于初始发展阶段，产业结构调整速度慢，非国有经济占比偏小，普遍存在着产业雷同、特色产业不明显、主导产业不明显等问题，导致产业聚集力和派生力很弱，影响了城镇化进程。与此同时，也应看到西部土地资源和矿产资源相对丰富，有着巨大的发展潜力，并与东部发达地区乃至国际市场有一定的互补性，按照"要素价格均衡理论"①，调整和优

---

① "要素价格均衡理论"由诺贝尔经济学奖获得者萨缪尔逊提出：在没有交易成本的前提下，要素禀赋结构不同、比较优势不同的地区，如果能够按照比较优势来决定产业结构，通过统一的产品市场，进行地区间的产品交换，则各个地区间劳动者的收入就会随着经济发展而趋同，一个地区的经济发展就会成为拉动另外一个地区经济发展的动力。

化其产业结构，以比较优势发展特色经济，很可能实现城镇经济的跨越式发展。因此，西部应结合产业结构的战略性调整，立足比较优势，合理定位城镇功能，培育主导产业和特色产业，提升特色产业核心竞争力，努力形成特色经济体系或特色产业集群，带动新型产业的兴起和发展，拓展城镇的产业集聚力。

2. 培育城镇的可持续发展能力。西部是我国大江、大河的发源地和上游地区所在，是中、东部地区重要的生态屏障，同时，西部生态环境脆弱，一旦破坏很难恢复。西部本身突出的生态环境问题，对其城镇发展的生态环境限制较大，要求城镇发展必须与生态环境的治理相协调，而不能超越生态环境容量的限制，以免产生新的生态环境问题。城镇化作为资源、要素在产业间和城乡地域间重新配置、组合的过程，必将对其生态环境产生巨大影响。这种影响既有可能对周围生态环境造成破坏和潜在威胁，加剧生态环境的恶化（即胁迫效应），也有可能为改进和完善生态系统创造条件和机遇，促进生态系统的良性循环（即恢复效应）。当城镇化低于某一水平时，生态环境随城镇化的发展而恶化，一旦城镇化达到某一水平，生态环境随城镇化的发展将得到改善①。通过研究西部城镇化对城镇社会、经济、环境的影响及对西部城镇化与生态环境之间耦合规律进行的分析，得知西部大多数地方城镇化发展与生态环境间的负面效应大于正面效应。由此，西部在推进城镇化进程中，应吸取盲目发展污染环境破坏生态平衡的实践教训，加强生态环境的保护和建设，通过增加生态及环保的投资，适当集聚人口，转变发展方式，大力发展清洁能源和生态产业，以发展循环经济为突破口，走新型工业化道路，从而有效遏制城镇化对生态环境的胁迫效应，使城镇化对生态环境的恢复效应凸显出来，努力推进自然生态系统良性循环、资源合理充分利用、绿色经济特色明显、人与自然和谐相处的城镇化之路。

（三）统筹城乡一体化发展

1. 政府引导与市场推动并举。西部的城乡二元经济矛盾十分突出，若无外力的介入和推动很难靠自力突破。影响西部城乡二元经济的内因是西

---

① 赵雪雁：《西北地区城市化与区域经济发展》，经济管理出版社，2005。

部所固有的，在短时间内难以改变，如自然地理地貌条件、生态环境、人口素质等。与内因不同，影响西部城乡一体化的外部因素变化较快，变化幅度也可能较大，积极改善外部条件，通过政府的引导、扶持，充分发挥市场配置作用，是西部加速城乡一体化的短期内带根本性的措施。由此，应以西部大开发为契机，充分利用国家对西部在政策、制度、投入等方面的倾斜，加大开放和引进力度，把国家对西部基础设施建设、生态建设与环境保护、农牧区特色产业发展和社会事业发展的政策支持与缩小城乡差距、促进城乡一体化结合起来，更大限度地发挥市场配置资源的基础性作用，以政府引导和市场推动并举加快城乡统筹发展步伐。

2. 以城镇现代化带动农村产业化。西部城乡产业分割，产业关联性不强，不仅影响了城镇化进程，也制约了农牧业产业化的发展。应树立均衡发展理念，将农牧业产业化和城镇工业化两个进程同时推进，增强城乡互动，加强城镇与农村牧区三次产业的内在联系，在产业发展上充分考虑城乡产业的融合，建立城镇现代产业对农业改造的有效机制，以工业化带动农牧业产业化，使城镇的产业布局与农村二、三产业的发展合理分工，形成以城镇为龙头，城乡优势互补、分工合作的产业互动链条，由城镇二、三产业带动农村二、三产业，由农村二、三产业的发展推动城镇产业层次的提升，形成具有地方特色的、集约化、规模化和专业化的统筹城乡的产业体系。一是将农业产业化纳入城镇工业化发展全局。重点培优扶强一批农业龙头企业，鼓励和引导其面向农村牧区提供资金、人才、技术等连动服务，增加农畜产品附加价值，延伸产业链条，以工业化理念提升和带动农牧业产业化的发展。二是坚持农业跟着产业走、产业跟着龙头走、龙头跟着市场走的新思路，依托特色农牧产品的资源优势，大力发展设施农牧业、生态农牧业和有机农牧业，建设农村牧区特色农牧产品生产基地，推动特色农牧产品向优势产区集中，依托城镇加工业的发展，突出做强做大西部农牧业特色产业。

3. 统筹城乡社会事业发展。统筹城乡社会事业发展，真正缩小城乡公共服务差距。积极推行政治体制改革，实行户籍管理、文教卫生的城乡一体化，建立和完善城乡多层次、全方位的社会保障制度，尤其尽快建立乡村以养老为核心的社会保险制度。充分发挥城镇社会事业和公共服务的优势，大力推动其向农村牧区延伸，加快农村牧区社会事业的发展，确保城乡居民在就业、社会保障、教育、医疗和文化生活等方面享受同样待遇，最大限度地缩小城乡差别，使高度的物质文明与精神文明达到城乡共享。

4. 统筹城乡一体化的空间发展格局。西部城镇化发展的过程，实际上是城乡各种资源合理配置、调整和聚集的过程。城镇和乡村是两种典型的社会经济活动的空间组织形式，要以提高城乡经济社会组织化程度为核心，强化城乡空间联系。西部人口密度普遍很低，人口的过度分散使许多居民点位处交通闭塞、环境恶劣的偏远地区，缺乏必要的基础设施和公共服务设施，生活质量低下，亟待进行重组。由此，统筹西部城乡一体化的空间发展格局，应以推进城乡居民点体系建设为突破口，加快以县城和建制镇为核心的分片集中的城镇化进程。每个片区成为县城—中心镇—行政村的三级行政管理的城乡体系，针对西部自然地理和生态条件，将数量多、规模小、建设差、生态环境恶化严重的乡村居民点进行重组，撤村并点或迁移人口至城镇，有利于提高乡村的集聚度和城镇化进程。一是加快西部县城和建制镇的经济发展，把促进农牧区人口向城镇集聚作为根本任务，着力发展民营经济，增强自身的发展能力和承载力，并辐射和带动行政村的发展。二是将城镇化与建设社会主义新农村新牧区结合起来，合理规划，科学布局，协调发展。三是结合西部推行的退耕还林还草工程、生态建设工程等，实施移民工程撤村并点，将偏远地区的人口迁移到有接纳能力的城镇。

5. 统筹城乡劳动就业一体化。农村牧区人口的自由迁徙和流动是人力资源合理配置的需要，是实现西部城乡经济社会协调发展的根本措施和重要标志。应在加快推进城镇化配套制度改革、清除阻碍城乡劳动力自由流动的体制和制度限制的基础上，制定科学有效的政策，引导农村劳动力合理有序地向城镇流动。一要发挥城镇的辐射作用，在现代科学技术、人才、文化教育、基础设施等方面支援和带动农村的发展，在建设现代化农业、发展农村经济、增加农民收入等方面发挥城镇应有的作用。二要因地制宜地发展一些有优势、有市场的加工工业和劳动密集型的轻工业，在提高产品的附加值、增加经济效益的同时，可以降低资本的有机构成，扩大对农村剩余劳动力的吸纳能力，实现资源开发和产品深加工并举。三要建立健全城乡统一的劳动就业服务体系，有关地方和部门要积极吸收农民务工就业，向农民提供就业信息技术培训等方面的服务，制定各项制度保障进城农民的权利，给进城农民平等的市民待遇。四要解决好城镇扩展中农民的"失地"问题，改革土地征用制度，提高土地补偿标准，对失地农民进行职业培训，使他们能够找到适当的就业岗位。五要加大农牧民技能培训力度，把提高农牧民就业技能作为推动农牧区劳动力结构调整的重大举措来抓，提高农牧民的技能水平和整体素质，加快劳动力的转移。

（四）提高城镇的经营管理水平

1. 提高城镇管理水平。"三分建设，七分管理"是城镇发展的黄金定律，说明城镇建好以后，如何管理至关重要。加快西部城镇化，实现城镇现代化，必须实现现代化的城镇管理。要解放思想，转变观念，积极开展制度创新和手段创新，促进西部城镇管理理念、政府管理体制和运行机制、管理手段转变，不断提高城镇运行效率，促进西部城镇全面发展。

2. 提高城镇经营水平。资金是制约西部城镇建设发展的主要瓶颈，没有资金，城镇建设就难以为继。经营城镇作为一种全新的城镇建设理念，为我们突破资金瓶颈、实现城镇建设的快速发展提供了一条有效的途径。经营城镇就是运用市场经济手段，对构成城镇空间和城镇功能的自然生成资本（土地、山水、空间）和人力作用资本（电力、道路、桥梁、通信网络、市政公用设施）及其相关的延伸资本（人力资源、文化资源、科技资源、政府资源、信息资源、品牌资源等）有序地进行集聚、重组和运营，以完善城镇功能，提高城镇综合竞争力，推动经济社会持续快速发展[1]。经营城镇能有效地改变原来在计划经济条件下形成的政府对市政设施只建设不经营、只管投入不讲收益的状况，走出一条以城建城、以城兴城的市场化之路。目前，城镇已成为政府投资经营的最大的国有资产。东部的深圳、广州、上海、大连等先行城市都在经营城镇方面取得了一些成效。应该说，经营城镇是西部城镇发展面临的重要课题。

3. 提升城镇文化品质。城镇的一个作用是聚集经济，另一个作用则是文化传递。文化不仅作为一种知识体系、信仰体系和生活方式等而存在，同样作为一种文化力而存在。城镇文化涵盖了城镇发展过程中人类的一切精神文明、制度文明和物质文明，这种文化力在21世纪已成为推动城镇发

---

[1] 谭仲池主编《城市发展新论》，中国经济出版社，2006。

展的基础原动力和核心能力。美国城市学家刘易斯·芒德福早在 1966 年就指出，"一个城市的规模和复杂程度与它所集中和流传的文化的规模与复杂程度有直接关系"，"人类社会文化成就、文化积累越是广博、丰厚，就越显示出城市在组合与发挥这些文化成果中的重要作用"。可见，在未来的城镇文明发展中，文化显得尤为重要，城镇文化和城镇精神构筑了城镇发展的灵魂。西部深厚的历史文化积淀是创造个性化城镇不可替代的宝贵资源，也是提高城镇品位、塑造城镇文化表象、打造文化城镇最珍贵的遗产，但在日新月异的城镇改扩建过程中，西部应正确处理这些文化资源，提升城镇的文化品质，实施"以文立市"战略。一是对城镇历史文物古迹、近现代革命史迹、独特的自然风貌，以及浓郁独特的地域文化、民俗风情、工艺特产、习惯模式等人文环境，应着力进行保护和抢救，用强烈的文化意识指导城镇的建设和发展，把本地区历史文化优势转化为经济发展和社会进步的现实优势，运用丰富的历史文化资源为城镇的现代化服务。二是创造和弘扬城镇文化，既体现在塑造城镇的外部形象，还体现为营造城镇的文化氛围，培育高素质的市民群体，引导人们积极实践"爱国守法、明礼诚信、团结友善、勤俭自强、敬业奉献"的公民基本道德规范，大力弘扬社会新风，改革传统陋习，在思想观念、生活方式、行为习惯上与现代城镇要求相匹配，为推进城镇化进程提供思想保障、智力支持和精神动力，从而形成良好的城镇精神，使文化融入城镇生活的各个方面，通过独特的文化，彰显城镇的个性，提升城镇的品位，升华城镇的魅力。

（五）加强西部城镇的区域合作

1. 转变理念，强化合作意识，建立健全合作协调机制。城镇经济合作建设最重要的是西部区域成员共同分享群体增长的经济机会、要素资源的经济融合，而经济融合的首要问题是实现各区域的有效合作。

2. 以线串点，以点带面，在西部区域发展战略上实现突破。以往在发展战略中人们关注更多的是如何发挥区域优势，但任何优势都是与其他区域分工比较而言的，后发达地区不仅要充分挖潜本区域的特色资源和民族文化优势，将其做深做足，还要扬长避短，在克服自然地理、资金技术等劣势上下功夫。根据优势和面临的主要问题不断调整发展目标和重点，让技术路线和产业设计、政策和制度与城镇圈域经济发展中重大问题的解决相结合，转变以往先局部后整体的发展观为先整体后局部的发展观，优先追求城镇整体效益。

3. 科学规划，加快产业对接，促进形成特色产业链（群）。依据西部不同区域特点，立足长远，科学论证，确立对位发展与错位发展相结合的思路，加快编制西部城镇圈（带）发展规划，确定各主要城镇的发展目标、产业特色和功能定位，争取在西部城镇圈域内分布不同层次的产业群体，保证相似产业的呼应与和谐。

鉴于西部城镇圈（带）建立与合作的重要意义及现实意义，首先西部各省区市要达成共识，多方组织、论证和探索城镇合作中出现的问题，在大力宣传和推进的基础上，寻求中央和民间的更多支持。共同向国家有关部委呼吁西部城镇圈（带）建立与合作的设想及成效，积极争取中央政府采取诸如公共投资、转移支付、经济刺激、政府采购等手段来助推城镇圈域的建设与发展，并让更多城镇圈域内外的社会投资者看好西部的未来，并热心投身于城镇圈（带）的建设。与此同时，地方政府要在推进城镇圈域政策和制度建设一体化中扮演重要角色，积极推进公共管理和公共服务体系建设，制定合理的区域合作政策，保护地区平等竞争和公平合作，保证跨区域管理机构的有效运转及跨区域投资的健康发展，共同改善西部城镇圈域投资软环境。

（该调研报告 2011 年荣获青海省第九次哲学社会科学优秀成果评奖二等奖）

青海加强和创新社会建设与社会管理研究（节选）

苏海红　　高永宏　　参看加　　娄海玲

朱学海　　肖　莉　　鲁顺元　　马文慧

一　青海加强和创新社会建设与社会管理的主要思路及目标任务

"十二五"时期是青海进入以经济建设为中心、以社会建设为重点的新阶段。这个新阶段不再一味地强调 GDP，不再单纯追求经济的高速增长，而是要在积极持续发展的同时，争取实现经济发展和社会发展的协调，不断加强社会建设和创新社会管理。

（一）基本思路

根据我国社会管理创新的目标要求，即深入贯彻落实科学发展观，紧紧围绕全面建成小康社会的总目标，牢牢把握最大限度激活社会活力、最大限度增加和谐因素、最大限度减少不和谐因素的总要求，以解决影响社会和谐稳定突出问题为突破口，提高社会管理科学化水平，完善党委领导、政府负责、社会协同、公众参与、法制保障的社会管理格局，加强社会管理法律、体制、能力建设，维护人民群众权益，促进社会公平正义，保持社会良好秩序，建设中国特色社会主义社会管理体系，确保社会既充满活力又和谐稳定。青海在加强和创新社会建设与社会管理中要坚持两手抓、两手都要硬的原则，并予以整体推进和统筹兼顾。

必须更加注重社会建设，加强社会管理创新，更合理地配置社会资源和社会机会，更有力地保障和改善民生，更有效地推进社会体制改革，规范社会组织或团体，培育社会治理的多元主体，建立社会规制体系，维护社会公平和公正，健全管理体制，培育健康的公民社会，努力实现党委领导、政府负责、社会协同、公众参与、法治保障的社会管理新格局。从而更好地建设民主法治、公平正义、诚信友爱、充满活力、安定有序、人与自然和谐相处的中国特色社会主义和谐社会。

青海加强和创新社会建设与社会管理的基本思路：高举中国特色社会主义伟大旗帜，以邓小平理论、"三个代表"重要思想和科学发展观为指导，按照建设社会主义和谐社会的总要求，着力推进社会事业和改善民生，化解社会矛盾，构建公共服务均等化的社会环境，着力加强社会管理，创新管理模式，构建公平正义、诚信友爱、安定有序、充满活力的社会秩序，着力推进社会体制改革，统筹区域和城乡发展，构建科学、合理、开放的社会结构，着力推进民主法治建设，促进民族团结宗教和顺，构建包容、稳定、和谐的多元社会，为富裕文明和谐的新青海建设、让各族人民过上更加幸福美好的新生活奠定坚实基础。

（二）基本原则

加快推进以改善民生为重点的社会建设，是发展中国特色社会主义的重大任务，而加强和创新社会管理是改善民生和促进社会和谐的重要任务。正确把握社会建设与社会管理的基本原则，明确改革社会管理体制的基本取向，是加强和创新社会建设与社会管理的基本前提。

1. 以人为本，服务优先

就是要牢牢把握科学发展的主题，贯彻党的全心全意为人民服务的根本宗旨，坚持人民的主体地位，把社会建设与社会管理真正和人民群众的需求紧密结合，不断提高政府的社会管理能力和成效，切实维护和保障人民群众的根本利益。把保障和改善民生作为首要任务来抓，围绕群众所思所想、所需所求，着力解决群众最关心、最直接、最现实的利益问题。始终把实现好、维护好、发展好最广大人民的根本利益作为出发点和落脚点，寓管理于服务之中，实现依法管理、科学管理、人性化管理，使人民群众在社会生活中切实感受到权益得到保障、秩序安全有序、心情更加舒畅。逐步建设和完善服务型政府。

2. 党委领导，政府主导

正如党的十八大所提出的，在"党委领导、政府负责、社会协同、公众参与、法治保障"的社会管理格局中，党委领导主要表现为统筹兼顾，在经济和社会发展中总览全局、全面筹划、兼顾各方、协调发展，有效地实现社会整合。政府负责主要表现为政府应注重发挥在社会管理和公共事务中的职能作用，负责具体的组织管理，包括建立健全社会建设和管理的政策法规，建立健全社会保障制度，建立公共突发事件的应急机制，推进社会事业管理体制改革等。发挥党委的领导核心作用，突出政府的主导作用，就是要把社会建设与管理纳入全局重点工作，加强阶段性社会形势分析，用经济工作的手段和方法，加强社会问题的处理和解决；就是要在协调社会利益、回应社会诉求、监管社会组织、规范社区自治、保障公民权利、提供社会安全以及应对社会危机等方面，坚决做到职能到位、工作到位、责任到位；就是要积极引导社会各方力量积极参与社会建设与社会管理，充分发挥多元主体在社会管理中的协同、自治、自律、互律作用，使各种社会力量形成推动社会和谐发展、保障社会安定有序的合力。

3. 多方参与，法治保障

充分依靠人民管理国家和社会，是我们国家性质的必然要求，是我们党一切为了群众、一切依靠群众的群众路线的生动体现。应努力实现政府行政管理和社会自我调节、居民自治管理的良性互动。实现社会协同是整合社会管理资源、建立新型社会管理格局的重要途径，要发挥各类社会组织的作用，加强政府与社会组织之间的分工、协作以及不同社会组织之间的相互配合。公众参与既有利于在社会事务管理中得到群众的支持，又能有效地实现人民当家做主。依靠公众参与管理社会事务，也是实现社会服务和有效管理的重要形式。一方面应大力推进社会自治，加快社会的自我发育，增强社会自我管理的能力，扩大社会自我管理的范围，特别要充分发挥基层组织、社会组织、社会中介机构、企事业单位的作用，加大社会管理配套设施建设力度，增强基层组织和单位的社会管理功能，强化全社会共管共治。另一方面应广泛引导群众参与，开展文明村镇、文明单位、文明家庭创建活动，积极倡导社会公德、职业道德、家庭美德、个人品德，强化自律、他律、互律，努力营造遵纪守法、诚实守信、积极向上的社会风气。积极引导社会各界力量和公益性组织参与和治理。

4. 统筹兼顾，动态协调

社会建设与社会管理的目的是协调社会关系、维持社会秩序、加强社会整合，并为社会发展创造条件。按照统筹经济社会发展的要求，把科学发展作为解决社会建设与管理领域存在问题的基础，建立健全源头治理、动态协调、应急处置相互衔接、相互支撑的机制。与此同时，加强社会管理不是简单的管束，应更多体现在加强社会各部分之间的有机联系，发挥组织、协调和控制功能，特别要正确反映和协调各个方面、各个层次、各个阶段的利益诉求和社会矛盾，既要"左顾右盼"，又要"瞻前顾后"，使社会管理能够体现维护公平正义的"刚性"、协调各方利益的"柔性"、应对新情况新问题的"弹性"，促进社会动态平衡，保障国家长治久安。坚持统筹兼顾、协商协调，做到科学决策、民主决策，避免重复建设及资源浪费。

5. 既有秩序，又有活力

改革开放和现代化的过程既是一个推动社会进步和社会发展的过程，同时又是一个产生社会问题和付出社会代价的过程。社会建设与社会管理就是要把维系社会秩序和激发社会活力有机结合起来，依法推进公共服务均等化、调整社会关系、规范社会行为。坚持公平优先兼顾效率，既要保证社会的安定有序、规范运行、调控有力，又要有利于激发全社会的创造活力，降低社会运行成本，充分保障社会弱势群体的基本生活和基本权益，提高社会运行效率。综合运用法律法规、经济调节、行政管理、道德约束、心理疏导、舆论引导等手段，通过平等沟通、协商、协调、引导等办法解决和化解矛盾，从而最广泛、最充分地调动一切积极因素，促进社会进步和人的全面发展。

6. 立足省情，改革创新

青海是一个多民族多宗教的西部欠发达省份，社会建设与社会管理历史欠账较多，加之自然条件恶劣、生态环境极其脆弱、经济基础十分薄弱等因素的影响，青海的社会建设与社会管理也呈现出一定的特殊性，需要充分认识和认真把握，只有充分认识到青海的基本省情，才能有效推进社会建设和创新社会管理；只有不断立足省情改革创新，才能真正加强和完善社会管理制度建设、完善基层社会管理和服务，全面提高社会管理科学化水平；只有依托省情实际，才能有效发挥基层组织的核心作用，形成社会管理和社会服务的合力。在坚持立足省情的基础上，借鉴国内外社会建设与社会管理的有益成果，积极稳妥地推进相关理念、制度、机制及方法的改革创新，努力使社会建设与社会管理体现时代性、把握规律性、富于创造性。

（三）目标任务

1. 主要目标

实施社会管理创新的目的是维系社会秩序、规范社会行为、协调社会关系、维护社会治安、促进社会公正、增进社会认同、推进社会和谐以及化解社会矛盾、解决社会问题、应对社会风险、减少社会内耗、控制社会冲突、弥合社会分歧等。由此，青海加强和创新社会建设与社会管理的主要目标是，紧紧围绕构建社会主义和谐社会的总体要求，完善党委领导、政府负责、社会协同、公众参与、法治保障的社会管理格局，加强社会建设与管理中的能力建设，完善基层社会服务与管理，协调社会关系、规范社会行为、化解社会矛盾、维护人民权益、促进社会公平正义，为"新青海"和"新生活"建设营造良好的社会环境。

改善民生是解决影响社会和谐稳定突出问题的突破口。教育、住房、就业、收入分配、社会保障、医疗卫生等问题是人民群众最关心、最直接、最根本、最现实的利益问题，事关国家发展大计，事关人民幸福安康。改善民生，提高人民群众生活水平和质量，是党执政为民的宗旨要求，也必然是社会管理创新工作的重要目标任务之一。让人民群众从切身利益上感受到改革发展成果，感受到自身合法权益得到保护，感受到利益诉求得到公平正义解决，感受到党和政府始终坚持全心全意为人民服务的宗旨。努力使全体人民学有所教、劳有所得、病有所医、老有所养、住有所居。通过改善民生，不断满足人民群众对社会发展的新期待，意味着人民的基本追求从求生存、求温饱转变为求发展、求富裕；意味着人的自身发展、人的公平发展和人的全面发展成为民生追求的主线。

构建社会主义和谐社会是贯穿中国特色社会主义事业全过程的长期历史任务，是在发展的基础上正确处理各种社会矛盾的历史过程，同时又是十分重要而紧迫的工作。其基本要求，就是要以解决人民群众最关心、最直接、最现实的利益问题为重点，着力发展社会事业、促进社会公平正义；就是要扩大公共服务，逐步实现基本公共服务均等化；就是要理顺分配关系，增加城乡居民收入，处理好公平和效率的关系；就是要完善社会管理，增强社会创造活力，维护社会安定团结。这样，才能形成全体人民各尽所能、各得其所而又和谐相处的局面，人们的积极性、主动性、创造性才能充分发挥出来，万众一心地把中国特色社会主义事业推向前进。实现社会和谐的前提是全社会都把和谐社会作为共同的价值追求和信仰需求，以自我管理促进社会管理。同时，社会和谐也是推进社会管理创新不断深入的重要保证，缺少了这个必要条件，任何创新都将没有实际意义。

可见，社会建设与管理创新的目标：一是明显增强维护社会稳定能力；二是明显夯实社会基层基础。全面加强以党组织建设为核心的基层组织建设，有效整合基层社会管理和服务资源，确保社会管理基层基础工作保障有力，基层工作能力明显提高；三是明显畅通民意诉求表达渠道。创新整合群众诉求表达渠道，及时办理群众诉求，形成全面、及时、准确、双向、互动的民意沟通机制；四是明显提升社会公共服务效能。进一步完善保障和改善民生的各项制度，使人民群众最关心、最直接、最现实的利益问题切实得到解决。进一步健全公共财政体系，确保民生和各项社会事业投入进一步增加，困难群众救助机制进一步健全，困难群众的生产生活得到有效保障；五是明显提高依法治省工作水平。进一步加强依法行政，完善政务公开制度，确保公共权力的配置和行使受到有效规范和约束，政府依法行政水平、司法机关公正廉洁执法水平明显提高，全社会法治意识普遍增强；六是明显加强社会管理创新能力。社会管理体制取得显著突破，党政主导、社会联动、群众参与的社会管理网络初步形成，党委、政府统筹社会、组织社会、管理社会、服务社会能力明显提高。

2. 主要任务

根据上述目标，加强和创新青海社会建设与社会管理，要实现以下几个方面的转变。

在思想观念上，从重经济建设、轻社会管理向更加重视社会管理和经济社会协调发展转变。努力解决经济建设"一手硬"、社会管理"一手软"的问题，切实把加强社会建设、创新社会管理作为重要而紧迫的战略任务统筹推进，不断提高政府社会管理的能力和水平，努力取得加强和创新社会管理的新突破，促进经济社会协调发展。

在管理主体上，从重政府作用、轻多方参与向政府主导型的社会共同治理转变。改变政府在社会管理中包揽一切的做法，解决好越位、错位和缺位问题。既要发挥政府主导作用，又要鼓励和支持社会各方更加积极、有效地参与社会管理，发挥多元主体的作用，尽快从传统管理转向时代发展要求的"治理"。

在管理方式上，从重管制控制、轻协商协调向更加重视协商协调转变。改变主要靠行政手段通过管、控、压、罚实施社会管理的方式，运用群众路线的方式、民主的方式、服务的方式，尽可能通过平等的对话、沟通、协商、协调等办法来解决社会问题，化解社会矛盾。

在管理环节上，从重事后处置、轻源头治理向更加重视源头治理转变。摆脱以往事后应对的被动局面，更多地把工作重心从治标转向治本、从事后救急转向源头治理，更加重视民生和制度建设，使社会管理关口前移，使社会矛盾和社会冲突少产生、少转化、少激化。

在管理手段上，从重行政手段、轻法律道德等手段向多种手段综合运用转变。改变社会管理手段单一的问题，在运用行政手段进行社会管理的同时，更多地运用法律规范、经济调节、道德约束、心理疏导、舆论引导等手段，充分发挥党的政治优势，规范社会行为，调节利益关系，减少社会问题，化解社会矛盾。

要实现从以政府为单一主体、以单位管理为主要载体、以行政办法为主要手段、以管控为主要目的的传统模式，向政府行政管理与社会自我调节、居民自治管理良性互动，社区管理与单位管理有机结合，多种手段综合运用，管理与服务融合，有序与活力统一的多元治理、共建共享的新模式转变，构建起与发展社会主义市场经济、民主政治、先进文化以及构建和谐社会要求相适应的中国特色社会管理体制。[①]

因而，现阶段青海加强和创新社会建设与社会管理的主要任务有以下几个方面。

第一，加强社会建设推进城乡公共服务一体化。即进一步推进和谐青海建设和统筹城乡均衡发展，进一步统筹教育、卫生、文化、社会保障等公共资源在城乡之间的均衡配置，逐步实现城乡公共服务一体化。政府应着力提升基本公共服务能力建设，调整政府财政支出结构，重点推进全省城乡公共服务在教育、医疗卫生、就业和社会保障、文化体育等方面的一

---

① 马凯：《努力加强和创新社会管理》，《求是》2010 年第 20 期。

体化建设。确保政府作为基本公共服务供给主体的基础上，不断探索和创新城乡公共服务供给模式，逐步建立政府主导、市场引导、社会充分参与的基本公共服务供给机制。

第二，加强社会建设统筹城乡与协调区域发展。即着力推进建立完善"四区两带一线"区域协调发展格局和城乡一体化进程，以根本消解青海区域发展不平衡、城乡二元结构突出的矛盾，实现区域和城乡协调发展的生动局面。

第三，加强社会建设构建稳定的和谐社会。即通过发展和全面贯彻落实民族区域制度来解决影响民族团结、影响社会稳定和谐的一些问题，保障各民族权益，促进各民族共同团结奋斗、共同繁荣发展，最大限度地确保各族群众共享改革发展成果。

第四，创新社会管理维护社会公平正义。即提高依法行政能力，维护公平正义的法律秩序；提高公共服务能力，维护公平正义的生活秩序；提高利益协调能力，维护公平正义的公共秩序；提高矛盾化解能力，维护公平正义的社会秩序。

第五，创新社会管理保障群众根本利益。根据青海省情特点和管理重点创新社会管理方式方法。社会管理中，转变管理观念，创新管理方式，针对青海特殊省情突出重点，实施分类管理，尤其在民族宗教事务的管理、地区综合治理上实现管理方式的创新，形成具有青海特色的管理品牌。

第六，创新社会管理增进民族团结宗教和顺。即通过增强对中华民族和少数民族文化的认同、增进民族团结宗教和睦的和谐稳定、加强和创新城镇民族宗教事务的服务管理、加强和创新对宗教事务的社会管理、积极创建民族团结示范区等方式和手段，针对性地加强和创新对民族宗教事务的社会管理，进一步增进民族团结宗教和顺。

第七，创新社会基层组织及服务机制。即建立与社会管理相适应的基层组织体系及服务机制，建立主体多元、规则法治的管理和服务机制，构建完善的社区资源共享机制和社区服务体系，创新基层社会管理的培训机制和完善福利机制。

第八，基层党组织建设与加强和创新社会建设和社会管理。基层党组织是社会建设和社会管理的强大组织基础，社会建设和社会管理离不开基层党组织的直接领导，在社会建设与管理中，要发挥基层党组织和共产党员服务群众、凝聚人心的作用，保障和改善民生。

基于以上任务，从青海特殊的自然地理及多民族多宗教的历史沿革、经济基础、社会结构、区域布局、民族构成等自身条件和特点出发，选择体现青海自身特色的差异化路径模式：基于青海城镇人口的基本特点，加强和创新社会建设与社会管理应选择以政府推动为主、以社区单位和社会组织为辅的服务社区化与管理网格化的城镇模式；基于青海农区人口的基本特点，加强和创新社会建设与社会管理应选择以政府推动为主、以村委会和合作社服务管理一体化的农村社区模式；基于青海牧区人口的基本特点，加强和创新社会建设与社会管理应选择以政府推动为主，点面结合，以牧委会、合作社与民管会综合协作的牧区多元管理模式。

二 青海加强和创新社会建设与社会管理面临的形势

从宏观发展形势看，一方面，我国仍处于并将长期处于社会主义初级阶段的基本国情没有改变，人民日益增长的物质文化需要同落后的社会生产力之间的社会主要矛盾没有改变，这表明，社会建设与社会管理工作面临的总体环境没有根本改变，社会管理的工作任务没有根本变化；另一方面，随着改革开放的不断深入，社会建设与社会管理工作面临着更加错综复杂的形势、更加严峻繁重的任务以及各种难以预料的困难和挑战，这给青海社会建设与社会管理工作提出了更高的要求。

（一） 经济基础薄弱，改善民生的任务繁重

一方面，青海是西部欠发达的民族地区，经济发展比较落后，公共服务覆盖面大，管理成本高，人均生产要素高度分散与政府集中提供公共产品能力之间的矛盾比较突出，使得全省贫富收入差距、城乡居民收入差距呈扩大趋势。相关统计资料显示，2011 年青海农牧民人均纯收入 4608.47元，比上年增加 745 元，增长 19.3%；城镇居民人均可支配收入 15603.32元，比上年增加 1748 元，增长 12.6%。[①] 与之相比 2011 年全国农村居民

---

① 本章相关数据均来源于赵宗福主编《2012 年青海经济社会发展蓝皮书》，社会科学文献出版社，2012。

人均纯收入 6977 元，比上年增加 1058 元，增长 17.9%；城镇居民人均可支配收入 21810 元，比上年增加 2701 元，增长 14.1%。虽然青海农村居民人均纯收入增速高出全国 1.4 个百分点，但增加的绝对值却比全国低 313 元，青海与全国农村居民人均纯收入差距实际在继续扩大。在城镇居民人均可支配收入方面，无论是增加的绝对值还是增速，青海都低于全国水平。2011 年，青海农村居民人均纯收入仅相当于全国平均水平的 66%，城镇居民人均可支配收入仅相当于全国平均水平的 71.5%。

另一方面，青海农村牧区自然条件差，基础设施建设薄弱，绝大多数牧业区地处全国重要的水源涵养区或生态功能区，发展经济与保护生态之间的矛盾较为凸显，农牧民增收难度大。青海地处青藏高原，高海拔的恶劣自然条件致使一部分农牧民群众面临改善生活条件的巨大压力。据青海省扶贫开发局统计，全省目前仍有 883 个贫困村不通电，837 个贫困村不通公路，94.4 万贫困人口饮水困难，11.2 万贫困牧民没有实现定居。

特别是近年来在物价水平居高不下的压力下，物价上涨使城乡居民生活成本进一步攀升，加之社会保障能力低，医疗卫生供需矛盾突出，就业问题严峻，使全省改善民生的任务十分繁重。

（二）社会结构不协调与经济结构不合理

经济结构和社会结构是一个国家和地区的两个基本结构，其中经济结构是认识一个国家和地区经济状况和发展水平的重要指标，社会结构是分析一个国家和地区社会状况、社会发展水平的重要指标。青海是一个多民族、多宗教地区，多元历史文化与复杂的宗教信仰使这一地区形成了错综复杂的社会结构。通过多年的经济体制改革和经济发展，青海整体经济结构已进入工业化阶段，然而城市、农村、游牧三种基本的社会结构却未得到根本改变。这种社会结构与经济结构的不协调带来的直接后果就是社会的不适应，主要表现在：一是经济主体日益多元化，利益获取渠道多样化，对不同经济主体的管理难度明显加大；二是社会组织方式多样化，社会组织的行动方式、行动路径呈现跨时空性，社会组织的管理工作面临着新的挑战；三是就业市场不完善，就业结构不合理，就业压力大，社会弱势群体在就业市场中处于不利地位，合法权益经常受到侵害；四是消费结构不合理，住房、医疗、教育等方面支出过大，成为广大人民群众沉重的经济负担，严重影响了消费结构的改善和升级，严重制约了人们生活质量的改善；五是社会建设水平滞后，基本公共服务支出比重偏低。

因此，如何适应经济主体多元化的形势，加快社会结构调整，提升基本公共服务供给水平，推动经济社会协调发展，是青海加强社会建设与创新社会管理工作必须破解的重大难题。

（三）收入差距拉大引发社会阶层分化加剧

一是阶层的分化越来越趋向于表现为职业的分化，造成体力劳动者与非体力劳动者、管理者与非管理者的日益分殊；二是一些学者的研究表明，根据对组织资源、经济资源和文化资源的占有状况不同，中国可大致划分为十大社会阶层，社会阶层的分化十分明显，不同社会阶层之间的差别越来越大；三是我国社会分层结构开始出现刚性化和固化的趋势，贫困阶层和富裕阶层的社会地位出现了代际传递迹象；四是贫富差别、城乡差别、行业差别、地区差别持续拉大，激化了不同阶层之间的矛盾；五是各阶层收入分配秩序的混乱进一步降低了人们对现行社会分层结构的认同。相关统计资料显示，1990～2011年青海城乡居民收入比值总体呈上升趋势。1990年城乡居民收入比值最低，为2.39；2007年比值最大，为3.81。2011年，青海城镇居民人均可支配收入是农村居民人均纯收入的3.39倍，全国城镇居民人均可支配收入是农村居民人均纯收入的3.13倍。由此，青海城乡居民收入差距大于全国平均水平。

因此，如何更好地调节好过大的收入差距，调整好不同社会阶层之间的利益关系，促进不同社会阶层之间的社会整合，重建不同社会阶层之间的认同、信任与团结，是青海加强社会建设与社会管理工作面临的新挑战。

（四）城镇化进程加快导致社会失序增多

改革开放以来，青海的城镇化率大幅提高，众多农村人口进入城镇就业、生活，给城镇和农村的社会管理提出了许多新的课题。一是城镇化的快速推进导致大量的农村集体土地被政府征用为城镇建设用地，由此引发一系列社会问题，原有的传统村民社区在短时间内被"瓦解"，一些村民成为没有土地、没有职业、没有社会保障的"三无"农民；二是户籍制度改革前，由于城乡二元体制分割的户籍管理制度等现实原因造成农民工很难享受基本公共服务，难以参与城市公共生活，特别是随着"90后"等新一代农民工的出现，劳资矛盾和农民工维权事件将逐渐增多；三是城镇化进程产生了一个因失业、下岗、患病、残疾、孤寡等而形成的城市生活困难群体，他们居住的老旧小区、平房区，危旧房多，卫生条件差，市政基础设施缺乏，公共服务匮乏，社会管理薄弱；四是城镇化进程中的旧城改造涉及众多主体的利益格局调整、原有居民的安置补偿等，容易引发矛盾纠纷；五是由于大量青壮年劳动力进入城镇就业，导致农村出现大量的留守老人、留守妇女和留守儿童群体，由于自我保护能力弱，他们普遍缺乏安全感，精神和情感需求难以得到满足，家庭生活和劳动负担重，生活质量不高；六是随着大量农村精英的流失，农村基层党组织建设遇到了前所未有的困难；七是快速城镇化造就了数量越来越多的由陌生人组成的城市社区，社区居民之间普遍缺乏畅通的互动渠道，基层社会管理力量薄弱，不同利益主体之间常常出现矛盾纠纷，却缺乏有效的化解途径。

因此，如何适应快速城镇化、统筹城乡一体化的需要，适时调整完善包括户籍管理、基本公共服务均等化等在内的社会政策，推进社会建设，切实加强城乡基层社会管理，加大社会矛盾排查化解力度，为城乡居民创造和谐的社会环境，是青海社会建设与社会管理无法回避的难题。

（五）社会流动加快引发社会风险扩大

改革开放以来，全国人口开始在不同地区之间大规模流动，人口流动的范围已经从国内不同地区扩展到不同国家和地区之间。有学者指出，包括人、财、物、信息等在内的社会资源的大规模流动已经蕴藏了巨大的风险，而且会强化其他原因产生的各种社会风险。整个社会正在由低度流动性的社会演变成高度流动性的社会，环境污染和生态破坏等都因社会流动性的增加而被放大。相关统计资料显示，2010年全省流动人口规模（扣除市区内人户分离14.8万人）达99.29万人，比2000年增加约53万人，增长1.14倍；流动人口占全省常住人口的比重由2000年的8.39%上升到2010年的17.65%。随着交通运输基础设施的建设和物流体系的完善，全国各地来青海从事商贸、务工等活动的人口还会不断增加，与此同时，青海本省人口流动也会越来越频繁，随着户籍制度改革的进一步深入，流动人口管理问题会成为社会管理的重要内容。

（六）社会信息化对传统社会管理模式形成挑战

各种各样的高新技术在提高效率、改善生活、造福人类的同时，也导致了一系列社会问题。青海省现有网民245.5万，约占全省总人口的44%；全国网民总数近4.8亿，占总人口的33%左右，青海网民比例高于全国。信息通信技术的迅速发展与普及，既让人民群众分享了信息技术给人类带来的福祉，同时也让我们进入了一个充满不安全感的社会。一方面，"数字鸿沟"把能够接近和使用信息通信技术的人和不能接近和使用信息通信技术的人分隔开来，不利于不同社会阶层之间的互相交流。另一方面，由于网络空间特有的身体缺场、匿名性、符号性、随意性等特点，带来了许多新的社会问题。信息化社会下网络民意表达更加畅通，网络监督无处不在，网络民间舆论顷刻便可能催生公民集体行动。特别是青海民族宗教问题复杂敏感，一些不法分子利用网络在重要敏感时间节点发布不良信息，煽动蛊惑群众，进行渗透、策划等分裂活动，这对网络空间及现实社会的管理提出了新的挑战。

（七）宗教民族问题面临新挑战

新中国成立以来，青海各级党委、政府认真宣传贯彻党的民族平等、团结政策，调解民族纠纷，疏通民族关系，开展民族贸易和免费医疗活动，重视和培养少数民族干部，帮助少数民族恢复和发展生产，积极扶持民族教育等各项文化事业的发展，使青海各民族形成了平等、团结、互助的社会主义新型民族关系。特别是改革开放以来，通过坚持和完善民族区域自治制度，加强马克思主义民族观和宗教观的宣传教育，青海各族人民更加切身地感受到民族团结的重要性。2003年起，省委决定在全省广泛深入地开展民族团结进步创建活动，各地、各部门按照省委部署，以科学发展观为统领，紧紧围绕全省工作大局，紧密结合各自工作职责，切实加快民族地区发展，改善民生，加强民族团结，进一步巩固和发展了平等、团结、互助、和谐的社会主义民族关系，为全省经济社会又好又快发展创造了良好的环境、凝聚了巨大力量。

自20世纪80年代以来，国际上，民族问题和宗教问题成为影响地区和国家稳定的主要因素，特别是以民族自决和民族分裂为特点的第三次民族主义浪潮对发展中国家产生了现实危害性，受此影响和国内多种社会矛盾叠加后的影响，一些多民族国家相继分裂或发生动荡。由于"藏独"和"三股势力"的存在，在国际环境的影响下，国内也相继出现了"3·14"和"7·5"事件。国际反华势力通过各种途径炒作，利用这些事件妄图达到"西化"、"分化"和遏制中国发展的目的。

2010年12月省委十一届九次全体会议提出，青海要逐步推行和建成民族团结进步示范区。这一战略目标的提出对于在新的起点上全面推进民族团结进步事业创新发展，构建民族团结、社会稳定的和谐社会具有十分重要的意义。因此，在新形势下创造性地贯彻落实青海各民族"共同团结奋斗、共同繁荣发展"的局面，需要不断推进民族和谐共处，进一步凝聚各民族力量推进"四个发展"。

三 青海加强和创新社会建设与社会管理存在的问题

当前，青海已经进入改革发展的关键时期，在利益格局调整中积累的社会矛盾逐渐凸显，社会建设与社会管理面临的形势更加复杂。宏观上看，一方面经济发展过程中收入再分配的不合理现象没有得到根本改变，基本公共服务供给水平依然有待改善；另一方面我国现行的社会管理体制建立在传统的社会管理体制基础上，尽管随着社会主义市场经济的发展进行了一些适应性的调整，但传统体制的惯性影响依然存在。从总体上看，无论是社会建设与社会管理的理论研究，还是社会建设与社会管理的客观实践，都无法适应建设社会主义和谐社会的要求。面临的问题突出地表现为观念和理论研究落后、制度机制不健全、社会管理主体职能发挥不充分、社会矛盾发生诱因增多、社会管理难度加大。

（一）经济基础薄弱，就业问题突出

青海公共服务和社会管理职能薄弱，与这方面的投入不足有很大关系。本应由政府供给资金的社会保障、教育、医疗卫生、就业服务、环境治理等社会事业和公共服务，由于得不到充足的资金保障，使民生等社会问题越积越多，给社会建设与社会管理带来了很大压力。2011年青海省地

方财政一般预算收入为 15179 亿元，仅占各省总和的 0.27%，全国排在第 30 位；从人均地方财政一般预算收入来看，全国排在第 21 位。正是由于青海省的地方财政一般预算收入以及人均地方财政一般预算收入较低，因此，财力对公共服务的支撑能力也不足。就业是民生之本，就业状况不仅反映一个国家的宏观经济运行情况，也是社会公正程度的重要体现。就业不仅属于"经济"范畴，也属于"社会"范畴。改革开放以来，我国的就业制度和就业方式发生了重大变化，就业问题越来越成为突出的社会风险威胁。在这一趋势影响下，青海就业压力也越来越大，在构建和谐社会进程中反映在：就业方面的突出矛盾是劳动者充分就业需求与就业岗位供给不足、劳动者素质与经济结构调整不相适应之间的矛盾，表现为劳动力供需总量矛盾和就业结构性矛盾同时并存、城镇就业压力加大和农村富余劳动力向非农领域转移速度加快同时出现、新成长劳动力就业和失业人员再就业问题相互交织。2011 年城镇新增就业人口、省属高校毕业生初次就业率、农牧区劳务输出人数皆有所增加，而从绝对数量上看，失业人口特别是大中专毕业未就业人口仍然较多。以海南州、海东地区为例，2011 年统计，2000～2010 年毕业的少数民族大学生，海南州共 4167 人，其中登记就业 1356 人；海东地区共 9565 人，登记就业 3055 人，也就是说，两地有近三分之一的少数民族大中专毕业生处在无业可就的境地。随着 GDP 的高增长与就业弹性系数的快速下降，社会矛盾将进一步突显，并影响社会主义和谐社会的构建。第一，有业与无业、高端行业与低端行业、正规就业与非正规就业并存，导致贫富差距拉大，社会分层加剧，阶层对立增强。第二，苛刻的用工条件，严峻的就业形势，使人们心理压力增大，公平感和幸福感降低，极易引发劳资纠纷和非理性行为。第三，高等教育的高投入与大学生就业困境的巨大反差，不但会影响人们对高等教育的看法，滋生"上学无用"的错误观念，从而使得大量学龄青少年弃学打工，进一步增加就业压力，而且使大学生因就业困难引发社会矛盾的可能性增加。

（二）经济社会发展区域分化加剧

首先，青海区域分化体现为地区发展失衡。改革开放之初，青海区域分化还只是体现在发展的程度上，而随着改革开放的深入影响，区域分化不但在发展程度上扩大，而且体现在所有制、经济结构、运行机制等多方面。当前青海区域分化仍有逐渐扩大的趋势。据统计，青海省人均地方财政一般预算收入最多的是海西州，最低的是玉树州。通过财政转移支付，玉树、果洛等地方财政一般预算收入最低的州的人均财政支出大幅度提高。与此同时，青海省人均财政支出也存在着巨大的差距。人均财政支出最高的州是玉树州，而最低的是海西州，前者是后者的 17 倍。人均地方财政一般预算收入和人均财政支出差距明显。从产业结构来看，西部地区的非农产业的比重要远高于东部农业区和藏区牧业区。

其次，青海区域分化体现在社会和文化方面。虽然改革开放以来我国各地区的社会和文化事业都有了巨大的发展，但是，受到经济发展水平的影响，从教育、卫生、科技、文化等社会发展指标看，青海东部农业区、西部工业区和藏区牧业区三个区域都存在着不同程度的差距。据国家第三次卫生服务调查资料，2003 年青海省各地区卫生资源总费用分布情况为：西宁市列第 1 位，占全省的 54%；海东地区居第二位，占 16%；6 个自治州所占比例皆不足 10%，其中，自然条件较恶劣的青南 3 州居最后三位。据 2006 年的调查，青海约 80% 的医疗卫生资源集中在城市，而占全省总人口 62% 的农牧民只享受 20% 的医疗卫生资源。严重的区域分化使社会政策既要保持统一性又要做到符合各地实际的难度增大，使青海社会建设与社会管理更加困难。

（三）社会体制不健全，社会管理观念陈旧

改革开放后，随着单一计划经济体制的解体，社会建设的重心转移到经济建设上来。经过 30 多年的改革开放，青海社会经济发展取得很高成就，然而过度关注经济发展而忽视社会协调，导致出现经济结构与社会结构不协调发展的现象和问题，特别是传统社会管理将政治管理理解为事无巨细的过分集中管理，从而淹没了政治管理在宏观协调中的意义。这些问题主要表现在现有体制不健全、社会管理观念落后。

一是财政体制不科学。现有的以投资性财政支出体系为主的财政体制制约了公共财政目标的实现。为了追求经济快速增长，财政投资大量用于基础产业甚至竞争性领域，财政支出中经济建设费用比重过高，基本建设支出规模庞大，而一些本应由财政供给资金的社会发展和社会管理项目却不能完全得到应有资金保障。中央财政对青海这样一个落后地区及其社会

管理方面的财政支持严重不足，承担社会管理职责的上下级政府和上下级部门之间事权划分不清，且事权与财权不对等。

二是法制建设滞后。社会建设与社会管理的有效进行，离不开完备的法律制度体系作为依据和保障。根据国外的成功经验，社会管理的法律法规主要有社团、非营利组织的法律法规，社会保障的法律法规，社区管理的法律法规等。比如，社会保障法是社会管理法律法规的重要组成部分，也应是国家法律体系的重要组成部分，但是我国至今没有一部由全国人大及其常委会制定的覆盖全社会的社会保障法，很大程度上影响了社会保障制度的有效实施。另外，对农村社会保障制度、社会保障基金的管理等缺乏相应的立法。再如，目前我国涉及城市基层社区的法律主要有《城市街道办事处组织条例》和《居委会组织法》，前者制定于1954年，后者取代1954年的《居民委员会组织条例》，自1990年1月1日起施行。这两部法律由于颁布时间早，许多内容已经不能适应时代发展的要求。以后者为例，该法对居委会结构、功能、范围、组织等方面的规定就与当前社区建设的要求有很大的差距。一些新兴的社区组织如物业公司、业主委员会、社区志愿者服务、社会工作者等与街道、居委会之间的关系，也缺少法律上的规范，由此引发的各类组织之间的权利纠纷时有发生。由于国家大法缺失，青海地方立法机构与政府也无法出台相关法律法规，使社会建设与社会管理工作无法得到法律制度的有力支持。

三是社会管理的综合决策和执行机制不健全。社会管理是一项系统工程，涉及多个部门，虽然2011年全省展开社会管理创新试点工作以来，就社会管理的政府机构在布局上进行了调整，但是在机构设置上没有统筹协调社会管理的专门机构，造成在实际决策和执行过程中，从部门利益出发，各自为政，多头管理，相互之间缺乏必要的协调与沟通，导致管理的高成本、低效率。在一些地方政府的社会管理中，同一性质的社会事务分属于不同或职能相近的部门管理，横向上的各部门即"块块"又分属于纵向上相应的主管部门即"条条"的管理。在这种条块结合的管理网络中，一些社会事务既有可能被重复管理，又有可能因相互推诿而处在条块的真空之中。

四是管理观念落后。注重经济发展，轻视社会发展，导致政府的经济管理职能与社会管理职能极不协调，这是当前民生问题突出、社会管理混乱的重要原因。突出表现为凡事都需要层层审批和政府许可。在社会矛盾的处理中，习惯于采用行政手段强制式地解决问题，而不习惯于通过群众参与，协商式地处理问题。这种手段单一、方式简单的社会管理，导致人治大于法治、服从大于参与。注重全面管理，轻视合作。在社会管理中，政府无处不在，无所不为，垄断大量社会资源，既是公共产品的生产者，又是公共产品的提供者，同时还是社会风险的承担者。政府习惯于包揽包办，而不习惯于与企业、社会组织开展积极的合作，导致政府疲于应付一些具体事务，无力承担更多更重要的协调工作，增加了管理成本，降低了管理效率，压制了企业的活力，挤占了社会组织的大量活动空间。注重权力行使，轻视绩效评估。政府对社会的管理，不仅缺乏科学的决策机制，也缺乏绩效评估机制，导致权责不匹配，服务意识淡漠。总之，传统的社会管理观念，导致一个全能政府的存在。对社会管理认识的不足，使得在机构设置上，也没有明确的社会管理部门。

（四）社会组织发育不成熟

改革开放以来，随着市场经济的繁荣，青海社会组织发展迅猛，在社会管理和公共服务中初步发挥了重要作用，但从整体上看，发育还不够成熟。据 2010 年底统计，青海省非公有制经济组织有 136124 户；非公有制经济从业人员有 64.04 万人；实现增加值 178.13 亿元，占全省 GDP 的 31.5%。全省各级民政部门登记的社会组织共 2542 个（其中社会团体 1852 个、民办非企业单位 679 个、基金会 11 个），工作人员 17646 人，会员单位 50 多万人。这些社会组织覆盖工业、农业、教育、科技、文化、卫生、劳动、体育、环保、社会福利等诸多领域，基本形成门类齐全、涵盖较广的社会组织体系。从现有社会组织看，在社会上较有影响的社会组织，绝大多数是官办、官管，或者是官办程度很高，也就是属于半官方性质，独立性不强，在社会中开展的较有影响的活动也需政府支持和参与。从经费来源上看，虽然根据有关规定，社会组织应自筹经费，但事实上有相当比例的社会组织是由政府完全拨款或大部分经费由主办单位划拨。一些社会组织开展活动，往往需要主办、主管部门或其他政府部门的支持和帮助，再加上年度检查等因素，使得社会组织自然地与政府部门尤其是主管单位主动保持密切的联系，不可避免地导致行政色彩浓厚，自主性不高。这既有强制性规定的因素，也有很大程度上的利益驱动因素。近年来，尽管党和政府有让社会组织不断增强自主、自治的愿望，如民政部门规定，一切社团组织都必须与挂靠单位脱钩，保留业务主管单位；主管单位的现职领导干部不得兼任社团领导职务；社团将不再具有行政级别等。但实际运作起来效果并不十分明显。

（五）公共安全事故频发，社会治安管理难度增大

青海地处青藏高原腹地，干旱、雪灾、地震、洪灾、冰雹、泥石流、森林草原灾害等自然灾害频繁发生。20世纪90年代以来，青海暖干化天气趋势进一步加剧，对本来脆弱的生态环境带来不利影响，近10年间全省农作物为年受旱面积100多万亩。青海位于"青藏高原地震区"板块，这里地震活动频发。全省山体滑坡等地质灾害隐患点有3000余处。全省可利用草场面积4.7亿亩，防火线长、防火控火难度大。鼠害和毛虫、蝗虫等病虫害对草原生态构成威胁。进入21世纪以来，自然灾害发生的次数、灾害危害均呈上升趋势。

从现有情况看，青海公共安全状况总体是好的，但公共安全事故仍时有发生。虽然近年来工矿商贸就业人员十万人生产安全事故死亡率和亿元GDP生产安全事故死亡率都在逐年下降，但与西部各省和全国平均对比看，差距很大。工矿商贸就业人员十万人生产安全事故死亡率，2009年比全国高77.9%，2010年比全国高93%；亿元GDP生产安全事故死亡率，2009年比全国高152%，2010年比全国高149%。2010年发生道路交通事故1206起，同比上升2.3%。2007年至2010年万人死亡率仍居西部五省之首，近10年间每年高出全国平均水平近50%以上。2010年发生火灾事故1623起，同比上升20.3%。近五年全省共发生公共卫生事件131起，报告病例5291人，死亡28人。从发生构成类型看，艾滋病、结核病、包虫病等重大传染病、地方病危害因素一直存在，尤其是人间鼠疫流行的风险很高。食品药品安全问题突出，假大米、假酒、假药等时有出现，严重影响人民群众生命健康。地震、干旱、洪灾等自然灾害严重危害人民群众生命财产安全，预警机制、应急体系、防灾救灾能力建设亟待加强。

经济转轨、社会转型过程中，诱发、滋生违法犯罪的消极因素仍然大量存在，治安案件、刑事犯罪仍在高位徘徊。在竞争日益激烈、贫富差距

继续拉大的影响下，失地农民、下岗职工、进城务工人员中的一些人容易心理失衡，极易采取极端行为报复社会、发泄不满。另外，达赖集团打着"保护资源、保护环境、拯救母语"的幌子，对青少年、农牧民群众和僧尼进行思想渗透；以开展"非暴力不合作"运动方式，煽动对立情绪，与我争夺人心；利用玉树灾后重建、"双语教育"等问题，借机造势，制造事端，造成极其恶劣的社会影响。所有这些，都给预防打击犯罪、维护社会治安带来了新的难度和压力。

（六）宗教民族问题需进一步解决

青海作为经济社会欠发达的多民族、多宗教地区，是除西藏自治区外最大的藏族聚居区，受境外和国内毗邻藏区的影响，受市场经济快速发展的影响及由于历史、自然、地理等原因，出现了一些影响民族团结、影响社会稳定和谐的问题。随着经济社会的发展和各族群众科学文化素质的提高，包括汉族在内的各族群众的民族意识普遍增强，少数民族群众对实现政治上的平等、经济上的共同富裕和文化上的共同繁荣有了更高的期望与要求；民族地区区域发展不平衡，造成部分群众心理失衡、失落，对利益问题更加关注；民族交往的广度和深度空前加大，各民族间的共性在增多，宗教情结、民族情结等各种因素冲突碰撞引发摩擦也在增多；境内外敌对势力渗透，特别是达赖集团对青海藏区的分裂渗透活动一刻也没有停止，而且手段不断翻新、策略不断变化、影响不断扩大，成为影响青海藏区稳定、和谐的最主要因素。我们要正确认识当前出现的一些影响民族团结、社会稳定的不和谐因素，严格区分不同性质的矛盾。现阶段我国的民族问题，绝大多数属于人民内部矛盾，这是一个基本的判断，是一个实事求是的结论。既要防止把一些原本不属于民族矛盾的问题硬往民族问题上扯，更要防止把一些原本属于经济文化方面的纠纷无原则地上升为政治问题。对部分少数民族干部群众中存在的意见，特别是一些看起来似乎比较偏激的意见，不能简单地将其视为"民族情绪"，而是要实事求是地分析其产生的原因。要充分相信各族干部群众，鼓励各族干部群众说真话，放手使用少数民族干部。当然，我们与达赖集团分裂势力的斗争是敌我性质的斗争，没有任何调和的余地，要旗帜鲜明，立场坚定，针锋相对地开展反分裂反渗透斗争。

四　青海社会管理和社会建设中存在问题的原因分析

青海地处青藏高原腹地，自然条件恶劣，经济社会发展受自然环境限制较大；城市、农村与牧区三种社会形态共存，多民族文化历史悠久，这些既是青海经济社会发展的重要资源，也是阻碍其发展的瓶颈。新中国成立以后，特别是30多年的改革开放使青海经济社会发生了巨大进步，然而以经济建设为中心的社会建设路线导致了青海经济发展与社会进步的不平衡。随着社会转型，社会阶层的分化与整合加剧，社会个体的利益诉求多元化，传统的社会管理体制已不能适应时代发展的需要。

（一）　自然地理与历史文化因素

青海省地处青藏高原东北部，全省均属高原范围之内。地形复杂，地貌多样，全省平均海拔3000多米，其中青南高原超过4000米，面积占全省的一半以上；河湟谷地海拔较低，多在2000米左右。在总面积中，平地占30.1%，丘陵占18.7%，山地占51.2%，海拔高度在3000米以下的面积占26.3%，3000～5000米的面积占67%，5000米以上的占5%，水域面积占1.7%。海拔5000米以上的山脉和谷地大都终年积雪，广布冰川。山脉之间，镶嵌着高原、盆地和谷地。全省属于高原大陆性气候，平均气温低，境内年平均气温在零下5.7℃～8.5℃，全省各地最热月份平均气温在5.3℃～20℃；最冷月份平均气温在零下17℃～5℃。境内绝大部分地区年降水量在400毫米以下。气象灾害多，危害较大，主要有干旱、冰雹、霜冻、雪灾和大风。由于特殊的地理环境，造成了全省可耕地面积小，仅占全省总面积的1%，可利用的有效草场不到全省总草场面积的一半。青海省农作物生长期普遍较短，河湟谷地和柴达木盆地最长也只有5～7个月。青海是一个多民族地区，有藏、回、土、撒拉、蒙古等5个世居少数民族，占全省总人口的42.76%，少数民族所占区域占全省总面积的98%，文化多样性程度高，宗教氛围浓厚，各民族生产生活方式差异大，游牧生活方式仍是一部分民族的主要生计模式。严酷的自然地理条件是青海发展经济、改善民生的最大障碍。多元文化与多种生活生产方式并存，使青海不仅面临转变发展方式的严峻挑战，而且造成社会建设与社会管理难度大、成本高。

（二）经济社会发展不平衡

青海是一个经济发展落后的多民族、多宗教地区，新中国成立以前其经济社会发展就较为落后。新中国成立以后，特别是改革开放以后青海经济社会发展有了长足进展，如藏区农奴制度的废除、工业基础的建立与发展，然而随着我国东西部差距的加剧、青海内部的区域分化和城乡双二元结构的存在，经济社会发展的不平衡依然是阻碍青海加强社会建设和创新社会管理的重要原因。

就财政收入而言，青海经济发展仍然滞后于全国平均水平。2011 年青海省地方财政一般预算收入为 15179 亿元，仅占各省总和的 0.27%，在全国 31 个省、直辖市、自治区中排第 30 位；从人均地方财政一般预算收入来看，在全国 31 个省、直辖市、自治区中排第 21 位。另外，2011 年青海省 25 个扶贫开发工作重点县农牧民人均纯收入 4068 元，与全国农民人均纯收入 6977 元和青海农牧民人均纯收入 4608.47 元分别相差 2909 元和 540.47 元；青海贫困地区农牧民人均纯收入与城镇居民人均可支配收入之比为 1∶4，城乡之间、地区之间发展差距大，不平衡问题突出。随着国家提高贫困线水平，青海总体贫困人口还会增加，并更加加剧这种不平衡。

同时，双二元结构也加剧了这种不平衡，并在青海这个多元文化地区表现得更为明显。双二元结构的形成主要是通过二元户籍制度实现的。以户籍制度为核心，青海经济社会结构形成了城市、农村和牧区三个相互隔离的部分，主要表现为：城市经济以现代化的大工业生产为主，农村经济以典型的小农经济为主，牧区经济以游牧经济为主。伴随着这种社会结构的分化，城市的道路、通信、卫生和教育等基础设施发达，公共服务较为完善，而广大农牧区的基础设施落后，公共服务覆盖面较低。

（三）社会分化和利益多元化

合理稳定的社会结构是社会建设与社会管理的重要基础，然而随着社会经济的快速发展，青海社会分化速度也在加快，伴随社会分化的是多元利益主体的崛起及其利益诉求的多元化。

社会分化主要表现为社会阶层分化。在市场机制和体制政策的相互作用下，社会成员因劳动能力、家庭背景、所在区域等因素的差异迅速分化。旧体制下两个阶级一个基层（即工人阶级、农民阶级和知识分子阶层）的社会结构发生显著变化，逐渐出现了一些新的社会阶层。各基层社会成员的利益来源、价值观念、生活方式存在明显的差异，相互之间的关系错综复杂。阶层分化不仅表现为阶层之间的分化，也表现为阶层内部的分化。其中，农民阶层的分化速度最快、规模最大、范围最广。这种分化主要表现在三个方面：一是区域分化。不同区域的农民虽然都叫农民，但阶层内部的分化是很大的。东部农业区与藏区牧业区之间的农牧民、大城市周边地区与偏远山区之间的农民在收入和生存质量上存在巨大差别。二是职业分化。一部分农民离开土地从事商业经营活动，或者经商、务农两不误；一部分农民离开农村长期在城镇务工，或者仅在农忙季节及逢重大传统节日时回到农村，成为农村户籍的新市民。传统意义上的农民，即始终不离"土"也不离"乡"的农民正在大幅减少。职业的分化自然导致收入的分化。三是观念分化。"80 后""90 后"的新生代农民工与他们的长者和父辈相比，他们打工的目的已不满足于贴补家用和改善自己将来在农村的生活境况，而是强烈渴望跳出农门，融入城市生活，像市民一样工作和生活。

利益是经济生活和政治生活的主要联结点。利益多元化主要变现为利益主体多元化及其利益诉求多元化。从利益分析的角度看，当前青海所发生的阶层分化的实质，就是社会利益的多样化和复杂化的过程。经济运行方式上的市场经济体制、分配方式上的按劳分配为主体、多种分配方式并存和财产制度上的多种经济成分并存，其结果必然导致利益分化，每一个社会阶层都是新的利益主体。市场经济条件下产生的各社会阶层，如民营科技企业的创业人员和技术人员、受聘于外资企业的管理技术人员、个体户、私营企业主、中介组织的从业人员、自由职业人员，都会从不同的立场出发提出自身的利益诉求。

（四）社会制度建设滞后

市场经济和现实社会的运行客观上要求改革原有的制度，建设符合现实要求的体制机制。当前青海社会建设与社会管理虽然取得了一定成效，然而"党委领导、政府负责、社会协同、公众参与、法治保障"的格局还未形成，制度建设是推进工作进展的瓶颈。

市场机制是市场经济最基本的机制，在市场机制的作用下，企业和要素由于市场价值或贡献不同，必然导致优胜劣汰。在经济体制改革进程中，如果说由于市场竞争不充分、机会不均等、各地区市场发育程度不同造成的收入差距扩大，能够通过完善市场经济体制加以解决的话，由于要素贡献率不同形成的收入差距，市场机制则是不可能解决的，而且市场经济体制越是完善，这种差距越是明显。可见，解决此类问题，只能依靠政府和社会。伴随社会主义市场经济体制的建立和发展，各种因素造成的社会矛盾和冲突相互交织，处理不当，将会阻碍改革的深入进行。现在已经有一些人把诸如腐败、失业、收入差距拉大等社会问题与市场经济联系起来，并以此来否定市场经济的改革方向，这是非常值得关注的。发达国家的经验表明，在进行市场经济改革的同时，必须进行社会体制改革，形成政府与社会分工合作、良性互动的社会体制机制，以解决市场无法解决的社会问题，维持效率与公平的均衡。市场经济与社会和谐共存应该是中国特色社会主义的一个显著特征。

五　青海加强和创新社会建设与社会管理的对策建议

加强创新社会建设与社会管理工作是一项重要而又非常复杂的系统工程，需要厘清思路、突破瓶颈、抓住重点、落到实处。

（一）建立和完善社会公共事业服务体系

认真贯彻落实党的十八大以来的一系列新精神，以科学发展观为指导，以人的全面发展为目标，紧紧抓住促进经济与社会协调发展这个核心，以强化基层社会事业发展为重点，完善社会事业公共服务体系建设；以推进改革和创新为动力，激发社会发展的活力和效率，努力开拓社会事业新局面。一是全面提高政府公共服务水平。切实转变政府管理方式，努力建设服务型政府。政府管理方式要由直接从事经营管理活动向创造公平竞争的市场环境转变，向提供公共产品和公共服务转变。要进一步实行政企分开、政资分开、政事分开，把不该由政府管的事情交给市场、企业、社会中介机构，管好政府应该管的事情。为此，必须彻底转变政府管理职能，从生产投资型转变为公共服务型。服务型政府建设是我国政府改革的重要目标，必须将服务型政府建设作为推进民族自治地方行政体制改革、构建和谐社会的重要工作来抓，使公共服务不断适应人民群众日益增长的社会公共需求。二是加强统筹协调，加大政府对公共服务的财政投入，促进基层社会事业发展。把加快普及九年义务教育摆在突出位置，切实解决好地区"普九"问题。把加强基层医疗卫生基础设施建设、解决农牧民看病难问题作为重点工作，优先发展和保证基本医疗卫生服务。做好乡镇文化设施建设总体规划，努力增加对农牧区贫困地区的文化投入，努力开拓农牧区基层文化建设的有效实现形式，探索综合利用现有文化设施开展农牧区文化活动的方式。三是加快公共卫生服务体系建设。做好公共卫生医疗救治体系建设的组织实施工作，努力构建公共卫生三大体系；组织实施好国债疾病控制建设、紧急救援中心和传染病区（科）基础设施建设。基本建立和完善对突发公共卫生事件、重大疫情和新发传染病的快速反应和处理能力，保障人民身体健康和生命安全，力争完成省至县级的紧急援救和传染病区的建设。四是构建和完善现代化教育体系。现代化教育体系是现代国民教育体系和终身教育体系有机组成的整体。要以全面普及九年义务教育、基本普及高中阶段教育为今后一个时期的主要任务，继续调整高等教育专业结构，大力发展职业教育和成人教育，形成体系完整、结构合理、发展均衡的现代国民教育体系和终身教育体系。各级各类学校要准确定位，因地制宜地制定学校发展战略规划、学科和师资队伍建设规划、校园规划。要统筹协调社会教育资源，不断拓宽学校教育的服务功能和范围，逐步完善有利于终身学习的教育培训制度，为全民学习、终身学习开辟多种途径，提高国民整体素质，增强就业能力、创新能力、创业能力。

（二）构建科学合理和公平公正的社会收入分配体系

深化收入分配制度改革，规范收入分配秩序。通过改革完善收入分配制度，进一步理顺分配关系，着力提高低收入者收入水平，扩大中等收入者比重，有效调节过高收入，取缔非法收入，努力缓解地区之间和部分社会成员收入差距扩大的趋势。一是在注重提高效率的同时，切实保证社会公平，充分发挥政府收入分配调节职能。在分配中，初次分配要讲效率，也要注意因机会不均等带来的不公，努力实现合理的初次分配；再分配要注重公平，健全各项社会保障制度，解决初次分配带来的收入差距过大问题。要进一步改革税制，加强对分配结果的监管，完善包括个人所得税在内的税制和税种改革，规范个人收入分配秩序，建立促进社会和谐的利益分配格局。二是着力提高城乡居民收入水平。按照十八大提出到 2020 年城乡居民收入倍增目标，针对青海发展实际，应提高企业退休人员基本养老金标准，提高城乡居民低保补助标准，提高各类优抚对象抚恤和生活补助标准，多渠道增加农牧民收入。动态调整城乡低收入群体、大中专院校家庭困难学生的补贴标准。完善市场导向的工资分配机制，开展区域性、行业性工资集体协商试点工作，逐步建立职工工资和企业经济效益同步增长的机制。三是积极建立劳动就业一体化新机制。发挥城镇在建设现代化农业、发展农村经济、增加农民收入等方面的作用，在现代科学技术、人才、文化教育、基础设施等方面支援和带动农村的发展。同时，因地制宜地发展一些有优势、有市场的加工工业和劳动密集型的轻工业，在提高产品的附加值、增加经济效益的同时，可以降低资本的有机构成，扩大对农村剩余劳动力的吸纳能力。建立健全城乡统一的劳动就业服务体系，制定各项制度保障进城农民的权利，给进城农民平等的市民待遇。解决好城镇扩展中农民的"失地"问题，改革土地征用制度，提高土地补偿标准。加大农牧民技能培训力度，提高农牧民的技能水平和整体素质，加快劳动力的转移。

（三）建设和完善社会保障体系

坚持以人为本，强化政府在提供社会保障方面的主导作用。一是继续落实"两个确保"，建立和完善社会救助制度，重点解决好特困家庭的生活困难问题。青海省农牧区贫困人口大多居于生态环境恶劣、地理位置偏远、自然灾害频繁、经济社会发展滞后的民族自治地方，应着力解决好农牧区老弱病残户、贫困户的生产和生活保障问题。要解决好城镇弱势群体的生产和生活保障问题，特别要解决好城市街头流浪儿、残疾人等的生活保障问题，解决好城镇下岗职工的就业问题，并建立最基本的救济体系。二是建立人民群众的人身权和财产权保障体系。要为农民工提供最基本的人身权利保障，建立有效机制，解决农民工工资拖欠等相关问题。要严格保护居民的财产权，保障居民的财产权不受侵害。三是加快推进保障性安居工程建设，增加保障性住房的收购和开发建设投资，加大廉租住房建设力度，逐步扩大保障范围。加大破产企业困难职工危房改造力度，全面启动牧民定居和农村困难家庭危房改造工程，逐步改善城乡居民住房条件。深化住房制度改革，研究并制定农民工住房政策。

（四）坚持以人为本的服务理念

在加强和创新社会管理的进程中，坚持以人为本、以民为本的发展取向不能变，以"民为主"的工作方略不能变，以"民为重"的考核标准不能变。解决好民生问题，是社会管理源头治理的根本，要把维护人民群众根本利益作为社会管理创新的出发点和落脚点，加大对社会建设的投入，重视民生事业、社会事业、公共服务方面的工作，以人民群众最关心、最直接、最现实的利益问题为重点，在尽力满足人民群众物质文化需要前提下，妥善处理好社会矛盾，努力确保社会公正、公平。强化培养和提高公民参与社会建设与社会管理的能力，充分培育、发展社会组织并发挥其引导公众参与社会管理中介服务能力。整合优化社会管理体系，以服务为中心加强社会管理体制和能力等机制建设，在解决影响社会和谐稳定的突出问题上取得突破性进展，推动社会管理创新工作的全面有效开展。

（五）构建齐抓共管的社会管理格局

多主体平等参与以及多中心社会治理格局的形成，是实现社会管理模式现代化的主要路径。应建立包括政府主导、社会协同、公民参与、法治保障的多中心治理结构，着力由政府单一主体转变为政府行政管理与社会自我调节、群众自治管理的良性互动；着力由单位管理为主要载体转变为社区管理与单位管理的有机结合；着力由以行政办法为主要手段转变为多种手段的综合运用；着力由以管控为主要目的转变为管理与服务融合、有序与活力统一的多元治理和共建共享。一是发挥社会组织在社会管理中的协同作用。重视发挥城乡基层自治组织和社团、行业组织、社会中介组织等各类社会组织协同政府进行社会管理的功能，推动公民在社会组织中参与社会管理。着力加强对社会组织特别是境外非政府组织的监管，也是青海社会管理创新的重要内容。二是建立健全群众参与社会管理的有效制度和形式。人民群众是社会管理的主体，要积极探索新形势下组织发动群众参与社会管理的载体和形式，完善群众参与公共政策制定、实施、监督以及评估的常态化制度办法，加快建立健全公众参与政府决策的一系列规则和程序，同时进一步加大政务公开力度，营造公众参与的良好环境。三是严格依法实施社会管理。政府社会管理创新要合法合规、依法行政，公务人员应按照法治政府的要求推进各项工作，公平公正地行使权力，依法疏导、处理、化解各类社会矛盾。

（六）完善社会管理体制机制

经济社会的发展迫切要求创新社会管理体制，应加强以社会保障制度为核心的社会安全政策，建立公正合理、制度化的利益表达及利益协调机制；创新社会心理疏导机制，调节思想情绪；创新社会矛盾化解机制，努力使社会处于动态平衡、井然有序、健康运行的状态。一是完善群众基本利益保障机制。当前，大量的社会矛盾和不稳定因素是由民生问题引发的，要从民生这个源头上减少和化解矛盾，坚持小财政办大民生，进一步将财政支出重点向民生倾斜、向农村牧区倾斜、向困难群众倾斜，帮助人民群众解决好教育、就业、社会保障、医疗卫生、住房等现实问题，建立覆盖城乡的社会保障体系、社会救助体系、职业培训体系、就业服务体系等公共服务体系。二是完善群众利益的表达、协商和博弈机制。建立多维的利益表达机制，拓宽社情民意表达渠道，形成便捷通畅的诉求表达的制度安排和比较均衡的利益表达环境；建立健全利益协商和利益博弈机制，引导公民以组织化的形式参与决策、参与对话、参与谈判，争取实现社会的自我管理、自我调节，最终实现利益的协调。三是建立完善经常性排查整治机制。将治安复杂地区以及高发案地区作为治安隐患排查整治的重点地区，把杀人、抢劫、重大伤害等暴力性犯罪和入室盗窃、盗窃牲畜、盗窃机动车辆、诈骗等侵财犯罪作为严厉打击的重点内容。着重解决城镇房屋拆迁、土地征用、涉法涉诉、企业重组改制、生态移民安置、工程建设、拖欠工程款和农民工工资、工商企业经营中侵害城乡群众合法利益等常见性、多发性的重点矛盾和问题。四是完善社会矛盾纠纷解决机制。注重从源头上化解社会矛盾，以法律途径解决社会矛盾纠纷，加大人民调解组织化解矛盾纠纷的力度，把人民调解、行政调解和司法调解有机结合起来，综合运用法律、政策、经济、行政等手段及教育、协商、疏导等多种办法，统筹化解社会矛盾纠纷。重视社会调解资源的引入，在医疗纠纷、劳动争议、交通事故、征地拆迁、食品安全、环境保护等重点领域建立第三方调解机制和专业调解委员会。注重发挥工会、妇联等人民团体和行业协会等社会组织在化解矛盾纠纷中的作用。

（七）创新社会管理方式方法

社会管理过程是管理和服务相结合的过程，要通过提供服务来引导群众积极参与社会管理实践。一是采用服务性的管理方式，把社会管理寓于解决实际问题之中、寓于搞好服务之中，吸引人民群众自觉参与，为加强和创新社会管理奠定良好基础。二是建立群众积极参与社会管理的机制，加快提高公民素质，培养群众参与意识，提高群众参与公共事务的积极性，提高他们的参与能力和决策能力，创造群众参与的良好环境；建立健全群众参与政府决策的规则和程序，包括建立健全重大行政决策群众参与机制，健全和完善群众批评、建议、申诉、控告、检举、信访、监督等制度，使这些制度成为群众有序参与社会管理的法律机制。三是采用民主的方式实施社会管理，社会管理过程必须把被管理对象当作平等主体来对待，在管理的方式方法上尽可能选择对公民权益影响最小的方式和手段来进行管理，尽可能以平等对话、沟通、协商、谈判等方式解决不同利益主体之间的利益冲突，使决策做到民主化、科学化、公开化。四是要善用"柔性"方式推进社会管理创新，善于用"软方法"来统一思想、理顺情绪，提升文明素养，培养健康心态，不断夯实社会和谐稳定的思想文化基础。五是关注不同阶层、不同群体的思想变化，重视对新型经济社会组织、流动人口的思想引导，重视对困难群体的思想关怀，增进人民群众与党和政府的感情。

（八）加强和创新社会管理的综合治理

围绕人民群众关注的社会治安问题，不断提高社会治安防控能力，增强人民群众的安全感。一是依法打击严重刑事犯罪和经济犯罪活动。严厉查处制售假冒伪劣商品、坑农害农、偷税漏税等事关群众切身利益、严重破坏市场经济秩序的犯罪行为；加大对黑恶势力犯罪、严重暴力犯罪、多发性侵财犯罪、涉众型经济犯罪的打击力度。二是提高社会治安防控能力。健全完善农村牧区治安联防网络、城镇街道治安巡控网络、单位内部治安受控网络、边际部位联控网络和重点部位治安管控网络为重点的社会治安防控体系建设；加快完善治安防控网络，建立公安武警、保安辅警和群防群治队伍为主体的治安巡控模式，鼓励支持保安公司等社会力量参与治安防范。三是不断扩大社会管理服务的覆盖面。把工业园区、生物园区、移民社区、非公有经济组织和社会组织、各类宗教社团纳入属地管理和网络化管理，确保社会管理无死角；建立"大情报"管理信息系统，重点把流动人口、社会闲散青少年、精神疾患人员、吸毒人员、刑释解教人员、社区矫正对象等重点人员以及出租屋、中小旅馆、网吧等纳入信息系统管理。四是加强法制宣传教育和法律援助，引导群众依法维权。研究制定司法案件"案结事了"、信访案件"终结退出"办法，推动涉法涉诉信访案件从根本上解决；加强对弱势群体的法律援助，使法律援助成为疏导民意和化解冲突的有效形式。

（九）创新民族宗教领域的社会管理

新形势下的民族宗教工作既要发挥传统优势，完善体制机制，又要制定和完善与新形势新任务相适应的新政策，创新管理模式，提高管理效能。一是构建平等和谐的民族关系。青海的少数民族人口占全省总人口的46.98%，要尊重各民族群众的主人翁地位，尊重不同民族群众的文化、习俗和信仰等合法权益；正确处理各民族关系，坚持各民族一视同仁、平等对待，依法、平等、协商解决各族群众间的各类人民内部矛盾；积极创新民族团结进步共创共建机制，利用节假日、集体活动、庆典等平台，开展地区间、民族间、警民间经常化的共创联谊活动。二要改进宗教管理的方式方法。宗教管理要善于区分一般矛盾和政治诉求，区分一般性社会问题和政治性事件，不断改进管理策略和方法，实行对症的管理措施，注重从源头解决问题，认真排查调处各类矛盾隐患，增强宗教管理工作的前瞻性和主动性。三是寺院管理采用刚柔相济的方式。寺院管理是青海社会管理的重点和难点，必须采取有别于其他领域的特殊的管理办法。要做到政府规范与寺院内部完善相结合，健全完善宗教事务依法管理、宗教寺院社会管理和寺院内部民主管理三位一体的长效工作机制，建立信息化和动态化的寺院社会管理机制，把寺院社会管理工作纳入属地社会治安综合治理目标责任体系，把宗教活动纳入社会化、法制化管理轨道；要做到服务与管理相结合，把寺院管理与对僧尼的公共服务相结合，将寺院、僧尼、宗教活动全部纳入社会管理，将基本公共服务覆盖到寺院和僧尼身上，寓管理于服务之中；要做到法制教育与依法处置相结合，推进寺院法规宣传教育和依法治寺的常态化，强化僧人和教职人员的法制宣传教育、宗教政策法规学习，提高僧人和教职人员的国家意识、法制意识和公民意识。

（十）强化和创新基层组织服务

加强社会基层组织是社会管理创新工作的重中之重。社会管理创新工作的根基在基层，只有整合资源、夯实基层，才能推进基层社会的管理服务工作。基层社会组织是党委政府联系群众的桥梁，要加强基层党组织建设，充分发挥基层党组织引领服务群众、凝聚人心、反映群众诉求、化解社会矛盾的特殊的积极作用。社会管理创新工作能否取得成效的关键，就要看是否牢固树立固本强基的思想，把更多的人力、物力、财力投向基层；是否有效整合资源，夯实基层，强化基层组织建设；是否真正把社会管理服务的触角延伸到社会的末梢。在基层组织建设发展中还特别要关注基层组织的社会管理相关人才的培养。

（十一）整合社会建设与社会管理资源

对民族地区而言，民族众多、宗教多元、宗教教派相对复杂，宗教问题又往往与民族、社会问题错综交织，构建与经济社会发展相适应的社会管理长效机制和工作体制，确保各个社会管理机制发挥作用、相互配合、相互补充，是推进社会建设和社会管理创新工作、维护宗教与社会稳定的保证。一是进一步健全社会建设与社会管理的组织领导机构，分别成立由社会保障及政法综治部门牵头的社会建设促进会与社会管理委员会。促进会和管委会具体负责社会建设和社会管理的各项准备、组织、协调、推进和整合工作，督促各成员单位既履行好自身职责，又相互配合，形成齐抓共管的合力。二是明确划分各级政府部门社会建设与社会管理的范围和边界及任务分工。在省委省政府的领导下，明确各级政府部门间的分工合作问题，解决因分工不明而出现互相推托、扯皮的现象，防止越位或不到位情况的发生。三是以科技为先导，加快建立和健全信息服务体系。要建立完善的信息公开制度以及在社会各阶层广泛参与基础上的政策听证制度，实现信息透明，使公民了解政府信息，对政府进行监督，使封闭型的行政体制向公开、透明的行政体制转变。

（十二）破解社区社会管理网格化难点问题

一是加强流动人口管理。建立健全实有人口动态管理机制，把流动人口管理和服务纳入流入地经济生活发展规划，逐步实现基本公共服务由户籍人口向常住人口扩展。依托社区或村服务站，为流动人口提供"一站式"服务，按流动人口数配备相应的协管员，并鼓励流动人口参与社区或村民自治管理，提高其融入意识。探索推行以居住登记和居住证为核心的"一证通"制度，为流动人口提供就业、上学、社会保障、租赁房屋等服务。二是注重特殊人群的源头治理。在存在涉毒人员的社区设立禁毒社区或服务站，负责信息收集、上门帮教、动态防范等事项，加强对社区刑释解教人员的帮教和安置，推进未成年人零犯罪社区创建工作，通过精神上扶心、生活上扶困、就业上扶持、智力上扶学和促进思想与行为转化，强化对特殊人群的源头管理。三是加强社会组织管理。注重强化基层群众性组织的社会管理和服务职能，整合基层社会管理资源。加强社区服务性、公益性、互助性等社会组织的培育。严把新社会组织登记入口关、年检质量关、监督管理关，不断促进新社会组织健康有序发展。

（该课题 2013 年荣获青海省第十次哲学社会科学优秀成果评奖一等奖）

青海建设国家循环经济发展
先行区研究（摘选）

孙发平　苏海红　冀康平　杜青华　曲　波
丁忠兵　娄海玲　德青措

青海省第十二次党代会立足全省经济加快发展、产业加快转型的阶段性特征，展望全面建成小康社会的奋斗目标，审时度势地做出建设国家循环经济发展先行区的重大部署。这一战略构想，为我们指明了青海"十二五"乃至 2020 年的发展方向，展示了青海更加幸福美好的广阔发展前景。

建设国家循环经济发展先行区是在一定的区域空间内实施的循环经济，不论是企业、产业园区，还是社会，始终是循环经济的地域空间载体。本课题立足于当前青海省经济发展阶段和资源禀赋，在青海原有循环经济发展基础和工作基础上，认真审视循环经济的内涵和发展趋势，紧紧抓住发展机遇，从循环经济发展先行区建设的角度统领资源开发和经济建设，研究青海在更高层面、更广范围推进循环经济的发展，提出建设国家循环经济发展先行区的总体性架构和保障措施等参考建议，为实现青海地方经济发展方式科学转型提供理论支撑。

一　总体思路

在建设国家循环经济发展先行区的总体思路上，我们认为，应突出发展循环经济这一主题、构建五种循环经济发展模式、形成循环经济发展三个互动层次、建立循环经济发展的八大支撑体系、实现循环经济发展的四个国内领先、完成两个根本性转变。

（一）突出一个主题

突出发展循环经济这一主题，即全面贯彻循环经济理念，在生产、流通和消费等过程中实现产品生命周期全过程的减量化、再利用和资源化，提高资源利用效率，保护和改善环境。把发展循环经济与推进自主创新、结构调整、节能减排、发展绿色经济以及保障和改善民生有机结合起来，形成政府推动、市场主导、企业主体、全民参与的循环经济发展的有效体制和长效机制，形成有利于促进循环经济发展的政策体系和社会氛围，逐步建成资源节约型社会和环境友好型社会，实现可持续发展。

（二）构建五种发展模式

建设国家循环经济发展先行区是在全省的区域空间内实施的循环经济，不论是各个产业、各个企业、各个园区，还是社会公众，都是循环经济的主体和地域空间载体。因此，我们认为，建设循环经济发展先行区必须在全省区域空间内构建五种模式框架。

1. 循环型工业发展模式

循环型工业以减量化、再使用、再循环为行为原则，以废物的终端处理及达标排放、清洁生产、企业共生（生态工业）为三种层次，把若干个生产活动组织成一个资源—产品—再生资源的反馈式流程，在物质不断循环利用的基础上发展资源—产品—再生资源的一种新的工业经济可持续发展模式。

链条延伸模式。一是环形循环，把排放物变成新资源，延长产品链条或生产链条。过程中没有废物的概念，物质和能量都能得到循环反复利用，把经济活动对自然的影响降低到尽可能小的程度；二是"废料"再利用，充分利用每一个生产环节的废料作为下个环节或另一部门的原料，实现物料的循环利用或再利用。

技术驱动模式。通过技术创新和技术改造来实现企业生态化，在符合技术发展趋势的基础上，在相关管理办法和政策支持减少下，通过大力发展相关的生态化技术，提升企业清洁生产能力，降低企业对资源和能源的消耗，减少废弃物排放，提升产品档次和技术含量，从实质上实现企业生态化。

2. 循环型农业发展模式

循环型农业发展模式是按照生态学规律合理配置和利用农业资源、农业能源和维持环境容量，重新调整农业经济系统的运行方式，是实现农业经济增长转型的发展模式，是实施农业可持续发展战略的重要途径和有效方式。同时也是以实现农业经济发展中农业资源及农业能源使用的减量化、产品的反复使用和废弃物的资源化、无害化为目的，用"最适量资源—最适生产—最适量产品—最适消费—最适量再生资源"的环状反馈式循环理念重构经济增长方式和运行过程，把农业生态系统的食物链和农业经济系统的投入产出链科学地结合为一体，实现物质多级循环利用模式，最终在区域内构建并实现"最适生产、最适消费、最适循环、最适废弃"的协调型循环型农业体系。

3. 循环型服务业发展模式

对于循环型服务业的发展来说，没有完全统一的模式和标准，但循环经济的"3R"原则仍然可作为循环型服务业发展的基本原则和依据，以低消耗、低排放和高效率为基本特征。一是在循环型服务业产品的生产过程和消费过程中推进投入资源的减量化，减少资源耗费量，从而达到减少生产和消费过程中流动的物质量，从源头上达到减少水、电、煤、油等资源的消耗量。二是加强资源产品和废弃物的再使用，结合服务业自身的特点，提高资源和产品的重复利用率，减少资源消耗和废弃物的产生。三是促进物质的再循环利用，将废弃物作为其他产品的资源来重新投入到循环利用当中。

旅游业循环经济发展模式是以旅游环境保护和可持续发展为目的，在旅游业实行全过程的环境质量控制，将旅游企业、旅游者对环境的直接与间接的负面影响消除或使之尽可能减少的活动过程。在旅游资源开发方面采用清洁生产技术，优化资源利用方式，保护性开发旅游资源，提高资源综合回收利用率；在旅游资源消耗方面，坚持引进先进技术，提高生产能力，使物耗和能耗进一步降低，有效提高旅游资源利用率；在旅游废弃物产生方面，加强污染预防，降低污染物的排放，从源头控制污染产生，提高旅游资源综合利用率，实现旅游地废弃物最大限度资源化，提高资源循环利用率；在社会消费方面，大力倡导旅游资源保护与满足旅游者需求的均衡，减轻旅游业发展过程中对环境的压力，采取有利于节约资源和保护资源的旅游消费方式。循环型旅游业的一般发展模式主要有产业组合式发展模式，包括农业、生态整合型旅游模式和工业、旅游联结模式；保护型、清洁型发展模式，包括资源保护型旅游模式；再生能源旅游模式；城市清洁旅游模式。

物流业循环经济发展模式是重视传统的从生产到消费的正向物流中的资源节约与利用，更重视废旧物品、再生资源回收利用所形成的逆向物流，通过资源循环利用和能源转换提高资源利用效率。资源节约型物流业不仅关注流通、制造、加工中的成本节约，还特别重视物流各环节产生的成本，最大限度利用市场信息，整合物流资源，减少物流资源浪费，以达到节约资源的目的。

信息业循环经济发展模式是贯彻落实清洁生产促进法，大力推进清洁生产，提高产业内企业资源能源利用效率，加强对废弃物的回收利用。对进入信息业的物质和能源的整个流通过程，即从加工、运输、使用、再生循环、最终处置五个环节，对信息业的资源消耗和污染排放进行分析，从而得到信息业生产全过程的物流情况和环境影响。主要有循环型信息业发展的生态园区化模式、循环型信息业发展过程中信息服务业传输的减量化模式、循环型信息业发展的开放模式。

4. 循环型园区发展模式

（1）农业园区的发展模式

以循环经济理念为指导，因地制宜地规划和组织实施的农业综合生产体系，把传统农业技术和现代农业技术相结合，实现由资源浪费的粗放经营向资源节约的集约经营转变，促进农业生态系统物质、能量的多层次利用和良性循环，实现经济、生态和社会效益的统一；促进农业向绿色无害化方向发展，采用环境友好型技术，按照无害化要求组织生产，积极培育无公害农产品，引导农业产业结构向无害化方向调整；实施化肥的减量与精量使用，用生物农药替代化学农药，提高农用地膜回收率，加强农业生产过程中资源的循环利用，逐步降低农业生产的各类污染；加快农业生产经营及废弃物利用的专业化和规模化，促进企业间循环和区域间循环。

根据不同的经营主体，农业园区的发展模式可分为：政府主导模式、企业集聚模式。

政府主导模式园区。特别强调政府在农业园区管理过程中的重要作用，政府成立园区管委会，负责园区的统一规划、统一建设和统一经营。政府出资成立运营公司，开展园区基础设施建设，出台优惠政策；开展招商引资，并自主投资一些农业科技研发项目和产业化项目。

企业集聚模式型园区。一般由龙头企业带动，涉农企业根据自身发展需要，采取"公司＋基地＋农户"的形式建立的现代农业园区。在发展模式上以企业投资为主，以市场为导向，以科技为支撑，以效益为中心，以新的管理运行机制为特征，追求的目标是园区经济利润的最大化。

（2）工业园区的发展模式

企业内部的清洁生产模式。企业内部要做到循环生产就要采用清洁生产模式。对于单个企业，实行清洁生产模式是企业一个理性和明智的选择。在生产过程中生产资料和生产能源的高效、重复循环利用的生产过程，企业的清洁生产模式以循环经济的"3R"原则为指导，为实现节能、环保、零污染、零排放的绿色生产过程的发展模式。清洁生产模式是企业层面的小循环，强调单个企业通过技术革新、产业链延伸来实现的由末端治理向循环化可持续发展的转变。

企业之间的产业链延伸模式。企业之间采取相应的形式来实现循环经济的理念，理性选择延长企业间的生产链条，在地理上集中产业链条上有交互关联性的企业、专业化供应商、服务供应商、金融机构、相关产业的厂商及其他相关机构等，使工业园区内的各企业之间形成高效率的闭环生产系统，即一家工厂产生的废弃物将是另一家工厂的生产原料，使园区内的企业之间建立起互为依存的生产网络，达到节约资源和零污染排放的目的。产业链条延伸是循环发展模式的中观循环，可以看作清洁生产模式的延续。

5. 循环型社会发展模式

建设循环型社会发展模式包含了微观循环模式和中观循环模式，既可以充分实现物质链的闭路循环，也可以在最大程度上实现价值链的闭路循环。循环型社会发展模式从宏观经济结构的调整入手，以经济增长模式的转变为核心，切实把循环经济的理念和原则纳入社会、经济发展总体规划和各项立法等重大决策之中。这种模式通过生产、流通、消费、废弃等社会经济活动的全过程，使资源和能源得到循环利用，进而控制废弃物的发生量并使之得到适当处理。在生产、流通、消费诸环节中，通过合理生产、高效利用、提倡节约、杜绝浪费等手段，以尽可能少的资源消耗，满足人民不断提高的物质文化需求，转变不可持续的生产模式和消费模式。企业要按照循环经济理念来配置生产要素，发展循环型的技术、清洁型的技术、低碳型的技术；政府引进企业和项目应选择高新技术项目，用以支撑生产能力清洁化、低碳化发展；居民要从改变消费模式、交通模式做起，最大限度地减少资源消耗和环境负荷，保证居民生活水平的不断提高，实现经济社会的可持续发展。

（三）形成三个发展层次

第一层次：清洁生产是基础。即企业层面（微观层面）以科技创新为动力，以清洁生产为载体，以提高资源利用效率、减少废物排放为主要目标，努力构建企业内部循环经济发展体系。基于循环经济的产业生态化过程主要在企业内部进行，在这里循环链条相对比较短，在单个企业推行清洁生产，从生产的源头和全过程充分利用资源，使每个企业在生产过程中废物最小化、资源化、无害化。鼓励企业推行"资源—产品—再生资源"的闭环式流程，促进企业降低资源和能源消耗强度，控制污染物排放。

第二层次：相辅相成的循环产业链。即在行业（产业）层面（中观层面）以生态工业园区和农业园区为重点，以企业之间和产业之间的循环链建设为主要途径，以实现资源的最充分利用为主要目标，建立起二次资源再利用和再循环的运行机制。以生态工业为代表的中循环区域层面主要措施是产业集群和生态园，作为一个地区循环经济的发展，关键要抓好中观层面的循环经济发展模式，即工业集中地区、经济开发区内的企业在清洁生产的基础上，延长生产链条，使上游企业的废物成为下游企业的原料，实现区域或企业群的资源最有效利用，使废弃物产生量最小，甚至零排放。

第三层次：有机协调的循环型社会。即社会层面（宏观层面），在一定区域内，以社区城镇为重点，以绿色消费为目标，以全社会共同参与为主要标志，以结构调整和产业升级为主要途径，加快区域循环经济的发展。按照生态价值观和绿色消费的理念，以"3R"原则为取向，在生产、流通、消费诸环节中，用生态链条把工业与农业、生产与消费、城区与郊区、行业与行业有机结合起来，大力发展资源循环利用产业，实行可持续生产和消费，倡导绿色生产、绿色消费和绿色社会生活模式，逐步形成循环型社会。通过强调产品、服务功能的实现，达到再利用或反复利用，从而延长产品、服务的时间和强度，减少输入和有害输出，促进资源减量化、再利用与再循环，提高资源生产率；通过提高全社会资源节约和生态环境保护意识，在全社会形成崇尚节约、节俭，合理消费、适度消费的理念，用节约资源的消费观念引导消费方式的变革，逐步形成文明、节约的行为模式，逐步建成循环型社会。

（四）建立八大支撑体系

循环经济作为新生事物，必须按生态规律和经济学规律安排人类经济活动。从传统经济发展模式向循环经济的转变是一个复杂的系统工程，只有克服传统经济运行环境下的某些运行方式和规则的阻力，循环经济才能发展。因此，建设国家循环经济发展先行区要在全社会构建科学的、符合青海省情实际的推动循环经济发展的一系列支撑体系。主要包括资源节约利用、资源综合利用、资源再生利用、技术服务、人才培养、金融支持、组织管理和示范推广等八个方面的支撑体系，从而形成全社会促进发展循环经济的政策、制度、体制、管理等方面的保障与合力。

（五）实现五个国内领先

建设国家循环经济发展先行区，其"先行"如何体现？我们认为，必须根据全省循环经济发展的比较优势和现实基础，在四个方面要处于全国领先水平。

一是循环经济主体产业工业增加值占比处于国内领先。青海循环经济发展主体是工业，柴达木循环经济实验区、西宁国家经济技术开发区、正在建设的海东工业园区，是青海工业布局的主要区域，也是青海工业循环经济的基本产业体系，应将其打造成为全省循环经济发展的主体。在三个园区内大力发展循环经济，提高循环型工业企业数在全省工业企业中的比例，促进循环型工业企业成长壮大，使循环型工业产业增加值占比处于国内领先水平。

二是资源循环利用产业处于国内领先。国务院印发的《"十二五"国家战略新兴产业发展规划的通知》中明确指出了我国的资源循环利用产业属于"十二五"国家战略性新兴产业之一，要大力发展，推进其产业化。资源循环利用产业主要包含两类：一类是资源综合利用，主要包括共伴生矿综合利用和产业废弃物的综合利用；另一类是再生资源利用，主要包括再制造和再生资源回收利用。近年来，全省矿产资源循环利用成效显著，国土资源部将青海作为矿产资源综合利用示范建设基地，并给予项目支持。青海应充分利用资源优势和国家大力支持的发展机遇，加快以盐湖资源、煤炭、油气为代表的资源循环利用产业建设和发展，推动资源综合利用处于国内领先水平。

三是绿色低碳发展处于国内领先。绿色发展指数包含三个一级指标，即经济增长绿化度、资源环境承载潜力和政府政策支持度。近年来，全省绿色发展指数一直走在国内前列，其主要因素是资源环境承载潜力排名高，而经济增长绿化度和政府政策支持度相对较低。在未来发展中，通过建设国家循环经济发展先行区，保持和提高资源环境承载潜力水平，提高经济增长绿化度水平，加强政府政策支持力度，必将保持绿色低碳发展继续处于国内领先地位。

四是以太阳能发电为代表的新能源建设继续保持国内领先。青海作为西部省份，拥有得天独厚的太阳能资源，太阳能综合开发利用条件居全国之首，已成为调结构、促转型的亮点。全省太阳能发电上网条件、区位、资源等综合优势，有力吸引了国电龙源、国投华靖、华能、省发投、中国协合、中节能等各大发电集团纷纷西上"追日"。太阳能发电并网创造了多个"世界之最"。当前，总装机容量在国内已占据"半壁江山"，达到203万千瓦而领跑全国。在今后的发展中，为更好地保持太阳能发电建设的良好势头，给予政策积极扶持，使其发展继续保持国内领先水平。

五是建设国家循环经济发展先行区以体制机制创新领先。体制机制创新是推动经济社会发展的强大动力，循环经济则给体制机制创新提出了新的更高的要求。体制机制创新是关键、是根本、是保障，循环经济是摒弃传统的资源高度依赖型发展模式，其落脚点是实现经济增长方式的根本转变。这就首先需要体制机制创新，恰当的体制机制安排（包括政策选择）可以保证政府各部门之间建立和谐、高效、相互协作、各司其职的循环经济管理体制。发展循环经济是一级政府的职责，必须用新的思维方式和新的行为方式，用新的管理方式和经济运行方式，不断推进建设国家循环经济发展先行管理体制、市场体制、生产体制创新，不断完善适应发展循环经济要求的各方面的体制机制，突破束缚循环经济发展的体制机制性障碍，为先行区建设奠定良好的制度基础和体制环境，以突出和体现先行区建设的体制机制创新领先。

（六）实现两个根本转变

当前青海经济发展中存在的一些突出困难和问题无一不与落后的经济发展方式有关，要破解这些发展难题也无一不依赖于经济发展方式的转变。所以，建设循环经济发展先行区，还应在"两个根本转变"上体现"先行"。

一是完成经济发展方式的根本性转变。要把发展循环经济作为加快转变经济发展方式、调整产业结构的主攻方向和重要途径，使经济发展从数量型增长转变为质量型增长，实现经济发展由依靠传统生产要素支撑发展向依靠现代生产要素支撑发展的方式转变，形成青海独特的以循环经济为模式的新的发展方式。

二是完成消费模式的根本性转变。在全社会推广绿色消费模式，引导公众转变观念，倡导文明、节约、绿色、低碳、循环的消费理念，追求健康、有利于节约资源、保护环境的生活方式和消费模式，完成社会生活消费从传统消费模式向现代消费模式的转变。

二 阶段性任务

第一阶段（2014~2016年）：为全面启动、奠定基础阶段。全面动员，认真安排部署，建立国家循环经济发展先行区框架，建成一批循环经济建设的示范工程、示范园区和试点单位。在试点企业开展能流、物流集成和废物循环利用，重点企业行业全面实施清洁生产审计，积极探索循环经济在城市（社区）、园区、行业（企业）的发展模式。进一步提高公众对循环经济的认知度，营造人人参与循环经济建设的社会氛围，建立发展循环经济社会服务保障体系。

第二阶段（2017~2020年）：整体推进、稳步提升阶段。深入推进国家循环经济发展先行区建设，积极扩大循环经济基地建设成效，进一步延伸循环经济主导产业链条，努力实施循环经济重大项目。建立和完善科学的循环经济决策机制和综合管理体制，包括促进循环经济发展的政策、法规、科技体系，建立循环经济指标的考核和监督体系。试点县、州、市（社区）建立起循环经济基本框架，试点园区基本完成循环经济基础设施功能建设，试点企业全面完成生态化转型。加强企业自身环保能力建设，使资源消耗、污染物排放水平有所下降，资源利用效率有所提高。产业结构更趋合理，经济增长方式实现战略性转变，资源消耗、主要污染物排放强度明显下降，资源利用效率明显提高，经济运行质量和效益显著提高。循环经济主要指标进一步优化，循环型社会体系初步建立。在积累经验的基础上，全社会全面推进循环经济工作，促进循环经济向高水平方向发展。进一步提高循环经济基地、循环园区、产业链条、示范企业、重点项目建设水平，使重点行业企业达到国家清洁生产一级（国际先进水平）标准。循环经济重点项目得到实施并取得良好的经济、社会、环境效益，经济发展模式得到根本性转变，经济运行质量和效益显著提高，生态环境基本改善，各种循环链有机组合并基本形成规模，资源使用效益极大提高，把青海建成在全国具有示范作用的国家循环经济发展先行区。

三　发展目标

坚持资源节约和环境保护的基本国策，认真落实省第十二次党代会精神，按照国务院《循环经济发展战略及近期行动计划》通知精神，把生产和社会两大领域循环经济发展作为主线，延伸产业链和建立耦合共生关系，提高资源高效利用和循环利用水平。在全省加快建立起比较完善的发展循环经济的法律制度、政策扶持、技术创新、制度创新、激励和保障措施，形成节约能源资源和保护生态环境的产业结构、增长方式和消费模式。建立起以减量化、再利用、资源化为特征，集循环型工业、循环型农业、循环型服务业、循环型园区和循环型社会五位一体的循环经济发展模式，成为我国循环经济发展示范区。

（一）2016年发展目标

全面推行清洁生产，着力构建节约型的增长方式和消费方式，大力推进降耗、节能、节水、节材、节地，节约各种资源，减少资源的消耗，提高资源在生产、流通和消费各个领域的利用效率。通过资源利用方式从单向直线式过程向反馈循环式过程转变，使经济增长在经济结构不断优化、科技含量不断增加、质量效益不断提高的基础上逐步形成低投入、低消耗、低排放、高效率的经济发展方式。

——循环型工业产业增加值占比处于国内领先水平。全省工业循环经济的基本产业体系，应将其打造成为全省循环经济发展的主体。使循环型工业产业增加值占比处于国内领先水平。2016 年循环型工业产业增加值占比达到 80%。

——主要资源利用效率：2016 年主要资源产出率达到 15%；钾资源回收率达到 70%；锂资源回收率达到 65%；镁资源利用（以氧化镁计）达到 140 万吨；尾盐利用达到 200 万吨。

——再生资源利用水平：2016 年工业固体废物综合利用率大于 50%，提高 7%，高于国家 4 个百分点；秸秆综合利用率达到 80%；工业用水重复率达到 75%；设施渔业养殖废水处理与综合利用率大于 80%；标准化规模养殖场畜禽粪便资源化率大于等于 80%。

——环境质量水平：2016 年水环境质量，澜沧江干流达到Ⅰ类，长江、黄河干流达到Ⅱ类以上，其他基本符合水环境功能区划目标；城市污水再生率达到 20%；城市垃圾资源化利用率达到 30%。

（二）2020 年发展目标

进一步延伸循环经济主导产业链条，实施循环经济重大项目。试点县、州、市（社区）基本建立起循环经济体系，试点园区基本完成循环经济基础设施功能建设，试点企业全面完成生态化转型，经济运行质量和效益显著提高。全面推进工业、农业、服务业、园区、社会五个层面循环经济工作，促进循环经济向高水平方向发展。进一步提高循环园区、示范企业、重点项目建设水平，使重点行业企业达到国家清洁生产一级（国际先进水平）标准。两型社会建设目标基本实现，可持续发展能力显著提升，使青海在全国成为具有示范作用的国家循环经济发展先行区。

——循环型工业产业增加值占比。2020 年循环型工业产业增加值占比达到 90%。

——循环型产业形成较大规模。循环型工业、生态农业、循环型服务业发展加快推进，培育形成一批支撑循环经济发展的新兴产业，循环型产业链进一步延伸和拓展，循环型产业发展模式广泛推广，形成各具特色的区域循环经济格局。

——企业全面推进清洁生产。主要污染物排放总量得到有效控制，节能减排水平显著提升，工业固体废物综合利用率不断提高，万元工业增加值废气主要污染物排放量不断下降。

——全社会形成绿色生活方式。基本形成节约能源资源和保护环境的生活方式和消费模式，节能与绿色标志产品、低碳交通、生态物流、生态旅游等"绿色系列"在全社会广泛推行。

——主要资源利用效率：2020 年主要资源产出率提高到 25%；钾资源回收率达到 72%；锂资源回收率达到 70%；镁资源利用（以氧化镁计）达到 450 万吨；尾盐利用达到 600 万吨。

——再生资源利用水平：2020 年工业固体废物综合利用率大于等于60%；秸秆综合利用率达到 85%；工业用水重复率达到 90%；设施渔业养殖废水处理与综合利用率达到 95%；标准化规模养殖场畜禽粪便资源化率达到 95%。

——环境质量水平：2020 年水环境质量水质较 2015 年逐年改善；城市污水再生率达到 30%；城市垃圾资源化利用率达到 50%。

四　支撑体系

循环经济强调循环生产，重视资源循环利用。实现这些目标的前提，是要建立一套有利于循环经济运行和发展的支撑体系，并通过这些支撑体系推动循环经济发展，实现发展方式和消费方式的全面转变。循环经济发展必须有以下八大体系作为支撑，即资源节约利用体系、资源综合利用体系、资源再生利用体系、科技支撑体系、人才支撑体系、金融支持体系、组织管理体系和示范推广体系。

（一）资源节约利用体系

推进资源节约与集约利用，构建资源节约集约利用体系。以钢铁、电力、化工、建材等高耗能行业为重点，加强行业能源、原材料、水等资源消耗的管理，大力提高资源利用率。深入推进工业节能，全面开展建筑节能、交通运输节能和农业农村节能，在水泥、钢铁、有色等高耗能行业，鼓励利用余热、余压、余能生产电力和热力，实现能量梯级利用。深入开展节约用水，推广适用节水技术，强化工业节水和农业农村节水，鼓励建筑和城市节水，在电力、化工、纺织、造纸等高耗水行业，鼓励水资源梯级利用。落实最严格的节约用地制度，严格控制新增建设用地规模，探索开展低效利用建设用地二次开发，加大农村土地整治力度，综合考虑土地资源潜力、土地利用现状和经济社会可持续发展需求，合理确定新增建设用地的规模，最大限度地发挥土地资源的集聚利用效应。加强重点行业原材料消耗管理。实行材料消耗核算，优先选择易回收、易拆解、易降解、无毒无害或低毒低害材料和设计方案，提倡鼓励使用再生材料，鼓励包装容器重复使用，减少商品过度包装，提高循环利用率。

（二）资源综合利用体系

一是加强资源综合利用的组织领导。资源综合利用是一项系统工程，涉及国民经济和社会发展的各个领域，需要有关部门的协调配合、共同推动。建立由省政府牵头、有关部门参与的青海省资源综合利用工作协调机构，建立职能部门间长期有效的协调合作机制，形成责权明确、统筹协调、信息共享的管理体系。各级政府应成立相应的协调工作机构，推进资源综合利用的实施。各部门应根据职能职责，结合青海省实际，编制资源综合利用专项规划，确保完成资源综合利用的各项目标任务。把资源综合利用工作列入各级政府的国民经济与社会发展规划，列入各部门的工作议程。

二是确立企业的资源综合利用的主体地位。建立以企业为主的创新体系，鼓励企业采取自主、联合或委托等方式开发资源综合利用项目，政府做好公共服务工作。推动"产学研"联合，促进资源节约与资源综合利用科技成果的产业化；积极培育和发展技术市场，运用市场机制促进新技术、新产品、新设备、新材料的推广应用；鼓励企业加快应用高新技术改造传统产业的步伐。以企业自主创新为核心，用循环经济理念，推进资源深加工技术的研发，提高产品的附加值，延伸产业链，实现资源型工业的优化升级，实现工业经济由原料输出型向产品深加工型转变。

三是建立资源综合利用信息平台。建立以省、市、县三级资源综合利用信息为平台的管理信息系统，使有关系统相互衔接，数据自由交换，及时、准确反映全省资源综合利用的动态，及时发布有关资源综合利用的政策、技术和管理方面的信息。建立资源综合利用的中介机构，充分发挥中介机构在深化资源综合利用过程中的促进作用，推动全省资源综合利用全面、协调、可持续和快速发展。

（三）资源再生利用体系

紧紧围绕国家循环经济先行区建设的总体目标，在充分利用、规范和整合现有再生资源回收渠道的基础上，统一规划，合理布局，规范建设，逐步构建以回收站（点）为基础，以分拣中心（基地、园区）为枢纽，以集散交易市场为核心，以加工利用为目的的再生资源回收利用体系，不断提高全省再生资源回收集散加工能力，促进再生资源回收利用行业健康有序发展。建立与完善再生产品研制、开发与生产的激励机制和产业扶持政策，鼓励科研机构与企业参与再生产品的研制、开发和生产，通过政府引导、市场化运作，提高重点领域的再生资源加工利用技术水平，变废为宝，带动再生资源回收利用向产业化方向发展；加快建设城市社区和乡村回收站点、分拣中心、集散市场"三位一体"的再生资源回收体系，实现绿色回收网点进社区、专业分拣加工交易中心进郊区的绿色循环经济发展模式；实施完善再生资源分类回收、密闭运输、集中处理体系，推进再生资源规模化利用；选择试点城市、社区，开展城市餐厨垃圾无害化处理和资源化利用试点示范工作。

（四）科技支撑体系

一是加强科技组织系统创新。鼓励建设一批融生态产业链设计、资源循环利用、清洁生产和环境管理体系为一体的生态工业园区。在建设生态工业园区时，要分析园区内各企业能源、水和原料现状，以及物流、能流的链接关系，科学规划园区内企业布局，通过引进关键链接项目，整合、协调园区内企业能源、水、原料的配备关系，提高园区内资源综合利用率，降低企业生产成本，促进产业优化升级，增强综合竞争力。生态工业园区的建设和运转要实现物质闭路循环和能量多级利用，形成循环利用的产业链。在企业内部，要改变组织机构和组织管理模式，以便于系统地将技术变革方案与经营计划衔接。从循环技术系统性需要出发，促进多种形式的产学研结合。以产业集群、产业基地、生态产业园区为依托，组织高等院校、科研院所、相关的重点工程实验室和研究中心以及企业技术中心等科研力量，加强对节能技术、节水技术、链接技术、新材料技术、生态技术等共性技术的研究开发。鼓励企业与大学科研单位创办生态科技企业孵化器、生态经济促进中心，推进综合技术示范，促进科技成果推广转化与应用。发挥企业技术中心的信息传播和资源整合平台作用，促进不同类型企业之间信息共享和技术交流活动，形成循环技术创新与扩散网络。

二是发展工业循环经济的支撑技术。发展各类资源的节约、高效、综合、循环、合理利用的科学技术是实现经营管理模式的重要途径。循环经济的发展离不开科学技术的支撑，如果没有先进技术的投入，循环经济所追求的经济效益和环境目标将难以从根本上实现。循环经济的支撑技术体系包括：清洁生产技术、替代技术、减量技术、再利用技术、资源化技术和系统化技术等。全省应当从煤炭、电力、化工、冶金、建材等行业出发，创建以节能降耗、减污增效、保护环境为目标的新技术。在重点企业和重点工业园区、产业基地，以开发煤矸石、粉煤灰、废渣、废气、废水等综合利用技术为重点，推动煤矸石发电、粉煤灰提取氧化铝、中水回用等。

三是发展生态农业技术。重点发展的技术领域有：以提高农地资源利用效率为目标的节地技术、以提高土壤肥力和优化农地生态系统为目标的生态技术、以提高农地资源综合生产能力为目标的增产技术、以提高农产品商品性能和市场竞争力为目标的优质技术、以提高农业经济效益和农民收入为目标的高效技术、以提高农产品科技含量和农业现代化水平为目标的高新技术、以保护自然生态环境和保证食品安全为目标的防治技术等。

四是创新技术推广形式。在开通的"三江源"、"高原农业"等农业网站的基础上，进一步加快信息更新速度，充实内容，满足广大农民群众的需求。加强农业技术技能的教育，恢复和建设农村技术骨干的培训，广泛开展"绿色证书工程"、"农村能人工程"、"双学双比"等活动，真正发挥农村产业化带头人的作用。加大农业科技成果的宣传力度，政府要利用媒体进行宣传，扩大科技成果的知名度，建成一批现代农业科技示范基地、科技示范园和农业研发中心，开展科技示范县、示范乡、示范村和示范户活动，构建农业科技成果转化的示范平台。

（五）人才支撑体系

循环经济在本质上是一种较多依赖人力资本、较少依赖消耗自然资源的经济发展模式，涉及的每个环节都需要具有较高技能的技术人员。因此，科技人才就成为国家循环经济先行区建设实现技术创新的主导和决定性因素。先行区建设必须注重科技人才的培养，加大资金投入，对员工进行专业技能培训；完善科技人才培养机制，积极培育循环经济发展所需要的专门人才，特别是科技创新人才和高层管理人才；采取有效的激励措施，鼓励员工进行技术改造和创新，最大限度地激发员工的创新积极性。省内普通高等院校作为青海培养人才最主要的部门，首先要承担起为发展循环经济培养专门技术人才的重任；在职业教育和成人教育中，要结合职业生涯组织开展相关管理和技术培训，培养多层次的实用科技、管理人才和企业家队伍，为先行区建设提供人才支撑。

（六）金融支持体系

循环经济项目大多具有建设周期长、资金需求量大的特点，需要巨额资金投入。在循环经济的发展中，主要依靠中央、省级财政的投入，这显然不够。为弥补和改善现有融资体系的不足和缺陷，需要建立市场机制与政府导向相结合的适应循环经济发展先行区建设要求的金融支持体系。

一是明确信贷支持重点，创新间接融资手段。加强"绿色信贷"机制建设，积极发展绿色的信贷业务，支持节能减排领域发展。根据产业、环保政策的要求，加大对节能降耗、减排领域的信贷支持力度。支持经济结构的调整。银行要健全适合《循环经济促进法》的审批制度，建立符合《循环经济促进法》的定价机制，对生产、流通和消费过程中进行减量化、再利用、资源化的产业优先贷款并执行优惠利率，鼓励企业大力开发应用与循环经济相关的技术和设备。在信贷资金投向上，优先满足节能降耗、清洁生产、资源综合利用等与循环经济相关的产业、企业和项目的资金需求；重点支持骨干企业、重点企业、龙头企业及重点项目建设。对试验区的循环基础设施、相关公共技术服务平台、公共网络信息服务平台的建设和运营，银行业金融机构应给予相应的信贷支持。对循环经济重点企业，积极落实评级授信政策，争取扩大授信额度，并实行产业链相关企业的捆绑综合授信。在贷款利率上，通过差别利率体现扶优限劣原则。对重点企业和项目的贷款给予适当的利率优惠；对不符合循环经济要求的企业，通过提高利率来增加其经营成本。实行贷款客户分类标示管理，把节能降耗、资源循环利用、污染物排放等环保评估指标纳入贷款、投资和风险评估体系，开展绿色环保信贷产品创新。对于以减少原料、重新利用和物品回收为原则推行的清洁生产、节能降耗以及生态农业等节能减排的行业和企业，可凭借"绿色因素"获得专项绿色抵押贷款。

二是完善政银企长效合作机制。充分发挥政府投资对社会投资的引导作用，采用直接投资或资金补助、贷款贴息等方式，对发展循环经济的重大项目和技术示范产业化项目加大支持力度，重点引导金融机构加大对实施循环经济项目的支持。

三是充分利用资本市场，多渠道拓展促进循环经济发展的直接融资途径。实行分类指导、动态管理。推动部分具备一定资产规模和技术力量、运作规范、符合条件的优质企业上市融资。推动中小企业或资源再生类企业到创业板市场上市融资。支持具备条件的上市公司通过增发、配股等方式进行再融资。在符合监管要求的前提下，鼓励企业将通过股票市场的募集资金积极投向循环经济项目。鼓励省内上市公司发行公司债、可转换债券，积极推动中小企业发行集合债券，扩大支持和引导符合条件的企业通过发行中期票据、短期融资券等债务融资工具募集企业发展资金。增加政策性创业引导基金规模，通过参股或跟进投资等方式，发挥各级政策性创业投资引导基金的杠杆作用，引导社会资金和各类创业投资聚集试验区，设立主要投资于资源循环利用企业和项目的创业投资企业，扶持循环经济创业企业快速发展，推动循环经济相关技术产业化。积极推动产业投资基金的设立和运作，着力发展资源金融，广泛聚集和引导社会资金投入试验区优势资源开发，支持资源综合利用。鼓励依法设立的产业投资基金（股权投资基金）投资于资源循环利用企业和项目。鼓励社会资金通过参股或债权等多种方式投资资源循环利用产业。

（七）组织管理体系

循环经济发展先行区建设是一项跨地区、跨部门、跨行业的系统工程，各级政府必须充分认识发展循环经济的必要性和迫切性，高度重视循环经济发展先行区建设工作，切实加强领导，协调行动，加强部门间的合作，建立具有现代化管理素质的各级组织机构和有效的协调工作机制，形成合力。各级地方政府在设立专门机构和专人负责的基础上，要做到层层落实到位。各级发展改革部门和科技部门要加快研究制定循环经济先行区建设的相关规划和具体的实施方案，确定专门机构和专人负责，做到层层有责任、逐级抓落实。同时认真研究先行区建设中的热点、难点问题，及时制订相应的政策和措施，为建设循环经济先行区提供组织和制度保障，努力形成目标一致、分工协作的工作格局。

（八）示范推广体系

在循环经济发展先行区建设进程中，应在重点行业、重点领域、产业园区和城镇组织开展循环经济试点工作。依托资源禀赋和经济社会基础，有重点、有步骤地选择资源消耗大、污染严重的行业和领域进行试点和示范，从不同角度和层面探索适合青海各地区发展循环经济的体系和模式，建设培育一批循环经济示范企业、示范园区和示范城镇，树立一批先进典型，全面推进循环经济示范企业、示范园区和示范城市建设，为加快循环经济先行区建设积累经验。完善示范推广体系，实现循环经济发展由试点向示范推广，形成政府推动、市场主导、企业主体、全民参与的发展循环经济试点的新机制，为在生产、流通、消费等环节全面推进建设循环经济先行区奠定工作基础。

五　政策建议

发展循环经济有一个思路逐步清晰、内涵不断扩大、重点有所调整的过程。建设国家循环经济发展先行区是青海对发展循环经济的新探索和重大实践，是一项带有全局性、紧迫性、长期性的战略任务；也是确保全面小康社会目标如期实现，保证国民经济全面协调持续发展，统筹人与自然和谐关系，实现全省社会经济可持续发展的必然选择。因此，出台约束和激励措施构建有利于建设国家循环经济发展先行区的政策，对保证建设国家循环经济发展先行区顺利实施具有重要作用。

（一）加大绿色生产和绿色消费的政策引导力度

建立一套包含经济增长、资源消耗、环境质量和社会福利等内容的综合评价指标体系，试行绿色 GDP 核算，准确地反映发展中资源的代价和环境污染的程度，并将其纳入全省统计评价体系和干部考核体系。大力发展生态工业、有机农业、生态农业等形式，"绿化"现有产业。利用经济杠杆对资源利用、清洁生产、废弃物排放等进行绿色管理与协调，开展绿色教育和绿色宣传。一是加强宣传，积极倡导绿色消费，提高循环节约意识。通过学校教育、理论宣传、媒体传播等各种形式和手段向全社会宣传资源形势和节约资源对可持续发展的重要意义，宣传国家有关生态文明建设、发展循环经济、构建资源节约型和环境友好型社会的方针政策、法律法规和标准规范，宣传表彰先进典型和成功经验，同时曝光一批严重浪费资源、污染环境的案例，并且把培育循环型社会的价值观念、生活方式、消费行为同建设精神文明、现代市民精神有机结合起来。二是开展绿色消费教育。鼓励公众参与循环经济，培育循环型社会的价值观念、生活方式和消费行为，使公众能够自觉购买使用资源节约型材料和技术制造出的消费品（含包装物、再生性消费品），自觉在各类场合节约使用水、电、纸张等资源性产品，自觉按照当地的规定进行垃圾分类归集和将所有的包装物和废弃物按规定渠道得以回收。积极开展循环型社会、节约型社会创建活动，创建循环型城市、循环型企业、节约型机关、节约型社区、节约型学校等。认真组织好节能宣传周、节水日、土地日、环境日等活动，开展形式多样的节约宣传，强化循环理念，逐步形成人人节约、事事节约、时时节约、处处节约的健康文明风尚。加强对各级领导干部和科技人员生态学理论、水资源有效利用技术、退耕还林还草经济与生态效益评价等绿色知识方面的培训。在学校教育中，设置循环经济相关的绿色发展课程，提高各级领导干部和企业管理人员及科研人员对发展循环经济绿色发展的认识水平，并对现职人员进行职业培训，提高全民对循环经济的绿色发展认识，增强资源意识和节约意识，提高专业化管理水平。

（二）制定各地区发展规划

建立青海省循环经济发展规划体系，具体应该包括省级、州级以及西宁市、海东市层面的循环经济发展规划，经济社会发展相对发达以及发展循环经济有特殊意义的区、县，可以根据上级规划的要求，编制本地区的循环经济发展规划。明确循环经济发展规划的编制内容，循环经济发展规划应当包括规划目标、适用范围、主要内容、重点任务和保障措施等，而且必须规定资源产出率、废物再利用和资源化率等指标。

（三）积极争取国家差别化政策

青海资源型经济的转型发展，主要依靠自身的努力，同时中央的政策支持也不可或缺。建议中央从国家能源安全战略、可持续发展的需要出发，给予青海适当的政策倾斜。

一是推动具备资源优势的产业按照适宜规模加快发展。对青海具有资源优势和市场需求，符合循环经济发展要求，但准入门槛较高的行业，允许适当降低新建和改扩建项目的规模要求，适度发展。支持青海发展新能源、新材料等新兴产业，建设国家太阳能基地。加大资金支持力度，在技术改造、中小企业发展、节能减排、淘汰落后、关闭小企业等专项资金安排方面，予以适当倾斜。制定《青海部分重点产业发展目录》，提出部分产业鼓励或允许建设的规模，鼓励企业按照更高标准开展项目建设。

二是开展石油、天然气等优势资源就地精深加工，实现资源综合利用。优先在木里等煤炭主产地发展煤制烯烃、乙二醇等现代煤化工项目。发挥钾盐资源优势，注重钾盐副产品综合利用。鼓励油气田副产轻烃、凝析油资源就地加工综合利用项目。鼓励天然气高效利用及下游高端化工产品的生产和开发。鼓励低汞和无汞触媒技术在聚氯乙烯生产中的开发及应用。鼓励建设钾肥生产剩余物综合开发利用项目。鼓励高附加值精细无机盐产品生产。

三是综合开发利用多金属共生矿产资源。在资源集中地适当发展符合相关行业准入条件的有色冶炼项目，积极开展综合利用项目。鼓励发展符合相关行业准入条件的冶炼项目，须同步开展共生资源综合利用，并采取达到国家标准的污染防治措施。允许建设 330 千安及以上预焙槽电解铝项目。支持金矿开采企业在符合国家安全、环保相关规定前提下，取得《开采黄金矿产批准书》。鼓励建设以塑代木、以塑代钢、节能高效化学建材品生产。允许建设单线规模40万吨/年（困难地区30万吨/年）及以上水泥粉磨站。允许建设年产1000万平方米及以上纸面石膏板生产线。

（四）建立健全地方性奖惩政策

一是制定合理的污染治理和排污收费政策。促进园区企业采用清洁生产，节约资源和能源，减少污染物排放量；促进企业实施环境管理，改变企业的环境行为；促进污染物集中处理处置，提高污染物处理的效益；增加环境治理资金来源和保证污染物治理运转费用。

二是制定鼓励清洁生产、高新技术开发与应用的税收政策。鼓励园区利用园区内已有企业的废物作为原料企业进驻园区；积极引导能够形成"工业链"的企业进入园区等。

三是设立财政稳定基金。将资源旺盛时期、或者资源产品价格上升时期形成的"超额"收入以基金形式存储起来，以备在资源枯竭或者资源产品市场价格下跌的情况下用于弥补政府预算收入不足。在行情好的时候，获得的额外收入不用于经常性预算下的支出项目，而是依据法定程序用于投资目的。在遇到债务支付高峰期的情况下，将额外获得的收入用于偿还内外债务。

四是完善资源综合利用政策。出台青海综合利用企业（项目）认定实施办法，做好资源综合利用企业产品认定工作，把国家的优惠政策用足用好。完善青海综合利用企业（项目）优惠政策，鼓励和引导企业采用新技术，提高资源综合利用水平，鼓励和引导国内外投资者扩大对青海综合利用项目的资金、技术投入。实施再生资源回收利用优惠税收政策。加大对再生资源回收利用技术研发费用的税前扣除比例；对生产再生资源回收利用设备的企业，以及再生资源回收利用企业实行加速折旧法计提折旧；对购置相关设备，可以在一定额度内实行投资抵免企业当年新增所得税税收优惠；对再生资源回收利用的企业减免所得税等。

（五）创新完善投融资政策

一是加大财政扶持力度。充分发挥政府投入对发展循环经济的引导作用，把发展循环经济作为政府投资的重点领域，加大对循环经济发展的资金支持。设立省级专项资金，主要用于循环经济的宣传培训、调查研究、表彰奖励、支持重点工程和重大技术开发，以及新技术、新产品、新设备、新材料的推广应用。创新政府资金投入方式，采取以奖代补等多种形式支持资源综合利用等重点项目。进一步整合各方面的优惠政策，扩大政府资金的引导效应。拓展融资渠道，采取多种方式，扩大实施资源综合利用重大示范项目的融资渠道。引导各类金融机构对有利于促进循环经济发展的重点项目给予贷款支持。对一些重大项目进行直接投资或资金补助、贷款贴息的支持。在税收上实施优惠政策，鼓励企业参与循环经济实践。制订并不断完善节能、节水设备（产品）目录，鼓励生产、销售和使用节能、节水设备（产品），鼓励开发和利用可再生能源。

二是完善税费征收政策。合理收取废弃物排放费用，从生产到消费各个领域，倡导新的行为规范和行为准则。研究制定并落实各项促进循环经济发展的价格政策，积极调整资源性产品与最终产品的比价关系，完善自然资源价格形成机制，通过水价、电价等价格政策调整，更好地发挥市场配置资源的基础性作用，促进资源的合理开发、节约使用、高效利用和有效保护。制定约束型、限制型的生态环境保护税收政策，限制企业、个人的行为，使之自动抑制污染量；通过税收优惠等办法，鼓励企业进行清洁生产，鼓励个人使用节能、环保产品，促进循环经济发展。通过低息、无息以及减税政策、资源回收奖励制度等手段对符合循环经济运行原则的行为进行鼓励。

三是实现投资主体多元化、运行机制企业化、运行管理市场化。鼓励金融投资，增大政策性银行筹资量；开发多领域金融手段，引导商业银行、信托基金等金融机构增加对循环经济项目贷款；通过召开项目推荐会，邀请财团、投资商、运营商和中介机构广泛参与项目建设；鼓励社会投资主体，以独资、合资、承包、股份制、股份合作制、BOT（建设－经营－转让）等形式参与循环经济项目开发。

四是支持上市融资和再融资。充分发挥资本市场在发展循环经济中的作用，主动挖掘和培育重点区域、重点行业、优势企业的上市资源，鼓励省内大企业、大集团参与上市公司并购重组，引导优质资产、优势产业、新兴产业向市场集聚，向上市公司集中，改善融资结构，加快资源优化配置，形成区域发展的优势产业集群。在符合监管要求的前提下，鼓励企业将通过股票市场募集的资金投向循环经济项目，加快与循环经济有关的高新技术向生产力的转化过程，促进经济增长方式的转变和产业结构的调整。

五是积极引进境外资金。鼓励合理利用清洁发展机制，吸引国外资金投入循环经济项目建设和技术研发领域。积极申请世行、亚行、全球环境资金、联合国开发计划署等国际组织的贷款或捐赠，为资源综合利用产业化发展搭建多元化投融资平台。

（六）建立完善节能减排制度和监管机制

一是强化节能工作。将规范性文件中行之有效的经验和做法适时上升为规章，提高制度的效力层次，扩大覆盖面。加强节油、节水、再生水利用、建筑节约、合理开发矿产、市场准入、农业节约、机关事业单位节约、服务业节约、发展散装水泥、产品绿色包装、环境友好设计、延长建筑使用寿命、限制一次性产品、自愿协议等方面的制度建设。

二是逐步建立循环经济评价指标体系。建立资源生产率、循环利用率、无害化处置率等综合循环经济指标体系，建立土地、能源、水、材料消耗和废弃物排放的分行业统计指标体系。将循环经济指标体系纳入国民经济和社会发展规划和年度计划。县级以上的年度政府工作报告中需要对其实施情况做专门阐述并与政绩考核相结合。实施循环经济和资源节约的年度公报制度。由政府有关部门编制循环经济发展公报。

三是加强资源节约与综合利用标准与设计规范。包括行业准入标准和淘汰标准、行业和产品领先者动态标准制度、终端用能产品的能效准入标准和能效标识体系、建筑节能标准规范、用水器具和设备的市场准入相关水耗标准等。

（七）强化矿产资源综合利用的政策引导

调整矿山企业结构，促进规模开发。加快推进矿业结构调整，延伸产业链，努力实现资源合理配置，进一步提高资源利用效率。提高矿山企业准入门槛，逐步关闭、整合企业规模设置不合理、破坏浪费资源的企业，减少矿山企业数量，杜绝大矿小开，走规模化、集约化之路。合理控制开发规模和开发密度，提高矿产资源利用水平，延长矿山服务年限。努力改善矿业结构，不断延伸产业链。积极推进盐湖资源的综合开发利用，采用先进的生产工艺，生产氯化钾及附加产品，大力发展镁、锂、锶、钾、硼等元素为主的高新技术产品。减少原煤出售，提高煤的清洁、高效利用水平，推进煤电联营，积极发展煤焦化等深加工产业。推进企业科技攻关，提高矿产资源选冶水平。大力扶持矿山企业引进和推广资源开发的新工艺、新方法、新技术，增加矿业开发的科技含量，提高中低品位、共伴生矿产资源的综合利用水平；加大对重要共伴生矿床及难选冶矿床选冶技术的支持力度。加大矿产资源执法力度，保护矿产资源的合理开发利用。进一步加大矿产资源管理秩序整顿力度，通过执法检查和行政监察等手段，坚决制止乱采滥挖、采富弃贫、破坏浪费资源的行为，鼓励和引导矿业权人合理开发利用矿产资源，提高资源利用水平。提高废弃物资源化水平。重点在排放量大、堆存量大、污染严重的固体废弃物大宗利用和高附加值利用，继续推进粉煤灰、煤矸石、尾矿、脱硫石膏、磷石膏、冶炼废渣、建筑垃圾等废弃物资源化利用。同时，加强对生产、生活过程中产生的废水、废气及余压余热的回收利用。推进废弃电子电器、废旧轮胎（橡胶）、废旧纺织品、废塑料、废旧零部件等可再生资源的回收利用，加强秸秆综合利用。

（八）建立完善评价考核制度

在推进建设国家循环经济发展先行区的工作中，各级领导干部应牢固树立正确的政绩观，有关部门要研究制定全省发展循环经济工作的考核办法，将发展循环经济的目标任务纳入领导干部任期目标责任制，进行年度考核，根据考核结果进行物质和精神奖励。同时，要积极开展循环经济的统计核算，加强对循环经济主要指标的分析，研究建立以资源生产率、资源消耗降低率、资源回收率、资源循环利用率、废弃物最终处置降低率等为基本框架的循环经济评价指标体系及相关统计制度；建立资源与环境信息公告制度，定期在《青海日报》、政府网站等主要媒体公布全省资源状况、生态环境状况、城市环境质量状况，促进社会各界参与资源循环利用与环境保护的积极性和主动性。

参考文献

赵宗福、孙发平、苏海红：《青海蓝皮书》，（2011、2012、2013、2014）。

范跃进：《循环经济理论基础简论》，《山东理工大学学报》2005 年第 2 期。

韩玉堂：《我国循环经济理论研究综述》，《经济纵横》2008 年第 10 期。

张晓宁：《柴达木循环经济试验区初始水权分配问题探讨》，《水利发展研究》2009 年第 9 期。

国家统计局、国家发展和改革委员会、国家能源局：《2011 年分省区市万元地区生产总值能耗等指标公报》，中华人民共和国国家统计局，2012。

青海省国民经济和社会发展第十二个五年规划汇编《青海省"十二五"能源发展规划》，青海人民出版社，2012。

《青海统计年鉴》（2007、2008、2009、2010、2011、2012、2013、2014）。

中共青海省委、青海省人民政府：《青海省建设国家循环经济发展先行区行动方案》，2013。

高存福、李春杰、孙发平、冀康平等：《推进青海绿色发展问题研究》，2014。

李冬：《论日本的循环型经济社会发展模式》，《现代日本经济》2003 年第 4 期。

王立红：《循环经济——可持续发展战略的实施途径》，中国环境科学出版社，2005。

《区域循环型服务业发展规划初探——以江苏省为例》，中国市场调查网，2011 年4 月 12 日。

《"十二五"时期推进循环经济发展的对策研究》，中国市场调查网，2011 年 4 月8 日。

《国务院关于印发服务业发展"十二五"规划的通知》（国发〔2012〕62 号）。

《青海省服务业"十二五"发展规划》。

孙发平、冀康平、张继宗：《循环经济理论与实践——以柴达木循环经济试验区为例》，青海人民出版社，2008。

（该课题 2016 年荣获青海省第十一次哲学社会科学优秀成果评奖一等奖）

2014～2015 年西北地区经济社会发展形势分析与预测

苏海红　丁忠兵

西北地区地域辽阔，资源丰富，多民族共存共荣，不仅是我国经济发展重要的资源接续地，也是我国实现民族团结、社会和谐的关键地区。近年来，在国家西部大开发战略、新丝绸之路经济带战略构想等重大战略支撑下，西北地区经济持续较快发展，民生较大改善，社会事业发展取得长足进步，西北地区与全国平均发展水平的差距在逐步缩小。

一　2014 年西北地区经济社会发展总体态势[①]

2014 年是贯彻落实十八届三中全会精神、推进全面深化改革的开局之年，简政放权、营业税改征增值税、城乡居民社会保障体系并轨、事业单位人事制度等重大改革举措渐次展开，社会主义市场经济体系进一步完善，市场对资源配置的决定性作用不断增强，为西北地区经济社会发展注入了新的动力和活力。

（一）区域经济发展稳中有进

2014 年 1～6 月，在全国经济下行压力加大、当地自然灾害频发的情况下，西北五省区顶住了压力，保持了区域经济的持续较快增长，五省区经济平均增速达到 9.14%，比全国经济增速高 1.74 个百分点，特别是青海和新疆两省份经济增速均达到了两位数（见图 1、图 2）。

---

① 相关数据来源：西北五省区上半年统计公报、国家统计局网站公布的月度数据。

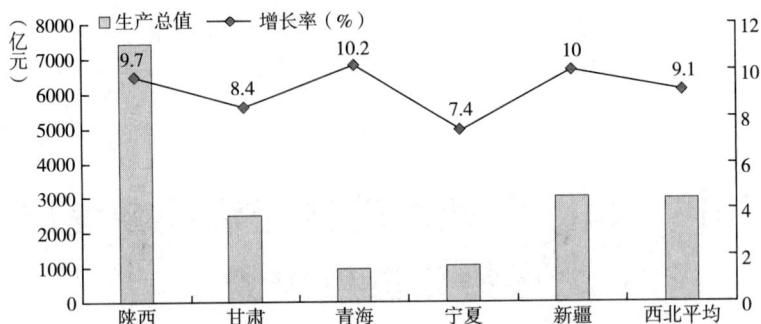

图1 2014年1~6月西北五省区生产总值与增长率比较

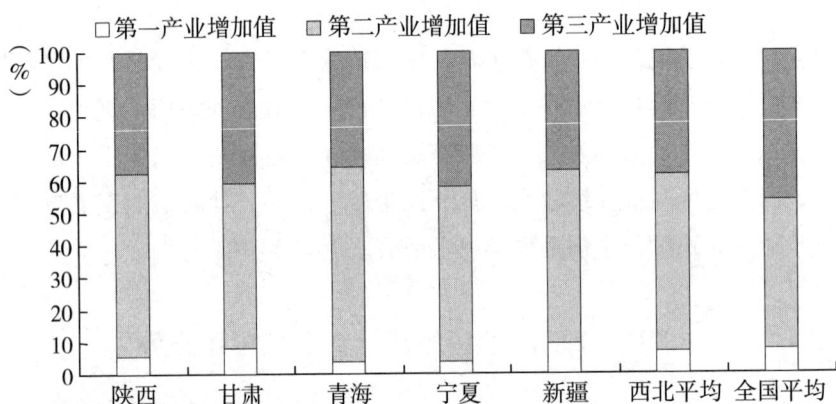

图2 2014年1~6月西北五省区三次产业增加值与全国平均值比较

从西部大开发以来的较长时期来看，西北地区经济增长的快速、持续性特征更加明显。2000年，西北五省区共完成地区生产总值4779.14亿元，到2013年西北五省区生产总值达到35339.57亿元，不考虑价格因素，年均增速达到16.64%，比同期全国国内生产总值名义增速高2.26个百分点。2000年，西北五省区地区生产总值占当年全国国内生产总值的比重为4.82%，到2013年这一比重提高到6.21%。陕西的汽车、电子、航空、特色农业发展迅速，能源工业增产促销和非能源工业提质增效取得明显成效。甘肃的兰州新区建设取得重大突破，河西新能源基地和陇东能源化工基地建设初见成效。青海新能源产业、新材料产业发展优势更加突显，循环经济发展水平进一步提升。宁夏产业结构调整取得突破性进展，特色优势农业快速发展。新疆工业转型升级步伐加快，现代农牧业稳步发展。

（二）固定资产投资保持较高增速

2014年1～6月，西北五省区共完成固定资产投资16701.92亿元，比同期地区生产总值高1742.23亿元。五省区固定资产投资平均增速达到22.93%，比同期全国固定资产投资增速高5.63个百分点，投资对地区经济增长发挥了重要支撑作用。

投资结构进一步优化，投资对推动当地产业结构转型升级的作用显著。如陕西省第一产业和第三产业的固定资产投资增速分别达到30.9%和28.7%；甘肃省第一产业固定资产投资增速达到75.36%，远高于全省23.27%的固定资产投资增速；青海省第一产业、第三产业固定资产投资增速快于第二产业投资增速，十大特色工业完成投资524.13亿元，同比增长38.8%，高于全省固定资产投资增速14.7个百分点，民间投资占到全社会固定资产投资的44.2%；宁夏三次产业投资结构由上年同期的3.5∶48.9∶47.6调整为4.2∶46.7∶49.1，第一、第三产业投资占全区投资的比重比上年同期提高0.7个和1.5个百分点；新疆固定资产投资增速位居全国第三位，其中特别是基础设施投资增速达到67.5%，为推动全区城镇化进程和改善民生发挥了重要作用（见图3）。

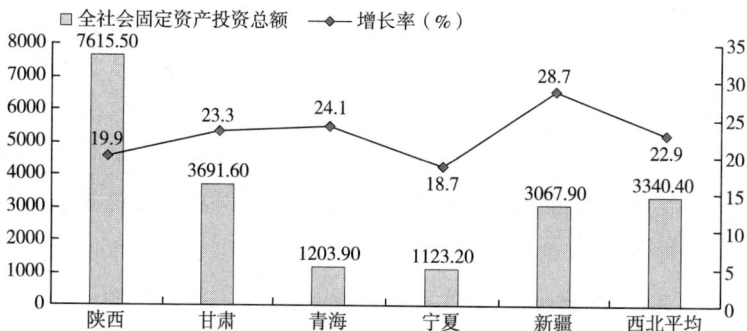

图3　2014年1～6月西北五省区全社会固定资产投资总额及增长率比较

（三）房地产市场热度下降

2014年上半年，西北五省区房地产开发投资增速出现较大幅度回落，房地产价格过快上涨势头得到初步遏制，个别城市出现了商品房交易价格和交易数量双下降现象，改变了多年形成的房地产价格单边上涨局面，为房地产市场的理性、持续、健康发展创造了条件。2014 年 1 ~ 6 月，陕西省和甘肃省的房地产开发投资增长率分别为 7.8% 和 - 0.53%，较上年同期出现了较大幅度回落；宁夏商品房销售面积和销售额同比分别增长 16.7% 和 10.9%，增速较上年同期回落 22.2 个百分点和 40.3 个百分点；新疆商品房销售面积较上年同期下降 8.2%，商品房销售额较上年同期仅增长 1.2%。2014 年 6 月，西安、兰州、西宁、银川、乌鲁木齐五个省会城市新建商品房价格指数（同比）分别为 105.9、102.4、106.4、106.2、105.5，房价涨幅回落到了较低水平。

（四）物价水平基本稳定

2014 年上半年，西北五省区居民消费价格平均上涨 1.93%，比全国居民消费价格上涨幅度低 0.4 个百分点（见图 4）。其中，青海省居民消费八大类价格"六涨二降"，食品、居住、衣着、医疗保健和个人用品类、娱乐教育文化用品及服务类、交通通信类价格分别上涨 3.6%、3.5%、3.2%、1.1%、1.0%、0.3%，烟酒类和家庭设备用品及维修服务类价格分别下降 1.6% 和 1.0%。甘肃省除食品价格上涨幅度达到 4% 以外，其他类居民消费价格上涨幅度均不超过 3%，交通通信类价格还略有下降。宁夏居民消费价格总水平同比上涨 2.0%，涨幅较上年同期回落 1.6 个百分点，其中食品价格上涨 3.5%，非食品价格上涨 1.2%，消费品价格上涨 1.8%，服务项目价格上涨 2.9%。新疆全区居民消费价格同比上涨 2.5%，涨幅较上年同期回落 1.8 个百分点，其中衣着、交通和通信类、家庭设备用品及维修服务类价格涨幅比上年同期略有扩大，其余五类商品和服务价格涨幅均有所回落。

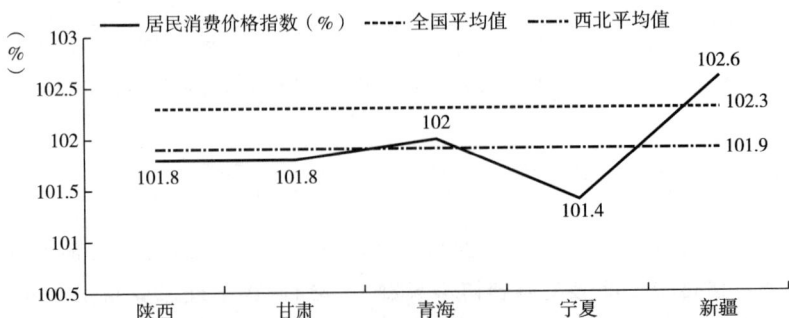

图 4 2014 年 1 ~ 6 月西北五省区居民消费价格指数与全国平均值比较

（五）居民收入较快增长

2014 年上半年，西北五省区城镇居民人均可支配收入平均为 10990 元，同比增长 10.1%，增速比全国高 3 个百分点（见图 5）；西北五省区农村居民人均可支配收入平均为 2886.41 元，同比增长 13.16%，增速比全国高 3.36 个百分点。在西北五省区中，新疆城乡居民收入增长速度最快，城镇居民人均可支配收入增长率及农村居民人均可支配收入增长率分别达到 11.5% 和 14.5%；陕西省城乡居民收入水平最高，城镇居民人均可支配收入、农村居民人均可支配收入分别为 12165 元和 3959 元，城乡居民收入增长率也保持了较高增速。不过从收入水平的绝对值来看，西北五省区与全国平均水平的差距仍较为明显。2014 年上半年，西北五省区城镇居民人均可支配收入平均值比全国城镇居民人均可支配收入低 3969 元和 2510 元。

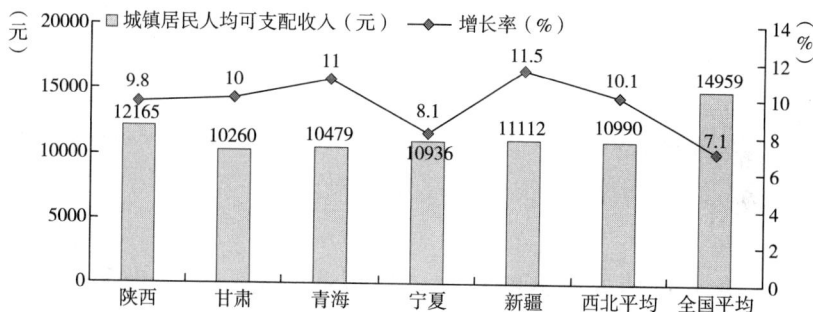

图 5　2014 年 1～6 月西北五省区城镇居民人均可支配收入与增长率比较

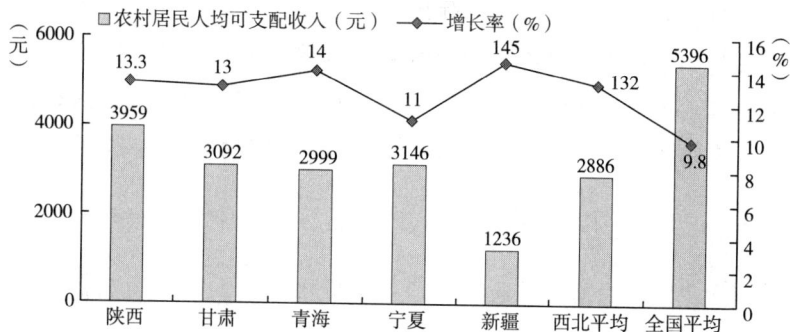

图 6　2014 年 1～6 月西北五省区农村居民人均可支配收入与增长率比较

（六）社会事业健康发展

2014 年，在国家的大力支持下，西北五省区进一步加大民生投入，全面推进政府职能转变和教育、医疗、文化等领域体制改革，着力构建新型社会事业管理体系，推动当地社会事业实现了持续健康发展。陕西省把就业再就业作为改善民生的首要任务，以高校毕业生、城镇困难人员、退役军人为重点促进就业，继续实施了基层医疗机构定向招聘本科毕业生工作，制定了支持大学生创业孵化基地与创业贴息结合政策。甘肃省把高校毕业生就业放在突出位置，继续落实城乡低保家庭高校毕业生求职补贴制度，引导高校毕业生面向基层和中小微企业、非公单位就业。通过实施200 个乡镇卫生院标准化建设项目，改扩建 9 个县级医院，进一步提高了全省医疗卫生服务能力和服务水平。青海省围绕创建民族团结进步先进区，继续集中 75% 左右的财力加快发展社会事业，着力办好民生改善十项实事，推进基本公共服务均等化，促进社会公平正义。宁夏通过校长教师交流轮岗、名校普校联办合办等方式，缩小城乡、校际差距，破解择校难题，让教育公平惠及更多的孩子。新疆扎实推进第五个民生年建设，完成30 万户安居富民工程、3 万户定居兴牧工程，新开工建设城镇保障性住房25.9 万套，60 万农村人口饮水安全问题得到解决。

二 2014 年西北地区经济社会发展面临的主要困难和问题[①]

2014 年国际经济形势虽有所好转，但基础并不牢固，特别是新兴经济体产能过剩矛盾进一步突显，国际出口市场竞争激烈。我国经济正处于增长速度换挡期、结构调整阵痛期和前期刺激政策消化期叠加阶段，经济下行压力较大，不稳定不确定不可持续因素较多。在这种复杂、困难的宏观经济背景下，2014 年西北地区经济社会发展也存在不少困难和问题。

（一）产业结构偏重，工业经济发展面临较大困难

受资源禀赋、经济发展阶段、产业基础等多方面因素影响，西北五省

---

① 相关数据来源：西北五省区上半年统计公报、国家统计局网站公布的月度数据。

区重化工产业、采掘类产业比重较高。2014年上半年，西北五省区规模以上工业实现增加值平均增长9.8%，增速较上年出现了较大程度下降，特别是甘肃和宁夏的工业增速仅为8.4%和8.1%。新疆2014年1～6月工业增加值增速逐月回落，其中黑色金属冶炼和压延加工业、石油加工及炼焦业、非金属矿物制品业、化学原料和化学制品制造业、有色金属冶炼和压延加工业、煤炭开采和洗选业等产业出现了全行业性亏损；青海2014年上半年规模以上工业同比增长11%，其中有色金属矿采选业、制造业、水的生产和供应业出现了负增长；陕西省2014年上半年能源化工工业完成增加值2096亿元，占到全省八大支柱产业工业增加值的61.07%，能源化工工业增加值同比增长8.9%，低于八大支柱产业11%的增长率。

（二）进出口形势较为复杂

2014年上半年，西北五省区进出口总额为843.54亿美元，同比平均增速达到20.24%，比全国同期进出口总额增速高19.04个百分点。但在西北五省区内部不同省区进出口增速相差巨大，其中陕西和宁夏进出口形势较好，进出口总额增速分别为64.3%和34.3%，青海进出口增速为15.7%。甘肃进出口总额同比下降7.8%，其中特别是进口总额15.9亿美元，同比下降了46.7%。新疆受国际市场需求乏力、周边国家货币贬值及俄白哈关税同盟的影响，全区外需持续低迷。2014年上半年新疆进出口总额出现了较大幅度负增长，增速为－5.3%。其中出口总额87.6亿美元，同比下降3.5%；进口总额11.54亿美元，同比下降17.4%；规模以上工业企业出口交货值21.79亿元，同比下降2.8%（见表1）。

表1　2014年1～6月西北五省区进出口总值与增长率比较

项　目	陕　西	甘　肃	青　海	宁　夏	新　疆	西北五省区平均
进出口总值（亿美元）	137.61	49.1	6.04	26.34	99.14	63.64
增长率（%）	64.3	－7.8	15.7	34.3	－5.3	20.24

（三）财政压力加大

2014年上半年，受经济下行压力加大、经济增速减缓及营业税改征增值税改革的影响，西北五省区财政收入增速普遍低于上年同期。财政支出中的"三公"经费虽在国家政策严格控制下增速大幅下降，但各地民生改善对财政支出的需求具有较强刚性，西北五省区总体财政支出仍保持较快增长，且财政支出绝对值远高于财政收入，地方财政支出高度依赖中央财政的转移支付。2014 年 1～6 月，西北五省区共完成地方财政预算收入2134.82 亿元，财政支出总额为 5559.09 亿元，收支缺口巨大。其中，陕西省财政支出高出地方财政收入近 1000 亿元，甘肃省财政支出高出地方财政收入约 850 亿元，青海省财政支出高出地方财政收入约 450 亿元，宁夏财政支出高出地方财政收入近 350 亿元，新疆财政支出高出地方财政收入900 多亿元。西北五省区地方财政预算收入平均增幅为 13.82%，财政支出平均增幅为 14.79%，财政支出增速快于收入增速近 1 个百分点（见图 7）。

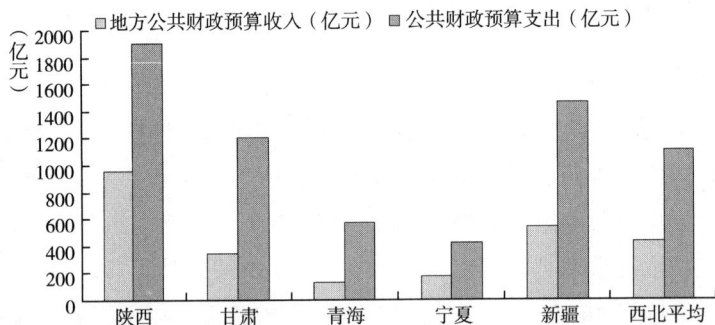

图 7　2014 年 1～6 月西北五省区地方公共财政预算收入与支出对比

（四）生态环境保护任务艰巨

西北地区是我国自然生态环境最脆弱的地区，水土流失、荒漠化、草场沙化等生态环境问题突出。加之当地高耗能、高污染的重化工工业占有较高比重，产业结构调整和节能减排任务艰巨。2014 年 9 月 24 日，环境保护部公布的《2014 年上半年各省自治区直辖市主要污染物排放量指标公报》显示，2014 年上半年，全国四类主要污染物排放量较上年同期均有不同程度下降。但在西北五省区，除陕西省减排任务完成较好外，其他四省区的主要污染物排放减少幅度均低于全国平均水平。其中青海和新疆的污染物减排形势特别严峻，青海省的化学需氧量排放量和氨氮排放量均不降反升，新疆的二氧化碳排放量和氮氧化物排放量出现较大幅度上升。另外，甘肃和宁夏的二氧化碳排放量也是不降反升，同比分别增加了 2.06%

和 0.66%（见表 2）。在 2014 年 7 月国家发布的节能完成目标晴雨表中，预警等级为一级的地区全国共有五个，西北地区占了 3 个，分别是青海、宁夏、新疆；预警等级为二级的地区只有一个，就是西北的陕西省；西北五省区中只有甘肃省节能工作进展基本顺利，与全国其他二十多个省区市同为三级预警等级。

表 2　2014 年上半年全国及西北五省区主要污染物排放量

单位：万吨

项目		陕西	甘肃	青海	宁夏	新疆		全国
						自治区	兵团	
化学需氧量排放量	2013 年上半年	26.00	19.49	5.10	11.46	28.81	4.87	1199.3
	2014 年上半年	25.09	19.26	5.16	11.30	28.57	4.80	1172.2
	同比上升或下降（%）	-3.50	-1.16	1.16	-1.39	-0.81	-1.45	-2.26
氨氮排放量	2013 年上半年	3.10	1.97	0.48	0.87	2.10	0.27	125.9
	2014 年上半年	2.99	1.94	0.48	0.84	2.04	0.27	122.5
	同比上升或下降（%）	-3.58	-1.73	0.46	-3.76	-2.80	-0.19	-2.67
二氧化硫排放量	2013 年上半年	42.88	31.82	7.99	20.35	34.23	5.11	1056.9
	2014 年上半年	42.47	32.48	7.70	20.49	36.35	6.54	1037.2
	同比上升或下降（%）	-0.94	2.06	-3.56	0.66	6.19	27.84	-1.87
氮氧化物排放量	2013 年上半年	39.59	22.86	6.99	22.07	36.94	6.29	1167.5
	2014 年上半年	36.51	21.43	6.73	20.02	39.99	8.67	1099.5
	同比上升或下降（%）	-7.79	-6.25	-3.77	-9.29	8.25	37.80	-5.82

注：①数据不含香港特别行政区、澳门特别行政区和台湾；②数据来源于 2014 年 9 月 24 日环境保护部公布的《2014 年上半年各省自治区直辖市主要污染物排放量指标公报》。

三　2015 年西北地区经济社会发展形势分析与预测

展望 2015 年，西北地区经济社会发展面临的外部形势依然复杂，区域内部保持经济持续发展和社会和谐稳定的有利因素很多，但面临的困难和挑战也不少。

（一）对国际经济社会发展形势的分析判断

2014 年 9 月 24 日，在第 69 届联大一般性辩论发言中，联合国秘书长潘基文对当前国际形势深表忧虑，认为伊拉克、叙利亚、乌克兰等地的矛盾冲突不断，各种突发性重大灾难事故频发，国际安全正面临"崩溃"危险。2014 年的马航 MH370 航班失联事件及埃博拉病毒在非洲的大面积扩散，再次暴露出人类现代科技的脆弱性和局限性，未来世界仍具有较大的不确定性和风险，远未完全在人类的掌控之中。2014 年 7 月，国际货币基金组织发布了对当前世界经济形势的分析报告，认为当前世界经济下行风险仍然令人担心，地缘政治风险的加剧可能会导致石油价格大幅上涨，金融市场风险包括美国长期利率的高于预测，以及最近风险利差缩小、波动性下降的情况出现的逆转；尽管先进经济体的利率非常低，经济复苏的其他制约因素也得到缓解，但这些经济体仍缺乏强劲增长势头，因此，全球增长可能在更长时间内处于更疲弱状态。在一些主要新兴市场经济体，过去一年里供给方面的制约因素和金融条件的收紧对经济增长造成的不利影响可能持续更长时间。基于2014 年第一季度世界增长疲软（特别是美国）产生的遗留影响，以及几个新兴市场的前景变得不那么乐观，国际货币基金组织将 2014 年全球增长预测下调了 0.3 个百分点（与 2014 年 4 月份预测结果比较），降至 3.4%，对 2015年世界经济增长的预测仍保持为 4%（见表 3）。基于相关研究结论及信息，我们认为，在当前及未来一年里，国际政治安全形势较为严峻，国际经济形势虽能基本保持缓慢复苏态势，但基础并不牢固。

表 3　2012～2015 年世界经济增长率（以上年为 100）

	实际增长率		预计增长率	
	2012 年	2013 年	2014 年	2015 年
世　界	3.5	3.2	3.4	4.0
发达国家	1.4	1.3	1.8	2.4
美国	2.8	1.9	1.7	3.0
欧元区	-0.7	-0.4	1.1	1.5
日本	1.4	1.5	1.6	1.1
新兴和发展中国家	5.1	4.7	4.6	5.2
印度	4.7	5.0	5.4	6.4
俄罗斯	3.4	1.3	0.2	1.0
巴西	1.0	2.5	1.3	2.0
南非	2.5	1.9	1.7	2.7
中国	7.7	7.7	7.4	7.1

资料来源：国际货币基金组织网站。

（二）对国内经济社会发展形势的分析判断

从国家统计局最新公布的统计数据来看，2014 年 1～8 月，我国商品房销售面积较上年同期下降了 8.3%，销售额下降了 8.8%；商品住宅销售面积较上年同期下降了 10%，销售额下降了 10.9%。这些数据反映出当前我国房地产市场发展正面临较大压力。2014 年 7 月 30 日，中共中央总书记习近平在分析研究上半年经济形势和下半年经济工作时，认为上半年主要经济指标处于年度预期目标的合理区间，经济社会发展总的开局是好的，当前我国发展仍处于可以大有作为的重要战略机遇期，具备经济持续健康发展的基础条件，下半年我国经济仍将保持总体平稳发展态势。2014 年 9 月 10 日，国务院总理李克强在第八届夏季达沃斯论坛上致辞指出，世界经济形势错综复杂，发达国家经济复苏艰难曲折，新兴市场国家经济增速放缓，中国经济下行压力加大，当前世界经济不稳定不确定因素依然较多，中国经济正处于深层次矛盾凸显和"三期叠加"的阶段，到了爬坡过坎的关键时候。国务院发展研究中心张立群研究员从投资、出口、消费三方面分析预计，我国 2014 年下半年经济增长态势大体平稳。经济学家林毅夫指出，经过 30 多年的高速增长，中国仍然存在很多经济和社会回报率高的投资机会，包括产业升级、基础设施建设、发展环保产业等方面，城镇化中也蕴含着大量投资机会。从中国统计数据应用支持系统网站刊载的企业景气指数来看，2014 年第二季度我国采矿业企业景气指数、制造业企业景气指数、电力燃气及水的生产和供应企业景气指数都较第一季度的三个指数有所下降（见表 4），反映出我国工业企业发展仍面临较大困难。从发电量来看，2014 年 2～8 月，全国发电量增长速度总体偏低，8 月发电量甚至较上年同期下降 2.2%（见表 5）。从专家学者、国家领导人对当前经济形势的判断及相关经济指数、指标来看，当前我国经济运行确实面临较大困难，下行压力较大。当然，2014 年上半年我国经济社会发展中也有不少亮点，突出表现在就业增长好于预期，经济发展质量有较大提升。展望2015 年我国经济社会发展形势，我们预计经济增速会随着产业结构的调整而可能进一步放缓，但阻碍经济社会发展的体制机制性矛盾将逐步破除，发展的质量将更高，可持续性将更强。

表 4　主要行业企业景气指数（本季值）

时　　间	采矿业企业景气指数	制造业企业景气指数	电力、燃气及水的生产和供应业企业景气指数
2013 年 9 月	94	128.2	137.9
2013 年 12 月	95.3	125.4	140.9
2014 年 3 月	89.8	130.1	135.5
2014 年 6 月	85.2	127.3	134.7

资料来源：中国统计数据应用支持系统网站。

表 5　2014 年 2～8 月全国发电量及增速

指　标	8 月	7 月	6 月	5 月	4 月	3 月	2 月
当月值（亿千瓦小时）	4959.3	5047.9	4580.7	4415.9	4250.2	4527.7	3833.6
累计值（亿千瓦小时）	36200.0	31248.7	26163.3	21488.9	17026.6	12719.4	8161.7
同比增长（%）	-2.2	3.3	5.7	5.9	4.4	6.2	16.0
累计增长（%）	4.4	5.5	5.8	5.7	5.6	5.8	5.5

资料来源：国家统计局网站。

（三）对西北五省区经济社会发展形势的分析判断

受国际、国内发展形势的影响，2014 年下半年及 2015 年，西北地区经济社会发展也面临较大困难和压力，特别是煤化工、有色金属等产业发展形势仍将十分严峻，加之西北五省区多为少数民族地区和重要生态功能区，社会事业发展、扶贫及生态环境保护等任务较为艰巨。但是，作为我国经济发展的凹地，未来经济社会发展也面临诸多难得机遇，在发展速度上完全有可能继续走在全国前列。这种判断基于以下考虑：一是国家提出了丝绸之路经济带建设的重大战略思路，为地处丝绸之路交通干道上的西北地区带来了重大机遇，西北地区乘势而上将成为我国向西开放的战略高地。二是随着国家及全社会对新能源产业的高度重视，西北地区阳光充足、地域辽阔、戈壁荒滩广袤，在发展太阳能发电产业上具有得天独厚的优势，并已展现出了良好的发展势头，有望成为支撑西北地区经济发展的战略性新兴产业。三是西北地区自然风光神奇壮美，又是我国重要的多民族聚居区和多民族文化交流、互动、融合区，发展生态文化旅游产业前景巨大。四是西咸新区发展规划正式获批，兰新铁路第二复线即将全线建成通车，将为西北地区经济社会发展增添新的动力。

综合各方面因素，我们预测，2014 年西北五省区经济发展平均增速可达到 9%，2015 年西北五省区经济发展平均增速仍能保持在 8.5% 以上。医疗、教育、就业等社会事业将取得新的较大进步，体制机制改革将在国家的全面安排部署下扎实推进，区域经济发展的质量将更高，社会将更和谐，生态环境将得到持续改善。

四 几点建议

2015 年是西北地区"十二五"建设的收官之年，也是全面实现小康社会的关键之年。西北地区经济社会发展既面临诸多困难和挑战，也有很多机遇和有利条件，需要各族干部群众在党中央的坚强领导下坚定信心，沉着应对，开拓进取，在稳增长的基础上进一步提高发展质量。

（一）优化投资结构，加大投资规模

西北地区是我国自然条件最为恶劣、基础设施最薄弱和经济发展水平最滞后的地区，继续加大投资规模不仅是保持经济平稳较快增长的现实需要，更是改善区域发展条件、缩小区域发展差距的内在要求。在当前国际经济形势尚不明朗、国内经济下行压力较大的背景下，西北地区加大投资规模必须以优化投资结构为前提。一方面要明确投资重点，加大基础设施建设、生态环境保护、战略性新兴产业发展、民生改善等领域投资，严格控制高耗能、高污染产业及产能严重过剩产业投资。另一方面要激发民间投资活力，放宽民间资本进入领域，降低进入门槛，在土地、水、电、矿产资源等要素配置上要一视同仁，打破行业垄断，让民间资本共享高利润行业的发展成果。再一方面要抑制政府的投资冲动，强化财政收支预算管理，从严管控政府债务风险，将财政资金（包括财政担保的信贷资金）的投资限定在民间资本不愿进入的公共产品生产领域，避免政府在一般经营性领域投资和与民争利。

（二）加快产业结构转型升级，着力发展战略性新兴产业

西北地区经济发展既要依托当地的资源优势，又要顺应世界产业结构

升级演变的一般规律，及时淘汰缺乏市场竞争力的传统落后产业，着力发展战略性新兴产业，大力发展循环经济，形成多点支撑、多元带动的产业新格局，推动产业结构的转型升级。一方面，对产能严重过剩的传统产业要通过给予一定的财政资金扶持引导企业关、停、并、转，仅保留少数技术设备先进、市场竞争力强的优势企业。另一方面，加快发展现代装备制造业和特色装备制造业，着力提升陕西汽车制造业、甘肃石油机械产业、青海非标设备制造业的科技水平和市场竞争力。再一方面，充分利用西北地区的光伏太阳能资源优势，大力发展光伏、光热产业，配套建立和完善碳汇交易市场，使西北地区的新能源产业发展不仅能得到国家财政的相关补贴，还能通过碳汇交易持续获得市场资金支持。另外，政府对战略性新兴产业的支持要适度，要尊重市场规律、价格信号在产业更迭中的基础性作用，要特别避免政府之间在支持战略性新兴产业之间相互攀比、恶性竞争，防止新兴产业迅速演变为产能过剩产业。

（三）全面深化改革，增强经济社会发展的内在动力

全面深化改革，释放改革红利，是当前西北地区经济社会发展的最重要动力之一。结合制约西北地区经济社会发展的主要体制机制性矛盾，西北五省区应重点从三方面推进全面深化改革。一是要深化行政管理体制改革，加快转变政府职能，围绕十八届三中全会《决定》提出的"保持宏观经济稳定，加强和优化公共服务，保障公平竞争，加强市场监管，维护市场秩序，推动可持续发展，促进共同富裕，弥补市场失灵"八个方面的职责和作用全面反思各级政府现有的职能定位，按照中央的统一部署清理、下放、取消、加强相应职能，实现充分发挥市场在资源配置方面的决定性作用和更好发挥政府作用的有机统一。二是完善中国特色社会主义基本经济制度，重点是加快对耕地、草场、林地、宅基地等基础资源的确权颁证工作，加大产权保护力度，推动相关资源的有序流转和优化配置，提高全社会的资源利用效率和促进社会公平。同时要着力支持非公有制经济发展，实施负面清单制度，消除妨碍非公有制经济公平竞争和健康发展的制度环境和社会环境。三是建立健全城乡一体化发展的体制机制，要在坚持家庭经营在农业中的基础性地位的同时，积极推进家庭经营、集体经营、合作经营、企业经营等共同发展的农业经营方式创新。坚持农村土地集体

所有权，稳定承包权，放开经营权，鼓励承包经营权在公开市场上向专业大户、家庭农场、农民合作社、农业企业流转，发展多种形式规模经营。维护农民生产要素权益，保障农民公平分享土地增值收益，统筹城乡基础设施建设和社区建设，推进城乡基本公共服务均等化。

（四）创新社会管理，夯实社会稳定基础

社会稳定是经济发展、民生改善的重要保障。2014 年新疆接连发生"暴恐"事件，给当地经济社会发展特别是旅游业造成巨大冲击。在当前国际国内形势下，西北地区作为我国多民族聚居区和边疆地区，是国内外敌对势力进行渗透、分裂的重点地区，维护社会稳定和民族团结的任务艰巨。为此，一是要坚持系统治理。要在加强党委领导、发挥政府主导作用的同时，鼓励和支持社会各方面参与，实现政府治理和社会自我调节、居民自治良性互动。二是要坚持依法治理。要加强法治保障，运用法治思维和法治方式化解社会矛盾。三是要坚持综合治理。要强化道德约束，规范社会行为，调节利益关系，协调社会关系，解决社会问题。四是要坚持源头治理。要标本兼治、重在治本，以网格化管理、社会化服务为方向，健全基层综合服务管理平台，及时反映和协调人民群众各方面各层次利益诉求。五是要加大民生改善力度。要加快推进收入分配制度改革，保护劳动所得，健全工资决定和正常增长机制，提高劳动报酬在初次分配中的比重，同时完善以税收、社会保障、转移支付为主要手段的再分配调节机制，调节过高收入，清理规范隐性收入，取缔非法收入，缩小贫富差距，夯实社会稳定的物质基础。

（五）强化生态保护与建设，增强区域发展承载力

西北地区是中国生态安全屏障的重要组成部分，特殊的地理位置和脆弱的生态环境决定了西北地区生态文明建设的重要性。由于自然、经济、文化、制度等综合因素作用下的区域差异性与非均衡性十分明显，西北五省区生态文明建设要按照国家主体功能区定位，应以制度建设为保证、以转型发展为路径、以技术创新为手段、以政府善治为前提、以生态公民为主体、以和谐发展为目标，联合构筑西北地区绿色生态安全屏障体系。特别应注重加强和完善生态文明制度体系建设，把资源消耗、环境损害、生

态效益等体现生态文明建设的指标纳入西北地区各省区经济社会发展综合评价体系，注重强化西北五省区地方政府间的生态环境治理合作，打破条块分割的地方行政体制，针对跨行政区、跨流域的一些重要生态功能区，研究建立西北重点生态功能区、自然保护区等生态补偿标准体系，落实补偿各利益相关方责任，探索多样化的生态补偿方法、模式，建立生态环境共建共享的长效机制，不断拓宽发展空间。

参考文献

张立群：《下半年经济呈现平稳增长态势》，《经济》2014 年第 8 期。

《西北五省区 2014 年上半年统计公报或主要统计数据月报》。

《国家 2014 年上半年统计公报》。

《2014 年上半年各省自治区直辖市主要污染物排放量指标公报》。

（该文原载《西北蓝皮书·中国西北发展报告（2015）》，2016 年荣获全国第七届优秀皮书报告奖二等奖）

青海省推行藏传佛教寺院
"三种管理模式"的成效及经验

陈　玮　谢　热　才项多杰　旦正加

益西卓玛　罡拉卓玛　靳艳娥

为深入贯彻落实中央关于加强藏区寺院管理一系列重要决策部署，青海省委省政府立足于全省藏传佛教寺院管理面临的挑战和问题，并根据寺院规模大小、问题复杂状况和管理难易程度，以及寺院管理工作进展情况等实际，创造性地提出了"共同管理、协助管理、自主管理"三种新型寺院管理模式，对问题突出、维稳隐患较多的 39 座寺院单设寺院管理委员会，并与寺院民管会一起，共同进行管理；对民管会管理能力弱、管理制度不健全的 77 座寺院，以州（地、市）、县佛教协会名义委派干部进民管会，实行协助管理；对一贯爱国爱教、管理规范的 539 座（约占 80%）寺院，委派指导员、不驻寺，实行自主管理。推行"三种管理模式"，旨在通过创新和加强寺院管理工作，完善寺院管理长效机制，实现一年打基础、三年见成效、长远可持续的目标。实践证明"三种管理模式"找准了加强和创新寺院管理工作的切入点，体现了因寺施策、标本兼治、循序渐进、着眼长远的管理理念。

一　开展"三种管理模式"的主要做法及成效

"三种管理模式"推行两年多以来，总体运行强劲、有力，社会评价度较高，成效十分喜人。不仅使青海省藏传佛教寺院传统管理与现代民主管理的融合得到新突破、新进展，使政府管理与寺院自我管理的合力及其功效得到新拓展、新发挥，而且也基本实现了"共同管理寺院清理整顿见成效，协助管理寺院提升能力上台阶，自主管理寺院有序运行更规范"的具体目标任务，保证了青海藏区社会的持续稳定。

（一）"三种管理模式"中"共性"管理的主要做法及成效

由于青海藏区自然条件、社会发育程度以及经济发展、宗教信仰状况存在一定的共同性与差异性特征，因而青海藏传佛教寺院传承及发展特别是其管理工作现状也表现出一定的共同性与差异性特征。基于此，通过全面推行差别化的"三种管理模式"，首先着力解决藏传佛教寺院管理共同面临的一些突出的共性矛盾问题、实际困难的同时，又正视不同实际，区别情况，因寺施策，注重解决个性化、差异性矛盾问题及困难。毫无疑问，正是因为这种管理与服务新方法、新模式的正确、合理和各级党委政府主要领导对实践过程的高度重视并且亲力亲为，以及寺院管理干部的辛勤工作和广大僧俗群众的积极参与、主动配合与大力支持，才使其取得预期的阶段性成效，引起全社会广泛关注和良好反响，得到广大僧俗群众的普遍认可，也赢得了中央领导的充分肯定。概括其主要做法及成效有以下几方面：

1. 深入扎实开展法治宣传教育，使广大僧人的思想认识和法治意识进一步提高。广大僧侣作为寺院管理的主体和当地信教群众公认的知识人、文化人，其中不乏个别人对现行寺院管理的认识有偏差和误解，也有的在潜意识深处有这样或那样一些消极的思想情绪，且在一定程度上影响着寺院管理的正常推进，也感染着周围人们的社会情绪。因此，各地在推行新一轮"三种管理模式"伊始，就把加强学习宣传，统一思想认识，提高广大僧侣的政策及法律知识素养作为首要任务来抓。首先，在全省藏传佛教寺院深入开展法制宣传月和《宪法》进寺院活动，抽调近千名宣传骨干，会同寺管干部驻寺开展法治宣讲教育工作，营造了较大声势规模的舆论宣传氛围。其次，全面加强寺院涉藏维稳学习宣传教育，引导藏传佛教界代表人士开展正面发声活动，利用举办"法会"、宗教节日等时机，让活佛、经师讲政策法规，讲团结、和谐，达到维稳宣传教育入心、入脑。此外，还在全省寺院和信教群众中，广泛深入开展民族宗教政策、"三个离不开""四个认同"及公民权利与义务、公民思想道德、僧侣身份与公民身份的建构秩序与原则，以及端正信仰、持法守戒、爱国爱教、服务社会等专题讲座和座谈讨论。广大僧俗群众积极参与，踊跃谈体会、谈认识，并且组织僧众集中诵读、温习寺规戒律，对照自己找差距，僧侣身份的神圣性与严肃性再次被强调、被重申，起到了纯洁信仰、端正品行的作用。从调查掌握的情况看，很多僧俗群众普遍认为，过去藏区一些地方一度出现的那些不应该出现的事情，想起来让人羞愧，也感到很羞耻，我们痛定思痛，开展经常性的思想教育和法治宣传非常有必要，它使人清醒、明白，也使人自省、自重。可见，思想教育、法治宣传已经内化为僧俗群众的心理文化需求，也表明政策、法律正深入走向僧俗社会每一家庭及人们的内心深处，使更多的人愿意成为追求进步、爱国爱教、遵纪守法、贡献社会的现代公民社会优秀成员。

2. 严格规范寺院管理规章制度，并督促认真落实，不断提高管理规范化水平。针对全省藏传佛教寺院不同程度存在的制度不规范，有的寺院长期将制度"开在会上，挂在墙上，说在嘴上"，仅仅作为口号或门面修饰等情况，首先按照"不漏寺、不漏户、不漏人"的要求，首次全面进行寺院管理现状调查研究，建立寺院管理信息数据库，编纂完成2015年度寺院统计年鉴，率先为全国藏区寺院管理信息化、数字化打下了坚实的基础。与此同时，加强流散僧尼管理，对排查登记的全省719名重点僧尼、421名境外回流僧尼，逐个甄别，建立台账、列表管理、落实帮教责任，并清退境外回流僧尼96名。其次，依法依规加强大型宗教活动的审批与管理，保证了各地举办大型宗教活动的安全、稳定，达到了信教群众满意、寺院满意、政府满意的良好效果。除此，进一步制定、修改和完善寺院各项规章制度，把重大事项和僧众关注的热点难点问题纳入其中，并在执行、落实上严要求、严督查、严处罚，实现了制度的具体化、实用化和功能化，使日常工作有规矩、调解纠纷有依据、司法干预有证据，填补了较多寺规僧约管不了、司法规范管不到的管理空白，管理方式实现了由"伦理型"向"法治型"的转变，从而保证了寺院寺务、教务、财务和其他事务管理工作的制度化、规范化运行，大大提升了管理能力和水平。

3. 健全完善寺院管理工作机制和程序，进一步明确寺院管理的责任分工，促进寺院传统管理与现代管理的有机融合。过去藏传佛教寺院管理主要依靠其内部传统的寺规和寺主活佛的声望来维持运行，而今天现代属地社会化管理和民主化管理在寺院的推行，则因为活佛及传统寺规的权威性与神圣性因素被打破，而使其管理找到了传统管理的"神圣性""神秘性"与现代管理的"民主性""公开性"的有机结合点，且随着传统管理"神圣性""神秘性"因素的日渐弱化和现代管理"民主性""公开性"内容与形式的日益增强，而使其管理更加符合僧众的意愿，符合寺院健康发展的需要，它使寺院管理体制机制得到更好优化完善，使政府管理与寺院自我管理的合力及其功效得到新拓展，实现了寺院管理集法制化、社会化、民主化"三位一体"的内在运行机制更加契合与顺畅。同时民管会、寺管会及其成员或驻寺指导员的权利、责任、义务，以及任务分工、职责目标等也更加明确、具体。从访谈、座谈中了解到的情况看，无论是活佛还是普通僧人或寺管干部都认为目前对寺院政府管理与服务的进位、入位，体制机制上不会有太多的问题，这方面已经做得不错，但关键是要在到位上下功夫。那么，怎么到位、到什么位？还得多动脑筋、多想办法。所以，新一轮管理模式推进的空间余地还较大，除了体制机制的不断完善、创新外，管理者的管理意识、管理知识、管理精神等综合素质的培育和提高，以及管理者的待遇和"进退留转"等问题都值得高度关注和重视。总体而言，新一轮寺院管理模式的推进、创新尤其是在体制机制上的探索，无疑是很成功的，为今后寺院管理的良性推动打下了坚实的基础。

4. 全面有效实施寺院"六大工程"，真正让广大僧侣共享改革发展成果。以共享发展理念为宗旨，把寺院、僧侣作为基层社会单位及成员纳入社会管理服务体系中，统一部署，统筹协调，全面实施寺院基础设施和社会保障"六大工程"项目建设，联合 8 部门规范项目建设审批管理，创新工程资金管理与服务模式，加大项目实施监督检查力度，推动项目建设制度化、规范化，保证了工程进度和项目安全。2015 年度完成各类项目投资近 6 亿元，资金投入超计划额 280%，先后完成僧尼危房改造、危旧经殿堂维修、寺院危旧电线电路改造、管理干部公共用房、寺院环境整治等工程。通过各项惠寺惠僧实际举措的逐项落实，寺院基础设施条件得到全面改造和优化，僧人居住环境和生活质量得到显著改善、提高，从而使广大僧侣对党和政府的向心力显著增强，国家意识和大局意识不断提升。

（二）"三种管理模式"中"个性"管理的主要做法及其成效

推行"三种管理模式"，主要是在着眼于解决藏传佛教寺院管理面临的一些突出的共性矛盾问题的同时，注重个性化、差异性问题的解决，其主要做法及成效如下：

1. 开展"共同管理"的主要做法及其成效

根据共同管理类寺院大都规模和影响较大、境内外政治背景复杂、内部管理混乱、曾发生不稳定事件以及存在重大不稳定隐患等问题的实际，各地按照《青海省藏传佛教共同管理寺院整改提高考核验收办法》要求，及时拿出共同管理寺院实施集中整治的政策措施，紧紧围绕10个方面25项具体重点工作，一寺一策、细化措施、落实责任、集中整治，做到法外无寺、法外无僧，从而使大部分共管类寺院管理制度、内部关系以及日常运行等方面不断走向规范有序，寺院整体形象得以重塑。

（1）加强组织领导，统一思想认识，提振"治乱树威、除邪扶正"的信心，为集中整治提供强有力的思想和组织保证。各地认真按照共同管理原则和目标要求，把共管类寺院的集中整治作为推进寺院管理规范化发展和维护社会稳定的重点工作来抓，狠抓组织领导，强化宣传教育，以消除群众思想疑虑，凝聚社会各方面共识；与此同时，三级党委政府主要领导蹲点坚守，坐镇指挥，并深入僧侣中间促膝谈心交流，要求参与寺院管理的每一位僧侣能够理解和支持清理整顿工作，充分认识其重要性、必要性，全面提振寺内外"治乱树威、除邪扶正"的勇气、信心，也营造了有利于开展集中整治的舆论宣传氛围和社会风气。

（2）深入调查研究，周密制定方案，依法从严治理寺院乱象，维护寺院正常秩序，保证社会和谐稳定。按照省委提出的"人员不查清不放过、问题不解决不放过、效果不明显不放过"的"三不放过"原则、要求，始终坚持问题意识和问题导向，着重围绕寺院突出问题和维稳隐患，深入调查，梳理问题，因寺精准施策，从而使集中整治取得实效。很多寺通过开展"一对一""多对一"或交朋友、互拜师等"结对认亲"帮教工作，不仅理清了一些僧尼思想认识上的误区，而且自省、自觉意识和包容、团结意识明显增强；一些问题较突出的寺院，对个别一贯表现差、带头挑事闹事甚至触犯法律的僧尼，依法从严惩处，做到"法外无寺""法外无僧"，有力地打击了违法犯罪行为，维护了法律的尊严和社会的公平正义；也有一些寺多注重解决内部积怨较久、潜藏较深、影响较大的诸如派系矛盾、人际矛盾以及财务管理混乱等一些老大难问题，通过花大力气整改，使寺院运行秩序和寺风教风逐渐恢复正常，整体形象有了很大改观，形成人心凝聚，风气向好，团结、和谐、稳定的新局面。

（3）强化"三级"联动，注重"点""面"结合，把思想宣传教育延伸到寺院"神庄属民"层面，帮助群众提高认识，动员他们积极参与，共同推进集中整治取得实效。共管类寺院大都"神庄属民"较多，往往寺院存在的问题与所属村社多有牵连，且有些村社同样面临不少问题。鉴于此，集中整治伊始，除抓好寺院这个"点"上的集中清理整顿重点工作外，又不忽视调查研究寺院"神庄属民"这个面上的工作，整合县、乡、村"三级"优势兵力，协同有效开展动员宣传教育，打牢民心民意基础。一些寺坚持"村寺并联"，把寺院"神庄属民"一并纳入集中整治范围，县、乡干部进村入户、包户包人，全面开展法制宣传和思想引导，并对重点人员进行谈话、训诫、帮教，效果良好；又有一些寺跨乡、跨县开展群众思想教育工作，形成"一点多面对接、一对三种交谈"即"寺村并进"和县委书记与村社中的"关键少数"谈、统战民宗部门负责人与村社中的"重点人物"谈、工作组成员与所有村民谈的好办法、好措施。不仅及时消除了一些村民的思想疑虑和不解，使集中整治得到广大村民的理解和支持，而且使"问题寺"的问题不断得到清理和化解的同时，一些"问题村"的问题与矛盾也一并得到了排查、消除。寺院和谐，村社更和谐。僧俗百姓皆大欢喜，称赞政府大有作为，令我们更安心、更舒心。

2. 开展"协助管理"的主要做法及其成效

按照协助管理的基本原则、目标要求，主要针对协管类寺院民管会管理能力弱、管理制度不健全不完善和改进办法措施不多等实际，积极想方设法，以推进寺院管理制度化、规范化。

（1）坚持长期驻寺入户，与广大僧侣真诚谈心、交朋友，不断巩固和密切干僧关系，增进相互间的尊重、理解、信任和友谊。驻寺干部在注重了解和掌握寺院面临的主要问题及困难，并与上级相关部门主动沟通、协调，做好诸如寺院"六大工程"等一些主要工作的衔接、协调、落实的同时，注重把对僧人的思想教育和心理疏导寓于相互真诚谈心、拉家常、交朋友的感情交流过程，并且通过对一些社会问题、社会现象的解疑释惑，使相互间的理解、信任逐步增强，感情、友谊不断加深。驻寺干部的工作得到了寺僧的认可，极大地增强了驻寺干部工作的信心和决心，也使寺院僧侣以更好的心态支持寺院管理工作，推动工作的民心民意基础更加坚实、牢靠。

（2）充实和加强寺院民管会班子力量，提高其履职能力，更好发挥作用。在协助寺院完善和规范一系列制度措施的基础上，着重加强民管会班子力量建设，通过对民管会主任的品德修养、民意评价、宗教学识和管理能力等的综合考察和评价，把好民管会主任选任关和在任履职关。安排驻寺干部担任民管会副主任或成员，提高政府管理力度，促进民管会内部民主执事、民主监督机制的良性运行，从而保证民管会的管理主体职能与作用得到充分发挥。在此基础上，帮助并督促民管会成员学习掌握一定的现代管理知识，提高其履职能力。我们在走访、调查中了解到，推行协管前与后有明显的区别，主要是协管后民管会班子成员的管理意识和民主意识有了很大提高，而且寺内外各方面工作都有很大改善。总体上看，民管会班子建设确实有提升，内外影响与形象也都有新变化、新面貌。

（3）深入查找和梳理各类矛盾问题隐患，做到了解得透、掌握得准、排除得好，增强工作的针对性、实效性。鉴于协管类寺院比共管类寺院矛盾问题相对较少，绝大多数僧侣历史及现实表现良好，因而主要侧重查找和梳理矛盾问题隐患，做到早发现、早排除、早解决，尽量把矛盾问题处置在萌芽、初始状态。与此同时，注重提高民管会班子及驻寺干部的警惕意识、防范意识，并根据不同情况，及时制定出台相应的制度措施，做到防患于未然，保证了工作的针对性、有效性。

3. 开展"自主管理"的主要做法及其成效

根据自管类寺院运转良好、管理较为规范且长期保持稳定的实际，主要从进一步巩固和强化自我、自主管理的内部机制及其功能的深度挖掘上下功夫，推陈出新，并把典型寺、示范寺的带动效应做实、做好，从而为今后实现藏传佛教寺院的长期自治、自管积累了一定的经验，也打下了比较坚实的基础。

（1）切实发挥寺院民管会的主体地位作用，不断推进寺院"自主管理"更加规范有效。通过乡镇政府寺院管理指导员与寺院民管会的工作衔接、沟通、协调，着重就进一步巩固和强化民管会的管理主体地位与功能以及作用的更好发挥上统一思想，形成共识，并围绕自主管理内部机制运行过程的传统因素与现代管理内容的有机结合上出思路、找方法，也探索、尝试出一些好做法、好经验，一定程度上推动了寺院自主管理方式方法的更加规范化和民主化，也赢得了广大僧侣的认可、好评。总体而言，基本实现了寺院常态管理机制稳定可靠、运转有效，寺院日常事务经常有人抓、长期有人管，寺院持续保持和谐稳定。

（2）强化寺院管理指导员职能，使之更好发挥党和政府与寺院僧众的桥梁纽带作用。虽然自管类寺院矛盾问题相对较少，日常运行良好，且长期保持稳定，管理指导员也不驻寺，但各地都高度重视发挥管理指导员的管理、监督及服务职责，并拿出强硬办法、措施，使其必须做到虽不驻寺，但其身形、声音经常在寺的基本状态要求，模范履行其岗位职责，充分发挥其功效、作用。这样，自然而然变不驻寺为经常性进寺、入寺、留寺了，而且也自然而然履行着其承担的岗位职责，发挥着应有的作用。通过经常性的进寺、入寺、留寺，既了解掌握了寺院面临的问题和困难，又使自己融入僧侣中间，能够与之交流交往交融，成为上传民意、下达政策、联系僧众与信教群众的联络员、宣传员，发挥了党和政府与寺院僧众的桥梁纽带作用。

（3）全面巩固和加强先进寺、示范寺建设，进一步发挥其示范、带动、引领作用。自管类寺院的绝对占比大，整体运行及管理现状良好。所以，通过优中选优，树立典型和榜样，进而发挥其示范、带动、引领的作用，其意义非同寻常。在推行自主管理的实践运行当中，注重巩固和加强自管类寺院管理优势，不断做实、做细先进寺、示范寺的培育扶持工作，进一步发挥其示范、带动、引领作用，力求达到好上加好、优之又优的目标。

二 开展"三种管理模式"的基本经验

青海藏传佛教寺院推行"三种管理模式"始于2013年初，虽然至今不过才短短的两年多时间，但进展顺利，成效显著，其经验值得认真总结，以便不断巩固并深化寺院管理新思路、新方法、新措施，为继续全面深入推进"三种管理模式"汇聚智慧，提升能力。

（一）把推行"三种管理模式"放置于全省宗教工作大局的首要位置，强化党委"一把手"工程，这是开展"三种管理模式"的根本组织保证。推行伊始，省委就高度重视"三种管理模式"的细化落实，全力谋划和设计任务、目标，提出"一年打基础、三年见成效、长远可持续"的实现目标。足见省委用心之认真、细致和决心、信心之坚定和顽强；与此同时，制订下发了《青海藏传佛教寺院全面推行"三种管理模式"实施方案》，对各地区、各部门和各级党政领导落实分工任务提出明确要求，层层以党委"一把手"工程启动实施，迅速形成"党委统一领导，党政齐抓共管，有关部门各负其责，成员单位共同参与"的工作格局。在具体落实上"三级"党委一把手靠前指挥，强化督促检查，严格执行"三不放过"，为全面、深入推进寺管工作提供了坚强、可靠的组织保障。

（二）把广大僧侣管理寺院的主体地位作用摆到工作的核心地位，充分激发和调动他们的积极性和创造性，这是推行"三种管理模式"的重要基础。坚持把管理与服务融入改善僧侣民生的一切举措当中，通过实实在在为僧众办实事、谋利益，干僧感情、友谊不断加深，促进了相互理解、信任和支持，使广大僧侣管理寺院的主观能动性不断提高，实现了"要我管理"为"我要管理"，使寺院管理工作更具活力，为持续、深入推进"三种管理模式"打下了坚实的基础。

（三）坚持"特殊类别工作法"，做实、做细各项惠寺惠僧工程，这是开展"三种管理模式"的重大创新举措。推行"三种管理模式"，一个最突出的亮点是根据寺院规模大小、问题复杂状况和管理难易程度，以及寺院管理干部开展工作状况等的不同情况，因寺施策，甚至一寺一策，实行差别化管理，并且着眼于寺院及其僧侣这一不同于一般社会管理与服务对象的特殊实际，紧紧围绕其特殊身份与角色，以及他们的人生追求与理想目标等具体因素，始终坚持"特殊类别工作法"，注重做到"五心"即"安心""省心""放心""开心""同心"服务。加深了感情、增进了友谊，又在相互信任、理解、支持的和谐气氛中，推进了工作，党群关系、干僧关系、僧众关系得到进一步增强，彰显出"特殊类别工作法"的特殊功效与作用。

（四）依法从严集中整治，这是开展"三种管理模式"的重要手段。基于对藏区寺院特殊实际的充分认识，始终把贯彻落实党中央关于稳藏建藏兴藏的战略决策部署与推进管理工作有机结合，同步并进。通过一系列依法治省重要举措的逐步落实，特别是强化依法治寺、依法管寺力度，在很大程度上改变了长期以来藏区寺院管理主要依靠行政手段、应急处置的传统做法。从一开始起，坚持问题意识和问题导向，树立正视问题和解决问题的勇气、信心，特别是在涉及治理一些寺院乱象和加强维稳重点区域工作上，三级党委政府主要领导注重蹲点调研，掌握实情，摸清底数，全面依法从严整治，做到"法外无寺、法外无僧"；与此同时，本着有什么问题就解决什么问题、是什么问题就按什么问题处理的原则，逐一清理、排除，做到"三不放过"，形成了严密、规范的处置机制，实现了寺院管理从应急处置向常态化管理的转变。

三　当前"三种管理模式"推行中存在的主要问题

我们在肯定成绩的同时，也要清醒地看到，目前藏传佛教领域尤其是在寺院管理上仍然存在一些不容忽视的问题。这些问题同新阶段宗教工作特别是与中央维稳要求存在一定的差距。

（一）一些地方对"三种管理模式"的认识有偏差、有误解，导致工作上被动应付、重服务而轻管理以及执行不平衡等现象。就目前来看，一些地方误解、曲解三种管理工作的各种模糊乃至错误认识仍然存在：一是担心推行三种管理会削弱寺院自管；二是误认为实行三种管理是对寺院僧侣的不信任；三是顾虑开展三种管理会打破寺院的清静。由于受上述错误认识的影响，工作上不是避重就轻就是被动应付，导致执行落实不平衡、不一致。

（二）一些寺院教育不成体系、不够规范。从现状分析看，目前藏传佛教寺院普遍存在的既缺乏具有较高佛学造诣的经师，又缺乏规范性和系统性的寺院教育制度体系的问题仍较突出，长期制约着寺院的正常发展。主要原因是改革开放以后，经过宗教信仰自由政策的全面贯彻落实，各地各寺都一直忙于寺院硬件建设，而忽略解决由僧侣年龄、学识结构出现断层所带来的缺少有学问的经师、缺少有资历的长者以及有威望的尊者的问题，导致宗教开放后的不少寺院尤其是一些小寺、子寺难以继承传统教育基本仪轨、基本经籍，更不掌握和熟悉历史上有过的一些好的教育经验、教育模式。与此同时，在今天市场经济条件下，由于一些寺院僧侣受世俗利益追逐的驱使和诱惑，长期不安心于寺院生活，更不注重研习佛法、提高佛学素养，导致寺院整体学风和教风严重下滑。对此很多寺院有强烈的呼声和诉求。如果不注重和不善于解决寺院教育传承不良的突出问题，势必会影响寺院生存和发展，而且管理与服务也只能是治标，起不到治本的效果。

（三）寺院民管会基础条件简陋，班子成员待遇较低的问题仍较普遍，一些地方寺管干部政策落实不力，以及已实施工程项目建设质量差、完工情况不良等问题不同程度存在。寺院民管会办公设施设备不齐全，成员报酬以及工作经费标准不一、额度较低的问题仍较普遍，不能满足正常工作开支，也不能调动工作积极性，更难以适应数字化、信息化以及自动化办公要求；同时寺管干部待遇以及"进退留转"等问题也都值得高度重视、关切。另外，有些寺院道路硬化、饮用水等施工质量较差，以及通信辐射不及、无信号或信号弱等问题长期无人问津，得不到解决，僧众多有怨言。这些事看似小，但如果长期拖延下去，会损害政府的形象。

（四）寺管干部实践锻炼还不够扎实、过硬，特别是管理意识、管理知识、管理能力等综合素质有待提高。虽然寺管干部整体素质及能力尤其是学历、知识层次较高，特别是马克思主义基本理论和党的民族宗教政策，以及藏传佛教基本教义教理等基础知识有一定功底，且语言表达、文字写作也有较好基础，但由于大都年轻、社会阅历浅，加之对宗教工作尤其是寺院管理工作不熟悉等原因，开展工作的主动性、积极性欠缺，方式方法不多，甚至一些人心存畏惧、怕得罪寺院及活佛，被动应付工作，实践锻炼上不能完全沉得下去，同时管理学知识欠缺。这些在一定程度上制约了干部自身的锻炼成长和工作经验的积累，也影响了寺院管理与服务工作的质量和效率。

四　进一步推进"三种管理模式"若干对策建议

为进一步巩固和完善"三种管理模式"成效，并继续全面做好寺院管理与服务等各项工作，本研究报告提出如下几点对策建议。

（一）进一步提高思想认识，增强贯彻落实的协调、平衡与统一，真正把"三种管理模式"推向更加规范、有序、良性的发展轨道，以实现寺院的长期和谐、稳定。新一轮三种管理方式的推行，需要一个实践、认识、再实践、再认识的反复过程。因此，除了进一步明确和规范三种管理的具体原则、标准、界限，不断强化政策宣传教育，澄清各种模糊和错误认识，提高和统一思想认识以外，关键是要在推动工作的过程及其落实上绝不能懈怠、含糊，更不能搪塞推诿，真正做到依法依规、真抓实干、务求实效，并且善于总结和积累经验，不断丰富和深化寺院管理新方法、新模式。

（二）进一步优化藏传佛教寺院教育资源，注重让广大僧尼研习、释读宗教经典，学习、掌握现代科学文化知识，努力提高佛学素养和文化知识素养。首先，在各级党委统战部门和宗教管理部门的领导、部署下，统一思想认识，明确方针目标，真正把继承、创新寺院教育作为教育僧尼和培养僧才的重要载体和途径进行规划、设计，并把主要人力、物力、财力倾斜到寺院教育的创新、发展上来；其次，从整体上布局谋划，统筹兼顾，资源共享，优势互补，全省一盘棋。为了避免层次不清、各行其是、相互脱节和重复，应由省佛教协会统一制定寺院教育的领导及管理包括资金投入、师资调配、课程设置、教学设施、学制学位、进修深造、考核评价等方面的制度措施，形成规范化和系统化的寺院教育体系；再次，应当从宗教的长期性认识出发，以长远眼光和长远打算，尽早谋划、设计并制定藏传佛教寺院教育中长期发展规划，并对建立藏传佛教寺院教育新体制新机制予以深入调查研究，拿出可行方案。通过上述措施，努力振兴寺院传统教育和现代教育，实现寺院学风、教风的根本转变，全面培养具有良好形象和综合素质的现代僧团组织和僧尼阶层。

（三）进一步加强督导检查，督促落实相关政策。建议各地将寺院民管会工作经费和班子成员工作报酬，列入同级财政年度预算，并按时足额划拨，以调动班子成员的工作积极性，也保证各项工作正常、有序运行。另外，一些寺院通信线路不畅、信号弱甚至无信号，以及已实施工程质量较差、功能发挥欠佳等也要尽快落实解决，让僧人生活更方便、更快捷、更舒心。

（四）进一步加强寺管干部继续教育培训。重点要解决好寺管干部普遍欠缺现代管理学知识以及管理意识与管理能力不足的问题，并且要在"留得住、沉得下、干得好"上继续多留意、严要求，注重在实践锻炼成长上量化考察评价。做到鼓励先进、鞭策后进，以调动和激发寺管干部的工作积极性和创造性。

（该文原载《2017 年青海蓝皮书》，2017 年荣获第四届中国藏学研究珠峰奖汉文学术论文类一等奖）

附录：青海省社会科学院历年获奖科研成果目录

序号	成果名称	成果形式	获奖名称	获奖等级	获奖时间	作者
1	吐蕃王朝历代赞普生卒年考	论文	青海省第一次哲学社会科学优秀成果评奖	二等奖	1986年7月	蒲文成
2	浅谈哲学与精神文明	论文	青海省第一次哲学社会科学优秀成果评奖	三等奖	1986年7月	魏兴
3	简明中学政治辞典	工具书	青海省第一次哲学社会科学优秀成果评奖	三等奖	1986年7月	王毅武
4	坚持社会主义道路的一个重大理论问题	论文	青海省第一次哲学社会科学优秀成果评奖	三等奖	1986年7月	翟松天
5	社会物质是一个极其重要的哲学概念	论文	青海省第一次哲学社会科学优秀成果评奖	三等奖	1986年7月	隋儒诗
6	试论不发达省区经济发展战略指导思想的几个问题	论文	青海省第一次哲学社会科学优秀成果评奖	三等奖	1986年7月	钱之翁
7	浮动工资初探	论文	青海省第一次哲学社会科学优秀成果评奖	三等奖	1986年7月	胡先来
8	试论赞普王权与吐蕃官制	论文	青海省第一次哲学社会科学优秀成果评奖	三等奖	1986年7月	陈庆英
9	青海省古籍善本书目	工具书	青海省第一次哲学社会科学优秀成果评奖	三等奖	1986年7月	王昱
10	政治经济学简明教材	教材	青海省第一次哲学社会科学优秀成果评奖	三等奖	1986年7月	钱之翁
11	青海湟源县大华中庄卡约文化墓地发掘简报	资料	青海省第一次哲学社会科学优秀成果评奖	三等奖	1986年7月	崔永红

续表

序号	成果名称	成果形式	获奖名称	获奖等级	获奖时间	作者
12	稳中有降是我国工业品价格发展的总趋势	论文	青海省第一次哲学社会科学优秀成果评奖	鼓励奖	1986 年 7 月	于松臣
13	青海诗人系谈	论文	青海省第一次哲学社会科学优秀成果评奖	鼓励奖	1986 年 7 月	赵宗福
14	柴达木盆地农业综合开发利用水土资源研究	论文	中国农业部科技进步奖	二等奖	1987	刘 忠
15	中国社会主义经济思想史简编	专著	青海省第二次哲学社会科学优秀成果评奖	一等奖	1989 年 11 月	王毅武
16	社会主义初级阶段理论和党的基本路线教程	教材	青海省第二次哲学社会科学优秀成果评奖	二等奖	1989 年 11 月	朱世奎 曲青山
17	青海方志资料类编	工具书	青海省第二次哲学社会科学优秀成果评奖	二等奖	1989 年 11 月	王昱等
18	藏传佛教进步人士在我国民族关系史上的积极作用	论文	青海省第二次哲学社会科学优秀成果评奖	二等奖	1989 年 11 月	蒲文成
19	花儿通论	专著	青海省第二次哲学社会科学优秀成果评奖	二等奖	1989 年 11 月	赵宗福
20	章嘉·若必多吉与乾隆皇帝	论文	青海省第二次哲学社会科学优秀成果评奖	三等奖	1989 年 11 月	陈庆英
21	宗喀巴诗歌的特色及成就	论文	青海省第二次哲学社会科学优秀成果评奖	三等奖	1989 年 11 月	何 峰
22	关于青海牧民生活消费问题研究	论文	青海省第二次哲学社会科学优秀成果评奖	三等奖	1989 年 11 月	王恒生
23	佛家思想对藏族古典文学的影响	论文	青海省第二次哲学社会科学优秀成果评奖	三等奖	1989 年 11 月	谢 佐
24	试论金瓶掣签的产生及其历史作用	论文	青海省第二次哲学社会科学优秀成果评奖	三等奖	1989 年 11 月	曲青山
25	十三大文件学习辅导读本	教材	青海省第二次哲学社会科学优秀成果评奖	三等奖	1989 年 11 月	曲青山等
26	关于中国汉传密教研究中的几个问题	论文	青海省第二次哲学社会科学优秀成果评奖	三等奖	1989 年 11 月	吕建福

续表

序号	成果名称	成果形式	获奖名称	获奖等级	获奖时间	作者
27	试论发展商品经济对牧民群众逐步形成新生活方式的作用	论文	青海省第二次哲学社会科学优秀成果评奖	三等奖	1989 年 11 月	朱玉坤
28	社会问题经济学	译著	青海省第二次哲学社会科学优秀成果评奖	三等奖	1989 年 11 月	钱之翁
29	社会主义商品经济的几个理论问题	论文	青海省第二次哲学社会科学优秀成果评奖	三等奖	1989 年 11 月	王毅武
30	论唐太宗的人才思想和用人政策	论文	青海省第二次哲学社会科学优秀成果评奖	三等奖	1989 年 11 月	赵秉理等
31	西宁方言志	工具书	青海省第二次哲学社会科学优秀成果评奖	三等奖	1989 年 11 月	朱世奎等
32	论佛教与藏族人口——苦的哲学与种的繁衍	论文	青海省第二次哲学社会科学优秀成果评奖	鼓励奖	1989 年 11 月	穆兴天
33	论解放战争时期的中国民主同盟与中间路线——兼评民盟历史研究中的两种倾向	论文	青海省第二次哲学社会科学优秀成果评奖	鼓励奖	1989 年 11 月	曲青山等
34	试论世界农业现代化的道路问题	论文	青海省第二次哲学社会科学优秀成果评奖	鼓励奖	1989 年 11 月	谭国刚
35	略谈青海省工业企业的技术改造	论文	青海省第二次哲学社会科学优秀成果评奖	鼓励奖	1989 年 11 月	于松臣
36	西宁市经济社会发展战略的思考与选择	论文	青海省第二次哲学社会科学优秀成果评奖	鼓励奖	1989 年 11 月	李高泉
37	雍正帝治藏思想初探	论文	青海省第二次哲学社会科学优秀成果评奖	鼓励奖	1989 年 11 月	马 林
38	中国共产党历史上的重大转折与马克思主义哲学	论文	全国纪念中国共产党成立 70 周年理论研讨会	入选奖	1991 年 6 月	魏 兴
39	论党的统一战线的基本实践与历史经验	论文	全国纪念中国共产党成立 70 周年理论研讨会	入选奖	1991 年 6 月	曲青山

序号	成果名称	成果形式	获奖名称	获奖等级	获奖时间	作者
40	中国共产党历史上的重大转折与马克思主义哲学	论文	青海省第三次哲学社会科学优秀成果评奖	荣誉奖	1993年6月	魏 兴
41	论党的统一战线的基本实践与历史经验	论文	青海省第三次哲学社会科学优秀成果评奖	荣誉奖	1993年6月	曲青山
42	格萨尔学集成（一、二、三卷）	编著	青海省第三次哲学社会科学优秀成果评奖	荣誉奖	1993年6月	赵秉理
43	当代中国的青海	编著	青海省第三次哲学社会科学优秀成果评奖	一等奖	1993年6月	王 昱 崔永红
44	中国社会主义经济思想史研究	专著	青海省第三次哲学社会科学优秀成果评奖	二等奖	1993年6月	王毅武
45	互助县民族经济发展战略研究	编著	青海省第三次哲学社会科学优秀成果评奖	二等奖	1993年6月	翟松天等
46	中国国情丛书——百县市经济社会调查·格尔木卷	专著	青海省第三次哲学社会科学优秀成果评奖	二等奖	1993年6月	王恒生 崔永红等
47	元朝帝师八思巴	专著	青海省第三次哲学社会科学优秀成果评奖	二等奖	1993年6月	陈庆英
48	中共党史和马克思主义党的建设理论学习提要	教材	青海省第三次哲学社会科学优秀成果评奖	二等奖	1993年6月	曲青山等
49	宇称不守恒的哲学启示	论文	青海省第三次哲学社会科学优秀成果评奖	三等奖	1993年6月	郝宁湘
50	辛亥革命与中国民族资产阶级	论文	青海省第三次哲学社会科学优秀成果评奖	三等奖	1993年6月	曲青山等
51	西宁商业史略	编著	青海省第三次哲学社会科学优秀成果评奖	三等奖	1993年6月	曲青山等
52	关于青海社会主义改造问题的研究	论文	青海省第三次哲学社会科学优秀成果评奖	三等奖	1993年6月	曲青山等
53	回族词人李若虚的咏藏词	论文	青海省第三次哲学社会科学优秀成果评奖	三等奖	1993年6月	赵宗福
54	青海高原老人	专著	青海省第三次哲学社会科学优秀成果评奖	三等奖	1993年6月	卢贺英等
55	社会主义工业企业民主管理	编著	青海省第三次哲学社会科学优秀成果评奖	三等奖	1993年6月	于松臣

续表

序号	成果名称	成果形式	获奖名称	获奖等级	获奖时间	作者
56	格尔木开发研究	专著	青海省第三次哲学社会科学优秀成果评奖	三等奖	1993年6月	王恒生等
57	抓住有利时机，把经济建设和改革开放推向新阶段	论文	青海省第三次哲学社会科学优秀成果评奖	三等奖	1993年6月	翟松天
58	青海玉树州东三县农业综合开发研究	专著	青海省第三次哲学社会科学优秀成果评奖	三等奖	1993年6月	李高泉 周生文等
59	明代河湟地区军屯的管理及租赋	论文	青海省第三次哲学社会科学优秀成果评奖	三等奖	1993年6月	崔永红
60	关于噶斯地区的综合调查报告	调研报告	青海省第三次哲学社会科学优秀成果评奖	三等奖	1993年6月	王　昱
61	青海简史	专著	青海省第三次哲学社会科学优秀成果评奖	三等奖	1993年6月	王　昱 姚丛哲等
62	试论唐蕃大非之战	论文	青海省第三次哲学社会科学优秀成果评奖	三等奖	1993年6月	谢全堂
63	甘青藏传佛教寺院	专著	青海省第三次哲学社会科学优秀成果评奖	三等奖	1993年6月	蒲文成等
64	中国藏族部落	专著	青海省第三次哲学社会科学优秀成果评奖	三等奖	1993年6月	陈庆英等
65	青海民族工作的回顾与展望	论文	青海省第三次哲学社会科学优秀成果评奖	三等奖	1993年6月	谢　佐
66	青海经济增长因素分析	论文	青海省第三次哲学社会科学优秀成果评奖	三等奖	1993年6月	徐建龙
67	法门寺出土文物中有关密教内容的考释	论文	青海省第三次哲学社会科学优秀成果评奖	三等奖	1993年6月	吕建福
68	试论十八世纪中叶西藏地方行政体制的改革	论文	青海省第三次哲学社会科学优秀成果评奖	三等奖	1993年6月	蒲文成
69	大元帝师八思巴在玉树地区的活动	论文	青海省第三次哲学社会科学优秀成果评奖	三等奖	1993年6月	周生文
70	藏族牧区部落组织结构分析	论文	青海省第三次哲学社会科学优秀成果评奖	三等奖	1993年6月	邢海宁等
71	藏族历代文学作品选	著作	青海省第三次哲学社会科学优秀成果评奖	三等奖	1993年6月	何　峰等

序号	成果名称	成果形式	获奖名称	获奖等级	获奖时间	作者
72	坚定不移地走社会主义道路	论文	青海省第三次哲学社会科学优秀成果评奖	鼓励奖	1993年6月	陈国建
73	当代实用经济500问	普及读物	青海省第三次哲学社会科学优秀成果评奖	鼓励奖	1993年6月	曲青山等
74	时机·改革·发展	编著	青海省第三次哲学社会科学优秀成果评奖	鼓励奖	1993年6月	曲青山等
75	基层党校建设概论	教材	青海省第三次哲学社会科学优秀成果评奖	鼓励奖	1993年6月	曲青山等
76	在十四大旗帜下加快青海改革和建设的步伐	教材	青海省第三次哲学社会科学优秀成果评奖	鼓励奖	1993年6月	曲青山等
77	论古代藏族的灵魂观念	论文	青海省第三次哲学社会科学优秀成果评奖	鼓励奖	1993年6月	谢 热
78	论佛教与藏族文化	论文	青海省第三次哲学社会科学优秀成果评奖	鼓励奖	1993年6月	穆兴天
79	"会"及其来源探索	论文	青海省第三次哲学社会科学优秀成果评奖	鼓励奖	1993年6月	李存福
80	一代宗师 百世楷模	论文	青海省第三次哲学社会科学优秀成果评奖	鼓励奖	1993年6月	马连龙
81	创建青海高原老人刍议	论文	青海省第三次哲学社会科学优秀成果评奖	鼓励奖	1993年6月	朱世奎
82	青海掠影	编著	青海省第三次哲学社会科学优秀成果评奖	鼓励奖	1993年6月	朱世奎
83	社会主义市场经济与精神文明建设	论文	全国报纸理论宣传研究会	入选奖	1994年4月	余中水
84	坚持共同富裕处理好先富后富的关系	论文	全国报纸理论宣传研究会	入选奖	1994年4月	曲青山
85	十世班禅大师的爱国思想	论文	青海省第四次哲学社会科学优秀成果评奖	荣誉奖	1996年10月	蒲文成 何 峰 穆兴天
86	十世班禅大师的爱国思想	论文	全国"五个一工程"入选作品	入选奖	1996年9月	蒲文成 何 峰 穆兴天
87	藏族部落制度研究	专著	青海省第四次哲学社会科学优秀成果评奖	二等奖	1996年10月	陈庆英 何 峰

续表

序号	成果名称	成果形式	获奖名称	获奖等级	获奖时间	作者
88	中国密教史	专著	青海省第四次哲学社会科学优秀成果评奖	二等奖	1996 年 10 月	吕建福
89	唯物论通俗读本	普及读物	青海省第四次哲学社会科学优秀成果评奖	二等奖	1996 年 10 月	魏 兴 余中水 曲青山
90	在总结历史经验的基础上创造新的理论	论文	青海省第四次哲学社会科学优秀成果评奖	二等奖	1996 年 10 月	童金怀
91	东部与中西部地区协调发展管见	论文	青海省第四次哲学社会科学优秀成果评奖	二等奖	1996 年 10 月	曲青山
92	邓小平哲学思想概论	专著	青海省第四次哲学社会科学优秀成果评奖	二等奖	1996 年 10 月	曲青山等
93	觉囊派通论	专著	青海省第四次哲学社会科学优秀成果评奖	二等奖	1996 年 10 月	蒲文成等
94	藏族古代教育史略	专著	青海省第四次哲学社会科学优秀成果评奖	二等奖	1996 年 10 月	谢 佐
95	交通事故透析	专著	青海省第四次哲学社会科学优秀成果评奖	二等奖	1996 年 10 月	朱玉坤
96	中国社会主义经济思想研究丛书（11 本）	编著	青海省第四次哲学社会科学优秀成果评奖	二等奖	1996 年 10 月	王毅武等
97	社会主义建设探索中的曲解与校正现象研究	论文	青海省第四次哲学社会科学优秀成果评奖	二等奖	1996 年 10 月	翟松天
98	建设有中国特色的社会主义概论	专著	青海省第四次哲学社会科学优秀成果评奖	三等奖	1996 年 10 月	周生文等
99	马克思主义民族观宗教观教育读本	普及物	青海省第四次哲学社会科学优秀成果评奖	三等奖	1996 年 10 月	曲青山等
100	新时期社会科学的地位作用及前景	论文	青海省第四次哲学社会科学优秀成果评奖	三等奖	1996 年 10 月	陈国建 余中水 秦书广
101	对当前道德建设的几点思考	论文	青海省第四次哲学社会科学优秀成果评奖	三等奖	1996 年 10 月	余中水
102	资本主义市场经济研究	专著	青海省第四次哲学社会科学优秀成果评奖	三等奖	1996 年 10 月	余中水等

续表

序号	成果名称	成果形式	获奖名称	获奖等级	获奖时间	作者
103	乌兰县经济研究	专著	青海省第四次哲学社会科学优秀成果评奖	三等奖	1996年10月	杨昭辉等
104	青海跨世纪经济社会发展研究	专著	青海省第四次哲学社会科学优秀成果评奖	三等奖	1996年10月	刘　忠
105	德令哈市经济社会发展战略研究	专著	青海省第四次哲学社会科学优秀成果评奖	三等奖	1996年10月	李高泉崔永红
106	果洛藏族社会	专著	青海省第四次哲学社会科学优秀成果评奖	三等奖	1996年10月	邢海宁
107	《格萨尔》与藏族部落	专著	青海省第四次哲学社会科学优秀成果评奖	三等奖	1996年10月	何　峰
108	[顺治]《西宁志》	古籍整理	青海省第四次哲学社会科学优秀成果评奖	三等奖	1996年10月	王昱等
109	达赖喇嘛三世、四世传	译著	青海省第四次哲学社会科学优秀成果评奖	三等奖	1996年10月	陈庆英等
110	论"虎龄豹尾"的西王母	论文	青海省第四次哲学社会科学优秀成果评奖	三等奖	1996年10月	赵宗福
111	青海省社会科学文献资源调查评述	专著	青海省第四次哲学社会科学优秀成果评奖	三等奖	1996年10月	王昱等
112	青海汉俗的建构特色及意蕴	论文	青海省第四次哲学社会科学优秀成果评奖	三等奖	1996年10月	朱世奎
113	论第三产业经济发展根本动力	论文	青海省第四次哲学社会科学优秀成果评奖	鼓励奖	1996年10月	李寿德
114	重返关贸对青海原材料工业的影响与对策	论文	青海省第四次哲学社会科学优秀成果评奖	鼓励奖	1996年10月	徐建龙
115	抗战时期的西北诸马	论文	青海省第四次哲学社会科学优秀成果评奖	鼓励奖	1996年10月	刘景华
116	论古代藏族的自然崇拜	论文	青海省第四次哲学社会科学优秀成果评奖	鼓励奖	1996年10月	谢　热
117	伊斯兰教与现代关系诠释	论文	青海省第四次哲学社会科学优秀成果评奖	鼓励奖	1996年10月	马进虎
118	浅论西藏问题与中国内政	论文	青海省第四次哲学社会科学优秀成果评奖	鼓励奖	1996年10月	鲁顺元
119	青海少数民族	论文	青海省第四次哲学社会科学优秀成果评奖	鼓励奖	1996年10月	穆兴天等

序号	成果名称	成果形式	获奖名称	获奖等级	获奖时间	作者
120	藏族家庭教育与寺院教育	论文	青海省第四次哲学社会科学优秀成果评奖	鼓励奖	1996 年 10 月	穆兴天
121	青海藏族妇女在社会经济生活中的地位和作用	论文	青海省第四次哲学社会科学优秀成果评奖	鼓励奖	1996 年 10 月	拉毛措
122	计算复杂性理论及其哲学研究	论文	青海省第四次哲学社会科学优秀成果评奖	鼓励奖	1996 年 10 月	郝宁湘
123	论邓小平的致富思想及其实践意义	论文	青海省"五个一工程"评奖	入选奖	1996	曲青山
124	东西兼顾协调发展	论文	全国报纸理论宣传研究会	二等奖	1996 年 4 月	曲青山
125	关于改进和加强理论宣传工作的思考	论文	全国省级宣传部部刊论文评奖	优秀论文奖	1997 年 5 月	曲青山
126	中国密教史	专著	全国第二届青年社会科学优秀成果评奖	优秀专著奖	1997 年 12 月	吕建福
127	论新时期的思想解放	论文	全国纪念党的十一届三中全会 20 周年理论研究会入选论文	入选奖	1998	曲青山
128	光耀柴达木人的时代精神	调研报告	全国"五个一工程"入选作品	入选奖	1999 年 9 月	曲青山等
129	中国藏族宗教信仰与人权	论文	全国"五个一工程"入选作品	入选奖	1999 年 9 月	何 峰 余中水
130	光耀柴达木人的时代精神	调研报告	青海省第五次哲学社会科学优秀成果评奖	荣誉奖	2000 年 7 月	曲青山等
131	中国藏族宗教信仰与人权	论文	青海省第五次哲学社会科学优秀成果评奖	荣誉奖	2000 年 7 月	何 峰 余中水
132	青海通史	专著	青海省第五次哲学社会科学优秀成果评奖	一等奖	2000 年 7 月	崔永红等
133	青海百科全书	编著	青海省第五次哲学社会科学优秀成果评奖	一等奖	2000 年 7 月	朱世奎 李嘉善等
134	高耗电工业西移对青海经济和环境的影响	专著	青海省第五次哲学社会科学优秀成果评奖	一等奖	2000 年 7 月	翟松天 徐建龙 张毓卫等
135	论新时期的思想解放	论文	青海省第五次哲学社会科学优秀成果评奖	二等奖	2000 年 7 月	曲青山

续表

序号	成果名称	成果形式	获奖名称	获奖等级	获奖时间	作者
136	社会主义市场经济条件下的道德建设概论	专著	青海省第五次哲学社会科学优秀成果评奖	二等奖	2000 年 7 月	曲青山等
137	青海省志·社会科学志	编著	青海省第五次哲学社会科学优秀成果评奖	二等奖	2000 年 7 月	朱世奎 王 昱 李嘉善 梁明芳
138	辉煌 50 年·青海	光盘	青海省第五次哲学社会科学优秀成果评奖	二等奖	2000 年 7 月	马林等
139	走进毒品王国	专著	青海省第五次哲学社会科学优秀成果评奖	二等奖	2000 年 7 月	朱玉坤
140	自然资源和可持续利用与青海经济发展	调研报告	青海省第五次哲学社会科学优秀成果评奖	二等奖	2000 年 7 月	王恒生
141	青海资源开发研究	专著	青海省第五次哲学社会科学优秀成果评奖	二等奖	2000 年 7 月	景晖等
142	青海草原畜牧业产业化研究	调研报告	青海省第五次哲学社会科学优秀成果评奖	二等奖	2000 年 7 月	陈国建等
143	青海资源开发回顾与思考	调研报告	青海省第五次哲学社会科学优秀成果评奖	二等奖	2000 年 7 月	陈国建 徐建龙 余中水
144	青海经济史（古代卷）	专著	青海省第五次哲学社会科学优秀成果评奖	二等奖	2000 年 7 月	崔永红
145	青海经济史（近代卷）	专著	青海省第五次哲学社会科学优秀成果评奖	二等奖	2000 年 7 月	翟松天
146	五世达赖喇嘛传	译著	青海省第五次哲学社会科学优秀成果评奖	二等奖	2000 年 7 月	陈庆英 马连龙 马 林
147	藏传佛教与藏族社会	专著	青海省第五次哲学社会科学优秀成果评奖	二等奖	2000 年 7 月	穆兴天
148	论青海历史上区域文化的多元性	论文	青海省第五次哲学社会科学优秀成果评奖	二等奖	2000 年 7 月	王 昱
149	青海财源建设研究	专著	青海省第五次哲学社会科学优秀成果评奖	二等奖	2000 年 7 月	刘忠等
150	进一步加强思想道德建设	论文	青海省第五次哲学社会科学优秀成果评奖	三等奖	2000 年 7 月	陈国建

续表

序号	成果名称	成果形式	获奖名称	获奖等级	获奖时间	作者
151	中国国情丛书——百县市经济社会调查·湟中卷	专著	青海省第五次哲学社会科学优秀成果评奖	三等奖	2000年7月	王恒生 崔永红 马 林 穆兴天
152	中国少数民族地区经济社会发展研究	专著	青海省第五次哲学社会科学优秀成果评奖	三等奖	2000年7月	刘忠等
153	对青海第三产业科技发展的思考	论文	青海省第五次哲学社会科学优秀成果评奖	三等奖	2000年7月	苏海红
154	试论源头经济	论文	青海省第五次哲学社会科学优秀成果评奖	三等奖	2000年7月	陈国建 王恒生 徐建龙 余中水
155	浅析东南亚金融危机对人民币汇率的影响	论文	青海省第五次哲学社会科学优秀成果评奖	三等奖	2000年7月	毛江晖
156	青海是藏传佛教文化传播发展的重要源头	论文	青海省第五次哲学社会科学优秀成果评奖	三等奖	2000年7月	蒲文成
157	佛学基础原理	专著	青海省第五次哲学社会科学优秀成果评奖	三等奖	2000年7月	桑杰端智
158	藏族妇女历史透视	论文	青海省第五次哲学社会科学优秀成果评奖	三等奖	2000年7月	拉毛措
159	论近代玉树纷争	论文	青海省第五次哲学社会科学优秀成果评奖	三等奖	2000年7月	邓慧君
160	清代青海的手工业	论文	青海省第五次哲学社会科学优秀成果评奖	三等奖	2000年7月	刘景华
161	《格萨尔学集成》第五卷	编著	青海省第五次哲学社会科学优秀成果评奖	三等奖	2000年7月	赵秉理
162	关于坚持社科学术期刊办刊原则的思考	论文	青海省第五次哲学社会科学优秀成果评奖	三等奖	2000年7月	余中水
163	希望之星在升腾——锡铁山矿务局二次创业报告	调研报告	青海省第五次哲学社会科学优秀成果评奖	三等奖	2000年7月	曲青山 朱玉坤 余中水
164	西宁市城镇集体工业企业发展研究	调研报告	青海省第五次哲学社会科学优秀成果评奖	三等奖	2000年7月	王恒生 徐建龙等

续表

序号	成果名称	成果形式	获奖名称	获奖等级	获奖时间	作者
165	从内外资"双溢出"看我国引进外资战略	论文	青海省第五次哲学社会科学优秀成果评奖	鼓励奖	2000 年 7 月	丁忠兵
166	论青海特色农业的发展思路	论文	青海省第五次哲学社会科学优秀成果评奖	鼓励奖	2000 年 7 月	徐建龙
167	进一步深化和完善青海经济发展战略	论文	青海省第五次哲学社会科学优秀成果评奖	鼓励奖	2000 年 7 月	张永胜
168	青海农户的消费与收入变动关系研究	论文	青海省第五次哲学社会科学优秀成果评奖	鼓励奖	2000 年 7 月	杨铧铧
169	青海省情及经济发展战略	教材	青海省第五次哲学社会科学优秀成果评奖	鼓励奖	2000 年 7 月	曲青山 张永胜
170	社会转型对早期社会化的影响及对策	论文	青海省第五次哲学社会科学优秀成果评奖	鼓励奖	2000 年 7 月	刘成明
171	文化涵化与社会进步——青海省互助县民族文化现象透析	论文	青海省第五次哲学社会科学优秀成果评奖	鼓励奖	2000 年 7 月	鲁顺元
172	论古代藏族的巫及其巫术仪式	论文	青海省第五次哲学社会科学优秀成果评奖	鼓励奖	2000 年 7 月	谢 热
173	不是传奇的传奇——浅析张爱玲的小说	论文	青海省第五次哲学社会科学优秀成果评奖	鼓励奖	2000 年 7 月	胡 芳
174	语言、文化、翻译	论文	青海省第五次哲学社会科学优秀成果评奖	鼓励奖	2000 年 7 月	参看加
175	民族团结与社会稳定是实施西部大开发的首要前提	论文	中央统战部调研成果评奖	优秀奖	2000	刘景华
176	宗教与青海地区的社会稳定和发展	调研报告	中央统战部调研成果评奖	二等奖	2000	马文慧
177	充分发挥藏语文的信息载体功能	论文	全省民族语文工作理论研讨会优秀论文评选	一等奖	2001 年 6 月	拉毛措
178	青海通史	专著	青海省"五个一工程"入选作品	入选奖	2001 年 9 月	崔永红等
179	论中华民族凝聚力	论文	青海省"五个一工程"入选作品	入选奖	2001 年 9 月	曲青山 朱玉坤 余中水

续表

序号	成果名称	成果形式	获奖名称	获奖等级	获奖时间	作者
180	关于改进和加强理论宣传工作的思考	论文	青海省"五个一工程"入选作品	入选奖	2001年9月	曲青山
181	宗教与青海地区的社会稳定和发展	调研报告	青海省第六次哲学社会科学优秀成果评奖	荣誉奖	2003年9月	马文慧
182	青海佛教史	专著	青海省第六次哲学社会科学优秀成果评奖	荣誉奖	2003年9月	蒲文成
183	青海省志·建置沿革志	专著	青海省第六次哲学社会科学优秀成果评奖	一等奖	2003年9月	王　昱
184	人口控制学	编著	青海省第六次哲学社会科学优秀成果评奖	一等奖	2003年9月	张伟等
185	青海经济蓝皮书	编著	青海省第六次哲学社会科学优秀成果评奖	二等奖	2003年9月	王恒生 翟松天等
186	实施绿色工程发展特色经济——青海开发绿色食品的现状与前景分析	调研报告	青海省第六次哲学社会科学优秀成果评奖	二等奖	2003年9月	余中水 翟松天 苏海红
187	江河源区相对集中人口保护生态环境	调研报告	青海省第六次哲学社会科学优秀成果评奖	二等奖	2003年9月	穆兴天 参看加
188	藏传佛教与青海藏区社会稳定问题研究	论文	青海省第六次哲学社会科学优秀成果评奖	二等奖	2003年9月	蒲文成 参看加
189	论河湟皮影戏展演中的口头程式	论文	青海省第六次哲学社会科学优秀成果评奖	二等奖	2003年9月	赵宗福
190	青海加大启动社会投资力度研究	调研报告	青海省第六次哲学社会科学优秀成果评奖	三等奖	2003年9月	青海社科院课题组
191	西部大开发与民族地区可持续发展	专著	青海省第六次哲学社会科学优秀成果评奖	三等奖	2003年9月	刘忠等
192	青海湖区生态环境综合治理对策研究	调研报告	青海省第六次哲学社会科学优秀成果评奖	三等奖	2003年9月	马生林 刘景华
193	提高西宁市中小企业技术创新能力研究	调研报告	青海省第六次哲学社会科学优秀成果评奖	三等奖	2003年9月	徐建龙等
194	青海中藏药产业的科技开发与管理	论文	青海省第六次哲学社会科学优秀成果评奖	三等奖	2003年9月	詹红岩 丁忠兵
195	西部开发与青海利用外资研究	论文	青海省第六次哲学社会科学优秀成果评奖	三等奖	2003年9月	孙发平

续表

序号	成果名称	成果形式	获奖名称	获奖等级	获奖时间	作者
196	青海研究报告（2001总第一期）	调研报告	青海省第六次哲学社会科学优秀成果评奖	三等奖	2003年9月	青海社科院课题组
197	青海省发展高新技术产业利用高新技术改造传统产业问题	调研报告	青海省第六次哲学社会科学优秀成果评奖	三等奖	2003年9月	冀康平
198	发展青藏高原特色农业的思路与对策	调研报告	青海省第六次哲学社会科学优秀成果评奖	三等奖	2003年9月	王恒生
199	论西部大开发中的青海旅游业	论文	青海省第六次哲学社会科学优秀成果评奖	三等奖	2003年9月	鲁顺元
200	玛多县草场生态灾难的警示	论文	青海省第六次哲学社会科学优秀成果评奖	三等奖	2003年9月	朱玉坤
201	西部民族地区人口现状、问题和战略	论文	青海省第六次哲学社会科学优秀成果评奖	三等奖	2003年9月	顾延生
202	玛多县生态保护与经济社会发展对策	调研报告	青海省第六次哲学社会科学优秀成果评奖	三等奖	2003年9月	徐 明
203	简论生态环境价值观的几个重要认识问题	论文	青海省第六次哲学社会科学优秀成果评奖	三等奖	2003年9月	翟松天
204	青海省按比例安置残疾人就业调研报告	调研报告	青海省第六次哲学社会科学优秀成果评奖	三等奖	2003年9月	刘成明等
205	入世与我国知识产权的法律保护	论文	青海省第六次哲学社会科学优秀成果评奖	三等奖	2003年9月	张立群
206	西部大开发与民族团结和社会稳定	论文	青海省第六次哲学社会科学优秀成果评奖	三等奖	2003年9月	刘景华
207	论中国共产党的创新精神与西部大开发	论文	青海省第六次哲学社会科学优秀成果评奖	三等奖	2003年9月	苏海红
208	社会主义在实践中前进	论文	青海省第六次哲学社会科学优秀成果评奖	三等奖	2003年9月	丁忠兵 景 晖
209	青海近代社会史	专著	青海省第六次哲学社会科学优秀成果评奖	三等奖	2003年9月	邓慧君
210	论青海军事历史的主要特点	论文	青海省第六次哲学社会科学优秀成果评奖	三等奖	2003年9月	崔永红

序号	成果名称	成果形式	获奖名称	获奖等级	获奖时间	作者
211	把握机遇，走出困境	论文	青海省第六次哲学社会科学优秀成果评奖	三等奖	2003 年 9 月	张毓卫
212	西海雪鸿集	专著	青海省第六次哲学社会科学优秀成果评奖	三等奖	2003 年 9 月	朱世奎
213	土族女词人李宜晴词艺探析	论文	青海省第六次哲学社会科学优秀成果评奖	三等奖	2003 年 9 月	胡　芳
214	民族历史回响中的文化寻根——论梅卓的长篇小说创作	论文	第三届中国文联文艺评论评奖	二等奖	2003 年 11 月	胡　芳
215	邓小平及党的第三代领导集体的宗教观分析	论文	中央七部委"邓小平生平和思想研讨会"入选	入选奖	2004	拉毛措马文慧
216	理性挣扎中的情感认同——兼论察森敖拉的小说《天敌》	论文	第五届中国文联文艺评论评奖	三等奖	2005	毕艳君
217	陈云关于解决我国"三农"问题的战略思想	论文	中央七部委"陈云生平和思想研讨会"入选	入选奖	2005 年 6 月	刘傲洋
218	藏族妇女文论	专著	第四届全国优秀妇女读物暨全国妇联推荐作品	入选奖	2005 年 10 月	拉毛措
219	浅析抗日战争时期延安廉政建设的历史经验	论文	中央七部委"纪念中国人民抗日战争暨世界反法西斯战争胜利60周年学术研讨会"入选	入选奖	2006	唐　萍
220	邓小平及党的第三代领导集体的宗教观分析	论文	青海省第七次哲学社会科学优秀成果评奖	荣誉奖	2006 年 10 月	拉毛措马文慧
221	浅析抗日战争时期延安廉政建设的历史经验	论文	青海省第七次哲学社会科学优秀成果评奖	荣誉奖	2006 年 10 月	唐　萍
222	五世达赖喇嘛传	专著	青海省第七次哲学社会科学优秀成果评奖	二等奖	2006 年 10 月	马　林
223	近百年来柴达木盆地开发与生态环境变迁研究	调研报告	青海省第七次哲学社会科学优秀成果评奖	二等奖	2006 年 10 月	王　昱鲁顺元解占录

续表

序号	成果名称	成果形式	获奖名称	获奖等级	获奖时间	作者
224	青海湖区生态环境研究	专著	青海省第七次哲学社会科学优秀成果评奖	二等奖	2006 年 10 月	马生林 刘景华
225	青海经济史（当代卷）	专著	青海省第七次哲学社会科学优秀成果评奖	二等奖	2006 年 10 月	翟松天 崔永红
226	地方文化系统中的王母娘娘信仰	论文	青海省第七次哲学社会科学优秀成果评奖	二等奖	2006 年 10 月	赵宗福
227	省外在青海固定资产投资研究	专著	青海省第七次哲学社会科学优秀成果评奖	二等奖	2006 年 10 月	徐建龙
228	抢救、保护青海目连戏研究	调研报告	青海省第七次哲学社会科学优秀成果评奖	二等奖	2006 年 10 月	徐明等
229	青海工业内生性增长因素研究	调研报告	青海省第七次哲学社会科学优秀成果评奖	二等奖	2006 年 10 月	詹红岩等
230	青海工业化经济分析	专著	青海省第七次哲学社会科学优秀成果评奖	三等奖	2006 年 10 月	毛江晖
231	构建青海企业信用制度研究	调研报告	青海省第七次哲学社会科学优秀成果评奖	三等奖	2006 年 10 月	余中水 苏海红
232	关注民族生态家园的安全——青藏高原环境破坏性生存战略替代与区域发展纵论	调研报告	青海省第七次哲学社会科学优秀成果评奖	三等奖	2006 年 10 月	朱玉坤 鲁顺元
233	《青海史话》系列丛书（第一辑）	专著	青海省第七次哲学社会科学优秀成果评奖	三等奖	2006 年 10 月	崔永红等
234	西部大开发与青海少数民族优势产业研究	调研报告	青海省第七次哲学社会科学优秀成果评奖	三等奖	2006 年 10 月	王恒生等
235	青海水资源的配置及可持续利用问题研究	调研报告	青海省第七次哲学社会科学优秀成果评奖	三等奖	2006 年 10 月	马生林 马学贤
236	《中国西部开发信息百科》（青海卷）	工具书	青海省第七次哲学社会科学优秀成果评奖	三等奖	2006 年 10 月	张 伟
237	关于循化县扶贫开发的调研报告	调研报告	青海省第七次哲学社会科学优秀成果评奖	三等奖	2006 年 10 月	顾延生
238	经济自由、财产权与道德基础的关系	论文	青海省第七次哲学社会科学优秀成果评奖	三等奖	2006 年 10 月	马进虎

续表

序号	成果名称	成果形式	获奖名称	获奖等级	获奖时间	作者
239	青藏高原生态替叠及其趋导	调研报告	青海省第七次哲学社会科学优秀成果评奖	三等奖	2006 年 10 月	景　晖 丁忠兵
240	青海省"十一五"及到 2020 年经济体制改革的总体思路和分阶段目标、重点、措施研究	调研报告	青海省第七次哲学社会科学优秀成果评奖	三等奖	2006 年 10 月	孙发平等
241	关于土族习惯法及其变迁的调查与分析	论文	青海省第七次哲学社会科学优秀成果评奖	三等奖	2006 年 10 月	鄂崇荣
242	西藏自治区妇女的法律保障及其社会经济地位	论文	青海省第七次哲学社会科学优秀成果评奖	三等奖	2006 年 10 月	拉毛措 旦增卓玛
243	《2004～2005 青海蓝皮书》	编著	青海省第七次哲学社会科学优秀成果评奖	三等奖	2006 年 10 月	青海社科院课题组
244	中国共产党处理藏传佛教问题的历史经验	论文	青海省第七次哲学社会科学优秀成果评奖	三等奖	2006 年 10 月	参看加
245	用中华民族意识凝聚青海各民族问题调研报告	论文	青海省第七次哲学社会科学优秀成果评奖	三等奖	2006 年 10 月	拉毛措 鲁顺元 肖　莉
246	重视和谐民族关系的构建	论文	青海省第七次哲学社会科学优秀成果评奖	三等奖	2006 年 10 月	穆兴天
247	"十一五"及到 2020 年加快发展服务业的思路和对策	调研报告	青海省第七次哲学社会科学优秀成果评奖	三等奖	2006 年 10 月	苏海红
248	"十一五"及到 2020 年期间全面建成小康，加快建设青藏高原区域性现代化中心城市的阶段性战略目标、重点、指标测算、评价体系及对策研究	调研报告	青海省第七次哲学社会科学优秀成果评奖	三等奖	2006 年 10 月	冀康平 张继宗
249	青海社会稳定与就业法律问题研究	调研报告	青海省第七次哲学社会科学优秀成果评奖	三等奖	2006 年 10 月	张继宗 娄海玲
250	中国共产党的执政理念与人权保障	论文	青海省第七次哲学社会科学优秀成果评奖	三等奖	2006 年 10 月	张立群

续表

序号	成果名称	成果形式	获奖名称	获奖等级	获奖时间	作者
251	青藏铁路沿线藏区农牧民思想观念的变迁	论文	青海省第七次哲学社会科学优秀成果评奖	三等奖	2006 年 10 月	马 林 马学贤
252	民族地区建立党员先进性教育长效机制的思考	论文	青海省保持共产党员先进性教育活动与党的先进性建设理论研讨	二等奖	2006 年 10 月	拉毛措 唐 萍
253	党的十七大对反腐倡廉建设的新贡献	论文	2006 年全省反腐倡廉理论研讨会优秀成果	特等奖	2006 年 12 月	毛江晖
254	西部高原的礼赞——论昌耀的诗歌创作	论文	第六届中国文联文艺评论评奖	三等奖	2007 年 11 月	胡 芳
255	青海省实施人才战略问题研究	论文	国家人事部第五次全国人事人才科研成果奖	三等奖	2007 年	崔永红 张生寅
256	青海冬虫夏草资源保护与开发调研报告	调研报告	2008 年度全省优秀调研报告评奖（省委政研室）	一等奖	2009 年 5 月	孙发平 鲁顺元 杜青华
257	隐在的诗意:军人视野下的高原大美	论文	青海省第六届文学艺术	创作奖	2009 年 9 月	毕艳君
258	西部高原的礼赞——论昌耀诗歌	论文	青海省第六届文学艺术	创作奖	2009 年 9 月	胡 芳
259	西北花儿的研究保护与学界的学术责任	论文	青海省第八次哲学社会科学优秀成果评奖	一等奖	2009 年 12 月	赵宗福
260	中国三江源区生态价值及补偿机制研究	专著	青海省第八次哲学社会科学优秀成果评奖	一等奖	2009 年 12 月	孙发平 曾贤刚 苏海红 穆兴天 刘亚州
261	明代以来黄河上游地区生态环境与社会变迁史研究	专著	青海省第八次哲学社会科学优秀成果评奖	二等奖	2009 年 12 月	崔永红 张生寅
262	青海城镇各社会阶层状况调研报告	调研报告	青海省第八次哲学社会科学优秀成果评奖	二等奖	2009 年 12 月	孙发平 拉毛措 鲁顺元 刘成明 马文慧 肖 莉

续表

序号	成果名称	成果形式	获奖名称	获奖等级	获奖时间	作者
263	中国藏区反贫困战略研究	专著	青海省第八次哲学社会科学优秀成果评奖	二等奖	2009 年 12 月	苏海红 杜青华
264	藏族生态文化	专著	青海省第八次哲学社会科学优秀成果 教育部人文社科优秀成果	二等奖	2009 年 12 月	谢热等
265	青海历史文化与旅游开发	专著	青海省第八次哲学社会科学优秀成果评奖	三等奖	2009 年 12 月	王 昱
266	循环经济研究：柴达木矿产资源开发的模式转换	调研报告	青海省第八次哲学社会科学优秀成果评奖	三等奖	2009 年 12 月	冀康平 张继宗
267	"聚宝盆"中崛起的新兴工业城市	专著	青海省第八次哲学社会科学优秀成果评奖	三等奖	2009 年 12 月	马生林
268	历辈达赖喇嘛与中央政府关系	专著	青海省第八次哲学社会科学优秀成果评奖	三等奖	2009 年 12 月	马连龙
269	青海生态经济研究	专著	青海省第八次哲学社会科学优秀成果评奖	三等奖	2009 年 12 月	顾延生
270	青海应对国际金融危机的难点及对策建议	研究报告	2009 年度全省优秀调研报告评奖（省委政研室）	一等奖	2010 年 6 月	孙发平 丁忠兵 詹红岩 朱 华
271	茂区维稳工作从应急状态向常态建设转变研究	调研报告	中央维稳办 2010 年度维护稳定工作优秀调研文章	三等奖	2010 年 8 月	高永宏 张立群 娄海玲
272	加强新形势下党外代表人士队伍建设和政治引导	调研报告	2010 年度全省统一战线优秀调研成果评奖（省委统战部）	一等奖	2011 年 1 月	马连龙 马文慧
273	青海加快转变经济发展方式研究	研究报告	2010 年度全省优秀调研报告评奖（省委政研室）	二等奖	2011 年 4 月	孙发平 张伟等
274	青海省新时期扶贫目标及对策建议	研究报告	2010 年度全省优秀调研报告评奖（省委政研室）	三等奖	2011 年 5 月	孙发平 苏海红 杜青华
275	"四个发展"的理论贡献与实践指导作用	论文	青海省党建研究会建党 90 周年研讨会优秀论文	一等奖	2011 年 8 月	孙发平 刘傲洋

续表

序号	成果名称	成果形式	获奖名称	获奖等级	获奖时间	作者
276	黄河流域与水有关生态补偿机制案例研究	研究报告	水利部黄河水利委员会科学技术进步奖	二等奖	2011年12月	孙发平 苏海红 丁忠兵
277	论昆仑神话与昆仑文化	论文	青海省第九次哲学社会科学优秀成果评奖	一等奖	2011年12月	赵宗福
278	中央支持青海等省藏区经济社会发展政策机遇下青海实现又好又快发展研究	研究报告	青海省第九次哲学社会科学优秀成果评奖	一等奖	2011年12月	孙发平 丁忠兵 苏海红 朱 华 杜青华 刘傲洋 鄂崇荣 窦国林 张继宗
279	关于打造"西宁毛"品牌，加快申报国家农产品地理标志的调研报告	调研报告	青海省第九次哲学社会科学优秀成果评奖	二等奖	2011年12月	马学贤 马文慧
280	中国西部城镇化发展模式研究	调研报告	青海省第九次哲学社会科学优秀成果评奖	二等奖	2011年12月	苏海红 肖莉等
281	青海回族史	专著	青海省第九次哲学社会科学优秀成果评奖	二等奖	2011年12月	马文慧
282	青海"平安寺院"建设评价及有关建议	调研报告	青海省第九次哲学社会科学优秀成果评奖	三等奖	2011年12月	参看加 才项多杰
283	藏族妇女问题研究	调研报告	青海省第九次哲学社会科学优秀成果评奖	三等奖	2011年12月	拉毛错
284	青海省首批非物质文化遗产代表作名录丛书(10册)	编著	青海省第九次哲学社会科学优秀成果评奖	三等奖	2011年12月	赵宗福等
285	青海"十二五"时期"六个走在西部前列"研究报告	研究报告	2011年度全省优秀调研报告评奖(省委政研室)	一等奖	2012年5月	孙发平 詹红岩 丁忠兵 刘傲洋 冀康平 马生林

续表

序号	成果名称	成果形式	获奖名称	获奖等级	获奖时间	作者
286	加强和改进边疆民族地区基层党组织建设问题研究	研究报告	全国党建研究会优秀成果评选	二等奖	2012年9月	拉毛措
287	藏传佛教青年僧侣思想特点	研究报告	2012年度全国统战理论政策研究创新成果评奖	三等奖	2012年12月	鄂崇荣 李国胜 吉乎林 韩得福
288	创先争优促进基层党组织建设实证研究	调研报告	青海省创先争优领导小组评奖	一等奖	2013年3月	拉毛措
289	青海宣传文化人才队伍建设	调研报告	2012年度全省宣传文化系统优秀调研报告	二等奖	2013年5月	张生寅 解占录 胡 芳
290	青海多元民俗文化圈研究	专著	青海省第十次哲学社会科学优秀成果评奖	一等奖	2013年11月	赵宗福 胡 芳 马文慧 鄂崇荣
291	"四个发展"：青海省科学发展模式创新——基于科学发展评估的实证研究	专著	青海省第十次哲学社会科学优秀成果评奖	一等奖	2013年11月	孙发平 刘傲洋
292	青海加强和创新社会建设与社会管理研究	调研报告	青海省第十次哲学社会科学优秀成果评奖	一等奖	2013年11月	苏海红 高永宏 参看加 鲁顺元 肖 莉 娄海玲 朱学海 马文慧
293	青海省非公有制企业中如何发挥党组织的作用问题研究	调研报告	全国党建研究会优秀调研报告评选	优秀奖	2014年3月	拉毛措
294	促进主流文化与青海省少数民族传统文化和谐发展问题研究	调研报告	2013年度全省优秀调研报告评奖（省委政研室）	一等奖	2014年4月	赵宗福 胡 芳 参看加
295	论党的群众路线的基本特征	论文	全省党的群众路线教育实践活动优秀论文	优秀奖	2014年4月	崔耀鹏

续表

序号	成果名称	成果形式	获奖名称	获奖等级	获奖时间	作者
296	青海共建丝绸之路经济带的比较优势、战略导向及对策建议	调研报告	2014年度全省优秀调研报告评奖（省委政研室）	二等奖	2014年12月	孙发平 杨军
297	新型城镇化进程中创新社会治理研究	调研报告	2014年度全省优秀调研报告评奖（省委政研室）	二等奖	2014年12月	苏海红 参看加 朱学海
298	丝绸之路经济带建设中青海历史文化资源开发与合作研究	调研报告	2014年度全省优秀调研报告评奖（省委政研室）	三等奖	2014年12月	杨军
299	青海省建设循环经济发展先行区的法制保障研究	调研报告	2014年度全省优秀调研报告评奖（省委政研室）	三等奖	2014年12月	娄海玲
300	青海省廉政风险防控管理机制研究	调研报告	2014年度全省优秀调研报告评奖（省委政研室）	优秀奖	2014年12月	张立群 娄海玲
301	青海农村"留守妇女"问题研究——以大通县为例	调研报告	2014年度全省优秀调研报告评奖（省委政研室）	优秀奖	2014年12月	拉毛措 文斌兴
302	丝绸之路经济带建设中青海与中西亚清真产业合作发展探讨	调研报告	2014年度全省优秀调研报告评奖（省委政研室）	优秀奖	2014年12月	马学贤 马文慧
303	当前青海伊斯兰教事务管理工作中需关注的几个问题	调研报告	2014年度全省优秀调研报告评奖（省委政研室）	优秀奖	2014年12月	马文慧 马学贤等
304	适应城镇化新形势加强转社区党建民生工作研究	调研报告	全国党建研究会优秀调研报告评选	三等奖	2015年1月	拉毛措
305	青海建设国家循环经济发展先行区研究	研究报告	青海省第十一次哲学社会科学优秀成果	一等奖	2015年12月	孙发平 苏海红 杜青华 曲波 丁忠兵 娄海玲 德青措

续表

序号	成果名称	成果形式	获奖名称	获奖等级	获奖时间	作者
306	中国节日志·春节志（青海卷）	专著	青海省第十一次哲学社会科学优秀成果	二等奖	2015 年 12 月	赵宗福 胡 芳 旦正加 张 筠 鄂崇荣
307	当前青海伊斯兰教事务管理工作中需关注的几个问题	研究报告	青海省第十一次哲学社会科学优秀成果	二等奖	2015 年 12 月	马文慧 马学贤
308	藏族文化生态与法律运行的适应性研究	研究报告	青海省第十一次哲学社会科学优秀成果	三等奖	2015 年 12 月	娄海玲 张继宗
309	青藏地区矿产资源开发利益共享机制研究	研究报告	青海省第十一次哲学社会科学优秀成果	三等奖	2015 年 12 月	詹红岩
310	新常态下制约青海企业发展的主要问题及决策建议	研究报告	2015 年度全省优秀调研报告评奖（省委政研室）	一等奖	2016 年 5 月	苏海红
311	西宁市发展阶段及"十三五发展思路研究"	研究报告	2015 年度全省优秀调研报告评奖（省委政研室）	二等奖	2016 年 5 月	孙发平 曲 波 丁忠兵
312	青南地区与全省同步建成全面小康社会研究	研究报告	2015 年度全省优秀调研报告评奖（省委政研室）	优秀奖	2016 年 5 月	赵宗福 鲁顺元
313	青海公共文化服务均等化现状与对策研究	研究报告	2015 年度全省优秀调研报告评奖（省委政研室）	优秀奖	2016 年 5 月	毛江晖
314	2014～2015 年西北地区经济社会发展形势分析与预测	研究报告	中国社科院皮书委员会全国第七届皮书年会优秀皮书奖	二等奖	2016 年 8 月	苏海红 丁忠兵
315	论"四个转变"新思路的理论价值与实践意义	论文	青海日报首届"江源评论"大奖赛理论奖	一等奖	2017 年 7 月	孙发平 王亚波
316	青海省推行藏传佛教寺院"三种管理模式"成效及经验	论文	2017 年 12 月第四届中国藏学研究珠峰奖汉文学术论文类	一等奖	2017 年 8 月	陈 玮 谢 热 才项多杰 益西卓玛 旦正加 罝拉卓玛 靳艳娥

续表

序号	成果名称	成果形式	获奖名称	获奖等级	获奖时间	作者
317	青海三江源地区牧民家庭贫困问题研究——以达日县典型牧户为个案	论文	2017年12月第四届中国藏学研究珠峰奖汉文学术论文类	三等奖	2017年8月	旦正加
318	青海创建民族团结进步先进区成效、经验及不利因素和对策建议	调研报告	中国社科院皮书委员会全国第八届皮书年会优秀皮书奖	三等奖	2017年8月	陈玮谢热
319	青海蓝皮书：2016年青海经济社会发展形势分析与预测	编著	中国社科院皮书委员会全国第八届皮书年会优秀皮书奖	二等奖	2017年8月	陈玮孙发平苏海红
320	5年来中央对口援青的成效、问题及政策建议	调研报告	2016年度全省优秀调研报告评奖（省委政研室）	一等奖	2017年10月	孙发平崔耀鹏
321	藏羌彝走廊视野下青海文化创意与相关产业融合发展研究	调研报告	2016年度全省优秀调研报告评奖（省委政研室）	二等奖	2017年10月	陈玮鄂崇荣
322	青海柴达木枸杞产业发展态势与展望	调研报告	2016年度全省优秀调研报告评奖（省委政研室）	二等奖	2017年10月	鲁顺元
323	青海青南藏区产业脱贫的路径研究	调研报告	2016年度全省优秀调研报告评奖（省委政研室）	三等奖	2017年10月	杜青华
324	社会流动下的农村婚姻变化及几点思考——以青海湟中县大磨石沟村为个案	调研报告	2016年度全省优秀调研报告评奖（省委政研室）	优秀奖	2017年10月	拉毛措马文慧肖莉文斌兴
325	青海中青年僧侣社会心态调研分析	调研报告	2016年度全省优秀调研报告评奖（省委政研室）	优秀奖	2017年10月	拉毛措朱学海文斌兴
326	青海构建积极健康宗教关系的调研报告	调研报告	2016年度全省优秀调研报告评奖（省委政研室）	优秀奖	2017年10月	陈玮鄂崇荣马明忠参看加韩得福

续表

序号	成果名称	成果形式	获奖名称	获奖等级	获奖时间	作者
327	青海东部干旱山区生态减贫研究——以乐都李家乡为例	调研报告	2016年度全省优秀调研报告评奖（省委政研室）	优秀奖	2017年10月	郭婧
328	青海实施人才强省战略研究	调研报告	2017年全省组织系统优秀调研报告评奖	一等奖	2018年2月	陈玮 张生寅
327	现阶段青海藏传佛教"游僧"治理问题研究	调研报告	青海省第十二次社科评奖优秀成果评奖论文及调研报告类	一等奖	2018年3月	罡拉卓玛
340	新形势下藏传佛教现代高僧培养问题的解决之道	调研报告	青海省第十二次社科评奖优秀成果评奖论文及调研报告类	二等奖	2018年3月	参看加
341	青海民间信仰	专著	青海省第十二次社科评奖优秀成果评奖著作类	二等奖	2018年3月	鄂崇荣 毕艳君 杨军 吉乎林 韩得福
342	文化圈的场域与视角——1909～2009年青海藏文化变迁与互动研究	专著	青海省第十二次社科评奖优秀成果评奖著作类	二等奖	2018年3月	鲁顺元
343	论《格萨尔王传》中的梅萨其人	论文	第二届青海省《格萨尔》研究成果奖论文类	一等奖	2018年4月	旦正加 益西卓玛
344	新时代弘扬红船精神的基本原则与实现路径	论文	全国首届"红船论坛"征文	三等奖	2018年6月	孙发平 崔耀鹏
345	青海蓝皮书：2017年青海经济社会分析与预测	编著	中国社科院皮书委员会全国第九届皮书年会优秀皮书奖	三等奖	2018年8月	陈玮 孙发平 马起雄
346	"四个转变"是新形势下青海改革发展的最新创新性成果	论文	2017年度全省委优秀调研报告评奖（省委政研室）	一等奖	2018年9月	孙发平 杜青华 王亚波
347	青海对蒙古、俄罗斯涉藏工作对策研究	调研报告	2017年度全省委优秀调研报告评奖（省委政研室）	二等奖	2018年9月	陈玮 鄂崇荣
348	青海藏区封建部落意识与习惯法问题研究	调研报告	2017年度全省委优秀调研报告评奖（省委政研室）	三等奖	2018年9月	张立群

序号	成果名称	成果形式	获奖名称	获奖等级	获奖时间	作者
349	"一带一路"青海开放型经济通道建设研究	调研报告	2017年度全省委优秀调研报告评奖（省委政研室）	三等奖	2018年9月	杨 军 魏 珍
350	祁连山南麓生态环境主要问题与提升环保水准的建议	调研报告	2017年度全省委优秀调研报告评奖（省委政研室）	优秀奖	2018年9月	马生林 魏 珍

后　记

今年是青海省社会科学院建院40周年。40年来我院在科学研究、政策咨询等方面的科研成果颇丰,其中不乏获得省部级奖及其他各类奖项的优秀成果。为了充分展示我院40年来的科研成就,记述历史,激励后人,本书收录了我院部分科研工作者在中央部委及青海省哲学社会科学优秀成果评奖中荣获二等奖以上的论文和调研报告等优秀成果33篇,获其他各类奖项成果仅在附录的获奖成果目录中列出。谨以此书献给青海省社会科学院建院40周年。

本书在编写过程中得到了院党组的高度重视和大力支持,以及院属各部门、作者的积极配合和协助。院党组多次召开会议研究部署编写工作,讨论制定编写规划,推进实施具体统稿编辑工作;院科研处、办公室以及相关科研人员积极配合有关资料的收集和提供。在此表示感谢!

鉴于本书收录范围的优秀成果时间跨度长、收集难度较大,有些成果篇幅、编排格式等有很大差异,故在本书编排过程中做如下处理:(1)文章以获奖先后顺序排列;(2)在编排格式上,在尊重原文内容的基础上,对注释、参考文献等尽量做统一处理;(3)受本书容量所限,对有些篇幅过大的成果,通过节选、摘选的形式进行部分收录;(4)对无法收集到或内容不宜公开的成果,不再收录。

由于本书编写时间紧,加之许多成果是通过对原件扫描完成,在编排和文字上难免有疏漏和不妥之处,敬请广大读者批评指正。

编　者

2018 年 10 月

图书在版编目(CIP)数据

厚重的积淀：青海省社会科学院建院四十周年优秀
成果文集／马勇进主编. --北京：社会科学文献出版
社，2018.12

（青海省社会科学院建院四十周年丛书）

ISBN 978 - 7 - 5201 - 4043 - 0

Ⅰ.①厚…　Ⅱ.①马…　Ⅲ.①社会科学 - 文集　Ⅳ.
①C53

中国版本图书馆 CIP 数据核字(2018)第 286216 号

· 青海省社会科学院建院四十周年丛书 ·

厚重的积淀

——青海省社会科学院建院四十周年优秀成果文集

主　　编／马勇进
副 主 编／窦国林

出 版 人／谢寿光
项目统筹／陈　颖
责任编辑／陈晴钰

出　　版／社会科学文献出版社·皮书出版分社(010) 59367127
　　　　　地址：北京市北三环中路甲 29 号院华龙大厦　邮编：100029
　　　　　网址：www.ssap.com.cn
发　　行／市场营销中心（010）59367081　59367083
印　　装／三河市龙林印务有限公司

规　　格／开 本：787mm × 1092mm　1/16
　　　　　印 张：37.5　字 数：613 千字
版　　次／2018 年 12 月第 1 版　2018 年 12 月第 1 次印刷
书　　号／ISBN 978 - 7 - 5201 - 4043 - 0
定　　价／198.00 元